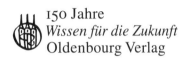

Grundlagen der Wirtschaftsinformatik

von

Univ.-Prof. Dr. Otto K. Ferstl
Lehrstuhl für Wirtschaftsinformatik
insbes. Industrielle Anwendungssysteme
an der Otto-Friedrich-Universität Bamberg

und

Univ.-Prof. Dr. Elmar J. Sinz
Lehrstuhl für Wirtschaftsinformatik
insbes. Systementwicklung und Datenbanksysteme
an der Otto-Friedrich-Universität Bamberg

6., überarbeitete und erweiterte Auflage

Oldenbourg Verlag München

Bibliografische Information der Deutschen Nationalbibliothek

Die Deutsche Nationalbibliothek verzeichnet diese Publikation in der Deutschen Nationalbibliografie; detaillierte bibliografische Daten sind im Internet über <http://dnb.d-nb.de> abrufbar.

© 2008 Oldenbourg Wissenschaftsverlag GmbH
Rosenheimer Straße 145, D-81671 München
Telefon: (089) 4 50 51-0
oldenbourg.de

Das Werk einschließlich aller Abbildungen ist urheberrechtlich geschützt. Jede Verwertung außerhalb der Grenzen des Urheberrechtsgesetzes ist ohne Zustimmung des Verlages unzulässig und strafbar. Das gilt insbesondere für Vervielfältigungen, Übersetzungen, Mikroverfilmungen und die Einspeicherung und Bearbeitung in elektronischen Systemen.

Lektorat: Wirtschafts- und Sozialwissenschaften, wiso@oldenbourg.de
Herstellung: Anna Grosser
Coverentwurf: Kochan & Partner, München
Gedruckt auf säure- und chlorfreiem Papier
Gesamtherstellung: Druckhaus „Thomas Müntzer" GmbH, Bad Langensalza

ISBN 978-3-486-58755-5

Vorwort zur fünften Auflage (gekürzt)

Analog zum Nervensystem eines Lebewesens kann das betriebliche Informationssystem (IS) als das Nervensystem eines Unternehmens verstanden werden. Alle Aktivitäten des Unternehmens werden von dort gelenkt. Die Aufgaben des betrieblichen Informationssystems planen, steuern und kontrollieren die betrieblichen Prozesse und die Interaktionen mit der Umwelt. Die Aufgabenträger zur Durchführung dieser Aufgaben sind Menschen, Rechnersysteme und Kommunikationssysteme.

Aufgaben und Aufgabenträger sind zentrale Komponenten einer IS-Architektur. Die Zuordnung von Aufgaben zu Aufgabenträgern enthält Freiheitsgrade der Gestaltung von Informationssystemen. Diese Freiheitsgrade werden u. a. genutzt, um unterschiedliche Automatisierungsgrade eines Informationssystems realisieren zu können. Sie stellen außerdem einen Schlüssel für die evolutionäre Entwicklung flexibler Informationssysteme zur Verfügung.

Unter betrieblichen Informationssystemen werden Informationssysteme in Wirtschaft und öffentlicher Verwaltung verstanden. Sie bilden das zentrale Objekt der Wirtschaftsinformatik. Angesichts der zunehmenden Vernetzung von Wirtschaft und Verwaltung mit privaten Haushalten rücken auch deren Informationssysteme in das Blickfeld der Wirtschaftsinformatik. Die Wirtschaftsinformatik als wissenschaftliche Disziplin untersucht Struktur- und Verhaltenseigenschaften betrieblicher Informationssysteme und stellt ein methodisches Instrumentarium zu deren Entwicklung und Betrieb zur Verfügung.

Gegenstand des vorliegenden Buches ist eine systematische Darstellung methodischer Grundlagen der Wirtschaftsinformatik. Im Mittelpunkt stehen spezifische Kerninhalte der Wirtschaftsinformatik in Form von Konzepten, Modellen und Methoden, die für die Analyse und Gestaltung von Informationssystemen benötigt werden. Das Buch versucht, folgende Fragen zu beantworten:

- Welche Konzepte liegen betrieblichen Informationssystemen zugrunde?
- Welche Modelle sind geeignet, um die Architektur und die Funktionsweise betrieblicher Informationssysteme verstehen und beschreiben zu können?
- Welche Methoden eignen sich zur Analyse und Gestaltung betrieblicher Informationssysteme?

Die Unterscheidung zwischen der Aufgabenebene und der Aufgabenträgerebene eines betrieblichen Informationssystems bestimmt den Aufbau des Buches, das insgesamt vier Teile umfasst: Teil I behandelt die Grundlagen betrieblicher Informationssysteme. Gegenstand von Teil II ist die Aufgabenebene, Gegenstand von Teil III die Aufgabenträgerebene betrieblicher Informationssysteme. Teil IV behandelt die Verbindung von Aufgaben- und Aufgabenträgerebene und die Ausrichtung des betrieblichen Informationssystems auf die Ziele eines Unternehmens.

Das Lehrbuch richtet sich an Studierende der Wirtschaftsinformatik, der Wirtschaftswissenschaften und der Informatik:

a) In Wirtschaftsinformatik-Studiengängen deckt der Text wesentliche Teile der Grundlagen der Wirtschaftsinformatik ab. Darüber hinaus dient er als Rückgrat für die speziellen Teilgebiete der Wirtschaftsinformatik.

b) In wirtschaftwissenschaftlichen Studiengängen und in Informatik-Studiengängen deckt das Buch den Kernbereich der Wirtschaftsinformatik ab und stellt die Bezüge zur Betriebswirtschaftslehre bzw. zur Informatik her.

In gleicher Weise wendet sich das Buch an IT-Fach- und IT-Führungskräfte in der Praxis, die an methodischen Fragestellungen der Wirtschaftsinformatik interessiert sind.

Gegenüber der vierten Auflage wurde das Buch vollständig überarbeitet und wesentlich erweitert. Die Kapitel 1 bis 9 wurden inhaltlich aktualisiert und ergänzt; an vielen Stellen wurde die Darstellung verbessert, weitere Beispiele wurden hinzugefügt. In Kapitel 5 wurde die SOM-Methodik um die zeitkontinuierliche Parametrisierung von Aufgaben erweitert. Die Darstellung der Integration von Aufgaben und Anwendungssystemen in Kapitel 6 wurde in wesentlichen Teilen überarbeitet. In Kapitel 8 wurde zur Erläuterung objektorientierter Programmierkonzepte Java als weitere Programmiersprache einbezogen. In Kapitel 9 wurde der Abschnitt Middleware ausgebaut.

Völlig neu aufgenommen wurde Teil IV des Buches, der anhand von methodischen Fragen des Managements betrieblicher Informationssysteme (Kapitel 10) und der Entwicklung von Anwendungssystemen (Kapitel 11) die Verbindung zwischen Aufgaben- und Aufgabenträgerebene behandelt. Der ursprüngliche Plan, diese Gegenstände in einem separaten zweiten Band zu behandeln, wurde zugunsten einer kompakten Darstellung und einer Konzentration auf methodische Grundlagen fallengelassen.

Bamberg, im Juni 2006

Otto K. Ferstl & Elmar J. Sinz

Vorwort zur sechsten Auflage

Gegenüber der fünften Auflage wurde das Buch überarbeitet. Neuere Entwicklungen wurden berücksichtigt und ältere Ansätze herausgenommen. Beispiele wurden ergänzt oder aktualisiert. Zudem konnten Erfahrungen aus der Lehre berücksichtigt werden. Bekannte formale und inhaltliche Fehler wurden beseitigt. Wir danken allen Leserinnen und Lesern, die mit konstruktiv-kritischen Hinweisen zur Verbesserung des Buches beigetragen haben.

Wir danken dem Oldenbourg-Verlag, namentlich Herrn Dr. Jürgen Schechler, für die stets problemlose und ermunternde Zusammenarbeit sowie für die Möglichkeit, eine Schmuckfarbe zur Gestaltung des Buches einzusetzen. Wir haben diese Möglichkeit nicht nur genutzt, um das Erscheinungsbild des Buches zu verbessern, sondern haben insbesondere versucht, den Informationsgehalt der Bilder durch eine methodische Orientierungshilfe zu verbessern: Die Unterscheidung zwischen der Aufgabenebene und der Aufgabenträgerebene eines betrieblichen Informationssystems bestimmt den Aufbau des Buches. Überall dort, wo Aspekte dieser beiden Ebenen in einem Bild sichtbar sind, wurden Komponenten der Aufgabenebene in hellerem Blauton, Komponenten der Aufgabenebene in dunklerem Blauton dargestellt.

Für Literatur-Recherchen zu aktuellen technologischen Entwicklungen und für Hinweise zur Verbesserung des Textes danken wir Herrn Dipl.-Wirtsch.Inf. Jochen Frank, Herrn Dipl.-Wirtsch.Inf. Michael Jacob, Herrn Dipl.-Wirtsch.Inf. Bernd Jahn, Herrn Dipl.-Wirtsch.Inf. Andreas Nahr, Frau Dipl.-Wirtsch.Inf. Corinna Pütz, Herrn Dr. Günter Robbert und Herrn Dipl.-Wirt.-Inf. Christian Suchan. Herrn Dipl.-Wirtsch.Inf. Thomas Reeg und Herrn Dipl.-Wirtsch.Inf. Matthias Wolf danken wir darüber hinaus für die Unterstützung bei der technischen Aufbereitung des Manuskripts und bei der Qualitätssicherung.

Bamberg, im Juli 2008

Otto K. Ferstl & Elmar J. Sinz

Inhaltsübersicht

Vorwort	V
Inhaltsübersicht	IX
Inhaltsverzeichnis	XI
Abkürzungsverzeichnis	XIX

Erster Teil:
Grundlagen betrieblicher Informationssysteme

1	Einführung	1
2	Modelle betrieblicher Systeme	13
3	Betriebliche Funktionsbereiche	65

Zweiter Teil:
Aufgabenebene betrieblicher Informationssysteme

4	Automatisierung betrieblicher Aufgaben	95
5	Modellierung betrieblicher Informationssysteme	127
6	Integration von Aufgaben und Anwendungssystemen	231

Dritter Teil:
Aufgabenträgerebene betrieblicher Informationssysteme

7	Struktur und Funktionsweise von Rechnersystemen	259
8	Programmierung	295
9	Systemsoftware	363

Vierter Teil:
Gestaltung und Betrieb von Informationssystemen

10	Informationsmanagement	433
11	Entwicklung betrieblicher Anwendungssysteme	457

Literaturverzeichnis	491
Stichwortverzeichnis	509

Inhalt

Vorwort	V
Inhaltsübersicht	IX
Inhaltsverzeichnis	XI
Abkürzungsverzeichnis	XIX

Erster Teil:
Grundlagen betrieblicher Informationssysteme

1	Einführung		1
2	Modelle betrieblicher Systeme		13
	2.1	Systemtheoretische Grundlagen	13
		2.1.1 Grundbegriffe der allgemeinen Systemtheorie	13
		2.1.2 Petri-Netze	23
		2.1.3 Steuerungs- und Regelungssysteme	27
		2.1.4 Regelung von Systemen mithilfe von Modellen	31
	2.2	Betriebliches Basis- und Informationssystem	32
		2.2.1 Ein Grundmodell der Unternehmung	33
		2.2.2 Transformations- und Entscheidungsaufgaben	35
		2.2.3 Lenkungsebenen-Modell	37
		2.2.4 Objektorientiertes Modell der Unternehmung	41
	2.3	Leistungs- und Lenkungsflüsse	46
	2.4	Betriebliches Mensch-Maschine-System	52
		2.4.1 Automatisierung	53
		2.4.2 Mensch-Computer-Kommunikation	57
	2.5	Zuordnung von Aufgaben zu Aufgabenträgern	57
	2.6	Aufgabendurchführung in Vorgängen	60

3	Betriebliche Funktionsbereiche		65
	3.1 Systemcharakter eines Betriebes		65
		3.1.1 Unternehmung als offenes System	65
		3.1.2 Flüsse und Transaktionen	66
		3.1.3 Unternehmung als sozio-technisches System	71
		3.1.4 Unternehmung als zielgerichtetes System	72
	3.2 Betriebliche Organisation		72
		3.2.1 Organisationsprinzipien	72
		3.2.2 Organisationsstrukturen	74
	3.3 Betriebliche Querfunktionen		77
		3.3.1 Informationsmanagement	77
		3.3.2 Logistik	81
		3.3.3 Finanzwesen	84
		3.3.4 Personalwesen	85
		3.3.5 Anlagenwirtschaft	86
	3.4 Betriebliche Grundfunktionen		88
		3.4.1 Beschaffung	88
		3.4.2 Produktion	88
		3.4.3 Absatz	90
	3.5 Wertschöpfungsketten		91

Zweiter Teil:
Aufgabenebene betrieblicher Informationssysteme

4	Automatisierung betrieblicher Aufgaben		95
	4.1 Betriebliche Aufgaben		95
		4.1.1 Aufgabenstruktur	95
		4.1.2 Aufgaben-Außensicht	98
		4.1.3 Aufgaben-Innensicht	101

		4.1.4	Klassifikationsmerkmale von Aufgaben	103
		4.1.5	Stellen und Anwendungssysteme	106
	4.2	Automatisierbarkeit von Aufgaben		108
		4.2.1	Zielerreichungsgrade der Automatisierung	108
		4.2.2	Formale Kriterien für die Automatisierbarkeit	110
		4.2.3	Sachliche Kriterien für die Automatisierbarkeit	114
	4.3	Mensch-Computer-Interaktion		120
		4.3.1	Rollen-Modelle	120
		4.3.2	Kriterien der Aufgabengestaltung	123
		4.3.3	Computer Supported Cooperative Work (CSCW)	124
5	Modellierung betrieblicher Informationssysteme			127
	5.1	Methodische Grundlagen der Modellierung		128
	5.2	Datenorientierte Modellierungsansätze		138
		5.2.1	Entity-Relationship-Modell (ERM)	139
		5.2.2	Erweiterungen des ERM	147
		5.2.3	Strukturiertes Entity-Relationship-Modell (SERM)	153
		5.2.4	Spezielle Modellierungs- und Analyseeigenschaften des SERM	166
		5.2.5	Theoretische Grundlagen: Abhängigkeiten, Schlüssel und Normalformen	174
	5.3	Datenflussorientierte Modellierungsansätze		184
		5.3.1	Strukturierte Analyse (SA)	184
		5.3.2	Probleme der konventionellen Modellierung betrieblicher Informationssysteme	189
	5.4	Ein objekt- und geschäftsprozessorientierter Modellierungsansatz		191
		5.4.1	Das Semantische Objektmodell (SOM)	192
		5.4.2	Modellierung von Geschäftsprozessen in der SOM-Methodik	197
		5.4.3	Spezifikation von Anwendungssystemen in der SOM-Methodik	215

6	Integration von Aufgaben und Anwendungssystemen		231
	6.1	Integrationsmerkmale und Integrationskonzepte	231
		6.1.1 Zerlegung, Vernetzung und Integration von Aufgaben	231
		6.1.2 Integrationsziele	234
		6.1.3 Integrationskonzepte	237
		6.1.4 Aufgabenvernetzung und Integrationskonzepte	245
	6.2	Beispiele der Vernetzung und Integration von Aufgaben	246
		6.2.1 Kölner Integrationsmodell	246
		6.2.2 Y-Integrationsmodell	248
		6.2.3 Open System Architecture for CIM	251
	6.3	Enterprise Application Integration	254

Dritter Teil:
Aufgabenträgerebene betrieblicher Informationssysteme

7	Struktur und Funktionsweise von Rechnersystemen		259
	7.1	Datendarstellung	259
		7.1.1 Darstellung von Zeichen	260
		7.1.2 Codierung	261
		7.1.3 Darstellung von Zahlen	264
	7.2	Modelle von Rechnersystemen	268
		7.2.1 Maschine zur Berechnung von N Funktionen (MNF)	268
		7.2.2 Programmgesteuerte Maschine zur Berechnung von N Funktionen (PMNF)	270
		7.2.3 Universalrechenmaschine (URM)	272
		7.2.4 Busrechnersystem (BRS)	278
		7.2.5 Rechnerverbundsystem (RVS)	282
		7.2.6 Parallelrechnersystem (PRS)	285

	7.3	Virtuelle Betriebsmittel	288
		7.3.1 Virtueller Hauptspeicher	289
		7.3.2 Cache-Speicher	291
8	Programmierung		295
	8.1	Paradigmen der Programmierung	295
		8.1.1 Funktion und Funktionsberechnung	296
		8.1.2 Funktionsbeschreibungen	298
	8.2	Strukturmodelle von Programmen	307
		8.2.1 Nutzer- und Basismaschine	310
		8.2.2 ADK-Strukturmodell	313
		8.2.3 Datenabstraktion	315
		8.2.4 Abstrakter Datentyp	319
		8.2.5 Objekttyp	324
		8.2.6 Abstrakte Maschine	328
		8.2.7 Client-Server-System	330
	8.3	Imperative Programmierung	333
		8.3.1 Programme	333
		8.3.2 Elemente von Programmen	335
		8.3.3 Objekttypen	340
		8.3.4 Betriebsmittel	346
		8.3.5 Entwicklung von Programmen	350
	8.4	Deklarative Programmierung	352
		8.4.1 Programmierung analytischer Modelle	355
		8.4.2 Programmierung wissensbasierter Modelle	358
9	Systemsoftware		363
	9.1	Betriebssysteme	364
		9.1.1 Betriebsmittelverwaltung	364
		9.1.2 Prozessverwaltung	367

9.1.3	Betriebssysteme für verteilte Rechnersysteme	371
9.1.4	Ausgewählte Standardbetriebssysteme	374
9.2 Datenbanksysteme		378
9.2.1	Das relationale Datenbankmodell und die Sprache SQL	380
9.2.2	Architektur von Datenbanksystemen	390
9.2.3	Transaktionskonzept und Synchronisation paralleler Transaktionen	394
9.2.4	Wiederherstellung der Datenbasis	400
9.2.5	Ausgewählte relationale Datenbanksysteme	402
9.2.6	Erweiterte Datenbankkonzepte	403
9.3 Rechner-Rechner-Kommunikationssysteme		406
9.3.1	Das OSI-Referenzmodell	406
9.3.2	Das TCP/IP-Referenzmodell	409
9.4 User-Interface-Management-Systeme (UIMS)		411
9.4.1	Mensch-Computer-Kommunikation	412
9.4.2	Architektur und Komponenten von UIMS	413
9.4.3	Ausgewählte User-Interface-Management-Systeme	418
9.5 Middleware		419
9.5.1	Fernzugriff auf Datenbanksysteme	421
9.5.2	Object Request Broker	423
9.5.3	Anwendungsserver	425
9.5.4	Web-Services	427
9.5.5	Koordination von Web-Services	429

Vierter Teil:
Gestaltung und Betrieb von Informationssystemen

10	Informationsmanagement	433
	10.1 Begriffsbestimmung und Zielsetzung	433
	10.2 Informationsmanagement als betriebliche Aufgabe	436
	10.2.1 Aufgabenobjekte des Informationsmanagements	436
	10.2.2 Aufgabenziele des Informationsmanagements	438
	10.2.3 Strategische Aufgaben des IM	439
	10.2.4 Taktische Aufgaben des IM	441
	10.2.5 Operative Aufgaben des IM	444
	10.2.6 Aufgabenverantwortung im IM	444
	10.3 Methoden des Informationsmanagements	445
	10.3.1 Strategische Informationssystemplanung (SISP)	445
	10.3.2 IT-Governance	451
11	Entwicklung betrieblicher Anwendungssysteme	457
	11.1 Anwendungssysteme als maschinelle Aufgabenträger des betrieblichen Informationssystems	457
	11.2 Architektur betrieblicher Anwendungssysteme	461
	11.2.1 Verteilte Anwendungssysteme	461
	11.2.2 Softwarearchitektur verteilter Anwendungssysteme	463
	11.2.3 Softwarebausteine für verteilte Anwendungssysteme	465
	11.2.4 Granularitätsebenen von Softwarearchitekturen	468
	11.2.5 Ausgewählte Formen von Client-Server-Architekturen	469
	11.3 Systementwicklung als Aufgabe	474
	11.3.1 Aufgabenmodell der Systementwicklung	475
	11.3.2 Phasenorientiertes Lösungsverfahren der Systementwicklungsaufgabe	476
	11.3.3 Zerlegung des Aufgabenobjekts der Systementwicklungsaufgabe	482

11.3.4	Vorgehensmodelle für die Systementwicklung	484
11.3.5	Management von Systementwicklungsprojekten	486

Literaturverzeichnis	491
Stichwortverzeichnis	509

Abkürzungsverzeichnis

1NF	Erste Normalform
2NF	Zweite Normalform
3NF	Dritte Normalform
4NF	Vierte Normalform
ACID	Atomicity - Consistency - Isolation - Durability
ADK	Anwendungsteil - Datenverwaltungsteil - Kommunikationsteil
ADT	Abstrakter Datentyp
ALU	Arithmetic Logical Unit
ANSI/SPARC	American National Standards Institute / Standards Planning and Requirements Committee
AO	Aufgabenobjekt
API	Application Programming Interface
AR	Arbeitsrechner
ARIS	Architektur integrierter Informationssysteme
AS	Aufgabensachziel
ASCII	American Standard Code for Information Interchange
AT	Aufgabenträger
AVD	Anbahnung – Vereinbarung – Durchführung
AwS	Anwendungssystem
AX	Aufgabenexternes Formalziel
B2B	Business-to-Business
B2C	Business-to-Customer
BCNF	Boyce-Codd-Normalform
BDE	Betriebsdatenerfassung
Bit	Binary Digit
BM	Betriebsmittel
BOT	Begin of Transaction
BPEL	Business Process Execution Language (*siehe* WS-BPEL)
BRS	Busrechnersystem
BS	Betriebssystem
CAD	Computer Aided Design
CAM	Computer Aided Manufacturing
CD	Compact Disc
CIM	Computer Integrated Manufacturing

CIO	Chief Information Officer
CISC	Complex Instruction Set Computer
CLI	Call Level Interface
CMM	Capability Maturity Model
CMMI	Capability Maturity Model Integration
CNC	Computerized Numerical Control
COBIT	Control Objectives for Information and Related Technology
CORBA	Common Object Request Broker Architecture
CRM	Customer Relationship Management
CSCW	Computer Supported Cooperative Work
CSMA/CD	Carrier Sense Multiple Access / Collision Detection
CUA	Common User Access
DB	Datenbank
DBS	Datenbanksystem
DBVS	Datenbankverwaltungssystem
DCL	Data Control Language
DD	Data Dictionary
DDL	Datendefinitionssprache
DFD	Datenflussdiagramm
DML	Datenmanipulationssprache
DRL	Data Retrieval Language
DVD	*ursprünglich für:* Digital Versatile Disc
EAI	Enterprise Application Integration
EAN	European Article Number
eASCII	Extended American Standard Code for Information Interchange
EBCDIC	Extended Binary Coded Decimal Interchange Code
EDIFACT	Electronic Data Interchange for Administration, Commerce and Transport
EFTS	Electronic Funds Transfer System
EJB	Enterprise JavaBeans
EOT	End of Transaction
EPC	European Product Code
EPK	Ereignisgesteuerte Prozesskette
ER-Diagramm	Entity-Relationship-Diagramm
ERM	Entity-Relationship-Modell
ERP	Enterprise Resource Planning

ER-Symbol	Entity-Relationship-Symbol
ER-Typ	Entity-Relationship-Typ
E-Symbol	Entity-Symbol
E-Typ	Entity-Typ
EUS	Entscheidungsunterstützungssystem
FD	Functional Dependency
FIFO	First In First Out
FLOPS	Floating Point Operations per Second
FTS	Fahrerloses Transportsystem
FuE	Forschung und Entwicklung
GPS	Global Positioning System
GUI	Graphical User Interface
HIPO	Hierarchy of Input-Process-Output
HS	Hauptspeicher
HTML	Hypertext Markup Language
HTTP	Hypertext Transport Protocol
IAS	Interaktionsschema
IDL	Interface Definition Language
IKS	Informations- und Kommunikationssystem
IM	Informationsmanagement
IMAP	Internet Message Access Protocol
IP	Internet Protocol
IPC	Interprozesskommunikation
IRM	Information Resource Management
IS	Betriebliches Informationssystem
ISO	International Organization for Standardization
IT	Informationstechnologie
ITIL	IT Infrastructure Library
Java EE	Java Platform, Enterprise Edition
JSP	Java Server Pages
KIM	Kölner Integrationsmodell
KM	Konfigurationsmanagement
KOS	Konzeptuelles Objektschema
KOT	Konzeptueller Objekttyp
LAN	Local Area Network

LIFO	Last In First Out
LPC	Local Procedure Call
LRU	Least Recently Used
MAP	Manufacturing Automation Protocol
MCI	Mensch-Computer-Interface *bzw.* Mensch-Computer-Interaktion
MCK	Mensch-Computer-Kommunikation
MD	Multi-valued Dependency
MDE	Maschinendatenerfassung
MDI	Multiple Document Interface
MIMD	Multiple Instruction - Multiple Data
Mini-Spec	Mini-Spezifikation
MIPS	Million Instructions per Second
MISD	Multiple Instruction - Single Data
MMU	Memory Managing Unit
MNF	Maschine zur Berechnung von N Funktionen
MSS	Management Support System
MVC	Model - View - Controller
NC	Numerical Control
NSA	Nichtschlüsselattribut
NWBS	Netzwerkbetriebssystem
O/R-Mapping	Objekt/Relationales Mapping
ODBC	Open Database Connectivity
ODL	Object Definition Language
ODMG	Object Data Management Group der OMG
OIF	Object Interface Format
OLAP	Online Analytical Processing
OMA	Object Management Architecture
OMG	Object Management Group
OMT	Object Modeling Technique
ooDBS	Objektorientiertes Datenbanksystem
OOSA	Object-Oriented Systems Analysis
OOSE	Object-Oriented Software Engineering
OQL	Object Query Language
ORB	Object Request Broker

OSI	Open Systems Interconnection
PAC	Presentation - Abstraction - Control
PC	Personal Computer
PDA	Personal Digital Assistant
PDM	Produktdatenmanagement
PIN	Personal Identification Number
PM	Projektmanagement
PMNF	Programmgesteuerte Maschine zur Berechnung von N Funktionen
POP3	Post Office Protocol Version 3
POS	Point of Sale
PPS	Produktionsplanung und -steuerung
PRS	Parallelrechnersystem
QM	Qualitätsmanagement
RFID	Radio Frequency Identification
RISC	Reduced Instruction Set Computer
RPC	Remote Procedure Call
R-Symbol	Relationship-Symbol
R-Typ	Relationship-Typ
RVS	Rechnerverbundsystem
RW	Rechenwerk
SA	Strukturierte Analyse *bzw.* Schlüsselattribut
SAA	Systems Application Architecture
SADT	Structured Analysis and Design Technique
SCM	Supply Chain Management
SER-Diagramm	Strukturiertes Entity-Relationship-Diagramm
SERM	Strukturiertes Entity-Relationship-Modell
SIMD	Single Instruction - Multiple Data
SISD	Single Instruction - Single Data
SISP	Strategische Informationssystemplanung
SLI	Statement Level Interface
SMTP	Simple Mail Transfer Protocol
SOA	Service-oriented Architecture
SOAP	*ursprünglich für:* Simple Object Access Protocol
SOM	Semantisches Objektmodell

SQL	Structured Query Language
SSL	Storage Structure Language
SUP	Strategische Unternehmensplanung
SW	Steuerwerk
TCP	Transmission Control Protocol
UDDI	Universal Description, Discovery and Integration
UDM	Unternehmensweites Datenmodell
UIMS	User-Interface Management System
UKS	Unternehmensweites konzeptuelles Datenschema
UML	Unified Modeling Language
URI	Uniform Resource Information
URL	Uniform Resource Locator
URM	Universalrechenmaschine
VES	Vorgangs-Ereignis-Schema
V-Modell XT	Vorgehensmodell, Entwicklungsstandard für IT-Systeme des Bundes
V-Modell	Vorgehensmodell des Semantischen Objektmodells
VOS	Vorgangsobjektschema
VOT	Vorgangsobjekttyp
VR	Vermittlungsrechner
W3C	World Wide Web Consortium
WAN	Wide Area Network
WfMS	Workflow-Management-System
WS-BPEL	Web Services Business Process Execution Language
WS-CDL	Web Services Choreography Description Language
WSDL	Web Service Description Language
WWW	World Wide Web
XML	Extensible Markup Language
XP	eXtreme Programming

Erster Teil:
Grundlagen betrieblicher Informationssysteme

Nach einer Vorstellung wichtiger Grundkonzepte und Strukturierungsprinzipien des Buches (Kapitel 1) wird in Kapitel 2 anhand von Modellen betrieblicher Systeme der Gegenstand der Wirtschaftsinformatik herausgearbeitet. Hierzu wird zunächst auf Basis einer systemtheoretischen Sichtweise das betriebliche Informationssystem als Teilsystem eines betrieblichen Systems identifiziert. Anschließend wird die Lenkung der betrieblichen Leistungserstellung als die primäre Aufgabe des betrieblichen Informationssystems behandelt, welche auch in der Metapher „Informationssystem als Nervensystem der Unternehmung" zum Ausdruck kommt. Kapitel 3 stellt die Verbindung zwischen der Wirtschaftsinformatik und der Betriebswirtschaftslehre her. Ausgehend von einer Charakterisierung des Betriebs als System werden in Form des Objekt- und des Verrichtungsprinzips die elementaren Organisationsprinzipien für die Bildung betrieblicher Organisationsstrukturen vorgestellt. Bausteine dieser Organisationsstrukturen sind die betrieblichen Quer- und Hauptfunktionen, die aus dem Blickwinkel des betrieblichen Informationssystems behandelt werden.

1 Einführung

Gegenstand der Wirtschaftsinformatik sind Informationssysteme in Wirtschaft und Verwaltung. In einer ersten Begriffsbestimmung wird unter einem Informationssystem ein System verstanden, das Informationen verarbeitet, d. h. erfasst, überträgt, transformiert, speichert und bereitstellt. Der Einsatz in Wirtschaft und Verwaltung erstreckt sich über Industrie und Handel, Dienstleistungsunternehmen wie z. B. Banken und Versicherungen sowie öffentliche Betriebe und öffentliche Verwaltung. Mit zunehmender Vernetzung der Betriebe untereinander sowie mit privaten Haushalten und Behörden erweitert sich der Gegenstand der Wirtschaftsinformatik auf überbetriebliche Informationssysteme sowie deren Integration mit Informationssystemen der privaten Haushalte und der öffentlichen Verwaltung.

Die genannten Informationssysteme weisen in ihrem Aufbau und in ihrer Funktionsweise wichtige gemeinsame Eigenschaften auf. Sie werden daher im Hinblick auf die nachfolgende Darstellung in diesem Buch zusammenfassend als **betriebliche Informationssysteme (IS)** bezeichnet.

Betriebliche Informationssysteme werden hier in mehreren Sichten untersucht. Die Sichten beleuchten unterschiedliche Aspekte von IS und spannen folgende Dimensionen auf:

- Aufgabenebene und Aufgabenträgerebene von IS,
- Informationssystem und Anwendungssystem,
- Informationssystem und Lenkungssystem sowie
- Nutzermaschinen und Basismaschinen von Anwendungssystemen.

Diese Dimensionen werden nachstehend eingeführt. Anschließend wird die Verwendung des Begriffs Informationssystem in der Literatur beleuchtet.

AUFGABEN BETRIEBLICHER INFORMATIONSSYSTEME

Ein IS kann grundsätzlich zwei unterschiedliche Arten von Aufgaben erfüllen:

1. **Lenkung** eines Betriebs oder genauer, **der betrieblichen Leistungserstellung**. Unter Lenkung wird dabei eine permanente, zyklische Abfolge der Tätigkeiten Planung, Steuerung und Kontrolle verstanden. Das Lenken ist auf die Unternehmensziele auszurichten. Beispiele für diese Art von IS sind Produktionsplanungs- und -steuerungssysteme sowie Vertriebs- und Beschaffungs-Informationssysteme.

2. **Erstellung von Dienstleistungen,** sofern diese in Form von Informationen erbracht werden. In diesem Fall ist das IS selbst an der betrieblichen Leistungserstellung beteiligt. Als Beispiele sind Beratungsleistungen bei Banken und Versicherungen sowie die Erstellung von Architekturplänen von Architekten zu nennen.

AUFGABENEBENE UND AUFGABENTRÄGEREBENE BETRIEBLICHER INFORMATIONSSYSTEME

Der Begriff betriebliches Informationssystem wird in diesem Buch umfassend verstanden: Das IS eines Gegenstandsbereiches (eines Unternehmens, eines Unternehmensbereiches, einer Behörde) ist dessen gesamtes informationsverarbeitendes Teilsystem.

1 Einführung

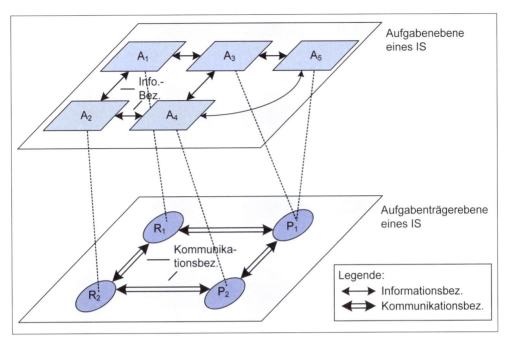

Bild 1-1: Aufgabenebene und Aufgabenträgerebene eines IS

Danach enthält ein IS folgende Komponenten (Bild 1-1):

- Eine Menge von **Informationsverarbeitungs-Aufgaben** $\{A_1, A_2,...\}$, die durch **Informationsbeziehungen** miteinander verbunden sind. Informationsverarbeitungs-Aufgaben sind (1) Lenkungsaufgaben, bestehend aus Teilaufgaben zur Planung, Steuerung und Kontrolle oder (2) Durchführungsaufgaben zur Erbringung von Dienstleistungen. Die Menge aller Informationsverarbeitungs-Aufgaben und Informationsbeziehungen bildet die **Aufgabenebene** eines IS.

- Eine Menge von **Aufgabenträgern**, die durch eine oder mehrere **Kommunikationsbeziehungen** miteinander verbunden sind. Aus Sicht der Wirtschaftsinformatik sind zwei Arten von Aufgabenträgern von Interesse: **maschinelle Aufgabenträger** $\{R_1, R_2,...\}$ (Rechner, Rechnersysteme) und **personelle Aufgabenträger** $\{P_1, P_2,...\}$ (Personen in der Rolle von Sachbearbeitern, Managern, Datenerfassern usw.)[1]. Kommunikationssysteme sind spezielle maschinelle Aufgabenträger für Übertragungs- und Speicherungsaufgaben. Die Menge aller Aufgabenträger bildet die **Aufgabenträgerebene** eines IS.

---

[1] Um gebräuchliche Begriffsbildungen weiter verwenden zu können, werden im Folgenden die Begriffe Rechner und Computer für maschinelle Aufgabenträger sowie Person und Mensch für personelle Aufgabenträger synonym verwendet. Funktionsbezeichnungen für personelle Aufgabenträger in weiblicher oder männlicher Form schließen stets die männliche bzw. weibliche Form mit ein.

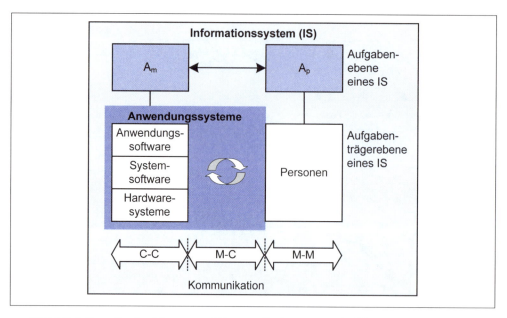

Bild 1-2: Informationsbeziehungen und Kommunikationssysteme im IS

Zwischen der Aufgaben- und der Aufgabenträgerebene eines IS bestehen Zuordnungsbeziehungen von Aufgaben zu Aufgabenträgern. Von Rechnern durchgeführte Aufgaben werden als **automatisiert**, von Personen durchgeführte Aufgaben als **nicht-automatisiert** bezeichnet. In Bild 1-1 werden z. B. die Aufgabe A_1 von Rechner R_1, die Aufgaben A_3 und A_5 von Person P_1 durchgeführt.

Eine Informationsbeziehung zwischen zwei Aufgaben mit unterschiedlichen Aufgabenträgern wird durch einen **Kommunikationskanal** zwischen den Aufgabenträgern realisiert. Die Kommunikationskanäle werden durch die jeweils verwendeten Kommunikationssysteme bereitgestellt (Bild 1-2). Man unterscheidet Kommunikationssysteme für

- die **Kommunikation C-C** zwischen Rechnern (z. B. lokale Rechnernetze),
- die **Kommunikation M-C** zwischen Person und Rechner (z. B. Bildschirm und Tastatur) und
- die **Kommunikation M-M** zwischen Personen (z. B. direkte Sprachkommunikation, Telefon oder Austausch handschriftlicher Notizen).

Rechner und Kommunikationssysteme für die Kommunikation C-C und M-C sind als Hardware-Systeme vor der Übernahme von Aufgaben um Programme (System- und Anwendungssoftware) zu erweitern. Ein erweitertes System wird als betriebliches Anwendungssystem bezeichnet. **Anwendungssysteme** sind speziell auf einzelne Aufgaben oder Aufgabenbereiche eines IS zugeschnitten. Sie bilden zusammen mit Perso-

1 Einführung

nen und Kommunikationssystemen für die M-M-Kommunikation die eigentliche Aufgabenträgerebene eines IS.

DISKURSWELT, OBJEKTSYSTEM UND TEILSYSTEME DES OBJEKTSYSTEMS

Jedes IS ist Teilsystem umfassenderer Systeme und enthält selbst wiederum Teilsysteme. Die Bildung von Teilsystemen kann dabei auf unterschiedlichen Abgrenzungskriterien beruhen. Bild 1-3 zeigt die für dieses Buch grundlegenden Arten von Teilsystemen.

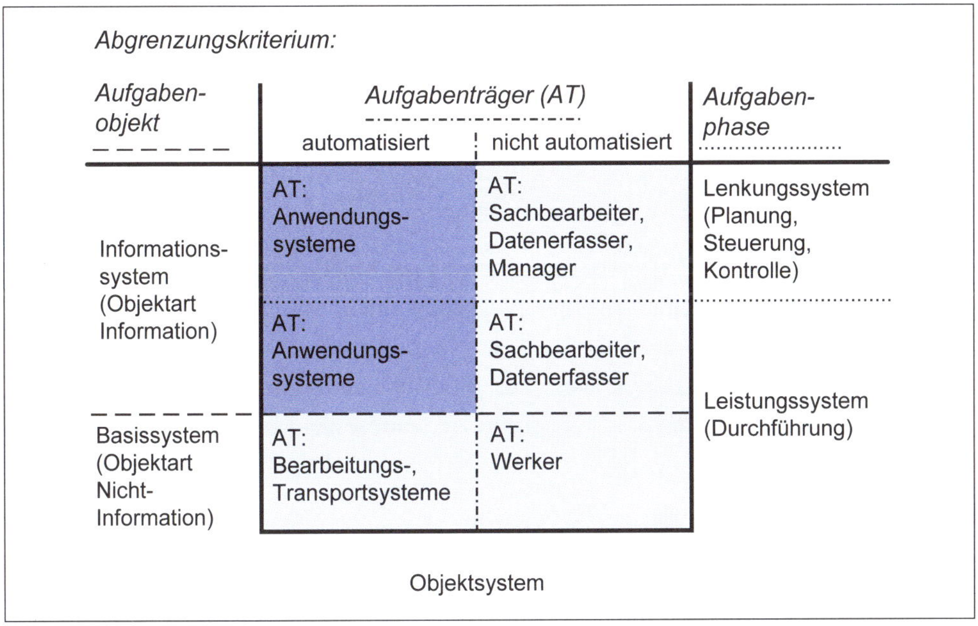

Abgrenzungskriterium:			
Aufgaben-objekt	Aufgabenträger (AT)		Aufgaben-phase
	automatisiert	nicht automatisiert	
Informations-system (Objektart Information)	AT: Anwendungs-systeme	AT: Sachbearbeiter, Datenerfasser, Manager	Lenkungssystem (Planung, Steuerung, Kontrolle)
	AT: Anwendungs-systeme	AT: Sachbearbeiter, Datenerfasser	Leistungssystem (Durchführung)
Basissystem (Objektart Nicht-Information)	AT: Bearbeitungs-, Transportsysteme	AT: Werker	
Objektsystem			

Bild 1-3: Abgrenzung von Teilsystemen des Objektsystems

Ausgangspunkt ist die betriebliche **Diskurswelt**. Diese stellt den zu betrachtenden, relevanten Ausschnitt der betrieblichen Realität dar, der zweckorientiert abgegrenzt wird. Der nicht zur Diskurswelt gehörige Teil der Realität wird als **Umwelt** bezeichnet. Die Diskurswelt besteht aus einer Menge untereinander in Beziehung stehender Objekte, die als **Diskursweltobjekte** bezeichnet werden und zunächst nicht näher spezifiziert sind. Um einen Austausch zwischen Diskurswelt und Umwelt zu ermöglichen, stehen Diskursweltobjekte außerdem mit Objekten der Umwelt in Beziehung. Diese stellen den Kontakt zur Umwelt dar und werden als **Umweltobjekte** bezeichnet. Die Diskursweltobjekte, die zugehörigen Umweltobjekte und die Beziehungen zwischen diesen Objekten bilden zusammen das betriebliche **Objektsystem**.

Innerhalb des Objektsystems werden nun Teilsysteme anhand unterschiedlicher Abgrenzungskriterien gebildet:

- *Objektprinzip*: Das Objektprinzip differenziert Teilsysteme nach der im jeweiligen Teilsystem auftretenden Beziehungsart. Dabei wird zwischen den Beziehungsarten *Information* und *Nicht-Information* unterschieden. Zu letzterer gehören alle physischen Beziehungsarten, wie materielle Güterflüsse, Energieflüsse, Zahlungsflüsse und Flüsse von physischen Dienstleistungen (z. B. ärztliche Behandlungen). Das die Beziehungsart Information unterstützende Teilsystem eines Objektsystems wird als **Informationssystem**, das die Beziehungsart Nicht-Information unterstützende Teilsystem als **Basissystem** bezeichnet.

- *Phasenprinzip*: Das Phasenprinzip differenziert Teilsysteme für die *Leistungserstellung* (Phase Durchführung) und für die *Lenkung der Leistungserstellung* (Phasen Planung, Steuerung und Kontrolle). Man spricht von einem **Lenkungssystem** und einem **Leistungssystem**. Die Abgrenzung nach dem Phasenprinzip beruht auf dem Regelkreisprinzip, wobei dem Lenkungssystem die Rolle des Reglers, dem Leistungssystem die der Regelstrecke zukommt.

- *Aufgabenträger*: Die Differenzierung nach maschinellen und personellen Aufgabenträgern führt zur Unterscheidung zwischen einem **automatisierten Teilsystem** und einem **nicht-automatisierten Teilsystem** des Objektsystems. Zusätzlich zu den maschinellen Aufgabenträgern des IS (Anwendungssysteme) werden maschinelle Aufgabenträger des Basissystems (Bearbeitungsmaschinen, Transportsysteme usw.) berücksichtigt.

Informationssystem und Basissystem sowie Lenkungssystem und Leistungssystem umfassen automatisierte und nicht-automatisierte Teile des Objektsystems. Falls das Leistungssystem keine Informationen enthaltende Dienstleistungen produziert, fallen Informationssystem und Lenkungssystem sowie Basissystem und Leistungssystem zusammen. Unter dem Blickwinkel der Abgrenzung nach dem Phasenprinzip treten Anwendungssysteme somit im Bereich des Lenkungssystems und im Bereich des Leistungssystems als maschinelle Aufgabenträger für automatisierte Aufgaben des IS auf.

Informationsbeziehungen zwischen einer automatisierten Aufgabe A_m des Anwendungssystems und einer nicht-automatisierten Aufgabe A_p des Informationssystems sowie zwischen A_m und einer nicht-automatisierten Aufgabe des Basissystems werden auf der Aufgabenträgerebene über die Mensch-Computer-Kommunikationsschnittstellen eines Anwendungssystems realisiert (Bild 1-2). Hierzu werden z. B. Bildschirm und Tastatur eingesetzt. Die Informationsbeziehungen zwischen automatisierten Aufgaben des IS und automatisierten Aufgaben des Basissystems werden auf der Aufgabenträgerebene über spezielle Aktoren und Sensoren von Anwendungssystemen realisiert.

ABGRENZUNG UNTERSCHIEDLICHER ARTEN VON LENKUNGSSYSTEMEN

Zur Abgrenzung unterschiedlicher Arten von Lenkungssystemen werden zwei Kriterien verwendet. Das Kriterium *Zeitpunkt der Lenkung* bezieht sich auf die Eingriffszeitpunkte eines Lenkungssystems auf das zu lenkende Objekt. Danach werden zwei Arten von Lenkung unterschieden:

- Bei **zeitkontinuierlicher Lenkung** wirkt das Lenkungssystem stetig oder in kurzen, konstanten Zeitabständen auf das zu lenkende Objekt ein. Zeitkontinuierliche Lenkungssysteme werden als **Prozessführungssysteme** bezeichnet. Beispiele hierfür sind Systeme zur Lenkung technischer Prozesse, wie z. B. in verfahrenstechnischen Anlagen, Kraftwerken, Werkzeugmaschinen oder Flugzeugen.

- Bei **zeitdiskreter Lenkung** greift das Lenkungssystem in diskreten, variablen Zeitabständen auf das zu lenkende Objekt ein. Zeitdiskrete Lenkungssysteme heißen **Transaktionssysteme**.

Das zweite Kriterium differenziert Lenkungssysteme nach der Art der verfolgten Aufgabenziele:

- **Betriebswirtschaftliche Ziele** orientieren sich an der Knappheit von Gütern (z. B. wirtschaftlicher Umgang mit Ressourcen, Sicherstellung des güter-geldwirtschaftlichen Kreislaufs).

- **Technische Ziele** beziehen sich auf technische Merkmale der Leistungserstellung eines Betriebs (z. B. Erzeugung der Energieleistung durch ein Kraftwerk, Produktion technisch funktionsfähiger Kraftfahrzeuge).

Die Kombination der beiden Abgrenzungskriterien führt zu der in Bild 1-4 dargestellten Systematik. Gegenstand der Wirtschaftsinformatik sind primär die auf betriebswirtschaftliche Ziele ausgerichteten Lenkungssysteme. **Betriebswirtschaftlich orientierte Transaktionssysteme** lenken die Leistungserstellung im Rahmen der laufenden Geschäftsprozesse. Beispiele hierfür sind die bereits eingangs genannten Produktionsplanungs- und -steuerungssysteme sowie Vertriebs- und Beschaffungs-Informationssysteme. Aufgabe der **betriebswirtschaftlich orientierten Führungssysteme** ist das Management des Betriebs und damit die Gestaltung und Lenkung der Geschäftsprozesse.

Zeitpunkt der Lenkung	Aufgabenziele	
	betriebswirtschaftliche Ziele	technische Ziele
zeitdiskrete Lenkung	betriebswirtschaftlich orientierte Transaktionssysteme	technisch orientierte Transaktionssysteme
zeitkontinuierliche Lenkung	betriebswirtschaftlich orientierte Führungssysteme	technisch orientierte Prozessführungssysteme

Bild 1-4: Abgrenzung von Lenkungssystemen

Technisch orientierte Transaktionssysteme sind z. B. CAD-Systeme (CAD = Computer Aided Design). Diese Systeme sind aufgrund ihres technischen Anwendungshintergrundes nicht primärer Gegenstand der Wirtschaftsinformatik. Betriebswirtschaftlich orientierte und technisch orientierte Transaktionssysteme sind allerdings in der Regel nicht scharf abgrenzbar, da sich ihre Aufgabenbereiche vielfach überlappen. Aufgrund dieser Überlappung ist eine Integration der beiden Systemarten notwendig, wie sie z. B. im CIM-Ansatz (CIM = Computer Integrated Manufacturing) durchgeführt wird. Die Integrationsaufgabe wird ebenfalls von der Wirtschaftsinformatik wahrgenommen.

Technische Prozessführungssysteme unterscheiden sich in Aufbau und Funktionsweise von Transaktionssystemen. Unterschiede bestehen z. B. bei den Realzeitanforderungen und bei der Kopplung von Lenkungs- und Leistungssystem. Technische Prozessführungssysteme sind daher nach gängiger Auffassung nicht Gegenstand der Wirtschaftsinformatik.

ENTWICKLUNG BETRIEBLICHER ANWENDUNGSSYSTEME

Die Sicht auf Aufgaben und Aufgabenträger eines IS bestimmen die Teile II bzw. III dieses Buches. In Teil IV werden Fragen der Gestaltung und des Betriebs von IS behandelt. Diese umfassen das Management betrieblicher Informationssysteme, wiederum differenziert nach Aufgaben- und Aufgabenträgerebene, sowie innerhalb der Aufgabenträgerebene die Systementwicklung betrieblicher Anwendungssysteme. Letztere stellt eine weitere zentrale Aufgabe der Wirtschaftsinformatik dar.

Gegenstand der Systementwicklung ist die Abbildung der zu automatisierenden Aufgaben eines IS auf verfügbare Rechner- und Kommunikationssysteme. Anwendungssysteme stellen somit spezifische „höhere" Aufgabenträger für diese Aufgaben dar. Bei der Entwicklung von Anwendungssystemen werden die Lösungsverfahren der zu automatisierenden Aufgaben in Form von Nutzermaschinen spezifiziert, Rechner- und Kommunikationssysteme in Form von Basismaschinen. Ein Anwendungsprogramm

(Anwendungssoftware) realisiert eine oder mehrere Nutzermaschinen mithilfe einer oder mehrerer Basismaschinen. Im Allgemeinen erfolgt die Abbildung über mehrere Schichten von Anwendungs- und Systemsoftware (zu Details siehe Abschnitt 8.2 und Kapitel 9).

Bild 1-5 zeigt die Einordnung der Systementwicklung als Bindeglied zwischen der Aufgabenebene und der Aufgabenträgerebene eines IS. Gleichzeitig werden anhand von Bild 1-5 unterschiedliche Berufsbilder der Wirtschaftsinformatik mit ihren fachlichen Bezügen deutlich: die „top-down-orientierte" **Anwendersicht** auf das IS und die zur Automatisierung von Aufgaben eingesetzten Anwendungssysteme sowie die „bottom-up-orientierte" **Entwicklersicht** auf Rechner- und Kommunikationssysteme und die darauf operierenden Anwendungssysteme.

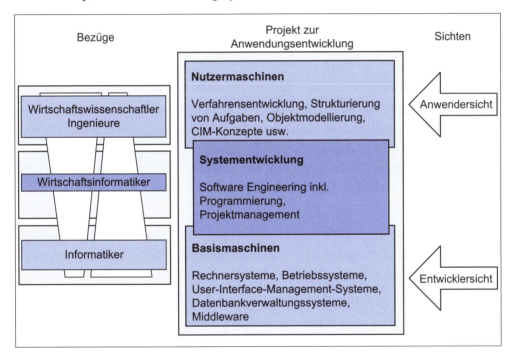

Bild 1-5: Systementwicklung

DER BEGRIFF INFORMATIONSSYSTEM

Der Begriff Informationssystem wird in der Literatur zur Wirtschaftsinformatik unterschiedlich interpretiert. Dies resultiert aus der mehrdeutigen Verwendung des Begriffs Information als Tätigkeit („Informieren") oder als Objektart („Informationsverarbeitung"). Einige Beispiele mögen dies verdeutlichen:

- Bei STAHLKNECHT und HASENKAMP werden Informationssysteme im Sinne von Führungsinformationssystemen verstanden. Sie dienen dazu, Führungskräften

(Managern) die für den Führungsprozess relevanten Informationen rechtzeitig und in geeigneter Form zur Verfügung zu stellen [StHa05, 382]. Ein Informationssystem ist hier Teil eines Anwendungssystems, wobei innerhalb dieses Anwendungssystems, korrespondierend mit dem Phasenprinzip, die Informationsbereitstellung betont wird.

- Eine ähnliche Sicht findet sich bei MERTENS [Mer07] sowie MERTENS und GRIESE [MeGr02], wo im Vergleich zu frühen Auflagen der Begriff Informationssystem vermieden wird und statt dessen operative Systeme (Administrations- und Dispositionssysteme) sowie Planungs- und Kontrollsysteme als Teilsysteme zur integrierten Informationsverarbeitung im Einklang mit dem Phasenprinzip abgegrenzt werden.

- SCHEER [Sche98, 4] verwendet den Begriff Informationssystem als Oberbegriff für Administrations-, Dispositions-, Management-Informations- und Planungssysteme. Eine explizite Einbeziehung des nicht-automatisierten Teils ist allerdings nicht erkennbar.

- Bei HANSEN und NEUMANN [HaNe05, 84] besteht ein betriebliches Informationssystem „aus Menschen und Maschinen, die Informationen erzeugen und/oder benutzen und die durch Kommunikationsbeziehungen miteinander verbunden sind". Es „unterstützt die Leistungsprozesse und Austauschbeziehungen innerhalb eines Betriebs sowie zwischen dem Betrieb und seiner Umwelt".

- HEINRICH, HEINZL und ROITHMAYR [HHR07, 3ff] verwenden den Begriff Informations- und Kommunikationssystem im Sinne eines Mensch-Aufgabe-Technik-Systems, das aus Aufgabensicht umfassend abgegrenzt ist und sowohl automatisierte als auch nicht-automatisierte Teilsysteme einbezieht.

- Nach LAUDON, LAUDON und SCHODER [LLS06, 31] umfasst ein Informationssystem neben Anwendungssystemen auch Organisationsstrukturen und Menschen. Ein Informationssystem ist daher ein „betriebsindividuelles System, d. h. es wird für die in diesem Betrieb gegebenen spezifischen organisatorischen und personellen Rahmenbedingungen geschaffen".

- KURBEL [Kurb08, 4] definiert: „An *information system (IS)* is a computer-based system that processes inputted information or data, stores information, retrieves information, and produces new information to solve some task automatically or to support human beings in the operation, control, and decision making of organization".

- Bei GROCHLA [Gro75] werden unter einem Informationssystem ebenfalls die automatisierten und nicht-automatisierten informationsverarbeitenden Teilsysteme zusammengefasst. Zusätzlich wird hier bereits die regelungstechnische Betrachtung eingeführt. Informationssysteme werden dabei mit Lenkungssystemen gleichgesetzt.

In diesem Buch wird der Begriff Information im Sinne von Objektart verstanden. Informationssysteme verarbeiten die Objektart Information. Betriebliche Informationssysteme dienen der Lenkung betrieblicher Prozesse oder erstellen Dienstleistungen in Form von Informationen.

2 Modelle betrieblicher Systeme

2.1 Systemtheoretische Grundlagen

Betriebliche Informationssysteme (IS) bestehen aus einer Vielzahl unterschiedlicher Komponenten. Hierzu gehören auf der Aufgabenebene Informationsverarbeitungs-Aufgaben und Informationsbeziehungen zwischen den Aufgaben, auf der Aufgabenträgerebene Personen und Anwendungssysteme. Letztere beinhalten wiederum Programme, Rechner und Kommunikationssysteme. Zur ganzheitlichen Analyse und Beschreibung des Aufbaus und der Funktionsweise von Informationssystemen bedarf es eines allgemein verwendbaren methodischen Rahmens, wie er in Form der **allgemeinen Systemtheorie** gegeben ist.

Ziel der allgemeinen Systemtheorie ist es, eine einheitliche Methodik und Terminologie für die Erfassung, Beschreibung und Untersuchung unterschiedlichster Systemklassen bereitzustellen. Sie konzentriert sich dabei auf die gleichartigen Eigenschaften dieser Systeme. Im Mittelpunkt stehen komplexe Strukturen und Ursache-Wirkungs-Zusammenhänge, die einer ganzheitlichen und kybernetischen[2] Betrachtungsweise unterzogen werden. Die allgemeine Systemtheorie stellt eine generalisierte, auf unterschiedlichste Disziplinen anwendbare Theorie dar, die in den einzelnen Wissenschaftsbereichen in spezieller Weise ausgefüllt und konkretisiert wird.

2.1.1 Grundbegriffe der allgemeinen Systemtheorie

Informal wird unter einem System eine Menge von Komponenten verstanden, die miteinander in Beziehung stehen. Weder über die Komponenten noch über die Art der Beziehungen ist zunächst etwas ausgesagt. So können die Komponenten selbst wiederum Mengen von Komponenten und damit Systeme sein, die Beziehungen können dauerhaft oder temporär sein usw. Der informale Systembegriff ist zu wenig operabel, um ihn nutzbringend auf komplexe Systeme anwenden zu können. Im Folgenden werden daher einige formale Systemdefinitionen vorgestellt, die unterschiedliche Sichtweisen und Spezialisierungen des Systembegriffs wiedergeben (vgl. [MeTa75], [Fers79] und [Gun85]).

---

[2] Kybernetik ist die Wissenschaft von der Steuerung und Regelung von Systemen in Biologie, Technik sowie Sozial- und Wirtschaftswissenschaften.

ALLGEMEINES SYSTEM

Sei $I \neq \emptyset$ eine beliebige Indexmenge und $V = \{V_i: i \in I\}$ eine Familie von nicht-leeren Mengen. Ein allgemeines System S^G ist definiert als Relation über den Mengen V_i,

$$S^G \subseteq \underset{i \in I}{\times} V_i \,.$$

Die in S^G auftretenden Mengen V_i werden als **Systemkomponenten**, die Menge V als **Systemträgermenge** bezeichnet. Die Menge der in S^G enthaltenen Tupel von Elementen aus V_i definiert das **Verhalten** des Systems. Die Menge

$$R^G \subseteq \{(V_i, V_j): i, j \in I \wedge i \neq j\}$$

heißt **Struktur** des allgemeinen Systems und beschreibt diese anhand von paarweisen Beziehungen zwischen Systemkomponenten. Die Projektion

$$S^G \rightarrow V_i \times V_j$$

beschreibt das Verhalten des Strukturelements (V_i, V_j).

Die Systemkomponenten können selbst wiederum Systeme darstellen. In diesem Fall wird eine Systemkomponente $V_i = \{V_{ij}: j \in J\}$ als Familie von nicht-leeren Mengen interpretiert. Die Relation über den Mengen V_{ij}

$$S^{Gi} \subseteq \underset{j \in J}{\times} V_{ij}$$

heißt **Teilsystem** von S^G. Dabei muss S^{Gi} kompatibel zur Projektion $S^G \rightarrow V_i$ sein.

Beispiel 2-1:

Nachfolgend sind drei Beispiele eines allgemeinen Systems dargestellt:

a) Ampelgeregelte Kreuzung (Bild 2-1): Das System1 besteht aus vier Verkehrsampeln (Systemkomponenten), die durch die Mengen $V_A = V_B = V_C = V_D = \{rot, gelb, grün, rot/gelb\}$ dargestellt werden. Die Systemrelation $S^G \subseteq V_A \times V_B \times V_C \times V_D$ wird in Form der nachstehenden Tabelle beschrieben. Man beachte, dass z. B. die Kombinationen (rot, rot, rot, rot) und (grün, grün, grün, grün) nicht zum Verhalten des Systems gehören. Die Systemstruktur1 $R^G = \{(V_A, V_B), (V_B, V_C), (V_C, V_D), (V_D, V_A), (V_A, V_C), (V_B, V_D)\}$ enthält die paarweisen Beziehungen zwischen gleichgeschalteten und gegengeschalteten Verkehrsampeln.

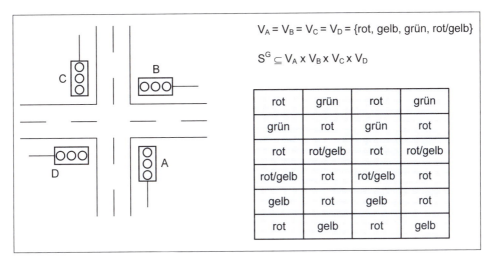

Bild 2-1: Ampelgeregelte Kreuzung als allgemeines System

b) Der Kundenbestand eines Unternehmens (Bild 2-2) kann als System über Wertebereichen von Attributen dargestellt werden. Als relevante Attribute werden *KundNr, Name, PLZ, Ort* und *Saldo* gewählt. Für jedes Attribut wird die Menge der zulässigen Werte in Form eines Wertebereichs (Domäne) angegeben. Zum Beispiel ist der Wertebereich von *PLZ* die Menge dom(*PLZ*) = {01000, 01001, ..., 99999}. Das Systemverhalten ist in Form der Tabelle *Kunde* dargestellt. Es enthält den jeweils aktuellen Kundenbestand, wobei jeder Kunde durch eine Zeile beschrieben wird. Es können jederzeit Zeilen hinzugefügt, geändert oder gelöscht werden. Jede dieser Modifikationen bedeutet eine Veränderung des Systemverhaltens und damit des Systems. Die Struktur des Systems wird durch die Menge R^G = {(*KundNr,Name*), (*KundNr,PLZ*), (*KundNr,Ort*), (*KundNr,Saldo*)} beschrieben und gibt die funktionalen Abhängigkeiten zwischen den Attributen wieder (siehe Abschnitt 5.2.5).

$$S^G \subseteq dom(KundNr) \times dom(Name) \times dom(PLZ) \times dom(Ort) \times dom(Saldo)$$

Kunde				
KundNr	Name	PLZ	Ort	Saldo
1001	Huber KG	80335	München	1300.00
1010	Meier Josef	96050	Bamberg	965.30
1012	Schulze oHG	56070	Koblenz	732.90

Bild 2-2: Kundenbestand eines Unternehmens als allgemeines System

c) Das dritte Beispiel zeigt einen Ausschnitt aus der Datenstruktur eines Handelsunternehmens als allgemeines System (Bild 2-3). Die Systemkomponenten (Teilsysteme) sind Tabellen zu *Kunde*, *AuftrKopf*, *AuftrPos* und *Artikel*, die analog zu (b) aufgebaut sind. Die Struktur des Systems ist durch die Menge R^G = {(*Kunde, AuftrKopf*), (*AuftrKopf, AuftrPos*), (*Artikel, AuftrPos*)} gegeben. Im vorliegenden Fall besagt die graphische Notation der Strukturelemente außerdem, dass ein Kunde (*Kunde*) mit null bis beliebig vielen („*") Aufträgen (*AuftrKopf*) in Beziehung steht. Zu einem Auftragskopf gehört mindestens eine Auftragsposition (*AuftrPos*) usw. Umgekehrt bezieht sich ein Auftragskopf auf genau einen Kunden, eine Auftragsposition auf genau einen Auftragskopf und genau einen Artikel (siehe Abschnitt 5.2.3). Das System S^G besteht aus einer Relation über den Teilsystemen *Kunde, AuftrKopf, AuftrPos* und *Artikel*.

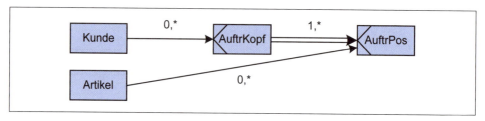

Bild 2-3: Datenstruktur als allgemeines System

Beispiel

INPUT-OUTPUT-SYSTEM

Die Indexmenge I wird nun in zwei Teilmengen I_{in} und I_{out} zerlegt. Auf der Basis dieser Zerlegung wird über der Mengenfamilie $V = \{V_i : i \in I\}$ eine Eingabemenge IN und eine Ausgabemenge OUT gebildet:

$$IN = \underset{i \in I_{in}}{X} V_i, \qquad OUT = \underset{i \in I_{out}}{X} V_i, \qquad I = I_{in} \cup I_{out}, \qquad I_{in} \cap I_{out} = \emptyset.$$

Das System $S^{IO} \subseteq IN \times OUT$ heißt **Input-Output-System**.

Input-Output-Systeme dienen zur Beschreibung von Black-Boxes, deren innere Struktur unbekannt oder irrelevant ist. Die Beschreibung des Systems erfolgt ausschließlich über die Beziehung zwischen Eingabemenge und Ausgabemenge.

Ist S^{IO} funktional, d. h. gilt $S^{IO}: IN \rightarrow OUT$, so liegt ein funktionales **Input-Output-System** vor. Ein nicht-funktionales Input-Output-System kann ggf. durch Zuordnung einer Parametermenge P in eine funktionale Form überführt werden. Ein derart **parametrisiertes Input-Output-System** $S^{IOP} \subseteq IN \times P \times OUT$ wird funktional bezüglich $S^{IOP}: IN \times P \rightarrow OUT$ und verhaltensgleich mit S^{IO} bezüglich IN und OUT definiert.

Eine weitere Form eines nicht-funktionalen Input-Output-Systems ist das stochastische Input-Output-System. Sei W eine Menge von Wahrscheinlichkeitsmaßen über OUT. Die Abbildung $S^{IOW}: IN \rightarrow W$ heißt **stochastisches Input-Output-System**. S^{IOW} ordnet jedem in $\in$ IN ein bedingtes Wahrscheinlichkeitsmaß über OUT zu. S^{IOW} beschreibt somit wahrscheinliche Reaktionen out $\in$ OUT eines Input-Output-Systems auf einen vorgegebenen Input in $\in$ IN.

Beispiel 2-2:

Ein einfaches Beispiel für ein funktionales Input-Output-System ist das Polynom

$f: \Re \to \Re, y = x^2 + x + 1$.

Ein weiteres Beispiel für ein funktionales Input-Output-System ist ein Computerprogramm, das die Saldensumme der Forderungen einer Menge von Kunden berechnet. Die Eingabemenge IN ist die Menge aller möglichen Kundentabellen (eine Kundentabelle ist in Beispiel 2-1b dargestellt), die Ausgabemenge OUT besteht aus der Menge $\Re$ der reellen Zahlen. IN und OUT werden durch die Funktion S^{IO} verknüpft.

ZUSTANDSRAUM-SYSTEM

Das Zustandsraum-System betrachtet eine Menge Z von Zuständen sowie Übergänge zwischen diesen Zuständen. Die Übergänge werden durch die Relation

$S^Z \subseteq Z \times Z$

beschrieben. Falls S^Z funktional ist, handelt es sich um ein **deterministisches System**. Ein **stochastisches System** S^{ZW} wird anhand einer Menge W von Wahrscheinlichkeitsmaßen über Z beschrieben:

$S^{ZW}: Z \to W$

S^{ZW} ordnet jedem $z \in Z$ ein bedingtes Wahrscheinlichkeitsmaß über Z zu und beschreibt damit wahrscheinliche Folgezustände von Z.

Beispiel 2-3:

Die Elemente der Systemrelation der ampelgeregelten Kreuzung aus Beispiel 2-1a werden nun als Zustände z_1 bis z_6 eines Zustandsraum-Systems für das Ampel-System interpretiert:

z_1 = (rot,   grün,   rot,   grün)
z_2 = (grün,   rot,   grün,   rot)
z_3 = (rot,   rot/gelb, rot,   rot/gelb)
z_4 = (rot/gelb, rot,   rot/gelb, rot)
z_5 = (gelb,   rot,   gelb,   rot)
z_6 = (rot,   gelb,   rot,   gelb)

Zulässige Übergänge des Ampelsystems werden im Zustandsraum-System deterministisch durch die Relation

$S^Z = \{(z_1, z_6), (z_6, z_4), (z_4, z_2), (z_2, z_5), (z_5, z_3), (z_3, z_1)\}$

beschrieben.

ENDLICHE AUTOMATEN

Endliche Automaten bilden eine weitere Spezialisierung des allgemeinen Systems. Sie vereinigen die Eigenschaften von Input-Output- und Zustandsraum-System. Es handelt sich dabei um Systeme mit einer endlichen Menge von Zuständen, die ihren Vorzustand aufgrund eines Stimulus (Eingabe) ändern, dabei in einen Nachzustand übergehen und eine Reaktion (Ausgabe) erzeugen.

   IN: Menge der Stimuli (Eingabewerte)

   OUT: Menge der Reaktionen (Ausgabewerte)

   Z: Endliche Zustandsmenge

Ein **endlicher Automat** ist ein System $S^A = (R_1, R_2)$ über den Mengen IN, OUT und Z. Zur Unterscheidung von Vor- und Nachzuständen des endlichen Automaten werden die Zeitindizes *vor* und *nach* eingeführt. Bezüglich der Zustandsmengen gilt

$Z = Z_{vor} = Z_{nach}$.

Die Relationen

$R_1 \subseteq IN \times Z_{vor} \times Z_{nach}$ und

$R_2 \subseteq IN \times Z_{vor} \times OUT$

sind im Allgemeinen Funktionen auf $IN \times Z$, d. h.

$R_1: IN \times Z_{vor} \rightarrow Z_{nach}$ und

$R_2: IN \times Z_{vor} \rightarrow OUT$.

Die Funktion R_1 wird als Überführungsfunktion, die Funktion R_2 als Ausgabefunktion bezeichnet.

Bei der beschriebenen Form eines endlichen Automaten handelt es sich um einen *Mealy-Automaten*, bei dem die Ausgabe mit dem Zustandsübergang assoziiert wird. Im Gegensatz dazu hängt bei einem *Moore-Automaten* die Ausgabe ausschließlich vom aktuellen Zustand ab.

Beispiel 2-4:

Ein Beispiel für einen endlichen Automaten ist eine einfache Lagerbuchführung für einen bestimmten Artikel:

   IN: Informationen über Zu- und Abgänge

   OUT: Informationen über Lagerbestände

   Z: Informationen über Lagerbestände

2.1 Systemtheoretische Grundlagen

R_1 ist durch die Funktion z_{nach} = in + z_{vor}, R_2 durch die Funktion out = in + z_{vor} gegeben.

Beispiel

Handelt es sich um einen endlichen Automaten mit einer diskreten Zustandsmenge und einer relativ kleinen Anzahl von Zuständen, so kann das Verhalten des Automaten in Form eines Zustandsraum-Systems beschrieben werden. Bei grafischer Darstellung stellen Knoten die Zustände, Kanten die Übergänge zwischen Zuständen dar. Die Kanten sind mit dem Eingabewert, der den Zustandsübergang bewirkt, und dem Ausgabewert, den der Zustandsübergang erzeugt, in Form eines Tupels (Eingabewert / Ausgabewert) beschriftet.

Beispiel 2-5:

Ein Fahrstuhl in einem dreistöckigen Gebäude fährt die Stockwerke Keller (K), Erdgeschoss (E) und Dachgeschoss (D) an. Die Fahrstuhlsteuerung erhält als Eingabewerte die Anforderungssignale aus einem oder mehreren der drei Stockwerke in Form einer 3-stelligen Bitfolge (siehe Abschnitt 7.1.2; z. B. 100 für eine Anforderung aus dem Keller, 011 für eine Anforderung aus Erdgeschoss und Dachgeschoss). Höchste Priorität hat immer die Anforderung aus dem Stockwerk, in dem sich der Fahrstuhl gerade befindet. Liegen Anforderungen aus einem höheren und einem niedrigeren Geschoss vor, so hat diejenige Anforderung Priorität, die in der momentanen Fahrtrichtung des Fahrstuhls liegt. Nach Erreichen eines Fahrziels hält der Fahrstuhl, löscht die erfüllte Anforderung und überprüft die verbleibenden sowie ggf. neue Anforderungen. Liegt aktuell keine Anforderung vor, so bleibt der Fahrstuhl im jeweiligen Stockwerk stehen.

Abends wird der Fahrstuhl ausgeschaltet. Dazu muss sich der Fahrstuhl im Keller befinden. Das morgendliche Einschalten des Fahrstuhls quittiert die Fahrstuhlsteuerung mit einem Signalton. Die Fahrstuhlsteuerung verfügt über ein Display, das anzeigt, welches Stockwerk der Fahrstuhl als nächstes anfährt bzw. in welchem Stockwerk sich der Fahrstuhl befindet.

Bild 2-4 zeigt das Verhalten des Fahrstuhls in Form eines Zustandsraum-Systems. Es werden der Zustand *aus* sowie Betriebszustände für die einzelnen Stockwerke unterschieden. *Erdgeschoss* wird in Form von zwei Zuständen gemäß der aktuellen Fahrtrichtung dargestellt.

Die Verhaltensbeschreibung in Bild 2-4 kann leicht auf Vollständigkeit überprüft werden: Mit einer 3-stelligen Bitfolge lassen sich 2^3 = 8 Ausprägungen von Eingabewerten unterscheiden. Die Bitfolge (0,0,0) bedeutet *keine Anforderung* und bewirkt daher keinen Zustandsübergang. Die verbleibenden sieben Eingabewerte müssen für jeden Betriebszustand definiert sein.

Beispiel

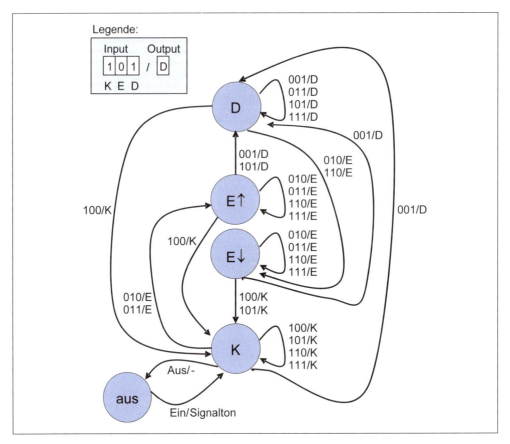

Bild 2-4: Fahrstuhl als Zustandsraum-System

REALE SYSTEME

Die bisher betrachteten Systeme bauen auf den abstrakten, mathematischen Begriffen Menge und Relation auf. Sie stellen daher formale Systeme dar. Im Gegensatz dazu werden Teilausschnitte der realen Welt als reale Systeme bezeichnet. Ein reales System ist dadurch gekennzeichnet, dass seine Komponenten real (materiell, energetisch) sind. Die Erfassung eines realen Systems durch einen menschlichen Beobachter erfolgt dadurch, dass seine Komponenten gegeneinander und gegenüber der **Umwelt** anhand entsprechender Eigenschaften der Komponenten abgegrenzt werden. Die beiden Bereiche *reales System* und *Umwelt des realen Systems* sind disjunkt.

Die Beziehungen zwischen den Komponenten eines realen Systems determinieren die **Struktur** und das **Verhalten** des realen Systems. Für die Strukturbildung sind insbesondere die Relationen *besteht_aus* und *interagiert_mit* von Interesse. Die Relation *besteht_aus* beschreibt die hierarchische (baumartige) Zusammensetzung eines Systems aus seinen Komponenten. Die Relation *interagiert_mit* beschreibt Strukturbezie-

2.1 Systemtheoretische Grundlagen

hungen für die Interaktion von Systemkomponenten. Systemkomponenten, die selbst wiederum als System betrachtet werden, stellen **Teilsysteme** des realen Systems dar.

Das **Verhalten** eines realen Systems entsteht durch Interaktionen (Materie-, Energie- oder Informationsaustausch) der durch die Relation *interagiert_mit* verbundenen Komponenten. Interagiert ein reales System mit seiner Umwelt, so liegt ein **offenes System** vor. Die von der Umwelt auf das System einwirkenden Interaktionen heißen **Input des realen Systems**, die Interaktionen des Systems in Richtung auf seine Umwelt heißen **Output des realen Systems**. Werden keinerlei Interaktionen zwischen einem System und seiner Umwelt betrachtet, so liegt ein **geschlossenes System** vor.

Es ist anzumerken, dass die Betrachtung eines realen Systems als offen bzw. als geschlossen zwei extreme Standpunkte markiert. Zum Beispiel werden bei der Untersuchung realer Systeme stets nur ausgewählte, im Rahmen der Zielsetzung interessierende Interaktionen betrachtet. So wenig wie alle tatsächlich existierenden Interaktionen erfassbar sind (offenes System), lassen sich alle existierenden Interaktionen unterdrücken (geschlossenes System).

Eine weitere Eigenschaft eines realen Systems ist dessen veränderlicher **Zustand**. Der Zustand eines realen Systems besteht aus den aktuellen Ausprägungen der Eigenschaften seiner Komponenten. Er verändert sich durch Interaktionen der Systemkomponenten untereinander und mit der Umwelt.

AUßENSICHT UND INNENSICHT VON SYSTEMEN

Eine Beschreibung formaler oder realer Systeme in Form einer einstufigen Systemzerlegung ist nur bei sehr einfachen Systemen sinnvoll. Bei umfangreicheren Systemen ist die Fähigkeit des Menschen zur Komplexitätsbewältigung rasch überfordert. Aus diesem Grund werden komplexe Systeme anhand einer mehrstufigen Zerlegung beschrieben. Dabei werden die Komponenten einer Zerlegungsebene als Teilsysteme interpretiert, die auf der nächstfolgenden Zerlegungsebene wiederum in Komponenten zu zerlegen sind. Die beim Zerlegungsprozess sukzessive entstehenden Teilsysteme bilden untereinander eine Hierarchiebeziehung.

Die Bildung von Teilsystemen ermöglicht es, zwischen der Außensicht und der Innensicht eines Systems zu unterscheiden:

a) In der **Außensicht** wird ein System als nicht mehr weiter detaillierbar betrachtet. Entsprechend ist auch nur das (äußere) Verhalten des Systems gegenüber seiner Umwelt sichtbar, das z. B. in Form eines Input-Output-Systems beschrieben wird. In der Außensicht werden die Schnittstellen eines Systems beschrieben, über die es mit benachbarten Systemen in Beziehung stehen kann.

b) Die **Innensicht** eines Systems betrachtet die (innere) Struktur und das Verhalten seiner Komponenten und Teilsysteme. Geeignete Darstellungsformen hierfür sind Systembeschreibungen in Form eines endlichen Automaten oder in Form des Zustandsraum-Systems. Die Komponenten eines Systems werden entweder als elementar betrachtet oder als Teilsysteme, die wiederum aus ihrer Außensicht beschrieben werden. Die Beschreibung der Innensicht eines Teilsystems muss mit der zugehörigen Außensicht verträglich sein, d. h. das äußere Verhalten realisieren.

Die mehrstufige, hierarchische Systembeschreibung bei gleichzeitiger Unterscheidung von Außen- und Innensicht ist eines der wichtigsten Hilfsmittel zur Bewältigung der Komplexität von Systemen. In der Außensicht werden jeweils die inneren Details eines Teilsystems unterdrückt, in der Innensicht werden die benachbarten Komponenten und Teilsysteme abgegrenzt.

MODELLE

Die Untersuchung komplexer Systeme erfolgt im Allgemeinen nicht direkt durch Eingriff in das System, sondern indirekt anhand eines geeigneten Modells. In informaler Definition ist ein Modell ein System, das ein anderes System zielorientiert abbildet. Die Modellbildung ist somit stets auf die Verfolgung eines bestimmten Untersuchungsziels ausgerichtet. Streng genommen bedingt bereits die Betrachtung eines Systems den Aufbau eines gedanklichen Modells.

Ein Modell M besteht aus dem 3-Tupel

$$M = (S_O, S_M, f),$$

wobei S_O ein (zu modellierendes) **Objektsystem** über der Systemträgermenge V_O, S_M ein **Modellsystem** über der Systemträgermenge V_M und $f: V_O \rightarrow V_M$ eine **Modellabbildung** ist.

Objektsystem und Modellsystem sind formale oder reale Systeme. Da die Abbildung f sowie der Begriff der Systemträgermenge nur für formale Systeme definiert ist, sind bei Beteiligung realer Systeme entsprechende Interpretationen für die Modellabbildung vorzunehmen.

Wesentliche Forderungen an die Modellabbildung sind Strukturtreue und Verhaltenstreue zwischen Objektsystem und Modellsystem. Diese Forderung wird durch die Verwendung homomorpher Modellabbildungen erreicht [Dink73]. Eine Modellierung ist strukturtreu, wenn die Modellabbildung f homomorph bezüglich der Struktur ist, und verhaltenstreu, wenn die Modellabbildung homomorph bezüglich des Verhaltens ist.

2.1 Systemtheoretische Grundlagen

Beispiel 2-6:

Gegeben sei ein Objektsystem S_O mit der Systemträgermenge $V = \{V_1..V_5\}$ und der Struktur $R_O = \{(V_1, V_2), (V_1, V_3), (V_2, V_3), (V_2, V_4), (V_3, V_5), (V_4, V_5)\}$. Das zugehörige Modellsystem S_M besteht aus der Systemträgermenge $V' = \{V'_1, V'_2\}$ und besitzt die Struktur $R_M = \{(V'_1, V'_2)\}$. Die Abbildung $f: V_O \rightarrow V_M$ ist *homomorph*, wenn gilt

$(V_i, V_j) \in R_O \Leftrightarrow (f(V_i), f(V_j)) \in R_M$ (i, j = 1..5).

Die Modellabbildung ist isomorph, wenn f *bijektiv* ist. Ein Beispiel für eine strukturtreue homomorphe Modellabbildung f ist in Bild 2-5 graphisch dargestellt.

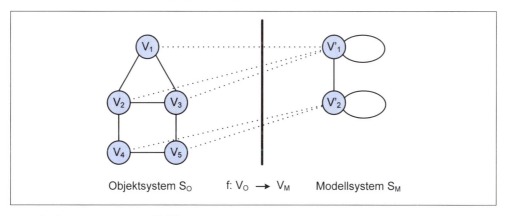

Bild 2-5: Homomorphe Abbildung

2.1.2 Petri-Netze

Petri-Netze sind formale Systeme, die als Modelle von Informationsflüssen entstanden sind. Sie besitzen heute einen breiten Anwendungsbereich. Ein **Petri-Netz** S^P stellt ein System dar, das aus fünf Mengen besteht (siehe auch [Pete77], [Reis85] und [Star90]):

$S^P = (P, T, I, O, M)$

P   Menge von **Zuständen** (Places, Stellen, Bedingungen).

T   Menge von **Übergängen** (Transitions, Ereignisse, Instanzen).

I   Inputrelation $I \subseteq P \times T$, die jedem Übergang aus T eine Teilmenge von P als **Input-Zustände** zuordnet.

O   Outputrelation $O \subseteq T \times P$, die jedem Übergang aus T eine Teilmenge von P als **Output-Zustände** zuordnet.

M Menge von **Marken** (Tokens), die den Zuständen zugeordnet werden. Eine bestimmte Verteilung von Marken heißt Markierung des Petri-Netzes. Ein Petri-Netz ohne Marken heißt unmarkiert.

Die statische Struktur eines Petri-Netzes wird durch die Mengen P, T, I und O bestimmt. Sie wird in Form eines bipartiten Graphen dargestellt, der die Mengen P und T als Knoten sowie I und O als Kanten enthält. Zustände werden durch Kreise, Übergänge durch Rechtecke dargestellt. Die Kanten aus I und O sind gerichtet von einem Input-Zustand zu einem Übergang bzw. von einem Übergang zu einem Output-Zustand (Bild 2-6 a).

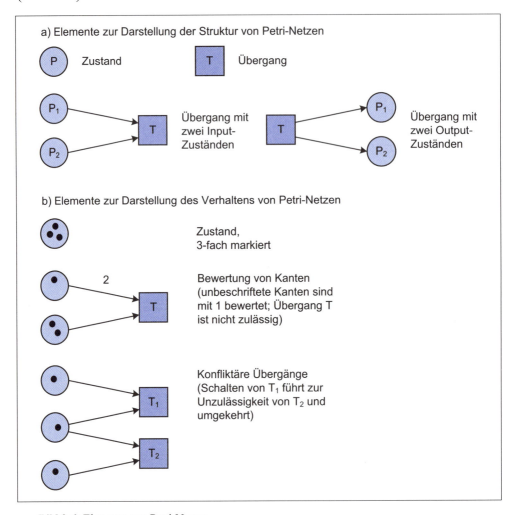

Bild 2-6: Elemente von Petri-Netzen

Das dynamische Verhalten eines Petri-Netzes wird durch seine Ausführung sichtbar. Der jeweilige Ausführungszustand des Petri-Netzes ist dabei durch seine aktuelle

Markierung bestimmt. Jeder Zustand aus P kann beliebig viele Marken enthalten, die durch entsprechend viele Punkte innerhalb des zugehörigen Kreises dargestellt werden (Bild 2-6 b).

Ausgehend von einer gegebenen Anfangsmarkierung besteht die **Ausführung** eines Petri-Netzes im **Schalten** (firing) zulässiger Übergänge. Ein Übergang ist zulässig, wenn alle seine Input-Zustände mindestens eine Marke enthalten. Beim Schalten eines Übergangs wird aus seinen Input-Zuständen je eine Marke entfernt und seinen Output-Zuständen je eine Marke hinzugefügt.

Die Anzahl der beim Schalten zu entfernenden bzw. hinzuzufügenden Marken ist durch Bewertung der Kanten mit einer natürlichen Zahl beeinflussbar. In diesem Fall ist ein Übergang zulässig, wenn alle seine Input-Zustände entsprechend der Kantenbewertung ausreichend viele Marken enthalten. Unbeschriftete Kanten gelten als mit *eins* bewertet. Durch das Schalten von Übergängen mit einer voneinander abweichenden Anzahl von Input- und Output-Zuständen und/oder einer von *eins* abweichenden Kantenbewertung kann sich die Gesamtzahl der Marken im Petri-Netz verändern.

Die Ausführung eines Petri-Netzes ist nicht determiniert, d. h. über die Reihenfolge des Schaltens mehrerer zulässiger Übergänge ist nichts ausgesagt. Ein gleichzeitiges Schalten mehrerer Übergänge wird allerdings ausgeschlossen. Diese Einschränkung ist u. a. im Hinblick auf konfliktäre Übergänge notwendig. Zwei Übergänge heißen konfliktär, wenn sie einen gemeinsamen Input-Zustand besitzen, so dass das Schalten des einen Übergangs zur Unzulässigkeit des anderen Übergangs führen kann.

Beispiel 2-7:

Die nachfolgend dargestellten Petri-Netze modellieren zwei Problemklassen, die im Zusammenhang mit Informationssystemen häufig auftreten.

a) Erzeuger-Verbraucher-Synchronisation (Bild 2-7)

Das System besteht aus zwei Prozessen (Erzeuger, Verbraucher), die durch ihre beiden möglichen Prozesszustände (*tätig, untätig*) beschrieben werden. Zunächst ist nur Übergang 1 zulässig. Durch Schalten von Übergang 1 geht der Erzeuger vom Zustand *untätig* in den Zustand *tätig* über. Dadurch wird Übergang 2 zulässig. Beim Schalten von Übergang 2 generiert der Erzeuger ein Gut (materielles Gut, Informationsobjekt, Zahlungsobjekt usw.), das in einen Puffer abgelegt wird. Der Verbraucher kann in den Zustand *tätig* übergehen (Schalten von Übergang 3), sobald der Puffer wenigstens ein Gut enthält. Dabei wird ein Gut aus dem Puffer entfernt.

Beispiele für eine Erzeuger-Verbraucher-Synchronisation sind nacheinander geschaltete Produktionsstufen oder Belegflüsse zwischen zwei Aufgaben eines Informationssystems.

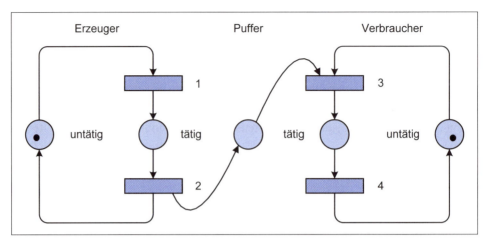

Bild 2-7: Erzeuger-Verbraucher-Synchronisation als Petri-Netz

b) Wechselseitiger Ausschluss (Bild 2-8)

Aufgabe des Systems ist die Synchronisation von Prozessen, die um ein exklusiv zu belegendes Betriebsmittel BM (z. B. Prozessor, Hauptspeichersegment, Drucker, Datenobjekt) konkurrieren. Relevante Prozesszustände sind *Prozess befindet sich im kritischen Abschnitt* (d. h. er hat das Betriebsmittel belegt) und *Prozess befindet sich im unkritischen Abschnitt*. Die Übergänge 1 und 3 konkurrieren um die Marke der Bedingung *BM unbelegt*.

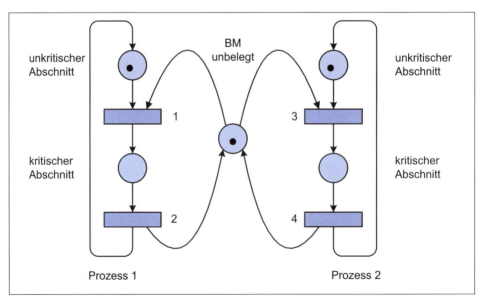

Bild 2-8: Wechselseitiger Ausschluss als Petri-Netz

Die Modelle (a) und (b) sind in einfacher Weise für Fälle mit mehr als zwei Prozessen erweiterbar.

2.1.3 Steuerungs- und Regelungssysteme

Steuerung und Regelung sind spezielle Formen der Interaktion zwischen zwei oder mehreren Komponenten eines Systems. Sie stellen fundamentale Prinzipien in der Natur, in der Technik sowie in den hier betrachteten sozio-technischen Systemen dar. Daher besitzen sie auch grundlegende Bedeutung für die Funktionsweise betrieblicher Informationssysteme. Im Folgenden werden die wichtigsten Grundbegriffe von Steuerung und Regelung vorgestellt.

Unter **Steuerung** wird die Beeinflussung einer veränderlichen Größe einer Systemkomponente durch eine andere Systemkomponente verstanden. Das Verhalten beider Systemkomponenten wird in Form von Input-Output-Systemen beschrieben. Dabei wird unterstellt, dass das Verhalten der betrachteten Systemkomponenten funktional ist.

Eine Folge interagierender Systemkomponenten wird als **Steuerkette** bezeichnet, wobei der Output der Komponente V_i den Input der Komponente V_{i+1} bildet (Bild 2-9). Auf eine Komponente V_i kann eine Störgröße einwirken, die sich mit Input aus der Komponente V_{i-1} überlagert und den Output an die Komponente V_{i+1} beeinflusst.

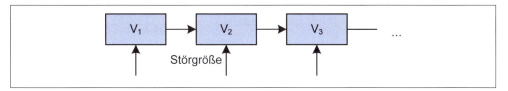

Bild 2-9: Steuerkette

Ein **Regelkreis** besteht im einfachsten Fall aus zwei Systemkomponenten, die miteinander und mit der Umwelt interagieren:

- einer **Regelstrecke** (passive, beeinflusste Systemkomponente) und
- einem **Regler** (aktive, beeinflussende Systemkomponente).

Im Gegensatz zur Steuerkette sind Regler und Regelstrecke in Form einer **Rückkopplung** verbunden, welche eine permanente, zyklische Interaktion der beiden Systemkomponenten realisiert. Diese Rückkopplung ermöglicht das selbstregulierende Verhalten des Regelkreises. Regelkreise sind dynamische Systeme mit stetigen oder diskreten Zustandsübergängen.

> Dynamische Systeme beschreiben die zeitliche Veränderung von Zuständen. Sie lassen sich anhand der für die Beschreibung der Zustandsübergänge verwendeten Zeitskala klassifizieren: Ereignisorientierte Systeme, z. B. Petri-Netze, weisen zeitdiskrete Zustandsübergänge auf und können bereits mit ordinalen Zeitskalen konzipiert werden. Im Gegensatz dazu benötigen Systeme mit zeitkontinuierlichen Zustandsübergängen, wie z. B. viele Regelkreise, eine metrische Zeitskala.

Die Struktur eines einfachen Regelkreises ist in Bild 2-10 dargestellt. Output der Regelstrecke ist die **Regelgröße X** (Prozessgröße, Istgröße), die den aktuellen Zustand der Regelstrecke meldet. Der Regler vergleicht laufend X mit einer extern vorgegebenen **Führungsgröße W** (Zielgröße, Sollwert). Aus der Abweichung zwischen W und X generiert der Regler eine **Stellgröße Y**, mit der er die Regelstrecke beeinflusst. Den zweiten Input der Regelstrecke bildet eine externe **Störgröße Z**, deren Einfluss auf die Regelstrecke mithilfe von Y kompensiert werden soll. W und X sind Bestandsgrößen, die in Mengeneinheiten [ME] angegeben werden. Dagegen sind Y und Z Stromgrößen, gemessen in Mengeneinheiten pro Zeiteinheit [ME/ZE].

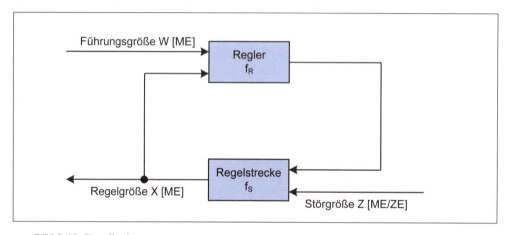

Bild 2-10: Regelkreis

Die Funktion f_S beschreibt das Verhalten der Regelstrecke. Im Zusammenhang mit Informationssystemen sind insbesondere **integrale Regelstrecken** von Interesse. Beispiele hierfür sind Behälter, Läger, Konten und Zähler.

$X = f_S(Y,Z)$ z. B. integrale Strecke: $X(t) = \int_0^t (Y(u) + Z(u))\, du$

Die Funktion f_R beschreibt das Verhalten des Reglers. Eine besonders einfache Reglerfunktion ist die des **Proportionalreglers**, der die Stellgröße Y proportional zur Abweichung (W-X) bildet. Die Proportionalitätskonstante k besitzt die Dimension [1/ZE].

$Y = f_R(W,X)$ z. B. Proportionalregler: $Y(t) = k(W(t) - X(t))$

Im Gegensatz zu technischen Systemen sind in Informationssystemen idealtypische Reglerfunktionen wie die des Proportionalreglers eher die Ausnahme. Dies gilt insbesondere dann, wenn die Funktion des Reglers von einem personellen Entscheidungsträger durchgeführt wird.

Beispiel 2-8:

Ein einfaches Beispiel für einen Regelkreis ist ein Lagerhaltungssystem, bestehend aus einem Lager (Regelstrecke mit integralem Verhalten) und einem Disponenten (Regler) (Bild 2-11). Input der Regelstrecke sind Lagerabgänge (Störgröße) und Lagerzugänge (Stellgröße). Aus dem aktuellen Ist-Lagerbestand (Regelgröße) und dem Soll-Lagerbestand (Führungsgröße) generiert der Disponent gemäß einer bestimmten Bestellpolitik (Reglerverhalten) Bestellungen, die zu Lagerzugängen führen.

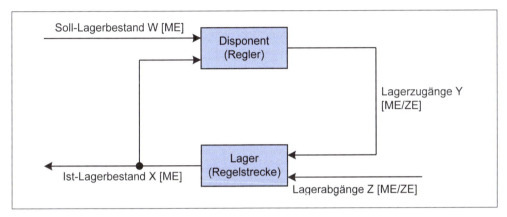

Bild 2-11: Lagerhaltungssystem als Regelkreis

Bild 2-12 zeigt das Verhalten des Regelkreises unter der Annahme, dass keine Lagerabgänge stattfinden (Z = 0, konstant) und dass ein zunächst leeres Lager bis zum Soll-Lagerbestand W aufgefüllt wird. Der Regelkreis selbst besteht aus Proportionalregler und integraler Strecke. Die Graphik zeigt die zeitlichen Verläufe des Lagerzugangs Y und des Ist-Lagerbestands X.

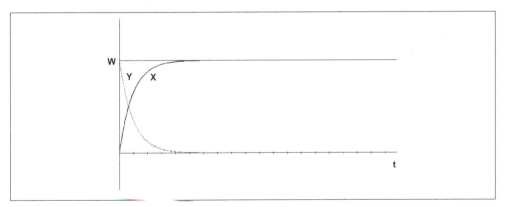

Bild 2-12: Verhalten des Lagerhaltungssystems

ZEITVERHALTEN VON REGELKREISEN

Entscheidend für das Verhalten eines Regelkreises als Gesamtsystem sind Zeitverzögerungen zwischen Input und Output seiner Komponenten. Ohne Zeitverzögerungen der Komponenten ist der Regelkreis stets im Gleichgewicht (W = X), da jede auftretende Störung sofort vollständig kompensiert wird. Zeitverzögerungen werden durch den Entscheidungsprozess des Reglers, durch die Reaktionszeit der Regelstrecke sowie durch die Übertragungszeiten der Melde- und Steuerwege verursacht. Die Kombination der Zeitverzögerungen in einem Regelkreis führt unter Umständen zu einem unerwünschten **Schwingungsverhalten** der Regelgröße [Forr72].

Beispiel 2-9:

Der Regelkreis aus Beispiel 2-8 enthält eine einzige Zeitverzögerung. Sie besteht in der Entscheidungsdauer des Disponenten, modelliert durch die Proportionalitätskonstante k der Reglerfunktion. Dieser Regelkreis wird nun um eine weitere Zeitverzögerung erweitert, indem zwischen die vom Disponenten generierten Bestellungen und die Lagerzugänge eine Lieferverzögerung eingefügt wird (Bild 2-13). Die Zeitverzögerung wird durch die Funktion $Y = k_d * Y'$ bestimmt; der Verzögerungsfaktor k_d nimmt Werte zwischen 0 und 1 an.

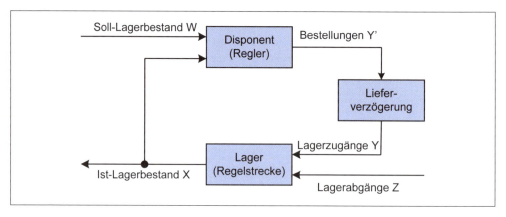

Bild 2-13: Lagerhaltungssystem mit Lieferverzögerung als Regelkreis

Im Folgenden ist das Verhalten dieses modifizierten Regelkreises beim Auffüllen des zunächst leeren Lagers dargestellt (Bild 2-14). Dabei wird unterstellt, dass Y und Y' auch negativ sein können, d. h. Stornierungen von Bestellungen und Rücksendungen von Lagerzugängen sind erlaubt. Die Graphik zeigt die zeitlichen Verläufe der Bestellungen Y', der Lagerzugänge Y, des Ist-Lagerbestands X und des Bestellbestands B.

Neben den hier modellierten Zeitverzögerungen treten in der Realität außerdem Meldeverzögerungen, Verzögerungen bei der Warenannahme im Lager usw. auf, die ebenfalls destabilisierend wirken können. Eine weitere Destabilisierung tritt ein, sobald beliebige, im Zeitablauf schwankende Lagerabgänge zugelassen werden. Die wesentliche Auswirkung des Schwingungsverhaltens besteht in einer Überfüllung des Lagers bzw. einer mangelnden Lieferbereitschaft. Aus betriebswirtschaftlicher Sicht führt dies zu Kapitalbindungskosten bzw. Opportunitätskosten für entgangene Aufträge.

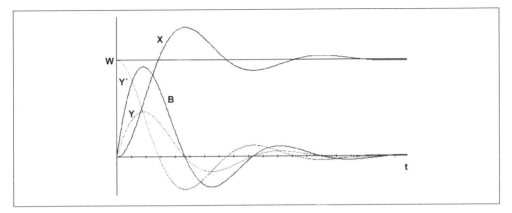

Bild 2-14: Verhalten des Lagerhaltungssystems mit Lieferverzögerung

Beispiel

Die wichtigste Maßnahme zur Dämpfung des Schwingungsverhaltens ist die Reduzierung der Zeitverzögerungen. Außerdem ist die Kopplung der Systemkomponenten unter regelungstechnischen Gesichtspunkten zu analysieren und zu gestalten. So sollte sich in Beispiel 2-9 die Lagerdisposition außer am Ist-Lagerbestand auch am Bestellbestand und ggf. einer Prognose der Lagerabgänge orientieren.

2.1.4 Regelung von Systemen mithilfe von Modellen

In Abschnitt 2.1.1 wurden Modelle als Hilfsmittel zur Untersuchung und Beherrschung komplexer Systeme eingeführt. Ein zentraler Anwendungsbereich für Modelle ist die Steuerung und Regelung komplexer Systeme. Dabei wird ein Modell der Regelstrecke gebildet, das aus der Sicht des Reglers die eigentliche Regelstrecke ersetzt. Dieses Modell wird als **Hilfsregelstrecke** verwendet. Der Regler steuert und kontrolliert somit nicht die Regelstrecke selbst, sondern die Hilfsregelstrecke. Diese bildet ausschließlich die für die Regelung relevanten Komponenten und Beziehungen der Regelstrecke ab. Diese Komplexitätsreduzierung ist Voraussetzung für die Beherrschbarkeit komplexer Systeme.

Die beschriebene Form der Regelung erfordert einen permanenten Abgleich zwischen Regelstrecke und Hilfsregelstrecke. Dabei werden Veränderungen der Regelstrecke Schritt haltend in der Hilfsregelstrecke berücksichtigt und umgekehrt Veränderungen der Hilfsregelstrecke in der Regelstrecke durchgesetzt.

Die wichtigste Modellklasse zur Regelung betrieblicher Systeme sind Hilfsregelstrecken, welche die Struktur und das Verhalten der Regelstrecke nachbilden. Die Struktur der Hilfsregelstrecke wird dabei durch eine Menge von Attributen beschrieben (Beispiele 2-9 und 2-1b). Das Verhalten wird durch geeignete Operatoren auf diesen Attributen realisiert.

Beispiel 2-10:

In Bild 2-15 ist der Regelkreis *Lagerhaltungssystem* aus Beispiel 2-8 unter Verwendung einer Hilfsregelstrecke dargestellt. Die Hilfsregelstrecke enthält u. a. für jeden Lagerartikel den aktuellen *Bestand*, den *Bestellpunkt* und die zugehörige *Bestellmenge*. Als Operatoren stehen *Einlagern* und *Entnehmen* zur Verfügung. Außerdem werden (im Bild nicht dargestellt) für jeden Lagerartikel die in Frage kommenden Lieferanten sowie die dort offenen Bestellungen verwaltet usw.

Der Abgleich zwischen Hilfsregelstrecke und Lager ist durch die Pfeile S (Sensor) und A (Aktor) dargestellt. Zum Beispiel muss jeder Lagerzugang und -abgang (möglichst) zeitgleich in der Hilfsregelstrecke berücksichtigt werden. Organisatorische Hilfsmittel hierzu sind z. B. Lagerentnahmescheine (Sensor) und Lieferscheine zur Kommissionierung (Aktor).

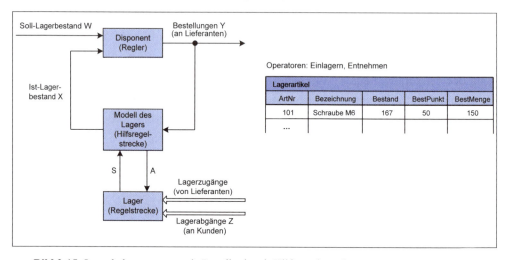

Bild 2-15: Lagerhaltungssystem als Regelkreis mit Hilfsregelstrecke

2.2 Betriebliches Basis- und Informationssystem

Aufbauend auf den systemtheoretischen Grundlagen des vorigen Abschnitts werden nun eine Reihe von Modellen betrieblicher Systeme vorgestellt. Diese Modelle beleuchten auf unterschiedlichen Abstraktionsebenen verschiedene Sichtweisen betrieblicher Systeme und verfolgen insgesamt das Ziel, ein Verständnis für Zusammenhänge und Abläufe in betrieblichen Systemen zu wecken.

2.2.1 Ein Grundmodell der Unternehmung

Das erste vorzustellende Modell wurde von GROCHLA [Gro75] als Grundmodell der Unternehmung vorgeschlagen. Ein betriebliches System besteht in diesem Modell aus den beiden Teilsystemen

- betriebliches Basissystem und
- betriebliches Informationssystem,

die von der Umwelt der Unternehmung abgegrenzt werden (Bild 2-16). Das **Basissystem** bezieht von Beschaffungsmärkten aus der Umwelt der Unternehmung Einsatzgüter und transformiert diese in einem Leistungserstellungsprozess in Produkte. Die Produkte werden über Absatzmärkte an die Umwelt abgegeben. Beispiele für Leistungserstellungsprozesse sind bei materiellen Gütern die Beschaffung, die Produktion, die Lagerung und der Absatz, bei immateriellen Gütern die Erbringung von Dienstleistungen. Die vom Basissystem erzeugten Produkte stellen aus der Sicht der Umwelt die eigentliche Unternehmungsleistung dar. Das Basissystem realisiert somit die Sachziele der Unternehmung.

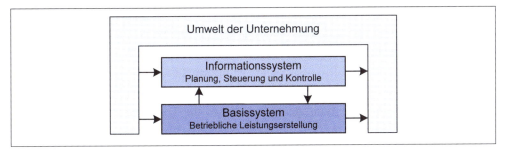

Bild 2-16: Grundmodell der Unternehmung [Gro75]

Das Informationssystem umfasst das gesamte informationsverarbeitende System der Unternehmung. Aufgabe des **Informationssystems** ist die Planung, Steuerung und Kontrolle des Basissystems. Die Teilaufgabe Planung bezieht sich auf die zielgerichtete Beeinflussung der Leistungserstellung des Basissystems und wird innerhalb des Informationssystems in Form von Entscheidungsprozessen durchgeführt. Gegenstand der Teilaufgabe Steuerung ist es, die Entscheidungswerte, d. h. die Ergebnisse der Entscheidungsprozesse, dem Basissystem zur Durchführung zu übertragen. Der Erfolg der Durchführung wird dem Informationssystem zurückgemeldet. Diese Rückmeldung ist Gegenstand der Teilaufgabe Kontrolle.

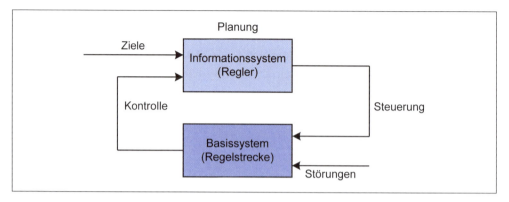

Bild 2-17: Grundmodell der Unternehmung als betrieblicher Regelkreis

Diese zielorientierte Beeinflussung und Verwaltung wird als **Lenkung** des Basissystems durch das Informationssystem bezeichnet. Die Schnittstelle zwischen Informationssystem und Basissystem besteht aus Durchführungsaufträgen und Durchführungsmeldungen. Es findet somit ein ständiger Informationsaustausch zwischen Basissystem und Informationssystem statt. Der Zyklus aus Planung, Steuerung und Kontrolle ist als Regelkreis interpretierbar, wobei dem Informationssystem die Rolle des Reglers, dem Basissystem die der Regelstrecke zukommt (Bild 2-17).

Zur Durchführung seiner Aufgaben benötigt das Informationssystem darüber hinaus Informationen über die Umwelt der Unternehmung und gibt selbst Informationen an die Umwelt ab. Daraus resultiert ein ständiger Informationsaustausch zwischen Informationssystem und Umwelt. An dieser Stelle wird das wesentliche Merkmal des Grundmodells der Unternehmung deutlich sichtbar: die Trennung zwischen den Leistungsflüssen des Basissystems und den diese Leistungsflüsse auslösenden und begleitenden Lenkungsflüssen des Informationssystems.

> Die Steuerung von Leistungsflüssen durch Lenkungsflüsse kann am Beispiel des Verkaufs von Gütern an Kunden erläutert werden. Dieser Verkauf stellt aus der Sicht des Basissystems einen Güterfluss (Leistungsfluss) von der Unternehmung hin zur Umwelt dar. Dieser Güterfluss wird aus der Sicht des Informationssystems durch die Lenkungsflüsse *Werbemaßnahmen der Unternehmung*, *Anfrage des Kunden*, *Angebot an den Kunden* sowie *Auftrag des Kunden* ausgelöst und durch einen *Lieferschein* begleitet. Eine *Rechnung* und ggf. eine oder mehrere *Mahnungen* lösen anschließend einen zum Güterfluss gegenläufigen Zahlungsfluss (Leistungsfluss) aus. Der Zahlungsfluss selbst wird durch den Lenkungsfluss *Überweisung (Scheck, Gutschrift)* begleitet.

Bezüglich der in Kapitel 1 eingeführten Abgrenzungskriterien für Teilsysteme des betrieblichen Objektsystems unterscheidet das Grundmodell der Unternehmung nicht zwischen den Abgrenzungsarten Objektprinzip und Phasenprinzip. Auf Informationen beruhende Dienstleistungen werden dort nicht explizit betrachtet.

2.2 Betriebliches Basis- und Informationssystem

	Objektprinzip	*Phasenprinzip*
Teilsysteme	Informationssystem	Lenkungssystem
	Basissystem	Leistungssystem
Flüsse	Informationsfluss	Lenkungsfluss
	Nicht-Informationsfluss	Leistungsfluss

Dies führt dazu, dass im Grundmodell der Unternehmung z. B. das Basissystem auch im Sinne von Leistungssystem, das Informationssystem auch im Sinne von Lenkungssystem verstanden wird.

2.2.2 Transformations- und Entscheidungsaufgaben

Im Grundmodell der Unternehmung besteht die Aufgabe des Informationssystems in der Planung, Steuerung und Kontrolle des Basissystems. Diese Differenzierung der Aufgaben reicht jedoch nicht aus, um den Aufbau und die Funktionsweise von Informationssystemen hinreichend detailliert beschreiben zu können. Hierzu ist es erforderlich, die einzelnen Aufgaben mehrstufig in Teilaufgaben zu zerlegen.

Ein hierfür geeignetes Zerlegungskriterium ist die Trennung in Transformationsaufgaben und Entscheidungsaufgaben. Diese Unterscheidung zielt auf eine Klassifizierung der Strukturmerkmale von Aufgaben [FeSi84]. Sie liefert im Weiteren die Grundlage für die Entscheidung über die Automatisierbarkeit einer Aufgabe sowie für die Wahl einer geeigneten Realisierungsform.

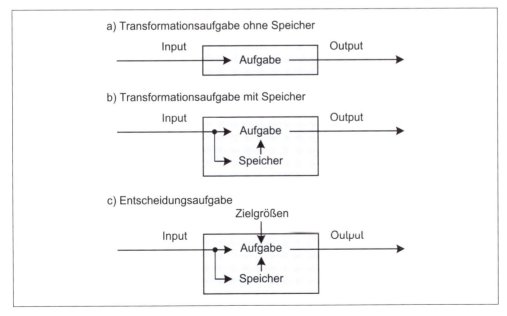

Bild 2-18: Strukturen von Aufgaben

Die Struktur von Transformations- und Entscheidungsaufgaben kann mithilfe folgender Input-Output-Modelle beschrieben werden (Bild 2-18):

a) **Transformationsaufgabe ohne Speicher** (Bild 2-18 a)

Die von der Aufgabe erzeugten Informationen (Output) werden ausschließlich von den in die Aufgabe eingehenden Informationen (Input) abgeleitet. Die Aufgabe besitzt kein „Gedächtnis", das Informationen von einer Aufgabendurchführung zur nächsten speichern könnte. Verzögerungen zwischen Input und Output sind von der Durchführungszeit der Aufgabe abhängig. Transformationsaufgaben ohne Speicher korrespondieren mit dem Systemtyp *Input-Output-System*.

> Beispiele sind Transformationen des Darstellungsformats oder des Darstellungsmediums von Informationen sowie Vergleichs-, Verdichtungs- und Selektionsaufgaben. Hierzu gehören z. B. das Übersetzen eines Textes vom Deutschen ins Englische, das Tippen eines Briefes nach Magnetbanddiktat, das Berechnen statistischer Kennwerte aus einer vorliegenden Grundgesamtheit, die telefonische Annahme von Kundenaufträgen oder die Selektion einer Teilmenge von Kunden für eine Werbebriefaktion anhand vorgegebener Kriterien.

b) **Transformationsaufgabe mit Speicher** (Bild 2-18 b)

Die von der Aufgabe erzeugten Informationen (Output) werden von den in die Aufgabe eingehenden Informationen (Input) und von Informationen abgeleitet, die im Rahmen früherer Aufgabendurchführungen gespeichert wurden (Speicher). Bei der Aufgabendurchführung werden im Allgemeinen die gespeicherten Informationen verändert. Transformationsaufgaben mit Speicher korrespondieren mit dem Systemtyp endlicher Automat.

> Beispiele sind Bestandsfortschreibungen, bei denen eingehende Änderungsinformationen auf einen gespeicherten Informationsbestand treffen und diesen modifizieren. Hierzu gehören etwa die Lager- und Finanzbuchhaltung oder das Führen eines Terminkalenders.

c) **Entscheidungsaufgabe** (Bild 2-18 c)

Die Struktur einer Entscheidungsaufgabe entspricht grundsätzlich der einer Transformationsaufgabe mit oder ohne Speicher. Hinzu kommt eine weitere Gruppe von Input-Informationen, die als Führungs- oder Zielgrößen bezeichnet werden. Output einer Entscheidungsaufgabe sind Entscheidungswerte, die optimal bzw. suboptimal bezüglich dieser Größen sind.

> Ein Beispiel hierfür ist eine Produktionsterminplanungsaufgabe, die eingehende Aufträge (Input) unter Berücksichtigung des bereits geplanten Auftragsbestands (Speicher) gemäß einer vorgegebenen Zielsetzung für die Produktion terminiert. Output der Aufgabe ist ein Terminplan für die Bearbeitung der einzelnen Aufträge. Als Ziele kommen u. a. *Minimierung der Auftragsdurchlaufzeiten* und *Minimierung der Lieferterminüberschreitungen* in Frage.

Das gesamte Informationssystem ist somit als komplexes Netz von Transformations- und Entscheidungsaufgaben interpretierbar. In regelungstechnischer Sicht wird dadurch der globale betriebliche Regelkreis in Teil-Regelkreise aufgelöst. Jede Entscheidungsaufgabe korrespondiert mit der Planungsaufgabe eines Teil-Reglers.

2.2.3 Lenkungsebenen-Modell

Im Grundmodell der Unternehmung sind alle Aufgaben der Planung, Steuerung und Kontrolle des Basissystems einem aggregierten Informationssystem zugeordnet. Im nächsten Schritt der Modellbildung findet nun eine Disaggregation dieser Aufgaben unter Berücksichtigung inhaltlicher Aufgabenschwerpunkte statt. Im folgenden Modell, das an einen Vorschlag von KIRSCH und KLEIN [KiKl77] angelehnt ist, werden zwei hierarchisch angeordnete Schichten eines Informationssystems unterschieden (Bild 2-19). Die globale Bildung der Schichten orientiert sich dabei am Phasenprinzip. Innerhalb jeder einzelnen Schicht sind dann wiederum in unterschiedlichem Ausmaß Planungs-, Steuerungs- und Kontrollaufgaben bzw. Transformations- und Entscheidungsaufgaben enthalten.

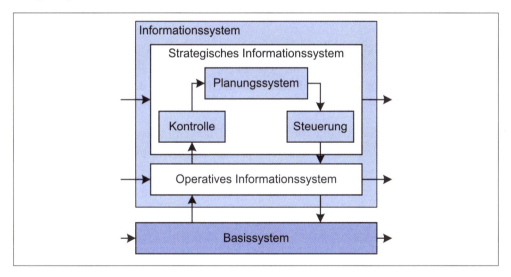

Bild 2-19: Lenkungsebenen-Modell eines Informationssystems (vgl. [KiKl77])

a) **Operatives Informationssystem**

Aufgabe des operativen Informationssystems ist die unmittelbare Lenkung, d. h. die Planung, Steuerung und Kontrolle des Basissystems. Es stellt die operative Ebene eines Informationssystems dar, auf welcher die laufenden Geschäftsvorfälle mithilfe von Transaktionen abgewickelt werden.

Jeder Geschäftsvorfall im Basissystem führt zu einer oder mehreren korrespondierenden Transaktionen im Informationssystem, welche die Bearbeitung des jeweiligen Geschäftsvorfalls durchführen und in Form von Transaktionsbelegen sichtbar werden. Transaktionsbelege dienen dabei auch der Kommunikation mit der Umwelt des Informationssystems sowie der Synchronisation zwischen Basissystem und Informationssystem.

> Beispiele für Geschäftsvorfälle sind das Eintreffen eines Kundenauftrags, einer Zahlung oder einer Warenlieferung. Aufgaben des operativen Informationssystems zur Bearbeitung von Geschäftsvorfällen sind z. B. Auftragsbearbeitung, Fakturierung, Abwicklung des Zahlungsverkehrs, Mahnwesen, Lager- und Finanzbuchführung usw. Zugehörige Transaktionsbelege sind Lieferscheine, Rechnungen, Auftragsbestätigungen, Gut- und Lastschriftbelege usw.

> Transaktionsbelege liegen bei modernen rechnergestützten Informationssystemen immer seltener in Papierform vor. Dies gilt in zunehmendem Maße auch für die zwischenbetriebliche Kommunikation. Beispiele hierfür sind die Kommunikation zwischen einem Produktionsunternehmen und seinen Zulieferern, oder die Kommunikation im Zahlungsverkehr mit Banken.

> Beispiele für Planungsaufgaben auf der Ebene des operativen Informationssystems sind Terminplanungen bei der Auftragsbearbeitung oder Dispositionen im Bereich des Einkaufs.

b) **Strategisches Informationssystem**

Aufgabe des strategischen Informationssystems ist die unternehmensganzheitliche, von einzelnen Geschäftsvorfällen abstrahierende Lenkung des Unternehmens und insbesondere des operativen Informationssystems. Gemäß dem Regelkreiskonzept werden die Aufgaben der Planung, Steuerung und Kontrolle unterschieden:

- Aufgabe der Planungsfunktion ist es, auf der Grundlage formaler Unternehmensziele (z. B. Gewinnmaximierung, Kostendeckung usw.) mittel- und langfristige (taktische und strategische) Pläne zu erzeugen. Grundlage hierfür sind Informationen aus der Umwelt und den unteren Ebenen des Lenkungsebenen-Modells. Umgekehrt stellen die erzeugten Planwerte Führungsgrößen für die unteren Ebenen dar.

  Die Aufgaben der Planungsfunktion sind nur zum Teil formalisierbar. In diesem Fall finden z. B. Modelle aus dem Bereich der Statistik, des Operations Research und der Simulation Verwendung. **Entscheidungsunterstützungssysteme (Decision Support Systems)** werden eingesetzt, um personelle Entscheidungsträger in schlecht strukturierbaren Entscheidungssituationen zu unterstützen. Die Aufgaben der Planungsfunktion sind besonders problematisch, da Umfang und Präzision der vorhandenen Informationen in umgekehrtem Verhältnis zur Reichweite der zu fällenden Entscheidung stehen.

2.2 Betriebliches Basis- und Informationssystem

Wegen der unterschiedlichen Planungshorizonte des operativen Informationssystems und der Planungsfunktion des strategischen Informationssystems ist ein unmittelbarer Informationsaustausch zwischen diesen beiden Teilsystemen nicht geeignet. Zur Anpassung ist vielmehr eine zielgerichtete Umsetzung von Informationen in beide Richtungen notwendig, welche insbesondere Aggregationen und Disaggregationen beinhaltet. Diese Umsetzung ist die Aufgabe der Steuerungs- und der Kontrollfunktion.

Die Bezeichnungen *Steuerungs-* und *Kontrollfunktion* resultieren aus den beiden zugehörigen Teilaufgaben, der Steuerungs- und der Kontrollaufgabe. Hierbei liegt die Vorstellung eines Regelkreises zugrunde, in dem die Planungsfunktion des strategischen Informationssystems die Rolle des Reglers, das operative Informationssystem die Rolle der Regelstrecke übernimmt.

- Die Steuerungsaufgabe besteht in der Umsetzung globaler, langfristiger Planungsvorgaben des Planungssystems in detaillierte, kurzfristige Planungsvorgaben an das operative Informationssystem. Hier werden innerhalb der Steuerungsaufgabe auch Aspekte von Planung sichtbar.

    Ein Beispiel hierfür ist die Auflösung der geplanten Monatsproduktion für eine bestimmte Produktgruppe in Planwerte für die Monats- und Tagesproduktion einzelner Produkte.

- Die Kontrollaufgabe besteht in einer Berichterstattung an das Planungssystem, bei der Informationen des operativen Informationssystems und der Umwelt systematisch aufbereitet und verdichtet werden. Diese Berichte werden regelmäßig (Nachschlageberichte, Überwachungsberichte) oder fallweise in Ausnahmesituationen (Ausnahmeberichte) erstellt. Darüber hinaus können Sonderberichte für spezielle Entscheidungsprobleme erstellt werden.

    Beispiele für Nachschlageberichte sind Lagerlisten, Personalverzeichnis usw. Zu den Überwachungsberichten gehören der Jahresabschluss, die Betriebsabrechnung und Umsatzstatistiken. Ausnahmeberichte werden z. B. über Produktionsausfälle, Absatzeinbußen u.ä. erstellt.

Analog zu den Transaktionsbelegen des operativen Informationssystems liegen die Berichte und Planwerte der Steuerungs- und Kontrollfunktion immer seltener in Papierform vor, sondern werden im Hinblick auf einen höheren Aktualitätsgrad bei Bedarf aus dem momentanen Informationsbestand erstellt. Eine Ausnahme sind bestimmte gesetzlich vorgeschriebene Berichte, wie z. B. die Dokumente des Jahresabschlusses.

Aus Sicht der Betriebswirtschaftslehre ist das **betriebliche Rechnungswesen** der Steuerungs- und Kontrollfunktion des strategischen Informationssystems sowie dem operativen Informationssystem zuzuordnen. Das betriebliche Rechnungswesen besitzt im Rahmen der Rechnungslegung nicht nur eine Informations-, Dokumentations- und Kontrollaufgabe, sondern insbesondere auch eine Dispositionsaufgabe, indem es die Grundlage für die betriebliche Planung liefert. Dies wird z. B. am Begriff *entscheidungsorientierte Kostenrechnung* deutlich. Beispiele für Planung innerhalb der Steuerungs- und der Kontrollfunktion finden sich im **Controlling**, wo u. a. Soll-Ist-Abweichungen ermittelt und daraus Steuerungseingriffe abgeleitet werden.

Das Lenkungsebenen-Modell kann in seiner Beziehung zum Basissystem auch als **hierarchisches Regelkreissystem** interpretiert werden. Das entsprechende Modell ist in Bild 2-20 dargestellt.

Formal besteht ein hierarchisches Regelkreissystem im einfachsten Fall aus dem Zusammenschluss zweier Regelkreise A und B, so dass die Regelstrecke von A zugleich Regler von B ist. Die Doppelfunktion dieser Komponente führt zu Doppelbedeutungen ihrer Inputs und Outputs: die Stellgröße Y_A ist zugleich Führungsgröße W_B, die Störgröße Z_A ist zugleich Regelgröße X_B.

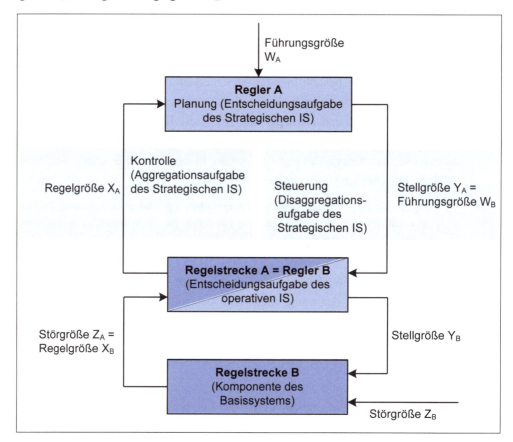

Bild 2-20: Lenkungsebenen-Modell als hierarchischer Regelkreis

Im vorliegenden Sachverhalt wird Regler A durch Entscheidungsaufgaben der Planungsfunktion des strategischen Informationssystems gebildet. Die Regelstrecke A besteht aus Entscheidungsaufgaben des operativen Informationssystems. Die Aufgaben der Steuerungs- und der Kontrollfunktion bestehen in der Verknüpfung von Regler A und Regelstrecke A. Die Kontrollaufgabe aggregiert dabei die Regelgröße X_A, die Steuerungsaufgabe disaggregiert die Stellgröße Y_A. Die Entscheidungsaufgaben des operativen Informationssystems bilden gleichzeitig den Regler im Regelkreis B. Die zugehörige Regelstrecke B besteht aus Komponenten des Basissystems.

In organisatorischer Sicht stellt der beschriebene hierarchische Regelkreis ein Modell für das Führungsprinzip **Führen durch Zielvorgabe (management by objectives)** dar, bei dem die übergeordnete Managementebene der untergeordneten Ebene Ziele vorgibt. Daneben sind auch andere Führungsprinzipien regelungstechnisch interpretierbar. Zum Beispiel korrespondiert die gleichzeitige Kontrolle einer Regelstrecke durch mehrere hierarchisch angeordnete Regler mit dem **Führen nach dem Ausnahmeprinzip (management by exception)**. Dabei greift ein hierarchisch übergeordneter Regler erst dann ein, wenn eine bestimmte Ausnahmesituation vorliegt, die von dem jeweils untergeordneten Regler nicht mehr beherrscht wird.

2.2.4 Objektorientiertes Modell der Unternehmung

Das Grundmodell der Unternehmung und das darauf aufbauende Lenkungsebenen-Modell sind geeignet, ein globales Verständnis betrieblicher Systeme zu vermitteln. Beide Modelle beruhen auf einer „Makrosicht" der Unternehmung. Diese unterstellt ein globales Informationssystem und ein globales Basissystem, die untereinander und mit der Umwelt interagieren. Beim Lenkungsebenen-Modell wird dieses globale Informationssystem lediglich grob nach inhaltlichen Aufgabenschwerpunkten differenziert.

Eine weitergehende, detaillierte Analyse betrieblicher Systeme ist auf der Basis dieser Makrosicht nicht möglich. Hierzu ist es notwendig, in einer „Mikrosicht" das Informationssystem und das Basissystem sukzessive in Teilsysteme zu zerlegen und die Interaktionen zwischen diesen Teilsystemen zu untersuchen. Im Einzelnen können dabei

- Interaktionen zwischen Teil-Informationssystemen,
- Interaktionen zwischen Teil-Basissystemen,
- Interaktionen zwischen einem Teil-Informationssystem und einem zugehörigen, von ihm kontrollierten Teil-Basissystem sowie
- Interaktionen von Teil-Informationssystemen bzw. Teil-Basissystemen mit der Umwelt

auftreten. Für die beabsichtigte Analyse aus Mikrosicht erweist sich das Prinzip der Strukturierung betrieblicher Systeme in Teilsysteme des Basissystems und Teilsysteme des Informationssystems allerdings als wenig geeignet. Dies hat mehrere Gründe:

- Die Bildung von Teilsystemen des Informationssystems und von Teilsystemen des Basissystems führt im Allgemeinen zu unterschiedlichen Zerlegungsstrukturen. Teilsysteme des Informationssystems korrespondieren dabei nicht notwendig mit Teilsystemen des Basissystems.

- Bei realen betrieblichen Systemen verschwimmt zunehmend die Grenze zwischen Informationssystem und Basissystem. Komponenten, die bisher dem Basissystem zugeordnet wurden, besitzen ihre eigenen Teil-Informationssysteme. Beispiele hierfür sind intelligente Steuerungen, wie etwa die Steuerungen rechnergesteuerter Werkzeugmaschinen (CNC-Maschinen; CNC = Computerized Numerical Control).

- Die Beziehungen zwischen einem Teil-Informationssystem und dem von ihm kontrollierten Teil-Basissystem sind i. d. R. intensiver als die Beziehungen zu den umgebenden Teilsystemen. Die Trennung zwischen Informationssystem und Basissystem ist daher unter Komplexitätsgesichtspunkten besonders ungünstig.

- Die Abgrenzung von Teilsystemen nach dem Objektprinzip d. h. die Unterscheidung zwischen Teil-Informationssystemen und Teil-Basissystemen, eignet sich nur bedingt zur kybernetischen Analyse betrieblicher Systeme. Teil-Informationssysteme können sowohl der Leistungserstellung als auch der Lenkung der Leistungserstellung dienen (vgl. Kapitel 1).

DEZENTRALISIERUNG BETRIEBLICHER SYSTEME

Ein geeigneter Weg zur Beherrschung der Komplexität betrieblicher Systeme liegt in ihrer Dezentralisierung. Unter Dezentralisierung wird dabei eine Teilsystembildung mit folgenden Merkmalen verstanden:

- Die betrieblichen Teilsysteme sind *selbstständig*, d. h. sie verfügen über eigene Leistungs- und Lenkungssysteme.

- Die Teilsysteme *kommunizieren* untereinander mithilfe von Leistungs- und Lenkungsflüssen.

Aus Sicht der Abgrenzungskriterien in Kapitel 1 bedeutet diese Form der Teilsystembildung einen Übergang vom Objektprinzip hin zum regelungstechnisch orientierten Phasenprinzip.

Aufgrund der Zerlegung in selbstständige Teilsysteme kann jedes Teilsystem in einer „Innensicht" und einer „Außensicht" beschrieben werden. Aus der Sicht des Gesamtsystems ist damit eine entscheidende Komplexitätsreduzierung verbunden. Die Außensicht wird verwendet, um die Beziehung eines Teilsystems zu umgebenden Teilsystemen zu beschreiben. Hier interessiert das Verhalten des Teilsystems, d. h. die von ihm empfangenen Input- und gesendeten Output-Flüsse. Die Innensicht zielt dagegen auf die Struktur eines Teilsystems und die Beziehungen zwischen seinen Komponenten. Die Innensicht eines Teilsystems ist unabhängig von den Strukturen umgebender Teilsysteme beschreibbar.

OBJEKTORIENTIERTE MODELLIERUNG BETRIEBLICHER SYSTEME

Diese Form der Systembeschreibung wird in Analogie zu objektorientierten Ansätzen im Bereich der Softwaretechnik als **objektorientiertes Modell der Unternehmung** bezeichnet. Danach wird eine Unternehmung als System von Objekten beschrieben, die untereinander mithilfe von Leistungs- und Lenkungsflüssen kommunizieren. Leistungsflüsse sind Güter-, Zahlungs- oder Dienstleistungsflüsse, bestehend aus Güter-, Zahlungs- bzw. Dienstleistungspaketen, Lenkungsflüsse bestehen aus Nachrichten (zu Details siehe Abschnitt 2.3).

Der Begriff **Objekt** dient sowohl zur Beschreibung der gesamten Unternehmung als auch zur Beschreibung geeigneter Teilsysteme der Unternehmung. Auf der Grundlage des Phasenprinzips wird jedes Objekt als Komponente eines Lenkungssystems oder eines Leistungssystems klassifiziert. Objekte eines Lenkungssystems werden als **Lenkungsobjekte**, Objekte eines Leistungssystems als **Leistungsobjekte** bezeichnet.

Objekte sind hierarchisch zerlegbar. Dabei können folgende Zerlegungsregeln angewandt werden:

- Ein Lenkungsobjekt wird in mehrere Lenkungsobjekte zerlegt.
- Ein Leistungsobjekt wird in mehrere Leistungsobjekte zerlegt.
- Ein Leistungsobjekt wird in mindestens ein Lenkungsobjekt und in mindestens ein Leistungsobjekt zerlegt.

Die letztere Zerlegungsregel verdeutlicht, dass Leistungsobjekte stets einen Leistungs- und einen Lenkungsanteil enthalten. Der Lenkungsanteil stellt die objektinterne Lenkung eines Leistungsobjekts dar und dient außerdem zur Kommunikation mit Lenkungsobjekten, welche die objektexterne Lenkung übernehmen. Leistungsobjekte ohne Lenkungsanteil werden als nicht lenkbar betrachtet.

Die Unternehmung und selbstständige Betriebseinheiten werden stets als Leistungsobjekte interpretiert. Die Leistungsobjekte der untersten Zerlegungsstufe enthalten als Lenkungsanteil noch diejenigen Aktoren und Sensoren, die zur unmittelbaren objektinternen Lenkung der Objekte erforderlich sind. Jede Zerlegung eines Leistungsobjekts in einen Lenkungs- und einen zugehörigen Leistungsanteil ist, isoliert betrachtet, wiederum mit dem Grundmodell der Unternehmung verträglich.

Beispiel 2-11:

Bild 2-21 zeigt einen Ausschnitt aus dem objektorientierten Modell eines Produktionsunternehmens. In diesem Beispiel kommuniziert das Leistungsobjekt *Produktion* z. B. mit dem Leistungsobjekt *Verkauf* durch *Kundenaufträge* (Lenkungsfluss) und *Fertigteile* (Leistungsfluss).

Das Leistungsobjekt *Produktion* wird nun nach dem Phasenprinzip weiter zerlegt in das Lenkungsobjekt *PPS-System* und das Leistungsobjekt *Fertigungssystem*. In dieser Zerlegung stellt PPS-System das Lenkungssystem, Fertigungssystem das zugehörige Leistungssystem dar. *Fertigungssystem* besteht wiederum aus mehreren autonomen Leistungsobjekten *Fertigungszelle*. *PPS-System* erteilt an *Fertigungszelle Fertigungsaufträge* (Lenkungsfluss) und erhält *Rückmeldungen* über die Durchführung von Fertigungsaufträgen (Lenkungsfluss).

Im nächsten Schritt wird Fertigungszelle in das Lenkungsobjekt *Leitsystem* (Lenkungssystem) und das Leistungsobjekt *Bearbeitungssystem* (Leistungssystem) zerlegt. *Bearbeitungssystem* besteht aus mehreren autonomen Leistungsobjekten *CNC-Maschine*, mit denen *Leitsystem* über die Lenkungsflüsse *Durchführungsaufträge für Arbeitsgänge* und zugehörige *Rückmeldungen* kommuniziert.

Im letzten Schritt wird *CNC-Maschine* in das Lenkungsobjekt *NC-Steuerung* (Lenkungssystem) und das Leistungsobjekt *Werkzeugmaschine* (Leistungssystem) zerlegt. Diese beiden Teilsysteme kommunizieren über die Lenkungsflüsse *Bewegungssteuerungsaufträge* und zugehörige *Rückmeldungen*. Der Leistungsfluss *Fertigteile* wird dabei vom Leistungsobjekt *Werkzeugmaschine* realisiert, das im vorliegenden Beispiel nicht weiter zerlegt wird.

2.2 Betriebliches Basis- und Informationssystem

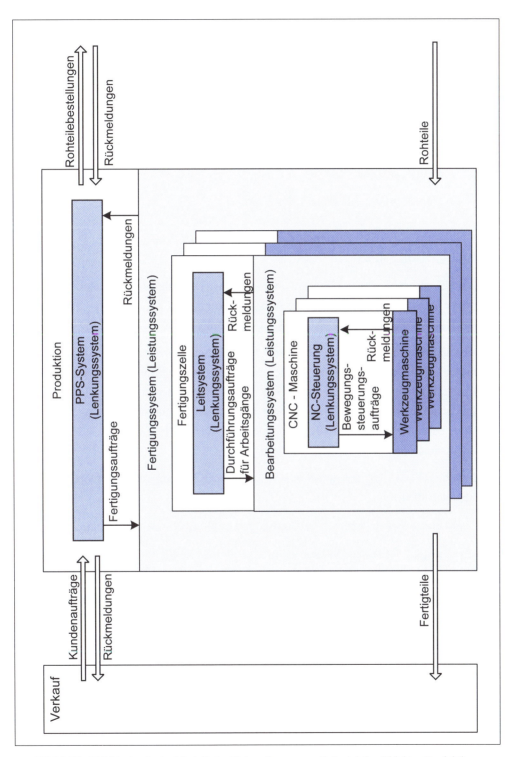

Bild 2-21: Objektorientiertes Modell der Unternehmung am Beispiel des Objektes Produktion

2.3 Leistungs- und Lenkungsflüsse

Auf der Grundlage des objektorientierten Modells der Unternehmung wird im Folgenden das Zusammenwirken der einzelnen Objekte in übergreifenden betrieblichen Abläufen näher untersucht. Voraussetzung für das Zusammenwirken zweier Objekte sind Interaktionskanäle für die unterschiedlichen Flussarten.

Im Folgenden werden die Flussarten **Leistungsfluss** und **Lenkungsfluss** unterschieden. Leistungsflüsse sind

- **Güterflüsse** (materielle Güter oder Energie),
- **Zahlungsflüsse** und
- **Dienstleistungsflüsse**.

Diese Flüsse bestehen aus Güter-, Zahlungs- bzw. Dienstleistungspaketen. Auch kontinuierliche Flüsse, wie z. B. Energieflüsse, werden zum Zwecke ihrer Steuerung zu Paketen zusammengefasst (z. B. die Energielieferung in einer Abrechnungsperiode).

Lenkungsflüsse bestehen aus **Nachrichten** zwischen Objekten. Ihre Aufgabe ist die Steuerung von Leistungsflüssen. Jeder Leistungsfluss wird durch einen gegenläufigen Lenkungsfluss ausgelöst und durch einen gleichlaufenden Lenkungsfluss begleitet. Diese Lenkungsflüsse sind direkt einem Leistungsfluss zuordenbar. Daneben dienen weitere Lenkungsflüsse indirekt der Steuerung von Leistungsflüssen, indem sie z. B. ihre Vor- und Nachbereitung durchführen.

Die beiden Flussarten werden den in Abschnitt 2.2.4 eingeführten Objektarten wie folgt zugeordnet:

- **Leistungsobjekte** senden bzw. empfangen Lenkungsflüsse und Leistungsflüsse,
- **Lenkungsobjekte** senden bzw. empfangen ausschließlich Lenkungsflüsse.

Die graphische Darstellung dieser Interaktionskanäle führt zu einer „Draufsicht" auf ein betriebliches System, bezogen auf einen bestimmten Zerlegungsgrad seiner Objekte.

Beispiel 2-12:

Bild 2-22 zeigt die „Draufsicht" auf ein einfaches Produktionsunternehmen mit einstufiger Auftragsfertigung. Im gewählten Zerlegungsgrad entsprechen die Objekte den zentralen betrieblichen Funktionsstellen. Da jede Unternehmung ein offenes System darstellt, werden Kontaktstellen zur Umwelt benötigt, die durch *Lieferant* und *Kunde* modelliert sind. Aus Gründen der Übersichtlichkeit sind nur die wesentlichen Flüsse dargestellt.

2.3 Leistungs- und Lenkungsflüsse

Jeder Leistungsfluss wird durch einen gegenläufigen und einen gleichläufigen Lenkungsfluss gesteuert. Zum Beispiel wird der Leistungsfluss *Produkte* durch *Kundenauftrag* ausgelöst und durch *Lieferschein* begleitet. *Zahlung* wird durch *Rechnung* ausgelöst und durch *Zahlungsbeleg* begleitet.

Beispiel

Die Identifikation von Leistungsflüssen zwecks Zuordnung zu korrespondierenden Lenkungsflüssen erfolgt bei materiellen Gütern häufig auf Basis einer EAN (*European Article Number*), welche unter Verwendung eines maschinenlesbaren Strichcodes (Barcode) den einzelnen Leistungspaketen aufgedruckt ist und optisch erfasst wird (z. B. Scanner an Supermarkt-Kassen). Die EAN wird zunehmend durch den elektronischen Produktcode EPC (*Electronic Product Code*) abgelöst. Während bei EAN die Identifikation nur auf der Typebene der Leistungspakete erfolgt, erlaubt EPC auch die Identifikation auf Instanzebene. Dies entspricht der Kombination einer EAN mit einer Seriennummer. Die Instanzidentifikation wird zukünftig durch einen am Leistungspaket befestigten RFID-Transponder (RFID = *Radio Frequency Identification*; Transponder = Transmitter/Responder; siehe z. B. [HaNe05, 195ff]) vereinfacht, der per Funk (kontaktlos sowie ohne Sichtverbindung) das Ablesen von Codes über eine Entfernung von bis zu mehreren Metern ermöglicht.

VORGANGSNETZE

Betriebliche Abläufe setzen sich aus Vorgängen zusammen (siehe auch [Sche90a]). Jeder Vorgang entspricht der Durchführung einer Aufgabe eines betrieblichen Objekts. Das Zusammenwirken der Vorgänge wird in Form von **Vorgangsnetzen** beschrieben. Entsprechend der Zerlegung betrieblicher Objekte und ihrer Aufgaben kann ein Vorgang auf der nächsten Zerlegungsstufe wiederum durch ein Vorgangsnetz beschrieben werden.

Ein Vorgangsnetz beschreibt für ein bestimmtes Ereignis, z. B. *Eintreffen eines Kundenauftrags*, das Zusammenwirken der zur Behandlung dieses Ereignisses herangezogenen betrieblichen Objekte. Dabei werden die von den einzelnen Objekten durchzuführenden Vorgänge, die Reihenfolge der Vorgänge sowie die zur Kommunikation der Objekte verwendeten Interaktionskanäle und Flussarten festgelegt.

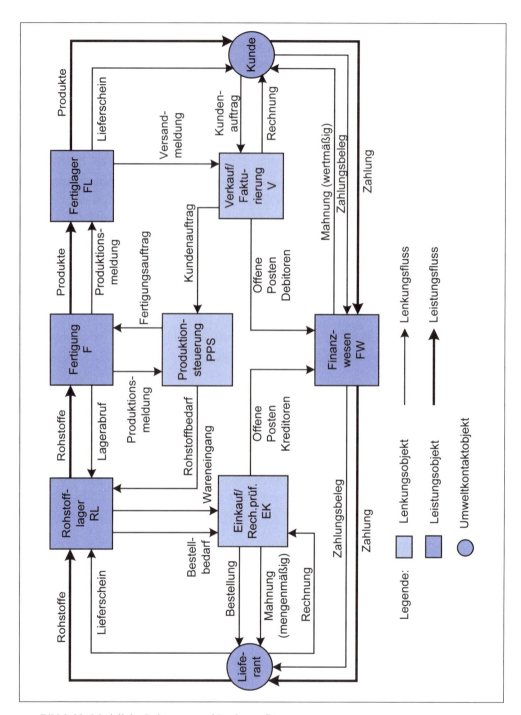

Bild 2-22: Modell der Leistungs- und Lenkungsflüsse

Eine geeignete Darstellungsform für Vorgangsnetze sind Petri-Netze. Bild 2-23 zeigt das Petri-Netz-Modell für das Vorgangsnetz *Auftragsbearbeitung*, das sich auf das

2.3 Leistungs- und Lenkungsflüsse

Flussmodell von Bild 2-22 bezieht. Vorgänge werden als Übergänge modelliert. Ein Objekt kann im Petri-Netz mehrfach auftreten, wenn es mit mehreren gleichartigen oder unterschiedlichen Vorgängen am Vorgangsnetz beteiligt ist. Gleichartige Vorgänge entsprechen der mehrfachen Durchführung einer bestimmten Aufgabe des Objekts, unterschiedliche Vorgänge entstehen aus der Durchführung unterschiedlicher Aufgaben.

Interaktionskanäle zwischen Objekten bzw. im Inneren eines Objekts werden als Zustände modelliert. Die Durchführung eines Vorgangs besteht im Schalten des entsprechenden Übergangs. Die dabei bewegten Marken synchronisieren den Ablauf des Vorgangsnetzes. In Bild 2-23 sind außerdem Vorgänge, die dem Lenkungssystemanteil eines Objekts zuzuordnen sind und diejenigen, die dem Leistungssystemanteil angehören, auf getrennten Ebenen dargestellt. Auf diese Weise wird auch die Steuerung und Kontrolle des Leistungssystems durch das Lenkungssystem sichtbar.

> In Bild 2-23 ist der Vorgang *Versand* des Objekts *Fertiglager (FL)* durchführbar, wenn ein entsprechender Produktbestand aus der Fertigung gemeldet ist und außerdem ein Lieferschein vorliegt. Die Erstellung des Lieferscheins erfolgt durch den Lenkungssystemanteil des Objekts *Fertiglager*.

Im Vergleich zu den in Abschnitt 2.1.2 vorgestellten Merkmalen von Petri-Netzen stellt Bild 2-23 eine Vereinfachung dar. Bei einem vollständigen Petri-Netz müssten z. B. Kantenbewertungen und unterscheidbare Marken eingeführt werden um sicherzustellen, dass der Vorgang *Auftragserfassung* den Zustand *Kundenauftrag erfasst* dreifach markiert und die Vorgänge *Erstellen Fertigungsauftrag*, *Erstellen Lieferschein* und *Erstellen Kundenrechnung* je eine zu diesem Kundenauftrag gehörige Marke entnehmen.

VERMASCHTES REGELKREISMODELL

Das zielgerichtete Zusammenwirken der Objekte in betrieblichen Abläufen kann über die Darstellung in Vorgangsnetzen hinaus auch regelungstechnisch begründet werden. Jedes betriebliche Objekt realisiert dabei einen oder mehrere Regelkreise bzw. Steuerketten. Jeder Regelkreis bzw. jede Steuerkette ist einem bestimmten Vorgang eines Vorgangsnetzes des betrieblichen Ablaufs zugeordnet.

Die Regelkreise und Steuerkomponenten sind dabei untereinander vermascht. Im Gegensatz zu einem hierarchischen Regelkreissystem, bei dem die Stellgröße eines übergeordneten Reglers die Führungsgrößen nachgeordneter Reglerkreise bestimmt, wird hier die Stellgröße eines Regelkreises (bzw. der Output einer Steuerkomponente) zur Störgröße eines nachgeordneten Regelkreises (bzw. Input einer nachgeordneten Steuerkomponente).

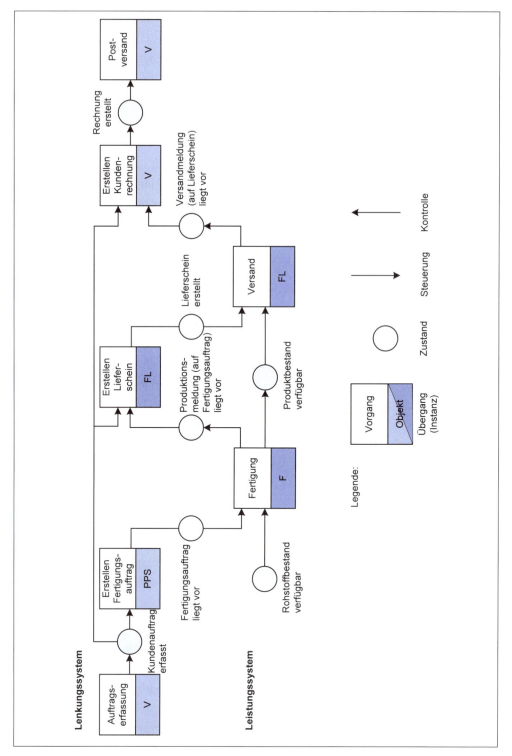

Bild 2-23: Petri-Netz für das Vorgangsnetz *Auftragsbearbeitung*

2.3 Leistungs- und Lenkungsflüsse

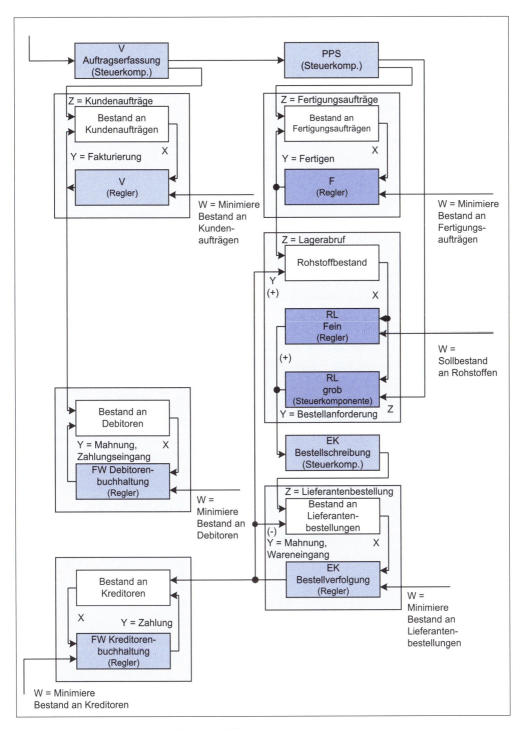

Bild 2-24: Vermaschtes Regelkreismodell

Diese Form der Interaktion korrespondiert mit der Kopplung von Vorgängen innerhalb eines Vorgangsnetzes. Hierbei wird ein nachfolgender Vorgang durch ein vom vorausgehenden Vorgang produziertes Ereignis ausgelöst. Die Menge der einem Objekt bekannten Instanzen von Ereignissen bildet die Regelgröße des zugehörigen Regelkreises. Diese Ereignis-Instanzen entsprechen den Marken des Petri-Netz-Modells. Aufgabe des Reglers ist es, durch Initiierung von Vorgängen diese Ereignis-Instanzen unter Einhaltung zeitlicher und kapazitativer Restriktionen abzubauen [Sinz83] (siehe Beispiel 2-13).

Beispiel 2-13:

Bild 2-24 zeigt einen Ausschnitt des vermaschten Regelkreissystems für das Flussmodell aus Bild 2-22. Die an der Bildung von Regelkreisen bzw. von Steuerkomponenten beteiligten Objekte sind mit ihrer Kurzbezeichnung angegeben. Zum Beispiel ist *V (Verkauf)* mit der Steuerkomponente *Auftragserfassung* und dem Regelkreis *Fakturierung* vertreten.

Die einzige exogene Störung des Systems erfolgt durch eingehende Kundenaufträge, die durch *V* im Vorgang *Auftragserfassung* erfasst werden. Die erfassten Aufträge werden einerseits an *PPS* weitergegeben. Andererseits werden sie innerhalb *V* dem Vorgang *Fakturierung* zugeführt. Aufgabe der Fakturierung ist es, den Auftragsbestand unter Einhaltung vorgegebener Liefertermine abzubauen. Dabei entstehen Debitorposten, welche die Regelstrecke des *Objekts FW (Finanzwesen)* stören usw.

Eine komplexere Form der Vermaschung ist im Zusammenhang mit dem Objekt *RL (Rohstofflager)* erkennbar. Der Rohstoffbestand wird durch Lagerabrufe von *F (Fertigung)* gestört. Aufgabe des Reglers *RL* ist es, diesen Rohstoffbestand an den Sollbestand anzugleichen. Wegen der Zeitverzögerungen der Rohstoffbeschaffung ist diese Regelung aber für die Bewirtschaftung des Rohstofflagers nicht ausreichend. Aus diesem Grund wird bereits von *PPS* der erwartete Rohstoffbedarf an *RL* gemeldet (Steuerkomponente *RL*). Die Stellgrößen von Steuerkomponente und Regler *RL* sind Input des Vorgangs *Bestellschreibung* des Objekts *EK (Einkauf)*. Der anschließende Vorgang *Bestellverfolgung* wird in Form eines Regelkreises ebenfalls von *EK* durchgeführt. Die Stellgröße dieses Regelkreises führt in Form von Wareneingängen zur Erhöhung des Rohstoffbestands von *RL* und in Form von Lieferantenverbindlichkeiten zu einer Erhöhung des Kreditorenbestands von *B*.

Beispiel

2.4 Betriebliches Mensch-Maschine-System

Zur Durchführung der Aufgaben betrieblicher Objekte stehen der Mensch **als personeller Aufgabenträger** und Maschinen als **maschinelle Aufgabenträger** zur Verfügung. Maschinelle Aufgabenträger im Lenkungssystemanteil sind Computersysteme, bestehend aus Hardware- und Software-Komponenten sowie zugehörige Kommunikationssysteme. Als maschinelle Aufgabenträger im Leistungssystemanteil der Objekte kommen Bearbeitungsmaschinen sowie Handhabungs- (Roboter), Montage- und Transportsysteme hinzu.

Typisch für die Durchführung betrieblicher Aufgaben ist eine Kooperation maschineller und personeller Aufgabenträger. Obwohl immer größere Teilaufgaben im Bereich des Leistungssystems und des Lenkungssystems vollständig durch maschinelle Aufgabenträger durchgeführt werden können, sind aus einer ganzheitlichen Sicht von Aufgaben und insbesondere aus der Sicht der globalen „Unternehmensaufgabe" beide Arten von Aufgabenträgern erforderlich.

> Beispiele hierfür sind im Bereich des Leistungssystems komplexe Produktionsprozesse, etwa die Karosseriefertigung im Automobilbau, die zwar vollständig maschinell durchgeführt werden, den Menschen aber für Überwachungsaufgaben sowie zur Beseitigung von Störungen benötigen. Im Bereich des Lenkungssystems kann z. B. die Terminplanung von Aufträgen vollständig rechnergestützt erfolgen, doch bleiben i. d. R. dem Menschen Eingriffsmöglichkeiten zur Umplanung erhalten.

2.4.1 Automatisierung

Durch die Zuordnung von Aufgabenträgern zu Aufgaben wird der **Automatisierungsgrad** der Aufgaben festgelegt [FeSi84]. Eine Aufgabe ist

- **vollautomatisiert (automatisiert)**, wenn sie vollständig von maschinellen Aufgabenträgern durchgeführt wird,

- **teilautomatisiert**, wenn sie gemeinsam von personellen und maschinellen Aufgabenträgern durchgeführt wird und

- **nicht-automatisiert**, wenn sie ausschließlich von personellen Aufgabenträgern durchgeführt wird.

Die Beschreibung des Automatisierungsgrades einer Unternehmung hängt somit von der gewählten Zerlegungsstruktur ihrer Aufgaben ab. Die Gesamtaufgabe einer Unternehmung und die Mehrzahl der Teilaufgaben der ersten Zerlegungsebenen sind teilautomatisiert. Die Gesamtaufgabe kann nicht vollautomatisiert sein, da zumindest im Bereich des Lenkungssystems einige Entscheidungsaufgaben personeller Aufgabenträger bedürfen.

Bild 2-25 zeigt die Zerlegungsstruktur von Aufgaben eines betrieblichen Informationssystems in allgemeiner Form. Die Zuordnung der Aufgaben zu betrieblichen Lenkungs- bzw. Leistungsobjekten sowie die Interpretation der Informationsflüsse zwischen Aufgaben als Lenkungsflüsse oder Leistungsflüsse wird an dieser Stelle nicht berücksichtigt.

Ausgangspunkt ist eine globale Aufgabe A, die im Allgemeinen eine teilautomatisierbare Entscheidungsaufgabe ist. A wird auf den nachfolgenden Ebenen unter Verwendung der Relation *besteht_aus* in Teilaufgaben A_1, A_2, ... zerlegt, die als automatisierbare, teilautomatisierbare oder nicht-automatisierbare Transformations- bzw. Entscheidungsaufgaben identifizierbar sind. (Zu formalen Kriterien der Automatisierbarkeit von Aufgaben siehe Abschnitt 4.2). Dabei werden die zwischen den Teilaufgaben bestehenden Informationsflüsse sichtbar. Die Zerlegung wird fortgesetzt, bis jede Teilaufgabe entweder als automatisierbar oder als nicht-automatisierbar erkannt ist. Das Attribut *nicht-automatisierbar* wird hierbei so verstanden, dass die Teilaufgabe keine automatisierbaren Bestandteile mehr enthält.

An dieser Stelle berühren sich nun die Aufgaben- und die Aufgabenträgerebene. Automatisierbaren Teilaufgaben werden maschinelle Aufgabenträger, nicht-automatisierbaren Teilaufgaben werden personelle Aufgabenträger zugeordnet. Bild 2-26 zeigt die gleiche Aufgabenzerlegung für das konkrete Beispiel *Rohstoffbeschaffung*.

2.4 Betriebliches Mensch-Maschine-System

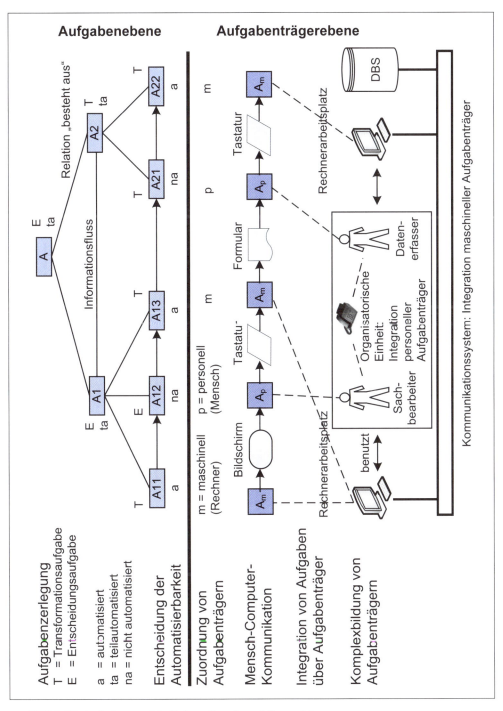

Bild 2-25: Aufgaben- und Aufgabenträgerebene (allgemein)

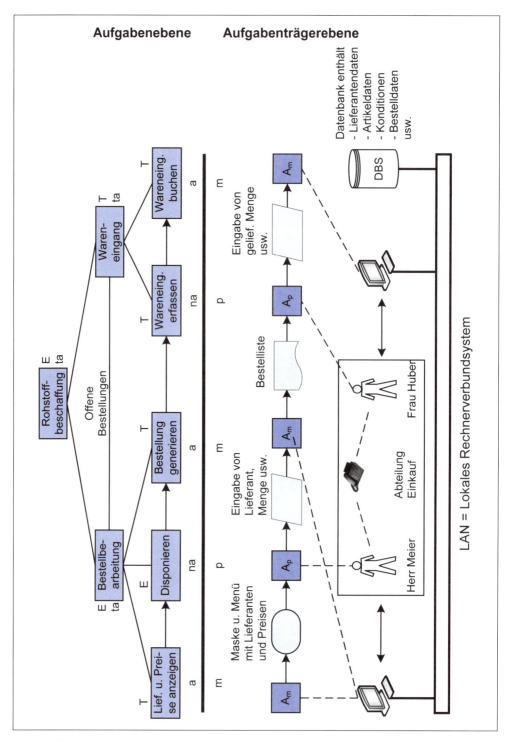

Bild 2-26: Aufgaben- und Aufgabenträgerebene (Beispiel)

2.4.2 Mensch-Computer-Kommunikation

Die Durchführung teilautomatisierter Aufgaben erfordert eine Kooperation der beteiligten personellen und maschinellen Aufgabenträger. Die Aufgabenträger bilden zusammen ein **betriebliches Mensch-Maschine-System**. Dabei werden Informationen zwischen Menschen, zwischen Maschinen oder zwischen Mensch und Maschine ausgetauscht. Die letztgenannte Kommunikation zwischen personellen und maschinellen Aufgabenträgern wird als **Mensch-Computer-Kommunikation (MCK)** bezeichnet.

Mensch-Maschine-Systeme sind i. d. R. leistungsfähiger als rein personelle oder rein maschinelle Aufgabenträger, da sie menschliche Kreativität und Assoziationsfähigkeit mit maschineller Verarbeitungskapazität und Verarbeitungsgeschwindigkeit vereinigen. Durch die Arbeitsteilung beider Aufgabenträger entsteht ein Leistungssteigerungseffekt, der aufgrund ähnlicher Effekte bei Gruppen-Problemlösungsprozessen als **Synergieeffekt** bezeichnet wird.

Der Mensch kommuniziert mit seiner Umwelt über seine Sinne und motorischen Aktivitäten. In seiner Eigenschaft als personeller Aufgabenträger betrieblicher Systeme verwendet er zur Kommunikation mit anderen personellen sowie mit maschinellen Aufgabenträgern die Sinne Sehen und Hören als Sensoren, die motorischen Aktivitäten Tasten und Sprechen als Aktoren. Hieraus resultieren spezielle Anforderungen an die Konstruktion maschineller Aufgabenträger. Sie benötigen Sende- und Empfangseinrichtungen, die mit den Sinnen und der Motorik des Menschen korrespondieren und ergonomisch abgestimmt sind.

> Die derzeit wichtigsten Sende- und Empfangseinrichtungen zur MCK sind bei Computersystemen Bildschirm und Tastatur (einschließlich Maus o. ä.). Diese sind auf das Sehen und das Tasten des Menschen ausgerichtet. Zunehmend wird die MCK auch auf Sprechen und Hören erweitert.
>
> Bild 2-25 zeigt die MCK unter Verwendung von Bildschirm, Tastatur und Druckerformular. Bild 2-26 konkretisiert die Mensch-Computer-Schnittstellen für das Beispiel Rohstoffbeschaffung.
>
> Ein weiteres Beispiel für ein bewährtes Mensch-Maschine-System ist das Telefon. Dieses ist derzeit auf Sprechen und Hören ausgerichtet und wird mit der Verbreitung des Bildtelefons auf das Sehen erweitert.

2.5 Zuordnung von Aufgaben zu Aufgabenträgern

Die Gesamtaufgabe des betrieblichen Informationssystems einer Unternehmung kann nach unterschiedlichen Kriterien in Teilaufgaben unterteilt sein. Beispiele für Zerlegungskriterien sind (siehe auch [WöDö08, 117f]):

a) Zerlegung in Transformations- und Entscheidungsaufgaben (diese Zerlegungsform orientiert sich am Rangprinzip der Organisationslehre).

b) Zerlegung in Verarbeitungs-, Speicherungs- und Übertragungsaufgaben (orientiert am Verrichtungsprinzip).

c) Zerlegung unter Berücksichtigung der Kapazitäten personeller und maschineller Aufgabenträger (orientiert am Sachmittelprinzip).

d) Zerlegung unter Berücksichtigung der Qualifikation und/oder Spezialisierung personeller und maschineller Aufgabenträger (orientiert am Sachmittelprinzip).

Ein Beispiel für (c) ist die Zerlegung einer nicht-automatisierten, d. h. personell durchzuführenden Aufgabe. Die Zerlegung wird hier solange fortgesetzt, bis jeder der resultierenden Teilaufgaben genau ein personeller Aufgabenträger zuordenbar ist. Ein Beispiel für (d) ist die Trennung von Datenerfassungs- und Sachbearbeiteraufgaben.

In der Praxis treten die genannten Zerlegungskriterien i. d. R. in Mischformen auf. Zusätzlich ist zu berücksichtigen, dass die Aufgabenzerlegung in einer Unternehmung meist historisch gewachsen ist. Hier spiegeln sich auch technische Restriktionen wider, die sich in der Vergangenheit z. B. in einer mangelnden Dialogfähigkeit maschineller Aufgabenträger und einer daraus resultierenden stapelorientierten Verarbeitung von Aufträgen zeigten.

Durch die gewaltigen Leistungssteigerungen maschineller Aufgabenträger in den Bereichen Verarbeitungsgeschwindigkeit, Speicherkapazität und Dialogfähigkeit sind viele Gründe für historische Aufgabenzerlegungen entfallen. Aus der Sicht der Gesamtaufgabe eines betrieblichen Informationssystems eröffnet sich bei einer Neustrukturierung der Aufgaben ein großes Potenzial für eine Verbesserung und Beschleunigung der Aufgabendurchführung. Wichtige Ziele sind dabei

- die Reduzierung des Aufwands für Kommunikation, Koordination und Einarbeitung bei personellen Aufgabenträgern,
- die Verbesserung der Aktualität und Konsistenz von Datenbeständen sowie die Vermeidung der Mehrfacherfassung von Daten.

Der Lösungsansatz zur Erreichung dieser Ziele liegt in der geeigneten Zuordnung von Aufgaben zu Aufgabenträgern.

MASCHINELLE UND PERSONELLE AUFGABENINTEGRATION

Ausgangspunkt ist ein im Hinblick auf die genannten Ziele abgegrenzter Aufgabenkomplex, bestehend aus Aufgaben und einem Netz von Informationsflüssen zwischen diesen Aufgaben. Die Durchführung dieses Aufgabenkomplexes durch einen maschinellen oder personellen Aufgabenträger wird als **Aufgabenintegration** bezeichnet.

2.5 Zuordnung von Aufgaben zu Aufgabenträgern

Unter Berücksichtigung der beiden Arten von Aufgabenträgern sind somit zwei Formen der Aufgabenintegration unterscheidbar:

- Ein Aufgabenkomplex heißt **maschinell integriert**, wenn seine automatisierbaren Aufgaben von *einem* maschinellen Aufgabenträger durchgeführt werden.

- Ein Aufgabenkomplex heißt **personell integriert**, wenn seine nichtautomatisierbaren Aufgaben von *einem* personellen Aufgabenträger durchgeführt werden.

Ein maschinell und personell integrierter Aufgabenkomplex wird somit von genau einem maschinellen und einem personellen Aufgabenträger durchgeführt (siehe Bild 2-25).

> In Bild 2-26 werden u. a. die Aufgaben *Lieferanten und Preise anzeigen*, *Disponieren* und *Bestellung generieren* zum Aufgabenkomplex Bestellbearbeitung integriert.

> Der Aufgabenkomplex *Bestellbearbeitung* in Bild 2-26 ist maschinell und personell integriert, da an seiner Durchführung genau ein Rechner und eine Person beteiligt sind.

Maschinelle und personelle Aufgabenträger können zu **Aufgabenträgerkomplexen** zusammengefasst werden. Zum Beispiel können mehrere Rechner in einem Rechnerverbundsystem zusammengefasst sein, mehrere Personen können eine Abteilung bilden. Ziel dieser Komplexbildung von Aufgabenträgern ist in beiden Fällen u. a. eine variable Lastverteilung sowie eine höhere Ausfallsicherheit und Verfügbarkeit des Aufgabenträgers. Dies wird dadurch erreicht, dass die Verantwortlichkeit für einen Aufgabenkomplex nicht einem individuellen Aufgabenträger, sondern einem Aufgabenträgerkomplex übertragen wird. Ein Beispiel für die Komplexbildung personeller Aufgabenträger in Form einer betrieblichen Abteilungsstruktur ist in Bild 2-27 als Organigramm dargestellt.

Fragen der Integration werden aus der Sicht von Anwendungssystemen in Kapitel 6 detailliert behandelt. Dort werden mit Bezug auf ausgewählte Struktur- und Verhaltensmerkmale von Anwendungssystemen weitere Formen der Integration unterschieden (siehe z. B. auch [Mert01] und [Sche90]).

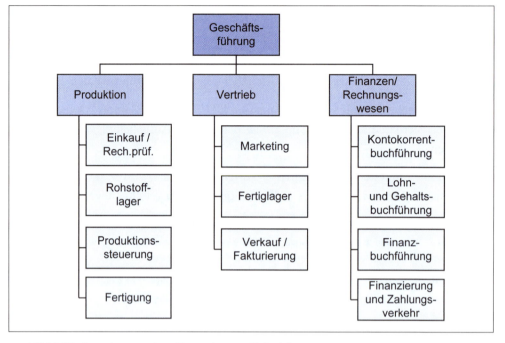

Bild 2-27: Organigramm einer Unternehmung (Beispiel)

2.6 Aufgabendurchführung in Vorgängen

In den vorausgehenden Abschnitten wurden betriebliche Aufgaben und deren Durchführung in Vorgängen und Vorgangsnetzen aus den Blickwinkeln unterschiedlicher Modelle analysiert. Im Folgenden wird nun die Beziehung zwischen Aufgaben und Vorgängen näher untersucht und in ein hierfür geeignetes Begriffssystem eingebettet (Bild 2-28).

Unter einer **Aufgabe** wird eine betriebliche Problemstellung mit folgenden Eigenschaften verstanden:

- Eine Aufgabe wird durch Angabe von Anfangszuständen und Endzuständen der durch die Aufgabe zu bearbeitenden betrieblichen Objekte definiert.

- Eine Aufgabe ist formal als (nicht notwendig funktionales) Input-Output-System interpretierbar.

- Eine Aufgabe enthält Freiheitsgrade bezüglich ihrer Durchführung. Diese sind u. a. abhängig vom Komplexitätsgrad der Aufgabe.

- Eine Aufgabe ist zielorientiert, d. h. auf die Erreichung bestimmter Aufgabenziele ausgerichtet (Sach- und Formalziele).

Sowohl Transformationsaufgaben als auch Entscheidungsaufgaben werden inhaltlich durch Sachziele bestimmt. Unterschiede ergeben sich bei den Formalzielen. **Transformationsaufgaben** enthalten ausschließlich endogene Formalziele. Diese beziehen sich u. a. auf die Effizienz und den Ressourcenverbrauch der Aufgabendurchführung. Der Aufgabenträger nutzt die Freiheitsgrade der Aufgabenbeschreibung zur Verfolgung der endogenen Ziele. Im Gegensatz dazu enthalten **Entscheidungsaufgaben** neben den endogenen auch exogene Formalziele, die in Form von Zielgrößen vorgegeben werden.

Die Durchführung einer Aufgabe wird als **Vorgang** bezeichnet. Informationsflüsse zwischen Aufgaben führen zu Informations- und Reihenfolgebeziehungen zwischen Vorgängen, die in Form eines **Vorgangsnetzes** definiert werden. Die Menge aller Vorgangsnetze beschreibt die Gesamtheit der standardisierten betrieblichen Abläufe und stellt ein Modell der **Ablauforganisation** der Unternehmung dar (siehe z. B. [Fres05]). Vorgangsnetze bilden gleichzeitig die Grundlage für die Spezifikation des Workflows eines Unternehmens.

Die Durchführung einer Aufgabe als Vorgang wird durch Ereignisse ausgelöst und kann selbst wiederum Ereignisse produzieren. Ein **Ereignis** ist definiert als eine Menge von Zuständen betrieblicher Objekte oder von Objekten der Umwelt. Ein Ereignis löst einen Vorgang aus, wenn es mit dem Anfangszustand einer Aufgabe übereinstimmt oder diesen Anfangszustand enthält. Besitzen mehrere Aufgaben den gleichen Anfangszustand oder enthält ein Ereignis die Anfangszustände mehrerer Aufgaben, so kann ein Ereignis mehrere Vorgänge auslösen (Trigger-Ereignis).

> Die Aufgabe *Auftragsverwaltung* wird bei Eintritt des Ereignisses *Vorliegen eines neuen Auftrags* in Form des Vorgangs *Auftragserfassung* durchgeführt.

Aufgaben sind (ggf. mehrstufig) in Teilaufgaben zerlegbar. Die entstehenden Teilaufgaben sind parallel oder nacheinander auszuführen. Die Zerlegung einer Aufgabe A in zwei nacheinander auszuführende Teilaufgaben A_1 und A_2 führt zur Definition eines Zwischenzustands, der Endzustand von A_1 und Anfangszustand von A_2 ist und in Form eines Informationsflusses zwischen A_1 und A_2 beschrieben wird. Der Endzustand stellt eine Spezifikation des Nachereignisses von A_1, der Anfangszustand eine Spezifikation des Vorereignisses von A_2 dar. A_1 und A_2 werden als Vorgänge V_1 und V_2 durchgeführt. Dabei produziert V_1 ein Ereignis, welches V_2 auslöst.

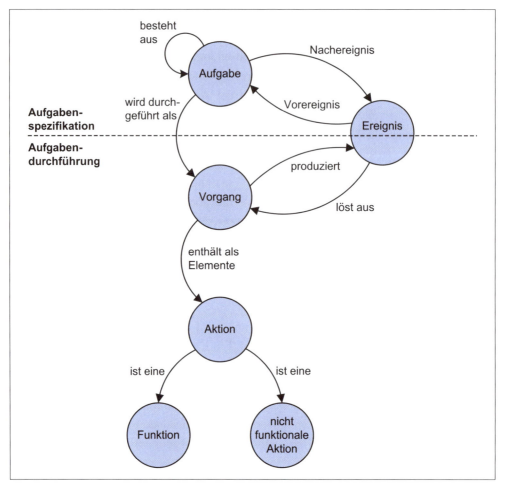

Bild 2-28: Begriffsystem der Aufgabendurchführung

Durch die Zerlegungsstruktur der Aufgaben wird die Zerlegungsstruktur der Vorgänge determiniert. Mit anderen Worten, die Zerlegung einer Aufgabe in Teilaufgaben und die zugehörige Definition von Zwischenzuständen bestimmt die Zerlegung eines Vorgangs in Teilvorgänge und die Reihenfolgebeziehungen des zugehörigen Vorgangsnetzes. Freiheitsgrade bei der Definition von Vorgangsnetzen existieren somit nur bezüglich der Aufgaben der feinsten Detaillierungsstufe, da hier keine Zwischenzustände mehr vorgegeben sind. Die darüber hinaus verbleibenden Freiheitsgrade werden innerhalb der Teilvorgänge dieser Vorgangsnetze bei der Definition von Aktionsfolgen genutzt. Diese Beschreibungsform korrespondiert mit den Konzepten von **genereller** und **fallweiser Regelung** in der Organisationslehre.

<blockquote>
Die Aufgabe *Schadensregulierung* eines Versicherungsunternehmens kann für standardisierbare Ereignisse des Typs *Schadensmeldung* soweit detailliert werden, dass die Aufgabendurchführung in einem fest vorgegebenen Vorgangsnetz beschrieben werden kann (generelle Regelung). Dar-
</blockquote>

2.6 Aufgabendurchführung in Vorgängen

über hinaus existieren aber auch Schadensmeldungen, für welche die Aufgabenbeschreibung keine fest vorgegebene Regulierungsform enthält. In diesen Fällen wird das endgültige Vorgangsnetz erst während der Vorgangsdurchführung z. B. von einem Sachbearbeiter bestimmt (fallweise Regelung).

Elemente von Vorgängen sind **Aktionen**. Ist eine Aktion funktional beschreibbar, so wird sie als **Funktion**, anderenfalls als **nicht-funktionale Aktion** bezeichnet. Funktionen sind grundsätzlich automatisierbar. Nicht-funktionale Aktionen sind, falls sie nicht durch zusätzliche Annahmen in eine funktional beschreibbare Form überführt werden können, nicht automatisierbar und somit von personellen Aufgabenträgern durchzuführen.

3 Betriebliche Funktionsbereiche

3.1 Systemcharakter eines Betriebes

Aus der Sicht der entscheidungs- und systemorientierten Betriebswirtschaftslehre stellt eine Unternehmung ein **offenes, sozio-technisches und zielgerichtetes System** dar. Eine Unternehmung ist ein offenes System aufgrund der vielfältigen Interaktionen mit seiner Umwelt in Form von Leistungs- und Lenkungsflüssen. Die Aufgaben einer Unternehmung werden gemeinsam von Menschen und Maschinen durchgeführt, die im Zusammenwirken ein sozio-technisches System bilden. Das Verhalten einer Unternehmung ist auf ein Zielsystem, bestehend aus Sach- und Formalzielen, ausgerichtet. Sachziele bestimmen Art und Zweck der Leistungserstellung z. B. durch Vorgabe eines Leistungsprogramms. Formalziele bestimmen Art und Umfang der Sachzielerreichung z. B. in Form der Gewinnmaximierung.

3.1.1 Unternehmung als offenes System

Eine erste Zerlegung des Systems „Unternehmung" in Teilsysteme zeigt die Funktionsbereiche Forschung und Entwicklung (FuE), Beschaffung, Produktion (Leistungserstellung), Absatz (Leistungsverwertung) und Finanzwesen mit den folgenden Aufgaben [Bitz$^+$05]: Der Bereich **FuE** erzeugt Wissen über Produkte und Produktionsprozesse. Die **Beschaffung** übernimmt Güter, die als Produktionsfaktoren benötigt werden, von Lieferanten aus der Umwelt der Unternehmung. Die **Produktion** kombiniert und transformiert die beschafften Güter auf der Grundlage des FuE-Wissens in neue Sachgüter und Dienstleistungen. Der Funktionsbereich **Absatz** schließlich gibt die erzeugten Leistungen an Kunden aus der Umwelt ab. Das **Finanzwesen** beschafft und kontrolliert die für die genannten Aufgaben erforderlichen Zahlungsmittel. Es steht für diese und weitere Aufgaben mit den Systemen Staat und Banken/Versicherungen in Verbindung. Bild 3-1 zeigt die Beziehungen in der Unternehmung sowie die Beziehungen zwischen Unternehmung und Umwelt in vereinfachter Form. Beschaffung, Absatz und Finanzwesen bilden dabei die wichtigsten Kontaktstellen zur Umwelt und zeigen deutlich den Charakter einer Unternehmung als offenes System.

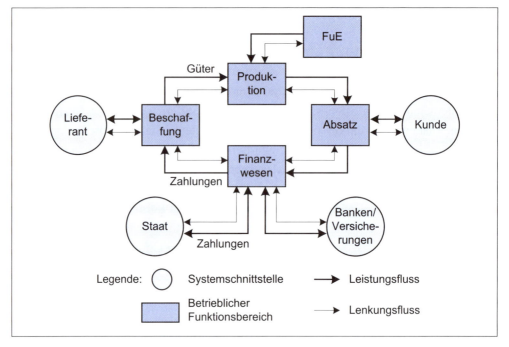

Bild 3-1: System „Unternehmung"

3.1.2 Flüsse und Transaktionen

Die Beziehungen der Teilsysteme untereinander und mit der Umwelt bestehen aus Leistungsflüssen (Güter-, Zahlungs- oder Dienstleistungsflüsse) und aus Lenkungsflüssen (siehe Abschnitt 2.3). Güter und Dienstleistungen fließen von den Lieferanten über die Funktionsbereiche Beschaffung, Produktion und Absatz zu den Kunden. Zahlungen als Mittel zur Realisierung von Tauschbeziehungen fließen entgegengesetzt von den Kunden über die Funktionsbereiche Absatz, Finanzwesen und Beschaffung zurück zu den Lieferanten. Die Flüsse beider Richtungen bilden zusammen einen güter- und geldwirtschaftlichen Kreislauf. Alle Leistungsflüsse werden von zugehörigen Lenkungsflüssen ausgelöst und kontrolliert. Lenkungsflüsse sind Teil des Lenkungssystems und damit des Informationssystems einer Unternehmung.

Leistungs- und Lenkungsflüsse werden nicht als kontinuierliche Flüsse, sondern als eine Folge diskreter Pakete betrachtet. Leistungspakete sind Güter, Dienstleistungen oder Zahlungen, die als einzelne Pakete abgrenzbar sind oder durch Bezug auf eine Zeitperiode in diskrete Pakete abgegrenzt werden (z. B. Energielieferung je Abrechnungsperiode). Lenkungspakete werden in Form von Nachrichten zwischen den beteiligten Teilsystemen ausgetauscht.

Für den Transfer eines Leistungspakets zwischen den Teilsystemen oder zwischen der Unternehmung und der Umwelt führen die beteiligten Stellen im Allgemeinen mehrere Schritte durch, die zusammenfassend als **Transaktion** bezeichnet werden. Diese Schritte dienen der Lenkung und der eigentlichen Leistungserstellung des Transfers. Sie beinhalten den Transfer von Leistungspaketen und den Austausch von zugehörigen Nachrichten. Abgrenzbare, in sich abgeschlossene Teile einer Transaktion stellen wiederum Transaktionen dar und werden als Teiltransaktionen bezeichnet.

Hinsichtlich der Lenkung von Leistungsflüssen werden zwei Arten der Koordination der beteiligten Teilsysteme unterschieden. Bei der **hierarchischen Koordination** werden entsprechend dem Regelkreiskonzept Steueranweisungen (Stellgrößen) von einem Regler an die zugehörigen Regelstrecken gegeben, um den Leistungstransfer zu veranlassen. Korrespondierende Rückmeldungen (Regelgrößen) informieren den Regler über den Zustand der Regelstrecken. Regler und Regelstrecken sind hierarchisch angeordnet. Der Regler ist für die Auslösung und Kontrolle aller zur Transaktion erforderlichen Schritte bzw. Teiltransaktionen zuständig (Bild 3-2).

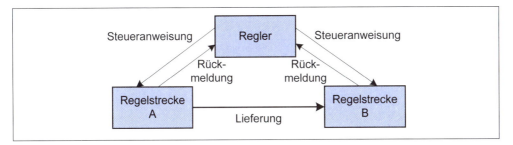

Bild 3-2: Leistungstransfer mit hierarchischer Koordination

Bei der **nicht-hierarchischen Koordination** sind die beteiligten Teilsysteme autonom und verfolgen jeweils eigene Ziele. Ein Leistungstransfer zwischen den beteiligten Teilsystemen ist zunächst zu vereinbaren, bevor er durchgeführt werden kann. Eine Transaktion besteht hier analog zum Transaktionskostenansatz aus den drei aufeinander folgenden Phasen Anbahnung, Vereinbarung und Durchführung [Pico05]. In jeder Phase kann die Transaktion vorzeitig beendet werden.

1. **Anbahnung:** Diese Phase dient der Partnersuche für einen Leistungstransfer. Beispiele hierfür sind Werbeaktionen, um Kontaktaufnahmen zu initiieren.

2. **Vereinbarung:** In dieser Phase vereinbaren zwei Partner (zwei Teilsysteme der Diskurswelt oder ein Teilsystem und die Umwelt) einen Leistungstransfer. Abschlussdokument dieser Phase nach erfolgter Vereinbarung ist ein Auftrag.

3. **Durchführung:** In dieser Phase findet der Leistungstransfer mit einer Kontrolle der Einhaltung der Vereinbarung statt.

Das beschriebene 3-Phasen-Transaktionsschema (AVD-Transaktion) kann auf zwei Phasen verkürzt werden, wenn ein Leistungstransfer wiederholt zwischen den gleichen Partnern durchgeführt wird und damit die Anbahnungsphase entfällt (VD-Transaktion). Eine weitere Vereinfachung des Transaktionsschemas ist möglich, wenn z. B. durch einen Rahmenvertrag eine generelle, langfristige Vereinbarung über eine Menge von Transaktionen getroffen wird. Hier genügt ein 1-Phasen-Transaktionsschema für die Durchführung einer einzelnen Transaktion (D-Transaktion).

Die Steuerung der Transaktionen erfolgt mithilfe von Nachrichten, die zwischen den Partnern ausgetauscht werden. Der Umfang des Nachrichtenaustausches ist von der Anzahl der durchzuführenden Phasen eines Schemas abhängig.

a) **Steuerung einer 2-Phasen-Transaktion:** Die Steuerung der Transaktion „Übermittlung eines Leistungspaketes von einem Teilsystem A zu einem Teilsystem B" geschieht mithilfe folgender Nachrichten (Bild 3-3):

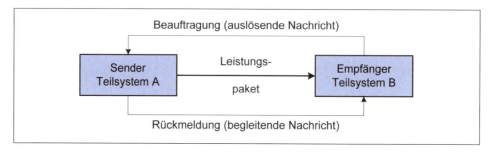

Bild 3-3: einfache 2-Phasen-Transaktion

1. Das Leistungspaket wird in der Vereinbarungsphase durch eine Nachricht von B nach A beauftragt. Diese Nachricht löst die Lieferung aus und ist gegenläufig zur Transportrichtung des Leistungspaketes.

2. In der Durchführungsphase erfolgen die Lieferung des Leistungspaketes von A nach B (Durchführung) und die Rückmeldung durch eine gleichläufige Nachricht zur Kontrolle der Lieferung.

> Eine Güterlieferung von einem Lieferanten zur Unternehmung wird durch eine gegenläufige Bestellung beauftragt und durch einen gleichläufigen Lieferschein rückgemeldet. Ebenso wird die zugehörige Zahlung durch eine gegenläufige Lieferantenrechnung beauftragt und durch einen gleichläufigen Zahlungsbeleg rückgemeldet (siehe Bild 2-22).

Neben der Beauftragung und der Rückmeldung können weitere Nachrichten für Vereinbarungen, für die Kontrolle und für Anpassungen während der Durchführung verwendet werden. Beispiele hierfür sind die Nachrichtenarten *Angebot*, *Reklamation* und *Änderungsmitteilung der Lieferzeit* (Bild 3-4).

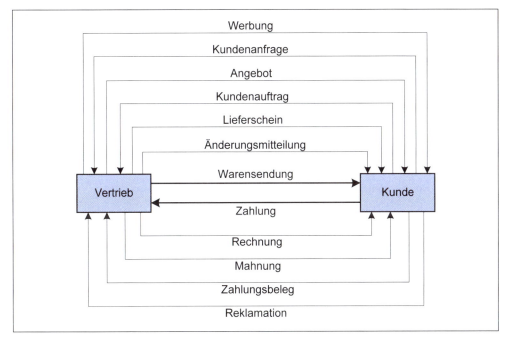

Bild 3-4: komplexe 3-Phasen-Transaktion

b) **Steuerung einer 3-Phasen-Transaktion:** Die zunächst durchzuführende Partnersuche im Rahmen der *Anbahnungsphase* erfordert die weiteren Nachrichtenarten *Werbung* und *Anfrage* (Bild 3-4).

> Ein Kundenauftrag wird in der Regel durch Werbung von *Verkauf* zu *Kunde* sowie durch Anfragen von *Kunde* zu *Verkauf* angebahnt. Dagegen dient die Produktbetreuung nach einer Lieferung der Kontrolle und Anpassung.

Hierarchische und nicht-hierarchische Koordinationsformen können kombiniert werden. Ein hierarchisch gegliedertes Teilsystem, bestehend aus Regler und Regelstrecke, führt z. B. einen Leistungstransfer mit einem Transferpartner bei nicht-hierarchischer Koordination in der Weise durch, dass an der Vereinbarung mit dem Transferpartner der Regler und an der Durchführung die Regelstrecke beteiligt ist (Bild 3-5). Die Kommunikation zwischen Regler und Regelstrecke erfolgt über Steueranweisungen und Rückmeldungen.

> Beispiele für dauerhafte, generelle Vereinbarungen sind Arbeitsverträge zwischen einer Unternehmung und einem Mitarbeiter oder Rahmenvereinbarungen mit Lieferanten. Die einzelnen Leistungstransfers des Mitarbeiters oder des Lieferanten werden mithilfe von Arbeitsaufträgen bzw. Abrufaufträgen abgerufen.

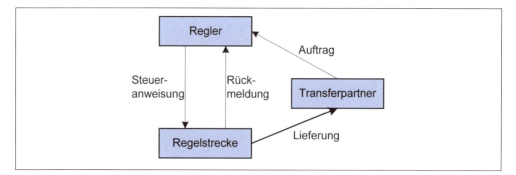

Bild 3-5: Kombination von hierarchischer und nicht-hierarchischer Koordination

Weitere Kombinationsformen von nicht-hierarchischer und hierarchischer Koordination sowie das Zusammenfügen von Transaktionen zu komplexen Transaktionen werden in Abschnitt 5.4 erläutert. Neben dem Zusammenfügen von Transaktionen ist aber auch die Zerlegung von Transaktionen möglich. Die geltenden Zerlegungsregeln werden ebenfalls in Abschnitt 5.4 beschrieben.

Die Nachrichten zur Steuerung von Leistungspaketen erfassen die aus Steuerungssicht relevanten Merkmale von Leistungspaketen in Attributen. Nach Art der Verwendung der Attribute wird zwischen technischen und wirtschaftlichen Attributen unterschieden.

Ein **wirtschaftliches Attribut** bezieht sich primär auf den Tauschvorgang zwischen Unternehmung und Umwelt. Dazu gehören beim Güterfluss die Attribute *Menge*, *Preis*, *Liefer-* und *Zahlungstermine* sowie *Lager-Ortsangaben*. Attribute zur Abbildung von Zahlungen enthalten ausschließlich wirtschaftliche Attribute wie *Betrag*, *Währung*, *Wertstellung*.

Ein **technisches Attribut** wird primär im Rahmen des Transformationsprozesses verwendet. Dazu gehören beim Güterfluss *räumliche Abmessungen, Gewichte, spezielle physikalisch/chemische Eigenschaften, Konstruktions- und Bearbeitungsmerkmale* sowie *Lagerungs- und Transporteigenschaften*.

Beim Güterfluss ist am Beispiel der Lagerortangaben sowie der Lagerungs- und Transporteigenschaften zu erkennen, dass eine scharfe Trennung zwischen wirtschaftlichen und technischen Aspekten und den damit verbundenen Aufgaben nicht immer möglich ist. Es ist daher nahe liegend, wirtschaftliche und technische Attributklassen gemeinsam in einem Lenkungsfluss zu führen und die zugehörigen Aufgaben zu einem Aufgabenkomplex zu integrieren (vgl. Abschnitt 2.5). Es ist jedoch zu beachten, dass in der Vergangenheit in vielen Unternehmen technische und betriebswirtschaftlich orientierte Informationssysteme getrennt eingeführt wurden. Beide Systeme speichern und verarbeiten getrennt technische und wirtschaftliche Attribute ohne Klärung der damit verbundenen Redundanz- bzw. Konsistenzprobleme. Ein Ziel ganzheitlicher betrieblicher Informationssysteme ist es daher, wirtschaftliche und technische Attributklassen und die zugehörigen Aufgaben zusammenzufassen und die bisherige Auftrennung in Teilsysteme zu vermeiden.

> Eine Überlappung beider Bereiche liegt z. B. häufig bei der Verwaltung von Stücklisteninformationen vor. Ein Materialwirtschaftssystem als Teil des betrieblichen Informationssystems führt Stücklisteninformationen ebenso wie ein Zeichnungsverwaltungssystem als Teil eines technischen Informationssystems. Für eine konsistente und redundanzfreie Datenhaltung ist eine Integration beider Informationssysteme erforderlich.

3.1.3 Unternehmung als sozio-technisches System

Die Charakterisierung einer Unternehmung als sozio-technisches System weist darauf hin, dass in einer Unternehmung Menschen und Maschinen als Aufgabenträger zusammenwirken. Bei der Untersuchung eines sozio-technischen Systems sind neben wirtschaftlichen Aspekten wie z. B. der Leistung und den Kosten beider Aufgabenträger eine Vielzahl weiterer Problemstellungen zu beachten. Diese resultieren vor allem aus der erforderlichen Mensch-Maschine-Interaktion und berühren die Bereiche Be- und Verarbeitungstechnik, Handhabungs- und Transporttechnik, Informations- und Kommunikationstechnik sowie Organisationstheorie, Arbeitsrecht, Arbeitsmedizin, Psychologie, Soziologie und Ethik.

In diesem Buch stehen informations- und kommunikationstechnische sowie wirtschaftliche Aspekte von Mensch-Maschine-Systemen im Vordergrund. Es sei jedoch darauf hingewiesen, dass der Einsatz von Computern die Mensch-Werkzeug-Beziehung herkömmlicher Mensch-Maschine-Systeme zunehmend hin zu partnerschaftlichen Formen der Zusammenarbeit verändert und dass damit eine Reihe noch nicht untersuchter bzw. noch nicht gelöster Probleme verbunden ist. Beispiele hierfür sind das Akzeptanz- bzw. Rollenverhalten von Menschen bei der Arbeit in Mensch-Maschine-Systemen oder das Problem der Übernahme von Verantwortung für die Aufgabendurchführung und für die Aufgabenergebnisse bei computergestützten Informationssystemen (vgl. [Lenk89] und Abschnitt 4.1.5).

Neben dem Aspekt des Mensch-Maschine-Systems interessieren bei der Betrachtung einer Unternehmung als sozio-technisches System vor allem die Gliederung der Aufgaben der Unternehmung und die Zuordnung der Aufgaben zu (sozio-technischen) Organisationseinheiten. Welche Aufgabengliederungen sind sinnvoll und welche Organisationsformen und Organisationseinheiten sind geeignet? Beispiele hierfür werden in den folgenden Abschnitten erläutert.

3.1.4 Unternehmung als zielgerichtetes System

Eine Unternehmung bildet ein kybernetisches System in Form vermaschter Regelkreise (siehe Abschnitt 2.3). Es versucht, sowohl Störungen der Umwelt auszugleichen, als auch den Unternehmensprozess auf die vorgegebenen Zielgrößen auszurichten. Aufgrund der hierarchischen Struktur der vermaschten Regelkreise sind für den Unternehmensprozess vor allem die exogen vorgegebenen Unternehmensziele von Bedeutung, die dann in den Leitungsebenen der Unternehmung sukzessive auf Ziele für die jeweils nächsten Ebenen umgesetzt werden.

Unternehmensziele und Ziele der unterschiedlichen Leitungsebenen bestehen aus Sach- und Formalzielen (siehe z. B. [Hein76]). Die Sachziele beziehen sich auf Art und Zweck der Leistungserstellung und der Leistungsverwertung. Formalziele beziehen sich auf die Güte der Leistung und des Leistungsprozesses in technischer und wirtschaftlicher Hinsicht. Technische Formalziele beziehen sich z. B. auf Qualitätsmerkmale der Produkte oder des Produktionsprozesses, wirtschaftliche Formalziele sind z. B. die Gewinn- oder Rentabilitätsmaximierung.

Eine erweiterte Zielsetzung für eine Unternehmung ergibt sich aus der Sicht der systemorientierten Betriebswirtschaftslehre. Eine Unternehmung als Komponente einer Volkswirtschaft verfolgt hier das Ziel „Überleben". Änderungen des Umfeldes der Unternehmung sowie ständig eintreffende Störungen führen zu permanenter Beeinträchtigung von Gleichgewichtszuständen und erzeugen damit permanenten Regelungsbedarf. Überleben bedeutet in diesem Zusammenhang die Fähigkeit, eine bestimmte Klasse von (normalen) Störungen unter Beibehaltung der Unternehmensstruktur auszugleichen und bei Störungen außerhalb dieser Klasse mit Strukturänderungen zu reagieren (siehe [Mali03] und [Ulric84]).

3.2 Betriebliche Organisation

3.2.1 Organisationsprinzipien

Die Bildung betrieblicher Organisationseinheiten orientiert sich an den Ergebnissen der im Rahmen der Organisationsgestaltung durchzuführenden Aufgabenanalyse und Aufgabensynthese. Bei der im ersten Schritt durchzuführenden Aufgabenanalyse werden die Aufgaben in erster Linie anhand ihres Sachcharakters abgegrenzt und eine Aufgabengliederung nach dem Objekt- oder nach dem Verrichtungsprinzip vorgenommen. Bei einer Gliederung nach dem **Objektprinzip** werden zunächst sukzessive betriebliche Objekte abgegrenzt und dann die zu den Objekten gehörenden Aufgaben zu Aufgabenbereichen zusammengefasst. Bei einer Orientierung am **Verrichtungs-**

prinzip werden verwandte Arbeitsabläufe an unterschiedlichen Objekten zu einem Aufgabenbereich zusammengefasst.

> Ein Beispiel für die Anwendung des Objektprinzips ist die Bildung eines Projektteams bei der Entwicklung, Einführung und Betreuung/Pflege eines Software-Systems. Die zum Objekt Software-System gehörenden Aufgaben werden zusammengefasst und dem Projektteam zugeordnet. Ein Beispiel für die Anwendung des Verrichtungsprinzips ist die Gliederung der Aufgaben FuE, Beschaffung, Produktion und Absatz von Gütern. Die Beschaffungsvorgänge für unterschiedliche Güter (Werkstoffe, Maschinen, usw.) werden zu einer zentralen Beschaffungsaufgabe zusammengefasst. Entsprechendes gilt für die Aufgaben FuE, Produktion und Absatz.

Bei der Gestaltung realer Organisationen werden Mischformen aus Objekt- und Verrichtungsprinzip verwendet. Zur Übersicht werden zunächst einige der in den vorhergehenden Kapiteln eingeführten Aufgabengliederungen gegenübergestellt (vgl. z. B. [Lehn⁺91]).

BETRIEBLICHE FUNKTIONSBEREICHE

In Abschnitt 3.1 wurden die Funktionsbereiche FuE, Beschaffung, Produktion, Absatz und Finanzwesen beschrieben. Wie aus Bild 3-1 ersichtlich, entsteht diese Aufteilung zunächst durch die Zerlegung gemäß dem Objektprinzip in einen güter- und in einen geldwirtschaftlichen Bereich und durch die anschließende Zerlegung der beiden Bereiche gemäß dem Verrichtungsprinzip. Ergebnis dieser Zerlegungen sind die Verrichtungsketten *FuE - Beschaffung - Produktion - Absatz* für den güterwirtschaftlichen Bereich und *Absatz - Finanzwesen - Beschaffung* für den geldwirtschaftlichen Bereich. Beschaffung und Absatz sind mit den Tauschvorgängen an den Märkten, FuE und die Produktion mit dem Leistungserstellungsprozess und das Finanzwesen mit der Beschaffung und Kontrolle der Zahlungsmittel befasst.

BETRIEBLICHE OBJEKTBEREICHE

Eine weitere Anwendung des Objektprinzips stellt die Aufteilung einer Unternehmung in den güterwirtschaftlichen **Leistungsbereich**, den finanzwirtschaftlichen **Zahlungsbereich** und den informationswirtschaftlichen **Informationsbereich** dar. Die von diesen Objektbereichen betreuten Objekte sind also Güter, Zahlungen und Informationen. Um daraus Aufgabenkomplexe abzugrenzen, die betrieblichen Organisationseinheiten zugeordnet werden können, ist wiederum die Überlagerung mit dem Verrichtungsprinzip erforderlich. Dabei ist zu berücksichtigen, dass jede Güterbewegung Aktivitäten aus dem Leistungs- und aus dem Informationsbereich sowie jede Zahlungsbewegung Aktivitäten aus dem Zahlungs- und aus dem Informationsbereich benötigt. Die Koordinierung der Aktivitäten unterschiedlicher Objektbereiche erfolgt verrichtungsorientiert in betrieblichen Funktionsbereichen, die orthogonal zu den Objektbereichen gegliedert sind (Bild 3-6). Die Funktionsbereiche Beschaffung und Absatz koordinieren alle genannten betrieblichen Objektbereiche, die Produktion den Leistungs- und Informationsbereich, das Finanzwesen den Zahlungs- und Informationsbereich. Der in Bild 3-6 nicht aufgeführte Funktionsbereich FuE ist ausschließlich dem Informationsbereich zuzuordnen.

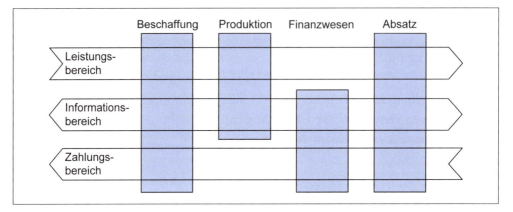

Bild 3-6: Überlagerung von Funktionsbereichen und Objektbereichen

BASIS- UND INFORMATIONSSYSTEM

Das Grundmodell der Unternehmung (siehe Abschnitt 2.2.1) fasst die güter- und finanzwirtschaftlichen Aufgaben im Basissystem und die informationswirtschaftlichen Aufgaben im Informationssystem zusammen. Die Zerlegung der Aufgaben innerhalb des Informationssystems gemäß dem Lenkungsebenen-Modell erfolgt nach dem Phasenprinzip in Planungs-, Steuerungs-, Durchführungs- und Kontrollaufgaben. Die Einteilung von Aufgaben nach Phasen bildet somit ein weiteres Kriterium für eine Aufgabengliederung.

3.2.2 Organisationsstrukturen

Jede Zerlegung einer Aufgabe nach dem Objekt- bzw. Verrichtungsprinzip bedeutet die Schaffung von Schnittstellen zwischen den dabei entstehenden Teilaufgaben. Zur Überbrückung der Schnittstellen ist die Einrichtung eines Kommunikations- und Koordinationsverfahrens zwischen den Teilaufgaben bzw. den sie tragenden Organisationseinheiten erforderlich. Schnittstellen sind daher potenzielle Schwachstellen in Organisationen und erfordern besondere Aufmerksamkeit bzw. besondere Regelungen und Maßnahmen.

> Ein Beispiel hierfür ist der Güterfluss über die Stationen *Beschaffung*, *Produktion* und *Absatz*. Auf dieser Zerlegungsstufe liegen bereits vier Schnittstellen vor (Lieferant-Beschaffung, Beschaffung-Produktion, Produktion-Absatz, Absatz-Kunde). In realen Systemen mit differenzierten Güterflüssen und weiteren Zerlegungsstufen existieren entsprechend mehr Schnittstellen. Sie verursachen im Güterfluss Mehraufwand zur Überbrückung der Schnittstellen und Verzögerungen im Ablauf.

3.2 Betriebliche Organisation

Beispiele hierfür sind Umlade- oder Zwischenlagerungsaufgaben und Wartezeiten vor Umlade- oder Kontrollstationen.

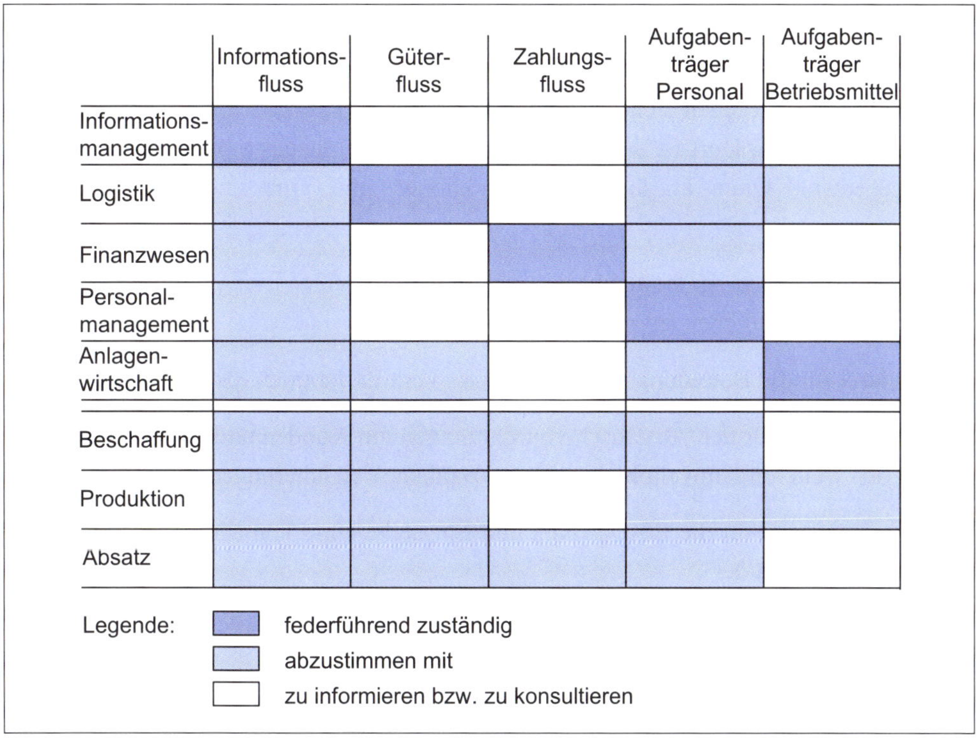

	Informations-fluss	Güter-fluss	Zahlungs-fluss	Aufgaben-träger Personal	Aufgaben-träger Betriebsmittel
Informations-management	federführend			abzustimmen	
Logistik	abzustimmen	federführend			abzustimmen
Finanzwesen	abzustimmen		federführend		
Personal-management	abzustimmen			federführend	
Anlagen-wirtschaft	abzustimmen	abzustimmen		abzustimmen	federführend
Beschaffung	abzustimmen	abzustimmen			abzustimmen
Produktion	abzustimmen	abzustimmen		abzustimmen	abzustimmen
Absatz	abzustimmen	abzustimmen	abzustimmen		

Legende:
- ■ federführend zuständig
- ▫ abzustimmen mit
- □ zu informieren bzw. zu konsultieren

Bild 3-7: Zuordnung von Aufgaben zu Objektarten

Eine Methode zur Abgrenzung von Aufgaben mit dem Ziel „Minimierung von Schnittstellen" unter Verwendung geeigneter Kommunikations- und Koordinationsverfahren besteht in der Überlagerung des Objekt- und des Verrichtungsprinzips. Der betriebliche Aufgabenbereich wird im Rahmen der Aufgabenanalyse zunächst anhand beider Kriterien zerlegt. Bei der anschließenden Aufgabensynthese werden alle Aufgaben, die sich jeweils auf die Manipulation genau einer Objektart beziehen, zu einem Aufgabenkomplex zusammengefasst. Dieser Aufgabenkomplex dient zur lückenlosen und einheitlichen Betreuung von Objekten während ihrer Lebenszeit in der Unternehmung und wird als betriebliche **Querfunktion** bezeichnet. Aufgaben, die bei der Zerlegung anhand der beiden Kriterien nicht Bestandteil von Querfunktionen werden, dienen der koordinierten Manipulation mehrerer Objektarten und werden betriebliche **Grundfunktionen** genannt. Die Koordination zwischen den Funktionen (Quer- oder Grundfunktionen) wird durch Beauftragungen geregelt. Ist z. B. während der Durchführung einer Grundfunktion eine Teilaufgabe durchzuführen, die sich auf genau eine Objektart bezieht und daher Bestandteil einer Querfunktion ist, so wird diese Querfunktion mit der Teilaufgabendurchführung beauftragt. Für Aufgaben, die von den

Querfunktionen ohne Einbeziehung einer Grundfunktion koordiniert werden können, gilt entsprechendes. Die Querfunktionen beauftragen sich gegenseitig.

Querfunktionen existieren für die Betreuung der Flussobjektarten Güter, Zahlungen und Informationen sowie für die Einsatzsteuerung der Aufgabenträger Mensch und Maschine. Damit ergeben sich die in Bild 3-7 dargestellten Zuordnungen von Aufgaben zu Objektarten. Dort ist auch erkennbar, dass die eingangs genannten Funktionsbereiche sowohl Quer- als auch Grundfunktionen sind. Querfunktionen in diesem Schema sind das

- **Informationsmanagement** für die Gestaltung und den Betrieb des automatisierten Teils des betrieblichen Informationssystems, die
- **Logistik** für die Betreuung des Güterflusses vom Lieferanten bis zum Kunden, das
- **Finanzwesen** für den Austausch von Zahlungen mit Kunden und Lieferanten sowie mit den weiteren Umweltobjekten Staat, Banken, Versicherungen usw., das
- **Personalwesen** für die Beschaffung und Einsatzlenkung von Mitarbeitern als Aufgabenträger und der
- Bereich **Anlagenwirtschaft** für die Beschaffung und Einsatzsteuerung von maschinellen Aufgabenträgern und Infrastruktureinrichtungen.

Die genannten Querfunktionen sind für die durchgängige Betreuung der zugeordneten Objektarten während der Verweilzeit der Objekte in der Unternehmung zuständig und führen alle Aufgaben der Objektmanipulation durch. Die Grundfunktionen verantworten die koordinierte Manipulation unterschiedlicher Objektarten und beauftragen dazu die Querfunktionen zur Durchführung von Manipulationen an den einzelnen Objekten. Grundfunktionen sind die bereits beschriebenen Funktionsbereiche FuE, Beschaffung, Produktion und Absatz.

> Die Grundfunktion Beschaffung ist sowohl für die Güterbeschaffung als auch für die Bezahlung der erhaltenen Güter verantwortlich. Sie beauftragt dazu die Logistik für den Gütertransfer und das Finanzwesen für die Durchführung des Zahlungsverkehrs.
>
> Die Querfunktionen Logistik, Finanzwesen, Personalwesen und Anlagenwirtschaft nutzen ihrerseits die Aktivitäten des Informationsmanagements. Sie beauftragen das Informationsmanagement mit der Durchführung von Nachrichtenübermittlungen, der Informationsspeicherung und -verarbeitung usw.

Mögliche Formen der Aufbauorganisation für diese Aufgabenverzahnung sind das **Liniensystem mit Querfunktionen** oder die **Matrixorganisation** (siehe [Stae99] und [WöDö08]). Die genannten Grund- und Querfunktionen sind bei zahlreichen Unternehmen Gliederungsprinzip für die Geschäftsbereiche. Insbesondere ist dabei erkennbar, dass die zentrale Bedeutung des Informationsflusses im Unternehmen sowie die vielfältigen Beziehungen zwischen dem Informationsmanagement und den übrigen betrieblichen Funktionen auch einen zentralen Geschäftsbereich für das Informationsmanagement erfordern.

3.3 Betriebliche Querfunktionen

3.3.1 Informationsmanagement

Nach dem Objektprinzip (siehe Kapitel 1) betreut das Informationssystem die Informationsflüsse in der Unternehmung und mit der Umwelt. Informationsflüsse dienen nach dem Phasenprinzip zur Lenkung von Leistungsflüssen oder sind Teil einer Dienstleistung. Nach dem Aufgabenträgerprinzip ist das Informationsmanagement für die Gestaltung und den Betrieb des automatisierten Teils des betrieblichen Informationssystems zuständig. Es wird im Kontext dieses Kapitels aus der Sicht des Gesamtunternehmens betrachtet. Fragen der Aufgabengestaltung und der Methoden des Informationsmanagements werden in Kapitel 10 behandelt.

Auf dieser Grundlage lassen sich die Aufgaben des Informationsmanagements anhand einer kybernetischen Sicht auf die Unternehmung ableiten. Danach stellt eine Unternehmung ein vertikal und horizontal vermaschtes Regelkreissystem mit den Teilen Leistungs- und Lenkungssystem dar (siehe Kapitel 1, 2 und Bild 3-8). Die Regelstrecken der untersten Ebene sind Teil des Leistungssystems und werden im Lenkungssystem über Hilfsregelstrecken abgebildet. Die beiden Arten von Regelstrecken sind über Sensoren und Aktoren miteinander gekoppelt. Sensoren melden den Zustand des Leistungssystems an die Hilfsregelstrecken, Aktoren geben Zustandsänderungen in den Hilfsregelstrecken an das Leistungssystem weiter. Horizontal stehen Regler und Hilfsregelstrecken in Beziehung, um Informationen auszutauschen und zusätzlich zur hierarchischen Koordination der Regelung auch nicht-hierarchische Koordinationen zwischen den Lenkungskomponenten zu ermöglichen.

Das Lenkungssystem und die mit der Erstellung informationeller Dienstleistungen betrauten Teilbereiche des Leistungssystems bilden zusammen das betriebliche Informationssystem (IS) (siehe Kapitel 1). Das IS wird im Rahmen der Organisationsgestaltung zusammen mit dem betrieblichen Basissystem definiert. Die Aufbau- und Ablauforganisation beider Teilsysteme wird aus der Analyse und Synthese der Unternehmensaufgaben abgeleitet.

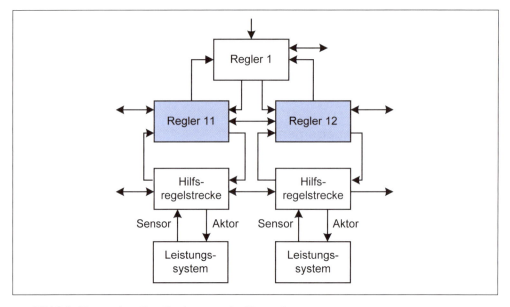

Bild 3-8: Vermaschtes Regelkreissystem der Unternehmung

Aufgabenträger für das IS sind Menschen und Rechner einschließlich der zugehörigen Kommunikationsinfrastruktur. Die Aufgaben von Personen werden in Stellenbeschreibungen festgehalten und sind Teil der herkömmlichen Organisationsgestaltung. Einem Stelleninhaber wird die **Kompetenz** und die **Verantwortung** für die Aufgaben der Stelle zugesprochen (siehe Abschnitt 4.1.5). Die von Rechnern und der Kommunikationsinfrastruktur durchzuführenden Aufgaben werden in Software-Dokumentationen beschrieben. Die Kompetenz und die Verantwortung hierfür können jedoch keinem Rechner, sondern nur Personen übertragen werden. Die Kompetenz und die Verantwortung für die automatisierten Aufgaben eines IS werden daher einem eigenen personell gestützten Aufgabenkomplex, dem **Informationsmanagement** (IM) zugeordnet. Im Rahmen des IM sind (1) die für die Automatisierung vorgesehenen Aufgaben eines IS zu gestalten und (2) diese Aufgaben durchzuführen. Das IM beinhaltet die Planung, Steuerung und Kontrolle dieser Aufgaben. Die Durchführung der Aufgaben erfolgt im IS automatisiert mithilfe der Aufgabenträger-Infrastruktur (Bild 3-9).

Zur Durchführung seiner Aufgaben benötigt das IM ein Modell des gesamten Informationssystems einschließlich der personell gestützten Aufgaben. Nur anhand eines Gesamtplans können Vorgangsnetze, die personell gestützte und rechnergestützte Aufgaben einschließen, sinnvoll gestaltet und die dabei erforderliche Mensch-Computer-Kommunikation angepasst werden.

3.3 Betriebliche Querfunktionen

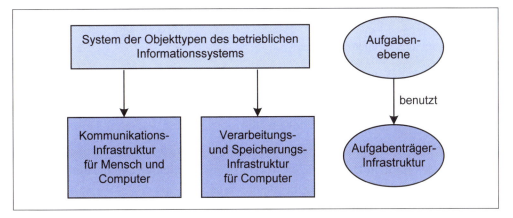

Bild 3-9: Aufgabenbereich des Informationsmanagements

Der Aufgabenkomplex IM wird anhand des genannten Sachziels „Planung, Steuerung und Kontrolle des automatisierten Teils des IS" nach verschiedenen Kriterien gegliedert.

a) Strategische, taktische und operative Aufgaben des IM (siehe z. B. [HeLe05], [Hild01], [Grie90] und [PMK04])

- Das gesamte Unternehmen bzw. das gesamte IS betreffende Aspekte des IM werden im **strategischen IM** mit langfristigem Planungshorizont zusammengefasst. Diese Aspekte beziehen sich vor allem auf das Sachziel „Gestaltung des IS".

- Mit der Umsetzung der strategischen Vorgaben in die Realisierung der maschinellen Komponenten eines IS befasst sich das **taktische IM**. Hierzu gehören die Gestaltung der Anwendungssysteme des IS und die Realisierung der Rechner- und Kommunikationsinfrastruktur.

- Mit der Organisation der Aufgabendurchführung im IS befasst sich vorzugsweise das **operative IM** mit kurz- und mittelfristigem Planungshorizont.

b) Aufgabenabgrenzung anhand der Aufbauorganisation

Die Gliederung der taktischen und operativen Aufgaben des IM spiegelt sich im Aufbau der Organisationseinheit wider, die für die Durchführung der IM-Aufgaben zuständig ist. Diese Organisationseinheit wird häufig als Informations- und Kommunikationssystem (IKS) bezeichnet und in folgende Abteilungen gegliedert:

- Entwicklung und Pflege von Anwendungssystemen.

- Benutzer-Service, d. h. Abstimmung mit den personell gestützten Aufgaben des IS und Betreuung dieses Personenkreises (Benutzer).

- Planung und Betreuung der Rechner- und Kommunikationssysteme.
- Betrieb des Rechenzentrums.

Die Formalziele des Informationsmanagements erfassen in erster Linie:

- die Wirtschaftlichkeit der Aufgabendurchführung des IM, d. h. die Einhaltung vorgegebener Kosten-Nutzen-Relationen, und
- den Zielerreichungsgrad der Sachziele des IM. Er wird anhand unterschiedlicher Merkmale ermittelt. Diese erfassen vorzugsweise qualitative und quantitative Vorgaben der automatisierten Aufgabendurchführung.

ZIELERREICHUNGSGRAD DER SACHZIELE DES IM

Die qualitativen und quantitativen Vorgaben für den Zielerreichungsgrad der Sachziele des IM betreffen die Korrektheit sowie den Umfang, die Häufigkeit und die Dauer der Aufgabendurchführung. Sie sind in Vorgaben bezüglich der Funktionsweise der Anwendungssysteme und bezüglich der Kapazität der maschinellen Aufgabenträger umzusetzen. Eine besondere Bedeutung erhalten aus kybernetischer Sicht die zeitbezogenen Vorgaben der Aufgabendurchführung. Ihre Auswirkungen auf das gesamte IS können bereits am Verhalten des in Bild 3-10 dargestellten Regelkreises abgelesen werden.

Das Verhalten des Regelkreises in Bild 3-10 resultiert einerseits aus dem Zustandsverlauf der exogenen Führungsgröße W und der exogenen Störgröße Z, zum anderen aus dem Verhalten seiner Komponenten. Von besonderer Bedeutung sind die Zeitverzögerungen in den Reaktionen der Komponenten und deren Auswirkungen auf das Gesamtsystem. Die Zeitverzögerungen sind eine wesentliche Ursache für das im Allgemeinen unerwünschte Schwingungsverhalten eines Regelkreises (siehe Abschnitt 2.1.3). Zeitverzögerungen entstehen

- bei der Übertragung der Regelgröße X und der Stellgröße Y zwischen Regler und Hilfsregelstrecke.
- bei der Durchführung der (Entscheidungs-)Aufgaben des Reglers und bei der Übertragung der Führungsgröße.
- in der Regel- und Hilfsregelstrecke vom Zeitpunkt der Einwirkung einer Störgröße Z bis zur Meldung ihrer Auswirkung durch die Regelgröße X. Dieser Vorgang besteht aus der Erkennung von Z in der Regelstrecke des Leistungssystems, der Erfassung über Sensoren in der Hilfsregelstrecke und aus der Weitergabe von X.
- in der Hilfsregel- und Regelstrecke vom Zeitpunkt der Übergabe der Stellgröße Y bis zur Auswirkung in der Regelstrecke des Leistungssystems. Dieser Vorgang be-

steht aus der Übernahme von Y in der Hilfsregelstrecke, der Aktivierung von Aktoren und aus der Reaktion der Regelstrecke.

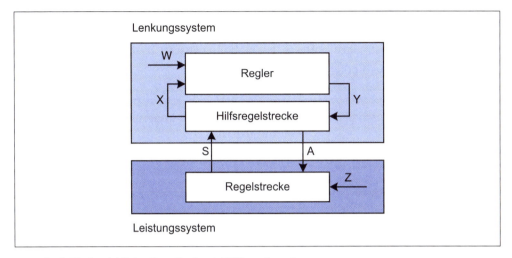

Bild 3-10: Betrieblicher Regelkreis mit Hilfsregelstrecke

Zur Vermeidung unerwünschter Verhaltensweisen eines Regelkreises ist es erforderlich, soweit möglich und unter Berücksichtigung von Wirtschaftlichkeitsgesichtspunkten sinnvoll, die genannten Verzögerungszeiten zu reduzieren und die Aktivitäten der Sensoren und Aktoren kontinuierlich und verzögerungsfrei zu gestalten. Ein wesentliches Mittel zur Sicherstellung dieser Eigenschaften ist die weitgehende Automatisierung der die Verzögerung verursachenden Komponenten im Lenkungs- und Leistungssystem der Unternehmung.

3.3.2 Logistik

Die Logistik wurde erst in den letzten Jahrzehnten als eigenständige Querfunktion einer Unternehmung erkannt und integriert. Ihre Aufgabe ist die durchgehende Betreuung des Güterflusses innerhalb des Unternehmens und zwischen Unternehmen sowie zwischen Unternehmen und Konsumenten. In der Vergangenheit wurde diese Aufgabe innerhalb des Unternehmens in Teilaufgaben je Güterflussabschnitt zerlegt und jede der Teilaufgaben einer Grundfunktion zugeschlagen. Die Folge waren mangelnde Abstimmungen zwischen den Grundfunktionen, nicht genutzte Rationalisierungschancen sowie mangelnde Ausrichtung und Koordination der Teilaufgaben hinsichtlich der Unternehmensziele.

Allgemein wird unter Logistik die Planung, Steuerung, Realisierung und Kontrolle der raum-zeitlichen Transformation von Gütern verstanden (siehe z. B. [Ihde01], [Merk95] und [Pfoh03]). Die Herkunft verdankt der Begriff Logistik einer verwandten militärischen Aufgabe: Schaffe das richtige Gut zur richtigen Zeit an den richtigen Ort in der richtigen Quantität und in der richtigen Qualität. Diese Aufgabe bezieht sich auf alle militärischen Einsatzmittel und schließt deren Beschaffung und Instandhaltung mit ein. Die militärische Logistik ist daher im Vergleich zum Begriff der betrieblichen Logistik weiter gefasst. Die betriebliche Logistik wird auch als mikrologistisches System bezeichnet. Im Gegensatz dazu umfasst das makrologistische System einer Volkswirtschaft dessen gesamtes Verkehrssystem.

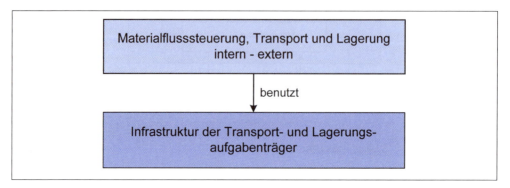

Bild 3-11: Aufgabenbereich der Logistik

Sachziel der betrieblichen Logistik ist die durchgängige Betreuung und Organisation des Güterflusses mithilfe einer geeigneten Aufgabenträger-Infrastruktur (Bild 3-11). Sie beginnt mit der Übernahme der Güter von den Lieferanten an den vereinbarten Lieferpunkten und endet mit der Übergabe an die Kunden ebenfalls an den vereinbarten Empfangspunkten. Grundaufgaben sind dabei der Transport und die Lagerung von Gütern. Lager dienen als Puffer, um unterschiedliche Zeitpunkte der Verfügbarkeit und der Verwendung von Gütern auszugleichen.

> Beispiele hierfür sind die Überbrückung zwischen dem Fertigstellungszeitpunkt und dem Kaufzeitpunkt eines Gutes in einem Fertiglager oder die Zusammenführung von Gütern in einem Lager für einen Sammeltransport.

Die Formalziele der Logistik beziehen sich wiederum auf wirtschaftliche und technische Aspekte. Wirtschaftliches Formalziel ist die Einhaltung von vorgegebenen Kosten-Nutzen-Relationen. Technische Formalziele nehmen Bezug auf qualitative, quantitative und zeitliche Aspekte der raum-zeitlichen Gütertransformation. Sie beziehen sich auf Losgrößen sowie Art und Anzahl von Umladevorgängen und Zwischenlagerungen.

> Beispiel für eine Technik zur Unterstützung der Formalziele ist das Container-Konzept, das Umladevorgänge, Zwischenlagerungen und Transporte in geeigneten Losgrößen weitgehend vereinfacht.

Wie das Gesamtsystem der Unternehmung besteht auch das Logistik-System aus einem Informationssystem und einem Basissystem. Aufgabe des Basissystems ist der

3.3 Betriebliche Querfunktionen

physische Gütertransport und die Güterlagerung. Dazu stehen Transport- und Lagereinrichtungen für betriebsexterne und betriebsinterne Güter-Transportwege zur Verfügung (Bild 3-12).

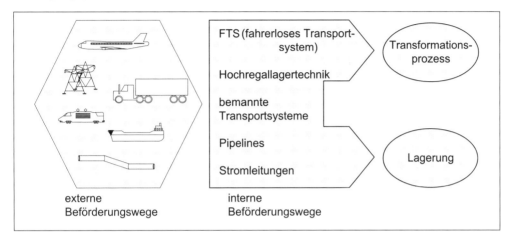

Bild 3-12: Güter-Transportwege

Aufgaben und Lösungen des Logistik-Basissystems werden hier nicht weiter verfolgt. Stattdessen werden gemäß dem erweitertem Modell des Regelkreises (Bild 3-10) Aufgaben des Logistik-Informationssystems und dessen Anbindung an das Basissystem über Sensoren und Aktoren erläutert. Charakteristisch für frühe Logistik-Systeme war die mangelnde Kopplung zwischen Basis- und Informationssystem, d. h. die zugehörigen Sensoren und Aktoren waren nur diskontinuierlich in relativ großen Zeitabständen aktiv. Die Erkennung von Planabweichungen sowie die Umsetzung kurzfristiger Planänderungen waren dadurch sehr erschwert. Gründe hierfür waren vor allem mangelnde Kommunikationseinrichtungen zur Realisierung von Sensor- und Aktoraufgaben. Heute sind Techniken zur ständigen Kommunikation und zur Ortsüberwachung von Transportgeräten und Lagersystemen, d. h. permanent aktive Sensoren und Aktoren, verfügbar.

Ein Transport per LKW oder Bahn konnte in der Vergangenheit während des Transportes kaum verfolgt werden. Dadurch konnten weder der laufende Standort des Transports ermittelt noch kurzfristige Planänderungen wie z. B. Routenänderungen veranlasst werden. Heute sind LKW- und Bahntransporte permanent über Funk erreichbar. Darüber hinaus wurden Lösungen zur ständigen Ortsüberwachung eines betriebsexternen Transportgerätes z. B. über satellitengestützte Peilsysteme (Global Positioning System GPS) entwickelt. Ähnliches gilt für betriebsinterne Transportwege. Ständige Kontrolle besteht bei fahrerlosen Transportsystemen (FTS), automatischen Hochregallagern, usw.

Kennzeichnend für die neuen Logistik-Systeme sind also neue Techniken für die Realisierung von Sensor- und Aktor-Aufgaben und die bereits in Abschnitt 3.3.1 beschriebene verzögerungsfreie Übertragung der Regel- und Stellgrößen. Die damit erreichbare verzögerungsfreie Überwachung und Steuerung des Basissystems führt zu ebenfalls neuen Regelungskonzepten. Während in der Vergangenheit aufgrund der beschriebenen Verzögerungen und Unsicherheiten im Regelkreisablauf Puffer eingeplant wurden, die entsprechende Lagerbestände erforderten, besteht nun die Möglichkeit einer präzisen Feinregelung, die auf Puffer und damit Lagerbestände weitgehend verzichtet. Solche Regelungsverfahren sind z. B. unter der Bezeichnung Just-In-Time-Anlieferung bekannt geworden.

> Eine Güterflusslenkung gemäß Just-In-Time-Anlieferung wird z. B. im Bereich Zulieferteile im Automobilbau realisiert. Die über Sensoren genau bekannten Zustände des Basissystems und der bekannte Auftragsbestand ermöglichen eine Feinterminierung des Bedarfes an Zulieferteilen wie z. B. Autositzen. Eine verzögerungsfreie Übertragung der ermittelten Stellgrößen zum Zulieferer sowie präzise einhaltbare Fertigungs- und Transportzeiten durch den Zulieferer erlauben die Zuführung der Teile am Montageband ohne Einschaltung eines Puffers.

Dank der verbesserten Funktionalität der Sensoren/Aktoren sowie der Rechner- und Kommunikationssysteme können nun betriebsexterne und betriebsinterne Logistiksysteme zu einem durchgehenden Logistik-Netzwerk verknüpft werden. Die Planung, Steuerung und Kontrolle sowie der Betrieb des Netzwerks erfolgen betriebsübergreifend durch Kooperation der beteiligten Unternehmen. Dieser Ansatz einer betriebsübergreifenden Lenkung der Logistiksysteme mehrerer kooperierender Unternehmen wird als Supply-Chain-Management (SCM) bezeichnet.

3.3.3 Finanzwesen

Aufgabe des Finanzwesens ist die Betreuung des Zahlungsflusses, d. h. die Durchführung des Zahlungsverkehrs und die Beschaffung der erforderlichen Zahlungsmittel zur Aufrechterhaltung der Zahlungsfähigkeit des Unternehmens. Wie die übrigen Teilsysteme besteht auch das Finanzwesen aus einem Basissystem zur Durchführung des Zahlungsflusses und einem Informationssystem zur Steuerung und Kontrolle des Basissystems. An der Durchführung des Zahlungsverkehrs sind beide Teilsysteme beteiligt. Eine Zahlung nach dem Transaktionsschema erfolgt entweder in getrennten Flüssen für die Zahlung und die korrespondierende Nachricht (Bild 3-13 a) oder in der Form eines Beleges, der beide Flüsse kombiniert (Bild 3-13 b).

> Beispiel eines kombinierten Beleges ist eine Überweisung. Sie enthält die Zahlungsanweisung und die korrespondierende Nachricht. Ein weiteres Beispiel hierfür ist das Point-of-Sale-Banking, bei dem zum Kaufzeitpunkt die Abbuchung des Kaufbetrags vom Bankkonto des Kunden veranlasst wird.

In den beiden Fällen getrennter oder kombinierter Zahlungs-/Lenkungsflüsse stimmen die Geschwindigkeiten beider Flüsse nicht notwendigerweise überein. Während die Geschwindigkeit des Lenkungsflusses aus dem verwendeten Übertragungsmedium und der Übertragungsprozedur resultiert, ist die Geschwindigkeit des Zahlungsflusses ggf. durch die Wertstellung der Zahlung bestimmt und hängt somit von der Geschäftspraxis der beteiligten Banken ab.

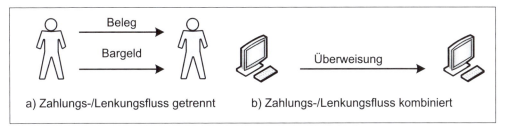

Bild 3-13: Zahlungsverkehr

Aufgaben und Eigenschaften des Basissystems werden auch hier nicht weiter verfolgt. Stattdessen werden wiederum gemäß dem erweiterten Modell des Regelkreises (Bild 3-10) Aufgaben des Teilinformationssystems *Finanzwesen* erläutert. Die frühe Teilautomatisierung des Bereiches *Finanzwesen* seit den 1970er-Jahren zeigt bereits, dass die Gestaltung der Sensoren und Aktoren sowie auch die Gestaltung weiter Teile des Informationssystems keine besonderen Probleme bereitet. Einen geringeren Automatisierungsgrad weisen allerdings die Regler für die Durchführung von Finanzierungsvorgängen auf, da die Entscheidungsaufgaben dieser Regler häufig schlecht strukturiert sind und der Entscheidungsprozess demgemäß nur schwer formalisierbar ist. Ansätze zur Unterstützung stellen **Entscheidungsunterstützende Systeme (EUS)**, z. B. in Form wissensbasierter Expertensysteme, dar.

3.3.4 Personalwesen

Aufgabe des Personalwesens ist die Beschaffung und Einsatzsteuerung der Mitarbeiter als Aufgabenträger. Teilaufgaben hierzu sind

a) die Ermittlung des Bedarfsprofils an Mitarbeiterqualifikationen.

b) die Akquisition von Mitarbeitern und die Regelung der Beziehung zwischen Mitarbeitern und Unternehmung in Form von Arbeitsverträgen usw.

c) die Herstellung der Verfügbarkeit und die Qualifizierung der Mitarbeiter für die vorgesehenen Aufgaben; dazu gehört die geeignete Auswahl bei der Akquisition, sowie die Fortbildung von Mitarbeitern.

d) die Delegation von Aufgaben an Mitarbeiter und die Prüfung der Aufgabenergebnisse hinsichtlich Sach- und Formalzielerreichung.

Die genannten Teilaufgaben werden von mehreren Organisationseinheiten gemeinsam durchgeführt. Die Personalabteilung übernimmt vorwiegend die Aufgaben (a) und (b), die den Mitarbeiter einsetzende Organisationseinheit übernimmt vorwiegend die Aufgaben (c) und (d).

Aus der Sicht des erweiterten Regelkreismodells (Bild 3-10) werden die genannten Aufgaben vom Informationssystem des Personalwesens durchgeführt. Das zugehörige Basissystem stellen die betreuten Mitarbeiter dar. Die Sensoren und Aktoren des Personalwesens beruhen weitgehend auf der personellen Kommunikation zwischen den Beteiligten des Basis- und Informationssystems und sind nur zum Teil rechnergestützt. Sensorfunktion haben z. B. Mitarbeitergespräche, die Aufschluss über Zufriedenheit, Probleme und Ziele der Mitarbeiter geben. Aktoren des Personalwesens sind Einsatz- bzw. Bearbeitungsaufträge, aber auch Zielvorgaben oder Beratungen. Computergestützte Sensoren sind Zeiterfassungssysteme für die Ermittlung von Arbeitszeiten oder Auftragsüberwachungssysteme, die den Zustand der Auftragsbearbeitung und des Mitarbeitereinsatzes ermitteln.

Die Sensoren und Aktoren des Personalwesens sind unterschiedlich aktiv. Während Zeiterfassungssysteme, Auftragsüberwachungssysteme usw. kontinuierlich eingesetzt werden und Abweichungen rasch erkannt werden können, ist hinsichtlich der übrigen Sensoren und Aktoren, die auf Mitarbeitergesprächen beruhen, kein vergleichbarer kontinuierlicher Einsatz üblich.

3.3.5 Anlagenwirtschaft

Aufgaben des Bereiches Anlagenwirtschaft sind die Beschaffung und Einsatzsteuerung der Maschinen des Basissystems und der Infrastruktureinrichtungen. Teilaufgaben hierzu sind

a) die Planung, Beschaffung, Installation und Instandhaltung der maschinellen Aufgabenträger des Basissystems und der Infrastruktureinrichtungen sowie

b) die Einsatzplanung und -steuerung der maschinellen Aufgabenträger des Basissystems.

Unter dem Blickwinkel des erweiterten Modells des Regelkreises (Bild 3-10) sind hier wiederum die Sensoren und Aktoren als Kontaktstelle zwischen Basis- und Informationssystem sowie das Verhalten des Informationssystems von Interesse. Die Zustände der Maschinen des Basissystems werden mit speziellen Sensoren, dem Maschinendatenerfassungssystem (MDE), ermittelt. Dieses selbst ist wiederum Teil des Betriebsdatenerfassungssystems (BDE). Soweit Maschinen und Einrichtungen durch das MDE erfasst werden, ist eine kontinuierliche Überwachung möglich. Anderenfalls werden periodische Erfassungen und Inspektionen durchgeführt.

3.3 Betriebliche Querfunktionen

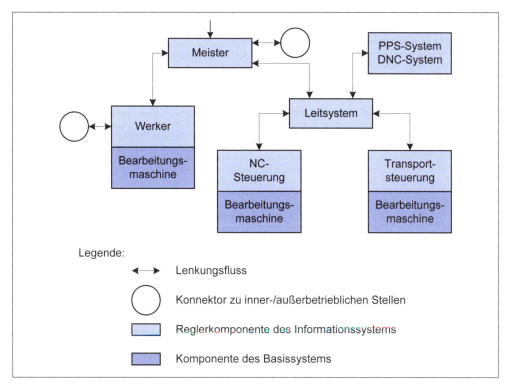

Bild 3-14: Informations- und Basissystem im Bereich Anlagenwirtschaft

Aktoren im Bereich Anlagenwirtschaft sind Personen, z. B. Werker für zu bedienende Maschinen, sowie NC-Steuerungen für Bearbeitungsmaschinen und Transportsteuerungen für Transportgeräte. Sie erhalten von einem Regler des Informationssystems Bearbeitungs- bzw. Transportaufträge. Personeller Aufgabenträger eines Reglers ist z. B. ein Meister, maschineller Aufgabenträger ein computergestütztes Leitsystem (Bild 3-14).

Die Aufgaben des Bereichs Anlagenwirtschaft werden in der Regel von mehreren Organisationseinheiten gemeinsam wahrgenommen. Die Gründe hierfür liegen teils im historischen Verlauf der Unternehmensentwicklung, die von einer Dominanz der Grundfunktionen gekennzeichnet ist, sowie in Dezentralisierungsbestrebungen, die einer Zusammenfassung aller Maschinen und Infrastruktureinrichtungen entgegenstehen. Die Aufgaben dieses Funktionsbereiches werden daher häufig als Teilaufgabe der Grundfunktion Produktion behandelt.

3.4 Betriebliche Grundfunktionen

Die in Abschnitt 3.3 beschriebenen Querfunktionen sind objektbezogen. Sie übernehmen die durchgängige Betreuung jeweils einer Objektart. Die Koordination unterschiedlicher Objektarten unter Berücksichtigung von Zielen der Gesamtunternehmung ist Aufgabe der Grundfunktionen. Die Grundfunktionen sind nach dem Verrichtungsprinzip gegliedert.

3.4.1 Beschaffung

Aufgabe der Beschaffung ist die Gestaltung und Realisierung der Beziehungen mit den Lieferanten des Unternehmens. Mit dem dabei durchzuführenden Güterfluss wird die Querfunktion Logistik, mit dem korrespondierenden Zahlungsfluss das Finanzwesen beauftragt. Originäre, nicht delegierbare Aufgabe der Beschaffung im Sinne der Unternehmensziele ist die Ermittlung und Sicherung der günstigsten Lieferquellen aus der Sicht der Produktion, aber auch unter Wettbewerbsgesichtspunkten. Dazu gehören die Pflege und Beobachtung des Beschaffungsmarktes (Beschaffungsmarketing), die Vermeidung der Abhängigkeit von Lieferanten z. B. durch second-source Lieferanten oder auch durch die Ermittlung geeigneter Alternativwerkstoffe. Im Rahmen der strategischen Aufgaben prüft die Beschaffung die von ihr betreuten Lieferanten unter Wettbewerbsgesichtspunkten und veranlasst ggf. einen Wechsel von Lieferanten bzw. eine Rückwärts-Integration, d. h. Übernahme von Lieferantenleistungen in die eigene Produktion.

Das wichtigste Instrument zur Erreichung der genannten Aufgabenziele ist das Informationssystem der Beschaffung. Wesentliche Forderungen an das Informationssystem sind neben dem bereits erläuterten verzögerungsfreien Verhalten die Kompatibilität mit unternehmensexternen Informationssystemen wie z. B. mit Informationssystemen von Lieferanten oder mit öffentlich zugänglichen Produktdatenbanken sowie elektronischen Marktplätzen.

3.4.2 Produktion

Aufgabe der Produktion gemäß dem Verrichtungsprinzip ist der betriebliche Transformationsprozess, in dem die beschafften Werkstoffe zu neuen Produkten transformiert und kombiniert werden. Die Pläne für die Produkte und für die Fertigungsprozesse werden im Funktionsbereich FuE erstellt. Der im Transformationsprozess erforderliche Güterfluss wird an die Querfunktion Logistik delegiert. Die Hauptaufgaben der Produktion sind daher die Bearbeitung, die Umformung und die anschließende

3.4 Betriebliche Grundfunktionen

Montage von Stückgütern bzw. die Durchführung von Verfahrensprozessen bei Fließgütern (Bild 3-15).

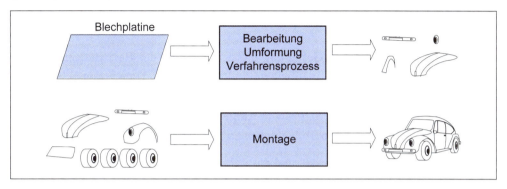

Bild 3-15: Transformationsprozesse

Aufgabenträger der Produktion sind Personen und Maschinen in Mensch-Maschine-Systemen. Der zunehmende Automatisierungsgrad in der Produktion zeigt, dass die Aufgaben des Basissystems automatisiert werden und der Einsatzbereich für Personen sich zunehmend in das Informationssystem verlagert. In flexiblen Fertigungssystemen sind z. B. personelle Aufgabenträger für die Überwachungsaufgaben, nicht hingegen für Bearbeitungs-, Handhabungs- und Transportaufgaben vorgesehen. Die Überwachung und rasche Wiederherstellung der Funktionsfähigkeit bei Anlagenstörungen ist allerdings von wesentlicher Bedeutung. Anlagen dieser Komplexität haben sehr hohe Investitionskosten und entsprechend hohe Ausfallkosten bei Stillstand.

Die Planung, Steuerung und Kontrolle der Produktion ist gekennzeichnet durch die genaue Einhaltung von Vorgabezeiten und durch eine damit mögliche präzise Feinplanung. Betriebsdaten- und speziell Maschinendatenerfassungssysteme als Sensoren ermöglichen, den Zustand des Produktionssystems und den Fertigungsfortschritt schnell zu erfassen und Regelungsvorgänge auszulösen. Voraussetzung hierfür sind die verzögerungsfreie Übertragung von Stell- und Regelgrößen sowie kontinuierlich wirksame Sensoren und Aktoren. Von großer Bedeutung war daher das für den Produktionsbereich entwickelte Rechnernetzkonzept MAP (Manufacturing Automation Protocol), das herstellerunabhängig für alle am Produktionsprozess beteiligten Steuerungs- und Überwachungskomponenten das Kommunikationsverfahren definiert und für die Kompatibilität der Komponenten sorgt [PrKü98]. MAP wurde von Generals Motors initiiert und international standardisiert, konnte sich aber auf Dauer wegen seiner Komplexität nicht durchsetzen. Dieses Konzept war allerdings Vorbild für Weiterentwicklungen wie PROFIBUS. Gegenwärtig wird zunehmend das Industrial Ethernet bevorzugt. Eine betriebsübergreifende Produktionsplanung, -steuerung und -kontrolle ist im Konzept des Supply-Chain-Management vorgesehen. Durch Kooperation der Produktionsplanungs- und -steuerungssysteme (PPS-Systeme) der beteiligten Unternehmen werden betriebsübergreifende Produktionsziele verfolgt.

3.4.3 Absatz

Aufgabe des Absatzes ist die Gestaltung und Realisierung der Beziehungen mit den Kunden des Unternehmens. Teilaufgaben sind gemäß dem Transaktionsschema die Werbung, die Erstellung von Angeboten, der Vertragsabschluß, die Durchführung der Auftragsbearbeitung und Lieferung sowie Aufgaben im Rahmen des Product Support. Die Zerlegung in die genannten Teilaufgaben erfolgt verrichtungsorientiert.

Die Durchführung des Güterflusses und des Zahlungsflusses wird an die Logistik bzw. an das Finanzwesen delegiert. Dagegen übernimmt die Grundfunktion Absatz die Koordination der Flüsse im Rahmen der Auftragsbearbeitung sowie die verbleibenden Teilaufgaben zur Vor- und Nachbereitung von Aufträgen.

Alle Aufgaben des Absatzes beruhen auf einem intensiven Informationsaustausch mit den Kunden. Unter Wettbewerbsgesichtspunkten ist daher die Ausgestaltung der Kommunikationskanäle zu den Kunden von größter Bedeutung. Wichtigstes Instrument zur Erfüllung dieser Aufgabe ist die Gestaltung des Absatzinformationssystems als Teil des absatzpolitischen Instrumentariums.

> Beispiele hierfür sind Flugbuchungssysteme als Teil des Absatzinformationssystems von Fluggesellschaften. Flugbuchungssysteme, die für den Kunden leicht und überall erreichbar sind, werden bei Buchungen bevorzugt.
>
> Ein weiteres Beispiel sind Absatzinformationssysteme für Banken, die bereits mit der Einführung von Geldautomaten die Verfügbarkeit von Bankdienstleistungen für den Kunden zeitlich und räumlich erheblich ausgedehnt haben. Durch die Nutzung von Online-Diensten können überregional Dienstleistungen ohne Einschaltung von Zweigstellen angeboten werden.

Neue Anforderungen an Absatzinformationssysteme entstehen durch die Globalisierung der Märkte und kürzere Produktzyklen. Beide Entwicklungen erfordern flächendeckende, weltweite Informationssysteme, die einem Kunden möglichst an jedem Ort verzögerungsfrei aktuelle Absatzinformationen liefern und die interaktive Kommunikation zwischen Unternehmung und Kunde ermöglichen.

Lösungen hierfür werden unter dem Begriff Elektronischer Handel (Electronic Commerce oder E-Commerce) in zwei Richtungen entwickelt (vgl. [Merz02]). Der Handel mit Konsumenten (Business to Consumer, B2C) nutzt vor allem web-basierte Anwendungssysteme, d. h. Systeme unter Nutzung des World Wide Web. Konsumenten erhalten hiermit stationär und mobil Zugriff auf E-Commerce-Systeme. Beispiele sind die Vielzahl der Online-Shops oder Makler-Systeme wie z. B. eBay. Wichtig sind hier Zugänglichkeit und geeignete Funktionalität der Anwendungssysteme.

Der Handel mit anderen Unternehmen (Business to Business, B2B) benötigt vor allem hohe Standardisierung und hohe Übertragungsraten der Kommunikationsschnittstellen, um den Handelsprozess schnell, flexibel und kostengünstig zu gestalten. Ein erster Schritt hierzu war die Unterstützung von Vereinbarungs- und Durchführungstransaktionen zwischen Betrieben im Rahmen des Kommunikationsstandards EDIFACT (Electronic Data Interchange for Administration, Commerce and Transport) (siehe z. B. [Neub94]). Mithilfe von Breitbandnetzen sowie flexiblen Übertragungsformen unter Nutzung des XML-Standards werden die genannten Ziele weit besser erfüllt. Es werden alle Transaktionsphasen einer Handelsbeziehung einbezogen (siehe z. B. [BoSu93], [Schm$^+$97]).

3.5 Wertschöpfungsketten

Die betrieblichen Grund- und Querfunktionen geben die Innensicht eines Unternehmens wieder. In der Außensicht eines Unternehmens sind die Leistungsflüsse zwischen den Unternehmen und die dazu korrespondierenden Lenkungsflüsse sichtbar. Die Unternehmen bilden dabei Glieder von Wertschöpfungsketten, in denen Produkte in der Regel über viele Wertschöpfungsstufen erzeugt werden. Jedes Unternehmen einer Kette übernimmt Vorprodukte von anderen Unternehmen, transformiert diese in Produkte einer höheren Wertschöpfungsstufe und gibt sie an weitere Unternehmen der Kette oder an Konsumenten ab.

Der Begriff Wertschöpfungskette steht eigentlich für ein Netz von Lieferbeziehungen. Der Ausdruck Kette suggeriert hingegen eine lineare Anordnung der Lieferbeziehungen und ist folglich unpräzise. Aufgrund der allgemeinen Verbreitung im Sprachgebrauch wird aber im Folgenden dennoch die Formulierung Wertschöpfungskette verwendet.

Die Koordination des Leistungserstellungsprozesses längs einer Wertschöpfungskette erfolgt in marktwirtschaftlichen Systemen nicht-hierarchisch über Märkte. Die verhandelnden Unternehmen sind autonom und geben zur Erzielung einer besseren Verhandlungsposition in der Regel nur unbedingt erforderliche Informationen an die Verhandlungspartner weiter. Diese Vorgehensweise kann bezüglich der gesamten Wertschöpfungskette suboptimale Lösungen erzeugen, bei denen z. B. hohe Lagerbestände oder nicht angepasste Produktionskapazitäten in einzelnen Unternehmen der Kette vorliegen oder mangelnde Flexibilität einzelner Unternehmen bei Änderungen von Produkten bzw. Produktionsprozessen den Absatz der Produkte an die Konsumenten behindert.

Die breite Verfügbarkeit von Rechner- und Kommunikationssystemen ermöglicht nun, bei Beibehaltung der nicht-hierarchischen Koordination die zwischenbetriebliche Abstimmung zwischen den Unternehmen einer Wertschöpfungskette wesentlich zu verbessern. Dazu werden die Zielabstimmungen zwischen den Unternehmen und der Informationsaustausch verstärkt. Voraussetzung hierfür ist ein höherer Grad an Vertrauen zwischen den Unternehmen z. B. durch den Abschluss von längerfristigen Kooperationsabkommen.

Auf der genannten Grundlage können abgestimmte Verhaltensweisen der einzelnen Unternehmen durch eine Reihe von Maßnahmen erreicht werden, wobei alle Maßnahmen möglichst vollautomatisiert in Kooperation der Anwendungssysteme der beteiligten Unternehmen erfolgen. Zu diesen Maßnahmen zählen insbesondere:

- Lagertransparenz: Die Unternehmen ermöglichen gegenseitige Einsichtnahme in die Verbrauchsmengen und Lagerbestände von Vor- und Fertigprodukten, um kurz- und langfristige Bedarfsprognosen und die darauf aufbauenden Produktionsplanungen zu vereinfachen.

- Verteilungstransparenz: Die beteiligten Unternehmen nutzen soweit möglich Güterverteilungssysteme mit Direktbelieferung, um Lagerhäuser, Depots usw. zu vermeiden.

- Kapazitätstransparenz: Die Unternehmen ermöglichen gegenseitige Einsichtnahme in die Produktionskapazitäten in quantitativer und qualitativer Hinsicht, um flexible Anpassungen an Bedarfsänderungen seitens der Konsumenten, an Lieferengpässe oder an Produktionsstörungen durchführen zu können.

- Planungstransparenz: Die Terminfeinplanung der beteiligten Unternehmen ist so eng aufeinander abgestimmt, dass Puffer, d. h. Lagerbestände zur Überbrückung nicht synchroner Fertigungen, entfallen. Ein Beispiel hierfür ist das Konzept der Just-In-Time-Anlieferung.

Die genannten Maßnahmen dienen der Abstimmung des operativen Betriebs der beteiligten Unternehmen. Eine höhere Stufe der Kooperation wird erreicht, wenn auch die Planungssysteme der Unternehmen abgestimmt werden. Hierbei wirken. der Hersteller eines Produktes und die Zulieferer bei der Planung des Produktes, bei der Planung des Produktionsprozesses und der Abstimmung der Produktionskapazitäten zusammen. Zusammengefasst werden die genannten Zielabstimmungen und Maßnahmen im Konzept des Supply-Chain-Managements (siehe z. B. [SKS08]).

Eine weitere Form, um die Koordination und ggf. die Leistungsbeziehungen zwischen den an einer Wertschöpfungskette beteiligten Unternehmen durch Rechner- und Kommunikationssysteme zu unterstützen bzw. zu automatisieren, wird im Konzept des E-Commerce verfolgt. Die im Rahmen einer nicht-hierarchischen Koordination auftre-

3.5 Wertschöpfungsketten

tenden Phasen Anbahnung, Vereinbarung und Durchführung werden in unterschiedlichem Maße automatisiert.

Die Phase der Anbahnung wird inzwischen bei nahezu allen Unternehmen zumindest durch Präsentation des Firmenprofils im World Wide Web unterstützt. Hierzu zählen ebenfalls Elektronische Produktkataloge, die abhängig von der Art der Produkte von einfachen Listen bis zu multimedialen Produktpräsentationen reichen. Letztere werden um Produktkonfiguratoren erweitert, mit deren Hilfe Interessenten selbst Produkte ihrer Wahl konfigurieren können. Beispiele hierfür sind bei den Produktgruppen Computer, Automobile, Möbel, Häuser und weiteren zu finden.

Die Vereinbarungsphase wird ebenfalls rechnergestützt durchgeführt. Weit verbreitet sind Auftragserfassungssysteme, in denen Bestellkörbe individuell zusammengestellt werden, aber auch Auktionssysteme, mit deren Hilfe Preise sowie sonstige Verhandlungsvariablen vereinbart werden.

Die Gestaltung der Durchführungsphase eines Leistungstransfers ist von der Art der Leistung abhängig. Inzwischen weit verbreitet ist die vollautomatisierte Distribution von Musik- oder Softwareprodukten über Rechnernetzwerke. Güter mit physischer Distribution werden dadurch unterstützt, dass die Lieferplanung einschließlich Termin- und Ortvereinbarungen der Lieferung, Lieferstatusmeldung, Hilfen für die Nutzung der Güter etc. über Rechnernetzwerke abgewickelt werden. Der Zahlungsverkehr ist für unterschiedliche Klassen von Zahlungsbeträgen (Macro-, Medium- und Micro-Payment) elektronisch in sicherer Form durchführbar.

Die nicht-hierarchische Koordinationen einer Lieferbeziehung zwischen einem Unternehmen und einem Konsumenten unterscheidet sich hinsichtlich Art und Umfang häufig von der Koordination der Lieferbeziehungen zwischen Unternehmen. Entsprechend unterschiedlich ist die Form der Rechnerunterstützung. Die als Business-to-Consumer (B2C) bezeichnete Beziehung dient vorwiegend der Kontaktaufnahme und der Auftragsabwicklung mit häufig anonymen Kunden, mit denen kein regelmäßiger Geschäftskontakt besteht. Die bekanntesten Beispiele sind hier der Vertrieb von Büchern oder Software. Die Beziehungen im Business-to-Business (B2B) stellen dagegen in der Regel langjährige Geschäftsbeziehungen dar, deren Auftragsabwicklung durch Rechnereinsatz schnell und flexibel bei geringen Kosten zu gestalten ist. Entsprechend stehen hier Fragen der Standardisierung von Kommunikationsbeziehungen und Kosten-/Leistungs-Relationen im Vordergrund.

Zweiter Teil:
Aufgabenebene betrieblicher Informationssysteme

Die Differenzierung zwischen der Aufgabenebene und der Aufgabenträgerebene betrieblicher Informationssysteme bestimmt den Aufbau dieses Buches. Die Aufgabenebene wird in den Kapiteln 4 bis 6 behandelt.

Grundlegend für die Analyse und Gestaltung der Aufgabenebene betrieblicher Informationssysteme ist die Frage der Automatisierbarkeit betrieblicher Aufgaben (Kapitel 4) und damit die Unterscheidung zwischen automatisierten, teilautomatisierten und nicht-automatisierten Aufgaben. Speziell für die Analyse und Gestaltung automatisierter und teilautomatisierter Aufgaben stellen Modelle das wichtigste methodische Hilfsmittel dar. In Kapitel 5 werden Grundlagen und unterschiedliche Ansätze zur Modellierung der Aufgabenebene betrieblicher Informationssysteme behandelt. Die Aufgaben eines betrieblichen Informationssystems sind untereinander hochgradig vernetzt; häufig überlappen sich Teilaufgaben bezüglich ihrer Aufgabenobjekte und Aufgabenziele. Dies führt zur Frage der Integration von Aufgaben und Anwendungssystemen, die in Kapitel 6 behandelt wird und gleichzeitig zum Teil III des Buches überleitet, welcher der Aufgabenträgerebene betrieblicher Informationssysteme gewidmet ist.

4 Automatisierung betrieblicher Aufgaben

4.1 Betriebliche Aufgaben

4.1.1 Aufgabenstruktur

Der Begriff **Aufgabe** wird von Kosiol als Zielsetzung für zweckbezogenes menschliches Handeln definiert [Kosi76]. Merkmale einer Aufgabe sind nach dieser Definition:

a) der *Verrichtungsvorgang* (manuell, geistig, ausführend, leitend),

b) das *Aufgabenobjekt*, an dem die Verrichtung vorgenommen wird,

c) die zur Verrichtung erforderlichen *Arbeits- und Hilfsmittel*,

d) der *Raum*, in dem sich die Verrichtung vollzieht,

e) die *Zeitspanne*, in der sich die Verrichtung vollzieht.

Die Merkmale a) bis e) determinieren eine Aufgabe hinsichtlich ihrer Spezifikation und ihrer Durchführung. In der Spezifikation werden der Verrichtungsvorgang, das Objekt der Aufgabe und die erforderlichen Arbeits- und Hilfsmittel beschrieben. Die Angaben zu Raum und Zeit legen Parameter einer Aufgabendurchführung fest. Bei einer konkreten Aufgabe können die Aufgabenmerkmale ggf. mehrere Ausprägungen annehmen. So kann bei einem gegebenen Aufgabenobjekt das Aufgabenziel möglicherweise über unterschiedliche Verrichtungsvorgänge, an unterschiedlichen Orten und zu unterschiedlichen Zeiten erreicht werden. Arbeits- und Hilfsmittel sind aufgabenträgerspezifisch und können bei einem Wechsel des Aufgabenträgers variieren. Und schließlich ist die Einengung des Aufgabenbegriffs auf personelle Aufgabenträger nicht geeignet, wenn eine Aufgabe automatisiert, d. h. von einem maschinellen Aufgabenträger übernommen wird.

Um mögliche Freiheitsgrade in den Phasen Spezifikation und Durchführung einer Aufgabe auszuleuchten, wurden in Kapitel 2 die Begriffe Außen- und Innensicht einer Aufgabe, Aufgabenträger und Vorgang mit den folgenden Bedeutungen verwendet (Bild 4-1):

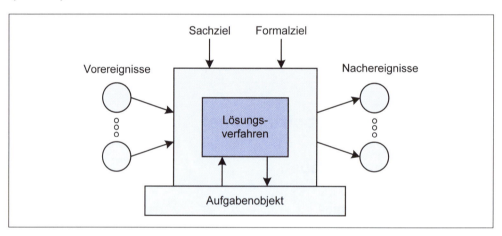

Bild 4-1: Aufgabenstruktur

- Die **Außensicht einer Aufgabe** definiert (1) das Aufgabenobjekt, (2) die Ziele der Aufgabe, (3) die Vorereignisse, die eine Aufgabendurchführung auslösen und (4) die Nachereignisse, die aus einer Aufgabendurchführung resultieren. Die Aufgabenziele werden nach Sach- und Formalzielen gegliedert. Die Außensicht legt keinen Aufgabenträger und kein Verfahren für die Durchführung fest. Sie dient zur Beantwortung der Fragen: Welche Attribute eines betrieblichen Systems sind von der Aufgabe betroffen (Aufgabenobjekt)? Welche Ziele sollen mit der Aufgabe erreicht werden? Bei Eintreten welcher Ereignisse soll die Aufgabe durchgeführt werden? Die Fragen lauten in Kurzform: *Was* soll *wann* erreicht werden?

4.1 Betriebliche Aufgaben

- Die **Innensicht einer Aufgabe** definiert das Lösungsverfahren (den Verrichtungsvorgang) der Aufgabe und nimmt dabei Bezug auf einen Aufgabenträgertyp. Ist die Aufgabe für personelle Aufgabenträger vorgesehen, wird das Lösungsverfahren meist natürlichsprachig beschrieben. Für maschinelle Aufgabenträger werden z. B. imperative oder deklarative Programmiersprachen verwendet. Aufgabenträgerspezifische Formalziele wie z. B. „Minimiere Ressourceneinsatz für die Aufgabendurchführung" oder „Halte vorgegebene Durchführungszeiten ein" werden ebenfalls zur Innensicht gerechnet. Mit der Innensicht ist in Kurzform folgende Frage zu beantworten: *Wie* soll die Aufgabe durchgeführt, d. h. das Aufgabenziel erreicht werden?

- Der **Aufgabenträger** führt eine Aufgabe eigenständig durch. Mögliche Aufgabenträger sind Personen (nicht-automatisierte Aufgaben), Rechner (vollautomatisierte Aufgaben) und Mensch-Rechner-Systeme (teilautomatisierte Aufgaben). Zum Aufgabenträger gehören auch die für die Verrichtung erforderlichen Arbeits- und Hilfsmittel. Die Definition des Aufgabenträgertyps zielt auf die Frage: *Wer* kann das Lösungsverfahren *womit* durchführen?

- Der Begriff **Vorgang** nimmt Bezug auf eine Aufgabendurchführung durch einen Aufgabenträger. Ein **Vorgangstyp** spezifiziert die Durchführung eines Lösungsverfahrens auf einem Aufgabenobjekt. Ein einzelner konkreter Vorgang zu einem Vorgangstyp wird als **Vorgangsinstanz** bezeichnet. Vorgangsinstanzen nutzen zu ihrer Durchführung konkrete Aufgabenträgerinstanzen des zugehörigen Aufgabenträgertyps.

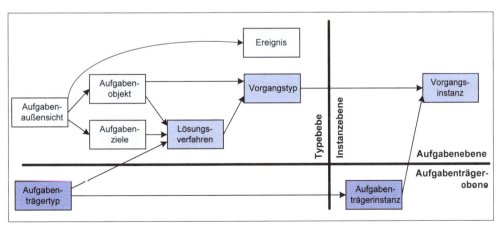

Bild 4-2: Begriffsystem der Vorgangsdefinition

Der Zusammenhang zwischen den einzelnen Begriffen ist in Bild 4-2 dargestellt. Seine Notation folgt dem eines SERM-Datenschemas mit entsprechenden Kardinalitäten (siehe Abschnitt 5.2.3). Zum Beispiel können im Allgemeinen für eine gegebene

Kombination aus Aufgabenobjekt, Aufgabenzielen und Aufgabenträgertyp mehrere Lösungsverfahren angegeben werden. Die Beziehungen zwischen Vorgangstypen werden durch Ereignisse hergestellt und in Form eines Vorgangsnetzes bzw. eines **Vorgangs-Ereignis-Schemas (VES)** beschrieben (siehe Abschnitte 2.6 und 5.4.2).

4.1.2 Aufgaben-Außensicht

Die Außensicht einer Aufgabe besteht (1) aus dem Aufgabenobjekt, (2) aus den Sach- und Formalzielen und (3) aus den Vor- und Nachereignissen der Aufgabe. In Kapitel 2 wurden zwei Darstellungsformen der Außensicht verwendet: die flussorientierte und die objektorientierte Aufgabenstruktur.

FLUSSORIENTIERTE AUFGABENSTRUKTUR

Aus flussorientierter Sicht besteht die Aufgabenebene eines IS aus einem Verbund von Transformations- und Entscheidungsaufgaben einschließlich Informationsbeziehungen zwischen den Aufgaben (Bild 4-3). Eine Transformationsaufgabe setzt Aufgabeninputs unter Berücksichtigung des aufgabeninternen Zustandsspeichers in Aufgabenoutputs um. Eine Entscheidungsaufgabe berücksichtigt zusätzlich vorgegebene Zielgrößen. Beide Arten von Aufgaben werden formal als Input-Output-System, bzw. als endlicher Automat betrachtet. Eine flussorientierte Aufgabe ist somit wie folgt strukturiert:

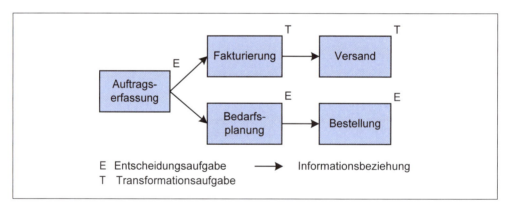

Bild 4-3: Verbund von Transformations- und Entscheidungsaufgaben

- Das Aufgabenobjekt besteht aus den Input-/Outputkanälen (I, O) und aus dem aufgabeninternen Zustandsspeicher (S).
- Die Aufgabenziele werden implizit durch Benennung der Aufgabenverrichtung spezifiziert. Zwischen der Aufgaben-Außensicht und der Aufgaben-Innensicht wird hier nicht scharf getrennt. Eine Transformationsaufgabe enthält ausschließlich

Sachziele (AS), eine Entscheidungsaufgabe nimmt zusätzlich auf Formalziele (AX) Bezug.

- Die Ereignisse zur Auslösung einer Aufgabendurchführung werden auf den Kommunikationskanälen zwischen den Aufgaben transportiert. Ankommende Aufgabeninputs werden in den Inputkanälen registriert und lösen dort eine Aufgabendurchführung aus. Enthält eine Aufgabe mehrere Inputkanäle, werden Synchronisationsregeln zwischen den Aufgabeninputs beachtet.

Die Benennung von Aufgaben erfolgt in flussorientierter Sicht meist substantiviert in der Form *Aufgabenobjekt-Aufgabenverrichtung*.

Beispiele für flussorientierte Darstellungen sind die Aufgabenbenennungen *Auftrags-Erfassung*, *Buch-Führung*, *Auftragstermin-Planung*. Aufgabenobjekte (I, O, S) und ggf. Formalziele (AX) dieser Aufgaben sind:

- Auftragserfassung: Kundendaten (I), Artikeldaten (I), Kundenauftrag (O).
- Buchführung: Belege von Geschäftsvorfällen (I), Bilanz (O), Haupt- und Nebenbücher (S).
- Auftragsterminplanung: Fertigungsaufträge (I), Fertigungskapazität (I), Fertigungsterminplan (O), Minimiere mittlere Auftragsdurchlaufzeit (AX).

OBJEKTORIENTIERTE AUFGABENSTRUKTUR

Die Informationsbeziehungen zwischen den Aufgaben eines flussorientierten Aufgabenverbundes können abhängig von der Art der beteiligten Aufgabenobjekte durch eine lose oder eine enge Kopplung der Aufgaben realisiert werden. Eng gekoppelte Aufgaben besitzen ein gemeinsames Aufgabenobjekt, das von diesen Aufgaben gemeinsam bearbeitet wird. Lose gekoppelte Aufgaben behandeln getrennte Aufgabenobjekte und tauschen Informationen über Nachrichtenkanäle aus. Die Differenzierung in lose oder enge Kopplung von Aufgaben ist Grundlage einer objektorientierten Aufgabenstruktur. Hier werden eng gekoppelte Aufgaben zu einem betrieblichen Objekt zusammengefasst. Diese eng gekoppelten Aufgaben sind im Allgemeinen mit weiteren Aufgaben lose gekoppelt. Auf diese Weise entstehen Beziehungen zwischen denjenigen betrieblichen Objekten, die diese lose gekoppelten Aufgaben umfassen.

Das Konstrukt Betriebliches Objekt dient in Abschnitt 5.4 als Instrument für die Modellierung der Diskurswelt. Ein Diskursweltobjekt besteht aus einem objektinternen Speicher und Operatoren und ist mit anderen Objekttypen über Lenkungs- und Leistungsflüsse verknüpft (Bild 4-4).

- Der objektinterne Speicher sowie zugehörige Input- und Outputkanäle des Diskursweltobjekts umfassen die Aufgabenobjekte der Aufgaben dieses Diskursweltobjekts.

- Jeder Operator des Diskursweltobjekts wird durch die Sach- und Formalziele der zugehörigen Aufgabe bestimmt. Es wird hier ebenfalls unterschieden zwischen Transformationsaufgaben, die ausschließlich Sachziele (AS) verfolgen, und Entscheidungsaufgaben, die zusätzliche Formalziele (AX) berücksichtigen. Die Aufgaben eines Diskursweltobjekts bilden zusammen einen Aufgabenkomplex über dem gemeinsamen Aufgabenobjekt. Damit orientiert sich die Abgrenzung eines Diskursweltobjekts am Objektprinzip der Organisationslehre.

- Eine Aufgabendurchführung wird durch Ereignisse ausgelöst. Ereignisse signalisieren an den Inputkanälen eines Diskursweltobjektes das Eintreffen von Nachrichten bzw. Leistungspaketen, die über Lenkungsflüsse bzw. Leistungsflüsse transportiert werden. Weitere Ereignisse modellieren Zustände, die nicht mit Flüssen korrespondieren, deren Eintreten aber eine Aufgabendurchführung in der Diskurswelt auslöst (siehe Abschnitt 4.3.2).

Beispiel 4-1:

Die Aufgabe *Fertigungsterminplanung* spezifiziert folgende Teile des Diskursweltobjekts *Fertigungssteuerung*:

- Das Aufgabenobjekt umfasst den aktuellen Auftragsbestand, den aktuellen Terminplan, die Fertigungskapazitäten und den gegenwärtigen Bearbeitungsstand der Aufträge. Lenkungsflüsse bestehen zum Fertigungssystem über Sensoren und Aktoren, sowie zum übergeordneten Produktionsplanungs- und -steuerungssystem (PPS-System). Vom PPS-System werden Fertigungsaufträge übernommen und an das PPS-System abgeschlossene Aufträge rückgemeldet.

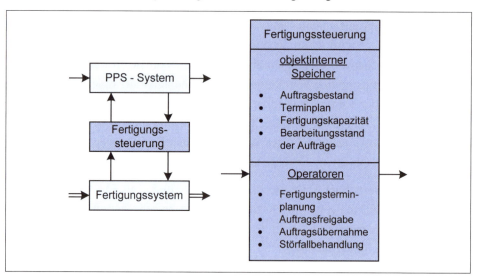

Bild 4-4: Diskursweltobjekte

- Das Sachziel der Aufgabe ist der Zustand: Aktualisierter Terminplan liegt vor. Das Formalziel der Entscheidungsaufgabe Fertigungsterminplanung lautet: Minimiere die durchschnittliche Auftragsdurchlaufzeit.

- Die Aktualität des Terminplans ist abhängig von den Ereignissen, die eine Aufgabendurchführung auslösen. Als Ereignis ist jede Zustandsänderung zu modellieren, die eine Planänderung veranlassen könnte. Beispiele hierfür sind die Ereignisse *Neuzugang eines Auftrags* oder *Ausfall einer Maschine für 2 Tage*.

Beispiel

4.1.3 Aufgaben-Innensicht

Die Innensicht einer Aufgabe beschreibt Lösungsverfahren für die vorgesehenen Aufgabenträgertypen und nennt zusätzliche aufgabenträgerspezifische Formalziele. Derartige Formalziele nehmen auf Ressourcen, Durchführungszeiten oder aufgabenträgerabhängige Zielerreichungsgrade der übrigen Sach- und Formalziele Bezug. Ein Lösungsverfahren besteht aus einer Menge von Aktionen, die sequentiell oder parallel auf das Aufgabenobjekt einwirken oder Zustände des Aufgabenobjektes erfassen (Bild 4-5) [Fers92]. Jede Aktion ist entweder funktional beschreibbar und damit automatisierbar, oder sie ist nicht funktional beschreibbar und personell durchzuführen. Die Reihenfolge der Aktionen wird von einer Aktionensteuerung bestimmt, die in Verbindung mit den Aktionen eine Steuerkette oder einen Regelkreis realisiert. Die Aktionensteuerung als Regler bzw. Steuerglied löst geeignete Aktionen zur Verfolgung der Sach- und Formalziele der Aufgabe aus. Bei einem rückgekoppelten Lösungsverfahren melden die Aktionen ihre Ergebnisse an die Aktionensteuerung zurück. Bei einfach gekoppelten Lösungsverfahren wird eine starre, von Aktionenergebnissen unabhängige Aktionenfolge gestartet. Vor- und Nachereignisse verknüpfen die Aktionensteuerungen aufeinander folgender Aufgaben.

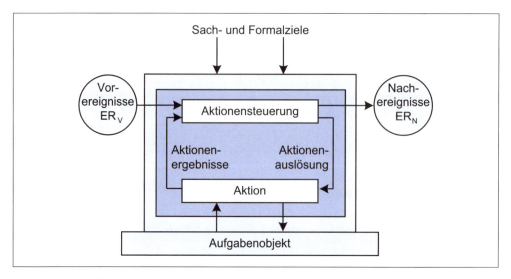

Bild 4-5: Struktur eines Lösungsverfahrens

Beispiel 4-2 (Fortsetzung von 4-1):

Für die Aufgabe *Fertigungsterminplanung* des Diskursweltobjekttyps *Fertigungssteuerung* können bei der Spezifikation der Innensicht folgende Alternativen verwendet werden:

a) Geeignete Lösungsverfahren sind exakte Verfahren der Reihenfolgeplanung wie z. B. Branch-and-Bound-Verfahren oder heuristische Verfahren wie z. B. Planung mit Prioritätsregeln.

b) Die aufgabenträgerspezifischen Formalziele beeinflussen die Wahl der Lösungsverfahren z. B. durch Vorgabe maximaler Durchführungszeiten oder durch belastungsorientierte Vorgaben. Beispiele hierfür sind die Regeln: (1) Erstelle einen neuen Terminplan nach n Auftragszugängen oder (2) modifiziere den bestehenden Plan jeweils nach Eintreffen eines Fertigungsauftrags, wenn gilt: Das Verhältnis der kumulierten Bearbeitungszeiten von eingeplanten und insgesamt vorhandenen Aufträgen beträgt weniger als x Prozent.

Beispiel

In Anlehnung an den englisch-amerikanischen Sprachgebrauch werden statt der genannten Begriffe häufig englische Ausdrücke verwendet. So wird ein Vorgang und die die Durchführung eines Vorgangs, d.h. die Folge der Aktionen, als Workflow (Arbeitsablauf) bezeichnet. Eine Aktion wird Activity, die Aktionensteuerung Workflow-Management genannt. Die formale Beschreibung eines Lösungsverfahrens in der angegebenen Struktur (Aktionen, Aktionensteuerung) wird als Workflow-Definition bezeichnet. Ein Software-System, das die Aktionensteuerung gemäß einer Workflow-Definition durchführt, heißt entsprechend Workflow-Management-System (WfMS).

4.1.4 Klassifikationsmerkmale von Aufgaben

Unter dem Blickwinkel der Automatisierbarkeit und des Einsatzspektrums von Aufgaben werden im Folgenden weitere Aufgabenmerkmale, nämlich der **Modelltyp der Aufgabe**, der **Typ des Lösungsverfahrens** und die **Beschreibungsmittel für Aufgaben**, eingeführt.

MODELLTYP DER AUFGABE

Eine Aufgabe als Teil eines Diskursweltobjekts modelliert einen Ausschnitt der Diskurswelt. Das Merkmal Modelltyp der Aufgabe charakterisiert deren Eigenschaften als Modell der Diskurswelt. Es werden folgende Modelltypen unterschieden:

- **Analytische Modelle**: Eine Aufgabe wird hier auf der Grundlage einer Theorie z. B. aus den Bereichen Betriebswirtschaft oder Technik als mathematisches Modell formuliert. Die zugrunde liegende Theorie dient als Rahmen zur Modellbildung und zur Prüfung des Modells auf Vollständigkeit und Widerspruchsfreiheit. Beispiele hierfür sind Modelle der Produktionsplanung oder der Finanzplanung. Die Modellierung bezieht sich in der Regel auf die Außensicht einer Aufgabe, d. h. auf das Aufgabenobjekt und die Aufgabenziele. Die Verwendbarkeit des Modells hängt allerdings auch von der Verfügbarkeit eines Lösungsverfahrens für die Aufgabe ab. Analytische Modelle und zugehörige Lösungsverfahren stehen im Mittelpunkt des Fachgebietes Operations Research [MüMe88].

- **Wissensbasierte Modelle**: Kann bei der Beschreibung einer Aufgabe nicht auf eine geschlossene Theorie zurückgegriffen werden, sondern beruht die Modellierung auf Wissen, das aus Beobachtungen, Erfahrungen oder logischen Ableitungen resultiert, so wird ein wissensbasiertes Modell erstellt. Als Wissensquelle werden Diskursweltexperten konsultiert. Prüfungen auf Vollständigkeit und Widerspruchsfreiheit des Modells können nur eingeschränkt durchgeführt werden. Während ein analytisches Modell auf Theoriewissen basiert, liegt einem wissensbasierten Modell Erfahrungswissen zugrunde. Aufgabenbeschreibungen dieser Art in formaler Notation werden zunehmend verwendet wegen der abgeschwächten Voraussetzungen bezüglich der Modellierbarkeit wissensbasierter Modelle und wegen der Verfügbarkeit dafür geeigneter rechnergestützter Lösungsverfahren. Beispiele hierfür sind Expertensysteme im Umfeld der verschiedenen betrieblichen Funktionsbereiche. Methodische Grundlagen für wissensbasierte Modelle liefern vor allem die mit dem Forschungsgebiet *Künstliche Intelligenz* befassten Fachgebiete [Pupp91].

- **Konnektionistische Modelle**: Analytische und wissensbasierte Modelle bilden das Verhalten und die Struktur der Diskurswelt ab. Konnektionistische Modelle beschränken sich auf die Modellierung des Verhaltens der Diskurswelt in Form eines Input-Output-Systems. Sie betrachten die Diskurswelt als Black-Box-System und berücksichtigen keine systeminternen Zustände.

Die methodischen Grundlagen der konnektionistischen Modelle resultieren aus dem Bemühen, intelligente Maschinen nach dem Vorbild der Nervensysteme in Organismen zu bauen. Dieses Vorhaben führte zu neuronalen Netzwerken, die mittlerweile in Form von Hard- und Softwarerealisierungen sowie unterschiedlichen Größenordnungen erprobt werden. Neuronale Netzwerke bilden das Verhalten komplexer Systeme durch einen Verbund einfach gestalteter Neuronen mit einer kombinatorischen Anzahl von Kopplungsbeziehungen zwischen den Neuronen nach. Konnektionistische Modelle verwenden das Konzept neuronaler Netzwerke zur Modellierung komplexer Diskurswelten, deren Verhalten und insbesondere deren Struktur nur sehr beschränkt zugänglich sind. Ein Beispiel ist ein Prognosemodell für Aktienkurse, das keine Hypothesen über die Struktur des Aktienmarktes verwendet und das sich selbstständig an die Kursverläufe realer Kurse adaptiert [RePo91]. Ein Grund für die Verwendung konnektionistischer Modelle ist hier, dass keine Hypothese über die Struktur der Diskurswelt verfügbar ist oder dass bei einer vorhandenen Hypothese ihre Validierung nicht möglich ist.

Für konnektionistische Modelle in formaler Notation sind rechnergestützte Lösungsverfahren verfügbar. Diese Modellart wird daher ebenfalls zunehmend verwendet. Das Forschungsgebiet konnektionistische Modelle und neuronale Netzwerke wird den Kognitionswissenschaften zugerechnet [Kemk88].

- **Natürlichsprachige Beschreibung**: Die bisher genannten Modelle beschreiben die Diskurswelt formalisiert und mit dem Ziel der Vollständigkeit und Widerspruchsfreiheit. Modellierungen dieser Art sind nicht möglich, wenn nur Teilaspekte der Diskurswelt bekannt sind oder die Komplexität der Diskurswelt eine Modellierung verhindert. In diesen Fällen bleibt nur die natürlichsprachige Beschreibung der erfassbaren Bereiche der Diskurswelt. Aufgaben mit natürlichsprachigen Beschreibungen sind nicht automatisierbar und können nur sehr eingeschränkt hinsichtlich Vollständigkeit und Widerspruchsfreiheit überprüft werden.

TYP DES LÖSUNGSVERFAHRENS

Lösungsverfahren realisieren die Sach- und Formalziele einer Aufgabe. Abhängig vom Grad der Zielerreichung, der mit einem Lösungsverfahren möglich ist, wird zwischen exakten, approximierenden, heuristischen und lernenden Lösungsverfahren unterschieden [Fers79]. Alle vier Verfahrensvarianten werden für die Lösung analytischer und wissensbasierter Modelle eingesetzt. Konnektionistische Modelle korrespondieren ausschließlich mit lernenden Verfahren.

- **Exakte Verfahren** ermitteln in endlicher Zeit im Lösungsraum des Aufgabenobjekts exakte Lösungen, die ein Optimum bezüglich der Sach- und Formalziele darstellen. Beispiele hierfür sind (1) die Bestimmung eines Maximums oder Minimums einer Funktion mithilfe der Differentialrechnung, (2) Iterationsverfahren wie der Simplex-Algorithmus der linearen Programmierung, (3) Enumerationsverfahren wie z. B. Branch-and-Bound-Verfahren oder (4) Dekompositionsverfahren für die Zerlegung von Lösungsräumen.

- **Approximierende Verfahren** nähern sich einer exakten Lösung mit zunehmender Schrittanzahl an, wobei der Abstand zur exakten Lösung bei jedem Schritt abgeschätzt werden kann. Hierzu zählen z. B. Interpolations- und Extrapolationsverfahren.

- **Heuristische Verfahren** zielen ebenfalls auf die schrittweise Annäherung an eine exakte Lösung, jedoch kann in der Regel der Abstand zu einer exakten Lösung nicht abgeschätzt werden. Sie dienen zum Auffinden „guter" Lösungen. Beispiele sind die Bereiche Tourenplanung, Produktionsplanung oder Finanzplanung.

- **Lernende Verfahren** werden eingesetzt, wenn für eine Aufgabe exakte, approximierende oder heuristische Lösungsverfahren nicht zur Verfügung stehen. Ein lernendes Lösungsverfahren kann für die Ermittlung von Lösungen erst verwendet werden, wenn es zuvor in Lernschritten das Aufgabenobjekt und die Aufgabenziele erkundet hat. Umgekehrt setzen lernende Verfahren keine Vorkenntnisse über spezifische Eigenschaften einer Aufgabe voraus. Beispiele lernender Verfahren sind die Untersuchungsverfahren für konnektionistische Modelle oder genetische Algorithmen.

BESCHREIBUNGSMITTEL FÜR AUFGABEN

Die Beschreibung der Außen- und Innensicht einer Aufgabe erfolgt abhängig vom Modelltyp und vom Typ des Lösungsverfahrens in formalisierter oder natürlichsprachiger Form. Für die formalisierte Form stehen z. B. imperative und deklarative Programmiersprachen zur Verfügung.

- Ein Lösungsverfahren in **imperativer Sprache** besteht aus einer Menge von Anweisungen und Ablaufstrukturen, die eine sequentielle oder parallele Ausführung der Anweisungen festlegen. Eine Anweisung ist ein Konstrukt aus Operatoren und Operanden. Die zum Lösungsverfahren gehörende Aufgaben-Außensicht wird getrennt, z. B. natürlichsprachig dokumentiert. Eine Aufgabenänderung erfordert eine

Aktualisierung der Außen- und der Innensicht der Aufgabe. Zu den imperativen Sprachen gehören z. B. die Programmiersprachen PASCAL, C und JAVA. Die Anweisungen werden übersetzt und dann von einem Prozessor (Hardware) oder von einem Interpreter (Software) ausgeführt.

- **Deklarative Sprachen** dienen vorzugsweise der Beschreibung einer Aufgaben-Außensicht mithilfe eines Systems von Relationen. Lösungen werden in dem, mithilfe der Relationen beschriebenen, Lösungsraum durch ein einheitliches Lösungsverfahren ermittelt. Dieses Lösungsverfahren wird ebenfalls Interpreter oder bei komplexen Lösungsverfahren auch Inferenzmaschine genannt und ist häufig spezifisch auf die Merkmale einer bestimmten Programmiersprache ausgerichtet. Eine Aufgabenänderung ist hier auf die Aktualisierung der Aufgaben-Außensicht beschränkt, das einheitliche Lösungsverfahren kann unverändert bleiben. Deklarative Sprachen reduzieren gegenüber imperativen Sprachen den Programmieraufwand, verursachen jedoch in der Regel bei der Ermittlung einer Lösung durch den Interpreter einen höheren Aufwand hinsichtlich Ausführungszeit und Ressourcen. Der höhere Zeitaufwand wird jedoch durch stark steigende Prozessorleistungen und parallele Aktionen weitgehend kompensiert. Beispiele für deklarative Sprachen sind SQL und PROLOG.

    Deklarative Darstellungen sind in mathematischen Modellen üblich. Ein Beispiel hierfür ist ein lineares Gleichungssystem, das Relationen zwischen den Variablen des Systems beschreibt. Ein zugehöriges Standardlösungsverfahren als Interpreter ermittelt Lösungen im deklarativ beschriebenen Lösungsraum.

4.1.5 Stellen und Anwendungssysteme

Aufgaben werden im Rahmen der Aufgabenanalyse abgegrenzt und im Rahmen der Aufgabensynthese zu Aufgabenkomplexen für jeweils einen Aufgabenträger zusammengefasst (Bild 4-6). Ein Aufgabenkomplex A_p für einen personellen Aufgabenträger wird einer Stelle zugeordnet. Der mögliche Aufgabenumfang einer Stelle ist durch die Arbeitskapazität des Aufgabenträgers begrenzt. Die Stellenbeschreibung enthält in der Regel nur die Außensicht der vom Stelleninhaber durchzuführenden Aufgaben. Die Innensicht, d. h. die Lösungsverfahren, sind vom Stelleninhaber zu generieren und fordern von ihm entsprechende Fähigkeiten und Initiative. Weitere definierende Merkmale einer Stelle sind daher das Fähigkeitsprofil des Stelleninhabers (Aufgabenträgertyp) sowie die Kompetenz und die Verantwortung des Stelleninhabers. „Unter Kompetenz versteht man in der Organisationslehre die einem Stelleninhaber ausdrücklich zugeteilten Rechte und Befugnisse. Ihre Gegenstücke sind die Pflichten und die Verantwortungen, welche der Stelleninhaber zu übernehmen hat." [Ulri80]. „Verantwortung ist die Pflicht eines Stelleninhabers, für die zielentsprechende Erfüllung einer Aufgabe persönlich Rechenschaft abzulegen." [Haus80].

Bei personell durchzuführenden Aufgaben sind in der Stellenbeschreibung die Aufgabenziele, jedoch nicht die zugehörigen Lösungsverfahren bestimmt. Die Verantwortung des Stelleninhabers besteht in erster Linie darin, die Zielerreichung anhand der von ihm gewählten Lösungsverfahren nachzuweisen. Bei der Wahl der Lösungsverfahren orientiert sich der Stelleninhaber an der ihm zugeteilten Kompetenz.

Die Beschreibung einer automatisierbaren Aufgabe A_m in Form eines Programms beinhaltet die Außen- und die Innensicht der Aufgabe. Die Wahl des Lösungsverfahrens erfolgt zum Zeitpunkt der Definition der automatisierbaren Aufgabe auf der Grundlage der dem Aufgabenplaner zugewiesenen Kompetenz. Die mit dem Verfahren mögliche Zielerreichung, d. h. die Frage nach der Verantwortung für eine Aufgabe, ist ebenfalls zu diesem Zeitpunkt zu klären. Eine Aufgabendefinition wird in der Entwicklungsphase eines Anwendungssystems von Personen erstellt. Die Kompetenz und die Verantwortung für maschinell gestützte Aufgaben sind daher den Stellen zuzuordnen, die für den Einsatz eines Anwendungssystems verantwortlich sind, d. h. die Entwicklung des Anwendungssystems durchführen oder sie beauftragen.

Nach dem Phasenkonzept ist eine Aufgabe vor ihrer Durchführung zu planen. Nach der Durchführung sind die Ergebnisse zu kontrollieren (Bild 4-6). Jeder Aufgabe sind also je zwei weitere Aufgaben für deren Planung und Kontrolle zuzuordnen. Die Planungsphase liefert eine Spezifikation der Außen- und Innensicht der Aufgabe, die Kontrollphase analysiert eine Zielabweichung bei der Aufgabendurchführung. Die drei Phasen laufen zyklisch sequentiell ab, wobei die Planungsphase nicht in jedem Zyklus auftreten muss. Die Durchführungsphase wird weiter in die beiden parallel ablaufenden Tätigkeiten Steuerung und Durchführung getrennt. Diese Zerlegung nimmt auf die Aktionenebene, nämlich Aktionensteuerung und Aktionendurchführung, Bezug (vgl. Abschnitt 4.1.3).

Ein Vergleich der Aspekte Kompetenz und Verantwortung bei personell bzw. maschinell gestützten Aufgaben geht von dieser Dreiteilung gemäß dem Phasenkonzept aus. Wird eine Aufgabe von einer Person durchgeführt, so sind bei vorgegebener Aufgaben Außensicht die verbleibenden Teile der Planungs- und Kontrollaufgabe, nämlich die Festlegung des Lösungsverfahrens und eine Zielabweichungsanalyse, in der Regel ebenfalls Teil dieser Stelle. Die Stelle hat die Kompetenz und Verantwortung für die Planung, Durchführung und Kontrolle dieser Aufgabe.

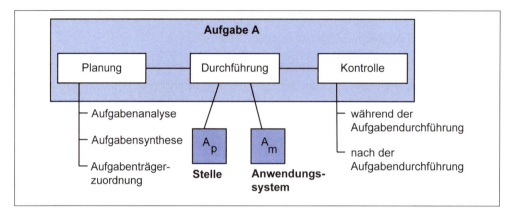

Bild 4-6: Organisationale Einbettung von Stellen und Anwendungssystemen

Ist eine Aufgabe automatisierbar, so übernimmt ein Anwendungssystem die Durchführung sowie Personen die Planung und Kontrolle der Aufgabe. Die zugehörige Kompetenz und die Verantwortung haben die für die Planung und Kontrolle zuständigen Stellen. Leider sind in der Praxis die Phasen Planung und Kontrolle häufig unterschiedlichen Stellen zugeordnet, sodass die Zuordnung der Gesamtverantwortung unklar bleibt.

Die Einführung von Anwendungssystemen erfolgt häufig durch den Bereich Informationsmanagement, der somit das Lösungsverfahren einer Aufgabe bestimmt. Die Kontrolle obliegt der Fachabteilung, in deren Bereich diese Aufgabe fällt. Die Verantwortung für den Nachweis der Zielerreichung ist daher gemeinsam dem Informationsmanagement und der Fachabteilung zugeordnet und führt zu Abstimmungsproblemen.

4.2 Automatisierbarkeit von Aufgaben

4.2.1 Zielerreichungsgrade der Automatisierung

Das Lösungsverfahren einer Aufgabe besteht in der Durchführung von Aktionen gemäß der Vorgabe durch die Aktionensteuerung (vgl. Abschnitt 4.1.3). Die Durchführung des Lösungsverfahrens als Vorgang wird ausgelöst durch eine Nachricht an die Aktionensteuerung. Die Teilschritte des Vorgangs können also in drei Schrittarten klassifiziert werden, nämlich (1) die Aktionen, (2) die Aktionensteuerung und (3) die Vorgangsauslösung. Jede Schrittart kann maschinell (m) oder personell gestützt (p) ausgeführt werden. Bei Unterscheidung dieser drei Schrittarten sind 2^3 Zielerreichungsgrade der Automatisierung eines Vorgangs unterscheidbar, die mit (m,m,m) bis (p,p,p) benannt werden.

Der Zielerreichungsgrad (m,m,m) bedeutet die **Vollautomatisierung**, der Grad (p,p,p) die **vollständig personelle Durchführung** eines Vorgangs. Die übrigen Ausprägun-

4.2 Automatisierbarkeit von Aufgaben

gen sind Teilautomatisierungen, die im Folgenden weiter differenziert werden. Eine mit dem Zeichen _ gekennzeichnete Schrittart kann die Ausprägung m oder p annehmen.

a) **Personelle Vorgangsauslösung** (m,m,p): Ein Vorgang dieser Art ist bis auf die Vorgangsauslösung automatisiert. Ein Beispiel hierfür ist die Auslösung einer automatisierten Zahlung beim POS-Banking durch manuelle Tätigkeiten wie Einführen der Chipkarte und Eingeben der Personal Identification Number (PIN).

b) **Automatisierung der Aktionen** (m,p,_): Bei einem Vorgang dieser Art laufen die einzelnen Aktionen automatisiert ab, die Aktionensteuerung erfolgt durch eine Person. Die Nachricht zur Vorgangsauslösung kann eine Person oder ein Rechner senden. Ein Beispiel ist die Vorgangsbearbeitung eines Sachbearbeiters am Terminal eines Rechners. Der Sachbearbeiter startet den Vorgang z. B. aufgrund eines erhaltenen Beleges und übernimmt die Aktionensteuerung anhand von Menüs.

c) **Automatisierung der Steuerung** (p,m,_): Bei einem Vorgang dieser Art führen Personen die Aktionen durch, die Aktionensteuerung übernimmt ein Rechner. Ein Beispiel hierfür ist der Vorgang *Qualitätsprüfung anhand von Sichtkontrollen*. Hier wird ein Prüfplan von einem Rechner erzeugt, die einzelnen Prüfschritte führen Personen anhand von Sichtkontrollen durch. Der Vorgang wird in diesem Fall meist automatisiert ausgelöst, er kann jedoch auch von einer Person gestartet werden.

Workflow-Systeme folgen ebenfalls dieser Systematik und entsprechen dem Zielerreichungsgrad (_,m,_). Workflow-Management-Systeme automatisieren dabei die Aktionensteuerung, die Aktionen selbst werden maschinell oder personell ausgeführt. Die Vorgangsauslösung kann ebenfalls maschinell oder personell erfolgen.

Der Sonderfall einer automatisierten Vorgangsauslösung bei gleichzeitig teilautomatisierter Vorgangsbearbeitung, d. h. die Zielerreichungsgrade (m,p,m) oder (p,m,m), wird in [MeHo86] behandelt und als aktionsorientierte Datenverarbeitung bezeichnet.

Bei der Entscheidung über den Automatisierungsgrad einer Aufgabe sind mehrere Kriterien heranzuziehen. Neben dem formalen Aspekt der Automatisierbarkeit kommen Wirtschaftlichkeitsuntersuchungen und bei nicht vollautomatisierten Aufgaben auch arbeitswissenschaftliche Überlegungen hinzu. Darüber hinaus sind die bei unterschiedlichen Automatisierungsgraden erforderlichen Aufwände und Zeitbedarfe für Aufgabenänderungen zu berücksichtigen.

4.2.2 Formale Kriterien für die Automatisierbarkeit

Den formalen Kriterien für die Automatisierbarkeit einer Aufgabe liegt die Annahme zugrunde, dass sich ein Rechner deterministisch verhält und damit sein Verhalten funktional beschreibbar ist. Diese Annahme gilt entsprechend für die damit auszuführenden Aufgaben. Die Eigenschaft des funktional beschreibbaren Verhaltens wird zunächst für Lösungsverfahren erläutert und dann aus der Sicht der Modellierung der Diskurswelt verallgemeinert.

FUNKTIONALE BESCHREIBBARKEIT VON LÖSUNGSVERFAHREN

Das Lösungsverfahren einer Aufgabe überführt den Vorzustand des Aufgabenobjektes gemäß den Sach- und Formalzielen in einen Nachzustand des Aufgabenobjektes. Das Aufgabenobjekt besteht aus dem objektinternen Speicher eines Diskursweltobjektes sowie der Menge der Input- und Outputkanäle. Die Beziehung zwischen diesen Komponenten wird beschrieben durch eine Relation

$v \subseteq VZ \times AS \times AX \times NZ$, wobei

VZ: Menge der Vorzustände des Aufgabenobjektes

AS: Menge der Zustände des Sachziels

AX: Menge der Zustände des Formalziels

NZ: Menge der Nachzustände des Aufgabenobjektes.

Bei einer funktional beschreibbaren Aufgabe wird der Übergang der Vorzustände in die Nachzustände des Aufgabenobjektes als funktionale Input-Output-Beziehung definiert (vgl. Abschnitt 2.1.1). Ist der Übergang zunächst nicht funktional beschreibbar, so kann er ggf. mithilfe von Zusatzinformationen in eine funktionale Form überführt werden. Dazu werden folgende Arten von Input-Output-Beziehungen für eine Definition der Übergänge unterschieden:

a) **Funktionale Input-Output-Beziehung**: Das Lösungsverfahren v ist eine Funktion v_f der Form:

$v_f: VZ \times AS \times AX \to NZ$

Die Funktion v_f wird üblicherweise in Form eines Algorithmus mithilfe einer imperativen Programmiersprache dargestellt. Lösungsverfahren dieser Art treten in Transformationsaufgaben wie z. B. Buchführung und Fakturierung oder in Entscheidungsaufgaben wie z. B. Auftragsterminplanung auf. Sie sind in der Regel

Komponenten des operativen Teils eines betrieblichen Systems und bilden die ersten Lösungsverfahren eines Informationssystems, die automatisiert werden.

b) **Parametrisierte Input-Output-Beziehung**: Eine nicht-funktionale Relation v kann ggf. mithilfe einer Parametermenge P in eine funktionale Input-Output-Beziehung v_p transformiert werden. Nicht-funktionale Beziehungen sind z. B. bedingt durch

- Ziele, die mehrere mögliche Nachzustände eines Vorzustandes mit dem gleichen Zielzustand bewerten. Die Einführung von P führt hier zu einem erweiterten Zielsystem der Aufgabe.

- Einflussgrößen außerhalb des Aufgabenobjektes, die bei der Definition der Aufgaben-Außensicht nicht berücksichtigt wurden. Die Modellierung der Einflussgrößen durch P führt zu einer erweiterten Definition des Aufgabenobjektes.

Beide Erweiterungen sind in der Regel notwendig aufgrund unzureichender Aufgabenspezifikationen bzw. aufgrund einer nicht hinreichenden Modellierung der Diskurswelt. Das Lösungsverfahren v wird dazu erweitert in eine Funktion v_p der Form:

$$v_p: VZ \times AS \times AX \times P \to NZ$$

c) **Stochastische Input-Output-Beziehung**: Ist eine geeignete Parametrisierung einer nicht-funktionalen Input-Output-Beziehung v nicht auffindbar, so kann versucht werden, v in eine stochastische Input-Output-Beziehung v_s zu transformieren. Ein Element $nz \in NZ$ ist mit Wahrscheinlichkeit w ein Folgezustand von $vz \in VZ$ bei gegebenen Zielzuständen $as \in AS$ und $ax \in AX$. W ist ein Wahrscheinlichkeitsmaß über NZ. Das Lösungsverfahren v kann beschrieben werden als eine Funktion der Form (Bild 4-7):

$$v_s: VZ \times AS \times AX \to W$$

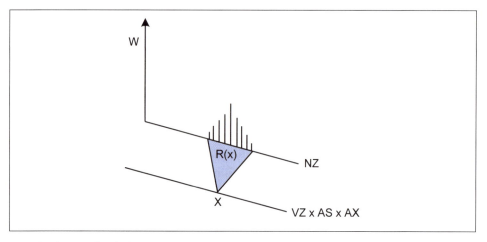

Bild 4-7: Stochastisches Input-Output-System

Ein Beispiel hierfür ist eine Dispositionsaufgabe der Lagerhaltung. Elemente aus VZ sind der gegenwärtige Lagerbestand und die bisherigen Umsätze. Ziel ist z. B. die Bestimmung einer kostenoptimalen Bestellmenge und eines kostenoptimalen Bestellpunktes. Wegen des unbekannten zukünftigen Umsatzes kann die Aufgabe nur nicht-funktional bezüglich der bekannten Vorzustände Lagerbestand und bisherige Umsätze beschrieben werden.

Für eine Automatisierung wird die Aufgabe um eine Schätzung der zukünftigen Umsätze ergänzt. Erwartete Umsätze werden mit Wahrscheinlichkeiten bewertet und daraus Umsatzschätzwerte ermittelt. Auf der Grundlage der Schätzwerte werden dann Bestellmenge und Bestellpunkt funktional ermittelt.

MODELLIERUNG DER DISKURSWELT

Die Untersuchung des Kriteriums *funktionale Beschreibbarkeit* von Lösungsverfahren geht von einer gegebenen Aufgabenspezifikation als Ergebnis einer Modellierung der Diskurswelt aus. Im Folgenden werden nun die aus der Art der Modellierung resultierenden Eigenschaften einer Aufgabe im Hinblick auf die Automatisierbarkeit betrachtet.

Die Modellierung eines Ausschnitts der Diskurswelt als Teil einer Aufgabe ist zunächst durch das Modellierungsziel *Struktur- und Verhaltenstreue* zwischen Diskurswelt und Aufgabe bestimmt (vgl. Abschnitt 2.1.1). Die Erreichbarkeit dieses Ziels wird begrenzt durch das verfügbare Wissen über die Diskurswelt zum Zeitpunkt der Modellierung sowie durch vorgegebene Obergrenzen der Modellierungskosten. Die Kostenbegrenzung schränkt die Struktur- und Verhaltenstreue in der Regel nicht prinzipiell ein, sondern ist ein Aspekt der Wirtschaftlichkeit der Aufgabenmodellierung. Das verfügbare Wissen unterliegt dagegen vorwiegend prinzipiellen Beschränkungen und stellt in der Regel das größere Hindernis für die Zielerreichung dar.

4.2 Automatisierbarkeit von Aufgaben

In Abschnitt 4.1.4 wurden anhand des Modelltyps von Aufgaben vier Grade von Wissen über die Diskurswelt unterschieden, nämlich Theorie- und Erfahrungswissen über die Struktur und das Verhalten (analytische und wissensbasierte Modelle), durch Lernen erworbenes Wissen über das Verhalten (konnektionistische Modelle) und Wissen über Teilaspekte der Diskurswelt in Form natürlichsprachiger Beschreibungen. Unter dem Gesichtspunkt der Automatisierbarkeit werden im Folgenden die Merkmale *Modelltyp der Aufgabe* und *Strukturierungsgrad der Diskurswelt* gegenübergestellt. Letzteres beschreibt die Eignung der Diskurswelt für eine Modellierung und behandelt die Frage, inwieweit der Ausschnitt der Diskurswelt abgegrenzt, erfasst, strukturiert, verstanden werden kann. Es werden dazu nur zwei Ausprägungen des Merkmals verwendet, nämlich *wohlstrukturierte Probleme* und *schlechtstrukturierte Probleme* (Bild 4-8).

	wohlstrukturierte Probleme	schlechtstrukturierte Probleme
analytische Modelle	mathematisches Modell Lösungsverfahren exakt, approximierend, heuristisch, lernend	
wissensbasierte Modelle	Erfahrungswissen über Aufgabenobjekt und Aufgabenziele; Lösungsverfahren algorithmisch oder anhand von Schlussfolgerungen	
konnektionistische Modelle		Annahmen über das Verhalten des Aufgabenobjekts; Simulation des Verhaltens
natürlichsprachige Beschreibungen	Beschreibung bekannter Aspekte des Aufgabenobjekts und der Aufgabenziele; Lösung anhand von Schlussfolgerungen und Intuition	

Bild 4-8: Problemtypen

Die in betrieblichen Informationssystemen bisher automatisierten Aufgaben modellieren nahezu ausnahmslos wohlstrukturierte Probleme. Das Wissen über wohlstrukturierte Probleme ist in der Regel nur durch Wirtschaftlichkeitsaspekte begrenzt. Abhängig von der Art des verfügbaren Wissens werden analytische Modelle (Theoriewissen) oder wissensbasierte Modelle (Erfahrungswissen) erstellt. Die Lösungsverfahren beider Modellarten sind automatisierbar. Wohlstrukturierte Probleme werden aber auch natürlichsprachig für eine personelle Bearbeitung beschrieben. Die zugehörigen Lösungsverfahren werden dann meist in Rezeptform angegeben. Beispiele hierfür sind in den Handbüchern für die technischen Systeme zu finden.

Bei schlechtstrukturierten Problemen ist das Wissen über die Diskurswelt meist vage, nicht vollständig oder nicht überprüfbar. Es liegt häufig als nur intuitives Wissen von Experten vor. Einer systematischen Ermittlung von Wissen steht zusätzlich oft die rasche Änderung der Diskurswelt entgegen. Der Mangel an Wissen betrifft das Aufgabenobjekt, die Aufgabenziele und entsprechend auch die Lösungsverfahren. Zur Modellbildung werden wissensbasierte Modelle unter Berücksichtigung der genannten Einschränkungen, konnektionistische Modelle für ein automatisches Adaptieren an die Diskurswelt und natürlichsprachige Beschreibungen zur Erfassung der meist nur lückenhaft bekannten Aspekte der Diskurswelt verwendet. Ein bekanntes Beispiel schlecht strukturierter Probleme ist die Diskurswelt *Wertpapiermarkt* und die dazugehörenden Aufgaben *Kursprognose*, *Festlegen Anlagestrategie*, *Festlegen An- und Verkaufspolitik*. Schlechtstrukturierte Probleme sind aufgrund der genannten Merkmale schwierig zu modellieren. Lösungsverfahren hierfür sind nur begrenzt funktional beschreibbar. Aufgrund der Häufigkeit und der Bedeutung dieser Probleme zielt jedoch ein erheblicher Anteil der Forschungs- und Entwicklungsaktivität in universitären und industriellen Labors auf die Lösung derartiger Probleme.

4.2.3 Sachliche Kriterien für die Automatisierbarkeit

Die Erfüllung der formalen Kriterien ist eine notwendige Bedingung für die Automatisierbarkeit einer Aufgabe. Hinreichende Bedingungen für die Automatisierbarkeit folgen aus der Wirtschaftlichkeitsanalyse der Aufgabendurchführung bezüglich der alternativen Aufgabenträger Mensch und Rechner. Dazu werden die wichtigsten Kosten- und Nutzenarten der alternativen Aufgabendurchführung zusammengestellt sowie die Kapazitäten der unterschiedlichen Aufgabenträger verglichen. Wichtiger als eine Gegenüberstellung der Aufgabenträger Mensch und Rechner ist die in teilautomatisierten Aufgaben verwendete Kooperation von Mensch und Rechner, da in der Kooperation die spezifischen Stärken beider Aufgabenträger genutzt werden können. Dieser Aspekt wird in Abschnitt 4.3 erläutert. Allerdings zeigen sich auch drastische Verschiebungen der Kosten-/Nutzen-Relation zugunsten vollständig oder nahezu vollautomatisierter Aufgaben bei den Einsatzbereichen, die unter den Bezeichnungen E-Commerce, E-Banking etc. bekannt sind.

Bei der Untersuchung der Kosten einer Aufgabe wird nach dem Phasenkonzept zwischen Kosten der Planung, der Durchführung und der Kontrolle der Aufgabe unterschieden. Die Kosten der Planung entstehen bei der Planerstellung und bei dessen laufender Aktualisierung, die Kosten der Durchführung und Kontrolle fallen bei jeder Aufgabendurchführung an.

KOSTEN DER PLANUNG VON AUFGABEN

Die Planung einer Aufgabe besteht in der Definition ihrer Außen- und Innensicht sowie in der Festlegung der Aufgabenträger. Einem personellen Aufgabenträger wird eine Aufgabendefinition anhand folgender Dokumente und Vorgänge vermittelt:

- **Stellenbeschreibung:** Dieses Dokument beschreibt die Außensicht der Aufgaben einer Stelle. Es wird nach der Ersterstellung in der Regel jährlich aktualisiert.

- **Inner- und außerbetriebliche Ausbildungsgänge:** Ausbildungsgänge dienen insbesondere der Vermittlung von Lösungsverfahren bzw. der Vermittlung der Fähigkeit zum Entwickeln von Lösungsverfahren.

- **Einweisung durch weitere Mitarbeiter:** Die Außen- und Innensicht von Aufgaben wird bei der Einweisung eines Mitarbeiters durch Vorgesetzte und Kollegen vermittelt. Ein Beispiel hierfür sind Traineeprogramme für Berufseinsteiger.

Die Aufgabendefinition für einen Rechner wird in einer Software-Dokumentation festgehalten. Sie ist das Ergebnis der Planungsphase einer Aufgabe. Die Planung besteht vor einer ersten Aufgabendurchführung aus der **Entwicklung und Einführung eines Anwendungssystems** und parallel zur wiederholten Aufgabendurchführung aus der laufenden Aktualisierung des Anwendungssystems.

KOSTEN DER DURCHFÜHRUNG UND KONTROLLE VON AUFGABEN

Die Kosten der Aufgabendurchführung bestehen bei einem personellen Aufgabenträger aus den Kosten für den Mitarbeiter, für den Arbeitsplatz und für die Kommunikation mit inner- und außerbetrieblichen Stellen. Die Kommunikation erfolgt über persönliche Treffen einschließlich Reisen, oder über Kommunikationseinrichtungen wie z. B. Telefon, Electronic-Mail, Videokonferenzen, Austausch von Dokumenten über Postversand oder Telefax. Die Kosten der Aufgabenkontrolle variieren mit der Art der Kontrolle einer Aufgabe. Beispiele hierfür sind eine einfache Zeitkontrolle der Aufgabendurchführung oder eine zusätzliche Qualitätsprüfung der Aufgabenergebnisse.

Kosten der Aufgabendurchführung bei einem maschinellen Aufgabenträger sind vor allem die Nutzungskosten der erforderlichen Rechner- und Kommunikationseinrichtungen. Bei Qualitätsprüfungen der Aufgabenergebnisse im Rahmen der Aufgabenkontrolle können die bei Personen auftretenden, z. B. durch Konzentrationsschwächen bedingten, Fehler ausgeschlossen werden. Möglich sind jedoch auch Fehler in der Aufgabendefinition und technische Störungen des Rechner- und Kommunikationssystems. Für extrem hohe Anforderungen hinsichtlich der Vermeidung technischer Störungen stehen spezielle fehlertolerante Rechnersysteme zur Verfügung. In diesen Rechnersystemen sind wichtige Komponenten redundant ausgelegt.

KOSTEN DER MENSCH-COMPUTER-INTERAKTION

Wird eine Aufgabe von einem Mensch-Maschine-System durchgeführt, entstehen neben den bereits genannten aufgabenträgerspezifischen Kosten weitere Kosten der Interaktion zwischen Mensch und Computer. Sie sind bedingt durch die unterschiedliche Präsentation von Informationen für beide Aufgabenträger.

Die Kosten der Mensch-Computer-Interaktion werden ebenfalls anhand der Phasen Planung, Durchführung und Kontrolle differenziert. Die Planung der Mensch-Computer-Interaktion innerhalb einer Aufgabe ist vergleichsweise aufwendig. Die Untersuchung geeigneter Interaktionsformen ist Gegenstand der Softwareergonomie.

Beispiel 4-3:

Die Kosten der Aufgabendurchführung werden nun untersucht am Beispiel einer Aufgabe A: *Steuerung einer Zahlung des Unternehmens U an den Lieferanten L*. Dabei werden die Kosten bei Teilautomatisierung und bei Vollautomatisierung der Aufgabe getrennt ausgewiesen.

Im Interaktionsmodell wird eine Zahlung von U an L durch eine Rechnung von L an U ausgelöst und durch den Zahlungsbeleg begleitet. Die Aufgabe A wird bei Teilautomatisierung unter Beachtung der Aufgabenverantwortung von U und L in die in Bild 4-9 dargestellten Teilaufgaben zerlegt. Zum Verständnis der Teilaufgaben dienen folgende Erläuterungen:

A1: Die Aufgabe A11 druckt die Rechnung als Beleg für die Übermittlung an U und sendet die Rechnung als Nachricht an die Aufgabe A12, die im Anschluss die Rechnungsbuchung durchführt. Die Aufgaben A11 und A12 sind automatisiert. Die Aufgabe A13 transportiert manuell den Rechnungsbeleg im Hause bis zur Postannahme. Die Aufgabe A14 transportiert den Rechnungsbeleg weiter an U. Aufgabenträger hierfür ist die Post.

A2: Die Aufgabe A21 leitet den eingegangenen Rechnungsbeleg manuell an einen Sachbearbeiter weiter. Dieser bucht in der Aufgabe A22 im Dialog mit einem Rechner die eingegangene Lieferantenrechnung. Die Zahlung erfolgt dann automatisiert in Aufgabe A23 zum vorgesehenen Zahlungstermin.

Die Aufgabe A22 *Buchen der Lieferantenrechnung* besteht aus den Teilaufgaben A221 für den Sachbearbeiter und A222 für den Rechner. Inhalt der Aufgabe A222 sind eine Rechnungsprüfung, die Übernahme und Aktualisierung der Lieferanten- und Rechnungsdaten sowie die Vormerkung der Zahlung für den vorgesehenen Zahlungstermin. Der Sachbearbeiter führt korrespondierend in Aufgabe A221 folgende Tätigkeiten aus: Lesen des Rechnungsbeleges (Mustererkennungsaufgabe), Prüfen der Rechnung (Identifizieren der Rechnung und der Rechnungspositionen, Querprüfung zum Lieferschein, usw.) und Eingeben der Rechnungsdaten über Tastatur. Die Prüfung der sachlichen Richtigkeit der Rechnung durch eine die Lieferung beauftragende Fachabteilung wird hier nicht berücksichtigt.

Bei einer Vollautomatisierung der Aufgabe A werden die in Bild 4-9 dargestellten Teilaufgaben in folgender Weise abgeändert und zusammengefasst. Die wie bisher automatisierte Aufgabe A11 druckt keinen Rechnungsbeleg, sondern erstellt die Rechnung in Form einer Nachricht und sendet diese Nachricht über ein Rechnernetz an U. Inhalt der Aufgabe A14 ist die Weiterleitung der Nachricht von

4.2 Automatisierbarkeit von Aufgaben

L an U im Rechnernetz. Nach Eintreffen der Nachricht bei U werden nacheinander die vollautomatisierten Aufgaben A21 und A22 durchgeführt. Die Aufgabe A23 wird wie bisher zum Zahlungstermin aktiviert.

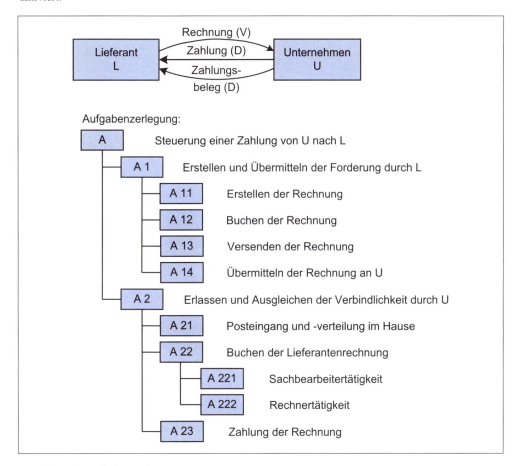

Bild 4-9: Aufgabenzerlegung

Ein Vergleich der Durchführungskosten der Aufgabe A hinsichtlich der beiden Automatisierungsgrade zeigt bereits bei einer sehr groben Abschätzung der Kostenuntergrenzen signifikante Unterschiede zwischen den beiden Alternativen (Bild 4-10). Zur Schätzung der Kosten wird zunächst ein Mengengerüst der Aufgabe A ermittelt. Dazu wird die erforderliche Anzahl von einfachen Rechnertransaktionen Te und von komplexen Rechnertransaktionen Tk sowie der Umfang der erforderlichen personellen Tätigkeit in Minuten bestimmt. Der Stundensatz für manuelle Tätigkeiten wird mit 30 € angenommen. Eine einfache Rechnertransaktion wird mit dem Erfahrungswert 0,01€, eine komplexe Rechnertransaktion mit 0,05 € bewertet.

Mengengerüst der Aufgabe A	teilautomatisiert	vollautomatisiert
A11: Erstellen Rechnung	1 Tk	1 Tk
A12: Buchen Rechnung	1 Te	1 Te
A13: Rechnungsversand	1 Min	1 Te
A14: Fremdleistung Brieftransport	0,55 €	0.01 €
A21: Posteingang usw.	2 Min	1 Tk
A22: Buchen Lieferantenrechnung		
A221: Sachbearbeiter	3 Min	
A222: Rechner	1 Tk	1 Tk
A23: Zahlung der LiefRechnung	1 Te	1 Te
Durchführungsstückkosten	3,67 €	0.19 €

Bild 4-10: Mengengerüst und Kosten der Aufgabe A

Die Vollautomatisierung führt in diesem Beispiel zu einer erheblichen Reduzierung der Durchführungskosten gegenüber der teilautomatisierten Variante. Für eine Betrachtung der Gesamtkosten der Aufgabe A sind allerdings die Kosten der Planung und Kontrolle mit einzubeziehen. Die Gesamtkostenkurven für beide Alternativen sind für eine begrenzte Anzahl von Aufgabendurchführungen annähernd durch eine Funktion $y = ax + b$ beschreibbar. Die Symbole haben folgende Bedeutung:

- x   Anzahl der Aufgabendurchführungen
- y   Gesamtkosten
- a   variable Stückkosten (Kosten je Durchführung)
- b   fixe Kosten (Kosten der Planung)

Für den Koeffizienten a und die Konstante b gelten häufig die Beziehungen:

  a (vollautomatisiert) < a (teilautomatisiert) und

  b (vollautomatisiert) > b (teilautomatisiert).

Die vollautomatisierte Alternative ist also ab einer bestimmten Anzahl von Aufgabendurchführungen kostengünstiger als die teilautomatisierte Alternative. Dieses Beispiel zeigt darüber hinaus, dass neben den betriebsinternen Aufgaben auch betriebsübergreifende Aufgaben ein hohes Rationalisierungspotenzial besitzen.

Beispiel

NUTZEFFEKTE DER AUTOMATISIERUNG VON AUFGABEN

Auf die mögliche Reduzierung der Durchführungskosten bei der Automatisierung von Aufgaben eines betrieblichen Informationssystems (IS) wurde im Beispiel 4-3 hingewiesen. Beispiele für Nutzeffekte der Automatisierung von Aufgaben ergeben sich aus den folgenden Merkmalen:

- **Durchführungsdauer:** Die Aufgaben eines IS sind aus Lenkungssicht Bestandteil betrieblicher Regelkreise. Die Durchführungsdauer einer Aufgabe bewirkt eine Verzögerung in der zugehörigen Regelkreiskomponente mit dem möglichen Effekt unerwünschter Schwingungen. Auf diesen Effekt wurde bereits in den Abschnitten 2.1.3 und 3.3.1 hingewiesen. Die Automatisierung von Aufgaben reduziert in der Regel deren Durchführungsdauer und bietet damit eine Möglichkeit zur Vermeidung bzw. Reduzierung von Schwingungseffekten.

- **Verfügbarkeit:** Die Verfügbarkeit maschineller Aufgabenträger muss weder arbeitstäglich noch an Wochenenden eingeschränkt werden. Ein Beispiel hierfür sind Geldausgabeautomaten bei Banken, die permanent verfügbar sind, d. h. deren Verfügbarkeit nicht auf Schalterstunden beschränkt ist und deren Standorte kundenorientiert flexibel wählbar sind. Als Folge der hohen Verfügbarkeit sind Ersatz-Aufgabenträger nur in geringem Maße in Bereitschaft zu halten.

- **Zuverlässigkeit:** Die hohe Zuverlässigkeit der Aufgabendurchführung bei maschinellen Aufgabenträgern reduziert die Kosten der Aufgabenkontrolle und vermeidet die Folgekosten fehlerhafter Aufgabendurchführung. Für extreme Anforderungen der Zuverlässigkeit und Verfügbarkeit stehen fehlertolerante Systeme mit Nonstop-Betrieb zur Verfügung.

- **Transparenz:** Die Definition einer automatisierten Aufgabe liegt als Software-Dokumentation vor und wird von den maschinellen Aufgabenträgern in einheitlicher Form behandelt. Diese Vorgehensweise bedeutet eine erhöhte Transparenz der Aufgabenbearbeitung und schafft generelle Regelungen.

- **Wettbewerbsvorteil:** Die Automatisierung von Aufgaben des IS wird bei einer Kosten-Nutzen-Untersuchung zunächst aus dem Blickwinkel der Rationalisierung betrachtet. Dabei wird angenommen, dass Aufgaben von personellen oder maschinellen Aufgabenträgern durchgeführt werden können und dass eine Auswahl des Aufgabenträgers unter Wirtschaftlichkeitsgesichtspunkten erfolgt. In einem zweiten Schritt werden auch Aufgaben untersucht, die aufgrund ihres Charakters und ihres Umfangs nur automatisiert bzw. teilautomatisiert durchgeführt werden können, die also nicht realisiert werden, wenn ausschließlich personelle Aufgabenträger zur Verfügung stehen. Ein Beispiel hierfür sind weltweit operierende Buchungssysteme von Fluggesellschaften. Ein Buchungssystem dieser Art kann wegen des weltweiten Kommunikationsbedarfs und aufgrund der einzuhaltenden Zeitrestriktionen nur mithilfe maschineller Aufgabenträger realisiert werden. Wurden derartige Aufgaben bisher nicht durchgeführt, besitzt ein Unternehmen einen Wettbewerbsvorteil, wenn es Anwendungssysteme für diese Aufgaben einsetzt. Anwendungssysteme dieser Art sind in die strategische Planung von Informationssystemen einzubeziehen.

4.3 Mensch-Computer-Interaktion

4.3.1 Rollen-Modelle

Im Abschnitt 4.2 wird ausgehend von den definierten Aufgaben eines vorgegebenen IS geprüft, welche Kriterien für die Automatisierbarkeit der Aufgaben heranzuziehen sind. Anhand formaler und sachlicher Kriterien werden dann notwendige und hinreichende Bedingungen für die Automatisierbarkeit abgeleitet. Die genannten Kriterien beruhen auf der Annahme, dass eine Aufgabe alternativ durch Mensch oder Computer auszuführen ist. Wird eine Aufgabe für eine Teilautomatisierung vorgesehen, so stellt sich zusätzlich die Frage nach der Funktionsteilung bei einem interaktiven Lösungsverfahren. Hier sind neben Kriterien, wie funktionaler Beschreibbarkeit und Wirtschaftlichkeit, weitere Aspekte zu beachten, die den Mitarbeiter als Mensch und Individuum betrachten und dessen persönlichen Leistungsmerkmale und Ziele einbeziehen [Stae99]. Eine diesbezügliche Untersuchung muss berücksichtigen, dass die Leistungsmerkmale und die Ziele von Individuen ein breites Spektrum umfassen und dass gegenwärtig tragfähige Konzepte für die Gestaltung eines Computerarbeitsplatzes auf der Grundlage verhaltenswissenschaftlicher Theorien noch fehlen, bzw. erst im Forschungsstadium sind. Im Folgenden werden daher nur einige Aspekte dieses Problems beleuchtet und für eine Vertiefung auf entsprechende Literatur verwiesen. Die gemeinsame Bearbeitung von Lösungsverfahren wird als **Mensch-Computer-Interaktion (MCI)** bezeichnet. Im Unterschied dazu beschreibt die in Abschnitt 2.4.2 dargestellte Mensch-Computer-Kommunikation nur den Informationsaustausch zwischen den beiden Kommunikationspartnern.

Eine Systematisierung der Ansätze zur Mensch-Maschine-Funktionsteilung wurde unter verschiedenen Blickwinkeln vorgenommen. In [Beck89] werden drei Ansätze unterschieden. Der **vergleichende Ansatz** greift die Sicht der Rationalisierung auf und geht von der Austauschbarkeit der Aufgabenträger Mensch und Rechner hinsichtlich der Funktionserfüllung aus. Die Frage „Wer verrichtet welche Funktion besser?" wird anhand von Wirtschaftlichkeitskriterien beantwortet. Die für interaktive Lösungsverfahren charakteristische Nutzung der Synergie von Mensch und Computer wird dabei nicht beachtet. Der **komplementierende Ansatz** stellt die spezifischen Stärken beider Aufgabenträger gegenüber und bezieht für den Aufgabenträger Mensch weitere soziale, politische, psychologische und philosophische Kriterien ein. Ein Anliegen dieses Ansatzes ist die dynamische Funktionsteilung, bei der erst zum Zeitpunkt der Durchführung eines Lösungsverfahrens die Zuordnung der Aufgabenträger entschieden wird. Diesem Anliegen sind jedoch aus Realisierbarkeits- und Wirtschaftlichkeitsgründen enge Grenzen gesetzt. Der dritte, von der Sicht der Arbeitspsychologie getragene, **kontrastive Ansatz** stellt menschliche Bedürfnisse und Stärken in den Vordergrund (vgl. [Volp86], [Dunc89]).

Die drei genannten Ansätze stellen eher Forderungen und Leitlinien zusammen und nehmen keinen Bezug auf konkrete organisatorische Aspekte der Entscheidungssituation bei der Gestaltung von IS. Diese Entscheidungssituation ist gekennzeichnet durch die Sichten und die Interessen unterschiedlicher Organisationsmitglieder. Unmittelbar involviert in die Gestaltung teilautomatisierter Aufgaben sind der Nutzer als Aufgabenträger des nicht-automatisierten Anteils und der Entwickler des Anwendungssystems.

Eine Klassifizierung der Interessenlage und der Menschenbilder anhand dieser beiden Organisationsteilnehmer gibt [Ober91]. Nutzerbilder, die ein Entwickler verwendet, reichen von „einem zu eliminierenden Störfaktor" über „einen freundlich zu behandelnden Patienten" bis hin zu einem „kompetenten Anwendungsexperten". Das Selbstbild des Entwicklers ist entsprechend komplementär. Eine vergleichbare Palette eines Entwicklerbildes, das ein Nutzer verwendet, reicht vom „großen Bruder" bis zu „Computerexperte, aber Anwendungslaie". Das Selbstbild des Nutzers ist wiederum komplementär.

Diese Menschenbilder werden von [Ober91] durch Perspektiven einer Mensch-Computer-Interaktion ergänzt (Bild 4-11). Die eher vergangenheitsorientierte **Maschinenperspektive** geht von einem maximalen Automatisierungsgrad aus, in dem die Nutzer Störfaktoren bilden und die Anwendungssysteme „narrensicher" sein müssen. In der oft verwendeten **Systemperspektive** werden Nutzer und Computer als Partner betrachtet, wobei angenommen wird, dass Nutzer eine lokale Sicht des IS haben, (integrierte) Anwendungssysteme hingegen eine globale Sicht. Diese Perspektive gilt für diejenigen Ansätze der Wirtschaftsinformatik, in denen „unternehmensweite Daten- und Funktionsmodelle" erstellt werden. Die globale Verantwortung ist dem Informationsmanagement (IM) zugeordnet. Ein Nutzer verantwortet seine lokale Aufgabe. Die Nutzerverantwortung wird in der **Werkstattperspektive** ausgeweitet. Sie geht von einer Mensch-Werkzeug-Beziehung aus und ordnet die Gesamtaufgabe eines Rechnerarbeitsplatzes dem Nutzer zu.

Die System- und die Werkstattperspektive sehen somit unterschiedliche Zuordnungen der Aufgabenverantwortung vor. Bei der Werkstattperspektive verantwortet der Nutzer aufgrund der Mensch-Werkzeug-Beziehung die an seinem Arbeitsplatz durchzuführenden Aufgaben. Von ihm wird auch vollständige Kenntnis seiner Werkzeuge verlangt. Nicht geklärt ist bei diesem Ansatz die Verantwortungssituation bei der für integrierte Anwendungssysteme typischen Überlappung durch Nutzung gemeinsamer Datenbestände an mehreren Arbeitsplätzen. Bei der Systemperspektive übernimmt der Nutzer Verantwortung nur für die von ihm durchzuführenden nicht-automatisierten Teilaufgaben. Die systemweite Verantwortung des automatisierten Bereiches wird vom IM übernommen. Beide Perspektiven unterscheiden sich also hinsichtlich der Zuordnung von Aufgaben und Verantwortung. Während die Werkstattperspektive den kompetenten Anwendungsexperten im Blickwinkel hat, erfasst die Systemperspektive eher den mit beschränkten Kompetenzen ausgestatteten Sachbearbeiter. In der Praxis werden daher beide Ansätze abhängig von der Art der Aufgabe benötigt.

MCI aus …	MC-Beziehung	Nutzerbild aus der Sicht des Entwicklers	Entwicklerbild aus der Sicht des Nutzers	Beziehungsintensität zwischen Aufgabe (A) und Aufgabenträger (M, C)
Maschinensicht	Automatisierung ist primär Nutzermodell ist auf Ein-/Ausgabe reduziert	zu eliminierender Störfaktor	„großer Bruder"	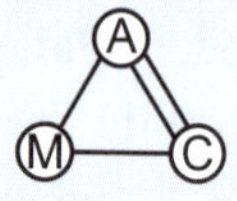
Systemsicht	Mensch und Computer bilden Partnerbeziehung, ergänzen einander Verantwortung für Computeraufgaben bei IM	Nutzer hat lokale Sicht und wird für nicht automatisierbare Aufgaben benötigt	Experte für nicht automatisierbare Aufgaben mit Überblick über Gesamtsystem	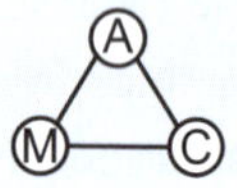
Werkstattsicht	Verantwortung für Gesamtaufgabe beim Nutzer Computer stellt Werkzeugkasten dar	Anwendungsexperte	Computerexperte	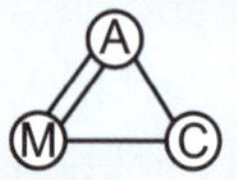

Bild 4-11: Nutzungsperspektiven der Mensch-Computer-Interaktion (vgl. [Ober91])

4.3.2 Kriterien der Aufgabengestaltung

Die in Abschnitt 5.4 beschriebenen Regeln zur Modellierung der Diskurswelt dienen der Abgrenzung von Aufgaben unabhängig von der Art des Aufgabenträgers. Bei der Prüfung der Aufgabenträgerzuordnung gelten die formalen Kriterien der Automatisierbarkeit (vgl. Abschnitt 4.2.2). Ergibt eine Prüfung die Teilautomatisierbarkeit einer Aufgabe, so wird sie zunächst in automatisierbare und nicht-automatisierbare Teilaufgaben zerlegt und die aus der Aufgabenzerlegung folgende Mensch-Computer-Interaktion abgeleitet. Bei der Zuordnung der Teilaufgaben zu den Aufgabenträgern Mensch und Computer und bei der Definition der Mensch-Computer-Interaktion sind jedoch aufgrund der spezifischen Merkmale beider Aufgabenträger weitere Kriterien zu beachten. Sie werden gegliedert in die Gruppen

a) Wirtschaftlichkeitskriterien,

b) software- und hardwaretechnische Kriterien,

c) arbeitswissenschaftliche und arbeitspsychologische Kriterien.

Wirtschaftlichkeitskriterien nehmen auf Kosten-Nutzen-Relationen einer Aufgabendurchführung Bezug. Aspekte hierzu wurden in Abschnitt 4.2.3 erläutert. Software- und hardwaretechnische Kriterien stellen Forderungen an User-Interface-Management-Systeme und werden in Abschnitt 9.4 dargestellt (siehe z. B. [GrAc89] und [Heeg88]). Die folgenden Aspekte beschränken sich auf die Gruppe der arbeitswissenschaftlichen und arbeitspsychologischen Kriterien. Im Bereich der Arbeitswissenschaft werden generell für die Bewertung von Gestaltungsmaßnahmen menschlicher Arbeit die Kriterien (1) Schädigungsfreiheit, (2) Beeinträchtigungsfreiheit, (3) Zumutbarkeit und (4) Persönlichkeitsförderlichkeit gefordert [STU83]. Die Kriterien Vermeidung von Schädigung oder Beeinträchtigung des Nutzers sind in Forderungen an die Hard- und Software eines Rechnerarbeitsplatzes und an das organisatorische Umfeld eines Arbeitsplatzes umzusetzen. Die Kriterien Zumutbarkeit und Persönlichkeitsförderlichkeit nehmen dagegen unmittelbar auf die Gestaltung der Mensch-Computer-Interaktion Bezug. Sie werden in [Balz87] aus den Ergebnissen der Arbeitswissenschaft zu Güteeigenschaften für ergonomische Software-Gestaltung verdichtet. Aspekte aus diesem Katalog sind (vgl. auch [Uli89]):

- **Ganzheitlichkeit:** Der Stellenwert einer Aufgabe im Kontext des IS ist für einen Mitarbeiter erkennbar. Seine Tätigkeit umfasst die Planung, Durchführung und Kontrolle der Aufgabe.

- **Anforderungsvielfalt:** Es werden unterschiedliche Fähigkeiten, Kenntnisse und Fertigkeiten eines Mitarbeiters eingesetzt. Dabei werden geistige und körperliche Anforderungen abverlangt.

- **Autonomie:** Ein Mitarbeiter ist innerhalb bestimmter Grenzen frei bei der Wahl des Lösungsverfahrens einer Aufgabe. Ein korrespondierendes Anwendungssystem verursacht keine zusätzlichen Beschränkungen.

- **Lern- und Entwicklungsmöglichkeiten:** Ein Mitarbeiter kann anhand der Aufgabe neue Qualifikationen erwerben.

- **Möglichkeiten der sozialen Interaktion:** Ein Mitarbeiter kann eine Aufgabe in Kooperation mit anderen Mitarbeitern durchführen.

Die Liste der arbeitswissenschaftlichen Kriterien wird ergänzt um Forderungen aus der kognitiven Psychologie, die auf Fähigkeiten der Sinnesorgane und auf Eigenheiten der menschlichen Informationsverarbeitung Bezug nehmen. Beispiele hierfür sind die geeignete Nutzung des Kurzzeitgedächtnisses oder der Sensibilität für Bewegungswahrnehmungen.

4.3.3 Computer Supported Cooperative Work (CSCW)

Die bisher erläuterten Nutzungsperspektiven eines Computers zielen darauf ab, Aufgaben nach ihrem möglichen Automatisierungsgrad durch Computer, Personen oder in Form einer Mensch-Computer-Interaktion auszuführen. Ein weitergehender Ansatz versucht, auch für nicht-automatisierbare Aufgaben eine Computerunterstützung vorzusehen. Die Unterstützung dient der Kommunikation zwischen Personen, die nicht-automatisierbare Aufgaben kooperativ durchführen. In [Ober91] werden hierfür zwei Perspektiven unterschieden. Im Konzept der **verbundenen Werkstätten** verwenden kooperierende Nutzer ein Computernetz als gemeinsame passive Ressource, das Objekte (shared material) zur gemeinsamen Behandlung verwaltet. In der **Agentenperspektive** wird ein Netz von kooperierenden selbstständigen Agenten betrachtet. Agenten sind Personen oder als selbstständige Einheiten betrachtete automatisierte Systeme. Automatisierte Agenten mit dem Ziel der Nachbildung bestimmter Aspekte menschlicher Verhaltensweisen wie z. B. der Fähigkeit zur Adaption an Umweltänderungen sind z. Z. Gegenstand der Forschung und Entwicklung.

Aus der Sicht der kooperierenden Personen dient die Computerunterstützung der kooperativen Aufgabendurchführung am gleichen Ort und zur gleichen Zeit oder sie dient der zeitlichen oder örtlichen Überbrückung der Kooperation mehrerer Personen [GaHe92]. Als Sammelbegriff der verschiedenen Formen der Computerunterstützung wird die Bezeichnung **Groupware** verwendet. Groupware kann bezüglich der Kriterien zeitliche und örtliche Überbrückung der Kooperation gegliedert werden. Beispiele verfügbarer Groupware sind in Bild 4-12 zusammengefasst.

kooperatives Arbeiten	gleichzeitig	zu verschiedenen Zeiten
am gleichen Ort	Entscheidungsunter-stützungssystem	Mehrautorensoftware
	System zur Sitzungs-moderation	Terminmanagement-software
	Präsentationssystem	
an verschiedenen Orten	Mehrautorensoftware	E-Mail-System
	Audio- und Video-konferenzsystem	Vorgangsbearbeitungs-system
		Konferenzsoftware

Bild 4-12: Groupware in vier Kooperationssituationen [GaHe92]

Ein weiteres Kriterium zur Klassifizierung von Groupware ist die Art der Unterstützung. Dabei wird zwischen inhaltlicher und prozessualer Unterstützung unterschieden. Eine inhaltliche Unterstützung findet bei der Bearbeitung von Objekten, wie z. B. bei der kooperativen Erstellung von Dokumenten, statt. Eine prozessuale Unterstützung dient der Koordination der Aufgabendurchführung der beteiligten Personen unter Verwendung des 4-Phasen-Transaktionsschemas bzw. seiner Varianten (vgl. Abschnitt 3.1.2), d. h. es wird die Koordination zwischen den beteiligten Personen in den Phasen Anbahnung, Vereinbarung, Durchführung und Kontrolle sowie Anpassung unterstützt.

5 Modellierung betrieblicher Informationssysteme

In Kapitel 1 wurden betriebliche Informationssysteme als Gegenstandsbereich der Wirtschaftsinformatik eingeführt. Die einzelnen Aufgabenbereiche der Wirtschaftsinformatik leiten sich aus den in Bezug auf IS verfolgten Zielsetzungen ab. Zu den zentralen Aufgaben gehören die Analyse und die Gestaltung von IS.

Analog zu den Ingenieurwissenschaften, die sich mit der Analyse und Gestaltung (Konstruktion) von technischen Systemen befassen, stellen auch in der Wirtschaftsinformatik Modelle von IS das wichtigste Hilfsmittel zu deren Analyse und Gestaltung dar. Beispiele für Modelle in den Ingenieurwissenschaften sind Architekturpläne von Gebäuden, Konstruktionspläne von Maschinen und technischen Anlagen sowie Simulationsmodelle dynamischer Vorgänge. Beispiele für Modelle von IS in der Wirtschaftsinformatik sind Datenschemata, Datenflussschemata und Objektschemata. Während die Wirtschaftsinformatik aus der Sicht von Gegenstandsbereich und Erkenntniszielen eine wirtschaftswissenschaftliche Disziplin ist, weist sie aus Sicht der für die Analyse und Gestaltung genutzten Methoden und Verfahren auch Merkmale einer Ingenieurdisziplin auf (siehe auch [HHR07,13]). Ein Großteil dieser Methoden und Verfahren beinhaltet die Erstellung und Nutzung von Modellen.

Es sind im Wesentlichen zwei Merkmale von IS, die eine Unterstützung der Analyse und Gestaltung durch Modelle erfordern:

1. IS weisen im Allgemeinen eine hohe Komplexität auf. Geeignete Modellierungsmethodiken unterstützen die Beherrschung dieser Komplexität, indem sie zusätzlich zu einem umfassenden Modell eines IS mehrstufige Abstraktionen und spezielle Sichten auf dieses Modell bereitstellen.

2. Die Spezifikation von IS erfolgt im Rahmen einer Modellbildung, bei der postulierte Informationsverarbeitungs-Aufgaben, ihre Informationsbeziehungen und die zugehörigen Lösungsverfahren in Form von formalen Modellsystemen definiert werden.

Die methodisch geleitete Tätigkeit der Erstellung von Modellen wird als **Modellierung** bezeichnet. Die begrifflichen Grundlagen für die Modellierung von IS wurden im Teil I dieses Buches (Kapitel 1 bis 3) behandelt. Dort wurde das IS als Teilsystem eines umfassenden betrieblichen Objektsystems und im Kontext zu den umgebenden Teilsystemen betrachtet. Ziel dieser Modellbildungen war es, ein grundlegendes Verständnis für den Aufbau, die Zusammenhänge und die Abläufe in betrieblichen Systemen zu wecken. Bei der Modellbildung werden zwei voneinander unabhängige Dimensionen unterschieden:

a) Teilsysteme eines betrieblichen Objektsystems wurden nach den Abgrenzungsarten Objektprinzip (Informationssystem, Basissystem), Phasenprinzip (Lenkungssystem, Leistungssystem) sowie nach Art des Aufgabenträgers (automatisiert, nichtautomatisiert) abgegrenzt.

b) Bei den einzelnen Teilsystemen wurde zwischen Aufgaben- und Aufgabenträgerebene unterschieden. Diese Differenzierung bestimmt den globalen Aufbau des vorliegenden Buches.

Unter Beachtung des bei (a) im Vordergrund stehenden Objektprinzips entsteht folgende, in Bild 5-1 dargestellte Abgrenzung.

	Informationssystem	Basissystem
Aufgabenebene	Aufgabenebene des betrieblichen Informationssystems	Aufgabenebene des betrieblichen Basissystems
Aufgabenträgerebene	Aufgabenträgerebene des betrieblichen Informationssystems	Aufgabenträgerebene des betrieblichen Basissystems

Bild 5-1: Dimensionen der Modellbildung betrieblicher Systeme

Die **Aufgabenebene betrieblicher Informationssysteme** steht im Mittelpunkt von Teil II dieses Buches. Maschinelle Aufgabenträger von Informationssystemen bilden den Schwerpunkt von Teil III. Die Aufgabenebene des Basissystems dient in einem der nachfolgenden Modellierungsansätze, dem Semantischen Objektmodell (siehe Abschnitt 5.4), als Ausgangspunkt für die Modellierung der Aufgabenebene des IS. Die Aufgabenträger des Basissystems werden hier nicht weiter betrachtet.

5.1 Methodische Grundlagen der Modellierung

In Abschnitt 2.1.1 wurde der Begriff **Modell** als 3-Tupel $M = (S_O, S_M, f)$ eingeführt, bestehend aus einem Objektsystem S_O, einem Modellsystem S_M und einer Modellabbildung $f: V_O \rightarrow V_M$, welche die Systemkomponenten V_O von S_O auf die Systemkomponenten V_M von S_M abbildet. S_O ist das Urbildsystem des Modells, S_M dessen Bildsystem (Bild 5-2). Struktur- und Verhaltenstreue zwischen S_O und S_M wird durch eine homomorphe (bzw. isomorphe) Modellabbildung f erreicht.

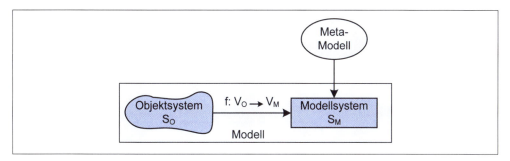

Bild 5-2: Modell

Die Modellabbildung f kann nur für formale Systeme in formaler Form angegeben werden. Im Zusammenhang mit der Modellierung von IS umfasst S_O im Allgemeinen einen Ausschnitt der betrieblichen Realität in Form einer betrieblichen Diskurswelt und ihrer relevanten Umwelt, d. h. ein reales System. S_M ist eine Spezifikation, z. B. in Form eines Daten-, Datenfluss- oder Objektschemas, und damit ein formales System. Bei der Modellierung von IS können daher die Modellabbildung f sowie ihre Eigenschaften der Struktur- und Verhaltenstreue nur informal spezifiziert und überprüft werden. Die Modellbildung und -validierung ist damit weitgehend auf das Verständnis, die Kreativität und die Assoziationsfähigkeit des Menschen in seiner Rolle als Modellierer angewiesen.

KONSTRUKTIVISTISCHES MODELLIERUNGSVERSTÄNDNIS

Die vorherigen Ausführungen machen deutlich, dass dem modellierenden Subjekt (dem Modellierer) bei der Modellbildung eine große Bedeutung zukommt.

Um den Einfluss dieses Subjekts näher zu erläutern, wird komplementär zu dem abbildorientierten Modellbegriff in Bild 5-2 ein konstruktivistisches Modellierungsverständnis eingeführt (Bild 5-3).

Das konstruktivistische Modellierungsverständnis unterstellt, dass mithilfe des zu erstellenden Modells Ziele verfolgt werden und diese Ziele dem Modellierer als Subjekt bekannt sind. Weiterhin wird angenommen, dass zwischen Subjekt und Realität eine bestimmte Kontextbeziehung besteht. Das Subjekt führt nun eine subjektive Perzeption (Wahrnehmung) dieser Realität durch. Dabei wird das Objektsystem als Teil der Realität abgegrenzt und interpretiert. Auf der Grundlage der Interpretation und der verfolgten Modellziele wird nun das Modellsystem konstruiert.

Das konstruktivistische Modellierungsverständnis macht deutlich, dass Modellbildungen notwendigerweise subjektiven Einflüssen unterliegen. Es ist daher ein wichtiges Anliegen der Modellierung, subjektive Einflüsse zu begrenzen und sichtbar zu machen und somit Modelle als Grundlage für die Kommunikation zwischen unterschiedlichen

Subjekten nutzen zu können. Wichtige Hilfsmittel dabei sind Metaphern und Metamodelle.

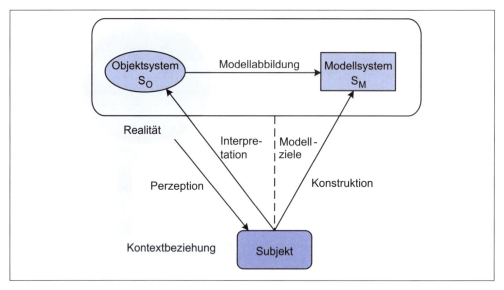

Bild 5-3: Konstruktivistisches Modellierungsverständnis

CHARAKTERISIERUNG VON MODELLIERUNGSANSÄTZEN: METAPHER UND METAMODELL

Voraussetzung für die Durchführung der Modellierungsaufgabe durch den Menschen ist ein geeigneter Beschreibungsrahmen, der die Sichtweise des Modellierers auf Objektsystem und Modellsystem sowie das zur Spezifikation des Modellsystems verwendete Begriffsystem festlegt. Ein derartiger Gestaltungsrahmen wird im vorliegenden Zusammenhang als **Modellierungsansatz** bezeichnet und ist im Wesentlichen durch zwei Bestandteile charakterisiert:

a) eine Metapher als Beschreibung einer Sichtweise und

b) ein Metamodell als Definition eines mit der Metapher abgestimmten Begriffsystems.

Allgemein versteht man unter einer Metapher einen sprachlichen Ausdruck, der eine aus einem bestimmten Bedeutungszusammenhang stammende, bildhafte Vorstellung auf einen anderen Bedeutungszusammenhang anwendet. Allgemein gebräuchliche Beispiele sind „Das Haupt der Familie", „Die Talsohle der Rezession ist erreicht" und „Dieser Fall ist nur die Spitze des Eisbergs". Im Kontext der Modellierung versteht man unter einer **Metapher** die Beschreibung einer bestimmten Sichtweise, die der Modellierer der Erfassung des Objektsystems zugrunde legt und auf die Spezifikation des Modellsystems überträgt. Zum Beispiel überträgt die aus der Nutzung von Perso-

5.1 Methodische Grundlagen der Modellierung

nal-Computern vertraute Desktop-Metapher die Sichtweise eines Schreibtisches mit einer variablen Anordnung von Schriftstücken und Ordnern auf die Gestaltung von Bildschirmoberflächen.

Ein **Metamodell** definiert die verfügbaren Arten von Modellbausteinen, die Arten von Beziehungen zwischen Modellbausteinen, die Regeln für die Verknüpfung von Modellbausteinen durch Beziehungen sowie die Bedeutung (Semantik) der Modellbausteine und Beziehungen (Bild 5-2). Das Metamodell legt damit das zur Spezifikation von Modellsystemen verfügbare Begriffssystem fest. Dieses Begriffssystem muss mit der zugrunde gelegten Metapher abgestimmt sein.

Zur Verdeutlichung von Metapher und Metamodell wird auf das in Abschnitt 2.1.1 eingeführte Input-Output-System zurückgegriffen:

a) Metapher: Dem Input-Output-System liegt die Black-Box-Metapher zugrunde. Diese Metapher überträgt das Bild einer Black-Box auf die Spezifikation eines Systems, dessen innere Struktur unbekannt oder irrelevant ist und das nur über sein äußeres Verhalten beschrieben wird.

b) Metamodell: Bild 5-4 zeigt das mit der Metapher abgestimmte Metamodell des Input-Output-Systems. Die zugehörige Notation wird in Abschnitt 5.2.1 (Metamodell des ERM) näher erläutert.

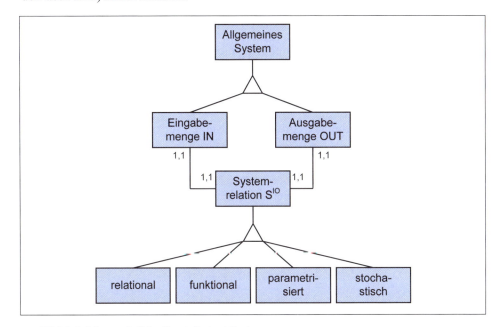

Bild 5-4: Metamodell des Input-Output-Systems

Die Eingabemenge IN und die Ausgabemenge OUT eines Input-Output-Systems sind Spezialisierungen des Allgemeinen Systems. Die Systemrelation S^{IO} verknüpft genau eine Eingangsmenge[3] mit genau einer Ausgangsmenge. Umgekehrt werden jede Eingangs- und Ausgangsmenge durch genau eine Systemrelation verknüpft. Anhand von Spezialisierungen der Systemrelation S^{IO} werden das (normale) relationale, das funktionale, das parametrisierte und das stochastische Input-Output-System unterschieden (siehe Abschnitt 2.1.1).

Die Konzepte Metamodell und Metapher sind geeignet, um den Modellierer bei der Modellbildung und -validierung zu unterstützen. Hierzu werden zwei Paare von Eigenschaften eines Modells betrachtet (Bild 5-2):

- **Konsistenz** und **Vollständigkeit** des Modellsystems in Bezug auf das Metamodell. Es wird überprüft, ob das Modellsystem den Gesetzmäßigkeiten des Metamodells genügt.

- **Struktur-** und **Verhaltenstreue** des Modellsystems in Bezug auf das Objektsystem. Die Überprüfung dieser Eigenschaften wird unterstützt, indem die Metapher ein Begriffsystem bereitstellt, dessen Semantik sich möglichst nahe am Objektsystem orientiert, d. h. dessen Begriffe ein fachkundiger Modellierer zielorientiert und sicher aus dem Objektsystem rekonstruieren kann.

METAEBENEN VON MODELLSYSTEMEN

Als einheitlicher Beschreibungsrahmen für die Metamodelle aller in diesem Kapitel behandelten Modellierungsansätze wird das in Bild 5-5 dargestellte **Meta-Metamodell** eingeführt [Sinz96, 129]. Die Bausteine dieses Meta-Metamodells sind Meta-Objekttypen (Symbol Rechteck), die durch Meta-Beziehungen (Symbol Kante) verknüpft sind. Meta-Beziehungen sind Generalisierungsbeziehungen (is_a), Assoziationsbeziehungen (connects) oder Attribut-Zuordnungsbeziehungen (has). Jeder Meta-Beziehung können zwei Kardinalitäten in (min,max)-Notation zugeordnet werden.

Meta-Metamodell, Metamodell sowie das Schema und die Ausprägung des konkreten Modellsystems korrespondieren mit entsprechenden Metaebenen der Modellierung. Die Beziehungen zwischen diesen Metaebenen sind in Bild 5-6 anhand eines Input-Output-Systems verdeutlicht, welches Forderungen von Kunden saldiert (siehe Beispiel 2-1).

---

[3] Die Komplexität der Beziehungen wird durch eine (min,max)-Notation ausgedrückt. (1,1) bedeutet (min = 1) und (max = 1), d. h. genau eins (siehe Abschnitt 5.2.1).

5.1 Methodische Grundlagen der Modellierung

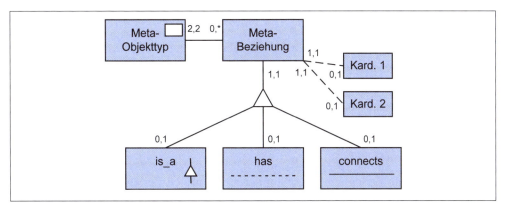

Bild 5-5: Meta-Metamodell

3) Meta-Metaebene	Meta-Objekttyp			Meta-Beziehung	
2) Metaebene	Eingabemenge IN	Ausgabemenge OUT	Systemrelation S^{IO} (funktional)	IN - S^{IO}	S^{IO} - OUT
1) Schemaebene	IN(KdNr, Forderung)	OUT(KdNr,Saldo)	S^{IO}: IN → OUT	Implizit durch die Systemrelation dargestellt	
0) Ausprägungsebene	in = {(k001, 100), (k001, 150), (k002, 070), (k003, 120)}	out = {(k001, 250), (k002, 070), (k003, 120)}	in → out		

Bild 5-6: Beziehungen zwischen Metaebenen am Beispiel des Input-Output-Systems

Jede Spezifikation einer Ebene i stellt eine Extension der Spezifikation der nächst höheren Ebene (i+1) dar. Der Begriff **Extension** bezeichnet eine aktuelle Menge von Ausprägungen zu einer gegebenen Typspezifikation. In Bild 5-6 ist *{Eingabemenge IN, Ausgabemenge OUT, Systemrelation S^{IO}}* die Extension von *Meta-Objekttyp*, *{IN(KdNr, Forderung)}* die Extension von *Eingabemenge IN* und *{(k001, 100), (k001, 150), (k002, 070), (k003, 120)}* eine Extension von *IN(KdNr, Forderung)*.

Grundsätzlich gilt, dass für jede Spezifikation einer Metaebene eine Vielzahl von Extensionen auf der nächst niedrigeren Ebene angegeben werden kann. Für ein gegebenes Meta-Metamodell können Metamodelle für eine Vielzahl von Modellierungsansätzen, für ein bestimmtes Metamodell die Schemata vieler Modellsysteme und für jedes Schema eines Modellsystems viele Ausprägungen dieses Modellsystems angegeben werden.

MODELLIERUNGSANSÄTZE FÜR BETRIEBLICHE INFORMATIONSSYSTEME

Im Laufe der Zeit wurde eine Vielzahl von Modellierungsansätzen für die Aufgabenebene von IS vorgeschlagen, die anhand der von ihnen unterstützten Metapher klassifiziert werden. Die folgende Darstellung gibt einen Überblick über ausgewählte Klassen von Modellierungsansätzen, die praktische Relevanz erlangt haben (vgl. auch [CoYo91]):

- **Funktionale Zerlegung:**

  Die funktionale Zerlegung beruht auf der mehrstufigen Zerlegung der **Funktionen** eines IS in **Teilfunktionen** bei gleichzeitiger Festlegung von **Schnittstellen** zu anderen (Teil-) Funktionen, zur Umwelt des IS und zu den Komponenten des Basissystems. Ein Beispiel für einen Modellierungsansatz dieser Klasse ist HIPO (Hierarchy of Input-Process-Output) (siehe z. B. [Balz82]).

  Die von den einzelnen Funktionen bearbeiteten Daten werden lediglich als Inputs, Outputs und Speicher von Funktionen betrachtet, aber nicht in Form einer separaten Datenstruktur modelliert. Dies stellt einen gravierenden Mangel des Ansatzes dar. Die funktionale Zerlegung besitzt als eigenständiger Modellierungsansatz daher heute kaum noch praktische Bedeutung.

- **Datenflussansatz:**

  Der Datenflussansatz ist eine in der Praxis weit verbreitete Metapher, der sich in unterschiedlichen Modellierungsansätzen wiederfindet. Beispiele hierfür sind SADT (Structured Analysis and Design Technique) [Balz82] und SA (Strukturierte Analyse). SA wird in Abschnitt 5.3.1 behandelt.

  Ein IS wird in SA als Menge von **Datenflüssen** definiert, die durch **Aktivitäten** transformiert werden. Die Aktivitäten sind hierarchisch verfeinerbar. Zur zeitlichen Pufferung von Datenflüssen stehen **Datenspeicher** zur Verfügung. **Terminatoren** dienen der Modellierung von Umweltkontaktstellen. Die Funktionen der nicht mehr weiter verfeinerten Aktivitäten werden in **Mini-Spezifikationen** definiert.

- **Datenmodellierung:**

  Die Datenmodellierung konzentriert sich auf die Beschreibung der Struktur der Datenbasis des IS. Komponenten dieser Struktur sind **Datenobjekttypen** mit zugeordneten **Attributen**. Die einzelnen Datenobjekttypen sind durch **Beziehungen** verbunden. Durch das Konzept der **Generalisierung** können Verallgemeinerungen bzw. Spezialisierungen von Datenobjekttypen beschrieben werden.

  Die Struktur der Datenbasis dient als Grundlage für die Definition der Funktionen des IS. In der Praxis wird die Datenmodellierung häufig komplementär zum Datenflussansatz eingesetzt. Metamodelle zur Datenmodellierung werden in Abschnitt 5.2 in Form von ERM (<u>E</u>ntity-<u>R</u>elationship-<u>M</u>odell) und SERM (<u>S</u>trukturiertes <u>En</u>tity-<u>R</u>elationship-<u>M</u>odell) behandelt.

- **Objektorientierter Ansatz:**

In objektorientierter Sicht wird die Aufgabenebene eines IS als Menge von Objekttypen beschrieben. Jeder **Objekttyp** wird durch **Attribute**, durch **Operatoren (Methoden)** sowie durch **Nachrichtendefinitionen** spezifiziert. Die Operatoren dienen der Manipulation der **Objekte (Instanzen)** eines Objekttyps. Nachrichten dienen der Kommunikation von Objekten. Eine Nachricht an ein Objekt löst dort die Durchführung eines zugehörigen Operators aus.

Das Konzept der **Generalisierung** von Objekttypen unterstützt die Bildung (mehrstufiger) Hierarchien aus **Super-** und **Sub-Objekttypen**. Dabei **vererbt** ein Super-Objekttyp Attribute, Operatoren und Nachrichtendefinitionen an seine Sub-Objekttypen.

Objektorientierung ist derzeit eine der wichtigsten Metaphern für die Modellierung der Aufgabenebene von IS. Beispiele für objektorientierte Modellierungsansätze sind die objektorientierte Analyse nach COAD und YOURDON [CoYo91], Object-Oriented Systems Analysis (OOSA) nach SHLAER und MELLOR ([ShMe88] und [ShMe92]), Object-Oriented Software Engineering (OOSE) nach JACOBSON u. a. [JCJÖ92], Object Modeling Technique (OMT) von RUMBAUGH u. a. [Rum$^+$91] sowie der Ansatz von BOOCH [Boo99]. Aus OMT, OOSE und dem Ansatz von BOOCH heraus wurde die Unified Modeling Language[4] (UML) entwickelt [Oest05]. Die UML hat mittlerweile eine hohe Verbreitung in unterschiedlichen Anwendungsgebieten erreicht. Gleichzeitig ist die Komplexität der Sprache mit einer Vielzahl unterschiedlicher Diagrammarten stark angewachsen.

Als objekt- und geschäftsprozessorientierter Modellierungsansatz wird in diesem Buch in Abschnitt 5.4 die SOM-Methodik (<u>S</u>emantisches <u>O</u>bjekt<u>m</u>odell) vorgestellt.

- **Geschäftsprozessorientierter Ansatz:**

Eine weitere, den aktuellen Entwicklungsstand von Modellierungsansätzen markierende Metapher ist die Geschäftsprozessorientierung. Sie markiert den Übergang von einer primär statischen und strukturorientierten Sicht des IS zu einer dynamischen und verhaltensorientierten Sicht [FeSi93]. Der Modellumfang wird dabei in

---

[4] http://www.omg.org

der Regel über die Aufgabenebene des IS hinaus auf dessen Aufgabenträgerebene sowie auf das Basissystem erweitert.

Innerhalb der Menge der geschäftsprozessorientierten Modellierungsansätze ist derzeit kein einheitliches Geschäftsprozessverständnis erkennbar. Ein Geschäftsprozess besteht im einfachsten Fall aus einem ereignisgesteuerten Ablauf von Aufgabendurchführungen. Ein umfassendes Geschäftsprozessverständnis bezieht dagegen die auf Unternehmensziele ausgerichtete Leistungserstellung, deren Lenkung sowie die zur Leistungserstellung und Lenkung eingesetzten Ressourcen mit ein.

Ein weit verbreiteter geschäftsprozessorientierter Modellierungsansatz ist ARIS [Sche97]. Zur Spezifikation von Geschäftsprozessmodellen werden in ARIS **ereignisgesteuerte Prozessketten (EPK)** eingesetzt. Eine EPK beschreibt einen Ablauf von Funktionen, wobei die einzelnen Funktionen durch Ereignisse ausgelöst werden und wiederum Ereignisse erzeugen. Zur Steuerung des Ablaufs stehen Konnektoren mit logischen Operatoren (*und*, *oder*, *entweder-oder*) zur Verfügung. Funktionen können weitere Modellbausteine referenzieren (Informationsobjekt, Organisationseinheit, Leistung und damit die Beziehungen zu anderen ARIS-Sichten herstellen (Datensicht, Organisationssicht, Leistungssicht) [Sche98, 16].

Die in Abschnitt 5.4 vorgestellte SOM-Methodik verbindet den objektorientierten und den geschäftsprozessorientierten Modellierungsansatz. Im Gegensatz zu anderen Ansätzen werden Geschäftsprozessmodelle dabei in einer strukturorientierten und einer verhaltensorientierten Sicht beschrieben.

Zu einem Überblick über weitere Modellierungsansätze vgl. [VoBe96].

Zur Charakterisierung des Modellierungsumfangs der jeweiligen Modellierungsansätze wird im Folgenden dargestellt, welche Sichten auf die Aufgabenebene eines IS von den einzelnen Modellierungsansätzen unterstützt werden. Hierzu wird zwischen statischen strukturorientierten Sichten auf die Funktionen eines IS (Funktionssicht), auf die Datenstrukturen (Datensicht) und die Kommunikationskanäle (Interaktionssicht) sowie der dynamischen verhaltensorientierten Sicht auf Vorgänge (Vorgangssicht) unterschieden (Bild 5-7).

5.1 Methodische Grundlagen der Modellierung

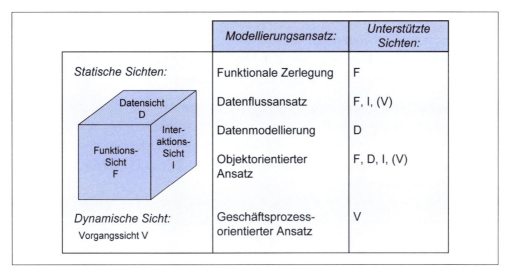

Bild 5-7: Unterstützung von Sichten auf die Aufgabenebene eines IS durch unterschiedliche Modellierungsansätze

Während die funktionale Zerlegung lediglich die **Funktionssicht F** unterstützt, bezieht der Datenflussansatz neben der Funktionssicht in Form von Datenflüssen und Speichern auch die **Interaktionssicht I** auf die Kommunikationskanäle zwischen den Funktionen ein. Erweiterungen des Datenflussansatzes erfassen darüber hinaus in Form von Kontrollflüssen auch Teile der **Vorgangssicht V**. Die Datenmodellierung konzentriert sich ausschließlich auf die Modellierung der **Datensicht D**. Der objektorientierte Ansatz verbindet in den Objekten Daten- und Funktionssicht, Kommunikationskanäle zwischen Objekten stellen die Interaktionssicht dar. In Form von Zustandsübergängen von Objekten und Ereignisflüssen zwischen Objekten können auch Teile der Vorgangssicht unterstützt werden. Der geschäftsprozessorientierte Ansatz fokussiert auf die Vorgangssicht.

Als einzige Zweierkombination deckt die Verbindung von objektorientiertem und geschäftsprozessorientiertem Modellierungsansatz den vollen Modellierungsumfang aller statischen und dynamischen Sichten auf die Aufgabenebene eines IS ab. In allen anderen Fällen müssten hierzu wenigstens drei Modellierungsansätze verbunden werden. Falls die einzelnen Modellierungsansätze aus unterschiedlichen Entwicklungslinien stammen und auf nicht kompatiblen Metaphern beruhen, sind mit ihrer Kombination zum Teil gravierende methodische Probleme verbunden.

SEMI-FORMALE MODELLSYSTEME

Semi-formale Systeme stellen eine abgeschwächte Form formaler Systeme dar. Dabei sind die Semantik und ggf. auch Teile der Syntax nicht formal definiert. Zur Klasse der semi-formalen Systeme gehören Diagramme, wie sie in diesem Kapitel zur Repräsentation von Modellsystemen verwendet werden. Diagramme stellen Graphen dar, deren Syntax (weitgehend) durch das jeweils zugrunde liegende Metamodell definiert ist. Die Semantik des Modellsystems, d. h. die Bedeutung von Knoten und Kanten sowie deren Verwendung ist hingegen nicht formal definiert.

Semi-formale Systeme sind insbesondere für komplexe Modellsysteme gut geeignet. Sie sind einerseits hinreichend strukturiert, um einen wirkungsvollen Beitrag zur Beherrschung dieser Komplexität zu leisten, andererseits aber auch hinreichend lesbar, so dass sie zur Kommunikation zwischen den beteiligten Subjekten (Modellersteller, Modellnutzer) einsetzbar sind.

5.2 Datenorientierte Modellierungsansätze

Entsprechend der zugrunde gelegten Metapher erfassen datenorientierte Modellierungsansätze die Struktur der Datenbasis und dienen damit zur Modellierung der Datensicht eines IS. Bevor auf diese Klasse von Modellierungsansätzen näher eingegangen wird, ist es notwendig, die Beziehung zwischen Informationen und Daten näher zu betrachten.

INFORMATIONEN UND DATEN

Im Teil I des Buches wurde der Begriff Information im Zusammenhang mit Informationsflüssen zwischen betrieblichen Objekten sowie Informationsbeziehungen zwischen Aufgaben und Informationsspeichern von Aufgaben eingeführt. In diesem Abschnitt stehen nun datenorientierte Modelle im Mittelpunkt. Es ist also die Frage zu klären, in welcher Weise Informationen und Daten miteinander verknüpft sind.

> Im Bereich der Informatik wird ausschließlich die Pluralform *Daten* verwendet; der Singular bleibt dem (Tages)datum vorbehalten.

Die Beziehung zwischen Informationen und Daten soll an Beispielen verdeutlicht werden: Die Sätze (Zeichenfolgen) „Dies ist ein Buch." und „This is a book." stellen die gleiche Information, aber unterschiedliche Daten dar. Umgekehrt kann der Satz „Die Talsohle ist erreicht." aus geographischer oder wirtschaftlicher Sicht interpretiert und damit mit unterschiedlichen Informationen belegt werden. Über einer gegebenen Menge von Sätzen können somit unter Informations- und Datengesichtspunkten unterschiedliche Äquivalenzrelationen definiert sein. Das Ziel einer Sprachübersetzung kann in diesem Zusammenhang als informationsinvariante Datentransformation charakterisiert werden.

5.2 Datenorientierte Modellierungsansätze

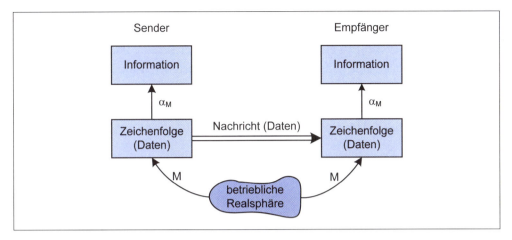

Bild 5-8: Beziehung zwischen Informationen und Daten

Bild 5-8 zeigt die Beziehung zwischen Informationen und Daten. **Daten**, die in Form von Zeichenfolgen von einem IS verarbeitet werden, sind das Ergebnis der Modellierung M eines Ausschnitts der betrieblichen Realität. Zum Beispiel wird durch die Zeichenfolge *Meier_KG* ein Kunde der Unternehmung identifiziert. Durch Anwendung einer **Interpretationsvorschrift** α_M wird aus dieser Zeichenfolge eine **Information** abgeleitet [BaGo91, 4]. In diese Interpretationsvorschrift geht das Wissen über die Modellabbildung M ein. Zum Beispiel ist aus dem Zusatz KG die Rechtsform der Firma *Meier_KG* erkennbar. Diese Information ist für den Geschäftsverkehr mit dieser Firma wesentlich.

Informationsflüsse zwischen Objekten bzw. Informationsbeziehungen zwischen Aufgaben werden in Form von Nachrichten von einem Sender-Objekt an ein Empfänger-Objekt realisiert. Diese Nachrichten stellen Zeichenfolgen und gleichzeitig Daten dar. Um mithilfe dieser Nachricht einen Informationsfluss bzw. eine Informationsbeziehung zu realisieren, ist es notwendig, dass Sender und Empfänger die gleiche Interpretationsvorschrift α_M anwenden.

5.2.1 Entity-Relationship-Modell (ERM)

Das Entity-Relationship-Modell (ERM wurde in seiner Grundform im Jahr 1976 von CHEN vorgeschlagen [Chen76] und hat mittlerweile in einer Vielzahl von Varianten weltweite Verbreitung gefunden. Das ERM ist ein **Gegenstands-Beziehungs-Modell**. Der Name weist auf die beiden Arten von Elementarbausteinen hin, die im ERM zur Modellierung der Realität zur Verfügung stehen:

- Gegenstände und

- Beziehungen zwischen Gegenständen.

GRUNDBEGRIFFE DES ERM

Ein **Gegenstand (Entity)** ist ein abgrenzbares Objekt der Realität und kann sowohl ein reales Objekt als auch eine gedankliche Abstraktion darstellen. Eine **Beziehung (Relationship)** ist eine Verknüpfung von zwei oder mehreren Entities. Beispiele für Entities sind *Meier_KG* und *Schraube_M6x40*. Ein Beispiel für eine Relationship ist *liefert (Meier_KG, Schraube_M6x40)*.

Im konzeptuellen Datenschema werden gleichartige Entities zu **einem Gegenstandsobjekttyp (Entity-Typ)**, gleichartige Beziehungen zu einem **Beziehungsobjekttyp (Relationship-Typ)** verallgemeinert. Die Beschreibung der Eigenschaften eines Datenobjekttyps erfolgt durch Zuordnung von **Attributen**. Einem Entity-Typ müssen, einem Relationship-Typ können Attribute zugeordnet werden. Alle Attribute werden durch Zuordnung eines **Wertebereichs (Domäne)** typisiert.

Die Struktur aus Entity-Typen, Relationship-Typen und Attributen wird in einem **Entity-Relationship-Diagramm (ER-Diagramm)** graphisch dargestellt. Entity-Typen werden durch Rechtecke, Relationship-Typen durch Rauten, Attribute durch Kreise oder Ellipsen symbolisiert. Die Symbole werden durch ungerichtete Kanten verbunden. Dabei wird jedes Attribut genau einem Entity- bzw. Relationship-Typ zugeordnet. Jeder Relationship-Typ wird mit den durch ihn in Beziehung gesetzten Entity-Typen verbunden.

Die **Komplexität** eines Relationship-Typs gibt an, in welchem Verhältnis die Entities der beteiligten Entity-Typen zueinander in Beziehung stehen. Sie wird durch Beschriftung der Kanten mit 1, M und N ausgedrückt. Zwischen zwei Entity-Typen sind Beziehungen des Typs *eins-zu-eins* (1:1), *eins-zu-viele* (1:N) und *viele-zu-viele* (M:N) formulierbar.

Beispiel 5-1:

In Bild 5-9 a sind die Entity-Typen *Lieferant* und *Artikel* durch den Relationship-Typ *liefert* verknüpft. Die Komplexität der Beziehung ist M:N, d. h. ein Lieferant liefert mehrere Artikel und umgekehrt wird ein Artikel von mehreren Lieferanten geliefert. Alle drei Datenobjekttypen werden durch Attribute näher beschrieben.

5.2 Datenorientierte Modellierungsansätze

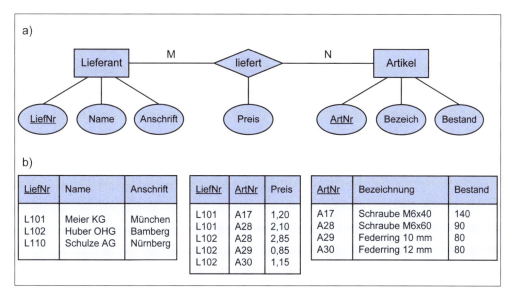

Bild 5-9: Beziehung *liefert* zwischen *Lieferant* und *Artikel* im ERM

Beispiel

Parallele, d. h. mehrere gleichlaufende Kanten zwischen einem Entity-Typ und einem Relationship-Typ sind zulässig. Dies entspricht einer rekursiven Beziehung und bedeutet, dass an einer Relationship mehrere Entities desselben Typs beteiligt sein können. Aus Gründen der Identifizierbarkeit und Interpretierbarkeit muss bei parallelen Kanten je ein **Rollenname** angegeben werden, der die jeweilige Funktion des Entity-Typs in Bezug auf den Relationship-Typ beschreibt. Bei nicht-parallelen Kanten ist die Angabe eines Rollennamens optional.

Beispiel 5-2:

Bild 5-10 a zeigt das Datenschema einer Stücklistenstruktur. Hier steht der Entity-Typ *Teil* mit sich selbst in einer rekursiven Beziehung der Komplexität M:N. Anhand der Rollennamen ist diese Beziehung interpretierbar: Ein Teil besteht aus mehreren Teilen und wird umgekehrt in mehreren Teilen verwendet.

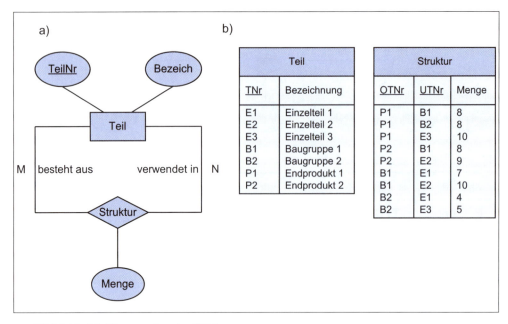

Bild 5-10: Stücklistenstruktur im ERM

Beispiel

REPRÄSENTATION VON OBJEKTMENGEN IM ERM

Konkrete Objektmengen zu einem Entity-Typ oder Relationship-Typ werden im ERM in Form von **Tabellen (Relationen)** gemäß Relationenmodell (siehe Abschnitt 9.2.1) dargestellt. Eine **Gegenstands-Objektmenge (Entity-Set)** wird als **Entity-Relation**, eine **Beziehungs-Objektmenge (Relationship-Set)** als **Relationship-Relation** dargestellt.

Die Typvereinbarung einer Entity-Relation besteht aus den Attributen des zugehörigen Entity-Typs. Dabei werden ein oder mehrere Attribute als **Primärschlüssel** ausgezeichnet. Jede Ausprägung des Primärschlüssels identifiziert genau ein Entity des jeweiligen Entity-Typs. Die Typvereinbarung einer Relationship-Relation enthält als **originäre Attribute** die Attribute des zugehörigen Relationship-Typs sowie als **vererbte Attribute** die Primärschlüssel aller beteiligten Entity-Typen. Letztere bilden zusammen den Primärschlüssel der Relationship-Relation.

Beispiel 5-3:

Die Typvereinbarung für Entity- und Relationship-Relationen ist in den Bildern 5-9 b und 5-10 b dargestellt. Primärschlüsselattribute sind unterstrichen. In Bild 5-10 b wird der Primärschlüssel *TNr* von *Teil* auf zwei Kanten vererbt und muss daher in *Struktur* unterschieden werden (*OTNr, UTNr*). Zu jeder Typvereinbarung ist eine zugehörige Relation angegeben.

Beispiel

SCHWACHE ENTITY-TYPEN

Häufig ist es nicht möglich, ein Entity des Typs E anhand der Ausprägungen seiner eigenen Attribute zu identifizieren. In diesen Fällen werden in den Primärschlüssel von E zusätzlich die Primärschlüsselattribute eines Entity-Typs E', der mit E in einer Beziehung b steht, aufgenommen. Voraussetzung hierfür ist eine 1:N-Beziehung zwischen E' und E, d. h. b(E',E) ist vom Typ 1:N.

Ein Entity des Typs E wird somit über eine Relationship des Typs b(E',E) identifiziert. E wird als **schwacher Entity-Typ** bezeichnet. Im ER-Diagramm wird ein schwacher Entity-Typ durch ein doppelumrandetes Rechteck, die Richtung der Abhängigkeit durch eine Pfeilspitze symbolisiert.

Das Konzept des schwachen Entity-Typs dient im ERM zur Darstellung von **Existenzabhängigkeiten**. Jedes Entity des Typs E ist von der Existenz eines zugehörigen Entity des Typs E' abhängig.

Beispiel 5-4:

In Bild 5-11 ist *AuftrPos* (Auftragsposition) als schwacher Entity-Typ modelliert, der von *Auftrag* (Auftragskopf) abhängt. Jede Auftragsposition setzt die Existenz eines zugehörigen Auftragskopfes voraus.

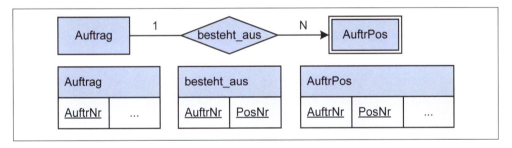

Bild 5-11: Schwacher Entity-Typ *AuftrPos* im ERM

METAMODELL DES ERM

Bild 5-12 zeigt das auf seine wesentlichen Bestandteile reduzierte Metamodell für das ERM. Die Darstellung folgt dem in Bild 5-5 eingeführten Meta-Metamodell, d. h. das Metamodell ist eine gültige Extension dieses Meta-Metamodells.

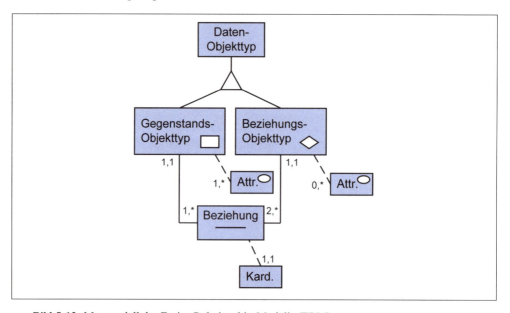

Bild 5-12: Metamodell des Entity-Relationship-Modells (ERM)

Die nachfolgende Erläuterung des Metamodells fasst die bisherigen Ausführungen zum ERM zusammen: Ein Datenobjekttyp ist entweder ein Gegenstandsobjekttyp (im Datenschema dargestellt durch das Symbol Rechteck) oder ein Beziehungsobjekttyp (Symbol Raute). Gegenstandsobjekttyp und Beziehungsobjekttyp sind also Spezialisierungen des allgemeinen Datenobjekttyps. Einem Gegenstandsobjekttyp sind ein bis beliebig viele (1,*) Attribute (Symbol Ellipse) zugeordnet, einem Beziehungsobjekttyp null bis beliebig viele (0,*). Eine Beziehung (Symbol Kante) verbindet genau einen (1,1) Gegenstandsobjekttyp mit genau einem Beziehungsobjekttyp. Ein Beziehungsobjekttyp verknüpft über Beziehungen zwei bis beliebig viele (2,*) Gegenstandsobjekttypen. Ein Gegenstandsobjekttyp steht umgekehrt über Beziehungen mit ein bis beliebig vielen Beziehungsobjekttypen in Verbindung. Jeder Beziehung ist eine Kardinalität zugeordnet (z. B. (0,1), (0,*), (1,*)).

Bild 5-13 verdeutlicht aus Sicht der Datenmodellierung noch einmal die Beziehungen zwischen den unterschiedlichen Metaebenen der Modellierung. Die Darstellung entspricht der in Bild 5-6. Als Sachverhalt wird „Lieferant liefert Artikel" (siehe Beispiel 5-1) verwendet:

- Der Begriff **Datenmodell** bezeichnet ein Metamodell zur Datenmodellierung. Das Metamodell stellt eine Extension des zugehörigen Meta-Metamodells dar. Eine von vielen möglichen Extensionen ist das ERM, u. a. definiert durch {*Gegenstandsobjekttyp, Beziehungsobjekttyp, Beziehung*}. Die Ausprägung von *Meta-Beziehung* umfasst u. a. die Assoziationsbeziehungen (connects) zwischen *Gegenstandsobjekttyp* und *Beziehung* sowie zwischen *Beziehungsobjekttyp* und *Beziehung*. Diese sind in Bild 5-13 nicht dargestellt.

- Ein **(konzeptuelles) Datenschema** definiert die Struktur der Datenbasis des IS. Jedes Datenschema stellt eine Extension des zugehörigen Metamodells dar. Im Falle des ERM ist jedes ERM-Schema eine Extension des Metamodells ERM. Das obige ERM-Datenschema ist u. a. definiert durch {*Lieferant (LiefNr, Name, Anschrift), Artikel (ArtNr, Bezeichnung, Bestand)*} als Ausprägung von *Gegenstands-Objekttyp* und {*liefert (Preis)*} als Ausprägung von *Beziehungsobjekttyp*. Beziehungen werden durch die relationale Darstellung implizit erfasst. Die Aufstellung des konzeptuellen Datenschemas ist die konkrete Aufgabe der Datenmodellierung.

- Eine **Datenbasis** besteht aus einer Menge von Datenobjekten, die untereinander in Beziehung stehen. Jedes Datenobjekt wird durch eine Kombination von Werten repräsentiert. Die Datenbasis stellt eine Extension des zugehörigen Datenschemas dar. Im obigen Fall ist z. B. {*(L101, ...), (L102, ...), (L110, ...)*} die Ausprägung von *Lieferant (LiefNr, Name, Anschrift)*. Zur Verwaltung von Datenbasen werden Datenbankverwaltungssysteme (DBVS) eingesetzt (siehe Abschnitt 9.2).

3) Meta-Metaebene	Meta-Objekttyp			
2) Metaebene (Datenmodell)	Gegenstandsobjekttyp		Beziehungsobjekttyp	Beziehung
1) Schemaebene (Datenschema)	Lieferant (LiefNr, Name, Anschrift)	Artikel (ArtNr, Bezeichnung, Bestand)	liefert (Preis)	Implizit durch die relationale Darstellung erfasst
0) Ausprägungsebene (Datenbasis)	{(L101, ...), (L102, ...), (L110, ...)}	{(A17, ...), (A28, ...), (A29, ...), (A30, ...)}	{(L101,A17, ...), (L101,A28, ...), (L102,A28, ...), (L102,A29, ...), (L102,A30, ...)}	

Bild 5-13: Beziehungen zwischen Metaebenen am Beispiel der Datenmodellierung

Grundsätzlich sind die Spezifikationen auf allen Metaebenen im Zeitablauf Änderungen unterworfen. Die Häufigkeit der Änderungen nimmt in Richtung der abstrakteren Ebenen allerdings rasch ab. Während die Datenbasis eines IS laufend an Veränderungen der Diskurswelt und der Umwelt angepasst werden muss, kommen Änderungen des konzeptuellen Datenschemas nur bei strukturellen Anpassungen des IS und Änderungen des Datenmodells nur bei einer Methodenanpassung vor.

MODELLIERUNG IM ERM

Die Abgrenzung und Erfassung von Entity- und Relationship-Typen im Objektsystem erfolgt auf der Grundlage einer Metapher und unter Beachtung eines zugehörigen Metamodells. Dennoch bleibt dem Modellierer ein hoher Ermessensspielraum für die Spezifikation des konzeptuellen Datenschemas. Voraussetzung für die Verwendbarkeit und Akzeptanz eines konzeptuellen Datenschemas ist es aber, das Modell so weit wie möglich zu objektivieren. Hierzu ist es notwendig, die Form der Spezifikation des Modellsystems vor dem Hintergrund eines gegebenen Modellierungsziels zu normieren und das Modellsystem selbst in Bezug auf das Objektsystem intersubjektiv nachprüfbar zu machen. Im Relationenmodell (Abschnitt 9.2.1) stehen hierfür die Theorie der funktionalen und mehrwertigen Abhängigkeiten sowie die daraus abgeleiteten Normalformen zur Verfügung (siehe Abschnitt 5.2.5).

Abhängigkeiten und Normalformen liefern auch die Grundlage für die Objektivierung der Modellierung im ERM. Das Modellierungsverständnis des ERM regelt die Bildung von Datenobjekttypen, die Bildung von Beziehungen zwischen Datenobjekttypen sowie die Zuordnung von Attributen zu Datenobjekttypen. Dabei unterstützt das ERM einen **Top-Down-Ansatz** der Datenmodellierung:

- Auf der **ersten Modellierungsebene** werden Datenobjekttypen gebildet und in Beziehung gesetzt. Die resultierende Struktur wird in einem ER-Diagramm dargestellt.

- Auf der **zweiten Modellierungsebene** werden den Datenobjekttypen Attribute zugeordnet. Bei Datenschemata praxisrelevanter Größe werden Attribute in der Regel nicht im ER-Diagramm, sondern in getrennten Darstellungen erfasst.

Die beiden Modellierungsebenen werden im Allgemeinen nicht streng sequenziell durchlaufen. Zum Beispiel werden häufig bei der Definition eines Datenobjekttyps gleichzeitig dessen Primärschlüsselattribute festgelegt.

In Abhängigkeit vom gewählten Modellierungsverständnis führt die Modellierung im ERM zu einem Datenschema in dritter Normalform (3NF), Boyce-Codd-Normalform (BCNF) oder vierter Normalform (4NF) (siehe Abschnitt 5.2.5).

Beispiel 5-5:

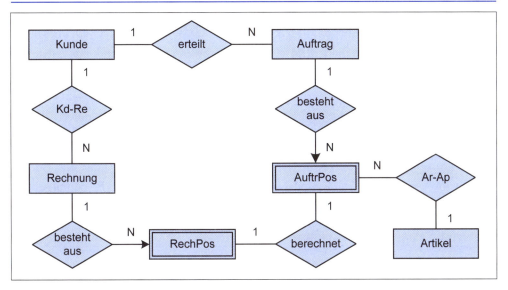

Bild 5-14: Beispiel *Vertrieb* im ERM ((1,M,N)-Notation)

Bild 5-14 zeigt das Beispiel eines ER-Diagramms (erste Modellierungsebene) für den vereinfachten Ausschnitt *Vertrieb* eines Handelsunternehmens, bestehend aus Kunden, Artikeln, Aufträgen und Rechnungen.

5.2.2 Erweiterungen des ERM

Zum ERM wurde im Lauf der Jahre eine Vielzahl von Varianten und Erweiterungen vorgeschlagen. Einige davon, die zu einer praktischen Verbesserung der semantischen Ausdrucksfähigkeit des ERM geführt haben, werden im Folgenden vorgestellt.

PRÄZISIERUNG DER KOMPLEXITÄT VON BEZIEHUNGEN

Bei Verwendung der (1,M,N)-Notation wird die Komplexität einer Beziehung b(A,B) zwischen den Entity-Typen A und B als Verhältnis von Entities angegeben. Diese Angabe ist mehrdeutig. In Beispiel 5-5 lässt etwa die 1:N-Beziehung zwischen *Kunde* und *Auftrag* offen, ob jedem Kunden wenigstens ein Auftrag zugeordnet sein muss, oder ob es auch Kunden ohne Aufträge geben darf. Umgekehrt ist nicht ersichtlich, ob sich jeder Auftrag auf genau einen Kunden bezieht, oder ob Aufträge ohne Kundenzuordnung zulässig sind. Bei drei- und mehrstelligen Beziehungen, d. h. Relationship-Typen, die drei und mehr Entity-Typen in Beziehung setzen, ist die (1,M,N)-Notation überhaupt nicht mehr sinnvoll interpretierbar.

Die Probleme sind vermeidbar, wenn statt dessen für jeden Entity-Typ E durch einen **Komplexitätsgrad** comp(E,b) angegeben wird, mit wie vielen Relationships des Typs b ein Entity des Typs E minimal in Beziehung stehen muss und maximal in Beziehung stehen kann. Diese Notation wird als **(min,max)-Notation** bezeichnet [ScSt83]. Für die Eckwerte von *min* und *max* gilt $0 \leq \min \leq 1 \leq \max \leq *$ (* bedeutet *beliebig viele*). Aus dem kartesischen Produkt $\{0,1\} \times \{1,*\}$ der Eckwerte von *min* und *max* entstehen vier Grundtypen von Komplexitätsgraden:

$\{(0,1), (0,*), (1,1), (1,*)\}$

Eine Beziehung b(A,B) wird durch zwei Komplexitätsgrade comp(A,b) und comp(B,b) beschrieben. Jede Angabe eines Komplexitätsgrades in (min,max)-Notation stellt eine **referenzielle Integritätsbedingung (Referenzbedingung)** dar. Bei Bedarf können die Grenzen *min* und *max* weiter eingeschränkt werden (z. B. comp(A,b) = (2,3)). In Bild 5-15 sind die (1,M,N)-Notation und die (min,max)-Notation gegenübergestellt.

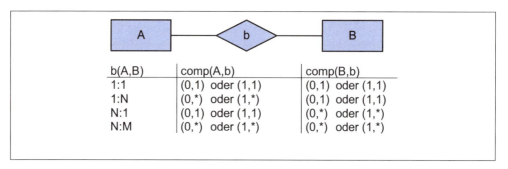

Bild 5-15: Komplexität der Beziehung b(A,B)

Durch den Übergang zur (min,max)-Notation entfällt im ERM die Notwendigkeit des schwachen Entity-Typs. Existenzabhängigkeiten stellen Sachzusammenhänge zwischen Datenobjekttypen dar, die durch Referenzbedingungen modelliert werden und damit unabhängig von der Zuordnung von Attributen zu Datenobjekttypen sind.

Beispiel 5-6:

Bild 5-16 zeigt wiederum das Beispiel *Vertrieb* aus Bild 5-14, allerdings ist die Komplexität der Beziehungen nun in (min,max)-Notation angegeben.

Zum Beispiel ist nun präzise festgelegt, dass jeder Kunde null bis beliebig viele Aufträge erteilen kann und umgekehrt jeder Auftrag von genau einem Kunden erteilt wird. In Bild 5-14 ließ die 1:N-Beziehung zwischen *Kunde* und *Auftrag* grundsätzlich auch Aufträge ohne zugeordnete Kunden zu. Die Aussage, dass eine Auftragsposition (*AuftrPos*) nur zusammen mit dem zugehörigen Auftragskopf (*Auftrag*) existieren kann, wurde in Bild 5-14 mithilfe eines schwachen Entity-Typs formuliert. Bei Verwendung der (min,max)-Notation ist dies durch die (1,1)-Beziehung zwischen *AuftrPos* und *besteht_aus* gewährleistet.

5.2 Datenorientierte Modellierungsansätze

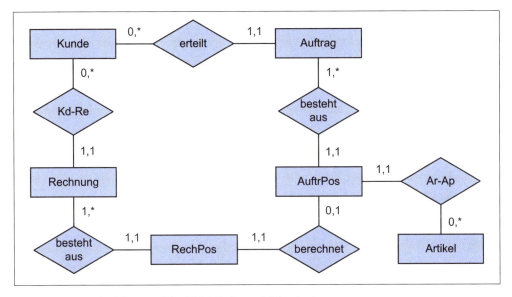

Bild 5-16: Beispiel *Vertrieb* im ERM ((min,max)-Notation)

Beispiel

AGGREGATION UND GENERALISIERUNG

Die Abstraktionsarten Aggregation und Generalisierung wurden von SMITH und SMITH [SmSm77] systematisch untersucht. **Aggregation** bedeutet, dass eine Beziehung zwischen Objekten als Objekt höherer Ordnung betrachtet wird. Bei der **Generalisierung** werden zueinander ähnliche Objekte zu einem generischen Objekt abstrahiert.

Bestimmte Formen der Aggregation und der Generalisierung sind bereits im Grundmodell des ERM vorhanden. Die Zusammenfassung von Attributen zu einem Datenobjekttyp (bzw. von Attributwerten zu einem Objekt) stellt eine Aggregation dar. Die Bildung eines Datenobjekttyps zur Repräsentation einer Klasse ähnlicher Objekte ist eine Generalisierung. Beide Abstraktionsarten stellen daher grundlegende Konstrukte der Modellbildung dar.

Für das ERM wurden darüber hinaus eine Reihe von Vorschlägen unterbreitet, die weitere Formen der Aggregation und Generalisierung zum Gegenstand haben. Dabei wird Generalisierung als Abstraktion von Entities, Aggregation als Abstraktion von Beziehungen eingeführt [SSW80]. Im letzteren Fall wird eine Beziehung zwischen Entity-Typen zu einem übergeordneten Entity-Typ zusammengefasst. Mit anderen Worten, es wird eine Beziehung zwischen Entity-Typen als ein aggregierter Entity-Typ verstanden. Dieser kann wiederum mit anderen Entity-Typen in Beziehung stehen (Bild 5-17).

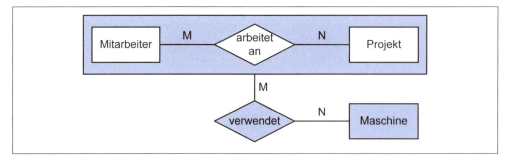

Bild 5-17: Aggregation im ERM

Die speziellen Ausprägungen der Generalisierungen werden in der Literatur unterschiedlich definiert. Zum Beispiel werden in [TYF87] zwei Formen der Generalisierung unterschieden:

a) **Subtypenhierarchie:** Ein Entity-Typ E_1 ist ein Subtyp von Entity-Typ E, wenn jedes Entity von E_1 auch Entity von E ist (Bild 5-18 a).

b) **Generalisierungshierarchie:** Ein Entity-Typ E ist eine Generalisierung der Entity-Typen E_1, E_2, ..., E_n, wenn jedes Entity von E auch Entity von genau einem der Entity-Typen E_1, E_2, ..., E_n ist (Bild 5-18 b).

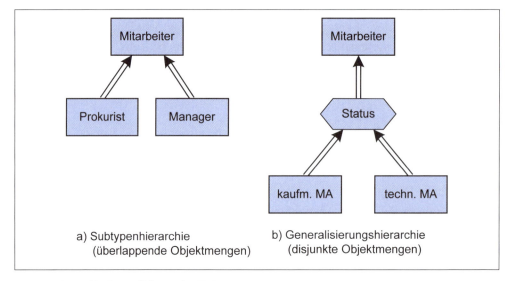

Bild 5-18: Generalisierung im ERM

Durch das Prinzip der Generalisierung werden im ERM zusätzliche Integritätsbedingungen formulierbar. Zum Beispiel fordert (b), dass die Vereinigung der Objektmengen von E_1, E_2, ..., E_n die Objektmenge von E ergibt (Vollständigkeit) und dass die Objektmengen von E_1, E_2, ..., E_n paarweise elementfremd sind (Disjunktheit).

Unternehmensweite konzeptuelle Datenschemata

Ein konzeptuelles Datenschema, das die Struktur der Datenbasis für das gesamte Informationssystem einer Unternehmung beschreibt, wird als **unternehmensweites konzeptuelles Datenschema (UKS)** bezeichnet. In der Praxis ist hierfür der Begriff „unternehmensweites Datenmodell (UDM)" gebräuchlich. Dieser führt aber zu einer Doppelbedeutung des Begriffs Datenmodell als Metamodell (z. B. ERM) und als zugehörige Extension in Form eines konzeptuellen Datenschemas.

Viele Unternehmen investierten insbesondere in den 1980er- und 1990er-Jahren erhebliche Anstrengungen in die Aufstellung eines unternehmensweiten konzeptuellen Datenschemas. Dem lag die Einsicht zugrunde, dass die Datensicht eines betrieblichen Informationssystems im Zeitablauf wesentlich geringeren Änderungen unterworfen ist als etwa die Funktionsstruktur (Funktionssicht). Das konzeptuelle Datenschema wurde als weitgehend stabile Basis für die Gestaltung des betrieblichen Informationssystems angesehen.

Die Komplexität eines UKS führt zu einer Reihe von zusätzlichen methodischen Problemen, auf die hier nur kurz eingegangen wird. Beispiele hierfür sind

- die Integration eines UKS aus den konzeptuellen Datenschemata für Teil-Informationssysteme,
- die Erzeugung unterschiedlich verdichteter Repräsentationen eines UKS sowie
- die Verwaltung und Pflege eines UKS.

Das ER-Diagramm in Bild 5-19 zeigt den Ausschnitt *Absatz / Auftragsbearbeitung* aus dem UKS eines modellhaften Industriebetriebes [Sche90], dargestellt in einem erweiterten ERM.

Als unternehmensweite Schemata wurden konzeptuelle Datenschemata mittlerweile durch unternehmensweite Geschäftsprozessmodelle abgelöst. Gleichwohl bleibt die Bedeutung konzeptueller Datenschemata für Teilsysteme des IS oder als fachliche Grundlage betrieblicher Anwendungssysteme in unveränderter Weise bestehen.

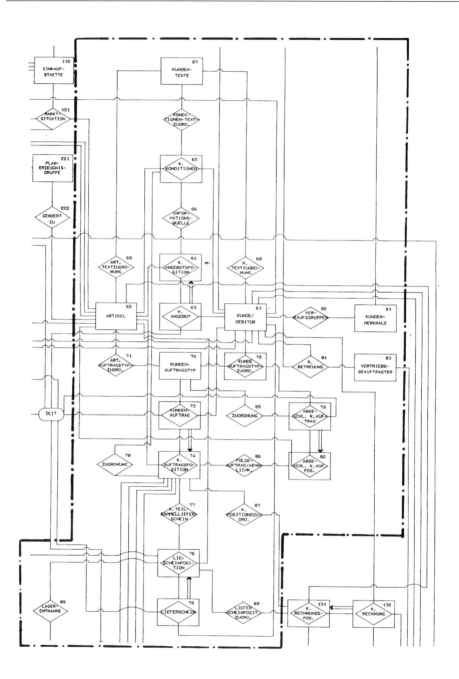

Bild 5-19: Ausschnitt *Absatz / Auftragsbearbeitung* aus einem UKS [Sche90]

5.2.3 Strukturiertes Entity-Relationship-Modell (SERM)

Die Motivation für das SERM ([Sinz87] und [Sinz88]) erwächst aus der zunehmenden Komplexität der in praktischen Anwendungsentwicklungsprojekten entstehenden Datenschemata. Viele ER-Diagramme enthalten mehrere hundert Knoten. Bei diesem Umfang werden eine Reihe von Schwächen des ERM deutlich, die sich sowohl auf das ERM als Darstellungsform wie auch auf das ERM als Analyseinstrument beziehen. Im Einzelnen verfolgt das SERM folgende Ziele:

- **Strukturierung großer Datenschemata:**

  Will man sich in ein umfangreiches ER-Diagramm einarbeiten, so besteht eine der Hauptschwierigkeiten darin, geeignete „Einstiegsknoten" zu finden, von denen aus dann einzelne Teilstrukturen analysiert werden können.

  SERM „ordnet" die Knoten eines SER-Diagramms auf der Basis von Existenzabhängigkeiten. Dabei nimmt in der geometrischen Anordnung der Knoten der Grad an Existenzabhängigkeit von links nach rechts zu. Aus graphentheoretischer Sicht besitzt ein SER-Diagramm die Struktur eines gerichteten azyklischen Graphen, der auch als quasi-hierarchischer Graph bezeichnet wird.

- **Visualisierung von Existenzabhängigkeiten:**

  Durch die Verwendung quasi-hierarchischer Graphen werden Existenzabhängigkeiten und Folgen von Existenzabhängigkeiten klar visualisiert. Das Denken in Existenzabhängigkeiten führt zu einer präziseren Analyse als das Denken in einfachen Beziehungen. So lassen sich z. B. in der Diskussion mit der Fachabteilung fehlerhaft modellierte Sachverhalte leichter aufdecken.

- **Vermeidung von Inkonsistenzen:**

  Im ERM besteht die Möglichkeit, syntaktisch korrekte, jedoch semantisch inkonsistente oder zumindest fehlerträchtige Datenschemata zu modellieren. Fehlerquellen sind u. a. zyklische Existenzabhängigkeiten zwischen Datenobjekttypen, redundante Beziehungen zwischen Datenobjekttypen sowie Kreis- und Schraubenstrukturen zwischen Objekten. Eine Reihe dieser Fehlerquellen treten im SERM nicht auf, bzw. sind im SERM vermeidbar. Grund hierfür ist wiederum der Modellierungsansatz des SERM auf der Basis von Existenzabhängigkeiten und quasi-hierarchischen Graphen.

- **Vermeidung unnötiger Relationstypen:**

  Bei der Abbildung eines konzeptuellen Datenschemas im ERM auf ein relationales Datenbanksystem (siehe Abschnitt 9.2) sind im Allgemeinen eine Reihe von Strukturtransformationen zur Vermeidung unnötiger Relationstypen durchzuführen. Das SERM erleichtert diesen Übergang, indem es Fremdschlüssel von Entity-Typen bereits auf konzeptueller Ebene berücksichtigt und außerdem durch eine gerichtete Schlüsselvererbung Nullwerte für Fremdschlüssel vermeidet (siehe Abschnitt 5.2.5).

Das Konzept der Existenzabhängigkeiten und die zur Darstellung der Existenzabhängigkeiten verwendeten gerichteten azyklischen Graphen werden nun erläutert.

Es ist zu betonen, dass das SERM immer noch ein ERM, d. h. ein Gegenstands-Beziehungs-Modell ist. Das SERM ist somit eigentlich kein neues Datenmodell mit einem neuen Begriffssystem und Modellierungsansatz. Das SERM arbeitet lediglich eine Reihe von Struktureigenschaften heraus, die implizit bereits im ERM enthalten sind.

VOM ERM ZUM SERM

Aus graphentheoretischer Sicht besitzt ein ER-Diagramm die Struktur **eines allgemeinen bipartiten Graphen**. Anschaulich bedeutet dies, dass der Graph zwei Arten von Knoten, Rechtecke und Rauten, enthält. Rechtecke können in grundsätzlich beliebiger Weise durch ungerichtete Kanten mit Rauten verknüpft werden. Eine Verknüpfung zwischen zwei Rechtecken oder zwischen zwei Rauten ist unzulässig.

Mit zunehmendem Umfang der Datenschemata ist diese Darstellungsform nur schwer interpretierbar. Alle Rechtecke und alle Rauten besitzen grundsätzlich den gleichen „Stellenwert". Hier setzt das SERM an. Es entwickelt auf der Grundlage von Existenzabhängigkeiten zwischen Datenobjekttypen ein Kriterium, um zwischen originären und abhängigen Datenobjekttypen zu differenzieren. Diese Differenzierung wird zu einem mehrstufigen Konzept verallgemeinert, indem alle Paare von in Beziehung stehenden Objekttypen nach dem Kriterium originär/abhängig geordnet werden.

Überträgt man diese Ordnung in die Anordnung der Knoten im SER-Diagramm, so entsteht ein **quasi-hierarchischer Graph** (gerichteter und azyklischer Graph; zu den graphentheoretischen Grundlagen siehe z. B. [Neu75]). Existenzabhängigkeiten zwischen Datenobjekttypen und Folgen von Existenzabhängigkeiten werden dabei klar visualisiert.

Im Grundmodell des ERM werden Existenzabhängigkeiten über das Konzept des schwachen Entity-Typs modelliert, das auf der Zusammensetzung des Primärschlüssels aufbaut. Eine Existenzabhängigkeit stellt aber eine Aussage über die Beziehung zwischen zwei Datenobjekttypen dar und sollte daher nicht auf Attributebene definiert werden. Für jeden Entity-Typ kann grundsätzlich ein künstlicher Primärschlüssel (Surrogatschlüssel), z. B. in Form einer fortlaufenden Nummer, angegeben werden.

Im SERM werden Existenzabhängigkeiten auf der Basis referenzieller Integritätsbedingungen formuliert. Im Hinblick auf die beabsichtigte quasi-hierarchische Ordnung der Datenobjekttypen werden in einer Beziehung b(A,B) Existenzabhängigkeiten nicht zwischen den Entity-Typen A und B, sondern zwischen dem Relationship-Typ b und dem Entity-Typ A bzw. B angegeben. Während A und B nicht notwendig voneinander abhängen, hängt b stets von A und von B ab. Es werden zwei Formen der Existenzabhängigkeit eines Relationship-Typs b von einem Entity-Typ E unterschieden:

- **Einseitige Existenzabhängigkeit** (b hängt von E ab): E $\Leftarrow$ b

    comp(E,b) = (0,1) oder comp(E,b) = (0,*)

- **Wechselseitige Existenzabhängigkeit** (b und E sind wechselseitig voneinander abhängig): E $\Leftrightarrow$ b

    comp(E,b) = (1,1) oder comp(E,b) = (1,*)

Existenzabhängigkeiten zwischen Entity-Typen lassen sich daraus transitiv ableiten. Zum Beispiel folgt aus der Beziehung b(A,B) mit comp(A,b) = (0,*) und comp(B,b) = (1,1) eine einseitige Existenzabhängigkeit A $\Leftarrow$ B. Gilt dagegen comp(A,b) = (1,*), so folgt daraus eine wechselseitige Existenzabhängigkeit A $\Leftrightarrow$ B.

GRUNDLAGEN DES SERM

Das SERM unterscheidet drei Arten von Datenobjekttypen, die in Bild 5-20 dargestellt sind. Während der **Entity-Typ (E-Typ)** als Gegenstandsobjekttyp und der **Relationship-Typ (R-Typ)** als Beziehungsobjekttyp bereits aus dem ERM bekannt sind, kommt der **Entity-Relationship-Typ (ER-Typ)** im SERM neu hinzu.

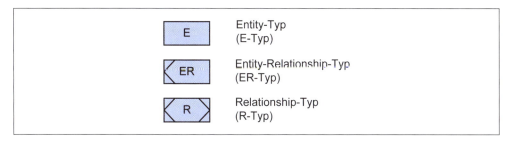

Bild 5-20: Datenobjekttypen im SERM

Dieser ER-Typ ist ein E-Typ, dessen Objekte nur in Abhängigkeit von bestimmten Objekten anderer E- oder ER-Typen existieren können. Aus der Sicht des ERM entsteht ein ER-Typ durch Zusammenziehung eines E-Typs und eines R-Typs, die durch eine (1,1)-Beziehung verbunden sind. Der ER-Typ ist somit ein **Gegenstands-Beziehungsobjekttyp**, da er eine Kombination aus einem Gegenstandsobjekttyp und einem Beziehungsobjekttyp darstellt.

Aufgrund der Einführung des ER-Typs werden R-Typen im SERM überwiegend zur Auflösung von M:N-Beziehungen oder von optionalen Beziehungen zwischen E-Typen und/oder ER-Typen benötigt.

Jede dieser Arten von Datenobjekttypen wird im SER-Diagramm durch ein spezielles graphisches Rechtecksymbol (E-Symbol, ER-Symbol und R-Symbol) dargestellt. Die Wahl der Symbole im SERM drückt den Bezug zum ERM aus: Rechteck (E-Symbol), Rechteck mit überlagerter Raute (R-Symbol) und Rechteck mit überlagerter halber Raute (ER-Symbol). Das ER-Symbol stellt dabei einen „Januskopf" dar: von links betrachtet ist es ein R-Symbol, von rechts betrachtet ein E-Symbol.

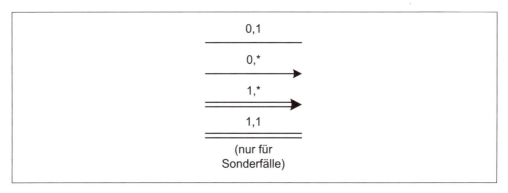

Bild 5-21: Beziehungen zwischen Datenobjekttypen im SERM

Für die Darstellung der Beziehungen zwischen Datenobjekttypen stellt das SERM spezielle Kantensymbole bereit (Bild 5-21). Diese korrespondieren mit den vier Grundtypen von Komplexitätsgraden in (min,max)-Notation. Die Kantensymbole sind wie folgt gewählt:

min-Eckwert = 0: einfache Linie
= 1: doppelte Linie

max-Eckwert = 1: ohne Pfeilspitze
= *: mit Pfeilspitze

Jede der Beziehungen repräsentiert eine einseitige oder eine wechselseitige Existenzabhängigkeit. Wegen der Einführung des ER-Typs wird die (1,1)-Beziehung nur in Sonderfällen benötigt.

DARSTELLUNGSREGELN FÜR SER-DIAGRAMME

Ein **SER-Diagramm** ist die graphische Darstellung eines Datenschemas im SERM. Datenobjekttypen werden als Knoten, Beziehungen als Kanten repräsentiert. Dabei gelten folgende Darstellungsregeln:

1. Jede Kante wird gerichtet interpretiert und verläuft von *Rechteck* zu *Raute*.
2. Jede Kante wird im SER-Diagramm von *links* nach *rechts* dargestellt.

In Regel 1 wird mit *Rechteck* der Gegenstandsanteil, mit *Raute* der Beziehungsanteil eines Datenobjekttyps bezeichnet. Startknoten einer Kante sind daher E-Symbole und ER-Symbole, Zielknoten einer Kante sind ER-Symbole und R-Symbole. Die Kantenrichtung drückt die Richtung der Existenzabhängigkeit aus.

Regel 2 besagt, dass der Startknoten einer Kante im SER-Diagramm stets an einer Position geometrisch links vom Zielknoten angeordnet wird. Die „Konstruktionsrichtung" eines SER-Diagramms verläuft damit von links nach rechts.

Aus graphentheoretischer Sicht stellt wegen Regel 1 jedes SER-Diagramm einen gerichteten Graphen dar. Zusätzlich folgt aus Regel 2, dass ein SER-Diagramm zwar Kreise (geschlossene Kantenfolgen), aber keine Zyklen (geschlossene Kantenfolgen unter Beachtung der Kantenrichtung) enthalten kann. Hierzu müsste mindestens eine Kante von rechts nach links verlaufen. Beide Regeln zusammen legen die quasi-hierarchische Struktureigenschaft von SER-Diagrammen fest. Quasi-hierarchische Graphen sind aus der Materialwirtschaft (Stücklisten) und der Netzplantechnik (Vorgangsknotennetze) bestens bekannt. Die semantische Bedeutung der quasi-hierarchischen Struktur von SER-Diagrammen liegt in der Visualisierung von Existenzabhängigkeiten, die in Abschnitt 5.2.4 noch genauer behandelt wird.

Beispiel 5-7:

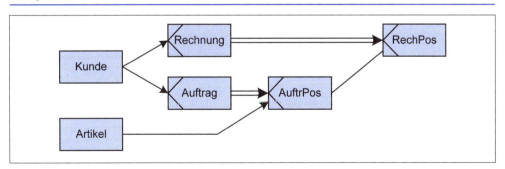

Bild 5-22: Beispiel *Vertrieb* im SERM

Bild 5-22 zeigt das Beispiel *Vertrieb* aus Bild 5-14 und Bild 5-16 nun im SERM. *Kunde* und *Artikel* sind originäre, nicht existenzabhängige Datenobjekttypen. Ein Kunde hat null bis beliebig viele Aufträge (*Auftrag*) zugeordnet, jeder Auftrag bezieht sich auf genau einen Kunden. Da Kunden ohne zugeordnete Aufträge zulässig sind, besteht eine einseitige Existenzabhängigkeit zwischen *Kunde* und *Auftrag*. Eine wechselseitige Existenzabhängigkeit besteht z. B. zwischen *Auftrag* und Auftragsposition (*AuftrPos*), da jedem Auftrag mindestens eine Auftragsposition zugeordnet sein muss und umgekehrt jede Auftragsposition zu genau einem Auftrag gehört.

Beispiel

Analog zum ERM sind zwischen zwei Knoten mehrere Kanten (gleichen oder unterschiedlichen Typs) zulässig. Solche parallele Kanten treten bei rekursiven Datenstrukturen, wie z. B. Stücklisten) auf.

Außerdem folgt bereits aus dem Verständnis des R-Typs im ERM, dass zu einem R-Symbol stets mindestens zwei Kanten führen müssen.

Bildung von Relationstypen

Die erste Modellierungsebene eines Datenschemas im SERM besteht in der Aufstellung des SER-Diagramms. Auf der zweiten Modellierungsebene wird nun jeder Datenobjekttyp durch Zuordnung von Attributen detailliert.

Analog zum ERM besitzt jeder Datenobjekttyp einen Primärschlüssel, der aus mehreren Attributen zusammengesetzt sein kann, sowie Nichtschlüsselattribute zur Beschreibung der lokalen Eigenschaften eines Datenobjekttyps. Zur Herstellung der Beziehung zwischen zwei Datenobjekttypen wird der Primärschlüssel des einen Datenobjekttyps als Fremdschlüssel an den anderen Datenobjekttyp vererbt. Jede Beziehung wird somit durch eine **Schlüsselreferenz** realisiert.

Im SERM erfolgt die Vererbung von Primärschlüsseln stets vom Startknoten einer Kante zum Zielknoten einer Kante, d. h. aus der Sicht eines SER-Diagramms von links nach rechts. Die Schlüsselreferenz wird stets durch Attribute des zum Zielknoten gehörigen Datenobjekttyps gebildet. Die quasi-hierarchische Struktur des SERM bleibt somit auf der Attributebene erhalten.

Die Vererbung eines Primärschlüssels als **Fremdschlüssel** an den Ziel-Objekttyp kann auf zwei Arten erfolgen. Die Art der Vererbung ist eine Eigenschaft der Beziehung zwischen den Datenobjekttypen:

a) Im Ziel-Objekttyp ist der Fremdschlüssel Bestandteil des Primärschlüssels (Vererbungsart PK (primary key)).

b) Im Ziel-Objekttyp ist der Fremdschlüssel nicht Bestandteil des Primärschlüssels (Vererbungsart FK (foreign key)).

Die Vererbungsart PK muss verwendet werden, wenn der Ziel-Objekttyp ein R-Typ ist. Analog zum ERM setzt sich der Primärschlüssel eines R-Typs aus den Primärschlüsseln seiner Start-Objekttypen zusammen (Primärschlüsselattribute sind unterstrichen):

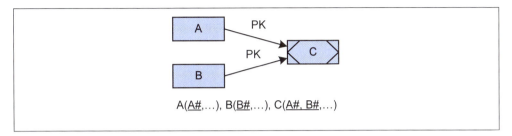

Da der R-Typ C eine Beziehung zwischen A und B herstellt, kann je Objektpaar (a,b) mit a:A (sprich: „a vom Typ A") und b:B höchstens ein Objekt c:C auftreten. Für R-Typen mit mehr als zwei Start-Objekttypen gilt dies entsprechend.

Ist der Ziel-Objekttyp ein ER-Typ, so können grundsätzlich beide Vererbungsarten verwendet werden. Folgende Fälle sind zu unterscheiden:

a) Falls je Objektpaar (a,b) mit a:A und b:B höchstens ein Objekt c:C zulässig sein soll, kann der Primärschlüssel des ER-Typs C wie oben aus den Primärschlüsseln seiner Start-Objekttypen A und B zusammengesetzt werden (Vererbungsart PK):

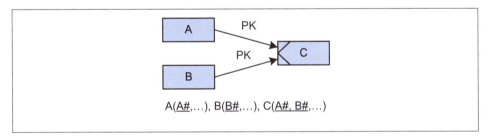

b) Da C gleichzeitig Beziehungsobjekttyp und Gegenstandsobjekttyp ist, können aber nun je Objektpaar (a,b) auch mehrere Objekte c zulässig sein, falls alle beteiligten Beziehungen vom Typ (0,*) oder (1,*) sind. In diesem Fall ist in den Primärschlüssel von C mindestens ein weiteres Schlüsselattribut aufzunehmen (Vererbungsart PK):

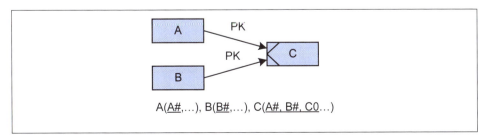

c) Daneben ist es in jedem Fall möglich, den Primärschlüssel des ER-Typs ausschließlich durch eigene (ggf. „künstliche") Attribute zu bilden. Die Beziehungen werden dann dadurch realisiert, dass die Primärschlüssel der Start-Objekttypen A und B als Fremdschlüssel in den Ziel-Objekttyp C aufgenommen werden (Vererbungsart FK):

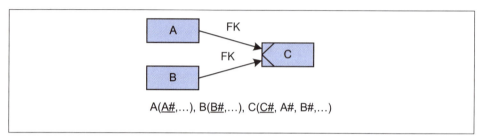

Für ER-Typen mit einem oder mehr als zwei Start-Objekttypen gelten die dargestellten Regeln analog.

Die Wahl der Vererbungsart hängt außerdem davon ab, ob die Zuordnung zwischen zwei verknüpften Objekten sich im Zeitablauf ändern kann oder nicht. Bei der Vererbungsart PK führt eine Änderung der Zuordnung zu einer Primärschlüsseländerung, die in der Regel unerwünscht oder ausgeschlossen ist.

Beispiel 5-8:

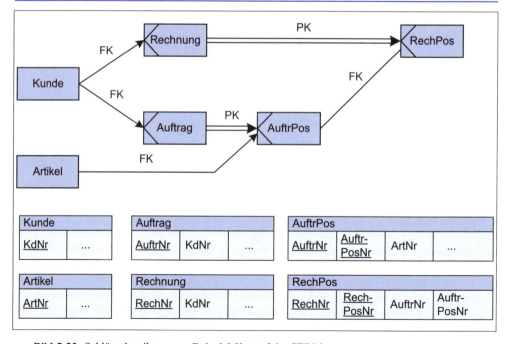

Bild 5-23: Schlüsselattribute zum Beispiel *Vertrieb* im SERM

5.2 Datenorientierte Modellierungsansätze

Bild 5-23 zeigt die Zuordnung der Schlüsselattribute für das Beispiel *Vertrieb* aus Bild 5-22. Aus der Sicht von ERM stellen *AuftrPos* und *RechPos* schwache Entity-Typen dar, da ihre Primärschlüssel Fremdschlüsselattribute enthalten. Unter der Annahme, dass Primärschlüsseländerungen ausgeschlossen sein sollen, drückt die Vererbungsart PK gleichzeitig aus, dass die Zuordnung zwischen einer Auftragsposition und dem zugehörigen Auftragskopf bzw. einer Rechnungsposition und dem zugehörigen Rechnungskopf im Zeitablauf nicht abgeändert werden soll.

Beispiel

GENERALISIERUNG

Die in vielen Erweiterungen des ERM vorgesehene Abstraktionsart **Generalisierung** ist auch im SERM verfügbar. Die Darstellung der Generalisierung im SERM zeigt Bild 5-24.

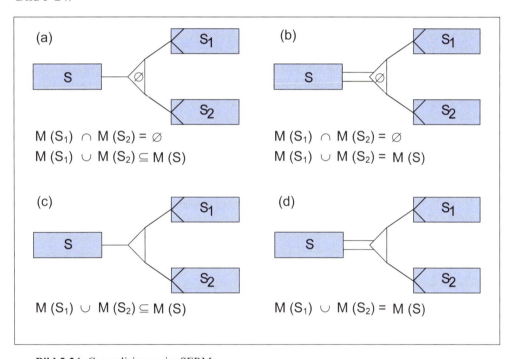

Bild 5-24: Generalisierung im SERM

Der generalisierte Datenobjekttyp wird als **Supertyp**, die spezialisierten Datenobjekttypen werden als **Subtypen** bezeichnet. Sei $M(S)$ die Objektmenge zu einem Supertyp S und seien $M(S_i)$ (i=1..n) die Objektmengen zu den Subtypen S_i mit $M(S_i) \subseteq M(S)$. Im Folgenden werden zwei Mengeneigenschaften unterschieden:

1. Paarweise disjunkte Teilmengen von M(S):

   $M(S_i) \cap M(S_j) = \emptyset \; (i,j = 1..n, i \neq j)$

2. Vollständigkeit der Teilmengen bezüglich M(S):

   $\bigcup_i M(S_i) = M(S) \; (i = 1..n)$

Die Kombination der Mengeneigenschaften (1) und (2) - jede der Eigenschaften kann erfüllt sein oder nicht - führt im SERM zu den in Bild 5-24 dargestellten vier Fällen der Generalisierung.

Das Kriterium, nach dem die Subtypen zu einem Supertyp gebildet werden, wird als **Kategorie** bezeichnet und durch einen **Kategorienamen** benannt. Kategorien werden im SER-Diagramm durch das Dreiecksymbol dargestellt. In den Fällen (a) und (b) sind die Objektmengen der Subtypen einer Kategorie paarweise disjunkt, in den Fällen (c) und (d) gilt dies nicht notwendig. Bei Bedarf können mehrere Kategorien zu einem Supertyp gebildet werden (Beispiel 5-9). Die Objektmengen der Subtypen unterschiedlicher Kategorien sind in der Regel nicht disjunkt.

Beispiel 5-9:

In Bild 5-25 treten *Status* und *Verwendung* als Kategorien auf. Die Objektmengen der Subtypen einer Kategorie sind paarweise disjunkt und vollständig bezüglich der Objektmenge von *Personal*. Jeder Mitarbeiter an einer Universität ist wissenschaftlicher Angestellter, nichtwissenschaftlicher Angestellter, wissenschaftlicher Beamter oder nichtwissenschaftlicher Beamter.

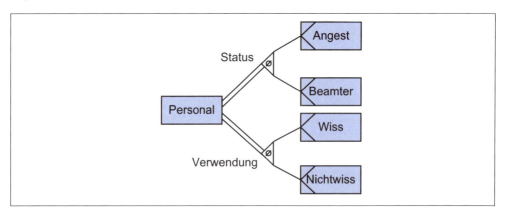

Bild 5-25: Beispiel zur Generalisierung im SERM

Nun wird die Attributebene der Generalisierung betrachtet. Der Supertyp S umfasst diejenigen Attribute, die alle Subtypen S_i (i = 1..n) besitzen, d. h. die Attribute, welche die Gemeinsamkeiten der zueinander ähnlichen Subtypen beschreiben. Die Subtypen

S_i umfassen dagegen die jeweils individuellen Attribute, d. h. diejenigen Attribute, in denen sich ein Subtyp von den anderen Subtypen unterscheidet.

> Betrachtet man z. B. die Generalisierung der Datenobjekttypen *Kunde* und *Liefer* (Lieferant) zu *GschPart* (Geschäftspartner), so enthält *GschPart* die gemeinsamen Attribute, wie *Name*, *Straße*, *PLZ* und *Ort*, während *Kunde* und *Liefer* diejenigen Attribute umfassen, die nur Kunden bzw. Lieferanten besitzen.

Syntaktisch ist S mit jedem S_i durch eine (0,1)-Beziehung verbunden. Im Gegensatz zu einer normalen (0,1)-Beziehung besteht aber der semantische Unterschied darin, dass jedes Objekt des Typs S_i gleichzeitig auch ein Objekt des Typs S darstellt. Mit anderen Worten, aufgrund der Existenzabhängigkeit zwischen S und S_i existiert zu jedem Objekt s_i des Typs S_i genau ein Objekt s des Typs S. Die Objekte s und s_i beschreiben gemeinsam *ein* Objekt der Realität.

Dem Supertyp kann pro Kategorie ein **Kategorieattribut** [VRT82] zugeordnet werden, dessen Wert die Zugehörigkeit eines generalisierten Objekts zu einem bestimmten Subtyp der jeweiligen Kategorie angibt. Der Wertebereich eines Kategorieattributs besteht aus Bezeichnungen für die einzelnen Subtypen des Supertyps. Da alle Attribute eines Datenobjekttyps das Kriterium der ersten Normalform (siehe Abschnitt 5.2.5) erfüllen müssen, ist die Vergabe von Kategorieattributen nur möglich, wenn die Objektmengen der Subtypen paarweise disjunkt sind (Eigenschaft (1)).

MODELLIERUNG IM SERM

Im Unterschied zum ERM, dessen Modellierungsverständnis auf der Abgrenzung von Entity-Typen und der Verknüpfung von Entity-Typen durch Relationship-Typen aufbaut, beruht das Modellierungsverständnis des SERM auf der Abgrenzung von Datenobjekttypen (E-, ER- und R-Typen) und der Analyse von Existenzabhängigkeiten zwischen Datenobjekttypen.

Dieser Wechsel im Denkansatz von der *Analyse von Beziehungen* hin zur *Analyse von Existenzabhängigkeiten* wird in Bild 5-26 verdeutlicht. Das Bild zeigt eine 1:N-Beziehung zwischen zwei Entity-Typen A und B im ERM. Anhand der Präzisierung der Beziehung durch Angabe von Komplexitätsgraden in (min,max)-Notation werden die Existenzabhängigkeiten zwischen A und B deutlich. In Fall (a) besteht eine einseitige Existenzabhängigkeit des ER-Typs (b,B) vom E-Typ A. Der ER-Typ (b,B) ist aus Sicht des ERM durch Zusammenfassung des E-Typs B und des R-Typs b entstanden. Fall (b) zeigt eine wechselseitige Existenzabhängigkeit zwischen A und (b,B). In Fall (c) besteht keine Existenzabhängigkeit zwischen A und B, es hängt lediglich der R-Typ b einseitig sowohl von A als auch von B ab.

Bezüglich der Zuordnung von Attributen liegt dem SERM grundsätzlich das gleiche Modellierungsverständnis wie dem ERM zugrunde. Hier führt das SERM auf der zweiten Modellierungsebene zu einem Datenschema in vierter Normalform (4NF) (zur Definition der einzelnen Normalformen siehe Abschnitt 5.2.5).

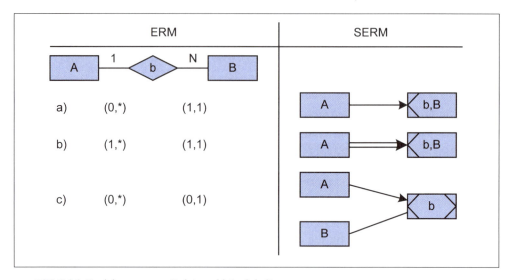

Bild 5-26: Beziehung versus Existenzabhängigkeit

Die dritte Normalform (3NF) wird erreicht, indem jedem Datenobjekttyp nur solche Attribute zugeordnet werden, die voll funktional und nicht-transitiv vom Primärschlüssel abhängen. Falls keine weiteren Abhängigkeiten als relevant betrachtet werden, sind die Relationstypen gleichzeitig in Boyce-Codd-Normalform (BCNF). Die funktionalen Abhängigkeiten zwischen den Datenobjekttypen werden durch die (0,*)-, (0,1)- und (1,*)-Beziehungen korrekt repräsentiert.

Zur Erreichung von 4NF ist sicherzustellen, dass kein Datenobjekttyp mehrwertige Abhängigkeiten enthält. Dies kann nur bei ER- oder R-Typen auftreten, die mit wenigstens drei Vorgängern durch (0,*)- oder (1,*)-Beziehungen verbunden sind. Im SERM kann 4NF bereits auf der Ebene des SER-Diagramms durch einen sukzessiven Aufbau mehrstelliger Beziehungen sichergestellt werden. Bei jeder neuen Beziehung, zu deren Zielknoten bereits zwei oder mehr (0,*)- oder (1,*)-Beziehungen führen, ist zu prüfen, ob die neue Beziehung inhaltlich von den bereits vorhandenen Beziehungen abhängig ist oder nicht. Falls die neue Beziehung von einer bereits vorhandenen Beziehung unabhängig ist, wird sie nicht eingetragen, sondern durch Einführung eines weiteren ER- bzw. R-Typs modelliert. Dies wird durch Beispiel 5-10 verdeutlicht. Zu einem ausführlichen Modellierungsbeispiel im SERM siehe [Sinz92].

5.2 Datenorientierte Modellierungsansätze

Beispiel 5-10:

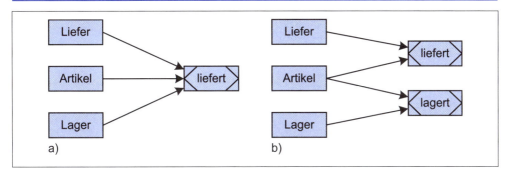

Bild 5-27: 4NF im SERM

Liefert ein Lieferant seine Artikel stets an bestimmte Läger, so ist die Modellierung in Bild 5-27 a korrekt. Falls die Lieferung von Artikeln unabhängig davon erfolgt, in welchen Lägern diese geführt werden, so trifft die Modellierung in Bild 5-27 b zu.

Beispiel

METAMODELL DES SERM

Bild 5-28 zeigt den Kern des Metamodells für das SERM. Die Darstellung folgt wiederum dem in Bild 5-5 eingeführten Meta-Metamodell, zu welchem das Metamodell eine gültige Extension darstellt.

Im SERM ist ein Datenobjekttyp entweder ein E-Typ, ein ER-Typ oder ein R-Typ. Die zur Darstellung im SERM-Schema verwendeten Symbole sind angegeben. Einem E-Typ und einem ER-Typ müssen, einem R-Typ können Attribute zugeordnet werden. Die Attribute besitzen keine graphische Repräsentationsform, sondern werden aufgrund der Komplexität, die SERM-Schemata im Allgemeinen aufweisen, separat in Attributlisten verwaltet. Zulässige Beziehungen zwischen E-, ER- und R-Typ sind durch Spezialisierungen von Beziehung angegeben. Dadurch wird u. a. bestimmt, dass eine Beziehung zu einem E-Typ oder von einem R-Typ nicht zulässig ist. Jeder Beziehung ist eine Kardinalität in (min,max)-Notation zugeordnet. Die Standardkardinalitäten (0,1), (1,1), (0,*) und (1,*) werden durch die angegebenen Symbole ausgedrückt.

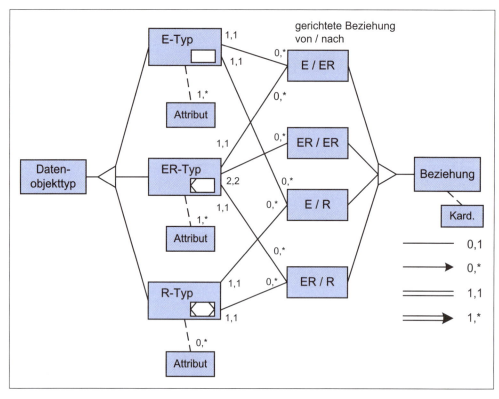

Bild 5-28: Metamodell des Strukturierten Entity-Relationship-Modells (SERM)

5.2.4 Spezielle Modellierungs- und Analyseeigenschaften des SERM

Gegenstand dieses Abschnitts ist eine detaillierte Darstellung der Eigenschaften des SERM. Gleichzeitig werden die Verbesserungen gegenüber dem ERM erläutert.

EXISTENZABHÄNGIGKEITEN

Eine der zentralen Eigenschaften des SERM ist die Visualisierung der in einem Datenschema modellierten Existenzabhängigkeiten. Jede Beziehung zwischen zwei Datenobjekttypen stellt eine Existenzabhängigkeit dar. Im SER-Diagramm werden

- einseitige Existenzabhängigkeiten durch einfache Kanten,
- wechselseitige Existenzabhängigkeiten durch doppelte Kanten

dargestellt. Durch die geometrische Anordnung der Knoten im SER-Diagramm werden Folgen von Existenzabhängigkeiten in ihrem gesamten Kontext dargestellt. Bei

5.2 Datenorientierte Modellierungsansätze

wechselseitigen Existenzabhängigkeiten gibt die Anordnung der Symbole die „Hauptrichtung" der Abhängigkeit an.

Beispiel 5-11:

In Bild 5-29 ist z. B. *Auftrag* einseitig von *Kunde* abhängig. Eine wechselseitige Existenzabhängigkeit besteht z. B. zwischen *Auftrag* und *AuftrPos*. Folgen von Existenzabhängigkeiten drücken indirekte Abhängigkeiten aus. Zum Beispiel ist *KdRePos* indirekt von *Artikel* abhängig.

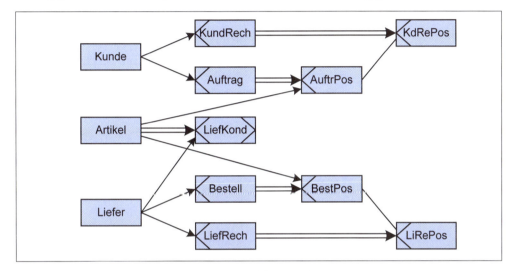

Bild 5-29: SER-Diagramm zum Beispiel *Handelsunternehmen*

In umgekehrter Richtung werden Existenzvoraussetzungen ermittelt. Zu den Existenzvoraussetzungen von *AuftrPos* gehören die Datenobjekttypen *Auftrag*, *Kunde*, *Artikel*, *LiefKond* und *Liefer*. *Auftrag*, *Kunde* und *Artikel* sind direkte oder indirekte Existenzvoraussetzungen aufgrund von einseitigen Existenzabhängigkeiten. Aufgrund einer wechselseitigen Existenzabhängigkeit kommt der Datenobjekttyp *LiefKond* hinzu, der wiederum aufgrund einer einseitigen Existenzabhängigkeit *Liefer* als Existenzvoraussetzung besitzt.

Beispiel

Im ERM sind Existenzabhängigkeiten lediglich in Form von schwachen Entity-Typen darstellbar. Dieses Konzept, das sich auf die Bildung von Primärschlüsseln stützt, ist deshalb nicht ausreichend, da grundsätzlich für jeden Entity-Typ ein künstlicher Primärschlüssel (Surrogatschlüssel), z. B. in Form einer fortlaufenden Nummer, gebildet werden kann. Die Modellierung von Existenzabhängigkeiten zwischen Entity-Typen muss daher losgelöst von der Wahl des Primärschlüssels möglich sein.

Im erweiterten ERM mit (min,max)-Notation sind Existenzabhängigkeiten präzise formulierbar, sie werden aber nicht hinreichend visualisiert. Dies gilt insbesondere für mehrstufige Folgen von Existenzabhängigkeiten, an deren Anfang die „selbstständigsten" Datenobjekttypen und an deren Ende die „am stärksten abhängigen" Datenobjekttypen auftreten.

VERMEIDUNG ZYKLISCHER EXISTENZABHÄNGIGKEITEN

Im ERM ist es möglich, (versehentlich) einen Zyklus von einseitigen und/oder wechselseitigen Existenzabhängigkeiten zu modellieren. Ein derartiger Zyklus ist visuell nur schwer zu erkennen, wenn an ihm eine größere Anzahl von Datenobjekttypen beteiligt ist.

Beispiel 5-12:

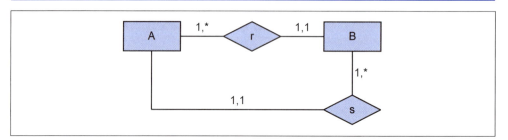

Bild 5-30: Zyklische Existenzabhängigkeiten im ERM

Ein Beispiel für einen Zyklus aus wechselseitigen Existenzabhängigkeiten ist in Bild 5-30 dargestellt. Dort gilt:

$$A \Leftrightarrow B \Leftrightarrow A$$

Bezeichnet man mit |X| die Mächtigkeit der Objektmenge eines Entity-Typs bzw. Relationship-Typs X, dann gilt:

$$|A| \leq |r| = |B| \leq |s| = |A|$$

Diese Ungleichung ist nur für den Fall erfüllt, dass alle Objektmengen die gleiche Mächtigkeit aufweisen. Die einzelnen Referenzbedingungen in Bild 5-30 geben somit einen Zuordnungsspielraum vor, der bei gleichzeitiger Beachtung aller Referenzbedingungen nicht ausgeschöpft werden kann. Die Modellierung ist daher inkonsistent.

Der genannte Zuordnungsspielraum ist dann ausschöpfbar, wenn an dem Zyklus eine einseitige Existenzabhängigkeit beteiligt ist, z. B. wenn in Bild 5-30 die (1,*)-Beziehung zwischen A und r in eine (0,*)-Beziehung abgeändert wird:

$$A \Leftarrow B \Leftrightarrow A$$

Bild 5-31 zeigt eine konkrete Datenbasis zu dem nun entstandenen Datenschema. Die darin enthaltene zyklische Existenzabhängigkeit zeigt ihre Auswirkungen beim Einfügen bzw. Löschen von Datenobjekten. Soll etwa das Datenobjekt a1 gelöscht werden, so bedeutet dies, dass zur Wiedererfüllung der geltenden Referenzbedingungen auch alle anderen Datenobjekte aus der Datenbasis entfernt werden müssen.

5.2 Datenorientierte Modellierungsansätze

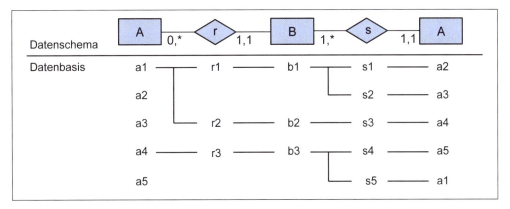

Bild 5-31: Datenbasis zum modifizierten Datenschema aus Bild 5-30

Beispiel

Zyklen von Existenzabhängigkeiten bedeuten Widersprüche in der Modellierung. Warum ist es im SERM nicht möglich, einen derartigen Zyklus von Existenzabhängigkeiten zu modellieren? Hierzu wird versucht, das Beispiel aus Bild 5-30 vom ERM in das SERM zu übertragen. Dabei werden die durch (1,1)-Beziehungen verknüpften R- und E-Typen zu je einem ER-Typ zusammengefasst. Die beiden verbleibenden (1,*)-Beziehungen werden gemäß SER-Darstellungsregeln als Kanten „von Rechteck zu Raute" und „von links nach rechts" dargestellt. Dies ist nur für eine Kante möglich. Die zweite Kante müsste von rechts nach links gezeichnet werden (Bild 5-32). Die Modellierung eines Zyklus aus einseitigen und/oder wechselseitigen Existenzabhängigkeiten ist somit aufgrund der quasi-hierarchischen Struktur von SER-Diagrammen ausgeschlossen.

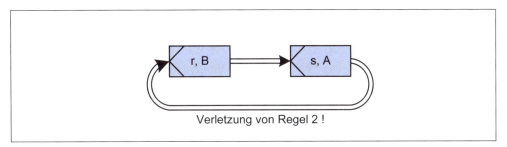

Bild 5-32: Vermeidung zyklischer Existenzabhängigkeiten im SERM

Beispiel 5-13 zeigt die Darstellung einer Ehebeziehung im SERM (Bild 5-33). Da der R-Typ *Ehe* mit zwei (1,1)-Beziehungen in Beziehung steht, ist eine Zusammenziehung zu einem ER-Typ ohne Verletzung der Symmetrie der Modellierung nicht möglich. Das Beispiel enthält keine zyklische Existenzabhängigkeit im Sinne von SERM, da die Richtung jeder (1,1)-Beziehung von links nach rechts interpretiert wird. Die Modellierung verursacht auch keinerlei Probleme bezüglich der konsistenten Verwaltung einer zugehörigen Datenbasis. Zum Beispiel werden im Fall einer Ehescheidung das betreffende Objekt zu *Ehe* sowie die zugehörigen Subobjekte zu *Ehemann* und *Ehefrau* aus der Datenbasis gelöscht.

Beispiel 5-13:

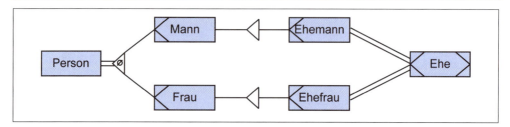

Bild 5-33: Ehebeziehung im SERM

KREISE, SCHRAUBEN UND RINGE

Im vorigen Abschnitt wurde gezeigt, dass zyklische Existenzabhängigkeiten im SERM nicht modellierbar sind und damit eine Quelle von Inkonsistenzen ausgeschlossen ist. Aus graphentheoretischer Sicht ist ein **Zyklus** eine zusammenhängende Folge von gerichteten Kanten, die unter Beachtung der Kantenrichtung geschlossen ist. SER-Diagramme enthalten keinen Zyklus, da zu seiner Darstellung wenigstens eine Kante von rechts nach links verlaufen müsste. Ohne Beachtung der Kantenrichtung kann ein SER-Diagramm allerdings geschlossene Kantenfolgen enthalten. Eine solche Kantenfolge wird graphentheoretisch als **Kreis** bezeichnet.

Kreise in SER-Diagrammen sind mögliche Quellen redundanter Beziehungsstrukturen und bedürfen daher einer sorgfältigen Analyse. Der Kreis in Bild 5-34 enthält eine redundante Beziehung zwischen *Kunde* und *AuftrPos*. Die in dieser Beziehung enthaltene Information, die Zuordnung von Auftragspositionen zu einem Kunden, kann transitiv über die Beziehungen zwischen *Kunde* und *Auftrag* sowie zwischen *Auftrag* und *AuftrPos* abgeleitet werden.

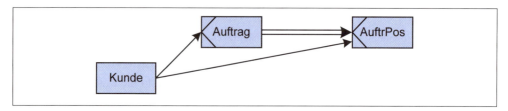

Bild 5-34: Kreisanalyse: redundante Beziehung

Dagegen ist in Bild 5-35, das einen Ausschnitt des Beispiels *Vertrieb* zeigt, keine der Beziehungen redundant. Die beiden Wege von *Kunde* zu *RechPos* enthalten unterschiedliche Informationen. Der eine Weg beschreibt die einzelnen Aufträge eines Kunden, deren Auftragspositionen und in welchen Rechnungspositionen diese berechnet wurden. Umgekehrt beschreibt der andere Weg die Rechnungen eines Kunden, deren Rechnungspositionen und welche Auftragspositionen diese berechnen.

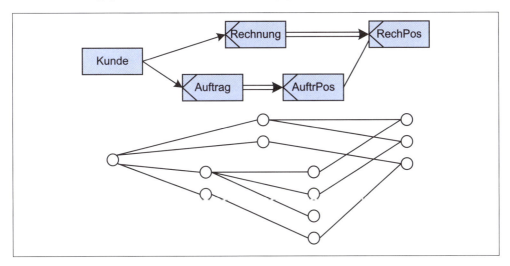

Bild 5-35: Kreisanalyse: Ringstruktur der Objekte

Die Kreisanalyse macht aber hier eine weitere Integritätsbedingung deutlich: Die Schlüsselreferenzen zwischen den Objekten der am Kreis beteiligten Datenobjekttypen müssen stets die in Bild 5-35 gezeigte **Ringstruktur** erfüllen. Dadurch wird verhindert, dass Auftragspositionen, die zu Aufträgen eines Kunden A gehören, in Rechnungspositionen von Rechnungen eines Kunden B berechnet werden. Diese Integritätsbedingung ist allerdings im SER-Diagramm nicht darstellbar und muss daher separat verwaltet werden.

Bild 5-36 zeigt eine weitere Kreisstruktur. Zugunsten eines Kontos A wird ein Scheckeinreichungsauftrag *(ScheckEin)* mit ggf. mehreren Schecks *(Scheck)* erteilt, die den Konten B, C usw. belastet werden sollen. Auch hier ist keine der Beziehungen redundant. Im Gegensatz zu Bild 5-35 liegt hier auf Instanzenebene eine **Schraubenstruktur** vor. Jeder Scheck wird einem bestimmten Konto gutgeschrieben und einem anderen Konto belastet.

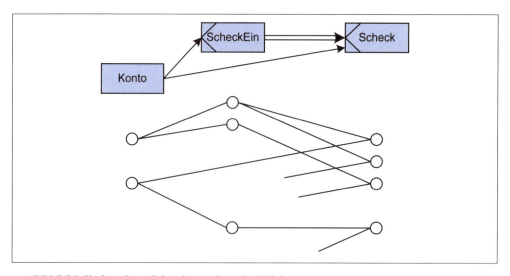

Bild 5-36: Kreisanalyse: Schraubenstruktur der Objekte

VERMEIDUNG UNNÖTIGER RELATIONSTYPEN

Im ERM wird jeder Entity-Typ und jeder Relationship-Typ durch Zuordnung von Attributen detailliert. Jeder Entity-Typ besitzt einen Primärschlüssel. Der Primärschlüssel eines Relationship-Typs setzt sich aus den Primärschlüsseln der verknüpften Entity-Typen zusammen.

Der Übergang von einem konzeptuellen Datenschema im ERM zum Relationenmodell ist nun grundsätzlich dadurch möglich, dass jeder Entity-Relationstyp und jeder Relationship-Relationstyp als Relationstyp eines relationalen Datenbanksystems implementiert wird. Dabei ergibt sich allerdings in der Regel eine größere Anzahl an Relationstypen als nötig. Unnötige Relationstypen führen bei relationalen Datenbanksystemen u. a. zu Laufzeitnachteilen bei der Verknüpfung von Relationen mithilfe des Verbund-Operators (Join).

Ursächlich für die unnötigen Relationstypen im ERM sind u. a. Entity und Relationship-Typen, die durch eine (1,1)-Beziehung verbunden sind. Diese können im Relationenmodell ohne Verlust an Normalisierung zu einem Relationstyp zusammengefasst werden. Durch die Einführung des ER-Typs im SERM werden Paare von E- und R-Typen, die durch eine (1,1)-Beziehung verknüpft sind, bereits auf konzeptueller Ebene zusammengefasst und führen damit zu genau einem Relationstyp auf der Ebene des Datenbankschemas.

5.2 Datenorientierte Modellierungsansätze

Beispiel 5-14:

Die Bildung von Relationstypen im ERM und im SERM wird anhand der Beispiele 5-6 und 5-8 verdeutlicht. Im ERM (Beispiel 5-6) wird der Sachverhalt zwischen Kunden, Aufträgen und Artikeln durch sieben Relationstypen, vier Entity-Relationstypen

    Kunde(KundNr,...)

    Auftrag(AuftrNr,...)

    AuftrPos(AuftrNr,AuftrPosNr,...)

    Artikel(ArtNr,...)

und drei Relationship-Relationstypen

    Kunde-Auftrag(KundNr,AuftrNr)

    Auftrag-AuftrPos(AuftrNr,AuftrPosNr)

    Artikel-AuftrPos(ArtNr,AuftrNr,AuftrPosNr)

dargestellt. Im SERM (Beispiel 5-8) werden die Relationship-Relationstypen *Kunde-Auftrag*, *Auftrag-AuftrPos* und *Artikel-AuftrPos* überflüssig. Dies führt zu den folgenden vier Relationstypen:

    Kunde(KundNr,...)

    Auftrag(AuftrNr,...,KundNr)

    AuftrPos(AuftrNr,AuftrPosNr,...,ArtNr)

    Artikel(ArtNr,...)

Die Attribute *KundNr* in *Auftrag* und *ArtNr* sowie *AuftrNr* in *AuftrPos* stellen Fremdschlüssel (siehe Abschnitt 5.2.5) dar. Dabei ist *AuftrNr* Bestandteil des Primärschlüssels von *AuftrPos*. *AuftrPos* ist in der Terminologie des ERM ein schwacher Entity-Typ, da mit seinen eigenen (natürlichen) Attributen kein Schlüssel gebildet werden kann.

Die quasi-hierarchische Struktur der ersten Modellierungsebene des SERM bleibt auf der zweiten Modellierungsebene erhalten. Jede Schlüsselreferenz zwischen zwei in Beziehung stehenden Relationstypen wird durch Attribute des im SER-Diagramm rechts angeordneten Datenobjekttyps realisiert. Kein Objekt eines rechts angeordneten Datenobjekttyps kann ohne ein zugehöriges Objekt des links angeordneten Datenobjekttyps existieren. Für den Einsatz eines relationalen Datenbanksystems, wo Objekte als Tupel (Zeilen) einer Relation dargestellt werden, folgt daraus, dass in den Spalten der Fremdschlüsselattribute keine Nullwerte auftreten können.

Aus der Datenbanktheorie sind zwei Arten von Nullwerten bekannt: (1) Wert existiert, ist aber zurzeit nicht bekannt und (2) Wert existiert nicht. Im vorliegenden Zusammenhang handelt es sich um die zweite Art von Nullwerten. Da Nullwerte eine Reihe methodischer und praktischer Probleme verursachen, sollten sie nach Möglichkeit vermieden werden. Für Primärschlüsselattribute sind Nullwerte ohnehin nicht zulässig.

5.2.5 Theoretische Grundlagen: Abhängigkeiten, Schlüssel und Normalformen

In den Abschnitten 5.2.1 bis 5.2.4 wurde die Modellierung der Datensicht von IS auf der Ebene von Datenobjekttypen und Beziehungen zwischen Datenobjekttypen behandelt. Auf einer zweiten Modellierungsebene wurden den einzelnen Datenobjekttypen Attribute zugeordnet. Dadurch wurden die relevanten Eigenschaften von Datenobjekttypen dargestellt und die Beziehungen zwischen Datenobjekttypen realisiert.

Im Folgenden wird die Zuordnung von Attributen zu Datenobjekttypen unter formalen Gesichtspunkten untersucht (siehe z. B. [Ull88], [MDL87] und [Date04]). Ziel dieses Abschnitts ist eine theoretische Fundierung des dem ERM und dem SERM zugrunde liegenden Modellierungsverständnisses. Die Ausführungen bilden gleichzeitig die Grundlage für das in Abschnitt 9.2.1 behandelte Relationenmodell.

Ein **Relationstyp** wird durch seinen Namen und eine Menge von Attributen definiert; er korrespondiert mit einem Datenobjekttyp gemäß ERM bzw. SERM. Eine **Relation** ist die Ausprägung eines Relationstyps; sie wird auch als **Extension** des Relationstyps bezeichnet. Relationen werden in Form von zweidimensionalen Tabellen veranschaulicht. Die Zeilen einer Relation heißen Tupel. Ein Kreuzungspunkt zwischen einer Zeile und einer Spalte heißt **(Attribut-) Wert**.

Beispiel 5-15:

Die nachstehende Relation *Literatur* beschreibt einen Ausschnitt aus einem Literaturkatalog. Der zugehörige Relationstyp ist definiert als

Literatur (Sign, Verfasser, Titel, Jahr, SID, Sachgebiet, Schlagwort).

(*Sign* = Signatur, *Jahr* = Erscheinungsjahr, *SID* = Sachgebietsidentifikator).

Literatur						
Sign	Verfasser	Titel	Jahr	SID	Sachgebiet	Schlagwort
QH1	Ferstl	Wirtschaftsinformatik	1993	GRD	Grundlagen	Informationssysteme
QH1	Sinz	Wirtschaftsinformatik	1993	GRD	Grundlagen	Informationssysteme
QH1	Ferstl	Wirtschaftsinformatik	1993	GRD	Grundlagen	Objektmodellierung
QH1	Sinz	Wirtschaftsinformatik	1993	GRD	Grundlagen	Objektmodellierung
QH2	Wirth	Modula-2	1989	PRG	Programmierung	Algorithmus
QH2	Wirth	Modula-2	1989	PRG	Programmierung	Modul
QH3	Wirth	Pascal	1990	PRG	Programmierung	Algorithmus
QH3	Wirth	Pascal	1990	PRG	Programmierung	Datenstruktur

5.2 Datenorientierte Modellierungsansätze

Die Relation in Beispiel 5-15 enthält eine Reihe von Redundanzen und Anomalien. Beispiele hierfür sind:

- **Redundanz:** Die Aussage (das Faktum), dass das Buch mit der Signatur *QH1* den Titel *Wirtschaftsinformatik* trägt, ist mehrfach aufgeführt.

- **Potenzielle Inkonsistenz (Änderungsanomalie):** Soll der Titel dieses Buches von *Wirtschaftsinformatik* in *Grundlagen der Wirtschaftsinformatik* geändert werden, so sind Modifikationen in mehreren Tupeln durchzuführen. Wird eine dieser Änderungen unterlassen, so ist die Datenbasis inkonsistent.

- **Einfügeanomalie:** Ein Sachgebiet kann erst dann eingetragen werden, wenn das erste Buch hierfür vorliegt.

- **Löschanomalie:** Mit dem Löschen des letzten Buches zu einem Sachgebiet verschwindet auch das Sachgebiet selbst.

Die geschilderten Probleme werden im folgenden durch eine geeignete Zerlegung von Relationstypen in Teilrelationstypen sowie der zugehörigen Relationen in Teilrelationen behoben. Zuvor wird eine wichtige Anforderung an die Beschaffenheit von Relationen definiert.

ERSTE NORMALFORM (1NF)

Definition: 1NF

Ein Relationstyp R ist in **erster Normalform (1NF)**, falls die Wertebereiche aller Attribute elementar (aus der Sicht des konzeptuellen Datenschemas) sind.

Der **Wertebereich** eines Attributs ist die Menge aller Werte, die dieses Attribut zulässigerweise annehmen kann. Ein elementarer Wertebereich enthält ausschließlich Werte, die nicht aus einfacheren Werten zusammengesetzt sind. Der Zusatz „aus der Sicht des konzeptuellen Datenschemas" legt dabei die dem Modellierungsverständnis zugrunde gelegte Granularität eines Attributs fest. Zum Beispiel ist der Wertebereich eines Attributs *Adresse* elementar, wenn aus der Sicht des konzeptuellen Datenschemas nicht auf Adressbestandteile, wie Straße, Postleitzahl und Ort, referiert wird. Ohne die Festlegung dieser Granularität könnte grundsätzlich jeder Wertebereich auf den elementaren Wertebereich {0,1} zurückgeführt werden.

Die Relation *Literatur* in Beispiel 5-15 ist in 1NF. Eine Verletzung von 1NF würde z. B. vorliegen, wenn der Wertebereich des Attributs *Verfasser* den Wert (*Ferstl, Sinz*) enthalten würde.

Der Begriff 1NF ist unglücklich gewählt, da er eine Anforderung an die Wertebereiche von Attributen und keinen Normalisierungsschritt im Sinne einer geeigneten Zuordnung von Attributen zu Relationstypen beschreibt. Da der Begriff 1NF aber in der Literatur und in der Praxis allgemein gebräuchlich ist, wird er auch hier verwendet.

FUNKTIONALE ABHÄNGIGKEIT (FUNCTIONAL DEPENDENCY, FD)

Voraussetzung für die Zuordnung von Attributen zu Relationstypen ist ein geeignetes Ausdrucksmittel für die **Semantik** von Attributen. Diese Semantik wird in Form von Beziehungen zwischen den einzelnen Attributen beschrieben, welche mit der Bedeutung der Attribute in der Realität korrespondieren. Die Formalisierung der Beziehungen erfolgt in Form von funktionalen und mehrwertigen Abhängigkeiten.

Für die weitere Darstellung werden folgende Bezeichnungen vereinbart:

$R(A_1, A_2, ..., A_n)$ Relationstyp

$A_1, A_2, ..., A_n$ Attribute

X, Y, Z $\subseteq \{A_1, A_2, ..., A_n\}$

Definition: Funktionale Abhängigkeit

> Y heißt **funktional abhängig** von X in R (X bestimmt Y funktional)
>
> $X \rightarrow Y$,
>
> wenn in jeder Relation des Typs R zwei Tupel, die in ihren X-Werten übereinstimmen, auch in ihren Y-Werten übereinstimmen.

Bei der Spezifikation eines Relationstyps wird häufig explizit auf die Semantik der Attribute Bezug genommen werden. R(A;F) bezeichnet einen Relationstyp R mit Attributmenge A und einer Menge F von funktionalen Abhängigkeiten. R(A;D) bezeichnet einen Relationstyp R mit Attributmenge A und einer Menge D von funktionalen und mehrwertigen Abhängigkeiten. Mehrwertige Abhängigkeiten werden später in diesem Abschnitt eingeführt.

Beispiel 5-16 (Fortsetzung von Beispiel 5-15):

Der Relationstyp *Literatur* in Beispiel 5-15 umfasst die Attributmenge $A = \{Sign, Verfasser, Titel, Jahr, SID, Sachgebiet, Schlagwort\}$ und eine Menge F von funktionalen Abhängigkeiten, welche die Semantik der Attribute beschreiben. F enthält folgende vier Abhängigkeiten:

a) Sign Verfasser Schlagwort $\rightarrow$ Titel Jahr SID Sachgebiet

b) Sign Verfasser $\rightarrow$ Titel Jahr SID Sachgebiet

c) Sign $\rightarrow$ Titel Jahr SID Sachgebiet

d) SID $\rightarrow$ Sachgebiet

Abhängigkeit (b) bedeutet z. B., dass bei Kenntnis der Werte zu *Sign* und *Verfasser* die zugehörigen Werte zu *Titel*, *Jahr*, *SID* und *Sachgebiet* bestimmbar sind.

> Beispiel
>
> Gilt $Y \subseteq X$, so beschreibt $X \rightarrow Y$ eine stets gültige **triviale funktionale Abhängigkeit**. Zum Beispiel sind bei Kenntnis der Werte zu *Sign* und *Verfasser* trivialerweise auch die Werte zu *Sign* sowie zu *Verfasser* determiniert.

Definition: Voll funktionale Abhängigkeit

> Y heißt **voll funktional abhängig** von X in R (X bestimmt Y voll funktional)
>
> $X \bullet\!\!\rightarrow Y$,
>
> wenn $X \rightarrow Y$ gilt und X minimal ist, d. h. wenn es keine Attributmenge $Z \subset X$ gibt, so dass $Z \rightarrow Y$.

Die Abhängigkeiten (a) und (b) in Beispiel 5-16 stellen keine voll funktionalen Abhängigkeiten dar, da in beiden Fällen eine echte Teilmenge der Attribute der linken Seite angegeben werden kann, die bereits alle Attribute der rechten Seite determiniert. Hingegen sind (c) und (d) voll funktionale Abhängigkeiten.

SCHLÜSSEL VON RELATIONSTYPEN

Aufgrund der Mengeneigenschaft von Relationen ist jedes Tupel durch die Gesamtheit seiner Attributwerte identifiziert. In der Regel sind hierzu aber bereits die Werte einiger weniger Attribute des Relationstyps ausreichend.

Definition: Schlüsselkandidat

> X heißt **Schlüsselkandidat** von R, falls $X \bullet\!\!\rightarrow A_1 A_2 .. A_n$.

Ein Schlüsselkandidat (oder kurz **Schlüssel**) ist somit eine minimale Attributmenge, die *alle* Attribute eines Relationstyps determiniert. Dabei gilt:

- Ein einzelnes Attribut A_i ($i \in \{1..n\}$) kann auch durch eine echte Teilmenge von X determiniert sein.

- Aufgrund der stets gültigen trivialen funktionalen Abhängigkeiten determiniert jeder Schlüssel auch seine eigenen Attribute.

Zu einem Relationstyp können mehrere Schlüssel existieren. In diesem Fall wird einer von ihnen als **Primärschlüssel** ausgezeichnet und die zugehörigen Attribute durch

Unterstreichen gekennzeichnet. Ein Attribut, das Bestandteil eines Schlüssels ist, heißt **Schlüsselattribut (SA)**, ein Attribut, das in keinem Schlüssel vorkommt, heißt **Nichtschlüsselattribut (NSA)**.

Bei der Zerlegung von Relationen werden die Beziehungen zwischen den Teilrelationen dadurch hergestellt, dass der Primärschlüssel eines Relationstyps in die Attributmenge eines anderen Relationstyps aufgenommen wird. Er dient dort der Identifizierung von Tupeln einer „fremden" Relation und wird daher als **Fremdschlüssel** bezeichnet. Ein Fremdschlüssel kann gleichzeitig Bestandteil eines Primärschlüssels sein.

NORMALFORMEN AUF DER GRUNDLAGE FUNKTIONALER ABHÄNGIGKEITEN

Auf der Grundlage funktionaler Abhängigkeiten wurde eine Folge von Normalformen für Relationstypen definiert. Diese Normalformen bauen aufeinander auf, d. h. ein Relationstyp in BCNF ist auch in 3NF, in 2NF und in 1NF. Mit jeder Normalform werden weitere Redundanzen und Anomalien beseitigt.

Definition: 2NF

Ein 1NF-Relationstyp R(A;F) ist in **zweiter Normalform (2NF)**, falls jedes Nichtschlüsselattribut aus A von jedem Schlüsselkandidaten von R voll funktional abhängig ist.

Beispiel 5-17:

In Beispiel 5-16 ist {Sign, Verfasser, Schlagwort} der einzige Schlüsselkandidat, der damit gleichzeitig Primärschlüssel ist. Wegen der funktionalen Abhängigkeit

Sign → Titel Jahr SID Sachgebiet

sind die Attribute *Titel*, *Jahr*, *SID* und *Sachgebiet* nicht voll funktional von diesem Schlüssel abhängig. Der Relationstyp *Literatur* wird zur Erreichung von 2NF daher in die beiden Relationstypen

BuchSach (<u>Sign</u>, Titel, Jahr, SID, Sachgebiet)

VerfSchl (<u>Sign, Verfasser, Schlagwort</u>)

zerlegt. Die Beziehung zwischen den beiden Relationstypen wird durch den Fremdschlüssel *Sign* hergestellt. Die zugehörigen Relationen sind:

BuchSach				
Sign	Titel	Jahr	SID	Sachgebiet
QH1	Wirtschaftsinformatik	1993	GRD	Grundlagen
QH2	Modula-2	1989	PRG	Programmierung
QH3	Pascal	1990	PRG	Programmierung

VerfSchl		
Sign	Verfasser	Schlagwort
QH1	Ferstl	Informationssysteme
QH1	Sinz	Informationssysteme
QH1	Ferstl	Objektmodellierung
QH1	Sinz	Objektmodellierung
QH2	Wirth	Algorithmus
QH2	Wirth	Modul
QH3	Wirth	Algorithmus
QH3	Wirth	Datenstruktur

Beispiel

Die Relation *BuchSach* enthält weitere Redundanzen und Anomalien. Zum Beispiel ist die Aussage, dass *PRG* der Sachgebietsidentifikator zum Sachgebiet *Programmierung* ist, mehrfach aufgeführt. Dies führt zu einer weiteren Normalform.

Definition: 3NF

Ein 2NF-Relationstyp R(A;F) ist in **dritter Normalform (3NF)**, falls kein Nichtschlüsselattribut transitiv von einem Schlüsselkandidaten abhängig ist.

Beispiel 5-18:

In *BuchSach* ist aus den funktionalen Abhängigkeiten

   Sign → Titel Jahr SID Sachgebiet

   SID → Sachgebiet

die transitive Abhängigkeit

   Sign → SID → Sachgebiet

ableitbar. *BuchSach* wird daher in die beiden Relationstypen

   Buch (<u>Sign</u>, Titel, Jahr, SID) und

   Sachgebiet (<u>SID</u>, Sachgebiet)

zerlegt. *SID* stellt dabei in *Buch* einen Fremdschlüssel dar. Die zugehörigen Tabellen sind:

Buch			
Sign	Titel	Jahr	SID
QH1	Wirtschaftsinformatik	1993	GRD
QH2	Modula-2	1989	PRG
QH3	Pascal	1990	PRG

Sachgebiet	
SID	Sachgebiet
GRD	Grundlagen
PRG	Programmierung

Beispiel

2NF und 3NF beziehen sich auf Abhängigkeiten der Nichtschlüsselattribute von Schlüsselkandidaten. Abhängigkeiten einzelner Schlüsselattribute werden nicht erfasst. Dies führt zu einer weiteren Normalform.

Definition: BCNF

> Ein 1NF-Relationstyp R(A;F) ist in **Boyce-Codd-Normalform (BCNF)**, falls für jede nicht-triviale funktionale Abhängigkeit X → Y in R gilt: X ist Schlüsselkandidat oder enthält einen Schlüsselkandidaten.

Abweichend von den bisherigen Definitionen nimmt die Definition von BCNF nur auf 1NF Bezug, stellt aber gleichwohl eine Verschärfung der 3NF dar: 3NF fordert, dass kein Nichtschlüsselattribut transitiv von einem Schlüsselkandidaten abhängig ist. Mit anderen Worten, jedes Nichtschlüsselattribut muss direkt (d. h. nicht transitiv) von jedem Schlüsselkandidaten abhängig sein. Dagegen fordert BCNF, dass jedes Attribut (d. h. sowohl Nichtschlüsselattribut als auch Schlüsselattribut) von jedem Schlüsselkandidaten direkt abhängig ist.

Beispiel 5-19:

Gegeben sei folgender Sachverhalt: Jeder Student lernt ein Fach bei einem bestimmten Dozenten. Jeder Dozent lehrt genau ein Fach. Jedes Fach wird i. a. von mehreren Dozenten gelehrt.

R = {Student, Fach, Dozent}

Student Fach → Dozent

Dozent → Fach

Schlüsselkandidaten sind:

(Student, Fach)

(Student, Dozent)

Da keinerlei Nichtschlüsselattribute vorliegen, ist R in 3NF. R ist aber nicht in BCNF, da *Dozent* kein Schlüsselkandidat ist.

Student	Fach	Dozent
Schmidt	Mathematik	Schubert
Schmidt	Informatik	Bauer
Meyer	Mathematik	Schubert
Meyer	Informatik	Lange

In obiger Tabelle ist die Aussage, dass *Schubert* das Fach *Mathematik* lehrt, mehrfach enthalten.

Im Gegensatz zu 3NF kann eine Zerlegung in BCNF, welche gleichzeitig den durch die funktionalen Abhängigkeiten vorgegebenen Sachzusammenhang korrekt repräsentiert, nicht in allen Fällen angegeben werden. Für Beispiel 5-19 ist z. B. eine solche BCNF-Zerlegung nicht auffindbar.

BCNF stellt eine Verschärfung von 3NF und gleichzeitig die höchste Normalform auf der Grundlage funktionaler Abhängigkeiten dar. Zur Vermeidung weiterer Redundanzen und Anomalien werden nun mehrwertige Abhängigkeiten eingeführt.

MEHRWERTIGE ABHÄNGIGKEIT (MULTI-VALUED DEPENDENCY, MD)

Eine mehrwertige Abhängigkeit kann nie isoliert zwischen zwei Attributmengen X und Y, sondern stets nur in Bezug auf eine Komplementmenge $Z = \{A_1, A_2, ..., A_n\} \setminus X \setminus Y$ von Attributen angegeben werden.

Definition: Mehrwertige Abhängigkeit

Y heißt **mehrwertig abhängig** von X in R (X bestimmt Y mehrwertig)
$X \twoheadrightarrow Y$,
wenn in jeder Relation des Typs R die Beziehung zwischen den X- und den Y-Werten unabhängig von den Z-Werten beschrieben werden kann ($Z \neq \emptyset$).

Diese Eigenschaft, dass eine Beziehung zwischen den X- und den Y-Werten von den Z-Werten unabhängig ist, wird formal wie folgt beschrieben: Existieren in einer Relation des Typs R zwei Tupel μ und ν, die in ihren Attributwerten zu X übereinstimmen ($\mu[X] = \nu[X]$), dann gehören zu dieser Relation auch zwei weitere Tupel ϕ und ψ, so dass gilt:

1. $\phi[X] = \psi[X] = \mu[X] = \nu[X]$
2. $\phi[Y] = \mu[Y]$ und $\phi[A \setminus X \setminus Y] = \nu[A \setminus X \setminus Y]$
3. $\psi[Y] = \nu[Y]$ und $\psi[A \setminus X \setminus Y] = \mu[A \setminus X \setminus Y]$

Das heißt, die durch Vertauschen der Y-Werte (bzw. Z-Werte) von μ und ν erzeugten neuen Tupel ϕ und ψ müssen ebenfalls Bestandteil der Relation sein.

	X	Y	Z
μ	x_1	y_1	z_1
ν	x_1	y_2	z_2
ϕ	x_1	y_1	z_2
ψ	x_1	y_2	z_1

Es gilt:

$X \twoheadrightarrow Y \Rightarrow X \twoheadrightarrow A \setminus X \setminus Y$

Schließlich gilt, dass jede funktionale Abhängigkeit als Spezialfall einer mehrwertigen Abhängigkeit betrachtet werden kann:

$$X \to Y \Rightarrow X \twoheadrightarrow Y$$

Beispiel 5-20 (Fortsetzung von Beispiel 5-17):

In Beispiel 5-17 gilt die mehrwertige Abhängigkeit

Sign $\twoheadrightarrow$ Verfasser

und damit aufgrund obiger Ableitungsregel auch

Sign $\twoheadrightarrow$ Schlagwort

Diese beiden mehrwertigen Abhängigkeiten sind in der Relation *VerfSchl* korrekt repräsentiert. Das Fehlen eines Tupels, z. B. (*QH1*, *Sinz*, *Objektmodellierung*), würde einen Zusammenhang zwischen der Zuordnung von Verfassern und der Zuordnung von Schlagwörtern zu Signaturen konstruieren und die mehrwertigen Abhängigkeiten verletzen.

Eine **triviale mehrwertige Abhängigkeit** $X \twoheadrightarrow Y$ liegt vor, wenn $X \cup Y = A$, d. h. $Z = \emptyset$. Diese Eigenschaft ist für beliebige Tabellen erfüllt und beinhaltet keinerlei semantische Aussage.

NORMALFORM AUF DER GRUNDLAGE MEHRWERTIGER ABHÄNGIGKEITEN

Grob gesprochen, verfolgen 2NF, 3NF und BCNF das Ziel, funktionale Abhängigkeiten innerhalb von Relationstypen zu *isolieren*. Im Gegensatz dazu verfolgt 4NF das Ziel, mehrwertige Abhängigkeiten zu *vermeiden*.

Definition: 4NF

Ein BCNF-Relationstyp R(A;D) ist in **vierter Normalform (4NF)**, wenn er außer funktionalen Abhängigkeiten allenfalls triviale mehrwertigen Abhängigkeiten enthält.

Jeder Relationstyp in 4NF ist auch in BCNF. Zur Erreichung von 4NF gilt folgende Zerlegungsregel: Ein Relationstyp R(X,Y,Z) mit $X \twoheadrightarrow Y$ und $X \twoheadrightarrow Z$ wird in zwei neue Relationstypen $R_1(X,Y)$ und $R_2(X,Z)$ zerlegt. Dabei verschwinden die beiden mehrwertigen Abhängigkeiten.

5.2 Datenorientierte Modellierungsansätze

Beispiel 5-21:

Zur Erreichung von 4NF wird VerfSchl aus Beispiel 5-17 in Verfasser und Schlagwort zerlegt.

Verfasser	
Sign	Verfasser
QH1	Ferstl
QH1	Sinz
QH2	Wirth
QH3	Wirth

Schlagwort	
Sign	Schlagwort
QH1	Informationssysteme
QH1	Objektmodellierung
QH2	Algorithmus
QH2	Modul
QH3	Algorithmus
QH3	Datenstruktur

Zum tieferen Verständnis der Normalformen sei abschließend nochmals auf ein wichtiges Merkmal von funktionalen und mehrwertigen Abhängigkeiten hingewiesen: diese stellen Eigenschaften eines Relationstyps, nicht einer konkreten Relation dar.

Betrachtet man z. B. einen Relationstyp R(A;F) in 3NF. Dann sind alle Extensionen dieses Relationstyps, d. h. alle zugehörigen konkreten Relationen, die F erfüllen, ebenfalls in 3NF. Umgekehrt kann anhand einer konkreten Relation im Allgemeinen nicht beurteilt werden, ob der Relationstyp F erfüllt.

Beispiel 5-22:

Der Relationstyp *Sachgebiet* mit A = {SID, Sachgebiet} und F = {(SID → Sachgebiet)} ist in 3NF. Alle Extensionen, die – wie die nachstehende Relation – F erfüllen, sind ebenfalls in 3NF.

Sachgebiet	
SID	Sachgebiet
GRD	Grundlagen
PRG	Programmierung

Betrachtet man hingegen lediglich die konkrete Relation, so kann nicht nachgewiesen werden, ob der Relationstyp *Sachgebiet* F erfüllt. So könnte es sein, dass die erweiterte Relation

Sachgebiet	
SID	Sachgebiet
GRD	Grundlagen
PRG	Programmierung
PRG	Programming

ebenfalls zu den Extensionen des Relationstyps *Sachgebiet* gehört. In diesem Fall wäre allerdings die Abhängigkeit *SID* → *Sachgebiet* verletzt.

Beispiel

Abhängigkeiten stellen somit Integritätsbedingungen dar, welche die möglichen Extensionen eines Relationstyps auf die Menge der semantisch gültigen Extensionen einschränken.

5.3 Datenflussorientierte Modellierungsansätze

5.3.1 Strukturierte Analyse (SA)

Die **Strukturierte Analyse** (Structured Analysis, SA) ([GaSa79], [DeMa79]) ist der bekannteste datenflussorientierte Ansatz zur Analyse und Definition der Aufgabenebene betrieblicher Informationssysteme. Die Modellierungstechnik mit SA wurde in den 1980er-Jahren in vielen Publikationen untersucht. Eine Übersicht geben z. B. [MePa88].

SA konzentriert sich auf die Modellierung der Funktionssicht eines IS. Diese wird in Form von Aktivitäten definiert, die durch Datenflüsse verknüpft sind. Aktivitäten entsprechen betrieblichen Aufgaben mit flussorientierter Aufgabenstruktur (siehe Abschnitt 4.1.2). Eine **Aktivität** transformiert Input-Datenflüsse in Output-Datenflüsse. Formal ist eine Aktivität daher als Input-Output-System interpretierbar.

Datenflüsse stellen Interaktionskanäle zwischen Systemkomponenten dar, die als Schnittstellenvereinbarungen interpretiert werden. Ein Datenfluss verbindet eine Aktivität mit einer weiteren Aktivität, einem Datenspeicher oder einer Umweltkontaktstelle. Zur zeitlichen Pufferung von Datenflüssen stehen in SA **Datenspeicher** zur Verfügung.

Zur Modellierung der Umwelt des Systems werden in SA **Terminatoren** (Umweltkontaktstellen) verwendet. Diese dienen als Quellen und Senken von Datenflüssen aus der Umwelt bzw. an die Umwelt.

SA unterscheidet drei unterschiedliche Darstellungsmittel:

a) **Datenflussdiagramm (DFD):** Ein DFD dient der Modellierung von Aktivitäten, des Zusammenwirkens der Aktivitäten untereinander und mit der Systemumgebung sowie der Modellierung von Datenspeichern.

b) **Data Dictionary (DD):** Das DD dient der detaillierten Beschreibung der Inhalte des DFD. DD werden in der Regel computergestützt verwaltet.

c) **Mini-Spezifikation (Mini-Spec):** Eine Mini-Spec beschreibt das Verhalten einer nicht mehr weiter detaillierten Aktivität. Als Darstellungsform wird **Strukturierte Umgangssprache** (Structured English, Pseudocode) verwendet.

Zur Darstellung von DFDs werden folgende graphische Symbole verwendet: Datenfluss (Pfeil), Aktivität (Kreis), Datenspeicher (parallele Linien) und Terminator (Rechteck).

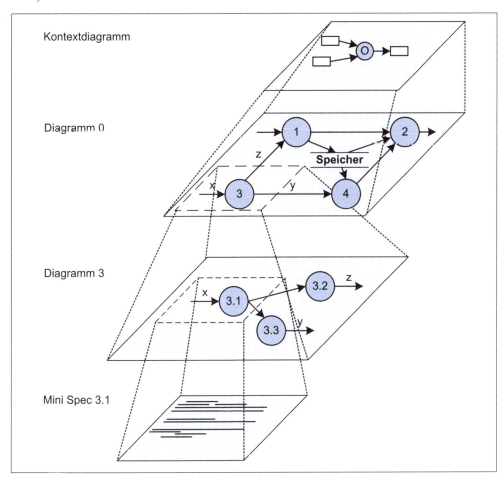

Bild 5-37: Hierarchiemodell von SA [Balz93]

Bild 5-37 zeigt die hierarchische Verfeinerung von DFDs im Hierarchie-Modell von SA. Das DFD der obersten Zerlegungsstufe wird als **Kontextdiagramm** bezeichnet. Es umfasst nur eine einzige Aktivität, enthält keine Datenspeicher und stellt als einziges DFD die Umweltkontaktstellen des Systems in Form von Terminatoren dar.

Ausgehend vom Kontextdiagramm werden Aktivitäten hierarchisch zerlegt. In jedem Zerlegungsschritt wird eine Aktivität zu einem separaten DFD aufgelöst. Bei der Zerlegung einer Aktivität werden Datenflüsse und Datenspeicher sichtbar, die in der bisherigen Aktivität verborgen waren. Die Aktivitäten der untersten Zerlegungsstufe werden in Form von Mini-Specs beschrieben. Als Faustregel gilt, dass ein DFD höchstens etwa 6 Aktivitäten enthalten soll.

Neben den Aktivitäten sind auch Datenflüsse zerlegbar. Jeder durch Zerlegung entstandene Datenfluss muss aber eindeutig einem Datenfluss der nächsthöheren Zerlegungsstufe zuordenbar sein, d. h. bei der Verfeinerung des Systems dürfen zusätzliche Datenflüsse nur durch Zerlegung von Aktivitäten entstehen. In Bild 5-38 sind durch Zerlegung der Aktivität 3 die Aktivitäten 3.1, 3.2 und 3.3, die Datenflüsse a, b, c und d sowie der Datenspeicher S entstanden. Die Datenflüsse x_1 und x_2 sind Zerlegungsprodukte von Datenfluss x.

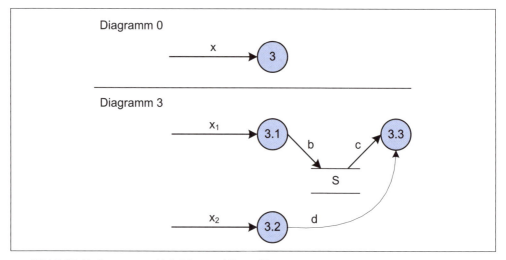

Bild 5-38: Zerlegung von Aktivitäten und Datenflüssen

Beispiel 5-23:

Bild 5-39 zeigt das Kontextdiagramm für ein Informationssystem zur Hotelverwaltung [Hru91]. Das System besteht aus der Aktivität *Verwalte Hotel* sowie aus den beiden Umweltkontaktstellen *Gast* und *Markt*.

5.3 Datenflussorientierte Modellierungsansätze

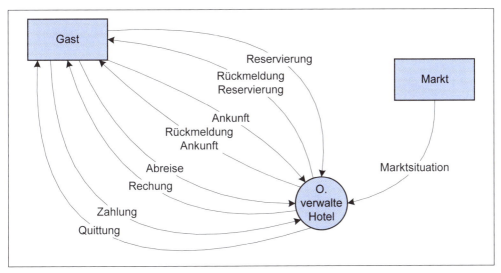

Bild 5-39: Beispiel Hotelverwaltung in SA (Kontextdiagramm)

In Bild 5-40 ist das verfeinerte DFD zu Bild 5-39 dargestellt. Hier wird die Aktivität *Verwalte Hotel* in 7 Aktivitäten aufgespalten. Als Datenspeicher werden *Reservierungen* und *Zimmer* eingeführt.

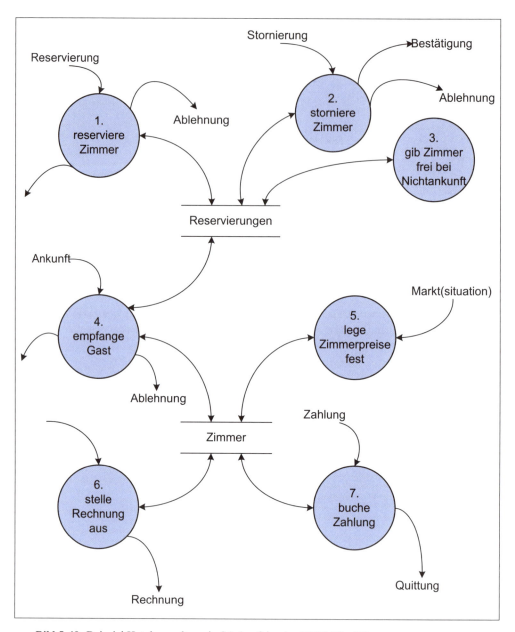

Bild 5-40: Beispiel Hotelverwaltung in SA (verfeinertes DFD) [Hru91]

METAMODELL DER STRUKTURIERTEN ANALYSE (SA)

Der Kern des Metamodells der Strukturierten Analyse ist in Bild 5-41 wiederum als Extension des Meta-Metamodells in Bild 5-5 dargestellt. Nicht dargestellt sind u. a. die Regeln für die Zerlegung von Aktivitäten und Datenflüssen.

Die Elemente eines Datenflussdiagramms sind Aktivitäten, Terminatoren und Speicher. Aktivitäten (der Blattebene) werden durch Mini-Spezifikationen beschrieben. Jede Mini-Spezifikation bezieht sich auf genau eine Aktivität. Ein Datenfluss verbindet zwei Aktivitäten, einen Speicher und eine Aktivität oder (im Kontextdiagramm) eine Aktivität und einen Terminator. Diese möglichen Arten von Beziehungen sind durch Spezialisierungen von Datenfluss definiert. Jeder Terminator und jeder Speicher muss mit wenigstens einer Aktivität verbunden sein.

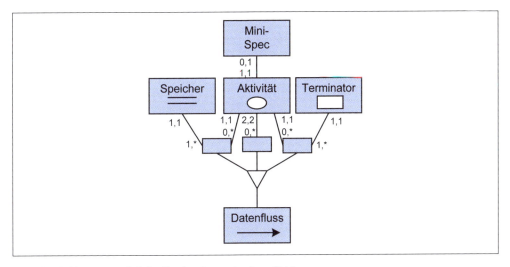

Bild 5-41: Metamodell der Strukturierten Analyse (SA)

5.3.2 Probleme der konventionellen Modellierung betrieblicher Informationssysteme

Die konventionelle Modellierung der Aufgabenebene von IS ist in der Praxis durch folgenden Ansatz gekennzeichnet:

- Zur Modellierung der Funktionssicht eines IS werden überwiegend datenflussorientierte Metamodelle, insbesondere SA verwendet.

- Bei der Modellierung der Datensicht dominieren das Entity-Relationship-Modell (ERM oder eine seiner Varianten).

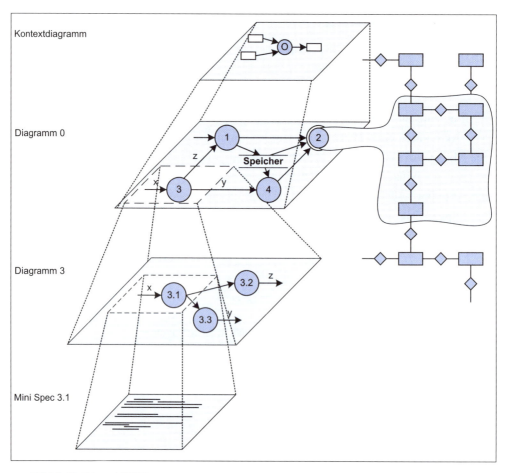

Bild 5-42: SA und ERM

Die Kombination dieser Modellierungsansätze beinhaltet u. a. die nachfolgenden methodischen Defizite (Bild 5-42):

- **Unzureichende Kopplung von Daten- und Funktionssicht:** Daten- und Funktionsschema werden weitgehend eigenständig entwickelt. Eine Kopplung findet in der Regel über externe Datenschemata (Views) statt. Dabei wird einer Aktivität, einem Datenfluss oder einem Datenspeicher des Funktionsschemas ein bestimmter Teilausschnitt des Datenschemas zugeordnet. Dieser Teilausschnitt des Datenschemas ist grundsätzlich frei wählbar. Die Kopplung ist daher für eine methodisch fundierte Abstimmung beider Sichten ungeeignet.

- **Keine durchgängige schrittweise Verfeinerung von Datensicht und Funktionssicht:** Die Komplexität praxisrelevanter IS macht es notwendig, bei der Modellierung die Datensicht und die Funktionssicht korrespondierend und unter ständiger Abstimmung schrittweise zu verfeinern. Während SA eine hierarchische Zerlegung von Aktivitäten unterstützt, fehlt ein entsprechendes Äquivalent auf der Seite des ERM.

- **Unvollständige Abbildung des Objektsystems:** SA und ERM konzentrieren sich auf die Modellierung des Anwendungssystems (siehe Bild 1-3). Die nicht automatisierten Teile des IS sowie das Basissystem werden in der Regel nicht berücksichtigt. Dies verstellt den Blick auf eine ganzheitliche Sicht des Objektsystems und eröffnet somit eine Reihe von Fehlerquellen.

- **Unzureichende Kopplung zwischen Basis- und Informationssystem bzw. zwischen Lenkungs- und Leistungssystem:** Diese am Objektprinzip bzw. am Phasenprinzip orientierte Abgrenzung von Teilsystemen eines Objektsystems wird von SA und ERM nicht unterstützt. Daraus resultiert die Gefahr, dass der Leistungsbereich des Objektsystems nur unzureichend erfasst und damit das Zielsystem nur unzureichend realisiert wird. Gängige Analysetechniken, wie Interviews, Formular- und Textanalysen konzentrieren sich auf das IS und nehmen keinen expliziten Bezug zum Basissystem.

Die genannten Defizite führen in der Praxis vielfach zu einer unvollständigen und inkonsistenten Modellierung von Anwendungssystemen. Die Beseitigung dieser Defizite stellt eine wesentliche Motivation für die nachfolgend beschriebenen objektorientierten Modellierungsansätze dar.

5.4 Ein objekt- und geschäftsprozessorientierter Modellierungsansatz

Objektorientierte Ansätze nehmen im Bereich der Informatik und der Wirtschaftsinformatik mittlerweile einen festen Platz ein. Ihre Entwicklungslinie beginnt mit objektorientierten Programmiersprachen (z. B. Smalltalk, C++, Eiffel, objektorientiertes Pascal) und führt weiter über objektorientierten Softwareentwurf, objektorientierte Datenbanksysteme und objektorientierte Nutzeroberflächen hin zu objektorientierten Modellierungsansätzen. Beispiele hierfür wurden in Abschnitt 5.1 genannt. Objektorientierte Modellierungsansätze eröffnen einen vielversprechenden Weg zur Lösung der in Abschnitt 5.2.2 behandelten Probleme. Sie ermöglichen insbesondere die Vereinigung von Daten-, Funktions- und Interaktionssicht.

Geschäftsprozessorientierte Modellierungsansätze werden seit einigen Jahren vorgeschlagen. Sie stellen die von anderen Modellierungsansätzen vernachlässigte Vorgangssicht in den Mittelpunkt. Ein Beispiel und Literaturhinweise wurden ebenfalls in Abschnitt 5.1 genannt.

Im folgenden wird in Form des Semantischen Objektmodells (SOM) ein Modellierungsansatz vorgestellt, der gezielt auf eine Verbindung eines objektorientierten und eines geschäftsprozessorientierten Modellierungsansatzes ausgerichtet ist.

5.4.1 Das Semantische Objektmodell (SOM)

Das **Semantische Objektmodell (SOM)** ([FeSi90], [FeSi91], [FeSi95] und [FeSi98]) ist ein umfassender Ansatz zur Modellierung betrieblicher Systeme. Der Modellierungsansatz wird zusammen mit der Unternehmensarchitektur und dem Vorgehensmodell des Semantischen Objektmodells im Folgenden als **SOM-Methodik** bezeichnet.

Die Modellierungsreichweite der SOM-Methodik ist nicht auf das IS begrenzt, sondern erstreckt sich auf das gesamte betriebliche Objektsystem. Insbesondere wird die betriebliche Leistungserstellung in die Modellbildung einbezogen und bildet deren Ausgangspunkt.

Grundlagen für das Verständnis der SOM-Methodik sind das objektorientierte Modell der Unternehmung (Abschnitt 2.2.4), das Konzept der Leistungs- und Lenkungsflüsse (Abschnitt 2.3) und das Transaktionskonzept (Abschnitt 3.1.2). Die generelle methodische Begründung bezieht die SOM-Methodik aus den Grundlagen der Systemtheorie (Abschnitt 2.1).

In Analogie zur Architekturlehre im Bauwesen umfasst der Begriff **Architektur**

- den Bauplan eines Objektsystems im Sinne einer Spezifikation seiner Komponenten und ihrer Beziehungen unter allen relevanten Blickwinkeln sowie
- die Konstruktionsregeln für die Erstellung des Bauplans.

Der Bauplan ist das mit dem Objektsystem korrespondierende Modellsystem. Die Konstruktionsregeln werden durch das zugehörige Metamodell vorgegeben, wobei das Modellsystem eine Extension dieses Metamodells darstellt [Sinz02].

Das umfassende Modellsystem eines betrieblichen Systems weist im Allgemeinen eine hohe Komplexität auf. Um diese Komplexität beherrschbar zu machen, wird das Modellsystem in Teilmodellsysteme unterteilt, die jeweils einer Modellebene zugeordnet werden. Jedes dieser Teilmodellsysteme beschreibt das Objektsystem unter einem bestimmten Blickwinkel. Die Teilmodellsysteme und ihre Beziehungen bilden zusammen die **Unternehmensarchitektur**.

5.4 Ein objekt- und geschäftsprozessorientierter Modellierungsansatz

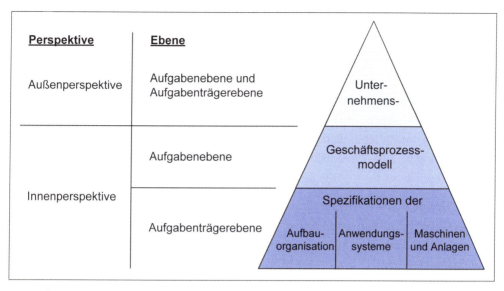

Bild 5-43: Unternehmensarchitektur der SOM-Methodik

Die Unternehmensarchitektur der SOM-Methodik umfasst drei Modellebenen (Bild 5-43) ([FeSi95] und [FeSi98]), welche anhand der Außen- und der Innenperspektive auf ein betriebliches System sowie durch die Differenzierung nach Aufgaben- und Aufgabenträgerebene abgegrenzt werden:

1. **Unternehmensplan**: Der Unternehmensplan ist das Teilmodellsystem der Außenperspektive auf ein betriebliches System. Er umfasst sowohl die Aufgaben- als auch die Aufgabenträgerebene und erfasst somit die Leistungserbringung und die dafür erforderlichen Ressourcen. Die Modellierung folgt der Metapher einer globalen Unternehmensaufgabe. Der Unternehmensplan spezifiziert diese Unternehmensaufgabe anhand ihres Aufgabenobjekts (Abgrenzung von Diskurswelt und Umwelt), ihrer Aufgabenziele (Sach- und Formalziele), der Leistungsbeziehungen zwischen Diskurswelt und Umwelt sowie der zur Durchführung der Unternehmensaufgabe benötigten Ressourcen. Zusammen mit einer Spezifikation der geplanten Strategien und der relevanten Rahmenbedingungen beschreibt der Unternehmensplan das Verhalten eines betrieblichen Systems aus globaler Perspektive.

   Die Aufstellung des Unternehmensplans ist Gegenstand der Unternehmensplanung. Anhand einer Umweltanalyse (Chancen und Risiken) und einer Diskursweltanalyse (Stärken und Schwächen) wird die Spezifikation der Unternehmensaufgabe evaluiert. Mehrstufige Entscheidungsmodelle dienen zur Bestimmung der Strategien (vgl. z. B. [StSc05, 165ff]).

2. **Geschäftsprozessmodell**: Das Geschäftsprozessmodell ist das Teilmodellsystem der Innenperspektive eines betrieblichen Systems auf der Aufgabenebene. Es spezi-

fiziert die Lösungsverfahren für die Realisierung des Unternehmensplans. Der Modellbildung wird die Metapher eines verteilten Systems, bestehend aus autonomen und lose gekoppelten Komponenten, die sich in Bezug auf eine gemeinsame Zielerfüllung koordinieren, zugrunde gelegt. Danach spezifiziert das Geschäftsprozessmodell ein System von Haupt- und Serviceprozessen, die durch Leistungsbeziehungen miteinander verbunden sind. Hauptprozesse geben ihre Leistung an die Umwelt ab und tragen dadurch unmittelbar zur Sachzielerfüllung des betrieblichen Systems bei. Serviceprozesse stellen Leistungen für Hauptprozesse oder andere Serviceprozesse zur Verfügung.

Die Beziehungen zwischen Geschäftsprozessen folgen dem Client-Server-Prinzip. Ein Client beauftragt einen Server mit der Erbringung von Leistungen. Client und Server sind autonome Komponenten, die zum Zwecke der gemeinsamen Zielerfüllung kooperieren.

Die SOM-Methodik unterstützt eine mehrstufige Verfeinerung von Geschäftsprozessmodellen. Dabei werden die Leistungsbeziehungen sukzessive verfeinert und gleichzeitig die Lenkung der Geschäftsprozesse festgelegt.

3. **Ressourcenmodell**: Das Ressourcenmodell ist das Teilmodellsystem der Innenperspektive eines betrieblichen Systems auf der Aufgabenträgerebene. Ressourcen zur Durchführung von Geschäftsprozessen sind Personal, Anwendungssysteme sowie Maschinen und Anlagen. Die Ressource Personal wird in Form einer Spezifikation der Aufbauorganisation modelliert. Entsprechend werden Anwendungssysteme sowie Maschinen und Anlagen in Form von zugehörigen Spezifikationen modelliert. Als generelle Metapher dient der Systemtyp eines sozio-technischen Systems, bei dem eine teilautomatisierte Unternehmensaufgabe von Mensch und Maschine nach dem Partner-Partner-Modell unter Nutzung von Synergien durchgeführt wird.

   Im Folgenden werden ausschließlich Anwendungssystemspezifikationen betrachtet. Anwendungssysteme werden als objektorientierte und objektintegrierte verteilte Systeme spezifiziert. Zur Spezifikation der Aufbauorganisation wird auf die Literatur zur Organisationslehre verwiesen (z. B. [Fres05]).

Die Unternehmensarchitektur umfasst darüber hinaus die Beziehungen zwischen den Teilmodellsystemen, anhand derer die Teilmodellsysteme untereinander abgestimmt werden. Zum Beispiel führt eine Formalzieländerung in Form der Reduktion von Kostenvorgaben (Ebene 1) zu einer Steigerung der Effizienz von Geschäftsprozessen (Ebene 2) in Verbindung mit einem geringeren Ressourcenverbrauch (Ebene 3).

Anhand der Unternehmensarchitektur ist zudem die übergeordnete Metapher der SOM-Methodik erkennbar. Ein betriebliches System wird aus Außensicht als offenes, zielgerichtetes und sozio-technisches System betrachtet. Aus Innensicht liegt ein verteiltes System vor, bestehend aus einer Menge autonomer, lose gekoppelter Objekte, die im Hinblick auf die Erreichung übergeordneter Ziele kooperieren. Diese Metapher bildet gleichzeitig den roten Faden dieses Buches.

VORGEHENSMODELL (V-MODELL)

In der SOM-Methodik erfolgt die Modellbildung anhand des in Bild 5-44 dargestellten Vorgehensmodells. Das V-Modell umfasst drei Ebenen, die mit denen der Unternehmensarchitektur korrespondieren (Bild 5-43). Aus Darstellungsgründen und zur Unterstützung der Komplexitätsbewältigung werden die Teilmodellsysteme der drei Ebenen in Form von jeweils zwei Sichten spezifiziert. Diese werden anhand der Systemmerkmale Struktur und Verhalten abgegrenzt. Der linke Schenkel des V-Modells enthält die strukturorientierten, der rechte Schenkel die verhaltensorientierten Sichten.

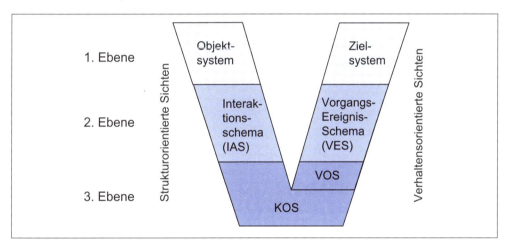

Bild 5-44: Vorgehensmodell der SOM-Methodik

Der Ablauf der Modellierung erfolgt entlang der drei Ebenen von oben nach unten. Die Modellierungsergebnisse sind innerhalb der korrespondierenden Sichten einer Ebene sowie zwischen den Sichten benachbarter Ebenen abzustimmen.

1. Auf der ersten Ebene wird die Gesamtaufgabe eines betrieblichen Systems in Form von Objektsystem und Zielsystem modelliert. Das **Objektsystem** enthält die Abgrenzung von Diskurswelt und Umwelt sowie die zugehörigen Leistungsbeziehungen. Das **Zielsystem** umfasst neben Sach- und Formalzielen die Strategien und die Rahmenbedingungen für deren Umsetzung.

2. Auf der zweiten Ebene wird das Geschäftsprozessmodell in Form eines Interaktionsschemas und eines Vorgangs-Ereignis-Schemas modelliert. Das **Interaktionsschema (IAS)** spezifiziert die Struktur von Geschäftsprozessen in Form von be-

trieblichen Objekten, die durch Transaktionen verknüpft sind. Das **Vorgangs-Ereignis-Schema (VES)** beschreibt das zugehörige Verhalten anhand von Vorgangstypen und ihren Ereignisbeziehungen (siehe Abschnitt 4.1.1). Sofern im Folgenden nicht zwischen der Außen- und Innensicht von Aufgaben differenziert werden muss, werden die Begriffe Aufgabe und Vorgangstyp synonym verwendet. IAS und VES können durch Zerlegung sukzessive verfeinert werden.

3. Auf der dritten Ebene erfolgt die Spezifikation von Anwendungssystemen zur Unterstützung der Geschäftsprozesse. Anwendungssysteme sind maschinelle Aufgabenträger, die Lösungsverfahren für automatisierte (Teil-) Aufgaben von Geschäftsprozessen bereitstellen. Eine Anwendungssystem-Spezifikation besteht (a) aus einem **konzeptuellen Objektschema (KOS)**, bestehend aus konzeptuellen Objekttypen und ihren Beziehungen, sowie (b) aus einem **Vorgangsobjektschema (VOS)**, das in Form von Vorgangsobjekttypen das Zusammenwirken konzeptueller Objekttypen bei der Durchführung betrieblicher Aufgaben beschreibt.

Die Abstände zwischen den beiden Schenkeln des V-Modells symbolisieren Freiheitsgrade hinsichtlich der Gestaltung der korrespondierenden Sichten einer Modellebene. Diese Freiheitsgrade nehmen von oben nach unten ab.

Der beschriebene Ablauf des V-Modells unterstellt den idealtypischen Fall, dass ein neuer Unternehmensplan aufgestellt und hierfür Geschäftsprozesse und zugehörige Anwendungssysteme spezifiziert werden sollen. In der Praxis ist diese Situation im Allgemeinen jedoch nicht gegeben. In Abhängigkeit von der Ausgangssituation und der Zielsetzung der Modellierung kann von dieser Reihenfolge abgewichen werden. Die Abstimmung des gesamten Modellsystems ist stets von oben nach unten durchzuführen.

> Wird zum Beispiel eine Geschäftsprozessverbesserung bezüglich der Zielerreichung des Unternehmensplans angestrebt, so erfolgt zunächst eine Modellierung der Ist-Geschäftsprozesse. Anschließend werden die Geschäftsprozesse in Bezug auf ihre Eignung zur Umsetzung des (ggf. modifizierten) Unternehmensplans überprüft. Bei Bedarf erfolgt eine Modifikation oder Neugestaltung der Geschäftsprozesse.

In den folgenden beiden Abschnitten werden wesentliche Teile der SOM-Methodik vorgestellt. In Abschnitt 5.4.2 wird die Modellierung von Geschäftsprozessen (Ebene 2), in Abschnitt 5.4.3 die Spezifikation von Anwendungssystemen (Ebene 3) in der SOM-Methodik behandelt.

Beispiel 5-24:

Als durchgängiges Beispiel zur SOM-Methodik wird ein Hotelbetrieb betrachtet, der anhand seines Objektsystems und seines Zielsystems eingeführt wird. Korrespondierende Spezifikationen sind gegenübergestellt.

Objektsystem	Zielsystem
• Es handelt sich um einen Hotelbetrieb mit einer gegebenen Kapazität an Einzel- und Doppelzimmern unterschiedlicher Ausstattung.	• Das Sachziel des Hotels ist Beherbergung von Gästen. Als Formalziel wird eine Kombination aus Umsatz- und Gewinnmaximierung verfolgt.
• Seine Dienstleistung besteht in der Bereitstellung von Zimmern und Frühstück. Zusätzliche Leistungen, wie Restaurant- oder Garagenservice werden nicht betrachtet.	• Als Leistungsstrategie wird festgelegt, das Hotel als „Hotel garni" zu betreiben.
• Die Gäste des Hotels reservieren die gewünschten Zimmer entweder direkt beim Hotel oder über das örtliche Verkehrsamt.	• Als Vermarktungsstrategie wird eine Kombination aus Direktvermarktung und Vermarktung über einen Vermittler gewählt.
• Das Hotel ist verpflichtet, eine weitere Dienstleistung in Form eines Beitrags zur öffentlichen Sicherheit zu erbringen. Diese besteht in einer Meldung der Namen und Aufenthaltsdauern von Gästen an die örtliche Polizei.	• Rahmenbedingungen sind die Rechts- und Wirtschaftsordnung der Bundesrepublik Deutschland sowie spezielle Gesetze und Verordnungen für das Hotel- und Gaststättengewerbe.

Beispiel

5.4.2 Modellierung von Geschäftsprozessen in der SOM-Methodik

In der Literatur werden unterschiedliche Definitionen des Begriffs Geschäftsprozess vorgeschlagen. Als charakterisierende Merkmale von Geschäftsprozessen werden dabei insbesondere genannt: (a) Sammlung von Aktivitäten, die anhand gemeinsamer Merkmale abgrenzbar sind, (b) ereignisgesteuerter Ablauf von Aktivitäten, (c) Übernahme von Inputs und Erzeugung von Outputs, die für „Kunden" einen Wert darstellen sowie (d) die Zuordnung und Nutzung von Ressourcen (siehe z. B. [FeSi93] und [BeVo96]).

Die SOM-Methodik definiert drei bestimmende Merkmale eines Geschäftsprozesses. Diese kommen in korrespondierenden Sichten auf Geschäftsprozesse zum Ausdruck und nehmen auf die Systemmerkmale Struktur und Verhalten Bezug [FeSi95]:

- **Leistungssicht** (strukturorientiert): Ein Geschäftsprozess erstellt eine oder mehrere betriebliche Leistungen und übergibt diese an beauftragende Geschäftsprozesse. Er beauftragt seinerseits andere Geschäftsprozesse mit der Zulieferung von Leistungen. Der Begriff betriebliche Leistung umfasst Güter, Zahlungen und Dienstleistungen.

- **Lenkungssicht** (strukturorientiert): Ein Geschäftsprozess koordiniert die an der Erstellung und Übergabe von Leistungen beteiligten betrieblichen Objekte anhand von betrieblichen Transaktionen. Als Koordinationsformen werden das Verhandlungsprinzip (nicht-hierarchische Koordination) und das Regelungsprinzip (hierarchische Koordination) verwendet.

- **Ablaufsicht** (verhaltensorientiert): Ein Geschäftsprozess stellt einen ereignisgesteuerten Ablauf von Aufgaben dar, die den betrieblichen Objekten zugeordnet sind und in Form von Vorgängen durchgeführt werden.

Das Geschäftsprozessmodell erfasst die ersten beiden Sichten in einem Interaktionsschema (IAS), die dritte Sicht in einem zugehörigen Vorgangs-Ereignis-Schema (VES).

Beispiel 5-24a (Fortsetzung von 5-24):

Bild 5-45 (links) zeigt das aggregierte IAS für den Geschäftsprozess *Beherbergung* des Hotelbetriebs. Das Interaktionsschema besteht aus drei betrieblichen Objekten, dem Diskursweltobjekt *Beherbergungssystem*, den Umweltobjekten *Gast* und *Polizei* sowie den beiden Transaktionen *Beherbergung* und *Öffentliche Sicherheit*, welche die entsprechenden Leistungen an *Gast* bzw. *Polizei* übergeben. Auf dieser Aggregationsstufe ist die gesamte Koordination der Leistungserstellung und -übergabe in den beiden Transaktionen verborgen, so dass Leistungssicht und Lenkungssicht übereinstimmen.

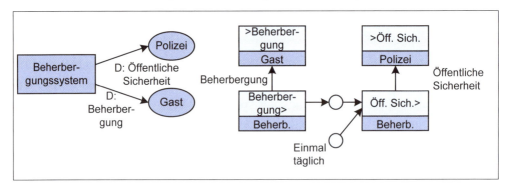

Bild 5-45: Interaktionsschema (links) und Vorgangs-Ereignis-Schema (rechts) für den Geschäftsprozess Beherbergung (1. Zerlegung)

Das zugehörige VES ist in Bild 5-45 (rechts) dargestellt. Eine Transaktion wird durch je eine Aufgabe des übergebenden und des empfangenden Objekts durchgeführt. Um die Lesbarkeit des VES zu erleichtern, sind die Namen der Aufgaben aus den Namen der zugehörigen Transaktionen abgeleitet. Die Aufgaben *Beherbergung>* („Erstellen und Übergeben Beherbergung" oder kurz „Senden Beherbergung") des Diskursweltobjekts *Beherbergungsbetrieb* und *>Beherbergung* („Empfangen Beherbergung") des Umweltobjekts *Gast* führen die Transaktion *Beherbergung* durch und übergeben dabei die gleichnamige Leistung von *Beherbergungsbetrieb* an *Gast*. Innerhalb des Objekts Beherbergungsbetrieb ist die Aufgabe *Beherbergung>* durch ein objektinternes Ereignis an die Aufgabe *Öffentliche Sicherheit>* gekoppelt, welche gemeinsam mit der Aufgabe *>Öffentliche Sicherheit* des Umweltobjekts *Polizei* die Transaktion *Öffentliche Sicherheit* durchführt. In dieser Transaktion wird die Leistung

5.4 Ein objekt- und geschäftsprozessorientierter Modellierungsansatz

Öffentliche Sicherheit erstellt und von *Beherbergungsbetrieb* an *Polizei* übergeben. Die Aufgabe *Öffentliche Sicherheit>* wird bei Bedarf einmal täglich durchgeführt, d. h. die Meldungen werden gebündelt an *Polizei* übergeben. Hierzu hängt die Durchführung der Aufgabe von einem weiteren Ereignis, dem Umweltereignis *einmal täglich* ab. Umweltereignisse stellen objektexterne Ereignisse dar, die nicht an Transaktionen gebunden sind.

Beispiel

Die SOM-Methodik verwendet für Geschäftsprozessmodelle die Metapher eines verteilten Systems, bestehend aus autonomen und lose gekoppelten betrieblichen Objekten, die anhand von Transaktionen in Bezug auf eine gemeinsame Zielerfüllung koordiniert werden (siehe Abschnitt 5.4.1; zum Konzept des verteilten Systems siehe Abschnitt 5.4.3). Diese Metapher verbindet zwei grundlegende Methodenkonzepte: (1) Die Bildung autonomer, lose gekoppelter Komponenten folgt dem Konzept der **Objektorientierung**. (2) Die Koordination der Komponenten beruht auf dem Konzept der **Transaktionsorientierung**. Beide Konzepte werden im Folgenden vorgestellt.

AUTONOME, LOSE GEKOPPELTE BETRIEBLICHE OBJEKTE

Methodische Grundlage betrieblicher Objekte ist das Konzept der betrieblichen Aufgabe. Eine ausführliche Behandlung des Aufgabenkonzepts unter dem Blickwinkel der Automatisierung von Aufgaben enthält Kapitel 4. Im Folgenden werden die Komponenten von Aufgaben aus dem Blickwinkel betrieblicher Objekte nochmals zusammengefasst.

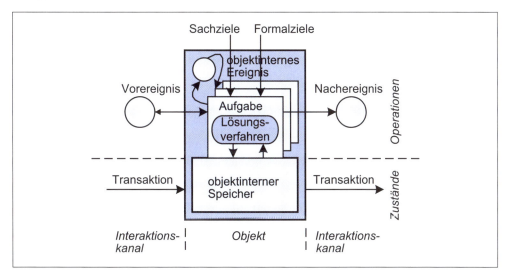

Bild 5-46: Das objektorientierte Konzept betrieblicher Objekte

Um Freiheitsgrade bezüglich der Wahl des Automatisierungsgrades (siehe Abschnitt 2.4.1) und der Automatisierungsform von Aufgaben erkennen zu können, wird zwischen der Außensicht und der Innensicht einer Aufgabe unterschieden. Eine **Aufgabe** umfasst in der **Außensicht** (Bild 5-46):

- ein **Aufgabenobjekt** (d. h. den Gegenstand der Aufgabe), bestehend aus Attributen des objektinternen Speichers eines betrieblichen Objekts sowie aus Attributen der Lenkungs- und Leistungsflüsse ein- und ausgehender Transaktionen (siehe Abschnitt 3.1.2),

- ein **Sachziel** und ggf. ein oder mehrere **Formalziele**, die auf Attribute des Aufgabenobjekts Bezug nehmen sowie

- **Vorereignisse** und **Nachereignisse** zur Beschreibung der Reihenfolgebeziehung von Aufgaben und der Auslösung von Aufgabendurchführungen.

Die Durchführung einer Aufgabe manipuliert das Aufgabenobjekt und überführt es von einem Vorzustand in einen Nachzustand. Das Sachziel der Aufgabe gibt die gewünschten Nachzustände an und beschreibt damit, *was* die Aufgabe tun soll. Falls alternative Nachzustände erreichbar sind, liegen Freiheitsgrade bei der Aufgabendurchführung vor. Hier geben die Formalziele an, *welche* Nachzustände zu wählen sind. In diesem Fall liegt eine Entscheidungsaufgabe E vor, im Falle der Eindeutigkeit der Nachzustände eine Transformationsaufgabe T (siehe Abschnitt 2.2.2).

Die **Innensicht** einer Aufgabe beschreibt, *wie* und *womit* eine Aufgabe durchgeführt wird. Sie enthält Angaben über Lösungsverfahren und stellt die Beziehung zu den Aufgabenträgern der Aufgabe her. Die Innensicht wird im folgenden Abschnitt aufgegriffen, um Lösungsverfahren aus fachlicher Sicht zu spezifizieren.

Ein **betriebliches Objekt** umfasst eine Menge von Aufgaben, die zusammengehörige Sach- und Formalziele verfolgen und die auf einem gemeinsamen Aufgabenobjekt durchgeführt werden (Bild 5-46). Dabei wird das allgemeine Konzept der Objektorientierung auf die Bildung betrieblicher Aufgabenstrukturen angewandt.

Zwei betriebliche Objekte sind durch eine Transaktion lose gekoppelt. Eine Transaktion ist dabei durch zwei Typmerkmale (a und d) und zwei Instanzmerkmale (b und c) charakterisiert:

a) Eine Transaktion stellt einen Kommunikationskanal in Form eines Leistungs- oder Lenkungsflusses zwischen zwei betrieblichen Objekten dar. Dieser Kanal verbindet die objektinternen Speicher der betrieblichen Objekte. Seine Attribute sind Bestandteil der Aufgabenobjekte der die Transaktion durchführenden Aufgaben.

b) Eine Transaktion transportiert auf dem Kommunikationskanal Leistungspakete bzw. Lenkungsnachrichten. Die Lenkungsnachrichten dienen zur Koordination der

Erstellung und Übergabe von Leistungspaketen. Damit sind jeder Leistung eine oder mehrere Transaktionen zugeordnet.

c) Die Leistungspakete und Nachrichten einer Transaktion sind an Ereignisse gebunden. Das Ereignis eines eingehenden Leistungspakets bzw. einer eingehenden Nachricht löst als Vorereignis die Durchführung einer Aufgabe des empfangenden Objekts aus. Bei der Aufgabendurchführung können Nachereignisse erzeugt werden, die – wiederum gebunden an Leistungspakete oder Nachrichten – an andere Objekte gesandt werden. (Aufgaben innerhalb eines Objekts sind durch objektinterne Ereignisse gekoppelt.)

d) Mit jeder Transaktion ist ein fachliches Kommunikationsprotokoll für den Austausch von Leistungspaketen und Nachrichten vereinbart. Dieses wird von den beiden, die Transaktion durchführenden Aufgaben verwendet. Das Protokoll und damit die Aufgaben selbst werden nach dem Alles-oder-Nichts-Prinzip, d. h. vollständig oder überhaupt nicht, ausgeführt. Durch Zerlegung der Transaktion wird das Protokoll sukzessive aufgedeckt oder verfeinert.

KOORDINATION BETRIEBLICHER OBJEKTE IN TRANSAKTIONEN

Bild 5-47 veranschaulicht das Konzept der transaktionsorientierten Koordination lose gekoppelter Objekte. Die schattierten Komponenten zeigen einen Ausschnitt aus dem Leistungssystem einer gegebenen Diskurswelt, bestehend aus zwei betrieblichen Objekten, die durch eine Transaktion verbunden sind. Über die Transaktion werden Leistungspakete ausgetauscht, die Objekte sind dementsprechend in der Rolle eines Server- bzw. Client-Objekts.

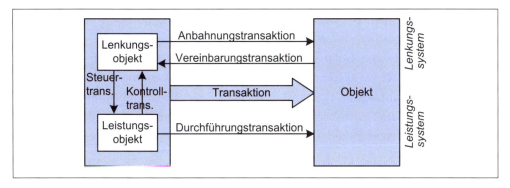

Bild 5-47: Das transaktionsorientierte Konzept der Koordination lose gekoppelter Objekte

Die beiden Objekte und die Transaktion werden zunächst aus Außensicht betrachtet. Auf dieser Aggregationsstufe besteht die gesamte Koordination der beiden Objekte in der Übergabe von Leistungspaketen. Um die Koordination zu verfeinern und die Innensicht der Objekte und der Transaktion aufzudecken, werden die Komponenten sukzessive zerlegt. Dabei wird zunehmend das Lenkungssystem der Diskurswelt sichtbar und vom Leistungssystem abgegrenzt.

Für die Zerlegung von Objekten und Transaktionen werden zwei grundlegende Koordinationsprinzipien verwendet [FeSi95]:

- Das **Verhandlungsprinzip** bestimmt die nicht-hierarchische Koordination von Objekten. Eine Transaktion zwischen zwei Objekten wird phasenorientiert in eine **Anbahnungstransaktion** T_a, eine **Vereinbarungstransaktion** T_v und eine **Durchführungstransaktion** T_d zerlegt. Die Teiltransaktionen sind durch sequenzielle Reihenfolgebeziehungen verknüpft. Die einzelnen Phasen sind wie folgt voneinander abgegrenzt (siehe Abschnitt 3.1.2):

  a) Die **Anbahnungsphase** dient dem Kennenlernen der Transaktionspartner und dem Austausch von Informationen über Leistungen, Konditionen usw. Keiner der beiden Transaktionspartner geht eine Verpflichtung bezüglich des Leistungstausches ein. Die Anbahnungsphase kann entfallen, wenn die Transaktionspartner und ihre Leistungen bereits bekannt sind.

  b) Die **Vereinbarungsphase** dient der Vereinbarung des Leistungstausches zwischen den beiden Transaktionspartnern. Zum Abschluss dieser Phase liegt eine Verpflichtung beider Transaktionspartner zum Leistungstausch vor. Die Vereinbarungsphase kann zusammen mit der Anbahnungsphase entfallen, wenn sich ein Leistungstausch auf bereits früher getroffene Vereinbarungen bezieht.

  c) Die **Durchführungsphase** dient der Durchführung des Leistungstausches. Nach Beendigung dieser Phase ist der Leistungstausch abgeschlossen.

- Das **Regelungsprinzip** bestimmt die hierarchische Koordination von Objekten. Die Regelung beruht auf einer zyklischen Abfolge von Planungs-, Steuerungs-, Durchführungs- und Kontrollaufgaben (siehe Abschnitt 2.1.3). Ein Objekt wird zerlegt in ein **Reglerobjekt** (Planung), ein **Regelstreckenobjekt** (Durchführung), eine **Steuertransaktion** T_s vom Regler- zum Regelstreckenobjekt und eine **Kontrolltransaktion** T_k in umgekehrter Richtung. Die Aufgaben der beiden Transaktionen führen Steuerung und Kontrolle durch.

  Sind beide Transaktionen vorhanden, so handelt es sich um ein geregeltes System. Fehlt die Kontrolltransaktion, so liegt ein gesteuertes System vor.

ZERLEGUNGSREGELN FÜR OBJEKTE UND TRANSAKTIONEN

Neben den Zerlegungen gemäß Verhandlungsprinzip und Regelungsprinzip sind einige weitere Zerlegungsformen für Objekte und Transaktionen notwendig, um ein Geschäftsprozessmodell durchgängig verfeinern und seine Koordination aufdecken zu können.

Alle zulässigen Zerlegungsformen sind in Bild 5-48 zusammengefasst und in Form von Ersetzungsregeln (Produktionsregeln) definiert.

Ersetzungsregeln zur Objektzerlegung:		*Regel Nr.*
O	::= { O', O'', T_s(O', O''), [T_k(O'', O')] }	(1)
O	::= { O', O'', [T(O', O'')] }	(2)
O	::= { spez O' }$^+$	(3)
O' | O''	::= O	(4)
Ersetzungsregeln zur Transaktionszerlegung:		
T(O, O')	::= [[T_a(O,O') seq] T_v(O', O) seq] T_d(O, O')	(5)
T_x	::= T'$_x$ { seq T''$_x$ }$^+$ | T'$_x$ { par T''$_x$ }$^+$	(6)
	(für x = a, v, d, s, k)	
T_x	::= { spez T'$_x$ }$^+$	(7)
	(für x = a, v, d, s, k)	
T_a | T_v | T_d	::= T	(8)
T_s | T_k	::= T	(9)
Legende zur verwendeten Notation (Backus-Naur-Form BNF):		
::= Ersetzung	{ } Menge	seq sequenzielle Beziehung
[ ] Option	{ }$^+$ Wiederholung (1,*)	par parallele Beziehung
| Alternative	{ }* Wiederholung (0,*)	spez Spezialisierung

Bild 5-48: Regeln für die Zerlegung von Objekten und Transaktionen

Regel (1) definiert die Zerlegung nach dem Regelungsprinzip. Die Regel ist wie folgt zu lesen: Ersetze Objekt O durch eine Menge von Zerlegungsprodukten, bestehend aus einem Reglerobjekt O', einem Regelstreckenobjekt O'', einer Steuertransaktion von O' nach O'' sowie optional einer Kontrolltransaktion von O'' nach O'. Entsprechend definiert Regel (5) die Zerlegung nach dem Verhandlungsprinzip: Ersetze eine Transaktion T von O nach O' durch eine Anbahnungstransaktion T_a, sequenziell gefolgt von einer Vereinbarungstransaktion T_v, sequenziell gefolgt von einer Durchführungstransaktion T_d. T_a sowie T_a in Verbindung mit T_v sind optional. Regel (2) definiert die Zerlegung eines Objekts O in Teilobjekte O' und O'', optional verbunden durch eine

Transaktion T. Regel (6) definiert die typerhaltende Zerlegung einer Transaktion in sequenzielle oder parallele Teiltransaktionen. Regeln (3) und (7) definieren die Spezialisierung von Objekten bzw. Transaktionen. Die Regeln (4), (8) und (9) ermöglichen die mehrstufige Anwendung der Zerlegungsregeln.

Beispiel 5-24b (Fortsetzung von 5-24a):

Der Geschäftsprozess *Beherbergung* wird nun weiter zerlegt. Zunächst wird die Koordination der Transaktion *Beherbergung* durch Zerlegung nach dem Verhandlungsprinzip aufgedeckt. Im ersten Schritt wird die Transaktion hierzu in eine Anbahnungstransaktion *Hotelprospekt*, eine Vereinbarungstransaktion *Reservierung* und eine Durchführungstransaktion *Zimmernutzung* zerlegt. (Dieser Zwischenstand ist nicht in Form eines Interaktionsschemas dargestellt.)

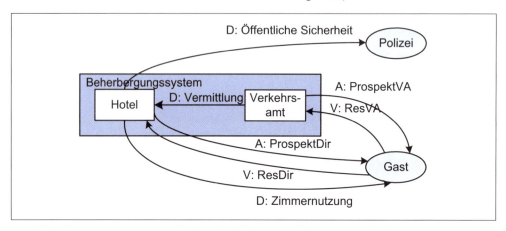

Bild 5-49: Interaktionsschema für den Geschäftsprozess Beherbergung (2. Zerlegung)

Zur Modellierung der Tatsache, dass die Gäste des Hotels die gewünschten Zimmer entweder direkt beim Hotel oder über das örtliche Verkehrsamt reservieren, sind weitere Zerlegungen notwendig. Zunächst wird das Objekt *Beherbergungssystem* in die Teilobjekte *Hotel* und *Verkehrsamt* sowie die Transaktion *Vermittlung* zerlegt. *Verkehrsamt* ist ein Server-Objekt, welches in der Transaktion *Vermittlung* die gleichnamige Leistung an *Hotel* als Client-Objekt übergibt. Im nächsten Schritt wird die Transaktion *Hotelprospekt* spezialisiert zu den Transaktionen *ProspektDir* (direkt) und *ProspektVA* (Verkehrsamt). In gleicher Weise wird *Reservierung* spezialisiert zu *ResDir* und *ResVA*. Die spezialisierten Transaktionen werden den Teilobjekten *Hotel* und *Verkehrsamt* zugeordnet. Das IAS in Bild 5-49 zeigt diesen Stand der Zerlegung.

Nicht sichtbar ist in dieser Zerlegung die Beauftragung der Vermittlungsleistung des Verkehrsamts durch das Hotel sowie die detaillierte Koordination der Zimmernutzung. Hierzu bedarf es weiterer Verfeinerungen des Geschäftsprozessmodells.

Das korrespondierende VES ist in Bild 5-50 dargestellt. Zur besseren Lesbarkeit sind die einem Objekt zugeordneten Aufgaben auf gleicher Höhe dargestellt. Deutlich erkennbar sind die beiden alternativen Wege der Anbahnung und Vereinbarung der Hotelleistung.

Die Ereignisse in Bild 5-50 beschreiben die strukturelle Verknüpfung der Aufgaben im VES. Der zugehörige Verhaltensaspekt legt fest, wie die Ereignisse verknüpft werden, um einen Vorgang auszulö-

5.4 Ein objekt- und geschäftsprozessorientierter Modellierungsansatz

sen. Dieser Aspekt wird in Form einer Vorbedingung (Pre-Condition) beschrieben, die Bestandteil der Aufgabenspezifikation ist. Im Fall von *Zimmernutzung>* wird eine exklusive Oder-Verknüpfung zugrunde gelegt. Im Gegensatz dazu enthalten die Übergänge eines Petri-Netzes keine Pre-Conditions. Seine Vorzustände sind stets Und-verknüpft. Eine Oder-Verknüpfung muss explizit in der Struktur des Petri-Netzes berücksichtigt werden.

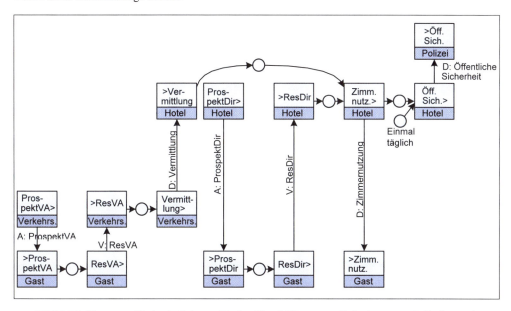

Bild 5-50: Vorgangs-Ereignis-Schema für den Geschäftsprozess Beherbergung (2. Zerlegung)

Die Spezifikation der Außensicht der Aufgaben umfasst neben dem im VES angegebenen Aufgabenobjekt und den Vor- und Nachereignissen auch den Aufgabentyp und die Sach- und Formalziele. Für die dem betrieblichen Objekt *Hotel* zugeordneten Aufgaben sind diese zusätzlichen Spezifikationen nachfolgend aufgeführt.

Aufgabe	Typ	Sachziel	Formalziele
>Vermittlung	T	Vermittlungsleistung des Verkehrsamts entgegengenommen	
ProspektDir>	T	Hotelprospekt an potenzielle Gäste des Hotels ausgegeben	
>ResDir	E	Reservierung angenommen und Zimmerbelegung geplant	Maximierung der Kapazitätsauslastung
Zimmernutzung>	E	Hotelleistung erstellt und an Gast übergeben	Maximierung von Umsatz/Gewinn
Öffentliche Sicherheit>	T	Übernachtungsmeldungen erstellt und an Polizei übermittelt	

Beispiel

MODELLIERUNGSTECHNIK

Die Erstellung, Validierung und Bewertung von Geschäftsprozessmodellen ist auf das Wissen und die Fertigkeiten des Menschen in seiner Rolle als Modellierer angewiesen (siehe Abschnitt 5.1). In der SOM-Methodik beginnt die Erstellung eines Geschäftsprozessmodells mit der Abgrenzung von Diskurswelt und Umwelt sowie der Erfassung der Leistungsbeziehungen zwischen Diskurswelt und Umwelt. Dieses aggregierte Modellsystem wird anschließend durch sukzessive Zerlegung von Objekten und Transaktionen verfeinert.

Im Folgenden werden wichtige Zerlegungsprinzipien und heuristische Modellierungshinweise der SOM-Methodik angegeben, die als Hilfestellung beim Auffinden von Zerlegungen dienen sollen. Zerlegungsprinzipien sind:

1. Aufdecken der Lenkung von Transaktionen durch Zerlegung nach dem Verhandlungsprinzip.

2. Aufdecken der Lenkung von Objekten durch Zerlegung nach dem Regelungsprinzip.

3. Homogenisierung von Transaktionen bezüglich der übertragenen Leistungen. Dabei wird eine Transaktion, die eine zusammengesetzte Leistung überträgt, in sequenzielle oder parallele Teiltransaktionen für die einzelnen Teilleistungen zerlegt.

4. Homogenisierung von Objekten bezüglich der erstellten Leistungen. Dabei wird ein Objekt, welches eine zusammengesetzte Leistung erstellt, in Teilobjekte zerlegt. Wird dabei eine mehrstufige Leistungserstellung aufgedeckt, so werden die Objekte durch entsprechende Transaktionen verbunden.

Die Zerlegungsprinzipien können mehrfach aufeinanderfolgend angewendet und kombiniert werden. Eine Darstellung hybrider Lenkungsstrukturen für industrielle Geschäftsprozesse findet sich bei [FeMa95].

Im folgenden sind einige Modellierungshinweise angegeben, die heuristisches Wissen aus der Erfahrung mit umfangreichen Modellierungsprojekten darstellen und die insbesondere bei der Erstellung von IST-Geschäftsprozessmodellen hilfreich sein können (siehe auch [FeSi96]):

- „Transaktionszerlegung vor Objektzerlegung". Die Aufdeckung der Lenkung von Transaktionen (Zerlegungsprinzip 1) liefert im Allgemeinen Hinweise zur Aufdeckung der Lenkung innerhalb eines Objekts (Zerlegungsprinzip 2). Darüber hinaus liefert die Transaktionszerlegung häufig Hinweise für das Auffinden von Serviceprozessen.

- „Kleine Regelkreise". Einstufige Regelkreise sind im Allgemeinen reaktionsschneller und ermöglichen eine höhere Stabilität als mehrstufige Regelkreissysteme.

- „Vollständige Verhandlungsstrukturen". Verhandlungsprotokolle zwischen betrieblichen Objekten lassen sich anhand des Verhandlungsprinzips auf Vollständigkeit überprüfen.

- „Keine Transaktion ohne Leistungsbezug". Jede Transaktion muss entweder eine Leistung übergeben oder zur Koordination einer Leistungserstellung oder -übergabe beitragen.

- „Trennung von Aufgaben- und Aufgabenträgerebene". Betriebliche Objekte korrespondieren nicht notwendigerweise mit aufbauorganisatorischen Einheiten.

Die Zerlegung eines Geschäftsprozessmodells ist abgeschlossen, wenn der durch die Modellierungszielsetzung vorgegebene Detaillierungsgrad erreicht ist. Soll z. B. ein Geschäftsprozessmodell als Ausgangspunkt für die Entwicklung von Anwendungssystemen verwendet werden, so bedingt dies einen wesentlichen höheren Detaillierungsgrad, als wenn lediglich die groben Leistungsbeziehungen eines Unternehmens erfasst werden sollen.

Beispiel 5-24c (Fortsetzung von 5-24b):

Die weitere Zerlegung des Geschäftsprozesses Beherbergung beginnt mit den Transaktionen *Vermittlung* und *Zimmernutzung*. Die Transaktion *Vermittlung* übergibt die Vermittlungsleistung von *Verkehrsamt* an *Hotel*. Die zugehörige Koordination beruht notwendigerweise auf dem Verhandlungsprinzip. Bei der Aufdeckung der Koordinationsstruktur wird unterstellt, dass *Hotel* und *Verkehrsamt* einander bekannt sind, so dass es einer Anbahnungstransaktion nicht bedarf. Die Konditionen, zu denen das *Verkehrsamt* seine Leistungen erbringt, sind Gegenstand einer langfristigen Vereinbarung, die ebenfalls hier nicht modelliert werden soll. Die eigentliche Beauftragung erfolgt in der Vereinbarungstransaktion *Prospekte*, in der die aktuell verfügbaren Hotelleistungen und Konditionen vereinbart werden, anhand derer das *Verkehrsamt* Reservierungen mit Gästen abschließt. Die Leistung von *Verkehrsamt* wird schließlich in Form der Weitergabe der getätigten *Reservierungen* an *Hotel* erbracht.

Im nächsten Schritt wird die Transaktion *Zimmernutzung* näher betrachtet. Hinter ihr verbergen sich zwei unterschiedliche Teilleistungen, die Leistung des Hotels in Form der Bereitstellung von Zimmer und Frühstück sowie die Gegenleistung des Gastes in Form einer Zahlung. Die Anwendung des Prinzips der Homogenisierung von Leistungen führt zur Zerlegung der Transaktion *Zimmernutzung* in die beiden sequenziellen Durchführungstransaktionen *Übernachtung* und *Abrechnung*.

Das Prinzip der Homogenisierung von Leistungen liefert dann im nächsten Schritt Hinweise für die Aufdeckung der internen Koordination des Objekts *Hotel*. Hierzu wird nach dem Regelkreisprinzip in das Reglerobjekt *Rezeption* und die beiden Regelstreckenobjekte *Zimmer* und *Kasse* zerlegt, die jeweils mit einer der Leistungen korrespondieren. Die Regelung des Zimmerbereichs *Zimmer* erfolgt anhand der Steuertransaktion *Zimmerzuweisung* und der Kontrolltransaktion *Nutzungsmeldung*, die Regelung des Finanzbereichs erfolgt durch die Steuertransaktion *Forderung* zur Meldung von Forderungen an *Kasse* sowie durch die gegenläufige Kontrolltransaktion *Zahlungsmeldung*, die Zahlungseingänge zurück an *Rezeption* meldet (Bild 5-51).

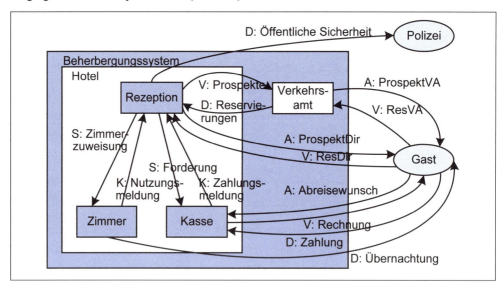

Bild 5-51: Interaktionsschema für den Geschäftsprozess Beherbergung (3. Zerlegung)

Bild 5-52 zeigt das korrespondierende VES. Die gesamte Objekt- und Transaktionszerlegung des Geschäftsprozesses *Beherbergung* ist in Bild 5-53 noch einmal zusammengefasst.

5.4 Ein objekt- und geschäftsprozessorientierter Modellierungsansatz

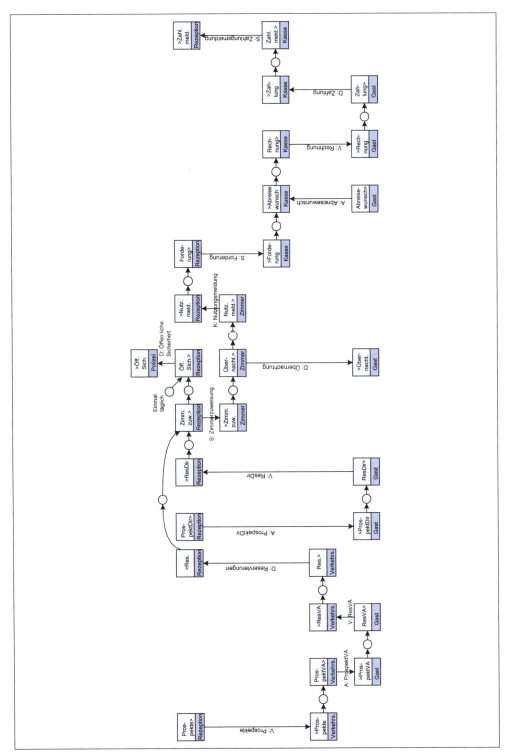

Bild 5-52: Vorgangs-Ereignis-Schema für den Geschäftsprozess Beherbergung (3. Zerlegung)

Objektzerlegung:	Transaktionszerlegung:

Beherbergungssystem
  Hotel
    Rezeption
    Zimmer
      S: Zimmerzuweisung
      K: Nutzungsmeldung
    Kasse
      S: Forderung
      K: Zahlungsmeldung
  Verkehrsamt
    D: Vermittlung
    V: Prospekte
    D: Vermittlungen
Gast
Polizei
	D: Beherbergung
	  A: Hotelprospekt
	    A (spez): ProspektDir
	    A (spez): ProspektVA
	  V: Reservierung
	    V (spez): ResDir
	    V (spez): ResVA
	  D: Zimmernutzung
	    D (seq): Übernachtung
	    D (seq): Abrechnung
	      A: Abreisewunsch
	      V: Rechnung
	      D: Zahlung
	D: Öffentliche Sicherheit

Bild 5-53: Objekt- und Transaktionszerlegung des Geschäftsprozesses *Beherbergung*

Beispiel

METAMODELL FÜR GESCHÄFTSPROZESSMODELLE

In der SOM-Methodik werden Geschäftsprozessmodelle unter Verwendung der Bausteine *betriebliches Objekt*, *betriebliche Transaktion*, *Leistung*, *Aufgabe* und *Ereignis* erstellt. Alle Bausteine wurden im Laufe dieses Abschnitts eingeführt und erläutert. Das Metamodell in Bild 5-54 setzt die Bausteine zueinander in Beziehung. Es beschreibt damit das Begriffssystem zur Geschäftsprozessmodellierung. Die Darstellung des Metamodells folgt wiederum dem Meta-Metamodell in Bild 5-5.

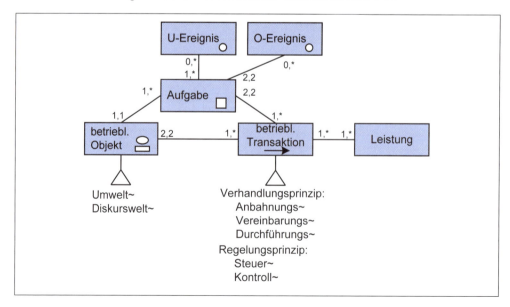

Bild 5-54: Metamodell der SOM-Methodik für Geschäftsprozessmodelle

5.4 Ein objekt- und geschäftsprozessorientierter Modellierungsansatz

Ein *betriebliches Objekt* ist entweder ein Diskursweltobjekt (dargestellt durch das Symbol Rechteck) oder ein Umweltobjekt (Ellipse). Jedes Objekt ist mit einer bis beliebig vielen *betrieblichen Transaktionen* (Pfeil) verbunden. Umgekehrt verbindet jede Transaktion genau zwei Objekte. Transaktionen zur nicht-hierarchischen Koordination von Objekten nach dem Verhandlungsprinzip sind Anbahnungs-, Vereinbarungs- oder Durchführungstransaktionen. Transaktionen zur hierarchischen Koordination nach dem Regelungsprinzip sind Steuer- oder Kontrolltransaktionen. Jede Transaktion dient der Übertragung oder der Koordination einer oder mehrerer *Leistungen*.

Eine Transaktion wird durch zwei *Aufgaben* (Rechteck) durchgeführt, die den jeweiligen Objekten zugeordnet sind. (Die Meta-Beziehung zwischen Objekt und Transaktion stellt sicher, dass die Aufgaben zu unterschiedlichen Objekten gehören.) Beziehungen zwischen Aufgaben eines Objekts werden durch *objektinterne Ereignisse* hergestellt, wobei jedes Ereignis genau zwei Aufgaben verknüpft. Der Baustein *Umweltereignis* dient zur Modellierung objektexterner, jedoch nicht in Transaktionen erfasster Ereignisse. Ein Beispiel für ein Umweltereignis ist das Eintreffen eines bestimmten Zeitpunktes (Erster des Monats, 44. Kalenderwoche).

ZEITKONTINUIERLICHE PARAMETRISIERUNG VON AUFGABEN BETRIEBLICHER OBJEKTE

Das Konzept der transaktionsorientierten Koordination betrieblicher Objekte reicht alleine nicht aus, um insbesondere das Management von Geschäftsprozessen adäquat modellieren zu können. Zu den wesentlichen Aufgaben des Managements gehören die Vorgabe bzw. Vereinbarung von Zielen sowie die komplementäre Überwachung der Zielerreichung. Im Folgenden wird die Modellierung von Zielvorgaben und Zielvereinbarungen sowie der zugehörigen Rückmeldungen mithilfe der SOM-Methodik vorgestellt.

Ziele gelten im Allgemeinen kontinuierlich während eines Zeitintervalls und werden daher in Form von Zustandsvariablen zeitkontinuierlich zur Verfügung gestellt. Sie dienen der Parametrisierung der Formalziele von Aufgaben, die an der Durchführung von Transaktionen beteiligt sind.

Die zeitkontinuierliche Aufgabenparametrisierung ergänzt die bisher eingeführte zeitdiskrete und transaktionsbasierte Koordination betrieblicher Objekte:

1. Bei der **transaktionsbasierten Koordination** betrieblicher Objekte lösen Ereignisse, die in Form von Nachrichten übertragen werden, zu diskreten Zeitpunkten Zustandsübergänge aus.

2. Bei der **zeitkontinuierlichen Aufgabenparametrisierung** werden Formalziele von Entscheidungsaufgaben, die zunächst in generischer Form vorgegeben sind,

konkretisiert. Die so aktualisierten Formalziele gelten für alle Aufgabendurchführungen eines ausgewählten Zeitintervalls.

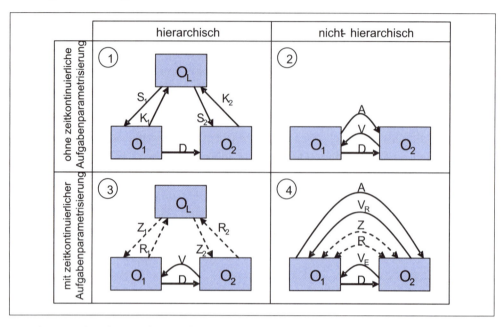

Bild 5-55: Grundmuster der Koordination betrieblicher Objekte (Interaktionsschema)

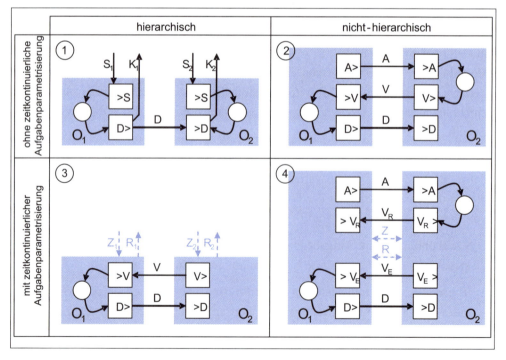

Bild 5-56: Grundmuster der Koordination betrieblicher Objekte (Vorgangs-Ereignis-Schema)

5.4 Ein objekt- und geschäftsprozessorientierter Modellierungsansatz

Die zeitkontinuierliche Aufgabenparametrisierung kann sowohl in Verbindung mit der hierarchischen Koordination nach dem Regelungsprinzip als auch mit der nicht-hierarchischen Koordination nach dem Verhandlungsprinzip durchgeführt werden. Insgesamt ergeben sich damit vier Grundmuster der Koordination betrieblicher Objekte, die exemplarisch für die Koordination einer Leistungstransaktion D zwischen den betrieblichen Objekten O_1 und O_2 erläutert werden. In Bild 5-55 sind die zugehörigen Interaktionsschemata, in Bild 5-56 die Vorgangs-Ereignis-Schemata dargestellt.

Im Folgenden werden die vier Grundmuster erläutert. Dabei wird als D-Transaktion eine Warenlieferung von O_1 nach O_2 angenommen.

1. Die Steuertransaktionen S_1 und S_2 übermitteln neben dem Ereignis zur Beauftragung der Warenlieferung auch die Instanzdaten (z. B. *ArtNr*, *Menge*, *Termin*) für die Sachziele der Aufgaben D> (*Versenden Warenlieferung*) und >D (*Annehmen Warenlieferung*). Diese Instanzdaten werden in den objektinternen Speichern von O_1 und O_2 festgehalten. Das objektinterne Ereignis in O_1 löst die Durchführung der Aufgabe D> aus. Das objektinterne Ereignis in O_2 ist eine Vorbedingung für die Durchführung der Aufgabe >D. Die Aufgaben D> und >D führen in der Transaktion D die Warenlieferung auf Basis der übermittelten Instanzdaten durch und melden über Kontrolltransaktionen K_1 und K_2 den Vollzug an das Lenkungsobjekt O_L zurück.

2. Nach vorausgehender Anbahnung und erfolgter Verhandlung übermittelt die Aufgabe >V neben dem Ereignis zur Beauftragung einer Warenlieferung auch die Instanzdaten für die Sachziele der Aufgabe D> als Ergebnis der Vereinbarung. Diese Instanzdaten werden im objektinternen Speicher von O_1 abgelegt. Die Instanzdaten für die Aufgabe >D stehen als Verhandlungsergebnis bereits im objektinternen Speicher von O_2 zur Verfügung. Das objektinterne Ereignis in O_1 löst die Durchführung der Aufgabe D> und damit die Warenlieferung aus.

3. Die Zielvorgaben Z_1 und Z_2 parametrisieren die Formalziele der Entscheidungsaufgaben V> und >V und legen damit Art und Umfang der Sachzielerreichung fest. Dadurch wird die Verhandlung zwischen O_1 und O_2 beeinflusst, deren Ergebnis die Aufgabe >V zusätzlich zu dem Ereignis der Beauftragung einer Warenlieferung als Instanzdaten an die Aufgabe D> übermittelt. Die Instanzdaten werden wiederum in den objektinternen Speichern von O_1 und O_2 abgelegt. Das objektinterne Ereignis in O_1 löst die Durchführung der Aufgabe D> und damit die Warenlieferung aus. Die Zielerreichung wird über R_1 und R_2 zurückgemeldet. Obwohl Grundmuster 3 primär eine hierarchische Koordination beschreibt, enthält es in Form der Transaktion V auch einen Anteil an nicht-hierarchischer Koordination.

4. Die beiden autonomen Objekte O_1 und O_2 stimmen nach erfolgter Anbahnung ihre Formalziele durch Verhandlung ab und halten das Ergebnis Z in einer Rahmenvereinbarung V_R fest. Z parametrisiert wechselseitig die Formalziele der Entscheidungsaufgaben $V_E>$ und $>V_E$. Auf dieser Basis werden dann Einzel-Vereinbarungen V_E über konkrete Warenlieferungen getroffen, welche dann durch die Transaktionen D durchführt werden. Die Zielerreichung wird über Rückmeldungen R gemeldet.

Generell gilt mit Bezug zu der in Abschnitt 4.1.1 eingeführten allgemeinen Aufgabenstruktur (siehe auch Bild 5-46): Während die Instanzdaten (Attributwerte) für die Sachziele zusammen mit den Ereignissen in den Transaktionen übermittelt werden, wird der Typ der Sachziele (Attribute) bereits bei der Spezifikation der jeweiligen Aufgaben festgelegt. Die zugehörigen Formalziele werden bei den Grundmustern 1 und 2 in der Aufgabenspezifikation konkret festgelegt. Bei den Grundmustern 3 und 4 werden hingegen generische Formalziele spezifiziert, die durch Zielvorgaben bzw. Zielvereinbarungen konkretisiert werden.

Die zeitkontinuierliche Aufgabenparametrisierung erfordert, dass bestimmte Aufgaben des Lenkungsobjektes O_L (Grundmuster 3) sowie Teile von Aufgaben der Objekte O_1 bzw. O_2 zeitkontinuierlich aktiv sind, um Zielvorgaben zu generieren. Zielvereinbarungen zu treffen und Rückmeldungen durchzuführen. Diese Aufgaben(teile) werden somit gemäß einem zeitkontinuierlichen Ausführungsmodell durchgeführt.

Z und R bilden strukturelle Beziehungen zwischen Objekten. Sie werden im Interaktionsschema eines SOM-Geschäftsprozessmodells dargestellt. Da aber Z und R als zeitkontinuierliche Parametrisierung von Aufgaben keine Aufgabendurchführungen auslösen, sind sie nicht Teil eines Vorgangs-Ereignis-Schemas.

Beispiel 5-25:

Grundmuster 3 ermöglicht die Modellierung mehrstufiger Regelkreise, wobei z. B. ein übergeordneter Regelkreis die Formalziele für die unmittelbare Lenkung von Geschäftsprozessen in einem untergeordneten Regelkreis festlegt (siehe Bild 2-20).

Grundmuster 4 ist insbesondere geeignet, um Konzepte des Supply-Chain-Management (siehe Abschnitt 3.5) zu unterstützen. Dort werden u. a. Service-Level-Aggreements oder Programmplanungen als Ziele vereinbart.

5.4.3 Spezifikation von Anwendungssystemen in der SOM-Methodik

AUTOMATISIERUNG VON GESCHÄFTSPROZESSEN DURCH ANWENDUNGSSYSTEME

Aufgabenträger zur Durchführung der Aufgaben von Geschäftsprozessen sind Mensch und Maschine. Im Folgenden wird ausschließlich der IS-Anteil von Geschäftsprozessen betrachtet, dessen maschinelle Aufgabenträger als Anwendungssysteme bezeichnet werden. Der Basissystem-Anteil, d. h. die Erstellung und Übertragung physischer Leistungen, wird nicht berücksichtigt.

In Abschnitt 2.4.1 wurde zur Beschreibung der Zuordnung zwischen Aufgaben und Aufgabenträgern das Konzept der **Automatisierung von Aufgaben** eingeführt, das nun auf den IS-Anteil von Geschäftsprozessen angewandt wird. Eine Aufgabe eines Geschäftsprozesses ist

- **vollautomatisiert**, wenn sie vollständig von einem Anwendungssystem durchgeführt wird,
- **nicht-automatisiert**, wenn sie vollständig von einer Person durchgeführt wird und
- **teilautomatisiert**, wenn sie kooperativ von einer Person und einem Anwendungssystem durchgeführt wird.

Ähnliche Überlegungen gelten für die **Automatisierung von Transaktionen**. Eine Transaktion ist (siehe Kapitel 1)

- **(voll) automatisiert**, wenn sie durch ein Kommunikationssystem M-C (Mensch-Rechner) oder C-C (Rechner-Rechner) durchgeführt wird (z. B. Elektronische Datenübertragung, E-Mail) und
- **nicht-automatisiert**, wenn sie durch ein Kommunikationssystem M-M (Mensch-Mensch) durchgeführt wird (z. B. mündlich direkt oder per Telefon, papiergestützt).

Vor der Festlegung des Automatisierungsgrades von Aufgaben und Transaktionen ist deren Automatisierbarkeit zu bestimmen. Eine Aufgabe ist automatisierbar, wenn ein Lösungsverfahren angegeben werden kann, für welches ein Anwendungssystem zur Verfügung steht oder konstruierbar ist (siehe Kapitel 4). Eine Transaktion ist automatisierbar, wenn die Nachrichtenübertragung und die Durchführung des Kommunikationsprotokolls von einem Kommunikationssystem M-C oder C-C durchgeführt werden kann.

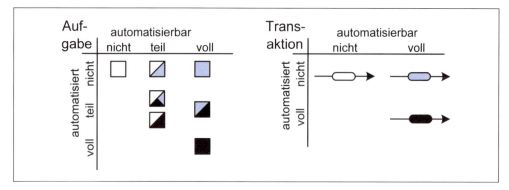

Bild 5-57: Automatisierbarkeit und Automatisierung von Aufgaben und Transaktionen

Die Beziehung zwischen einem Geschäftsprozessmodell und einem zugehörigen Anwendungssystem ist anhand des Konzepts der Automatisierung von Aufgaben und Transaktionen vollständig beschreibbar. Das Interaktionsschema eines Geschäftsprozessmodells ist dabei geeignet, sowohl die Automatisierbarkeit als auch die Automatisierung von Aufgaben und Transaktionen darzustellen (siehe auch [Kru97]). Die verwendete Symbolik ist in Bild 5-57 zusammengefasst.

Der Automatisierungsgrad des zum Versenden oder Empfangen einer Transaktion dienenden Aufgabenanteils deckt sich mit dem der Transaktion. Dieser Teil einer Aufgabe wird in der Darstellung nicht berücksichtigt. Die Automatisierungsgrade von Aufgaben und Transaktionen sind daher beliebig kombinierbar.

> Als Beispiel wird die Erstellung von Kundenrechnungen durch ein Anwendungssystem betrachtet. Die Rechnungen werden auf Papier ausgedruckt und per Post versandt. Die zugehörige Aufgabe wird als vollautomatisiert, die Transaktion als nicht-automatisiert dargestellt. Der Aufgabenanteil zum Kuvertieren und Versenden der Rechnungsformulare wird in der Darstellung nicht berücksichtigt, da er sich einschließlich seines Automatisierungsgrades implizit aus der Transaktion ergibt.
>
> Umgekehrt kann eine Aufgabe vollständig nicht-automatisiert sein, obwohl ihre Ergebnisse in einer automatisierten Transaktion, z. B. per E-Mail versandt werden.

Beispiel 5-24d (Fortsetzung von 5-24c):

Bild 5-58 zeigt die Automatisierung der Aufgaben und Transaktionen für das betriebliche Objekt *Rezeption* des Hotelbetriebs. Es wird unterstellt, dass das erreichbare Automatisierungspotenzial durch das verfügbare Anwendungssystem voll ausgeschöpft wird. Automatisierbare, aber nicht-automatisierte Aufgaben und Transaktionen sind daher nicht vorhanden.

Zum Beispiel erfolgt die Erstellung und der Versand von Prospekten nicht-automatisiert, während etwa die durch das Verkehrsamt getätigten Reservierungen automatisiert übernommen und verarbeitet werden. Übernachtungsmeldungen an die Polizei werden zwar automatisch erstellt, müssen aber in Papierform übergeben werden. Die Aufgaben zur Bearbeitung von Direktreservierungen und von Nutzungsmeldungen sind teilautomatisiert. Typischerweise handelt es sich hier um nicht vollständig automatisierbare Entscheidungsaufgaben.

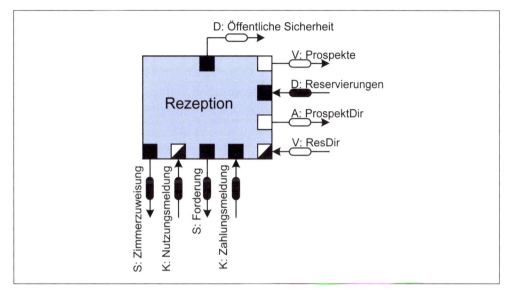

Bild 5-58: Automatisierung der Aufgaben und Transaktionen des betrieblichen Objekts *Rezeption*

Beispiel

ABGRENZUNG VON ANWENDUNGSSYSTEMEN

Die Aufgaben des betrieblichen Informationssystems eines Unternehmens werden im Allgemeinen nicht durch ein einziges, sondern durch mehrere kooperierende Anwendungssysteme unterstützt. Die Abgrenzung dieser Anwendungssysteme erfolgte in der Vergangenheit meist nach Funktionsbereichen. Das Ergebnis waren Anwendungssysteme etwa für den Beschaffungsbereich oder für den Produktionsbereich.

Die Abgrenzung nach Funktionsbereichen erweist sich jedoch zunehmend als problematisch. Der Grund hierfür ist, dass sich Unternehmen zunehmend einem Druck zur permanenten Anpassung ihrer Geschäftsprozesse ausgesetzt sehen. Nach funktionsorientierten Kriterien abgegrenzte Anwendungssysteme erweisen sich vielfach als Barrieren gegen die Umsetzung dieser Anpassungen (siehe auch [FeSi97]).

Aus diesem Grund unterstützt die SOM-Methodik eine prozessorientierte Form der Abgrenzung von Anwendungssystemen, die von analogen, d. h. weitgehend homomorphen Strukturen auf der Ebene der Geschäftsprozesse und der Ebene der Anwendungssysteme ausgeht [FeSi96a]. Dabei gilt grundsätzlich, dass ein Anwendungssystem anhand eines oder mehrerer betrieblicher Objekte einer ausgewählten Zerlegungsstufe abgegrenzt wird (siehe Beispiel 5-24d).

MERKMALE VON ANWENDUNGSSYSTEMEN

Anwendungssysteme werden in der SOM-Methodik als objektorientierte und objektintegrierte verteilte Systeme spezifiziert:

- **Objektorientiertes System**: Die Spezifikation eines Anwendungssystems erfolgt durchgängig in objektorientierter Form. Grundlage hierfür ist das Konzept des Objekttyps (siehe Abschnitt 8.2.5). Die Spezifikation umfasst ein konzeptuelles Objektschema (KOS), bestehend aus konzeptuellen Objekttypen (KOT), sowie ein Vorgangsobjektschema (VOS), bestehend aus Vorgangsobjekttypen (VOT). Ein VOT beschreibt das Zusammenwirken von KOTs bei der Durchführung einer betrieblichen Aufgabe.

- **Verteiltes System**: Ein verteiltes System ist ein integriertes System, welches gemeinsame Ziele verfolgt. Es besteht aus mehreren autonomen Komponenten, die in der Verfolgung der Ziele kooperieren. Die Komponenten sind untereinander lose gekoppelt, d. h. sie interagieren über den Austausch von Nachrichten. Keine Komponente besitzt die globale Kontrolle über das System (siehe [Ens78] und [FeSi96a]).

- **Objektintegriertes System**: Bei der herkömmlichen Datenintegration sind die einzelnen Teil-Anwendungssysteme eng gekoppelt, d. h. sie operieren auf einer gemeinsamen Datenbasis. Im Gegensatz dazu besteht ein objektintegriertes Anwendungssystem aus autonomen und lose gekoppelten Teil-Anwendungssystemen. Um die Konsistenz des Anwendungssystems zu sichern, tauschen die Teil-Anwendungssysteme anhand detaillierter Kommunikationsprotokolle Nachrichten aus, die beim empfangenden Teil-Anwendungssystem entsprechende Zustandsänderungen auslösen (siehe Abschnitt 6.1).

Ausgangspunkt für die Spezifikation eines Anwendungssystems ist ein hinreichend detailliertes Geschäftsprozessmodell in Form eines Interaktionsschemas (IAS) und eines zugehörigen Vorgangs-Ereignis-Schemas (VES). In diesem Geschäftsprozessmodell wird anhand eines oder mehrerer betrieblicher Objekte ein Anwendungssystem abgegrenzt und in Form eines KOS und eines darauf aufbauenden VOS spezifiziert.

KONZEPTUELLES OBJEKTSCHEMA (KOS)

Ein konzeptuelles Objektschema (KOS) besteht aus einer Menge von konzeptuellen Objekttypen (KOT), die untereinander in Beziehung stehen. Die Spezifikation eines KOT (Bild 5-59) umfasst

- den **Namen** des Objekttyps,

5.4 Ein objekt- und geschäftsprozessorientierter Modellierungsansatz

- eine Menge von **Attributen**, auf denen die Operatoren des Objekttyps definiert sind,

- eine Menge von **Nachrichtendefinitionen**, welche die Arten von Nachrichten festlegen, die von den Objekten (Instanzen) eines Objekttyps interpretiert werden sollen sowie

- eine Menge von **Operatoren (Methoden)**, die ein Objekttyp zur Behandlung eingehender Nachrichten bereitstellt.

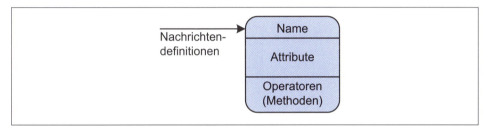

Bild 5-59: Objekttyp

Ein KOS kann als objektorientierte Erweiterung und Modifikation eines konzeptuellen Datenschemas im SERM (siehe Abschnitt 5.2.3) interpretiert werden. Ein Datenobjekttyp im SERM wird durch einen Namen, einen Typ (E-, ER- und R-Typ) und eine Menge von Attributen beschrieben. Ein Objekttyp in der SOM-Methodik umfasst darüber hinaus Nachrichtendefinitionen und Operatoren. Da bei objektorientierten Ansätzen nicht zwischen Gegenstands- und Beziehungsobjekttypen unterschieden wird, entfällt hingegen die Typzuordnung.

Beziehungen stellen im SERM Schlüsselreferenzen dar. In objektorientierten Ansätzen werden Beziehungen mithilfe der Objekt-Identifikatoren, d. h. unabhängig von den Attributwerten der Instanzen eines Objekttyps, realisiert. Die quasi-hierarchische Struktur des SERM sowie die Komplexitätsgrade der Beziehungen werden aber für das KOS beibehalten. Es stehen drei Beziehungsarten zur Verfügung:

- Die **interacts_with-Beziehung** dient zur Modellierung von Interaktionskanälen für den Austausch von Nachrichten zwischen Objekten.

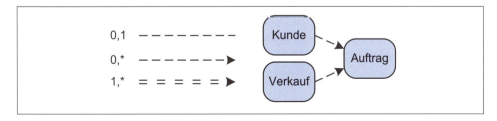

Zum Beispiel beschreibt *Auftrag* einen Interaktionskanal zwischen den Objekttypen *Kunde* und *Verkauf*. Aus Datensicht sind zu jedem Kunden und zu jeder Verkaufsstelle mehrere Aufträge zulässig; jeder Auftrag bezieht sich auf genau einen Kunden und genau eine Verkaufsstelle.

- Die **is_a-Beziehung** dient zur Modellierung der Generalisierung bzw. Spezialisierung von Objekttypen. Der generalisierte Objekttyp wird als **Supertyp**, der bzw. die spezialisierten Objekttypen als **Subtypen** bezeichnet.

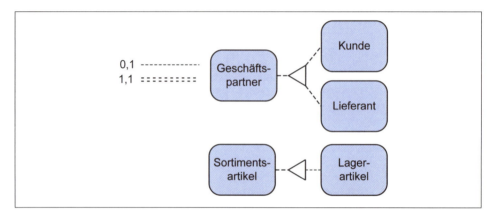

Zum Beispiel ist ein *Geschäftspartner* entweder ein *Kunde* oder ein *Lieferant*. Umgekehrt ist jeder *Kunde* und jeder *Lieferant* ein *Geschäftspartner*. Ein *Sortimentsartikel* kann auch im Lager geführt werden. Umgekehrt ist jeder *Lagerartikel* auch ein *Sortimentsartikel*.

Mithilfe der is_a-Beziehung wird im SOM-Ansatz auch die **Vererbung** modelliert. Dabei vererbt ein Supertyp an seine Subtypen Attribute, Nachrichtendefinitionen und Operatoren.

- Die **is_part_of-Beziehung** dient zur Modellierung der Aggregation von Objekttypen, d. h. der Strukturbeziehungen zwischen einem komplexen Objekttyp und seinen Teilobjekttypen.

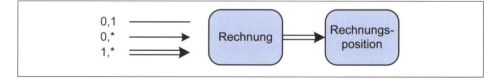

Der komplexe Objekttyp *Rechnung* enthält den Objekttyp Rechnungsposition *(RechPos)* als Teilobjekttyp. Jede Rechnung besteht aus mindestens einer Rechnungsposition, jede Rechnungsposition gehört zu genau einer Rechnung.

Die Aggregation korrespondiert aus Datensicht mit der Normalisierung eines (Daten-) Objekttyps. Zum Beispiel umfasst *Rechnung* die Attribute des Rechnungskopfes, *RechPos* die positionsspezifischen Attribute.

Bild 5-60 stellt SOM-Beziehungsarten und SERM-Beziehungsarten gegenüber und zeigt deren Kompatibilität.

SOM-Beziehung	SERM-Beziehung			Generalisierung	Kanten zu einem R-Typ
	(0,1)	(0,*)	(1,*)		
interacts_with	selten	häufig	selten	nie	stets
is_a	häufig	nie	nie	stets	nie
is_part_of	selten	häufig	häufig	nie	nie

Bild 5-60: Kompatibilität von SERM- und SOM-Beziehungen

Ein KOS besitzt die bereits aus dem SERM bekannte quasi-hierarchische Struktur. Existenzabhängigkeiten zwischen KOTs werden ebenso wie im SERM explizit dargestellt. Ein konzeptuelles Datenschema im SERM ist somit als die (statische) Datensicht eines KOS interpretierbar, bei der nur Attribute und Beziehungen betrachtet werden.

SPEZIFIKATION DES KONZEPTUELLEN OBJEKTSCHEMAS

Ausgangspunkt für die Spezifikation eines KOS ist ein Ausschnitt eines Geschäftsprozessmodells in Form von IAS und VES. Die Abgrenzung des Ausschnitts erfolgt anhand eines oder mehrerer betrieblicher Objekte, für die ein Anwendungssystem spezifiziert werden soll.

Die initiale Struktur des KOS wird direkt aus dem Geschäftsprozessmodell abgeleitet. Die Ableitungsregeln nehmen Bezug auf das Konzept der Existenzabhängigkeiten zwischen KOTs sowie auf die quasi-hierarchische Struktur des KOS:

- Diskurswelt- und Umweltobjekte des IAS werden in **objektspezifische KOTs** abgebildet. Diese sind existenzunabhängig und stehen in der linken Spalte des KOS.

- Jede Leistungsspezifikation des Geschäftsprozessmodells wird in einen **leistungsspezifischen KOT** abgebildet. Diese sind ebenfalls existenzunabhängig und stehen in der linken Spalte des KOS.

- Transaktionen werden in **transaktionsspezifische KOTs** abgebildet. Eine Transaktion zwischen zwei Objekten des IAS führt zu einem KOT, der von den beiden objektspezifischen KOTs und ggf. einem zugehörigen leistungsspezifischen KOT existenzabhängig ist und mit diesen durch *interacts_with*-Beziehungen verbunden ist. Zusätzlich wird das VES ausgewertet. Sequenzen von Transaktionen führen zu entsprechenden Existenzabhängigkeiten zwischen transaktionsspezifischen KOTs (Bild 5-61).

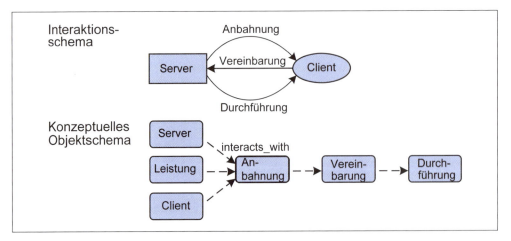

Bild 5-61: Ableitung eines initialen KOS aus einem Geschäftsprozessmodell

Das initiale KOS bildet den Ausgangspunkt für dessen weitere Spezifikation. Diese umfasst folgende Schritte:

1. Entfernen derjenigen KOTs, die ausschließlich mit nicht-automatisierten Aufgaben und Transaktionen korrespondieren.

2. Ermitteln der Kardinalitäten der Beziehungen.

3. Zuordnen von Attributen zu den KOTs. Bezüglich der Ermittlung der Attribute wird auf die Datenmodellierung verwiesen.

   3.1. Komplexe, d. h. aus Datensicht nicht normalisierte Diskurswelt- und Umweltobjekte sowie Flüsse werden unter Verwendung von *is_part_of*-Beziehungen aufgelöst. Zum Beispiel wird der Objekttyp Rechnung in *RechKopf* und *RechPos* aufgelöst. *RechKopf* und *RechPos* werden durch eine *is_part_of*-Beziehung verknüpft.

   3.2. Die Generalisierung von Diskurswelt- und Umweltobjekten sowie Flüssen wird in Form von Objekttypen modelliert, die durch *is_a*-Beziehungen verknüpft sind.

4. Zuordnen von Nachrichtendefinitionen und Operatoren zu den KOTs. Neben elementaren Zugriffsoperatoren sind weitere Operatoren vorzusehen, die sich zum Teil erst im Zusammenhang mit der Spezifikation des VOS ergeben.

5. KOTs, die sich in ihren Attributen und/oder Operatoren decken oder weitgehend überlappen, werden im Hinblick auf Vermeidung von Daten- und Funktionsredundanz zusammengefasst.

5.4 Ein objekt- und geschäftsprozessorientierter Modellierungsansatz

Die Schritte 1 bis 5 können in mehreren Zyklen durchlaufen werden. Aus Sicht der Datenmodellierung (siehe Abschnitt 5.2.5) entsprechen die Schritte 3.1 und 5 einer Normalisierung des KOS.

Beispiel 5-24e (Fortsetzung von 5-24d):

Es soll ein Anwendungssystem zur Unterstützung des betrieblichen Objekts *Beherbergungssystem* spezifiziert werden. Bild 5-62 zeigt das aus dem IAS in Bild 5-51 und dem VES in Bild 5-52 abgeleitete initiale KOS. Die objektspezifischen, transaktionsspezifischen und leistungsspezifischen Objekttypen sind entsprechend gekennzeichnet.

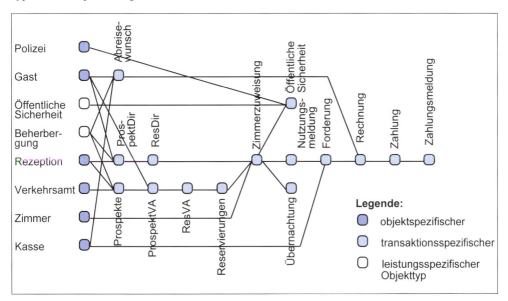

Bild 5-62: Initiales KOS des Hotelbetriebs

Die weiteren Schritte korrespondieren mit der obigen Nummerierung:

1. *Polizei*, *Prospekte*, *ProspektDir* und *ProspektVA* werden entfernt, da die zugehörigen Aufgaben bzw. Transaktionen nicht automatisiert werden (siehe Bild 5-58).

2. Die Kardinalitäten der verbleibenden Beziehungen werden ermittelt (siehe Bild 5-61).

3. Den KOTs werden Attribute zugeordnet; diese werden hier aus Platzgründen nicht dargestellt.

4. Zuordnen von Nachrichtendefinitionen und Operatoren; z. B. wird *Gast.Hole_Adresse*, *Rezeption.Zimmer_frei?*, *Reservierung.Anlegen* und *Preisliste.Ermittle_Konditionen* zugeordnet (Schreibweise: Objekttyp.Nachricht/Operator).

5. Schließlich werden KOTs zusammengefasst. Die Zusammenfassung und die endgültige Namensgebung zeigt nachstehende Tabelle. Zum Beispiel wird der leistungsspezifische KOT *Beherbergung* des initialen KOS in *Preisliste* umbenannt, da sich aus Sicht des Anwendungssystems die Leistung *Beherbergung* in einer Spezifikation der verfügbaren Teilleistungen und ihrer Preise niederschlägt.

	Initiales KOS	*Überarbeitetes KOS*
objektspezifische KOTs	Polizei	(nicht- automatisiert)
	Gast	Gast
	Rezeption	Rezeption
	Verkehrsamt	Verkehrsamt
	Zimmer	Zimmer
	Kasse	Kasse
leistungsspezifische KOTs	Beherbergung	Preisliste
	Öffentliche Sicherheit	Meldeformular
transaktionsspezifische KOTs	Prospekte ProspektDir ProspektVA	(nicht- automatisiert)
	Reservierungen ResDir ResVA	Reservierung
	Zimmerzuweisung Nutzungsmeldung	Zimmerkonto
	Öffentliche Sicherheit	Übernachtungsmeldung
	Übernachtung	Zimmerausweis
	Abreisewunsch	(nicht- automatisiert)
	Forderung Rechnung	Rechnung
	Zahlung Zahlungsmeldung	Zahlung

Die Struktur des resultierenden KOS ist in Bild 5-63 dargestellt.

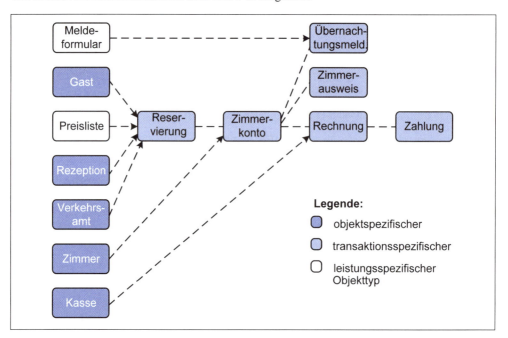

Bild 5-63: Resultierendes KOS des Objekts *Beherbergungsbetrieb*

VORGANGSOBJEKTSCHEMA (VOS)

Der zweite Teil der Spezifikation eines Anwendungssystems besteht in der Erstellung eines VOS. Dieses besteht aus einer Menge von VOTs, die untereinander in Beziehung stehen. Jeder VOT beschreibt das Zusammenwirken von KOTs bei der Durchführung einer betrieblichen Aufgabe.

Betriebliche Aufgaben werden in Form von Vorgängen durchgeführt (siehe Abschnitt 2.6). Ein Vorgang wird durch ein Ereignis ausgelöst und kann seinerseits weitere Ereignisse generieren. Jeder Vorgang besteht aus einer Folge von Aktionen. Funktional beschreibbare Aktionen sind automatisierbar und werden durch Operatoren konzeptueller Objekttypen realisiert. Nicht-funktionale Aktionen sind nicht automatisierbar und werden von personellen Aufgabenträgern durchgeführt.

Ein VOT spezifiziert somit den Workflow für die Durchführung einer betrieblichen Aufgabe, das VOS den Workflow für einen Teil des betrieblichen Objektssystems, gegeben in Form eines Ausschnitts aus einem Geschäftsprozessmodell (siehe Abschnitt 2.6). Während Geschäftsprozessmodelle der Aufgabenebene des Objektsystems zugeordnet sind, gehören Workflows zur Aufgabenträgerebene. Im vorliegenden Zusammenhang werden automatisierte Aufgaben betrachtet, deren Workflows durch Anwendungssysteme realisiert werden.

Die Spezifikation eines VOT umfasst folgende Bestandteile:

- **Name** des Objekttyps.

- **Attribute**: Diese beschreiben das Aufgabenobjekt der von dem VOT durchzuführenden Aufgabe. Das Aufgabenobjekt wird in Form eines Teilgraphen des KOS abgegrenzt und umfasst alle KOTs, deren Attribute den Zustandsraum der Aufgabe bilden.

- **Nachrichtendefinitionen**: Definition der von diesem VOT zu empfangenden und zu sendenden Nachrichten, die mit den vorgangsauslösenden und den produzierten Ereignissen korrespondieren. Zuordnung von Nachrichtendefinition und Operator.

- **Operatoren:** Definition von je einer Navigation innerhalb des Aufgabenobjekts als Lösungsverfahren für die diesem VOT zugeordnete Aufgabe.

Die Beziehungen zwischen den VOTs eines VOS sind *interacts_with*-Beziehungen. Sie korrespondieren mit den Ereignisbeziehungen zwischen Aufgaben im VES.

SPEZIFIKATION DES VORGANGSOBJEKTSCHEMAS

Ausgangspunkt für die Spezifikation eines VOS ist ein Ausschnitt aus dem VES eines Geschäftsprozessmodells. Die Abgrenzung des Ausschnitts erfolgt anhand eines oder mehrerer betrieblicher Objekte, für die ein Anwendungssystem spezifiziert werden soll.

Die initiale Struktur des VOS wird wiederum aus dem Geschäftsprozessmodell abgeleitet. Die Ableitungsregeln lauten:

- Jede Aufgabe wird in einen VOT abgebildet.

- Jede Ereignisbeziehung (Transaktionen repräsentieren ebenfalls Ereignisse) zwischen Aufgaben wird in eine *interacts_with*-Beziehung zwischen VOTs abgebildet.

Das initiale VOS bildet den Ausgangspunkt für dessen weitere Spezifikation. Diese umfasst folgende Schritte:

1. Entfernen derjenigen VOTs, deren zugehörige Aufgaben nicht automatisiert werden.

2. Zuordnen der Attribute für jeden VOT in Form eines Teilgraphen des zugehörigen KOS. Die Teilgraphen unterschiedlicher VOTs überlappen sich im Allgemeinen.

3. Definieren der von einem VOT zu interpretierenden Nachrichten korrespondierend zu den Ereignisbeziehungen.

4. Spezifikation der Operatoren in Form von Navigationen auf dem KOS-Teilgraphen.

5. Zusammenfassen von VOTs, deren korrespondierende Aufgaben aus Gründen der Wahrung semantischer Integrität des Anwendungssystems stets gemeinsam durchzuführen sind. Ein Beispiel hierfür sind die Aufgaben *>Zahlung* und *Zahlungsmeldung>* des betrieblichen Objekts *Kasse* im Hotelbeispiel.

KOS und VOS bilden gemeinsam die fachliche Spezifikation eines Anwendungssystems. Diese Spezifikation bildet den Ausgangspunkt für den systemtechnischen Entwurf und für die Realisierung des Anwendungssystems.

5.4 Ein objekt- und geschäftsprozessorientierter Modellierungsansatz

Beispiel 5-24f (Fortsetzung von 5-24e):

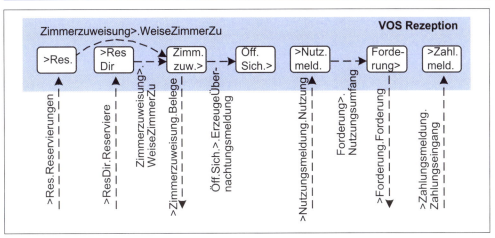

Bild 5-64: VOS für die Aufgaben des betrieblichen Objekts *Rezeption*

Bild 5-64 zeigt das VOS des betrieblichen Objekts *Rezeption*. Seine initiale Struktur entsteht durch eine Abgrenzung der Aufgaben von *Rezeption* innerhalb des VES (Bild 5-52). Aus jeder Aufgabe wird ein zugehöriger VOT, aus jeder Ereignisbeziehung bzw. Transaktion wird eine *interacts_with*-Beziehung zur Übertragung von Nachrichten abgeleitet.

Die weitere Spezifikation folgt den oben genannten Schritten:

1. Die Erstellung und die Übergabe von Prospekten sind nicht automatisiert. Die zugehörigen VOTs werden entfernt.

2. Die Zuordnung der Attribute ist in Bild 5-65 exemplarisch für den VOT *>ResDir* dargestellt.

3. Ausgehend von den Ereignisbeziehungen werden die von einem VOT zu interpretierenden Nachrichten definiert. In Bild 5-64 wird die Nachricht *>ResDir.Reserviere* über Kommunikation M-C, alle anderen über Kommunikation C-C übermittelt (siehe Kapitel 1).

4. Exemplarisch ist in Bild 5-65 die Navigation für den Operator *Reserviere* des VOT *>ResDir* dargestellt.

5. Auf eine Zusammenfassung von VOTs wird verzichtet.

Es wird nun der VOT zur Aufgabe *>ResDir* („Entgegennehmen und verarbeiten Direktreservierung") spezifiziert. Das Ereignis einer eingehenden Direktreservierung korrespondiert mit der Nachricht *Reserviere* an den VOT *>ResDir*. Das Aufgabenobjekt der Aufgabe *>ResDir* korrespondiert mit den Attributen des VOT und wird durch den aus *Gast*, *Preisliste*, *Rezeption* und *Reservierung* abgegrenzten Teilgraphen des KOS gebildet. Das Lösungsverfahren des der Nachricht *Reserviere* zugeordneten Operators enthält Nachrichten an die zugehörigen KOTs (Bild 5-65).

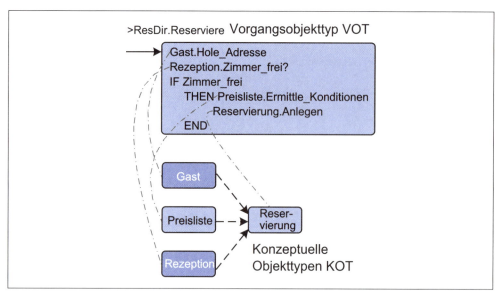

Bild 5-65: VOT zur Aufgabe >*ResDir*

Beispiel

METAMODELL FÜR DIE SPEZIFIKATION VON ANWENDUNGSSYSTEMEN

In der SOM-Methodik werden Anwendungssysteme in objektorientierter Form spezifiziert. Das Metamodell in Bild 5-66 beschreibt die verwendeten Bausteine und setzt sie zueinander in Beziehung. Die Darstellung des Metamodells folgt wiederum dem Meta-Metamodell in Bild 5-5.

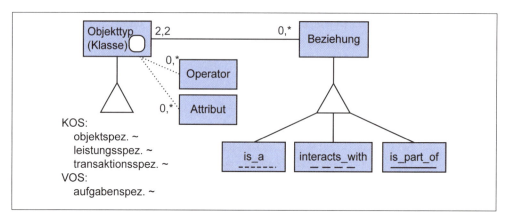

Bild 5-66: Metamodell für die Spezifikation von Anwendungssystemen

Sowohl die konzeptuellen Objekttypen des KOS als auch die Vorgangsobjekttypen des VOS stellen daher *Objekttypen* dar, denen *Attribute* und *Operatoren* zugeordnet sind. Ein Objekttyp wird zusammen mit seinen Instanzen als *Klasse* bezeichnet. Objekttypen stehen paarweise in Beziehung. Beziehungen sind *is_a-, interacts_with-* oder *is_part_of*-Beziehungen.

Das KOS umfasst objektspezifische, leistungsspezifische und transaktionsspezifische Objekttypen, die mit den Komponenten betriebliches Objekt, Leistung und Transaktion eines Geschäftsprozessmodells korrespondieren. Das VOS umfasst aufgabenspezifische Objekttypen, korrespondierend mit den Aufgaben eines Geschäftsprozessmodells.

6 Integration von Aufgaben und Anwendungssystemen

6.1 Integrationsmerkmale und Integrationskonzepte

6.1.1 Zerlegung, Vernetzung und Integration von Aufgaben

Die Aufgaben eines IS werden im Rahmen der Aufgabenanalyse in der Regel anhand mehrerer Kriterien wie dem Objekt- oder Verrichtungsprinzip oder gemäß den Phasen Planung, Durchführung und Kontrolle in Teilaufgaben zerlegt. In der darauf folgenden Aufgabensynthese werden Aufgaben für ihre Durchführung durch Stellen oder durch Anwendungssysteme zusammengefasst und vernetzt (vgl. Abschnitt 4.1.5). Bei der Stellenbildung ist als Restriktion insbesondere die Arbeitskapazität von Personen zu beachten. Die Aufgaben einer Stelle werden von genau einer Person bearbeitet. Die Kapazität von Anwendungssystemen ist dagegen in weiten Bereichen frei wählbar. Sie reicht vom einfachen PC bis hin zu leistungsfähigen Rechnerverbundsystemen. Kapazitätsrestriktionen aufgrund technischer Grenzen spielen daher in der Praxis eine untergeordnete Rolle.

Die Zerlegung einer Aufgabe besteht in der Zerlegung des Aufgabenobjektes und der Aufgabenziele sowie in der Definition von Kommunikationskanälen zwischen den entstehenden Teilaufgaben. Beide Zerlegungen, die des Aufgabenobjektes und die der Aufgabenziele, müssen nicht notwendigerweise disjunkt sein. Werden jedoch Aufgaben mit nicht disjunkten, d. h. überlappenden Aufgabenobjekten unterschiedlichen Aufgabenträgern zugeordnet, so sind die gemeinsamen Teile beider Aufgabenobjekte in beiden Aufgabenträgern, also redundant, zu speichern. Ebenso führen nicht disjunkte Aufgabenziele zu Überlappungen der zugehörigen Lösungsverfahren, d. h. zu einer redundanten Realisierung von Aktionen. Eine weitere, als Schnittstellen-Redundanz bezeichnete Überlappung verursachen die Anschlussstellen der Kommunikationskanäle, die notwendigerweise in den entstehenden Teilaufgaben enthalten sind.

> Ein Beispiel der derartigen Zerlegung ist in Bild 2-26 dargestellt. Dort wird angenommen, dass jede der beiden personell gestützten Aufgaben von genau einer Person durchgeführt werden kann. Die übrigen Aufgaben werden einem Rechnerverbund zugeordnet, dessen Kapazität an den Aufgabenumfang flexibel angepasst wird. Die bei der Zerlegung sukzessive eingeführten Kommunikationskanäle verursachen eine Schnittstellenredundanz in den Anschlussstellen.

Die genannten Formen der Vernetzung von Aufgaben folgen einem allgemeinen Konzept der Kopplung von Systemen, das auch in Rechnerarchitekturen verwendet wird. Dort wird zwischen der engen und der losen Kopplung von Prozessoren unterschieden. Eine **enge Kopplung** verbindet Prozessoren über einen gemeinsamen Speicher, bei einer **losen Kopplung** findet ein Nachrichtenaustausch über ein gemeinsames Kommunikationssystem statt (Bild 6-1).

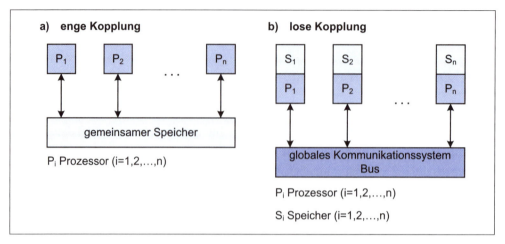

Bild 6-1: Kopplung von Prozessoren

Entsprechend führt eine Überlappung von Aufgabenobjekten zu einer engen Kopplung, ihre Verbindung über Kommunikationskanäle zu einer losen Kopplung von Aufgaben. Bei der losen Kopplung regeln Ereignisse zwischen den Aufgaben als Nach- bzw. Vorereignisse die Reihenfolge der Aufgabendurchführung und bilden gleichzeitig einen Kommunikationskanal zwischen den Aufgaben (Bild 6-2). Bei einer engen Kopplung von Aufgaben bezieht sich die Überlappung der Aufgabenobjekte auf deren Typ, d. h. die das Aufgabenobjekt spezifizierenden Attribute, oder auch auf die Aufgabenobjektinstanzen, d. h. die zugehörigen Attributwerte. Häufigstes Beispiel hierfür sind die sogenannten Stammdaten, wie z. B. Kunden- oder Artikelstammdaten, die in mehreren Aufgaben Verwendung finden. Auch die auf den Aufgabenobjekten operierenden Lösungsverfahren, bestehend aus Aktionen und Aktionensteuerung, können gemeinsame Komponenten umfassen.

Werden vernetzte Aufgaben voll- oder teilautomatisiert von einem einzelnen Rechner oder einem Rechnerverbund ausgeführt, spricht man von integrierten Aufgaben. Die Integration von Aufgaben erfordert also die Festlegung der Vernetzung von Aufgaben und die Zuordnung eines maschinellen Aufgabenträgers, der den Komplex der vernetzten Aufgaben ausführt. Ein Anwendungssystem, das einen solchen vernetzten Aufgabenkomplex vollständig ausführt, wird als integriertes Anwendungssystem bezeichnet.

6.1 Integrationsmerkmale und Integrationskonzepte

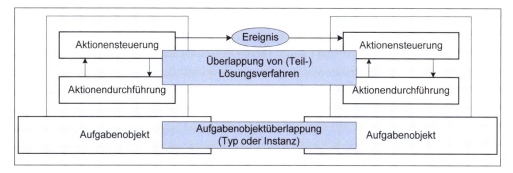

Bild 6-2: Aufgabenvernetzung

Der Einsatz integrierter Anwendungssysteme ist inzwischen weit verbreitet (vgl. [JBK91], [Mert07]). Beispiele umfangreicher integrierter Anwendungssysteme sind Enterprise-Resource-Planning-Systeme (ERP-Systeme), die alle operativen Lenkungsaufgaben eines Unternehmens, d. h. vor allem die Aufgaben der Auftragsabwicklung, umfassen. Aber auch Office-Systeme am Arbeitsplatz bilden integrierte Anwendungssysteme. Sie ermöglichen die gemeinsame Nutzung von textuellen, grafischen und weiteren Aufgabenobjekten in mehreren Aufgaben eines Aufgabenkomplexes.

Zunächst soll jedoch kurz die historische Entwicklung der Integration von Anwendungssystemen dargestellt werden. Der Beginn der automatisierten Datenverarbeitung in den 1960er Jahren war gekennzeichnet durch die Automatisierung einzelner wohlstrukturierter Aufgaben und Aufgabenkomplexe, die den Automatisierbarkeitskriterien unmittelbar genügten, wie z. B. Fakturierung oder Buchführungen unterschiedlicher Art. Dieser Automatisierungsgrad des IS wurde mit dem Schlagwort *Insellösungen* beschrieben. Die entstandenen Automationsinseln weisen eine mehr oder weniger hohe Redundanz der Aufgabenobjekte und Lösungsverfahren auf und nutzten für die Kommunikation untereinander unterschiedliche Medien sowie personelle Aufgabenträger. Der damit verbundene Medienbruch verursachte Zusatzaufwand und Zeitverzögerungen für die Umsetzung von personell lesbaren Daten in maschinell lesbare und umgekehrt. Ein vorrangiges Ziel war daher in dieser Zeit das Zusammenwachsen der Automationsinseln durch Schaffung automatisierter Kommunikationskanäle zwischen den Inseln.

Typische Beispiele aus dieser Zeitperiode sind getrennte Inseln für die Aufgaben Fakturierung, Finanzbuchhaltung und Lohnbuchhaltung. Kommunikationskanäle für Rechnungssummen zwischen der Fakturierung und Finanzbuchhaltung, bzw. für Lohnsummen zwischen der Lohn- und Finanzbuchhaltung wurden durch Dateitransfer zwischen den zugehörigen Anwendungssystemen realisiert. Die Aufgabenobjekte der Aufgaben Fakturierung und Finanzbuchhaltung überlappten bezüglich des internen Speichers für Kunden-„Stammdaten".

6.1.2 Integrationsziele

Vor einer Zerlegung von Aufgaben und ihrer Zuordnung zu Aufgabenträgern sind zunächst die Ziele und Restriktionen des Zerlegungs- und Zuordnungsprozesses zu klären. Mit Bezug auf die aus der Zerlegung resultierende Vernetzung der Aufgaben und ihre Ausführung durch einen maschinellen Aufgabenträger werden diese Ziele als **Integrationsmerkmale** bzw. ihre Zielausprägung als **Integrationsziele** bezeichnet. Zusammen bilden sie den **Integrationsgrad** eines Aufgabenkomplexes [Fers92]. Für die Bestimmung eines optimalen Integrationsgrades ist für jedes Integrationsmerkmal eine anzustrebende Zielausprägung festzulegen. Der optimale Integrationsgrad besteht im Allgemeinen nicht in der maximalen bzw. minimalen Ausprägung der einzelnen Integrationsmerkmale.

Die Integrationsmerkmale nehmen auf die Aufgaben- und die Aufgabenträgerebene eines Informationssystems Bezug. Es wird weiter differenziert, ob sie dort jeweils den Typ oder die Instanz dieser Ebenen referenzieren (Bild 6-3). Zusätzlich werden die Integrationsmerkmale als Struktur- oder Verhaltensmerkmale der Aufgaben- und Aufgabenträgerebene klassifiziert (Bild 6-4).

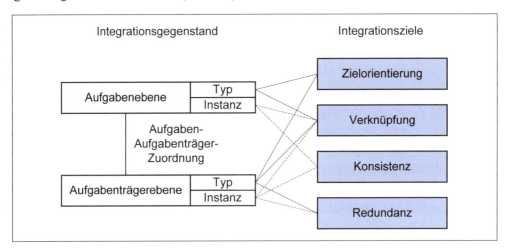

Bild 6-3: Typ- bzw. Instanzbezug der Integrationsziele

Die Auswahl der Integrationsmerkmale orientiert sich an folgenden Eigenschaften der Aufgaben und Aufgabenträger:

- Ein Anwendungssystem besteht aus Systemkomponenten unterschiedlicher Art wie Datenstrukturen, Funktionen und Objekten sowie aus Kommunikationskanälen zwischen den Komponenten. Auf diese Systemeigenschaften nehmen die strukturorientierten Integrationsmerkmale **Redundanz** der Systemkomponenten und **Verknüpfung** der Komponenten Bezug. Das Merkmal Redundanz kann auf Typen oder Instanzen der Aufgabenträgerebene, das Merkmal Verknüpfung auf Typen oder Instanzen innerhalb der Aufgaben- und der Aufgabenträgerebene angewendet werden.

- Die vom Anwendungssystem durchzuführende Gesamtaufgabe sowie das durch Zerlegung entstandene Aufgabennetz enthalten im Aufgabenobjekt ein Modell der Diskurswelt; ihre Aufgabenziele gelten für das gesamte Aufgabenobjekt. Die ganzheitliche Ausrichtung der Aufgaben wird durch die Integrationsmerkmale **Konsistenz** und **Zielorientierung** erfasst. Das Merkmal Konsistenz betrifft die Instanzen des Aufgabenobjekts und die zugehörigen Datenobjekte im Aufgabenträger, die Zielorientierung nimmt auf die einheitliche Zielausrichtung des Aufgabensystems und der zugehörigen Lösungsverfahren im Anwendungssystem Bezug. Beide Merkmale stellen also Verhaltensmerkmale von Aufgaben und Aufgabenträgern dar.

Merkmalsgruppe		Ziel Einhaltung einer vorgegebenen Ausprägung des Merkmals ...
Struktur	Redundanz	Datenredundanz
		Funktionsredundanz
	Verknüpfung	Kommunikationsstruktur
Verhalten	Konsistenz	semantische Integrität
		operationale Integrität
	Zielorientierung	Vorgangssteuerung

Bild 6-4: Integrationsmerkmale

Die Integrationsmerkmale im Einzelnen:

- **Redundanz**: Dieses Merkmal gibt an, inwieweit die einer bestimmten Systemfunktion zugeordneten Systemkomponenten mehrfach vorhanden sind und inwieweit Exemplare dieser Systemkomponenten ohne Beeinträchtigung der Funktionsfähigkeit der Systemfunktion entfernt werden können. Der Wegfall redundanter Komponenten beeinträchtigt im Normalfall die Funktionsfähigkeit eines Systems nicht, im Störfall dienen jedoch redundante Komponenten als Rückfallstufe. Argumente für die *Vermeidung von Redundanz* sind mögliche Inkonsistenzen zwischen redundanten Komponenten, die Notwendigkeit der Prüfung und Korrektur von Inkonsistenzen und eine mangelnde Wirtschaftlichkeit der Ressourcennutzung. Für eine *Erhaltung von Redundanz* spricht die mögliche Toleranz des Systems bei Ausfall von Komponenten, mögliche Leistungssteigerungen des Systems durch parallele

Nutzung redundanter Komponenten und eine mögliche Reduzierung der Strukturkomplexität des Systems durch die Verwendung von Systemkomponenten mit redundanten Merkmalen. Das Integrationsziel bezüglich der Redundanz ist also, eine *optimale Redundanz* der Systemkomponenten bei einer vorgegebenen Bewertung der Pro- und Contra-Aspekte zu bestimmen.

Das Merkmal Redundanz ist in Anwendungssystemen bezüglich der Komponententypen und der Komponenteninstanzen zu differenzieren. Die **Datenredundanz** betrifft redundante Datenobjekttypen bzw. Datenattribute sowie redundante Datenobjekte und ist in der Regel das Ergebnis überlappender Aufgabenobjekte. Die **Funktionsredundanz** zeigt Überlappungen von Lösungsverfahren in Form redundanter Aktionen und resultiert in der Regel aus nicht disjunkten Zerlegungen von Aufgabenzielen.

- **Verknüpfung**: Dieses Merkmal bestimmt Art und Anzahl der Kommunikationskanäle zwischen den Systemkomponenten. Kommunikationskanäle existieren in herkömmlichen Anwendungssystemen zwischen Funktionen bzw. in objektorientierten Anwendungssystemen zwischen Objekten. Funktionen und Objekte tauschen Nachrichten aus oder operieren auf gemeinsamen Datenobjekten. Die erforderliche Anzahl von Kommunikationskanälen folgt aus der Abgrenzung der Systemkomponenten sowie deren Grad an Redundanz. Das Integrationsziel bezüglich der Verknüpfung umfasst die Merkmale Anzahl, Leistungsfähigkeit, Stabilität und Flexibilität der Verknüpfungen sowie aus Entwickler- und Betreibersicht auch deren Transparenz und Kontrollierbarkeit. Eine Lösung hierfür ist ein eigenständiges Kommunikationssystem, das die Nachrichten zwischen den Kommunikationspartnern überträgt und diesen Partnern Informationen über die Struktur und das Verhalten des Systems zur Verfügung stellt. Jede Funktion bzw. jedes Objekt benötigt Kenntnis seiner Kommunikationspartner, um Ausnahmebehandlungen bei Störungen oder Fehlern durchführen zu können. Die Verknüpfungseigenschaften können bezüglich Typ und Instanz differenziert werden.

- **Konsistenz**: Das Verhalten eines formalen Systems ist durch eine Relation über den Zustandsmengen seiner Systemkomponenten definiert (vgl. Abschnitt 2.1). Ist ein formales System das Modell eines Ausschnitts der realen Welt, so werden in der Systemrelation die zulässigen korrekten Zustände des Ausschnitts erfasst. Ein zur Systemrelation gehörendes Tupel wird dann als konsistenter Systemzustand, ein nicht zur Systemrelation gehörendes Tupel als inkonsistenter Systemzustand bezeichnet. Die Konsistenzeigenschaft ist in den Instanzen der Aufgaben und Aufgabenträger zu prüfen.

In einem Anwendungssystem werden zwei Formen der Konsistenz unterschieden: (1) **Semantische Integritätsbedingungen** beschreiben aus Modellierungssicht, welche Tupel zur Systemrelation gehören und damit konsistent sind. Zum Beispiel bestimmt die Integritätsbedingung (Rechnungssumme = Summe der Rechnungspositionsbeträge) in einem System mit den Datenobjekten *Rechnungskopf* und *Rechnungsposition* korrekte Zustände dieser Datenobjekte. (2) **Operationale Integritätsbedingungen** definieren in einem System, das parallele Zustandsübergänge (Transaktionen) erlaubt, Bedingungen für konsistente Systemzustände vor und nach Zustandsübergängen (vgl. Abschnitt 9.2.3).

Das Integrationsziel bezüglich der Konsistenz ist die permanente Einhaltung der semantischen und operationalen Integrität des gesamten Anwendungssystems.

- **Zielorientierung**: Die Top-Down-Sicht der Aufgabenzerlegung eines Unternehmens geht davon aus, dass ein umfassendes Anwendungssystem der Durchführung einer Gesamtaufgabe des Unternehmens dient. Das Merkmal der Zielorientierung beschreibt, inwieweit das Aufgabennetz und das Anwendungssystem zur Zielerreichung der Gesamtaufgabe beitragen. Die oben genannten Automationsinseln für Buchführungen dienten z. B. der Durchführung von isolierten Teilaufgaben, ihr Beitrag zur Gesamtzielerreichung war entsprechend gering. In den nun verfügbaren Enterprise-Resource-Planning-Anwendungssystemen (ERP-Systeme) sind alle operativen Aufgaben eines Informationssystems teil- oder vollautomatisiert. Ein Anwendungssystem dieser Art hat daher ein hohes Potenzial, zur Gesamtzielerreichung beizutragen. Das Merkmal Zielorientierung umfasst somit als Teilmerkmale den potenziellen und den tatsächlichen Zielbeitrag. Der potenzielle Zielbeitrag der Teilaufgaben wird durch die Zerlegung der Gesamtaufgabe bestimmt. Der tatsächliche Zielbeitrag ist darüber hinaus abhängig vom gewählten Lösungsverfahren sowie von der Interaktion mit den weiteren Aufgabenträgern der Gesamtaufgabe. Um die Zielerreichung der Gesamtaufgabe rechnergestützt zu kontrollieren, werden zudem Vorgangssteuerungen in Form von Workflow-Management-Systemen eingesetzt, welche die automatisierten und die teilautomatisierten Vorgänge der Gesamtaufgabe gemeinsam koordinieren.

6.1.3 Integrationskonzepte

Die Entscheidung, welche Aufgaben des betrieblichen Informationssystems von einem Anwendungssystem durchzuführen sind, ist Gegenstand einer übergeordneten Gestaltungsaufgabe, die als **Automatisierungsaufgabe** bezeichnet wird. Sachziel dieser Gestaltungsaufgabe ist die Automatisierung von Aufgaben durch ein Anwendungssystem. Zu den Formalzielen dieser Gestaltungsaufgabe gehören insbesondere die Integrationsmerkmale mit den angestrebten Zielausprägungen. Lösungskonzepte für die Umsetzung der Integrationsziele werden als Integrationskonzepte bezeichnet. Im Folgenden werden drei Integrationskonzepte unterschieden, nämlich die Funktionsintegration, die Datenintegration und die Objektintegration. Sie erreichen bezüglich der Formalziele der Integration sehr unterschiedliche Zielerreichungsgrade. Aus den Bezeichnungen für die Integrationskonzepte ist bereits ablesbar, welche Integrationsbereiche im Vordergrund stehen. Die Funktionsintegration orientiert sich vorwiegend an der Vernetzung von Aufgaben bzw. Lösungsverfahren durch Kommunikationskanäle, die Datenintegration konzentriert sich auf die Vernetzung durch Überlappung der Aufgabenobjekte. Die Objektintegration bezieht entsprechend dem Objektkonzept beide Integrationsbereiche, Kommunikationskanäle zwischen Objekten und Überlappung innerhalb von Objekten, ein.

AUFGABENTRÄGERORIENTIERTE FUNKTIONSINTEGRATION

Dieses Konzept dient der Integration teilautomatisierter Aufgaben und deren Verknüpfung über personell gestützte Kommunikationskanäle. Bei der Aufgabenzerlegung und der nachfolgenden Aufgabensynthese werden Aufgaben so zusammengefasst, dass ihr personeller Anteil von genau einer Person durchgeführt werden kann. Es wird auf diese Weise eine Stelle mit einem Anwendungssystem kombiniert (vgl. [Krcm01]). Beide kommunizieren über ein **Mensch-Computer-Interface (MCI)**. Dieser Kommunikationskanal verbindet personell gestützte und rechnergestützte Aufgabenteile. Die bedienende Person stellt so auch eine Verbindung zwischen mehreren teilautomatisierten Aufgaben her, denen der Rechnerarbeitsplatz gemeinsam als Aufgabenträger zugeordnet ist (Bild 6-5).

Die zusammengefassten Aufgaben können in Vorgangsketten durchgängig an einem Arbeitsplatz bearbeitet werden. Ihre Auswahl und Zusammenfassung ist zusätzlich mit dem Qualifikationsprofil der bedienenden Person abzustimmen. Die Qualifikationsanforderungen sollten innerhalb bestimmter Bandbreiten bleiben, d. h. es dürfen nicht Aufgaben mit sehr hohen und Aufgaben mit sehr niedrigen Anforderungen zusammengefasst werden, da der Qualifikationsbedarf sich an den jeweils höchsten Anforderungen eines Arbeitsplatzes orientiert und damit Aufgaben mit niedrigen Anforderungen unwirtschaftlich werden. So wäre z. B. an einem CAD-Arbeitsplatz, der das Qualifikationsprofil eines Ingenieurs benötigt, eine zusätzliche Datenerfassung von Messwerten zu teuer.

6.1 Integrationsmerkmale und Integrationskonzepte

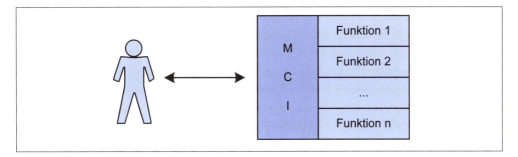

Bild 6-5: Aufgabenträgerorientierte Funktionsintegration

Bezüglich der Integrationsziele werden bei der aufgabenträgerorientierten Funktionsintegration die Merkmale Verknüpfung und Zielorientierung aufgegriffen. Die Verknüpfung erfolgt über personell gestützte Kommunikationskanäle zwischen den Funktionen des Anwendungssystems. Der Aspekt der Zielorientierung ist bei der Auswahl und Zusammenfassung der zu integrierenden Aufgaben zu berücksichtigen. Bezüglich des Sachziels ist dieses Integrationskonzept auf eine Teilautomatisierung ausgerichtet.

Eine hohe Verbreitung hat die aufgabenträgerorientierte Funktionsintegration durch Portale bzw. Portal-Systeme erhalten. Portale sind AwS, die Personen, z.B. Mitarbeitern eines Unternehmens, Zugang zu den für ihren Arbeitsplatz erforderlichen AwS ermöglichen (vgl. [GrKo05]).

DATENFLUSSORIENTIERTE FUNKTIONSINTEGRATION

Das Konzept der datenflussorientierten Funktionsintegration beruht auf der Metapher einer flussorientierten Aufgabenstruktur mit aufgabeninternem Speicher und Ein-/Ausgabekanälen. Es betrachtet ein Anwendungssystem als ein Netz von flussorientierten Aufgaben (Bild 6-6). Die Integration besteht in der Verknüpfung der mit den Ein-/Ausgabekanälen korrespondierenden Aufgaben.

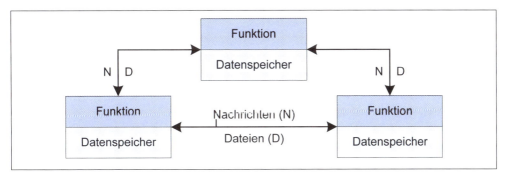

Bild 6-6: Datenflussorientierte Funktionsintegration

Das Konzept wird seit den 1960er-Jahren verwendet. Es entstand aus dem Bemühen, Automationsinseln zu verbinden und die Kommunikationskanäle zu automatisieren. Es werden daher in erster Linie nur die Integrationsziele der *Kommunikationsstruktur* verfolgt (Bild 6-7).

Integrationsmerkmal	Maßnahme	Z
Datenredundanz		-
Funktionsredundanz		-
Kommunikationsstruktur	Kommunikationsnetz, Ein-/Ausgänge jeder Funktion bekannt	+
Integrität		-
Vorgangssteuerung	Monitor für Überwachung von Vorgangsketten	o

Legende für den Zielerreichungsgrad Z:
+ Es sind Methoden zur Zielverfolgung verfügbar.
o Es liegen Teilansätze für eine methodische Zielverfolgung vor.
- Das Ziel wird nicht verfolgt oder es liegen keine methodischen Ansätze für eine Zielverfolgung vor.

Bild 6-7: Zielerreichung der datenflussorientierten Funktionsintegration

- In weiteren Ansätzen wurden Verfahren zur Steuerung von Vorgangsketten und Standards für den Nachrichtenaustausch eingeführt. Beispiele für Nachrichtenstandards sind die Protokolle **EDIFACT** (Electronic Data Interchange For Administration, Commerce and Transport) sowie eine Vielzahl von XML-basierten Standards wie openTRANS (vgl. Kap. 3). Trotz der Einschränkung auf wenige Integrationsziele wird dieses Integrationskonzept weiterhin vielfach verwendet. Dazu gehört z. B. die Integration der Terminkalender eines Desktop-Computer und eines Personal-Digital-Assistent-Computer (PDA-Computer) über Synchronisationsprogramme.

Beispiel 6-1:

Bild 6-8 zeigt einen Verbund von fünf Automationsinseln und die zugehörigen Kommunikationskanäle. Eine datenflussorientierte Funktionsintegration realisiert den Datenfluss über gemeinsame Dateien, bzw. über einen Nachrichtenaustausch.

6.1 Integrationsmerkmale und Integrationskonzepte

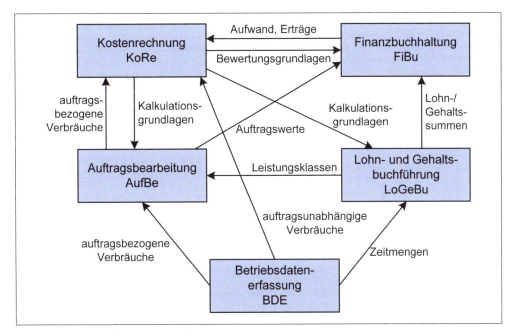

Bild 6-8: Betriebliches Anwendungssystem - Ausschnitt

Beispiel

DATENINTEGRATION

Das Konzept der Datenintegration wurde erst mit der Einführung von Datenbanksystemen und Mehrplatz-Dialogsystemen ab den 1970er- und 80er-Jahren einsetzbar. Es stehen die Integrationsziele Datenredundanz und Konsistenz der Daten im Vordergrund. Die mangelnde Verfolgung dieser Ziele hatte sich als Hauptproblem der datenflussorientierten Funktionsintegration herausgestellt. Die Technologie der Datenbanksysteme hatte außerdem zur Folge, dass statt dem vorher verwendeten Kommunikationssystem mit Datei- und Nachrichtenaustausch, das der losen Kopplung von Aufgabenobjekten entsprach, nun die enge Kopplung von Aufgabenobjekten bevorzugt wurde. Die Zusammenfassung der Datenstrukturen der gekoppelten Aufgabenobjekte wird vom konzeptuellen Datenschema eines Datenbanksystems repräsentiert. Die einzelnen Lösungsverfahren der Aufgaben des so gekoppelten Aufgabennetzes operieren auf ihren jeweiligen Aufgabenobjekten, die externe Sichten (View), d. h. Teilmengen des konzeptuellen Datenschemas darstellen (Bild 6-9) [LoDi93].

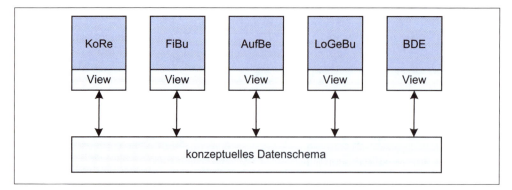

Bild 6-9: Datenintegriertes Anwendungssystem - Beispiel

Die enge Kopplung von Aufgaben über externe Sichten ermöglicht Zwei- und Mehrpunkt-Kommunikationskanäle zwischen den Aufgaben. Ein Kommunikationskanal in Form einer Punkt-zu-Punkt-Verbindung besteht aus dem Überlappungsbereich von zwei externen Sichten (in Bild 6-10 gefärbt dargestellt). Bei Überlappung mehrerer externer Sichten sind auch Mehrpunkt-Verbindungen zwischen Funktionen möglich. Aus der Spezifikation der externen Sichten ist jedoch die Kommunikationsstruktur nicht ablesbar, die Sendestation und die Empfangsstation eines Kommunikationskanals werden in getrennten externen Sichten beschrieben. Eine Aufgabe als Sender oder Empfänger kann daher anhand ihrer externen Sicht die Kommunikationspartner nicht ermitteln. Die Aufgabe kann auch nicht ermitteln, welche Teile ihrer externen Sicht der Kommunikation dienen oder von ihr lokal zu verwalten sind. Diese Unterscheidbarkeit ist jedoch bei Fehlerbehandlungen wesentlich.

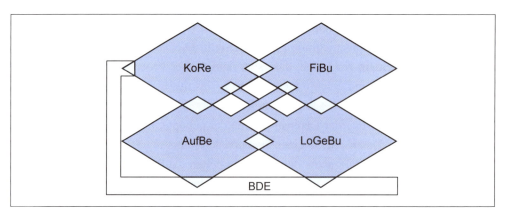

Bild 6-10: Kommunikation über Views

Bei einem datenintegrierten Anwendungssystem werden die aufgabeninternen Speicher und die Kommunikationskanäle zwischen Aufgaben anhand von externen Sichten und anhand des zugehörigen konzeptuellen Datenschemas beschrieben. Die Spezifikation eines datenintegrierten Anwendungssystems besteht daher nur aus zwei Teilen, einer Spezifikation des konzeptuellen Datenschemas und einer Spezifikation der Lösungsverfahren bzw. Funktionen und der zugehörigen externen Sichten. In der Praxis werden dafür häufig die Begriffe Datenmodell und Funktionsmodell verwendet.

Die Datenintegration ist auf die Integrationsziele *Optimierung der Datenredundanz* und *Erhaltung der Integrität* ausgerichtet (Bild 6-11). Diese beiden Ziele sind im ersten Integrationskonzept, der datenflussorientierten Funktionsintegration, nicht erreichbar oder werden vernachlässigt. Die Datenredundanz wird anhand von Methoden der Datenmodellierung kontrolliert (vgl. Abschnitt 5.2). Die Erhaltung der semantischen Integrität wird anhand explizit definierter semantischer Integritätsbedingungen überwacht. Die Einhaltung der operationalen Integrität wird durch die Transaktionsverwaltung eines Datenbankverwaltungssystems (DBVS) kontrolliert (vgl. Abschnitt 9.2). Das Integrationsziel bezüglich der *Kommunikationsstruktur* ist aufgrund der engen Kopplung der Funktionen nicht erreichbar. Komplexe Anwendungssysteme sind hinsichtlich der Kommunikationsstruktur kaum kontrollierbar und folglich fehleranfällig.

Das weitere Integrationsziel *Vorgangssteuerung* wird im Rahmen der Datenintegration nicht verfolgt und muss durch Kombination mit anderen Integrationskonzepten behandelt werden.

Integrationsmerkmal	Maßnahme	Z
Datenredundanz	Datenmodellierung	+
Funktionsredundanz		-
Kommunikationsstruktur		-
Integrität	semantische Integritätsbedingungen Transaktionsverwaltung	+
Vorgangssteuerung		-

Bild 6-11: Zielerreichung der Datenintegration

OBJEKTINTEGRATION

Auf der Ebene 3 des SOM-Vorgehensmodells erfolgt die Spezifikation eines Anwendungssystems in Form eines konzeptuellen Objektschemas (KOS) und eines Vorgangsobjektschemas (VOS) (vgl. Abschnitt 5.4). Konzeptuelle Objekte sowie Vorgangsobjekte sind jeweils untereinander lose gekoppelt und tauschen über Kommunikationskanäle Nachrichten aus. In gleicher Weise sind Vorgangsobjekte mit konzeptuellen Objekten gekoppelt (Bild 6-12). Konzeptuelle Objekte besitzen einen internen

Speicher in Form ihrer Instanzvariablen. Bei einer Aufgabendurchführung realisieren die konzeptuellen Objekte die Aktionen eines Vorgangs. Die zugehörige Aktionensteuerung wird von einem Vorgangsobjekt durchgeführt.

Jeder Vorgangsobjekttyp korrespondiert mit einer Teilaufgabe des Aufgabennetzes. Die Beziehungen zwischen Vorgangsobjekttypen (siehe Abschnitt 5.4.3) korrespondieren mit der Zerlegungsstruktur der Gesamtaufgabe. Die beschriebene Form der *Vorgangssteuerung* unterstützt daher eine globale Zielerreichung.

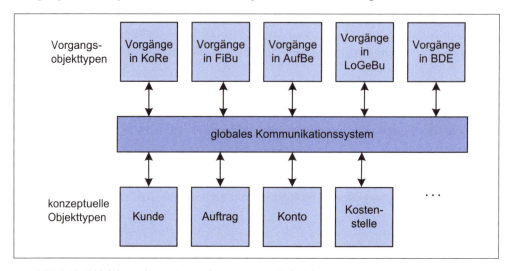

Bild 6-12: Objektintegriertes Anwendungssystem - Beispiel

In der Datensicht korrespondiert ein KOS weitgehend mit einem konzeptuellen Datenschema (SERM-Schema). Bezüglich der Integrationsziele *Datenredundanz* und *Integrität* sind daher vergleichbare Zielerreichungsgrade möglich (Bild 6-13). Zur Sicherung der semantischen Integrität wird wiederum die Kommunikation mithilfe von Nachrichten genutzt.

> Angenommen, eine semantische Integritätsbedingung erstreckt sich über zwei konzeptuelle Objekte und ein Objekt führt eine lokal gültige, aber die globale Integrität verletzende Zustandsänderung durch. In diesem Fall wird eine Nachricht an das andere konzeptuelle Objekt gesandt und dort eine Zustandsänderung ausgelöst, welche die globale Integrität wiederherstellt.

Die *Funktionsredundanz* beruht auf redundanten Aktionen in unterschiedlichen Lösungsverfahren. Sie wird im Konzept der Objektintegration typbezogen durch die Generalisierung von Lösungsverfahren kontrolliert. Allgemeine Lösungsverfahren und deren Aktionen werden durch Vererbung in speziellen Lösungsverfahren genutzt.

Für die Kommunikation der konzeptuellen und der Vorgangsobjekte untereinander sowie der Vorgangsobjekte mit den konzeptuellen Objekten wird ein eigenes Kommunikationssystem verwendet. Dieses kontrolliert die *Kommunikationsstruktur* im Anwendungssystem. Für die Gestaltung des Kommunikationssystems liegen Standards bezüglich der Architektur und der Kommunikationsprotokolle vor (siehe Abschnitt 9.5.2).

Integrationsmerkmal	Maßnahme	Z
Datenredundanz	Daten/Objektmodellierung	+
Funktionsredundanz	Objektmodellierung	+
Kommunikationsstruktur	Kommunikationsnetz	+
Integrität	semantische Integritätsbedingungen Transaktionsverwaltung	+
Vorgangssteuerung	Vorgangsobjekte	+

Bild 6-13: Zielerreichung der Objektintegration

6.1.4 Aufgabenvernetzung und Integrationskonzepte

Die in Abschnitt 6.1.3 vorgestellten Integrationskonzepte, die datenflussorientierte Funktions-, die Daten- und die Objektintegration, unterstützen die verschiedenen Formen der Aufgabenvernetzung in unterschiedlichem Maße. Bild 6-14 gibt eine Übersicht über ihre Unterstützungspotenziale.

		Integrationskonzepte		
		Funktionsintegration	Datenintegration	Objektintegration
Aufgabenvernetzung	Reihenfolgebeziehungen	Datenflüsse	Gemeinsame Variablen (Shared Memory)	Nachrichten zwischen Vorgangsobjekten
	Partielle Gleichheit von AO-Typen		Gemeinsame Relationstypen	Gemeinsame konzeptuelle Objekttypen
	Partielle Gleichheit von AO-Instanzen		Gemeinsame Relationen	Gemeinsame konzeptuelle Objekte
	Partielle Gleichheit von Lösungsverfahren			Gemeinsame Vorgangsobjekttypen oder konzeptuelle Objekttypen

Bild 6-14: Aufgabenvernetzung und Integrationskonzepte

- Die datenflussorientierte Funktionsintegration ermöglicht nur die Umsetzung von Reihenfolgebeziehungen zwischen Aufgaben. Sie dient der vor allem der Vernetzung von Aufgaben zwischen Unternehmen. Umfangreiche Kataloge von Nachrichtentypen für die Kommunikation zwischen den AwS von in Geschäftsbeziehung stehenden Unternehmen spiegeln die Bedeutung der Funktionsintegration wider (vgl. Abschnitt 6.1.3 EDIFACT-Protokoll).

- Die Datenintegration ermöglicht die Vernetzung von Aufgaben über Reihenfolgebeziehungen oder durch Überlappung von Aufgabenobjekten mittels gemeinsamer Relationen bzw. Relationstypen oder mittels beliebiger Datenobjekte, die in Verbndung mit Schreib-/Leseoperationen einen Kommunikationskanal zwischen den beteiligten AwS realisieren.

- Die Objektintegration bietet das umfangreichste Unterstützungspotenzial. Für alle genannten Formen der Aufgabenvernetzung stehen entsprechende Integrationsmittel der Aufgabenträger bereit.

6.2 Beispiele der Vernetzung und Integration von Aufgaben

Die Vernetzung von Aufgaben mit dem Ziel ihrer Integration durch AwS wird im Folgenden an drei Beispielen diskutiert, die den Entwicklungsprozess der Integration aufzeigen und auch drei Generationen der Aufgabenintegration repräsentieren. Die Autoren der vorgestellten Modelle unterscheiden nicht explizit zwischen der Vernetzung der Aufgabenebene und der Integration der Aufgabenträger, sodass zum Teil unklar bleibt, mit welchen Integrationskonzepten welche Aufgabenvernetzung realisiert werden soll.

6.2.1 Kölner Integrationsmodell

Einer der ersten Ansätze zur Spezifikation eines umfassenden Bereichs des betrieblichen Informationssystems war das als Kölner Integrationsmodell (KIM) bekannt gewordene Modell des IS eines Industrieunternehmens [Gro[+]85]. Das KIM ist durch folgende Merkmale gekennzeichnet:

- Das KIM modelliert aus horizontaler Sicht die gesamte Wertschöpfungskette einer Unternehmung und aus vertikaler Sicht vorzugsweise dispositive Aufgaben der operativen Lenkungsebene.

- Das KIM berücksichtigt das Phasenkonzept betrieblicher Aufgaben und ist dazu in drei Modelle für die Bereiche Planung, Realisierung und Kontrolle gegliedert (Bild 6-15).

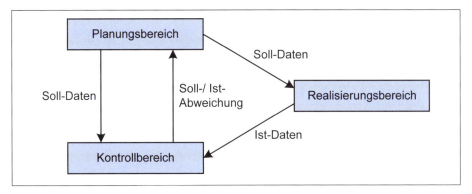

Bild 6-15: Teilmodelle des Kölner Integrationsmodells

- Das KIM beschreibt nur die Aufgabenebene, d. h. repräsentiert eine Aufgabenvernetzung. Es besteht (1) aus Beschreibungen von Aufgaben mit flussorientierter Struktur, (2) aus Beschreibungen von Kommunikationskanälen (Reihenfolgebeziehungen) und (3) aus Beschreibungen von Speichern für Stammdaten, die mehreren Aufgaben als Aufgabenobjekt gemeinsam zugeordnet sind (particlle Gleichheit von AO-Typen). Beispiele hierfür sind in den Bildern 6-16 und 6-17 wiedergegeben. Die Vernetzung der Aufgaben über Kommunikationskanäle wird in Form eines Graphen dargestellt.

Aufgabenbeschreibungsliste des KIM - Ausschnitt		
Nummer	Benennung	Stichworte zum Aufgabeninhalt
1719	Planbilanz	Zusammenführung aller je Planungsstichtag geplanten Bestände der aktiven und passiven Bestandskonten sowie des geplanten Bilanzgewinnes
1722	Langfristiges Produktionsprogramm	Ermittlung der bei geplantem Absatz geplanten Bestandsveränderungen und geplanter Kapazität spätestens erforderlichen Fertigstellungstermine der Endprodukte, damit Absatzmengen- und Vorratsplan erfüllt werden können
2216	Auftragserfassung Auftragsfertigung	Erfassung aller nicht ab Lager lieferbaren Positionen je Kunden-Nr. und Auftrags-Nr.; bei Teillieferungen bzw. Komplettlieferung je Artikel-Nr. bzw. Auftragsposition Teillieferungs- bzw. Erledigungsvermerk; Freigabe zur Lieferung bzw. Reservierung; Löschen des Auftrags erst bei vollständiger Versandmeldung

Bild 6-16: Aufgaben im KIM [Groc$^+$85]

Kanalbeschreibungsliste des KIM – Ausschnitt	
Kanal	Kanalinhalt
109	Kunden-Nr., Fälligkeitsdatum, Rechnungs-Nr., Wert
110	Liste der zu mahnenden Kunden
176	Bestellung
177	Wareneingangspapiere

Bild 6-17: Kanäle im KIM [Groc+85]

- Das KIM modelliert ein betriebliches Lenkungssystem mit ausschließlich betriebswirtschaftlichen Zielen (vgl. Kapitel 1).

- Das KIM ist ein „flaches" Modell das keine Detaillierung von Aufgaben vorsieht. Es wurde mit dem Ziel eines Referenzmodells erstellt, das für Branchen und Einzelunternehmen zu spezialisieren ist. Diesbezügliche Projekte wurden z. B. für den Maschinenbau durchgeführt. Aufgrund der Flachheit des Modells sind Anpassungen schwierig vorzunehmen.

Aufgrund der im KIM erfolgten Beschränkung auf die Aufgabenebene ist nur die Aufgabenvernetzung dokumentiert. Die Integration der Aufgaben durch Aufgabenträger wurde nicht berücksichtigt.

6.2.2 Y-Integrationsmodell

Das Y-Integrationsmodell von [Sche90] erweitert den Modellierungsbereich eines betrieblichen Lenkungssystems um betriebswirtschaftliche und technische Ziele. Es spezifiziert das Lenkungssystem in Form eines Integrationsmodells mit Y-Gestalt (Bild 6-18). Der linke Zweig des Integrationsmodells fasst Aufgaben mit betriebswirtschaftlichen Zielen, der rechte Zweig Aufgaben mit technischen Zielen zusammen. Die Vernetzung von Aufgaben zwischen den beiden Zweigen sowie innerhalb der Zweige erfolgt über gemeinsame Aufgabenobjekte sowie über Reihenfolgebeziehungen.

Das Y-Integrationsmodell bietet durch die Kopplung der betriebswirtschaftlichen und technischen Aufgabenbereiche einen konzeptionellen Rahmen für ein CIM-Konzept [Beck91]. Gemäß der in Kapitel 1 eingeführten Differenzierung eines IS nach Lenkungsarten umfasst es betriebswirtschaftlich und technisch orientierte Transaktionssysteme sowie Prozessführungssysteme.

6.2 Beispiele der Vernetzung und Integration von Aufgaben

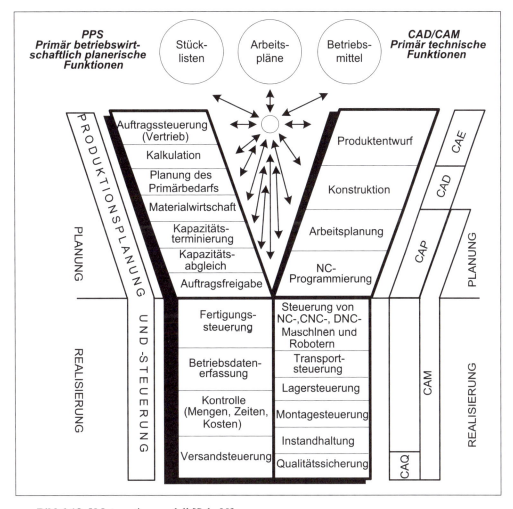

Bild 6-18: Y-Integrationsmodell [Sche90]

Das Y-Integrationsmodell definiert zunächst ein Netz von Lenkungsaufgaben, ohne deren Aufgabenträger festzulegen. Im zweiten Schritt wählt [Sche90] für die Automatisierung dieser Aufgaben ein datenintegriertes Konzept durch Spezifikation eines Daten- und eines Funktionsmodells. Im Datenmodell werden die Aufgabenobjekte und Kommunikationskanäle der betriebswirtschaftlichen und technischen Aufgaben in Form von ERM-Diagrammen erfasst. Ein Beispiel ist die Datenstruktur für den Bereich CAM mit den Aufgaben Arbeitsplanung/NC-Programmierung, Lager, Transport, Qualitätssicherung und Instandhaltung [Sche90]. Das ERM-Diagramm des Aufgabenobjektes hat folgende Gestalt (Bild 6-19).

250　　　　　　　　　　　　　　　　6 Integration von Aufgaben und Anwendungssystemen

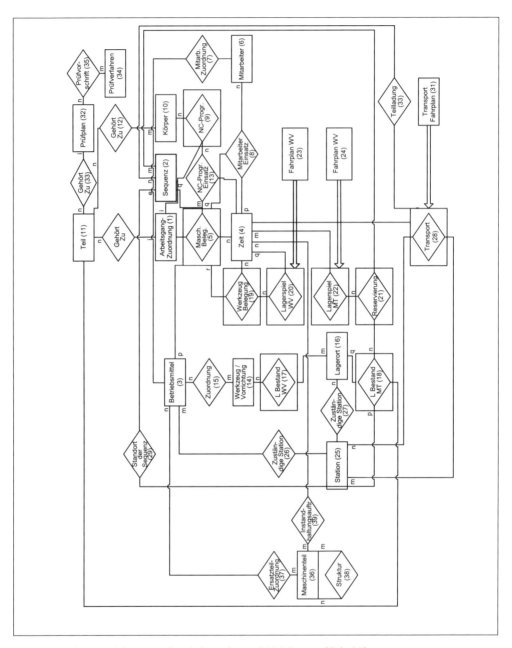

Bild 6-19: ERM-Diagramm für ein integriertes CAM-System [Sche90]

Das Funktionsmodell spezifiziert die Verarbeitungsfunktionen und die zeitliche Steuerung im Anwendungssystem. Für das Beispiel des CAM-Systems ist eine Skizze des Funktionsmodells in Bild 6-20 dargestellt.

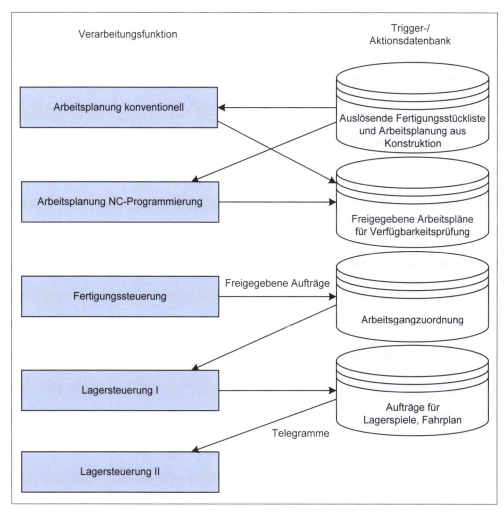

Bild 6-20: Verarbeitungsfunktionen von CAM-Systemen [Sche97]

Bei der Realisierung des Y-Modells werden gemäß dem Konzept der Datenintegration die Integrationsziele *Optimierung der Datenredundanz* und *Erhaltung der Integrität* verfolgt. Die Ziele *Funktionsredundanz* und *Vorgangssteuerung* sind im Konzept der Datenintegration methodisch nicht berücksichtigt. Angesichts der hohen Komplexität realer CIM-Systeme ist daher eine Realisierung in Form eines datenintegrierten Ansatzes mit großen Schwierigkeiten verbunden.

6.2.3 Open System Architecture for CIM

Ein weiterer Ansatz für die Spezifikation eines integrierten CIM-Modells wurde in dem von der Europäischen Gemeinschaft geförderten ESPRIT-Projekt 688 **CIM-OSA** des Konsortiums AMICE (European CIM Architecture) vorgestellt. An diesem Konsortium sind über 20 europäische Unternehmen und Forschungsinstitute beteiligt. Ziel des Projektes CIM-OSA war, durch Definition einer Open System Architecture eine Standardisierung im Bereich CIM zu unterstützen (siehe z. B. [Stot89]). Dazu wird ein Rahmenmodell vorgestellt, das in einer zweiten Projektphase in Spezifikationen für CIM-OSA Produkte münden soll. Für detaillierte Informationen zu diesem Modell wird auf die angegebene Literatur verwiesen [ESPR98]. An dieser Stelle wird ausschließlich der gewählte Integrationsansatz aus Sicht der Aufgabenvernetzung und der Integrationsziele betrachtet.

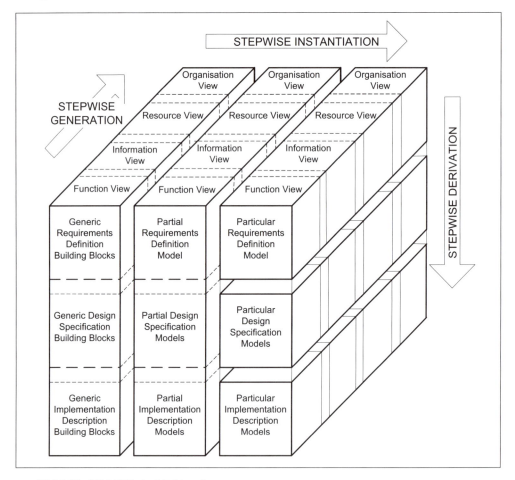

Bild 6-21: CIM-OSA Architekturrahmen

Im Projekt CIM-OSA werden nicht die in einem CIM-System durchzuführenden Aufgaben spezifiziert, sondern es wird ein Architekturrahmen (Open System Architecture) für die Beschreibung der Aufgaben und insbesondere ihrer Vernetzung erstellt. Die Aufgaben sollen in späteren Phasen in Produktspezifikationen beschrieben werden, die von den teilnehmenden Unternehmen in Produkte umzusetzen sind. Aus dem Kontext der Vorschläge kann entnommen werden, dass betriebswirtschaftliche und technische Aufgabenziele wie im Fall des Y-Integrationsmodells vorgesehen sind. Der Architekturrahmen ist in einen Würfel mit den drei Dimensionen Komponententypen (Stepwise Generation), sukzessive Spezialisierung (Stepwise Instantiation) und Sukzessive Detaillierung (Stepwise Derivation) gegliedert (Bild 6-21).

Komponententypen der ersten Dimension sind (1) Funktionen, (2) Informationen, (3) Ressourcen und (4) die umgebende Organisation. Näher detailliert werden im Architekturrahmen nur die Komponententypen Funktionen und Informationen. Die Nennung von Ressourcen und Organisation dient der Vollständigkeit des Architekturrahmens, die Beziehung dieser beiden Komponententypen zu den Komponententypen Funktionen und Informationen bleibt jedoch offen.

Die zweite Dimension des Architekturrahmens, genannt Sukzessive Spezialisierung, dient der Variantenbildung von Modellen durch eine sukzessive Spezialisierung über die Ebenen Generic, Partial und Particular.

Die mit sukzessive Detaillierung bezeichnete dritte Dimension des Architekturrahmens unterscheidet gemäß herkömmlichen Vorgehensmodellen die Projektphasen Anforderungsdefinition (Requirements Definition), Entwurfsspezifikation (Design Specification) und Implementierungsbeschreibung (Implementation Description). Für jede Phase werden Modellansätze entwickelt. Unter Integrationsaspekten sind die Beziehungen zwischen Funktionen und Informationen relevant. Es fällt auf, dass diese Beziehungen in den drei Detaillierungsebenen Anforderungsdefinition, Entwurfsspezifikation und Implementierungsbeschreibung unterschiedlich definiert werden. In den Ebenen Anforderungsdefinition und Entwurfsspezifikation des Architekturrahmens werden datenintegrierte Ansätze gewählt. Zwischen einem Datenmodell und einem Funktionsmodell wird explizit unterschieden. In der Implementierungsbeschreibung wird ein Schritt in Richtung eines objektorientierten Ansatzes durch Einführung von **Functional Entities** unternommen. Unterschiede zwischen Functional Entities und Objekten bzw. Klassen werden nicht deutlich hervorgehoben. Methoden für die Übergänge zwischen den Detaillierungsebenen werden nicht angegeben. Diese Defizite verleihen dem Modell einen eher vorläufigen Charakter.

Eine Prüfung des Modells bezüglich Vernetzung und Integration von Aufgaben ist auf der Grundlage der vorliegenden Unterlagen nicht möglich. Die Detaillierungsebenen Anforderungsdefinition und Entwurfsspezifikation präferieren zwar einen datenintegrierten Ansatz und legen daher nahe, dass die Autoren dieser Ebenen die Ziele Datenredundanz und Integrität als wesentlich erachten. Die Autoren der Implementierungsbeschreibung behandeln dagegen vorzugsweise das Konstrukt Functional Entity, ohne auf Integrationsziele Bezug zu nehmen.

Zusammenfassend ist der CIM-OSA-Architekturrahmen aus Sicht der Integrationsziele nur beschränkt einzuordnen. Da zwischen der Aufgaben- und Aufgabenträgerebene eines CIM-Systems nicht differenziert wird, sind weder Aussagen zur Vernetzung noch zur Integration von Aufgaben gesichert abzuleiten.

6.3 Enterprise Application Integration

Die in Abschnitt 6.1.1 beschriebene Vorgehensweise der Aufgabenintegration, nämlich zunächst Zerlegung von Aufgaben und dann Zuordnung eines integrierten Anwendungssystems, ist in einer konkreten betrieblichen Situation häufig nicht möglich. Oft sind Aufgabenzerlegungen im Rahmen der organisatorischen Entwicklung historisch entstanden und aus unterschiedlichen Gründen nur schwer änderbar. Wie am Beispiel der Automationsinseln erläutert, sind auch der Automatisierungsgrad und die Abgrenzung der Anwendungssysteme häufig ebenfalls historisch gewachsen. Um solche gewachsenen Strukturen von Aufgabenzerlegungen und Anwendungssystemlandschaften in ein durchgehend integriertes Aufgaben- und Aufgabenträgersystem zu überführen, sind aufeinander abgestimmte Vorgehensweisen, Architekturkonzepte und Instrumente erforderlich. Eine solche Methodik, bestehend aus diesen drei Bestandteilen, wird unter dem Begriff „Enterprise Application Integration (EAI)" zusammengefasst (siehe z. B. [Lint04], [Kaib02], [Buss03], [CHKT06], [Kell02]). Enterprise Application Integration verfolgt die in Abschnitt 6.1.2 genannten Integrationsziele unter Nutzung bereits bestehender Anwendungssysteme, die als Automationsinseln entstanden sind. Die in EAI zum Einsatz kommenden Integrationskonzepte greifen auf die bekannten Formen der Funktions-, Daten- und Objektintegration zurück. Erschwert wird die Aufgabenstellung der EAI durch die Forderung, dass die bestehenden Anwendungssysteme soweit möglich unverändert bleiben und eine Software-Infrastruktur bereit gestellt werden soll, die die bestehenden heterogenen Anwendungssysteme soweit möglich nicht verändert und diese trotzdem zu einem Gesamtsystem unter Beachtung der Integrationsziele zusammenführt.

Die Lösung für diese Aufgabenstellung besteht meist darin, dass als Infrastruktur eine EAI-Plattform geschaffen wird, die die einzelnen Anwendungssysteme verknüpft. Aus den Integrationszielen sind auch die bei EAI insbesondere zu lösenden Probleme ableitbar:

- Redundanz: Aufgrund der gewachsenen Struktur der einzelnen Anwendungssysteme sind redundante Komponenten unvermeidbar. Zu lösende Probleme sind: (1) Erkennung der Redundanz, (2) Reduzierung der Redundanz durch Entfernen/Deaktivieren von Komponenten und (3) Kontrolle der Redundanz durch Prozessmanagementsysteme (vgl. Abschnitt 9.5), die den Systemablauf steuern und überwachen.

- Verknüpfung: Die Verknüpfung heterogener Anwendungssysteme erfordert (1) die Schaffung von Kommunikationskanälen und (2) die Anpassung der jeweiligen Schnittstellen einschließlich Datenkonvertierung. Über diese Kanäle werden Daten und Ereignisse übertragen, die den Aufgabenablauf des Systems steuern. Diese Grundaufgabe der Integration kann bei heterogenen Anwendungssystemen sehr aufwändig werden. Für das Kommunikationssystem wird häufig eine Stern-Topologie gewählt. Eine Vermittlungsstelle im Sternmittelpunkt übernimmt die Übertragung, Verteilung und Konvertierung der Daten.

- Konsistenz: Aufgrund der unterschiedlichen Ausgangslagen der einzelnen Anwendungssysteme und der unvermeidbaren Redundanz von Systemkomponenten verschärfen sich hier auch die Konsistenzprobleme sowohl bezüglich der semantischen wie auch der operationalen Integrität. Die Lösung besteht wie im Falle der Redundanz aus Transaktionsmonitorsystemen (vgl. Abschnitt 9.5), die den Systemablauf überwachen und auf die Einhaltung der Integritätsregeln und -bedingungen achten.

- Zielorientierung: Aufgrund der gewachsenen Struktur sind wie im Falle der Redundanz die Aufgabenbereiche in der Regel nicht das Ergebnis einer systematischen Aufgabenzerlegung. Die Zielbeiträge und Lösungsverfahren der Aufgaben sind daher entsprechend abzustimmen.

Für die Umsetzung der Integrationsziele nutzen die EAI-Lösungen Kombinationen der genannten Integrationskonzepte. Grundformen sind die Hub-and-Spoke-Architektur („Nabe" und „Speiche") sowie die Bus-Architektur [Kaib02].

HUB-AND-SPOKE-ARCHITEKTUR

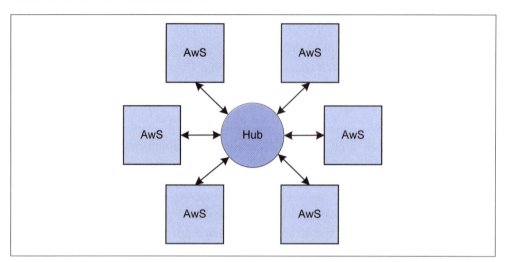

Bild 6-22: Hub-and-Spoke-Architektur

Bei dieser Lösung werden mehrere Anwendungssysteme über einen Hub als Vermittlungsstation verknüpft (Bild 6-21; siehe auch Abschnitt 7.2.5). Abhängig von der Ausgestaltung des Hub kommen unterschiedliche Integrationskonzepte zur Anwendung. Bei einer einfachen datenflussorientierten Funktionsintegration dient der Hub ausschließlich der Datenübertragung und –vermittlung einschließlich der Datenkonvertierung. Durch die Sterntopologie des Kommunikationssystems kann der Aufwand für Kommunikationskanäle und Kommunikationsprotokolle minimiert werden. Der Aufwand für die Aufnahme oder Entfernung weiterer AwS ist lokal auf diese AwS beschränkt. Der Hub stellt potenziell einen Engpass bezüglich Verfügbarkeit und Leistungsfähigkeit des Gesamtsystems dar.

Neueren Hub-Lösungen liegt das Konzept der Objektintegration zugrunde. Der Hub übernimmt die Rolle von Vorgangsobjekten, die AwS bilden aus dieser Sicht konzeptuelle Objekte, obgleich sie im Vergleich zu klassischen objektintegrierten AwS einen weit größeren Umfang annehmen. Entsprechend ist hier die Zielerreichung bezüglich der Integrationsziele Redundanz und Konsistenz nur eingeschränkt möglich. Die Vorgangsobjekte des Hub steuern AwS-übergreifend den Ablauf im Gesamtsystem.

BUS-ARCHITEKTUR

Wie im Fall herkömmlicher Rechnernetzwerke (vgl. Kap. 7.2.5) bedeutet der Übergang von der Stern-Topologie mit einer aktiven Vermittlungsstation hin zu einer dezentralen Bus-Topologie, dass die Kommunikationsteilnehmer die Koordination des Ablaufs selbst steuern und den Bus als passives Medium verwenden (Bild 6-23).

6.3 Enterprise Application Integration

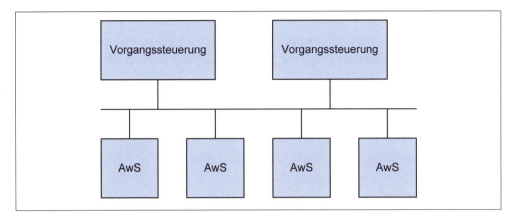

Bild 6-23: Bus-Architektur

Ebenso wie bei der Hub-and-Spoke-Architektur wird zwischen datenflussorientierter Funktionsintegration und Objektintegration unterschieden. Die Funktionsintegration nutzt den Bus ausschließlich für einen Datenaustausch, dessen Ablauf von den beteiligten AwS selbst koordiniert wird. Im Falle der Objektintegration steuern zusätzliche Vorgangssteuerungen den Gesamtablauf. Bezüglich des Aufwandes für die Aufnahme oder Entfernung weiterer AwS sowie bezüglich der Verfügbarkeit und der Leistungsfähigkeit des Gesamtsystems gelten entsprechende Kriterien wie bei der Sterntopologie. Gleiches gilt auch für die Zielerreichung bezüglich der Integrationsziele.

EAI verwendet durchgängig lose Kopplungen zwischen den zu verknüpfenden AwS, wie in den Konzepten der Funktions- und Objektintegration vorgesehen. Innerhalb eines AwS sind jedoch auch enge Kopplungen gemäß der Datenintegration möglich und in den bestehenden Systemen auch üblich.

Für die Gestaltung von EAI-Lösungen unter Verwendung bestehender AwS stehen EAI-Plattformen als Software-Produkte zur Verfügung. Diese Plattformen bieten Funktionen für beide EAI-Architekturformen. Sie sind zum Zweck der Komplexitätsbeherrschung und der Flexibilität in Software-Schichten gegliedert (Bild 6-24).

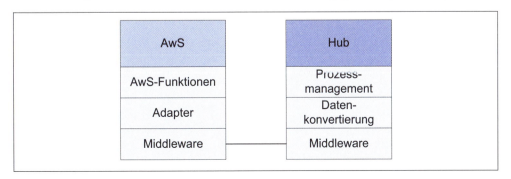

Bild 6-24: Software-Schichten einer EAI-Lösung

Bei der Hub-and-Spoke-Architektur werden die bestehenden AwS um die Komponenten Adapter und Middleware ergänzt. Die Middleware-Komponenten stellen unter Verwendung weiter darunter liegender Schichten des Betriebssystems und der Hardware die Verbindung zum Hub her. Der Hub übernimmt die erforderlichen Datenkonvertierungen sowie ggf. die Steuerung der Abläufe im Prozessmanagement. Bei Nutzung einer Bus-Architektur muss jedes der beteiligten AwS um die Hub-Funktionalität erweitert werden, da diese Aufgaben hier dezentral von allen Aws gemeinsam erbracht werden. In beiden Fällen kann das Gesamtsystem zusätzlich um ein Repository ergänzt werden, das Informationen, Regeln oder Funktionen bezüglich des Gesamtsystems bereitstellt und allen beteiligten Systemen zugänglich macht.

Dritter Teil: Aufgabenträgerebene betrieblicher Informationssysteme

Der Teil III dieses Buches behandelt in den Kapiteln 7 bis 9 die Aufgabenträgerebene betrieblicher Informationssysteme. Diese umfasst zwei Arten von Aufgabenträgern (siehe Kapitel 1): maschinelle Aufgabenträger (Anwendungssysteme auf der Basis von Rechner- und Kommunikationssystemen) und personelle Aufgabenträger (Personen). Im Folgenden stehen maschinelle Aufgabenträger im Vordergrund. Personelle Aufgabenträger werden lediglich unter dem Blickwinkel der Mensch-Computer-Kommunikation einbezogen.

Der Aufbau von Teil III orientiert sich am schichtenweisen Aufbau maschineller Aufgabenträger. In Kapitel 7 wird die Hardwareschicht, in Kapitel 9 werden die Systemsoftwareschichten von Rechner- und Kommunikationssystemen dargestellt. Kapitel 8 erläutert Paradigmen und Strukturen von Anwendungsprogrammen.

7 Struktur und Funktionsweise von Rechnersystemen

Entsprechend der generellen Zielsetzung des Buches stehen in den folgenden drei Kapiteln methodische Grundlagen von Hardware, Anwendungsprogrammen und -programmierung sowie von Systemsoftware im Vordergrund, die für ein systematisches und ganzheitliches Verständnis betrieblicher Anwendungssysteme erforderlich sind. Für umfassende Darstellungen der einzelnen Bereiche wird auf die jeweilige Spezialliteratur verwiesen.

7.1 Datendarstellung

Die Modellierung der betrieblichen Realsphäre wurde in Kapitel 5 ausführlich behandelt. Ein wesentlicher Teilaspekt dieser Modellierung ist die Aufstellung der Datensicht eines IS. Die Struktur der Datensicht wird in Form eines konzeptuellen Datenschemas bzw. Objektschemas beschrieben. Die Datensicht selbst wird in Form von Daten in der zugehörigen Datenbasis bzw. Objektbasis gespeichert.

Im Folgenden steht nun die Verarbeitung, d. h. die Erfassung, Übertragung, Transformation, Speicherung und Bereitstellung von Daten durch Rechnersysteme im Vordergrund. Aus diesem Grund wird auch von **Datenverarbeitung**, **Datenübertragung** und

Datenspeicherung gesprochen. Zunächst wird die Darstellung von Daten in Rechnern beschrieben.

7.1.1 Darstellung von Zeichen

Die Kommunikation zwischen Menschen und/oder Maschinen erfolgt auf der Basis von Zeichen. Ein **Zeichen** ist ein Element aus einer vereinbarten endlichen Menge von (unterscheidbaren) Elementen [BaGo91]. Diese Menge wird als **Zeichenvorrat** bezeichnet. Bekannte Zeichenvorräte sind z. B. die Menge der großen Buchstaben {A,B,...,Z} und die Menge der Dezimalziffern {0,1,...,9}.

Voraussetzung für die Darstellung von Zeichen ist ein reales Objekt als Zustandsträger. Ein Objekt ist als Zustandsträger geeignet, wenn es eine nicht-leere Menge unterscheidbarer Zustände annehmen kann. Aus dieser Menge werden bestimmte Zustände ausgewählt und als unterschiedliche **Zeichen** interpretiert. Um mehrere Zeichen mit einem Objekt darstellen zu können, muss der Zustandsträger also mindestens ebenso viele unterscheidbare Zustände annehmen können.

Beispiel 7-1:

Das Zeichen „Halt" wird im Straßen- und Schienenverkehr u. a. durch folgende Zustandsträger und Zustände dargestellt:

- Verkehrsampel mit Zustand „rote Lampe an, gelbe und grüne Lampe aus".
- Polizeibeamter mit Zustand „Gesicht zugewandt" bzw. „Rücken zugewandt".
- Signal mit Zustand „Signalarm waagrecht".

Im Bereich der Datenverarbeitung werden die Zeichen 0 bzw. 1 u. a. wie folgt dargestellt:

- Leitungsverbindung mit Zustand „Spannung zwischen -15 Volt und -3 Volt" bzw. „Spannung zwischen +3 Volt und +15 Volt".
- Halbleiterbaustein mit Zustand „leitend" bzw. „nicht leitend".
- Magnetschicht mit Magnetisierungsrichtung „Nordpol oben" bzw. „Nordpol unten".

Die Zeichen des Alphabets (große und kleine Buchstaben) werden u. a. durch bestimmte Verteilungen von Druckerschwärze auf Papier dargestellt.

Beispiel

Wie Beispiel 7-1 zeigt, kann ein bestimmtes Zeichen im Allgemeinen durch mehrere Zustandsträger und häufig auch durch mehrere Zustände eines Zustandsträgers dargestellt werden. Dies bedeutet, dass über der Zustandsmenge eines oder mehrerer Zustandsträger eine Äquivalenzrelation gebildet wird. Jedes Element einer Äquivalenzklasse ist ein Repräsentant dieser Äquivalenzklasse und damit eine Darstellung des Zeichens.

Die als Zeichen verwendeten Zustände sind grundsätzlich frei wählbar. Sie haben sich zwischen den Menschen eines Kultur-, Sprach- bzw. Nutzerkreises entweder durch Tradition herausgebildet oder sie wurden speziell vereinbart. Eine geeignete Vereinbarung von Zeichen ist Voraussetzung für die Kommunikation zwischen Menschen und/oder Maschinen.

Im Allgemeinen ist diese Kommunikation viel zu differenziert, um jede Ausprägung mithilfe eines einzigen Zeichens darstellen zu können. Zur Kommunikation werden daher im Allgemeinen **Nachrichten** (Botschaften) in Form von **Zeichenfolgen** verwendet. Eine Nachricht in Textform ist eine Zeichenfolge beliebiger Länge, bestehend aus großen und kleinen Buchstaben, Dezimalziffern sowie Sonderzeichen zur Interpunktion. Eine endliche Zeichenfolge, die in einem bestimmten Zusammenhang als Einheit betrachtet wird, heißt **Wort** (Plural: Worte) [BaGo91, 25]. Eine Nachricht kann somit aus mehreren Worten bestehen.

7.1.2 Codierung

Im Bereich der maschinellen Informationsverarbeitung werden Zustandsträger verwendet, deren Zustandsmenge in zwei Äquivalenzklassen zerlegt wird. Ein solcher Zustandsträger kann damit genau zwei Zeichen repräsentieren, die im Folgenden mit 0 und 1 dargestellt werden. Der Zeichenvorrat {0,1} wird als **binärer Zeichenvorrat**, ein Element davon als **Binärzeichen** oder **Bit** (binary digit) bezeichnet. Der Begriff *Bit* ist in gleicher Weise wie die Begriffe *Buchstabe* oder *Dezimalziffer* zu verwenden, mit denen Elemente der Zeichenvorräte {A,B,...,Z} bzw. {0,1,...,9} bezeichnet werden. Man spricht analog vom Bit 0 bzw. vom Bit 1 oder von n Bits als einer Bitfolge der Länge n.

Um Zeichenvorräte mit einem Umfang von mehr als zwei Zeichen maschinell verarbeiten zu können, wird jedem Element eineindeutig eine Bitfolge zugeordnet. Die Länge dieser Bitfolge ist durch die Mächtigkeit des Zeichenvorrats determiniert. Eine auf diese Weise konstruierte Abbildung wird **Code** genannt. Eine Reihe von Codes sind international standardisiert. Einer der wichtigsten ist **ASCII** (American Standard Code for Information Interchange). ASCII ist eine Abbildung der Form

$$\text{ASCII}: Z \rightarrow B^7.$$

Die Menge Z besteht aus den großen und kleinen Buchstaben, den Dezimalziffern und einer Reihe von Sonderzeichen. B^7 ist die Menge der 7-stelligen Worte über dem Zeichenvorrat B = {0,1}, d. h.

$B^7 = B \times B \times B \times B \times B \times B \times B$.

Die Mächtigkeit der Menge B^7 beträgt $2^7 = 128$ Elemente. Z umfasst daher maximal 128 Zeichen. Die bei ASCII gewählte Zuordnung ist in Bild 7-1 dargestellt. Die Positionen der einzelnen Bits in den 7-stelligen Bitfolgen werden dabei von rechts nach links mit 0 bis 6 bezeichnet.

In ASCII ist z. B. dem Buchstaben A die Bitfolge 100 0001, dem Sonderzeichen $ die Bitfolge 010 0100 zugeordnet. Die ASCII-Werte der ersten beiden Spalten (000 0000 bis 001 1111) sind Steuerzeichen für die Datenübertragung und -formatierung (z. B. ACK = acknowledge, FF = form feed, CR = carriage return).

Hexadezimal-ziffern		0	1	2	3	4	5	6	7
	Bitposition 654	000	001	010	011	100	101	110	111
	3210								
0	0000	NUL	DLE	SP	0	@	P	`	p
1	0001	SOH	DC1	!	1	A	Q	a	q
2	0010	STX	DC2	"	2	B	R	b	r
3	0011	ETX	DC3	#	3	C	S	c	s
4	0100	EOT	DC4	$	4	D	T	d	t
5	0101	ENQ	NAK	%	5	E	U	e	u
6	0110	ACK	SYN	&	6	F	V	f	v
7	0111	BEL	ETB	'	7	G	W	g	w
8	1000	BS	CAN	(	8	H	X	h	x
9	1001	HT	EM	)	9	I	Y	i	y
A	1010	LF	SUB	*	:	J	Z	j	z
B	1011	VT	ESC	+	;	K	[	k	{
C	1100	FF	FS	,	<	L	\	l	|
D	1101	CR	GS	-	=	M	]	m	}
E	1110	SO	RS	.	>	N	^	n	~
F	1111	SI	US	/	?	O	_	o	DEL

Bild 7-1: ASCII-Tabelle

Über den 128 Bitfolgen ist die Ordnungsrelation

000 0000 < 000 0001 < 000 0010 < 000 0011 < ... < 111 1111

definiert. ASCII ist so gewählt, dass beim Vergleich von zwei ASCII-Werten lexikographische Reihenfolgen des Grundzeichenvorrats Z erhalten bleiben, d. h. die Abbildung ist ordnungserhaltend. Lexikographische Reihenfolgen bestehen in Z bezüglich der großen und der kleinen Buchstaben sowie der Ziffern.

Die manuelle Schreibweise langer Bitfolgen ist unhandlich. Um sie durch eine kürzere Schreibweise zu ersetzen, wird die Abbildung

$s: B^4 \to S$

7.1 Datendarstellung

mit S = {0,1,...,9,A,B,...,F} eingeführt. Die Elemente von S heißen Hexadezimalziffern. Es gilt nachfolgende Zuordnung (Bild 7-2):

Bitfolge	Hex.-ziffer	dez. Wert	Bitfolge	Hex.-ziffer	dez. Wert
0000	0	0	1000	8	8
0001	1	1	1001	9	9
0010	2	2	1010	A	10
0011	3	3	1011	B	11
0100	4	4	1100	C	12
0101	5	5	1101	D	13
0110	6	6	1110	E	14
0111	7	7	1111	F	15

Bild 7-2: Zuordnung von Bitfolgen zu Hexadezimalziffern

Unter Verwendung dieser Darstellung ist der ASCII-Wert von A die Folge 41_H = 0100 0001_B. Die Indizes B und H identifizieren diese Werte als Bitfolgen bzw. Folgen von Hexadezimalziffern. Dabei wird eine erweiterte Bildmenge B^8 verwendet, bei der die Bits der Positionen 0 bis 6 mit der Definition von ASCII übereinstimmen und an der Position 7 das Bit 0 steht. Die hexadezimale Schreibweise eines ASCII-Zeichens wird somit durch die Abbildung $Z \rightarrow B^8 \rightarrow S^2$ bestimmt.

Weitere Beispiele für Codes sind **extended ASCII**, eine von IBM definierte Erweiterung von ASCII

$\quad$ eASCII: $Z' \rightarrow B^8$

sowie der im Bereich der älteren Großrechnerfamilien von IBM und Siemens übliche EBCDIC (Extended Binary Coded Decimal Interchange Code)

$\quad$ EBCDIC: $Z'' \rightarrow B^8$.

Die Mengen Z' und Z'' umfassen jeweils 256 Zeichen. Bei eASCII wird die obere Hälfte der Bildmenge B^8 (d. h. Bitfolgen ab 80_H) insbesondere verwendet, um landessprachliche Sonderzeichen, Pseudographik-Symbole und mathematische Symbole zu codieren. EBCDIC ist zwar ordnungserhaltend bezüglich lexikographischer Reihenfolgen in Z, der Code weist aber u. a. Sprünge in der Zuordnung der Elemente der Bildmenge auf. Zum Beispiel sind den im Alphabet aufeinander folgenden Buchstaben „I" und „J" die EBCDIC-Werte $C9_H$ und $D1_H$ zugeordnet.

Mit dem internationalen Standard **Unicode** wird das Ziel verfolgt, einen gemeinsamen Zeichenvorrat Z (UCS = Universal Character Set) für alle sinntragenden Zeichen der bekannten Schriftkulturen und Zeichensysteme zu entwickeln. Für UCS wurden die

Codes UTF-8, UTF-16 und UTF-32 definiert (UTF = Unicode Transformation Format), die für die Bildmenge Bitfolgen der Länge 8, 16 oder 32 nutzen. Aufgrund der Mächtigkeit des Zeichenvorrats Z nutzen UTF-8 und UTF-16 für die Bildmenge Bitfolgen von variabler Länge (z. B. UTF-8: 8, 16, 24 oder 32 Bit) Die ersten 128 Zeichen von UTF-8 entsprechen dem ASCII-Code. Das bedeutet, dass viele Standardtexte mit UTF-8 genauso kompakt codiert werden wie mit ASCII. Unicode wird u. a. standardmäßig von den im Web verwendeten Auszeichnungssprachen HTML und XML genutzt. Eine allgemeine Begriffsdefinition für Codes ist nicht an eine Bildmenge aus Bitfolgen gebunden, sondern stellt eine verallgemeinerte Abbildungsvorschrift dar:

Definition: Code

Seien Z_1, Z_2 zwei endliche Zeichenvorräte, Z_2^* die Menge aller Worte über Z_2, d. h. die Menge aller endlich langen Zeichenfolgen mit Zeichen aus Z_2. Eine eineindeutige Abbildung von Z_1 nach Z_2^* heißt **Code**.

7.1.3 Darstellung von Zahlen

Eine einfache Form der Darstellung von Zahlen des Dezimalsystems unter Verwendung des binären Zeichenvorrats {0,1} ist die ziffernweise Codierung mit ASCII. Diese Darstellungsform heißt **(entpackter) Dezimalcode**. Der entpackte Dezimalcode wird vor allem für den Nachrichtenaustausch mit Geräten zur Mensch-Computer-Kommunikation eingesetzt (Bildschirme, Drucker usw.). Hier sollen mehrere Zeichenvorräte mithilfe eines einzigen Codes darstellbar sein. Zur ausschließlichen Darstellung von Zahlen ist er allerdings unwirtschaftlich, da für die Codierung der zehn Zeichen (Ziffern) des Dezimalsystems nur 10 von 128 ASCII-Zeichen bzw. 10 von 256 eASCII-Zeichen verwendet werden. Außerdem eignet sich der entpackte Dezimalcode nur bedingt zur Durchführung arithmetischer Operationen in Rechnersystemen. Aus diesem Grund werden zwei weitere Codes eingeführt.

BINÄRER FESTPUNKTCODE

Der binäre Festpunktcode dient zur Darstellung von Zahlen mit konstanter Anzahl von Dezimalstellen. Festpunktzahlen sind durch Multiplikation mit einem konstanten Faktor auf ganze Zahlen zurückführbar. Zum Beispiel können DM-Beträge mit zwei Stellen nach dem Dezimalpunkt durch Multiplikation mit dem Faktor 100 als ganze Zahlen dargestellt werden. Zunächst werden nur positive ganze Zahlen betrachtet. Anschließend werden auch negative ganze Zahlen in die Darstellung einbezogen.

Der binäre Festpunktcode beruht auf der Basistransformation einer im Dezimalsystem dargestellten, positiven ganzen Zahl z in eine Zahl zur Basis B = 2. Im Dezimalsystem wird z wie folgt als Polynom dargestellt:

7.1 Datendarstellung

Schreibweise von z: $\quad z_{m-1} \ldots z_0$

Polynomdarstellung von z: $\quad z = z_{m-1} * 10^{m-1} + \ldots + z_0 * 10^0$

Die Koeffizienten z_i sind Dezimalziffern. Der binäre Festpunktcode transformiert z in die nachstehende Form:

Schreibweise von z: $\quad c_{n-1}\, c_{n-2} \ldots c_0$

Polynomdarstellung von z: $\quad z = c_{n-1} * 2^{n-1} + c_{n-2} * 2^{n-2} + \ldots + c_0 * 2^0$

Die Koeffizienten c_i sind Bits. In Abhängigkeit von der Länge der verwendeten Speicherzellen hat n z. B. den Wert 16, 32 oder 64 (Beispiel 7-2).

Beispiel 7-2:

Dezimalzahl	Binärer Festpunktcode
1	0000 0000 0000 0001
11	0000 0000 0000 1011
24	0000 0000 0001 1000
65535	1111 1111 1111 1111

Beispiel

Die gemeinsame Darstellung von positiven und negativen ganzen Zahlen z ist im binären Festpunktcode auf drei Arten möglich:

a) Vorzeichen und Betrag von z werden getrennt dargestellt. Das Bit der höchstwertigen Bitposition gibt das Vorzeichen an (Bit 0: $z \geq 0$; Bit 1: $z < 0$).

b) Eine negative Zahl z wird als $B^n - |z|$ dargestellt. Diese Form wird als **echtes Komplement** zur Basis B, im Falle B = 2 als **Zweierkomplement** bezeichnet.

c) Die Ziffern c_i einer negativen Zahl z werden stellenweise nach der Regel (B - 1 - c_i) komplementiert. Diese Form wird als **Stellenkomplement** zur Basis B, im Falle B = 2 als **Einerkomplement** bezeichnet.

Die getrennte Darstellung von Vorzeichen und Betrag (a) wird in Rechenanlagen kaum eingesetzt. Die Verwendung der Komplementdarstellungen (b) und (c) erlaubt es, die Subtraktion auf die Addition zurückzuführen (siehe z. B. [BaGo91]).

Beispiel 7-2a:

Das Beispiel verdeutlicht die Darstellung negativer ganzer Zahlen in den drei Arten (a) bis (c) sowie die Ersetzung der Subtraktion durch die Addition.

a) **Getrennte Darstellung von Vorzeichen und Betrag.**

Das Bit der höchstwertigen Bitposition gibt das Vorzeichen an (bei der Dezimaldarstellung wird angenommen, dass das Vorzeichen durch die Ziffern 0 bzw. 9 dargestellt wird). Die Subtraktion ist dabei nicht durch die Addition ersetzbar. Vielmehr ist die betragsmäßig kleinere von der betragsmäßig größeren Zahl zu subtrahieren und dabei das Vorzeichen separat zu behandeln.

Erläuterung	dezimal	binär
6	**0**06	**0**000 0110
-4	**9**04	**1**000 0100

b) **Darstellung negativer Zahlen im echten Komplement.**

Dezimale Darstellung (B = 10) der ganzen Zahl (–4) für n = 3: $B^n - |z| = 10^3 - 4 = 996$.

Binäre Darstellung (B = 2) der ganzen Zahl (– 4) für n = 8: $B^n - |z| = 2^8 - 4 = 256 - 4 = 252$, d. h. im binären Festpunktcode $1111\ 1100_B = 1*128 + 1*64 + 1*32 + 1*16 + 1*8 + 1*4 + 0*2 + 0*1$.

Berechnung der Differenz (6 – 4) als Summe:

Erläuterung	dezimal	binär
6	006	0000 0110
-4	996	1111 1100
2	**1** 002	**1** 0000 0010

Bei der Addition wird ein auf der linken Seite auftretender Überlauf abgeschnitten.

Das Zweierkomplement kann auch nach folgender Regel gebildet werden: „Übernimm von rechts kommend die Ziffern bis einschließlich der ersten 1, invertiere die restlichen Ziffern". Ausgehend von der Zahl $6 = 0000\ 0110_B$ hat die Zahl (-6) die Form $1111\ 1010_B$. Dieser Regel liegt die Gesetzmäßigkeit zugrunde: Binärzahl im Stellenkomplement + 1 = Binärzahl im echten Komplement.

Berechnung der Differenz (4 – 6) als Summe:

Erläuterung	dezimal	binär
4	004	0000 0100
-6	994	1111 1010
-2	998	1111 1110
|-2|	002	0000 0010

Die Ziffer 9 bzw. die Ziffer 1 an der höchstwertigen Stelle zeigt ein negatives Ergebnis an, dessen Betrag durch Rückkomplementierung gemäß dem echten Komplement ermittelt wird.

c) **Darstellung negativer Zahlen im Stellenkomplement.**

Dezimale Darstellung (B = 10) der ganzen Zahl (-4): 995.

Binäre Darstellung (B = 2) der ganzen Zahl (-4) = $1111\ 1011_B$.

7.1 Datendarstellung

Berechnung der Differenz (6 – 4) als Summe:

Erläuterung	*dezimal*	*binär*
6	006	0000 0110
-4	995	1111 1011
Überlauf 1	**1** 001	**1** 0000 0001
+ Überlauf	1	1
2	002	0000 0010

Bei der Addition wird ein auftretender Überlauf zum Ergebnis addiert.

Berechnung der Differenz (4 – 6) als Summe:

Erläuterung	*dezimal*	*binär*
4	004	0000 0100
-6	993	1111 1001
-2	997	1111 1101
|-2|	002	0000 0010

Die Ziffer 9 bzw. die Ziffer 1 an der höchstwertigen Stelle zeigt ein negatives Ergebnis an, dessen Betrag durch Rückkomplementierung gemäß Stellenkomplement ermittelt wird.

Beispiel

Bei (b) und (c) ist n mindestens so groß zu wählen, dass die Ziffer der höchstwertigen Stelle als Vorzeichen der Zahl interpretierbar ist. Für B = 2 und n = 16 ergibt sich dadurch ein Wertebereich von –32768 bis +32767 (= -2^{15} bis $+2^{15}-1$ bzw. 1111 1111 1111 1111_B bis 0111 1111 1111 1111_B).

BINÄRER GLEITPUNKTCODE

Für reelle Zahlen wird eine halblogarithmische Darstellungsform verwendet. Eine reelle Zahl z wird dargestellt in der Form

$z = m * B^e$.

m heißt Mantisse, e Exponent zur Basis B. Für die Aufspaltung von z in m und e gilt:

- e ist eine ganze Zahl,
- m wird so gewählt, dass ($B^{-1} \leq |m| < 1$) oder (m = 0) gilt; die Stellen rechts vom Dezimalpunkt werden als ganze Zahl interpretiert; das Vorzeichen von m wird berücksichtigt.

Bei der halblogarithmischen Darstellung wird somit eine reelle Zahl in die Komponenten Mantisse und Exponent zerlegt. Dabei hat beim binären Gleitpunktcode die Basis B den Wert 2. Mantisse und Exponent werden als Festpunktzahlen im binären Festpunktcode dargestellt (Beispiel 7-3).

Beispiel 7-3:

In einem für den Menschen leichter lesbaren „dezimalen Gleitpunktcode" (B = 10) wird z = 3.14159 aufgespalten in

$0.314159 * 10^1$

mit m = 0.314159 und e = 1. m und e werden als Tupel

(314159,1)

dargestellt.

Gängige Speicherzellengrößen für reelle Zahlen sind 32 und 64 Bits. Im ersteren Fall sind 24 Bits für die Mantisse und 8 Bits für den Exponenten vorgesehen.

7.2 Modelle von Rechnersystemen

Im Folgenden werden wesentliche Struktur- und Verhaltensmerkmale von Rechnersystemen anhand einer Folge von sechs Rechnermodellen dargestellt (siehe auch [Fe-Si84]). Die beiden ersten Elemente dieser Folge sind einfache Rechnermodelle, wie sie etwa in Form von Taschenrechnern realisiert sind. An den beiden darauf aufbauenden Modellen werden zentrale Merkmale allgemein verwendbarer Rechnersysteme dargestellt. Die beiden letzten Modelle repräsentieren wesentliche Konzepte moderner Rechnersysteme.

Dabei wird nicht das Ziel verfolgt, den aktuellen Stand der (ohnehin rasch veränderlichen) Hardware-Technologie zu vermitteln. Vielmehr soll anhand der vorgestellten Rechnermodelle eine konzeptuelle Entwicklungslinie aufgezeigt und damit ein übergreifendes Verständnis für die Funktionsweise unterschiedlicher Rechnersysteme geweckt werden.

7.2.1 Maschine zur Berechnung von N Funktionen (MNF)

MNF (Bild 7-3) dient dazu, für eine gegebene Menge F = {F_1, F_2, ...,F_N} von Funktionen und für ein Argument x jeweils den Funktionswert y = F_i(x) ($F_i \in F$) zu berechnen. x, y seien ganze Zahlen.

Die Komponenten von MNF sind

- der **Eingabeteil ET** für die Bedienung der Maschine, bestehend aus
    - einem Tastenfeld für die Eingabe eines Argumentes x (Ziffernfeld 0,1,...,9) und
    - einem Tastenfeld für die Auswahl einer Funktion $F_i \in F$.

7.2 Modelle von Rechnersystemen

- der **Operationsteil OT** für die Berechnung der Funktionen $F_i \in F$, bestehend aus
  - einer Speicherzelle AS (Argumentspeicher) für die Aufnahme von x,
  - einer Speicherzelle FS (Funktionswertspeicher) für die Aufnahme von y und
  - N unterschiedlichen Rechenwerken für die Berechnung der Funktionen F_i (i = 1..N).
- der **Ausgabeteil AT** für die Darstellung des Funktionswertes y. AT besteht aus einem Sichtfenster, das den Inhalt von FS anzeigt.

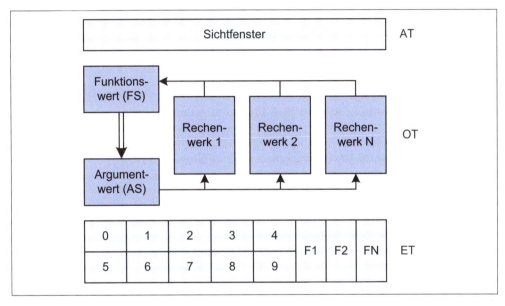

Bild 7-3: MNF: Maschine zur Berechnung von N Funktionen

Die Bedienung von MNF besteht aus einer zyklischen Abfolge der in Bild 7-4 dargestellten Schritte. Jeder Eingabeschritt löst eine Operation und einen Ausgabeschritt aus.

Eingabe	Operation	Ausgabe
Eingeben von x über ET	Eintragen von x in AS	Anzeigen des Inhalts von AS über AT
Auswählen von F_i über ET	Berechnen von $y = F_i(x)$ und Eintragen von y in FS	Anzeigen des Inhalts von FS über AT

Bild 7-4: Funktionsweise von MNF

Für Funktionen mit zwei oder mehr Argumenten x_1, x_2, ... wird AS zu einer Folge von Speicherzellen (AS_1, AS_2, ...) erweitert. Ebenso ist es möglich, dass ein Funktionswert y zum Argument x einer nachfolgenden Funktionsdurchführung wird.

MNF ist ein einfaches Modell zur Darstellung des Verhaltens von Rechnern. Dabei werden die Funktionen F_i gemäß dem Modell des Input-Output-Systems (Abschnitt 2.1.1) beschrieben. Die Struktur der Maschine wird nicht betrachtet. Ein Beispiel für MNF ist ein nicht programmierbarer Taschenrechner ohne Speicher.

7.2.2 Programmgesteuerte Maschine zur Berechnung von N Funktionen (PMNF)

Für eine Darstellung relevanter Strukturmerkmale von Rechnersystemen wird MNF zu PMNF erweitert. Bedienung und Verhalten von MNF und PMNF stimmen überein. Der Unterschied zwischen MNF und PMNF liegt in der Detaillierung des Operationsteils OT. Hierbei wird ein wesentliches Prinzip allgemeiner Rechnersysteme erkennbar.

Die Realisierung von N Rechenwerken zur Durchführung von N Funktionen ist unwirtschaftlich, wenn mehrere der N Rechenwerke auf gleichartige Komponenten zurückgreifen. So kann z. B. eine Komponente für die Addition in mehreren Funktionen verwendet werden. Solche Komponenten sollten nur einfach bereitgestellt werden und von beliebigen Funktionen nutzbar sein.

7.2 Modelle von Rechnersystemen

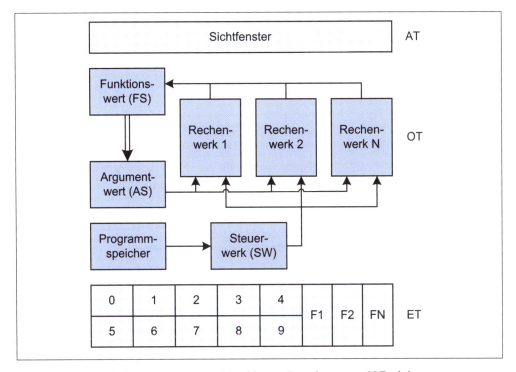

Bild 7-5: PMNF: Programmgesteuerte Maschine zur Berechnung von N Funktionen

Bei PMNF werden daher die N Funktionen von MNF in M Teilfunktionen zerlegt. Bei der Zerlegung werden möglichst vielseitig verwendbare Teilfunktionen gewählt, so dass die Gesamtzahl M der unterschiedlichen Teilfunktionen minimiert wird. Aus diesen M Teilfunktionen lassen sich alle N Funktionen F_1, F_2, ..., F_N zusammensetzen. Jede Teilfunktion wird in Form eines Rechenwerks realisiert.

Die Durchführung einer Funktion besteht nun in der Durchführung einer zugehörigen Folge von Teilfunktionen. Hierzu benötigt PMNF im Vergleich zu MNF folgende zusätzliche Komponenten (Bild 7-5):

- Einen Speicher, der für jede Funktion F_1, F_2, ..., F_N die zugehörige Teilfunktionsfolge enthält. Eine Teilfunktion dieser Folge heißt **Befehl** und identifiziert ein Rechenwerk. Die Teilfunktionsfolge ist somit eine Befehlsfolge, die als **Programm** bezeichnet wird. Der Speicher zur Aufnahme der Programme heißt **Programmspeicher PS**.

- Ein **Steuerwerk SW**, das bei der Durchführung einer Funktion das zugehörige Programm Befehl für Befehl abarbeitet und dabei die zu den einzelnen Befehlen gehörenden Rechenwerke aufruft.

Beispiele für PMNF sind Taschenrechner, deren Funktionen über „fest verdrahtete", von außen nicht modifizierbare Programme realisiert sind. Während MNF ein rein verhaltensorientiertes Rechnermodell darstellt, bezieht PMNF Strukturaspekte mit ein.

7.2.3 Universalrechenmaschine (URM)

Im nächsten Schritt wird das Konstruktionsprinzip von PMNF zu dem der Universalrechenmaschine (URM) verallgemeinert (Bild 7-6). Die Konzeption von URM ist auch als **Von-Neumann-Maschine** bekannt und stellt das seit Jahrzehnten dominierende Konstruktionsprinzip für Rechner dar (siehe z. B. [Gilo97], [LiFl02]).

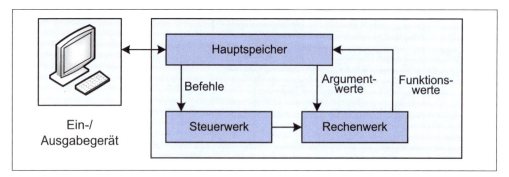

Bild 7-6: URM: Universalrechenmaschine

URM unterscheidet sich von PMNF in folgenden Eigenschaften:

- URM ist **frei programmierbar**, d. h. es können jederzeit Programme im Programmspeicher PS hinzugefügt oder gelöscht werden. URM kann somit alle Funktionen berechnen, die sich aus Teilfunktionen, für die URM Rechenwerke besitzt, zusammensetzen lassen und deren zugehörige Teilfunktionsfolgen als Programme verfügbar sind.

  Da die Länge eines Programms nur durch die Größe des Programmspeichers begrenzt und dieser beliebig dimensionierbar ist, ist die Anzahl der von URM berechenbaren Funktionen grundsätzlich beliebig groß (zur Berechenbarkeit siehe auch [BaGo92]).

- Argumentspeicher AS und Funktionswertspeicher FS werden zu einem allgemeinen **Operandenspeicher OS** zusammengefasst, der beliebig groß sein kann.

- Programmspeicher PS und Operandenspeicher OS werden zu einem allgemeinen **Hauptspeicher HS** zusammengefasst. Die Bereiche von OS und PS sind innerhalb von HS variabel. Dadurch wird eine flexible Nutzung des Hauptspeichers möglich.

- ET und AT werden zu allgemeinen Einrichtungen für die Mensch-Computer-Kommunikation erweitert. Zu den wichtigsten Einrichtungen gehören Bildschirm,

Tastatur, Maus und Drucker. ET und AT können grundsätzlich mit jeder beliebigen Stelle von HS kommunizieren.

Die Komponenten des Operationsteils von URM werden im Folgenden genauer betrachtet.

URM-Rechenwerk

Das URM-Rechenwerk fasst alle (Teilfunktions-) Rechenwerke von URM zusammen. Der Befehlsvorrat des URM-Rechenwerks umfasst im Wesentlichen Befehle für

- den Transport von Operanden innerhalb des Hauptspeichers,
- den Transport von Operanden zwischen Hauptspeicher und Ein-/Ausgabegeräten,
- arithmetische Operationen (z. B. +, -, *, /),
- logische Operationen (z. B. $\wedge, \vee, \neg$) und
- Vergleichsoperationen (z. B. $<, \leq, =, \geq, >, \neq$).

Die Leistung des URM-Rechenwerks wird in

MIPS (million instructions per second) und

FLOPS (floating point operations per second)

gemessen (*instruction* und *operation* ist dabei mit *Befehl* gleichzusetzen). Während MIPS auf den allgemeinen Befehlsvorrat eines Rechners Bezug nimmt, gibt FLOPS speziell Auskunft über die Durchführungszeiten von arithmetischen Operationen mit Gleitpunktzahlen.

URM-Steuerwerk

Bei PMNF wurde davon ausgegangen, dass ein Programm eine **statische Befehlsfolge** darstellt, die bei jeder Programmausführung linear durchlaufen wird. Im Gegensatz dazu kann bei URM von dieser linearen Folge abgewichen werden. Dabei ist es möglich, dass der Nachfolger-Befehl erst aufgrund des Funktionswerts des Vorgänger-Befehls bestimmt wird. Ein Programm für URM stellt somit eine **dynamische Befehlsfolge** dar. Die endgültige Befehlsfolge wird erst während der Ausführung des Programms, d. h. zur **Laufzeit des Programms**, bestimmt.

Hilfsmittel zur Beschreibung nicht-linearer Befehlsfolgen sind spezielle **Steuerbefehle**, die nicht das URM-Rechenwerk, sondern das URM-Steuerwerk ausführt. Ein Programm besteht somit aus Rechenwerksbefehlen und Steuerbefehlen. Die beiden wichtigsten Grundformen von Steuerbefehlen sind:

- *Springe zu Befehl n* (Setze das Programm bei Befehl mit der Nummer n fort) und

- *Springe zu Befehl n, falls der Funktionswert des zuletzt ausgeführten Befehls den Wert x hat* (anderenfalls wird der nächstfolgende Befehl ausgeführt).

Beispiel 7-4:

Befehlsvorrat

Befehl	Wirkung
Rechenwerksbefehle	
L	Lies ein Argument über ET und trage dieses in AS ein
Ü	Übertrage den Inhalt von AS nach FS
V	Vergleiche die Inhalte von AS und FS und trage in VS eine der Aussagen 'AS ≤ FS' oder 'AS > FS' ein
A	Zeige den Inhalt von FS über AT an
Steuerbefehl	
S_n	Springe zu Befehl n, falls in VS die Aussage 'AS ≤ FS' steht

Bild 7-7: Befehlsvorrat der Beispiel-URM

Es ist ein Programm für die Berechnung der Funktion $z = max(x,y)$ zu erstellen (x, y, z sind ganze Zahlen). Dazu steht eine URM mit dem in Bild 7-7 gezeigten Befehlsvorrat zur Verfügung. AS, FS und VS (Vergleichsspeicher) sind hier Speicherzellen innerhalb von HS. Die Funktion max wird z. B. durch folgendes Programm realisiert (Bild 7-8):

Programm

Nr.	Befehl	Kommentar
1	L	x steht in AS
2	Ü	x steht in AS und FS
3	L	y steht in AS
4	V	Vergleiche AS und FS
5	S7	Springe zu Befehl 7, falls in VS 'AS ≤ FS' steht
6	Ü	y ist größer als x und wird daher nach FS übertragen
7	A	Ausgeben des Maximums aus x und y, das in FS steht

Bild 7-8: Programm der Beispiel-URM

Beispiel

URM-HAUPTSPEICHER

Der Hauptspeicher von URM besteht aus einer Folge von Speicherzellen gleicher Größe, die je nach Bedarf Befehle oder deren Operanden aufnehmen können. Zur Speicherung eines Befehls bzw. Operanden werden ggf. mehrere Speicherzellen benötigt. Die Position einer Speicherzelle innerhalb des Hauptspeichers heißt **Adresse**. Die Adressen werden fortlaufend nummeriert, beginnend bei Adresse 0. Der Bereich von Adresse 0 bis zur höchsten Adresse **heißt Adressraum des Hauptspeichers**. Die Ad-

7.2 Modelle von Rechnersystemen

resse eines mehrere Speicherzellen belegenden Befehls bzw. Operanden ist die Adresse der ersten Speicherzelle.

Speicherzellen werden unter Verwendung von Zustandsträgern realisiert, die zwei Zeichen darstellen und somit genau ein Bit speichern können. Mehrere dieser Zustandsträger werden zu Standardspeicherzellen zusammengefasst. Die bei 32-Bit-Prozessoren gebräuchlichen Größen von Standardspeicherzellen und Beispiele für ihre Verwendung sind in Bild 7-9 zusammengefasst.

Bits	Standardspeicherzelle von 32-Bit-Prozessoren	Verwendungsbeispiele
8	Byte	ASCII-Zeichen, kleinere natürliche (0..255) oder ganze Zahl (−128..127)
16	Halbwort	mittlere natürliche (0..65535) oder ganze Zahl (-32768..32767)
32	Wort	ganze Zahl, reelle Zahl, Speicheradresse
64	Doppelwort	reelle Zahl hoher Genauigkeit, Verweise in Dateien größer 4 GB

Bits	Personal Computer	Großrechner der IBM-/Siemens-Familien; Workstations (32-Bit-Prozessoren)
8	Byte	Byte
16	Wort	Halbwort
32	Doppelwort	Wort
64		Doppelwort

Bild 7-9: Standardspeicherzellen für Hauptspeicher (vgl. [HaNe05, 396])

Adressen beziehen sich bei den meisten Rechnern auf Speicherzellen der Größe 1 Byte. Die zugehörige Adresse heißt **Byteadresse**. Adressen von Worten und Doppelworten des Hauptspeichers sind u. a. bei der Speicherung numerischer Operanden zu beachten. Die Gesamtgröße des Hauptspeichers wird in **Byte (B)** angegeben. Analog zum metrischen System, wo der Faktor *kilo* (10^3) zur Benennung größerer Maßeinheiten verwendet wird, sind hier folgende Faktoren üblich [FLM04]:

- K = 1024   = 2^{10} (Sprechweise „Kilo")
- M = 1024 K   = 2^{20} (Sprechweise „Mega")
- G = 1024 M   = 2^{30} (Sprechweise „Giga")
- T = 1024 G   = 2^{40} (Sprechweise „Tera")

Gängige Hauptspeichergrößen für Personal Computer und Workstations liegen derzeit etwa zwischen 256 MB und 2 GB.

ADRESSIERUNG

Die Befehle, aus denen sich die Programme von URM zusammensetzen, besitzen folgenden Aufbau:

(OpCode, Operand$_1$ / Adr(Operand$_1$), Operand$_2$ / Adr(Operand$_2$) ...) .

Jeder Befehl besteht aus einem Operationscode (OpCode), gefolgt von null bis mehreren Operanden bzw. Adressen von Operanden. Der **Operationscode** benennt das aufzurufende Rechenwerk. Die **Operanden** sind die Daten, mit denen die Operation durchzuführen ist. Ein Operand ist entweder Bestandteil des Befehls oder im Befehl ist die Adresse der Speicherzelle angegeben, welche den Operanden enthält. Bei Befehlen, die nur aus dem Operationscode bestehen, sind die Operanden bzw. deren Adressen implizit vereinbart.

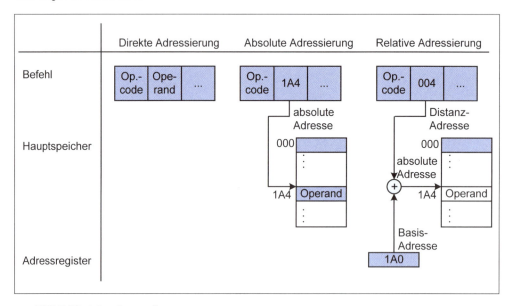

Bild 7-10: Adressierungsformen

Die Technik zur Benennung der Speicherzellen, welche die Operanden für eine Befehlsdurchführung beinhalten, wird als **Adressierung** bezeichnet. Folgende Adressierungsformen finden Verwendung (Bild 7-10):

- **Direkte Adressierung:** Der Operand ist Bestandteil des Befehls (Direktoperand). Ist der erste Operand eines Befehls ein Direktoperand, so ergibt sich dessen Adresse aus der Summe

    (Adresse des Befehls + Länge des Operationscodes).

7.2 Modelle von Rechnersystemen

- **Absolute Adressierung:** Der Befehl enthält die Adresse des Operanden in Form einer absoluten Speicheradresse.

- **Relative Adressierung:** Der Befehl enthält die Adresse des Operanden in Form eines 2-Tupels oder allgemein n-Tupels von Adressen:

    Adresse = (Basisadresse, Distanzadresse).

    Die absolute Adresse des Operanden berechnet sich aus der Summe von Basisadresse und Distanzadresse. Letztere ist somit eigentlich eine „Adressdistanz", bezogen auf eine Basisadresse. Die Basisadresse wird häufig in einer speziellen Speicherzelle mit einer Kurzbezeichnung, dem **Adressregister**, gespeichert.

Die direkte Adressierung eignet sich für kurze Operanden mit unveränderlicher Wertzuordnung, z. B. für Konstante in Form eines einzelnen Zeichens. Die absolute Adressierung wird überwiegend im hardware- und betriebssystemnahen Bereich angewandt. Die wichtigste Adressierungsform im Bereich der Anwendungsprogrammierung ist die relative Adressierung. Sie unterstützt

- die Bearbeitung strukturierter Operanden, wobei Adressen von Teiloperanden erst während des Programmlaufs bestimmt werden. Ein Beispiel hierfür ist die Bearbeitung eines Vektors mit n Elementen (i = 0..n-1). Die Basisadresse zeigt auf den Vektorbeginn, die Distanzadresse für das Element i berechnet sich als (i * Elementlänge);

- die variable Positionierung eines Programms im Hauptspeicher. Dabei zeigt die Basisadresse im einfachsten Fall auf den Programmbeginn, alle Adressen innerhalb des Programms (Befehle und Operanden) werden als Distanzadressen relativ zu dieser Basisadresse interpretiert. Als zusätzlicher Vorteil der relativen Adressierung ergeben sich kürzere Befehlslängen und damit kürzere Programme. Der Bereich zwischen Distanzadresse 0 und der höchsten Distanzadresse heißt **Adressraum des Programms**.

Beispiel 7-5:

Unter Verwendung des in Beispiel 7-4 eingeführten, fiktiven Befehlssatzes können u. a. folgende Befehle gebildet werden. Zu beachten ist dabei die unterschiedliche Verwendung von A als Operationscode, dirckt adressierter Operand und Adressregister.

A 'A'		Gib das Zeichen 'A' über den Ausgabeteil (Bildschirm) aus (unmittelbare Adressierung
L 700		Lies über den Eingabeteil (Tastatur) ein Zeichen ein und speichere es an der Adresse 700 (absolute Adressierung
Ü 'A' 700		Übertrage das Zeichen 'A' an die Adresse 700 (direkte und absolute Adressierung

L (A,200)   Lies über den Eingabeteil ein Zeichen ein und speichere es an der Adresse (Inhalt des Adressregisters A + 200) (relative Adressierung

Beispiel

7.2.4 Busrechnersystem (BRS)

Die Strukturierung des Operationsteils von URM in Hauptspeicher, Steuerwerk und Rechenwerk stellt eine rein funktionale Sicht dar. Das folgende Rechnermodell, das **Busrechnersystem (BRS)**, berücksichtigt darüber hinaus die technischen Komponenten, die zur Realisierung dieser Funktionen von URM notwendig sind. BRS ist somit ein Modell der **Hardware-Architektur** einer Von-Neumann-Maschine.

Wie Bild 7-11 zeigt, sind den Funktionen Steuerwerk, Rechenwerk und Hauptspeicher spezielle Hardware-Komponenten zugeordnet. Die Komponenten Steuerwerk und Rechenwerk bilden gemeinsam den **Prozessor**. Prozessoren werden als ein Hardware-Baustein realisiert. Weitere Hardware-Bausteine dienen der Realisierung des Hauptspeichers in bedarfsgerechter Größe.

BRS ist heute das dominierende Konstruktionsprinzip für moderne Hardware-Architekturen. Erst die Verwendung standardisierter, in großen Stückzahlen herstellbarer Hardware-Bausteine erlaubt eine wirtschaftliche Konstruktion von Rechnern mit hoher Variantenvielfalt.

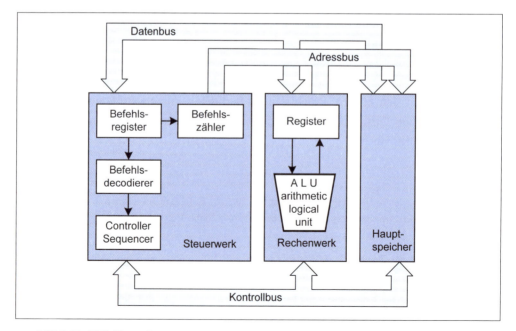

Bild 7-11: BRS: Busrechnersystem

7.2 Modelle von Rechnersystemen

Kennzeichnend für dieses Konstruktionsprinzip und namensgebend für BRS sind Leitungsverbindungen, die als **Bus** bezeichnet werden und die Kommunikation zwischen den einzelnen Hardware-Bausteinen ermöglichen. Ein Bus wird von den beteiligten Hardware-Bausteinen gemeinsam genutzt. Er steht den jeweils kommunizierenden Hardware-Bausteinen zeitabschnittsweise exklusiv zur Verfügung. Folgende Bus-Arten werden unterschieden (siehe z. B. [FLM04]):

- **Datenbus:** Auf dem Datenbus werden Befehle vom Hauptspeicher zum Steuerwerk sowie Daten zwischen Rechenwerk und Hauptspeicher in beiden Richtungen transportiert. Die Anzahl der parallelen Leitungen des Datenbusses heißt **Breite des Datenbus**. Sie ist eines der kennzeichnenden Attribute für Prozessoren. So unterstützt z. B. ein 32-Bit-Prozessor einen Datenbus der Breite 32. Da auf jeder Leitung zu einem gegebenen Zeitpunkt genau ein Bit transportiert wird, spricht man auch von einem 32 Bit breiten Datenbus.

  Die Bezeichnung *32-Bit-Prozessor* bezieht sich auf die Breite des prozessorinternen Datenbusses. Der Breite des prozessorexternen Datenbusses kann davon abweichen. Zum Beispiel ist der externe Datenbus des (heute nicht mehr gebräuchlichen) Intel-Prozessors *80386-SX* nur 16 Bit breit und wird mithilfe von Time-Multiplexing genutzt. Der externe Datenbus des Intel-Prozessors *Pentium* ist 64 Bit breit. Er verbindet den Hauptspeicher mit dem Cache-Speicher (siehe Abschnitt 7.3.2) des Prozessors. Sowohl *80386-SX* als auch *Pentium* sind 32-Bit-Prozessoren. Gleiches gilt für die neueren Prozessorfamilien *Pentium III* und *Pentium 4*.

- **Adressbus:** Der Adressbus überträgt Adressen vom Steuerwerk oder vom Rechenwerk zum Hauptspeicher, um dort eine gewünschte Speicherzelle zu identifizieren. Eine vom Steuerwerk kommende Adresse benennt den nächsten zu lesenden Befehl, vom Rechenwerk kommende Adressen benennen die Operanden des gerade ablaufenden Befehls. Die Breite des Adressbus bestimmt zusammen mit der Größe der Speicherzellen die Größe des (linear) adressierbaren Hauptspeichers. Zum Beispiel kann bei einem 32 Bit breiten Adressbus und Speicherzellen von 1 Byte ein Hauptspeicher der Größe 2^{32} Byte = 4GB linear adressiert werden.

  Zum Beispiel verfügt der Intel-Prozessor *Pentium* über einen 32 Bit breiten Adressbus.

- **Kontrollbus:** Die Leitungen des Kontrollbus werden zur Synchronisation der beteiligten Hardware-Bausteine verwendet. Es werden u. a. Signale für Anforderungsmitteilungen sowie Bereitschafts- und Fertigmeldungen übertragen.

BRS-RECHENWERK

Das BRS-Rechenwerk besteht aus der **ALU (arithmetic logical unit)**, die alle Rechenwerke umfasst, sowie aus einer Menge von speziellen Speicherzellen, die **Register** genannt werden. Im Gegensatz zu Hauptspeicherzellen

- liegen Register innerhalb des Prozessors,

- werden Register durch Kurzbezeichnungen benannt (z. B. AX, BX),

- sind die Zugriffszeiten der ALU auf Register wesentlich kürzer als auf Hauptspeicherzellen.

Mithilfe spezieller ALU-Befehle können Operanden zwischen Hauptspeicher und Registern transportiert werden. Die Operanden von Befehlen können in Registern oder im Hauptspeicher gespeichert sein.

BRS-STEUERWERK

Das BRS-Steuerwerk ist in die Komponenten Befehlsregister, Befehlszähler, Befehlsdecodierer und Controller/Sequencer unterteilt. Befehlsregister und Befehlszähler sind wiederum spezielle Speicherzellen. Die Programmdurchführung durch das Steuerwerk besteht aus einem zyklischen Durchlaufen der nachstehenden Schritte, was als **Zwei-Phasen-Konzept der Befehlsverarbeitung** bezeichnet wird:

- **Fetch-Phase:**

    a) Lesen des nächsten auszuführenden Befehls im Hauptspeicher und Übertragen in das Befehlsregister. Die Adresse des Befehls steht im Befehlszähler.

    b) Entschlüsseln des Operationscodes des Befehls durch den Befehlsdecodierer.

    c) Falls der Befehl ein Steuerbefehl ist, wird der Befehlszähler entsprechend der angegebenen Adresse gesetzt. Anderenfalls wird der Inhalt des Befehlszählers um die Befehlslänge erhöht (er enthält nun die Adresse des sequenziell folgenden Befehls).

- **Execution-Phase:** Falls der Befehl ein Rechenwerksbefehl ist, wird die Kontrolle an den Controller/Sequencer abgegeben, der die Befehlsdurchführung in der ALU kontrolliert.

Bei modernen Prozessoren wird der Hauptteil der Programmdurchführungszeit für die Speicherzugriffe benötigt. Der Zeitbedarf für die eigentliche Befehlsdurchführung im jeweiligen Rechenwerk ist demgegenüber vernachlässigbar. Alle Befehle und Operanden müssen über den Datenbus „gepumpt" werden. Diese Tatsache wird als **Von-Neumann-Flaschenhals** bezeichnet und stellt eine der wesentlichen Begrenzungen der Architektur der Von-Neumann-Maschine dar.

Eine Reihe von Architekturmerkmalen moderner Prozessoren dient der Milderung des Von-Neumann-Flaschenhalses. Hierzu gehören insbesondere (siehe z. B. [Mess94], [HaNe05, 70ff]):

- Cache-Speicher: Die mit hoher Wahrscheinlichkeit als nächste benötigten Befehle und Daten werden auf Vorrat aus dem Hauptspeicher in einen Cache-Speicher geladen (siehe Abschnitt 7.3.2).

- Pipelining: Zeitversetztes Ausführen der Fetch- und Execution-Phase. Parallel zur Ausführung von Befehl i wird Befehl (i+1) bereits gelesen und decodiert. Um höhere Überlappung zu erzielen, werden im Allgemeinen die beiden Phasen noch weiter unterteilt.

- Sprungvorhersage: Unterstützung der Aufrechterhaltung des Befehlsflusses bei Sprungbefehlen.

CISC- UND RISC-ARCHITEKTUR

Die in den Rechnermodellen URM und BRS unterstellten Prozessoren werden üblicherweise als CISC-Prozessoren (Complex Instruction Set Computer) konstruiert. Ein typischer **CISC-Prozessor** verfügt über mehrere hundert Befehle, die mit einer Reihe von Adressierungsarten kombinierbar sind. Die Komplexität des Befehlssatzes erschwert es, die einzelnen Befehle im Rechenwerk durch Hardware-Schaltungen zu realisieren. Befehle werden vielmehr durch sogenannte Mikroprogramme gebildet, die auf elementare Hardware-Komponenten zurückgreifen und deren Ausführungszeit wesentlich langsamer ist als die von starr geschalteten Rechenwerken. In Verbindung mit dem Von-Neumann-Flaschenhals stellt diese Realisierungsform eine der wesentlichen Leistungsgrenzen von CISC-Prozessoren dar.

Den geschilderten Nachteilen wurde seit Mitte der 70er Jahre durch die Entwicklung von **RISC-Prozessoren** (Reduced Instruction Set Computer) zu begegnen versucht. RISC-Prozessoren sind insbesondere durch folgende Merkmale charakterisiert (siehe z. B. [Tan06, 58ff]):

- Geringe Anzahl von Befehlen und Adressierungsarten.

- Hauptspeicherzugriffe erfolgen durch spezielle Load- und Store-Befehle, alle anderen Befehle erwarten ihre Operanden in Registern.

- Alle Befehle besitzen den gleichen Aufbau (Befehlsformat).

- Rechenwerk und Steuerwerk sind im Prozessor fest verdrahtet, d. h. nicht durch Mikroprogramme realisiert.

Diese Merkmale bieten grundsätzlich eine Reihe von Vorteilen im Hardware-Aufbau von RISC-Prozessoren. Obwohl Programme für RISC-Prozessoren in der Regel mehr Befehle umfassen als Programme für CISC-Prozessoren, können hierdurch signifikante Geschwindigkeitsvorteile erzielt werden. Dennoch konnten sich RISC-Prozessoren angesichts der enormen Fortschritte im Bereich der CISC-Prozessoren nicht im erwarteten Umfang durchsetzen.

Beispiele für CISC-Prozessoren sind die verbreiteten Intel-Prozessoren, wie sie in der Mehrzahl der PCs, Workstations und Server zum Einsatz kommen. Ein Beispiel für einen RISC-Prozessor ist der *PowerPC* von Apple, IBM und Motorola, der wiederum auf eine Entwicklung von IBM zurückgeht. RISC-Prozessoren werden sowohl in Super-Computern als auch in Spielekonsolen, Digitalkameras, Mobiltelefonen, PDAs, Druckern oder Bord-Computern von Fahrzeugen eingesetzt.

7.2.5 Rechnerverbundsystem (RVS)

Bei den bisherigen Rechnermodellen auf der Basis der Von-Neumann-Maschine wurden Programme streng sequenziell durch einen Prozessor abgearbeitet. Im Folgenden werden nun zwei weitere Rechnermodelle, das Rechnerverbundsystem (RVS) und das Parallelrechnersystem (PRS) vorgestellt. Diese sind dadurch gekennzeichnet, dass mehrere Prozessoren zeitlich parallel Programme, Programmteile oder Programmschritte ausführen.

RVS und PRS dienen der Realisierung verteilter Systeme. Ein **verteiltes System** liegt vor, wenn

a) die Programme eines Anwendungssystems arbeitsteilig von mehreren Prozessoren (Aufgabenträgern) durchgeführt werden,

b) der Nachrichtenaustausch zwischen den Programmen über ein die Prozessoren verbindendes Kommunikationssystem realisiert wird und

c) das Gesamtsystem aus Außensicht als *ein* System betrachtet werden kann. Zum Beispiel ist die Verteilung der Programme auf die einzelnen Prozessoren aus Außensicht nicht von Bedeutung.

Im ersten Rechnermodell, dem **Rechnerverbundsystem (RVS)**, sind autonome Rechner durch ein Kommunikationssystem verknüpft. Die Eigenschaft der Autonomie bedeutet, dass die Rechner **lose-gekoppelt** sind, d. h. dass jeder Rechner unter der Verwaltung eines eigenen Betriebssystems selbstständig Programme durchführt. Die zwischen den einzelnen Rechnern ausgetauschten Nachrichten realisieren ausschließlich Datenbeziehungen zwischen Programmen und enthalten keinerlei zusätzliche Steuerungsdaten zur Koordination der Rechner. Die Programme eines RVS und ihre Datenbeziehungen korrespondieren somit mit der Aufgabenebene eines IS, die als Netz von Aufgaben, welche durch Informationsbeziehungen verknüpft sind, beschrieben wird.

Nach der räumlichen Entfernung zwischen den Rechnern und den verwendeten Kommunikationskanälen werden u. a. folgende Klassen von RVS unterschieden:

a) **Globale Netzwerke** (wide area networks, WAN): RVS mit dieser Struktur können über Länder oder Kontinente verteilt sein. Für die Kommunikation werden i.d.R. öffentlich zugängliche Infrastruktureinrichtungen auf Basis verschiedener Leitungsmedien verwendet (Kupferleitungen, Glasfaserkabel, Funkverbindungen über Satellit usw.).

b) **Lokale Netzwerke** (local area networks, LAN): Die Rechner sind bis zu einigen Kilometern voneinander entfernt. Zur Kommunikation wird i. d. R. eine private, speziell verlegte Infrastruktur (Koaxialkabel, verdrillte Zweidraht-Kupferleitung (Twisted-Pair), Glasfaserkabel, Funkverbindung usw.) verwendet. Die maximale Ausdehnung eines LAN ist typischerweise ein Unternehmen oder eine Universität.

Das **Internet** (Interconnected Networks) ist ein weltweiter Verbund von Netzwerken, der eine große und dynamisch veränderliche Anzahl von WAN und LAN umfasst.

Im Folgenden werden ausschließlich LAN betrachtet. In diesem Bereich existiert eine große Vielfalt an Produkten mit unterschiedlichen Übertragungsmedien und -geschwindigkeiten, Kommunikationstechniken und Netzstrukturen.

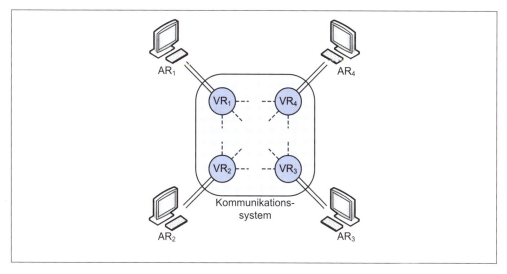

Bild 7-12: RVS: Rechnerverbundsystem [Nehm85, 86]

Die allgemeine Struktur eines RVS ist in Bild 7-12 dargestellt. Arbeitsrechner AR führen Anwendungsprogramme durch. Das Kommunikationssystem besteht aus Vermittlungsrechnern VR, einem Übertragungsmedium, sowie Ankopplungen der VR an das Übertragungsmedium. Aufgabe eines VR ist das selbstständige Senden und Empfangen von Nachrichten für einen AR. VR werden i. d. R. als eigene Hardware-Komponenten realisiert. Im Folgenden wird die Vereinigung aus AR, VR und Ankopplung als **Station** bezeichnet.

Eine paarweise Verbindung von Stationen durch das Übertragungsmedium scheidet aufgrund der Vielzahl notwendiger Verbindungen (bei n Stationen sind $n*(n-1)/2$ Verbindungen notwendig) sowie aus technischen Gründen aus. Aus diesem Grund haben sich spezielle **Netzstrukturen (Netztopologien)** wie Bus-, Ring- und Sternnetz herausgebildet. In der Praxis findet überwiegend das Busnetz Verwendung, welches nun vorgestellt wird.

BUSNETZ

Alle Stationen des RVS sind durch eine gemeinsame Leitungsverbindung (Bus) verknüpft (Bild 7-13). Der Bus wird zeitabschnittsweise der jeweils sendenden Station exklusiv zur Verfügung gestellt **(Time-Multiplexing)** und ist während dieser Zeit für alle anderen Stationen blockiert. Die Ankopplung einer Station an den Bus enthält keinerlei aktive Transportfunktionen, sondern stellt lediglich eine passive Verbindung zum Übertragungsmedium (z. B. verdrillte Zweidrahtkupferleitung) dar. Alle von einer Station ausgesandten Bits können praktisch gleichzeitig von allen anderen Stationen empfangen werden. Als Verzögerungen treten lediglich die Leitungsverzögerungen im Übertragungsmedium auf.

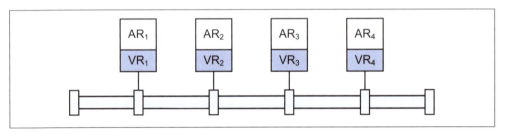

Bild 7-13: Busnetz

Die Übertragung der Nachrichten auf dem Bus wird bitweise seriell durchgeführt. Die Steuerung des Buszugangs erfolgt überwiegend durch wahlfreie Zugriffstechniken (siehe z. B. [Nehm85, 123f]). Dabei greifen die einzelnen Stationen unkoordiniert auf den Bus zu. Falls mehrere Stationen gleichzeitig mit der Sendung einer Nachricht beginnen, liegt eine **Kollision** vor. Diese äußert sich am Bus in einer Verfälschung durch Überlagerung der Nachrichten. Zur Realisierung eines exklusiven Buszugriffs werden bevorzugt Steuerungstechniken nach dem CSMA/CD-Verfahren eingesetzt (Carrier Sense Multiple Access / Collision Detection). Das CSMA/CD-Verfahren reduziert die Wahrscheinlichkeit von Kollisionen und erkennt Kollisionen im Falle ihres Auftretens:

- Jede Station hört vor Beginn einer Sendung den Signalverkehr am Bus ab. Mit der eigenen Sendung wird begonnen, falls der Bus nicht belegt ist.

- Während der Sendung wird ebenfalls der Signalverkehr am Bus abgehört und mit der eigenen Sendung verglichen. Da eine Kollision nur zu Beginn mehrerer Sendungen auftreten kann, wird sie bereits nach der Übertragung weniger Zeichen erkannt.

- Im Falle einer Kollision werden die beteiligten Sendungen abgebrochen. Anschließend wird, ggf. nach unterschiedlichen Verzögerungszeiten, ein Neustart der Sendungen durchgeführt.

Ein Beispiel für eine weitverbreitete Klasse von Busnetzen ist das von DIX (DEC, Intel und XEROX) definierte **Ethernet**.

Ethernet basiert auf dem Standard IEEE 802.3 und ist dort für eine Reihe von Übertragungsraten und -medien definiert. Die wichtigsten Varianten sind:

- 10 Mbps (Mega-Bits pro Sekunde) Ethernet auf der Basis von Koaxialkabel (10Base2, 10Base5), Twisted-Pair (10Base-T) oder Glasfaserkabel (10Base-F).
- 100 Mbps Ethernet „Fast Ethernet" auf der Basis von Twisted-Pair (100Base-T) oder Glasfaserkabel (z. B. 100Base-FX).
- 1 Gbps (Giga-Bits pro Sekunde) Ethernet „Gigabit Ethernet" auf der Basis von Twisted-Pair (1000Base-T) oder Glasfaserkabel (z. B. 1000Base-LX).

Die größte Verbreitung besitzen derzeit 100Base-T Netzwerke und zunehmend 1000Base-T. Ein neuer Standard für ein 10 Gbps Ethernet auf unterschiedlichen Übertragungsmedien ist in Vorbereitung.

Für die Übertragung der Signale werden bei Twisted-Pair 4 Adern (2 verdrillte Leitungspaare) genutzt. Die physische Verkabelung erfolgt sternförmig, wobei jede Station an einen Port eines *Hub* oder *Switch* angeschlossen ist. Ein *Hub* ist ein Netzwerkknoten, der einen logischen Bus über alle angeschlossenen Stationen realisiert (Schicht 1 des OSI-Referenzmodells; vgl. Abschnitt 9.3.2). Ein *Switch* ist ein „intelligenter Hub", bei dem die einzelnen Ports unabhängig voneinander Daten senden und empfangen können (Schicht 2 des OSI-Referenzmodells).

7.2.6 Parallelrechnersystem (PRS)

Im Gegensatz zu RVS besteht ein **Parallelrechnersystem (PRS)** aus mehreren nicht-autonomen Rechnern, deren Prozessoren **eng-gekoppelt** sind. Das bedeutet, dass mehrere Prozessoren

- auf einen gemeinsamen Speicher zugreifen und/oder
- durch ein gemeinsames Betriebssystem verwaltet werden oder
- durch ein gemeinsames Steuerwerk kontrolliert werden oder
- Informationen zur Koordination der Prozessoren austauschen.

Ein solches System wird als **Parallelrechnersystem (PRS)** bezeichnet. Während RVS eigenständige Programme auf autonomen Rechnern parallel ausführt, unterstützt PRS die parallele Ausführung von Programmteilen bzw. Programmschritten eines Programms auf nicht-autonomen Rechnern (siehe z. B. [Dunc90]).

Zur Klassifikation der unterschiedlichen Varianten von PRS wird im Folgenden das Schema von Flynn verwendet, das folgende, voneinander weitgehend unabhängige Kategorien verwendet (siehe z. B. [Tan06, 587f]):

a) Bearbeitet ein Rechner gleichzeitig unterschiedliche Befehle (multiple instruction) oder nur einen (single instruction)?

b) Bearbeitet ein Rechner gleichzeitig unterschiedliche Operanden (multiple data) oder nur einen (single data)?

Durch Kombination der möglichen Ausprägungen ergeben sich vier Varianten:

SISD	Single Instruction	- Single Data
SIMD	Single Instruction	- Multiple Data
MISD	Multiple Instruction	- Single Data
MIMD	Multiple Instruction	- Multiple Data

Das SISD-Prinzip entspricht dem der klassischen Von-Neumann-Maschine, wie es z. B. in BRS (Abschnitt 7.2.4) realisiert ist. Das MISD-Prinzip, nach dem ein Operand parallel von mehreren Befehlen bearbeitet wird, ist zur Programmdurchführung nicht geeignet und damit unbesetzt. (Dies wird als eine Schwäche des Flynn'schen Schemas gewertet.) Für das SIMD- und das MIMD-Prinzip wird nun jeweils ein Beispiel vorgestellt.

PRS NACH DEM SIMD-PRINZIP

Die Einsetzbarkeit von PRS nach dem SIMD-Prinzip für die Durchführung von Anwendungsprogrammen hängt vor allem vom verwendeten Lösungsverfahren ab. Dieses muss in Teilschritte zerlegbar sein, in denen die gleiche Operation parallel auf unterschiedlichen Operanden durchgeführt wird. Beispiele hierfür finden sich in numerischen Lösungsverfahren mit umfangreichen Vektor- und Matrizenoperationen.

7.2 Modelle von Rechnersystemen

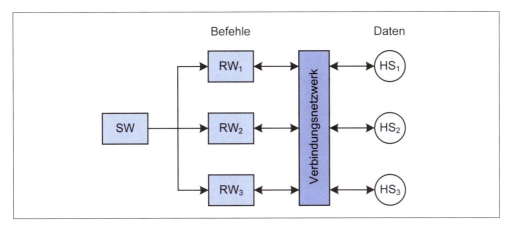

Bild 7-16: Parallelrechnersystem nach dem SIMD-Prinzip

Bild 7-16 zeigt das Funktionsschema für ein typisches PRS nach dem SIMD-Prinzip. Es existiert ein zentrales Steuerwerk SW, das einen (aus dem Hauptspeicher gelesenen) Befehl parallel an mehrere Rechenwerke RW_i (i = 1..n) zur Ausführung übergibt. Die zugehörigen Operanden befinden sich in den Hauptspeicherbereichen HS_i (i = 1..n). Die Kommunikation zwischen RW und HS sowie zwischen RW und RW wird über ein Verbindungsnetzwerk (z. B. ein internes Hochgeschwindigkeits-Busnetz) abgewickelt. Durch die RW-RW-Kommunikation kann z. B. ein von RW_i berechneter Funktionswert als Argument des nachfolgenden Befehls an RW_j übermittelt werden. Hierzu ist es notwendig, dass einzelne RWs von der Ausführung des aktuellen Befehls suspendiert werden können.

<small>Die Intel-Prozessoren *Pentium III* und *Pentium 4* verfügen über sogenannte *Internet Streaming SIMD Extensions*. Dabei handelt es sich um eine Menge spezieller Befehle, die nach dem SIMD-Prnzip ausgeführt werden und insbesondere für Multimedia-Anwendungen und Computerspiele eingesetzt werden.</small>

PRS NACH DEM MIMD-PRINZIP

Innerhalb des MIMD-Prinzips wird zwischen PRS mit verteiltem und PRS mit gemeinsamem Hauptspeicher unterschieden. Im ersten Fall verfügt jeder Prozessor über seinen eigenen, lokalen Hauptspeicher. Im zweiten Fall greifen mehrere Prozessoren koordiniert auf einen gemeinsamen Hauptspeicher zu. Das Funktionsschema für ein PRS mit verteiltem Hauptspeicher zeigt Bild 7-17.

Dieses Modell enthält autonome Verarbeitungseinheiten (Knoten), bestehend aus Prozessor und lokalem Hauptspeicher, die durch ein Verbindungsnetzwerk verknüpft sind. Gemeinsame Daten mehrerer Knoten werden in Form von Nachrichten über dieses Verbindungsnetzwerk ausgetauscht. Von wesentlicher Bedeutung für die Leistungsfähigkeit ist die Struktur des Verbindungsnetzwerks. Neben der in Bild 7-17 dargestellten Ringstruktur werden Gitter-, Baum- und vor allem Hypercube-Strukturen verwendet (siehe z. B. [RLH88]).

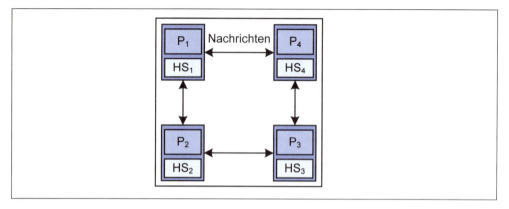

Bild 7-17: Parallelrechnersystem nach dem MIMD-Prinzip mit verteiltem Hauptspeicher

Bei der zweiten Variante, dem MIMD-Prinzip mit gemeinsamem Hauptspeicher, bestehen die Knoten lediglich aus einem Prozessor (und ggf. einem Cache-Speicher; siehe Abschnitt 7.3.2). Die Prozessoren greifen über das Verbindungsnetzwerk auf den gemeinsamen Hauptspeicher zu. Ein direkter Nachrichtenaustausch zwischen den Prozessoren ist nicht möglich.

PRS nach dem MIMD-Prinzip sind auch für IS-Aufgaben einsetzbar, deren Lösungsverfahren in parallel ausführbare Teile zerlegbar sind. Diese müssen nicht notwendig gleichartig sein. Da jeder Prozessor eine autonome Befehlsfolge bearbeitet, ist z. B. eine parallele Durchführung unterschiedlicher Prozeduren möglich. Voraussetzungen für den Einsatz von MIMD-Rechnern sind geeignete Lösungsverfahren sowie die zu ihrer Implementierung notwendigen Software-Konzepte und Entwicklungswerkzeuge.

> Die *Intel Core 2 Quad*-Prozessoren verfügen über vier Prozessoren mit je einem Cache-Speicher, die auf einen gemeinsamen Hauptspeicher zugreifen. Voraussetzungen für die Nutzung dieser Prozessoren sind Multitasking-Betriebssysteme (siehe Abschnitt 9.1.4) oder Multithread-Programme (zum Begriff Thread siehe ebenfalls Abschnitt 9.1.4), wie sie u. a. bei der Multimedia-Bearbeitung oder bei Computerspielen Verwendung finden.

7.3 Virtuelle Betriebsmittel

Der zunehmende Anteil automatisierbarer IS-Aufgaben führt zu immer größeren Programmen bei gleichzeitigen Anforderungen an die Durchführungszeiten dieser Programme. Diese Anforderungen stoßen an die Grenzen realer Betriebsmittel von Rechnersystemen. Durch die Konzeption **virtueller Betriebsmittel** wird versucht, einen Teil dieser Begrenzungen aufzuheben oder zu mildern. Als Beispiele für virtuelle Betriebsmittel werden in diesem Abschnitt u. a. das Konzept des virtuellen Hauptspeichers zur Aufhebung der Grenzen des realen Hauptspeichers und des Cache-Speichers zur Minderung der Nachteile des Von-Neumann-Flaschenhalses vorgestellt.

Die hier behandelten virtuellen Betriebsmittel werden unter Verwendung spezieller Hardware- und Softwarekomponenten realisiert. Weitere virtuelle Betriebsmittel, die ausschließlich durch Software realisiert werden, werden in Abschnitt 9.1 vorgestellt.

7.3.1 Virtueller Hauptspeicher

Um ein Programm mithilfe eines Rechners ausführen zu können, muss es in dessen Hauptspeicher geladen werden. Die Abbildung des Adressraums des Programms, des logischen Adressraums L_{prg}, auf den Adressraum des Hauptspeichers, den physischen Adressraum P_{haupt}, wird dabei durch eine Speicherabbildung $S: L_{prg} \rightarrow P_{haupt}$ realisiert.

Falls $|L_{prg}| \leq |P_{haupt}|$ gilt, ist S z. B. in Form von relativer Adressierung leicht angebbar. Für die Beziehung zwischen einer physischen Hauptspeicheradresse p_{haupt} und einer logischen Programmadresse l_{prg} gilt

$$p_{haupt} = l_{prg} + \text{Basisadresse}.$$

Falls auch Programme ausgeführt werden sollen, für die $|L_{prg}| > |P_{haupt}|$ gilt, muss die Speicherabbildung S in anderer Weise realisiert werden. Eine weitverbreitete Lösung ist der **virtuelle Hauptspeicher**, der den logischen Adressraum L_{prg} mithilfe des physischen Adressraums des Hauptspeichers P_{haupt} und des physischen Adressraums eines Hintergrundspeichers P_{hgrd} realisiert (siehe z. B [Tan06, 428ff]). Als Hintergrundspeicher werden in der Regel Festplattenspeicher verwendet. Es gilt $|L_{prg}| \leq |P_{hgrd}|$.

Dazu wird L_{prg} mithilfe relativer Adressierung auf den Adressraum des Hintergrundspeichers P_{hgrd} abgebildet und dieser in **Seiten (pages)** gleicher Größe unterteilt. Als Seitengrößen werden 2er-Potenzen gewählt (z. B. im Bereich 512 Byte bis 64 KB). Der Adressraum des Hauptspeichers P_{haupt} wird in entsprechend große **Seitenrahmen (page frames)** unterteilt. Bei der Ausführung des Programms werden die jeweils benötigten Seiten vom Hintergrundspeicher in die Seitenrahmen des Hauptspeichers eingelagert und bei Bedarf von anderen Seiten wieder verdrängt.

Eine **virtuelle Adresse** eines Befehls oder Operanden ist somit ein Tupel (Seitennummer, Distanzadresse), wobei sich die Distanzadresse auf den Seitenanfang bezieht. Die Speicherabbildung S wird durch das in Bild 7-18 angegebene Adressierungsschema realisiert.

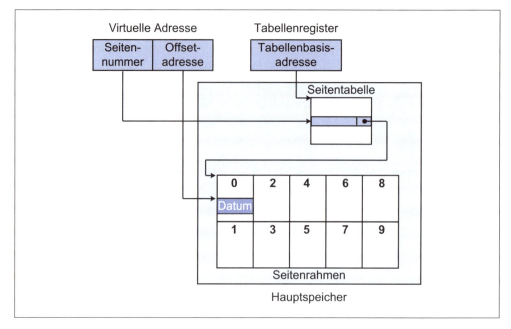

Bild 7-18: Adressierung des virtuellen Hauptspeichers [Ung89, 18]

Zur Umsetzung einer virtuellen Adresse in eine zugehörige absolute Hauptspeicheradresse wird eine Seitentabelle verwendet. Diese befindet sich ebenfalls im Hauptspeicher, ihre Lage wird durch eine Tabellenbasisadresse bestimmt. Die Zuordnung zwischen Seitenadressen im Hintergrundspeicher und Seitenadressen im Hauptspeicher ist beispielhaft in Bild 7-19 dargestellt.

Hintergrundspeicher		Seite im Haupt-speicher	Hauptspeicher	
Adresse der Seite im Hintergrundspeicher (hex.)	Seitennummer (dez.)		Adresse des Seitenrahmens im Hauptspeicher (hex.)	Nummer des Seitenrahmens (dez.)
00 00 00 00	0	nein	-	-
00 00 04 00	1	ja	0A 14 00	5
00 00 08 00	2	nein	-	-
00 00 0C 00	3	ja	0A 1C 00	7
00 00 10 00	4	ja	0A 0C 00	3
...	...	...	...	...

Bild 7-19: Zuordnungsschema für Seitenadressen (Beispiel: Seitengröße 1 KB)

Die virtuelle Speicherverwaltung wird durch eine eigene Hardware-Komponente durchgeführt. Diese wird als **MMU** (memory managing unit) bezeichnet und ist in der Regel in den Prozessor integriert.

Der Intel-Prozessor *80386* unterstützt im *Protected (Virtual Address) Mode* eine virtuelle Speicherverwaltung mit Seiten der Größe 4 KB und einem virtuellen Adressraum von insgesamt 64 TB (64 *

2^{40} B). Gleiches gilt für den Intel-Prozessor *Pentium*. Dieser unterstützt zusätzlich auch Seiten der Größe 4 MB [Mess94, 90f und 280f].

7.3.2 Cache-Speicher

Eine Schwäche der in Abschnitt 7.2.3 beschriebenen URM-Architektur sind die im Vergleich zur reinen Befehlsdurchführung zeitintensiven Hauptspeicherzugriffe des Prozessors. Mithilfe eines **Cache-Speichers** wird nun versucht, Hauptspeicherbereiche, auf die mit hoher Wahrscheinlichkeit als nächstes zugegriffen wird, „auf Vorrat" in registerähnliche Speicher zu laden und damit die Zugriffszeiten des Prozessors zu verkürzen (siehe z. B. [Ung89, 19f]). Dabei liegen keinerlei Informationen über das jeweilige Programm und seine Operanden vor. Es wird lediglich angenommen, dass ein Hauptspeicherzugriff sehr wahrscheinlich in der Adressumgebung des vorausgehenden Hauptspeicherzugriffs erfolgt.

Die Verwaltung des Cache-Speichers erfolgt parallel zur Programmausführung des Prozessors durch eigene Hardware-Komponenten. Dabei greift der Prozessor nicht direkt auf den Hauptspeicher, sondern stets auf den Cache-Speicher zu. Befinden sich die gewünschten Daten (Befehle und/oder Operanden) im Cache-Speicher, so liegt ein **Cache-Hit**, anderenfalls ein **Cache-Miss** vor. In diesem Fall müssen Daten vom Hauptspeicher in den Cache-Speicher nachgeladen werden.

Das Funktionsschema des Cache-Speichers ist in Bild 7-20 dargestellt. Der Speicherbereich des Cache-Speichers besteht aus s **Sätzen**. Jeder Satz ist in n **Blockrahmen** gleicher Größe unterteilt. Ein Blockrahmen besitzt folgenden Aufbau:

- **Statusbit**, gibt an, ob der Blockinhalt verändert wurde und damit in den Hauptspeicher zurückgeschrieben werden muss,

- **Adressfeld**, Hauptspeicheradresse des Blocks (reale oder virtuelle Adresse),

- **Speicherplätze** für einen Hauptspeicherbereich von z. B. 16 oder 32 Byte. Dieser Bereich wird in einer Operation zwischen Hauptspeicher und Cache-Speicher übertragen.

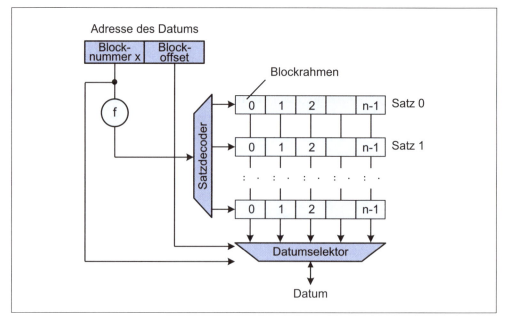

Bild 7-20: Cache-Speicher [Ung89, 19f]

Bei der Adressierung des Cache-Speichers wird die gewünschte Adresse als Tupel (Blocknummer x, Blockoffset) interpretiert. Zunächst wird mithilfe der Abbildungsfunktion $f(x) = x \bmod s$ (s = 2-er-Potenz) der jeweilige Satz ermittelt. Anschließend werden die Blöcke des Satzes nach dem gewünschten Speicherbereich durchsucht. Befindet sich dieser nicht im Satz, so wird er aus dem Hauptspeicher nachgeladen. Falls erforderlich, wird dabei ein Block z. B. nach der Strategie LRU (least recently used) aus dem Satz verdrängt.

Das Rückschreiben veränderter Blöcke in den Hauptspeicher findet je nach Organisation des Cache-Speichers unmittelbar nach der Veränderung oder bei der Verdrängung eines Blockes statt.

Der Intel-Prozessor *i486* verfügt über einen kombinierten Cache-Speicher für Befehle und Daten in der Größe von 8 KB (128 Sätze mit je 4 Blockrahmen von je 16 Byte). Im Gegensatz dazu besitzt der Intel-Prozessor *Pentium* zwei unabhängige Cache-Speicher für Befehle und Daten in der Größe von je 8 KB (128 Sätze mit je 2 Blockrahmen von je 32 Byte) [Mess94, 198ff].

Der Intel-Prozessor *Pentium III* verfügt über einen 1st Level Cache-Speicher von je 16 KB für Befehle und Daten sowie über einen je nach Modellausführung 256 KB bis 2 MB großen 2nd Level Cache-Speicher. 1st und 2nd Level Cache-Speicher unterstützen unterschiedliche Phasen der Befehlsausführung.

Zur Familie der Intel-Prozessoren *Pentium 4* gehört eine größere Zahl von Prozessorvarianten, die sich in ihren Ausstattungs- und Leistungsmerkmalen unterscheiden. Die Prozessoren verfügen über einen 1st Level Datencache von 8 - 16 KB und einen 12 KB großen 1st Level Befehlscache (*Execution Trace*), in dem die Befehle bereits in Form von decodierten Mikroinstruktionen abgelegt werden. Damit wird das Decodieren von Befehlen in Mikroinstruktionen während der Execution-Phase der Befehlsausführung vermieden. Der 2nd Level Cache-Speicher ist 512 KB - 2 MB groß und verfügt über eine 256 Bit breite Schnittstelle. Die Prozessorvariante *Pentium 4 Extreme Edition* verfügt zusätzlich über einen 3rd Leval Cache von 2 MB.

DISK-CACHE-SPEICHER

Das Konzept des Caching kann auch zur Bildung eines **Disk-Cache-Speichers** angewandt werden. Dieser wird im Hauptspeicher oder einem separaten Speicher mit vergleichbaren Zugriffszeiten realisiert und wie folgt verwaltet (siehe z. B. [Deit90, 373]):

- Sätze, die vom Hauptspeicher in den Hintergrundspeicher geschrieben werden müssen, werden zunächst im Disk-Cache-Speicher gepuffert. Das Schreiben vom Disk-Cache-Speicher in den Hintergrundspeicher erfolgt bei Überlauf des Disk-Cache-Speichers bzw. bei Abschluss des Programmlaufs. Dies führt zu einer Verkürzung der Schreib-Zugriffszeiten zum Hintergrundspeicher.

- Häufig benötigte Sätze befinden sich somit im Disk-Cache-Speicher und müssen nicht bei jedem Zugriff vom Hintergrundspeicher gelesen werden. Dadurch ist eine Verkürzung der Lese-Zugriffszeiten zum Hintergrundspeicher erreichbar.

- Die Verwaltung des Disk-Cache-Speichers kann einen *prefetch* einschließen, bei dem die mit höchster Wahrscheinlichkeit als nächstes zugegriffenen Teile des Hintergrundspeichers in den Disk-Cache-Speicher geladen werden. Hierdurch wird eine weitere Verkürzung der Lese-Zugriffszeiten erreicht.

SPEICHERHIERARCHIE

Die unterschiedlichen Arten von Speichern eines Rechnersystems lassen sich nach den Kriterien *Zugriffszeit*, *Größe* und *Kosten pro Speicherplatz* in einer **Speicherhierarchie** (siehe z. B. [Ung89], [Deit90], [HaNe05, 16]) anordnen. Von oben nach unten nehmen die Zugriffszeiten auf den Speicher und die Größe des Speichers zu, die Kosten pro Speicherplatz nehmen ab (Bild 7-21).

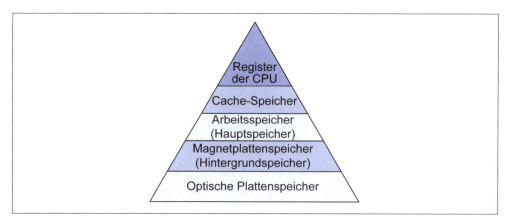

Bild 7-21: Speicherhierarchie

Neben die Magnetplattenspeicher treten zunehmend Halbleiterspeicher, die wie eine Festplatte angesprochen werden (z. B. Flash-Speicherkarten). Optische Plattenspeicher sind insbesondere CD und DVD. Die Speicherhierarchie kann ggf. um weitere Speicherarten, wie z. B. Magnetbandspeicher, erweitert werden.

8 Programmierung

8.1 Paradigmen der Programmierung

In Kapitel 7 wurde das Rechnermodell *Universalrechenmaschine (URM)* als grundlegendes Konstruktionsprinzip für programmgesteuerte Maschinen eingeführt. Die Merkmale von URM, nämlich Funktionsvielfalt, Flexibilität und Wirtschaftlichkeit, sind auf die Nutzbarkeit beliebig vieler Programme zurückzuführen. Die **Programmierung**[5], d. h. die Tätigkeit der Programmerstellung oder Programmentwicklung, ist daher zu einem zentralen Arbeitsbereich der Konstruktion von Rechnersystemen geworden.

In der Anfangszeit der Programmierung wurden vorwiegend Programme erstellt, deren Umfang und Komplexität von jeweils einer Person beherrschbar waren. Die Programmierung in Form von Ein-Personen-Projekten war zugleich geprägt von einem Defizit an Programmiermethoden. Die Wege, die zu einem Programm führten, waren weitgehend der Intuition der Programmierer überlassen. In dieser Zeit wurde entsprechend von der *Kunst der Programmierung* gesprochen. Die schnell wachsende Größe und Komplexität der Programme erforderte jedoch bald, die Programmentwicklung in einem arbeitsteiligen Prozess durch mehrere Personen, d. h. als Mehrpersonen-Projekte, durchzuführen. Hinzu kam der Wunsch, die Entwicklungszeiten durch Parallelisierung von Tätigkeiten zu verkürzen und Programmbausteine in unterschiedlichen Projekten wieder zu verwenden. Diese Tendenzen, und vor allem die Forderung nach der Korrektheit von Programmen, erzeugten einen intensiven Bedarf an Methoden für eine systematische Programmentwicklung (vgl. [Wirt93], [Balz01]).

Die im Laufe der Zeit entstandenen Programmiermethoden unterstützen ergebnis- und ablauforientierte Projektziele. Am Projektergebnis ist das Ziel der *Beherrschung großer Programmsysteme* orientiert. Auf den Projektablauf nimmt das Ziel der *Führung von Mehrpersonen-Projekten* Bezug [Balz01]. Ein wesentliches Hilfsmittel für die Verfolgung beider Ziele sind Programmmodelle, die bestimmte Struktur- und Verhaltensmerkmale eines Programms vereinfachend abbilden und so die Analyse und Gestaltung von Programmen unterstützen. Die folgenden Abschnitte enthalten daher zunächst eine Übersicht über Strukturmodelle von Programmen, an denen wichtige Eigenschaften moderner Softwaresysteme deutlich werden. Im Anschluss werden die Paradigmen der imperativen und deklarativen Programmierung dargestellt. Der Unter-

---

[5] In den Beispielen dieses Kapitels werden die Programmiersprachen Pascal, Java und Prolog als Vertreter einer klassisch prozeduralen, einer objektorientierten und einer deklarativen Programmiersprache verwendet. Ziel ist es, die den Sprachen zugrunde liegenden Konzepte darzustellen.

schied zwischen den beiden Paradigmen korrespondiert mit der Außen- und Innensicht von Aufgaben. Die imperative Programmierung beschreibt explizit die Innensicht, d. h. das Lösungsverfahren einer Aufgabe. Die zugehörige Außensicht wird getrennt dokumentiert. Die deklarative Programmierung beschreibt die Außensicht einer Aufgabe. Das Lösungsverfahren ist bei diesem Paradigma für eine Klasse von Aufgaben standardisiert. Die unterschiedlichen Ansätze beider Paradigmen werden anhand von Beispielen erläutert.

8.1.1 Funktion und Funktionsberechnung

Das Lösungsverfahren einer Aufgabe besteht aus einer Menge von Aktionen und der zugehörigen Aktionensteuerung. Abhängig vom Grad der Aufgabenautomatisierung sind die Aktionen oder die Aktionensteuerung funktional beschreibbar, d. h. sie können als (mathematische) Funktion dargestellt und von maschinellen Aktionsträgern berechnet werden. Anderenfalls sind sie personell durchzuführen (vgl. Abschnitte 2.6 und 4.1.3). Der Begriff **Aktionsträger** kennzeichnet die Einschränkung eines Aufgabenträgers auf den Umfang einer Aktion.

> Dieser Funktionsbegriff ist vom Begriff der betrieblichen Funktion zu unterscheiden. Letzterer wird synonym zum Begriff Aufgabe, insbesondere bei verrichtungsorientierten Aufgabengliederungen, verwendet.

Eine **Funktion** ist eine eindeutige Abbildung eines Definitionsbereichs in einen Wertebereich. Die Variablen in einer Funktionsdefinition nehmen auf die beiden Bereiche Bezug. Der Wertebereich wird durch eine abhängige Variable, der Definitionsbereich mithilfe einer oder mehrerer unabhängiger Variablen beschrieben. Dementsprechend wird zwischen Funktionen einer oder mehrerer unabhängiger Variablen unterschieden.

Die Berechnung einer Funktion wird von einem Aktionsträger gemäß der Funktionsbeschreibung durchgeführt. Für die Beschreibung werden unterschiedliche Darstellungsformen verwendet. Für einfache Funktionen reicht häufig eine tabellarische Gegenüberstellung von Definitions- und Wertebereich. Wesentlich breiter verwendbar sind Algorithmen, die mithilfe imperativer Programmiersprachen wie z. B. Pascal, C oder Java formuliert werden. Sie beruhen auf dem Prinzip der Zerlegung einer Funktion in Teilfunktionen und der Festlegung von Ablaufbeziehungen zwischen den entstehenden Teilfunktionen. Eine dritte Alternative bieten deklarative Programmiersprachen, die für die Beschreibung von Relationen konzipiert sind und den Spezialfall der Funktion (als vorvollständiger und nacheindeutiger Relation) mit einschließen. Für eine weitere, hier nicht behandelte Alternative der funktionalen Programmiersprachen wird auf die Literatur verwiesen (siehe z. B. [Eise87] und [BiWa92]).

8.1 Paradigmen der Programmierung

Ein Aktionsträger interpretiert die in der Funktionsbeschreibung auftretenden Beschreibungselemente, wie z. B. Teilfunktions- oder Relationsangaben, und führt entsprechende Aktionen durch. Im Allgemeinen werden folgende programmgesteuerte Maschinen als Aktionsträger verwendet:

- **Tabellenprozessor:** Bei einer tabellarischen Darstellung genügt für eine Funktionsberechnung die Suche in der Tabelle des Definitionsbereichs und die Bestimmung des zugehörigen Funktionswertes, ggf. unter Einbeziehung einer Interpolation zwischen Funktionswerten für diejenigen Argumentwerte, die nicht als Tabellenelemente auftreten (vgl. Beispiele 8-1 und 8-2). Die Funktionsberechnung wird von einem Tabellenprozessor durchgeführt, der in der Regel in Form von Software vorliegt.

- **Prozessor:** Ein Algorithmus beschreibt eine Menge von Einzelfunktionen und die Ablaufbeziehungen zwischen diesen (vgl. Beispiel 8-3). Der zugehörige Aktionsträger muss in der Lage sein, die Einzelfunktionen auszuführen und die Ablaufbeschreibung zu interpretieren. Die Differenzierung eines Algorithmus in Einzelfunktionsberechnung und Ablaufsteuerung entspricht dem Konzept von Rechen- und Steuerwerk im Prozessor der Universalrechenmaschine URM. Für die Zwischenergebnisse der Einzelfunktionsberechnung wird der Hauptspeicher der URM verwendet. Prozessoren werden in Form von Hardware oder Software realisiert. Häufig wird nur die Hardware-Version als Prozessor bezeichnet. Ein in Form von Software realisierter Prozessor wird auch Interpreter genannt.

- **Inferenzmaschine:** Deklarative Programme beschreiben allgemeine formale Systeme anhand von Relationen. Ein Programm dieser Art gibt keine Berechnungsschrittfolge wie im Fall einer algorithmischen Funktionsberechnung vor. Ein zugehöriger Aktionsträger muss daher selbst eine geeignete Schrittfolge zur Lösung eines Problems ermitteln. Bei einer einfachen Funktionsberechnung lautet das Problem: Welchen Funktionswert hat die Funktion an der Stelle x? Die zugehörige Funktion liegt dabei in Form einer Relationsbeschreibung vor (vgl. dazu den Fall des Tabellenprozessors). Die Frage kann aber auch umgekehrt lauten: An welcher Stelle ist der Funktionswert y? Beide Probleme können grundsätzlich mit einem einzigen deklarativen Programm beschrieben und gelöst werden. Dagegen ist bei Verwendung eines Prozessors als Aktionsträger für jede der beiden Fragen ein spezieller Lösungsalgorithmus anzugeben.

Ein Aktionsträger, der für ein deklaratives Programm selbstständig zu vorgegebenen Fragen geeignete Schrittfolgen ermittelt und durchführt, wird Inferenzmaschine oder Interpreter wie im Fall des Prozessors genannt. Inferenzmaschinen liegen in zahlreichen Varianten vor, die auf unterschiedlich komplexe deklarative Programme ausgerichtet sind. Eine vergleichsweise einfache Inferenzmaschine wird für die deklarative Programmiersprache Prolog genutzt [Fuch90]. Weitaus komplexere Inferenzmaschinen werden in den Expertensystem-Shells verwendet. Expertensystem-Shells sind Programmiersysteme für deklarative und imperative Programmiersprachen. Sie werden für die Konstruktion wissensbasierter Systeme verwendet.

8.1.2 Funktionsbeschreibungen

Die Gestalt einer Funktionsbeschreibung anhand einer Programmiersprache ist vom zugrunde liegenden Programmierparadigma abhängig. Bei Verwendung des imperativen Programmierparadigmas wird eine Funktion in Form eines Algorithmus dargestellt. Das deklarative Programmierparadigma ist Grundlage der einfachen tabellarischen Funktionsbeschreibung und der verallgemeinerten Relationenbeschreibung. Um mit vertrauten Beschreibungen zu beginnen, werden im Folgenden zunächst Beispiele einer tabellarischen und einer algorithmischen Funktionsbeschreibung vorgestellt. Im Anschluss wird ein Beispiel für eine deklarative Relationsbeschreibung erläutert.

TABELLARISCHE FUNKTIONSBESCHREIBUNG

Eine tabellarische Funktionsbeschreibung ist geeignet, wenn die Wertebereiche der unabhängigen Variablen endlich sind oder so in endlich viele Intervalle zerlegbar sind, dass allen Werten eines Intervalls der gleiche Funktionswert zugeordnet ist.

Beispiel 8-1:

Das Lösungsverfahren einer Lagerbestell-Aufgabe wird in Form einer Funktion mit der unabhängigen Variable *Lagerbestand* und der abhängigen Variable *Bestellmenge* tabellarisch wie folgt beschrieben (Bild 8-1):

Lager-bestand	Bestell-menge
< 50	100
50 - 100	50
> 100	0

Bild 8-1: Lagerbestell-Verfahren

Interpretation: Bestelle die zum gegenwärtigen Lagerbestand korrespondierende Bestellmenge.

Für die tabellarische Beschreibung einer Funktion mehrerer Variablen wird eine **Entscheidungstabelle** verwendet. Die Definitionsbereiche der unabhängigen Variablen werden in **Bedingungen**, die Elemente des Wertebereiches der abhängigen Variablen in **Aktionen** festgehalten. Die funktionale Zuordnung zwischen den Variablen wird spaltenweise in Ja/Nein-Kombinationen der Bedingungen und X-Kennzeichnungen der Aktionen festgehalten. Mehrere Funktionen über denselben unabhängigen Variablen können in einer Entscheidungstabelle zusammengefasst werden. Die Ermittlung des Funktionswertes zu einem gegebenen Argumenttupel übernimmt ein Tabellen-Prozessor.

> Der Begriff Aktion wird bei Entscheidungstabellen als Funktionswert interpretiert, d. h. er besitzt eine andere Bedeutung als im übrigen Kontext des Buches.

Beispiel 8-2:

Die Aufgabe Urlaubsregelung bestimmt für jeden Mitarbeiter abhängig vom Alter und von der Dauer der Betriebszugehörigkeit die Urlaubsdauer und das Urlaubsgeld. Zeitangaben werden in Jahren (Betriebszugehörigkeit) bzw. Tagen (Urlaubsdauer), das Urlaubsgeld in Prozenten des Monatsgehaltes angegeben. In einer Entscheidungstabelle werden die beiden Funktionen für die Urlaubsdauer und das Urlaubsgeld zusammengefasst (Bild 8-2).

B1	Alter < 30	J	J	J	N	N	N	N	N	N
B2	Alter > 40	N	N	N	N	N	N	J	J	J
B3	Betriebszug. < 5	J	N	N	J	N	N	J	N	N
B4	Betriebszug. > 8	N	N	J	N	N	J	N	N	J
A1	Urlaubsdauer 19	X								
A2	Urlaubsdauer 20		X		X					
A3	Urlaubsdauer 21			X		X				
A4	Urlaubsdauer 22						X	X		
A5	Urlaubsdauer 23								X	
A6	Urlaubsdauer 24									X
A7	Urlaubsgeld 20	X			X					
A8	Urlaubsgeld 30		X			X		X		
A9	Urlaubsgeld 40			X			X		X	X

Bild 8-2: Urlaubsregelung

Interpretation: Der Kombination der Bedingungen B1 (J), B3 (J) sind die Aktionen A1 und A7 zugeordnet.

ALGORITHMISCHE FUNKTIONSBESCHREIBUNG

Die Beschreibung einer Funktion in Form eines Algorithmus besteht aus der Angabe einer Menge von Teilfunktionen und deren Ablaufbeziehungen. Jede Teilfunktion kann wiederum in Form eines Algorithmus dargestellt, d. h. aus weiteren Teilfunktionen und den zugehörigen Ablaufbeziehungen zusammengesetzt werden. Der Zerlegungsprozess ist beendet, wenn alle Teilfunktionen der untersten Detaillierungsebene durch eine gegebene programmgesteuerte Maschine realisierbar sind. Ein Algorithmus besteht also (1) aus der Menge der beim Zerlegungsprozess entstehenden **Teilfunktionen**, (2) aus den **Zerlegungsbeziehungen** zwischen Teilfunktionen unterschiedlicher Detaillierungsebenen und (3) aus den **Ablaufbeziehungen** zwischen den Teilfunktionen derselben Detaillierungsebene. Kennzeichnende Merkmale eines Algorithmus sind:

- Ein Algorithmus besteht aus endlich vielen Teilfunktionen.
- Der zu berechnende Funktionswert wird in endlicher Zeit ermittelt.
- Es kann eine programmgesteuerte Maschine für die Teilfunktionen des Algorithmus angegeben werden.

Die Bezeichnung *Algorithmus* ist von dem Namen des arabischen Mathematikers AL-KHOWARIZMI (um 800) abgeleitet. Er verfasste ein Buch über die Behandlung algebraischer Gleichungen, den *liber algorithmi*.

Die Ablaufbeziehungen zwischen den Teilfunktionen eines Algorithmus werden anhand folgender Ablaufstrukturen klassifiziert (Bild 8-3):

Ablaufstruktur	Bedeutung
Sequenz	Die Teilfunktionen werden nacheinander ausgeführt.
Alternative	Die Teilfunktionen werden alternativ ausgeführt.
Wiederholung	Eine Teilfunktion wird wiederholt ausgeführt.
Rekursion	Eine Teilfunktion wird geschachtelt ausgeführt.
Parallelität	Die Teilfunktionen werden parallel ausgeführt.

Bild 8-3: Ablaufstrukturen

Die Ablaufbeziehungen werden in der Entwurfsphase eines Algorithmus meist graphisch dargestellt. Die hier verwendete **Top-Down-Struktogrammtechnik** zeigt sowohl die aus der schrittweisen Zerlegung von Funktionen resultierenden Zerlegungsbeziehungen als auch die zugehörigen Ablaufbeziehungen zwischen den entstehenden

Teilfunktionen graphisch in Form von **Top-Down-Struktogrammen** [Fers78]. Die als Nassi-Shneiderman-Diagramme bekannten **Struktogramme** werden parallel dazu angegeben. Sie beschränken die Darstellung auf die Angabe der im Zerlegungsbaum als Blattknoten auftretenden Teilfunktionen und deren Ablaufbeziehungen.

Es sei F eine Funktion mit den Teilfunktionen F_1, F_2, ..., F_n. Die Zerlegungsbeziehung zwischen F und ihren Teilfunktionen sowie die Ablaufbeziehungen zwischen den Teilfunktionen werden in folgender Weise dargestellt. Jede Teilfunktion kann in gleicher Weise wie die Funktion F detailliert werden.

a) **Ablaufstruktur Sequenz**

Bei der Ablaufstruktur Sequenz sind die Teilfunktionen von F nacheinander auszuführen (Bild 8-4).

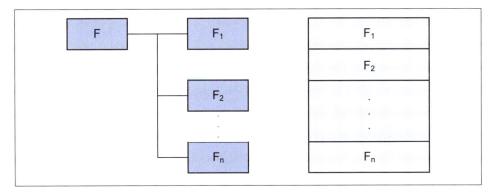

Bild 8-4: Sequenz

b) **Ablaufstruktur Alternative**

Bei der Ablaufstruktur Alternative werden die Teilfunktionen von F alternativ ausgeführt (Bild 8-5). Es wird zwischen der alternativen Ausführung von genau 2 oder (n+1) ≥ 2 Teilfunktionen unterschieden. Die Auswahl erfolgt bei 2 Alternativen anhand eines Prädikats p mit den Wahrheitswerten TRUE oder FALSE (Bild 8-5 a). Ist eine der beiden Teilfunktionen *leer*, wird nur die verbleibende Teilfunktion angegeben.

Für eine Auswahl aus n+1 Alternativen dient ein Selektor s (Bild 8-5 b). Nimmt der Selektor s einen der n ausgewählten Werte sw_1, sw_2, ..., sw_n an, so wird die korrespondierende Teilfunktion von F_1, F_2, ..., F_n, bei den übrigen Werten von s die Teilfunktion F_{sonst} ausgeführt.

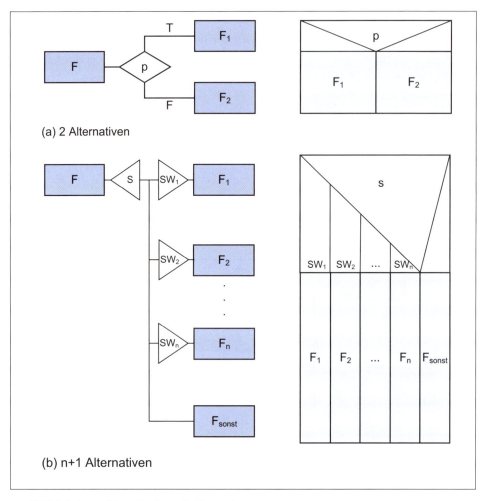

Bild 8-5: Auswahl aus 2 oder n+1 Alternativen

c) **Ablaufstruktur Wiederholung**

Bei der Ablaufstruktur Wiederholung besteht die Funktion F aus n Teilfunktionen desselben Typs F_1, d. h. F_1 ist n-mal durchzuführen. Die Anzahl n wird entweder statisch durch eine Konstante n oder dynamisch durch eine wiederholte Prüfung jeweils vor bzw. nach einer Ausführung von F_1 anhand eines Prädikats p mit den Werten TRUE oder FALSE ermittelt. Dabei wird angenommen, dass mindestens ein Operand von p durch die Funktion F_1 beeinflusst wird. Es werden drei Varianten der Ablaufstruktur Wiederholung unterschieden (Bild 8-6). Im statischen Fall (a) wird F_1 n-mal ausgeführt. Im Fall (b) wird der Funktionswert von p jeweils vor einer Durchführung von F_1 ermittelt und F_1 ausgeführt, wenn p = TRUE. Die Funktion F_1 wird also minimal 0-mal durchgeführt. Im Fall (c) schließlich wird der Funktionswert von p jeweils nach einer Durchführung von F_1 ermittelt. F_1 wird weiterhin ausgeführt, wenn p = FALSE. Die Funktion F_1 wird also minimal 1-mal durchgeführt.

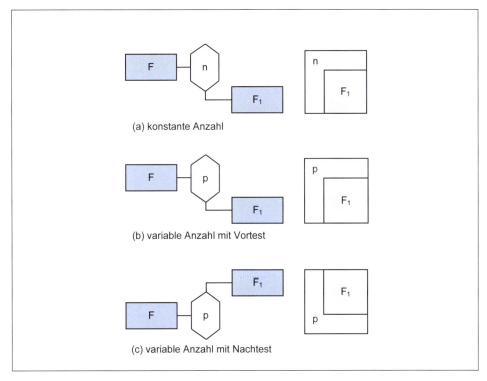

Bild 8-6: Wiederholung

d) Ablaufstruktur Rekursion

Für die bisher genannten Ablaufstrukturen gilt, dass alle Teilfunktionen F_1, F_2, ..., F_n ungleich der Funktion F sind. Stimmt die Definition einer Teilfunktion mit der Definition von F überein, so liegt eine Ablaufstruktur Rekursion vor. Die Übereinstimmung bezieht sich ausschließlich auf die Typdefinition der beiden Funktionen. Bei der Durchführung sind die einzelnen Instanziierungen der Funktion F und ihrer Teilfunktion zu unterscheiden.

Für eine allgemeine Beschreibung der Rekursionsbeziehung wird die Funktion F in die Teilfunktion F und ein Schema S mit den übrigen Teilfunktionen zerlegt. Zwischen den Komponenten F und S wird folgende Rekursionsbeziehung verwendet:

F = (S, IF p THEN F).

Die sukzessive Zerlegung von F wird bei Anwendung dieser Beziehung durch das Prädikat p terminiert. Am Ende des Zerlegungsprozesses sind die Teilfunktionen des Schemas S durchzuführen.

Das wohl bekannteste Beispiel einer Funktionszerlegung mit rekursiver Ablaufstruktur ist die Definition der Fakultätsfunktion (!). Dort gilt:

0! = 1

n! = (n-1)! * n   für   n > 0, n natürliche Zahl.

Die Fakultätsfunktion ! (Funktion F) mit dem Operandenwert n wird zerlegt in die Teilfunktionen Fakultätsfunktion ! (Funktion F) mit dem Operandenwert n-1 und die Multiplikation mit n. Die beiden Teilfunktionen sind nacheinander auszuführen. Die Zerlegung der Fakultätsfunktion wird fortgesetzt bis zur Teilfunktion 0! mit dem Funktionswert 1. Die Beziehung 0! = 1 terminiert also den Zerlegungsprozess.

e) **Ablaufstruktur Parallelität**

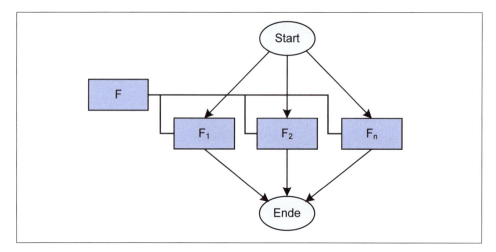

Bild 8-7: Parallelität

Die Teilfunktionen F_1, F_2, ..., F_n können parallel ausgeführt werden (Bild 8-7). Dabei wird zwischen einem kollateralen und einem synchronen Ablauf der Teilfunktionen unterschieden. Bei einem kollateralen Ablauf können die Teilfunktionen in beliebiger Folge gleichzeitig oder nacheinander ausgeführt werden. Die Ablaufstruktur erzeugt keinerlei Restriktionen in Bezug auf die Ablaufbeziehungen.

Bei einem synchronen Ablauf haben die Teilfunktionen einen gemeinsamen frühesten Startzeitpunkt (Beginn von F) oder einen gemeinsamen spätesten Endzeitpunkt (Ende von F). Weitere Regelungen bezüglich der Ablaufbeziehungen zwischen den synchron ablaufenden Teilfunktionen werden anhand von Vor- und Nachzuständen der Teilfunktionen in Form eines Petri-Netzes beschrieben. Für die Ausführung der Teilfunktionen gelten die Schaltregeln von Petri-Netzen (vgl. Abschnitt 2.1.2). Die gleichzeitige Ausführung von Teilfunktionen bei einem kollateralen oder synchronen Ablauf setzt einen eigenen Aktionsträger je Teilfunktion voraus.

8.1 Paradigmen der Programmierung

Beispiel 8-3:

Die Funktion *Binäres Suchen* BS(a,x) bestimmt in einer geordneten Folge von Elementen a = a_1, a_2, ..., a_n die Position des Elementes x (vgl. [Wirt86]). Der Funktionswert 0 meldet, dass x nicht in der Folge enthalten ist.

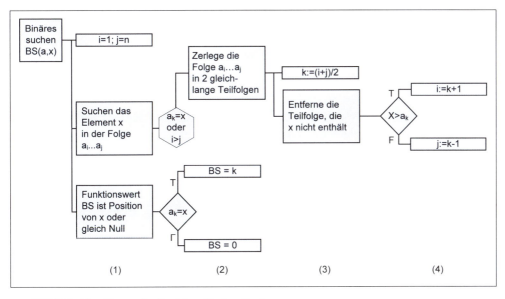

Bild 8-8: Algorithmus der Funktion *Binäres Suchen*

Der Algorithmus enthält Funktionszerlegungen über vier Stufen (Bild 8-8). Jede Funktionszerlegung ist ergänzt um die Ablaufbeziehungen zwischen den jeweils entstehenden Teilfunktionen. In der Stufe (1) wird eine Ablaufstruktur Sequenz eingefügt. In der Stufe (2) wird die erste Zerlegung mit einer Wiederholung, die zweite Zerlegung mit einer Ablaufstruktur Alternative ergänzt. In Stufe (3) wird wiederum eine Sequenz und in Stufe (4) eine Alternative verwendet.

Beispiel

DEKLARATIVE RELATIONSBESCHREIBUNG

Die Vorgehensweise deklarativer Relationsbeschreibungen wird hier am Beispiel einer Prolog-Beschreibung erläutert. Die Programmiersprache Prolog (*Programmieren in Logik*) ist zunächst als Sprache für die logische Programmierung, d. h. für die Behandlung logischer Theoreme, entstanden [Fuch90]. Sie eignet sich aber auch für die Beschreibung allgemeiner relationaler Systeme. Die Eigenschaften der Sprache werden hier genutzt, um zunächst Relationen zu definieren und dann in den Relationen mithilfe eines Schlussfolgerungsmechanismus (Inferenzmechanismus) Teilrelationen bzw. einzelne Tupel zu ermitteln. Die Ermittlung wird durch Fragen an den Prolog-Interpreter angestoßen. Der Ansatz von Prolog zur Beschreibung relationaler Systeme wird hier vereinfachend auf folgende Merkmale reduziert:

a) Ein Prolog-Programm besteht aus Prädikaten mit den Werten (TRUE, FALSE). Jedem Typ eines Prädikats ist ein gleichnamiger Relationstyp als Argument zugeordnet. Die Beschreibung eines Prädikats erfolgt enumerativ durch Angabe der Relationstupel oder anhand von Regeln, welche die Argument-Relation des Prädikats aus den Relationen weiterer Prädikate ableiten.

b) Bei der enumerativen Beschreibung eines Prädikats werden die Tupel der Argument-Relation in Form von **Fakten (Facts)** dargestellt. Allen Fakten eines Prädikats ist der Wert TRUE zugeordnet.

   Beispiel: Die Mitarbeiter in den unterschiedlichen Leitungsebenen eines Unternehmens sind durch hierarchische Koordinationsbeziehungen miteinander verbunden. Ein Mitarbeiter *berichtet* an seinen unmittelbaren Vorgesetzten. Eine Beziehung *Meier berichtet an Müller* sowie weitere Fakten dieser Art lauten:

   ```
   berichtet ("Meier",   "Müller").
   berichtet ("Müller",  "Kunze").
   berichtet ("Kunze",   "Schmidt").
   berichtet ("Huber",   "Schmidt").
   berichtet ("Herbert", "Müller").
   ```

   Die Menge der Fakten bildet die Relation *berichtet*. Sie ist eine Teilmenge des kartesischen Produkts *Belegschaft* × *Belegschaft*, wobei *Belegschaft* die Menge der Mitarbeiter des Unternehmens bezeichnet. Die Relation *berichtet* ist gleichzeitig Argument des Prädikats *berichtet*. Für alle Fakten von *berichtet* ist der Prädikatwert TRUE.

c) Über einer Menge von Relationen bzw. Prädikaten kann eine weitere Relation bzw. ein weiteres Prädikat anhand einer oder mehrerer **Regeln (Rules)** definiert werden.

   Beispiel: Die Mitarbeiter Meier, Müller, usw. haben neben den unmittelbaren Vorgesetzten, an die sie berichten, weitere mittelbare Vorgesetzte in den darüber liegenden Leitungsebenen, d. h. die Chef ihrer Chefs sind. Diese Beziehung wird in der Relation *untersteht* erfasst, die mithilfe folgender Regeln beschrieben wird.

   ```
   untersteht (MitA, Chef) :- berichtet (MitA, Chef).
   ```

   Das Symbol ":-" verknüpft die Prädikate *untersteht* und *berichtet* durch eine Implikation. Es bedeutet: DANN, WENN (⇐). Das Prädikat *untersteht* (MitA, Chef) gilt DANN, WENN das Prädikat *berichtet* (MitA, Chef) gilt. Damit sind alle unmittelbaren Vorgesetztenbeziehungen (berichtet-Beziehungen) ebenfalls als *untersteht*-Beziehungen definiert, jedoch noch keine mittelbaren Beziehungen. Dies geschieht durch:

   ```
   untersteht (MitA,Chef) :-
       berichtet (MitA, X) & untersteht (X,Chef).
   ```

   Bedeutung: MitA untersteht Chef DANN, WENN MitA an seinen unmittelbaren Vorgesetzten X berichtet UND X Chef untersteht. Der Operator UND wird durch das Zeichen & angegeben. Die Relation *untersteht* beschreibt eine Baumstruktur über der Menge der Fakten der Relation *berichtet*.

d) Jedes Prädikat kann bezüglich seines Funktionswerts überprüft werden. Dabei gilt: Der Prädikatwert von Fakten ist generell TRUE. Ebenso ist für alle Tupel der Relation eines Prädikats, das mithilfe von Regeln definiert wurde, der Prädikatwert TRUE.

> Beispiel: Der Prädikatwert der Relation *untersteht* ("Meier", Y) ist für alle Chefs von Meier (Y = "Müller", Y = "Kunze", Y = "Schmidt") TRUE. Ebenso ist auch der Prädikatwert *untersteht* (Z, "Müller") für die Tupel ("Meier", "Müller") und ("Herbert", "Müller") TRUE. Dagegen ist die Relation *untersteht* (X, "Meier") leer, das Prädikat also generell FALSE.

e) Eine Frage an den Prolog-Interpreter spezifiziert eine Relation und erwartet als Antwort die Auflistung der Tupel dieser Relation. In einer Frage können Regeln und Fakten verwendet werden.

> Beispiel: Der Interpreter liefert auf die Frage *untersteht* ("Meier", Y) alle Chefs von Meier, nämlich Y = "Müller", Y = "Kunze", Y = "Schmidt" und den dafür gültigen Prädikatwert TRUE. Die Frage *berichtet* (X, "Schmidt") wird mit X = "Kunze" und X = "Huber" sowie mit den dafür gültigen Prädikatwert TRUE beantwortet.

8.2 Strukturmodelle von Programmen

Die folgenden Modelle der Struktur von Programmen beschreiben spezifische, vereinfachende Sichten auf Programme. Die Grundlagen hierfür bilden (a) das Automatenkonzept der Systemtheorie (Abschnitt 2.1.1), (b) das Aufgabenkonzept der Organisationslehre (Abschnitt 4.1) und (c) das Konzept der Universalrechenmaschine (Abschnitt 7.2.3). Eine Zusammenfassung dieser Konzepte wird den Beschreibungen der Modelle vorangestellt.

Beispiel 8-4:

Im Folgenden wird mehrfach das Beispiel eines Fertigungssystems FS verwendet (Bild 8-9). FS besteht aus einer Fertigungsmaschine M und einer zugehörigen Auftragsverwaltung A, die ankommende Kundenaufträge KA in Fertigungsaufträge FA umsetzt. FS bezieht Rohmaterial aus dem Rohmateriallager RL und liefert Fertigprodukte in das Fertiglager FL. M ist zur Herstellung unterschiedlicher Artikel geeignet. Die Beauftragung von M erfolgt anhand der Fertigungsaufträge FA, die jeweils Bezug auf einen artikelspezifischen Arbeitsplan AP nehmen. Die Beschaffung des Rohmaterials für M erfolgt über Lieferabrufe. Das Fertigungssystem FS wird anhand der Kundenaufträge KA gesteuert.

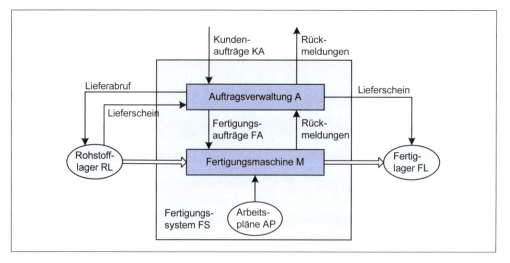

Bild 8-9: Fertigungssystem FS

Beispiel

AUTOMATENKONZEPT

Das in Abschnitt 2.1 dargestellte Modell eines endlichen Automaten sowie weitere Automatenmodelle dienen zur Modellierung der Struktur und des Verhaltens realer Maschinen [AlOt90]. Hinsichtlich der Struktur werden die Komponenten Eingabekanal, Ausgabekanal, Zustandsspeicher sowie die Funktionen für die Änderung von internen Zuständen und für die Erzeugung von Ausgabewerten unterschieden. Das Verhalten eines Automaten ist gekennzeichnet durch Zustandsfolgen über einer Zustandsmenge und die dazu korrespondierenden Folgen von Ein- und Ausgabewerten (siehe auch Abschnitt 2.1.1).

Eine reale Maschine tauscht über die Ein-/Ausgabekanäle Materie, Energie oder Informationen mit ihrer Umwelt aus. Werden mehrere Maschinen über ihre Ein-/ Ausgabekanäle zu einem Maschinenkomplex verknüpft, so sind die an der Verknüpfung beteiligten Kanäle der einzelnen Maschinen Bestandteil des erweiterten Zustandsspeichers.

Das Modell eines Automaten beschreibt eine reale Maschine auf Typebene. Es erfasst alle zulässigen Zustände und Ein-/Ausgabewerte der Maschine sowie deren Verknüpfung.

Beispiel 8-5 (Fortsetzung von Beispiel 8-4):

Jedes der Systeme FS, A und M stellt einen Automaten dar. A und M sind Einzelmaschinen mit den in Bild 8-9 angegebenen Eingabe- und Ausgabekanälen. Der Zustandsspeicher von A enthält zu jedem Zeitpunkt die Menge der noch nicht erledigten Kundenaufträge, der Zustandsspeicher von M repräsentiert zu jedem Zeitpunkt den aktuellen Maschinenzustand, der u. a. durch den Bearbeitungsstand des aktuellen Arbeitsgangs und durch den Zustand der Werkzeuge bestimmt ist. FS bildet das Aggregat der Einzelmaschinen A und M. Sein Zustandsspeicher umfasst die Zustandsspeicher von A und M sowie die Verbindungskanäle zwischen A und M.

Beispiel

Beispiel 8-6:

Ein Textsystem, bestehend aus einem Arbeitsplatzrechner und einem Textverarbeitungsprogramm, stellt einen Automaten dar. Der Zustandsspeicher des Textsystems enthält den zu bearbeitenden Text. Der Eingabekanal besteht aus den Komponenten Tastatur und Maus, der Ausgabekanal aus den Komponenten Bildschirm und Drucker. Die Funktionen des Textsystems entsprechen seinem Kommandovorrat. Eine Zerlegung des Textsystems in die Teilsysteme Textspeicherung, Textdarstellung, Textmanipulation usw. führt zu Einzelmaschinen, die ebenfalls anhand des Automatenkonzepts modellierbar sind. Eine alternative Zerlegung des Textsystems in die Teilsysteme Softwaresystem und Hardwaresystem folgt nicht dem Konzept eines Automaten, sondern dem in Kapitel 7 erläuterten Modell der programmgesteuerten Maschine.

Beispiel

AUFGABENKONZEPT

Eine Aufgabe besteht in der Außensicht aus dem Aufgabenobjekt, den Sach- und Formalzielen sowie den Vor- und Nachereignissen. In der Innensicht kommt das Lösungsverfahren der Aufgabe hinzu. Das Aufgabenobjekt wird analog zum Automatenkonzept als ein System von Zustandsspeichern und Ein-/Ausgabekanälen modelliert. Das Lösungsverfahren beschreibt die Zustandsübergänge des Aufgabenobjektes und die Erzeugung von Ausgabewerten. Ist das Lösungsverfahren funktional beschreibbar, so wird das Aufgabenobjekt zusammen mit dem Lösungsverfahren als deterministischer Automat modelliert. Das Aufgabenkonzept erweitert den Automatenansatz um die Vorgabe von Zielen. Dabei werden der Zweck des Automaten im Sachziel sowie Gütekriterien im Formalziel festgelegt. Die Gütekriterien nehmen auf die Art und auf den Umfang der Sachzielerreichung Bezug. Die Erweiterung des Automatenansatzes um Ziele ermöglicht es, die Eignung alternativer Lösungsverfahren zu untersuchen.

Beispiel 8-7 (Fortsetzung von Beispiel 8-5):

Die Systeme FS, M und A realisieren jeweils das Aufgabenobjekt und das Lösungsverfahren der folgenden Aufgaben:

FS Aufgabe Auftragsfertigung: Das Sachziel dieser Aufgabe ist die Erstellung der in den Kundenaufträgen spezifizierten Produkte. Die Formalziele beziehen sich auf die Produktqualität und auf die Fertigstellungstermine der Kundenaufträge.

M Aufgabe Einzelstückfertigung: Diese Aufgabe ist eine Teilaufgabe der Auftragsfertigung. Ihr Sachziel ist die Erstellung eines einzelnen Produktes, dessen Spezifikation in Form eines Fertigungsauftrags vorliegt. Das Formalziel nimmt Bezug auf die Produktqualität.

A Aufgabe Auftragsverwaltung: Diese Aufgabe ist ebenfalls eine Teilaufgabe der Auftragsfertigung. Das Sachziel ist die Bestimmung einer Folge von Fertigungsaufträgen. Das Formalziel nimmt Bezug auf die Einhaltung der Fertigstellungstermine der Kundenaufträge.

Beispiel

KONZEPT DER PROGRAMMGESTEUERTEN MASCHINE

Eine programmgesteuerte Maschine realisiert einen Automaten. Die Zustandsübergangs- und die Ausgabefunktion des Automaten werden durch Programme beschrieben, die auf den Befehlsvorrat der Maschine Bezug nehmen. Eine programmgesteuerte Maschine enthält somit zwei Klassen von Operatoren: (1) die **Nutzeroperatoren** als Teil der Zustandsübergangs- und Ausgabefunktion, die von außen sichtbar und aufrufbar sind, und (2) die **Basisoperatoren** des Befehlsvorrates, die von Programmbefehlen aufgerufen werden und nach außen nicht sichtbar sind. Die beiden Operatorklassen und die zugehörigen Datenobjekte sind Teil der Außen- bzw. Innensicht einer programmgesteuerten Maschine. Im folgenden Modell einer programmgesteuerten Maschine werden diese der Nutzer- bzw. Basismaschine zugeordnet.

8.2.1 Nutzer- und Basismaschine

Das Modell der Nutzer- und Basismaschine beschreibt die Struktur einer programmgesteuerten Maschine aus der Außen- und aus der Innensicht (Bild 8-10). Die programmgesteuerte Maschine wird in der Außensicht als **Nutzermaschine** bezeichnet, in der Innensicht besteht sie aus der **Basismaschine** und dem zugehörigen Programm. Das Programm realisiert die Nutzermaschine unter Verwendung der Basismaschine. Nach außen ist nur die **Schnittstelle der Nutzermaschine** sichtbar. Die Schnittstelle wird durch Datenobjekte und Operatoren repräsentiert, die dem Nutzer zugänglich sind. Sie beschreiben die Struktur und das Verhalten der programmgesteuerten Maschine aus der Sicht des Nutzers. Die Schnittstelle der Nutzermaschine abstrahiert also von der Innensicht, d. h. von der Realisierung der Nutzermaschine.

Die Datenobjekte und die Operatoren der Basismaschine sind dem Nutzer nicht zugänglich und haben in der Regel im Kontext der Nutzermaschine keine sinnvolle Bedeutung. Die Operatoren der Basismaschine sind ausschließlich dem Programm zugänglich. Sie werden für die Durchführung eines Operators der Nutzermaschine programmgesteuert aufgerufen. Die Datenobjekte der Nutzermaschine werden auf Datenobjekte der Basismaschine abgebildet.

8.2 Strukturmodelle von Programmen

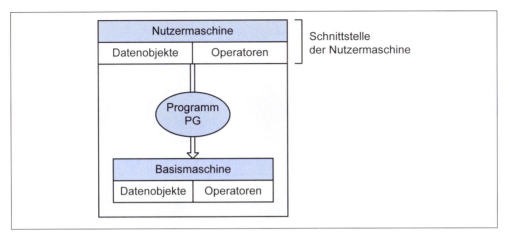

Bild 8-10: Nutzer- und Basismaschine

Beispiel 8-8 (Fortsetzung von Beispiel 8-6):

Ein Textsystem ist eine Nutzermaschine, die in der Innensicht aus einem Arbeitsplatzrechner als Basismaschine und aus einem Textverarbeitungsprogramm besteht. Die Schnittstelle der Nutzermaschine bilden die für ein Textsystem spezifischen Datenobjekte und Operatoren.

Datenobjekte bzw. Datenobjekttypen der Nutzermaschine sind *Zeichen*, *Zeilen*, *Abschnitte*, *Kapitel*, *Seiten*, *Zeilenlineal* usw. Die Operatoren der Nutzermaschine sind den Datenobjekttypen zugeordnet. Zum Datenobjekttyp *Zeichen* sind die Operatoren *Einfügen*, *Löschen*, *Überschreiben* usw. verfügbar. Entsprechendes gilt für die übrigen Datenobjekttypen.

Die Basismaschine *Arbeitsplatzrechner* wird in erster Linie durch die Hardware realisiert. Datenobjekttypen dieser Basismaschine sind z. B. Zeichen bzw. Zeichenfolgen in ASCII-Darstellung oder Zahlen in numerischen Codes. Die Operatoren der Basismaschine sind durch den Befehlsvorrat des Prozessors definiert.

Die Transformation der Datenobjekte und Operatoren der Nutzermaschine in die Datenobjekte und Operatoren der Basismaschine ist Aufgabe des Textverarbeitungsprogramms.

Beispiel

MEHRSTUFIGE ANORDNUNG VON NUTZER- UND BASISMASCHINEN

Eine Nutzermaschine N wird von einem Programm unter Verwendung einer Basismaschine B realisiert. Falls die Basismaschine B ebenfalls die Form einer programmgesteuerten Maschine hat, so wird zwischen einer Nutzermaschine N_B und einer Basismaschine B_B unterschieden (Bild 8-11). N_B ist also Basismaschine bezüglich N und Nutzermaschine bezüglich B_B. Ebenso kann N die Basismaschine für eine weitere übergeordnete Nutzermaschine bilden. Eine Nutzermaschine kann somit über mehrere Stufen realisiert werden, indem die jeweils zugrunde liegende Basismaschine wiederum in eine Nutzer- und in eine weitere Basismaschine zerlegt wird.

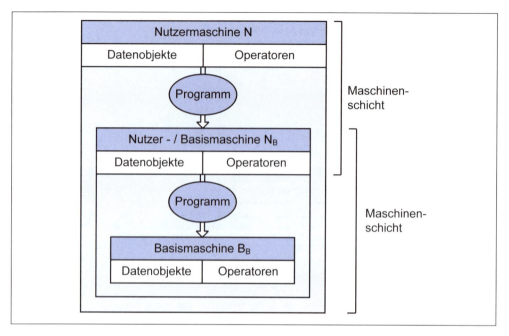

Bild 8-11: Mehrstufige Anordnung von Nutzer- und Basismaschinen

Zur Unterscheidung der verschiedenen Maschinenebenen bei einer mehrstufigen Anordnung werden folgende Begriffe verwendet:

- Die nach außen sichtbaren Datenobjekte und Operatoren einer Nutzer- bzw. Basismaschine bilden die **Schnittstelle der Nutzer- bzw. Basismaschine**.

- In einer mehrstufigen Anordnung wird das Aggregat, bestehend (1) aus der Schnittstelle einer Nutzermaschine, (2) aus dem zugehörigen Programm und (3) aus der Schnittstelle der zugehörigen Basismaschine als **Maschinen-Schicht** bezeichnet. Benachbarte Schichten haben gemeinsame Schnittstellen. Die Maschinen-Schicht am unteren Ende der mehrstufigen Anordnung enthält eine vollständige Basismaschine, nicht nur deren Schnittstelle.

Wichtige Unterscheidungsmerkmale des Konzepts der programmgesteuerten Maschine gegenüber herkömmlichen Maschinenkonzepten sind *Flexibilität* und *Reduzierung der Komplexität*. Mit **Flexibilität** wird die Eigenschaft bezeichnet, dass ausgehend von einer Basismaschine beliebig viele Nutzermaschinen anhand zugehöriger Programme realisiert werden können und umgekehrt eine Nutzermaschine auf der Grundlage unterschiedlicher Basismaschinen realisiert werden kann. Mehrstufige programmgesteuerte Maschinen bieten diese Zuordnungsfreiheit auf jeder Stufe und erhöhen damit kombinatorisch die Anzahl möglicher Verknüpfungen von Nutzer- und Basismaschinen.

Die **Komplexität** einer programmgesteuerten Maschine ist differenzierbar in die Komplexität der Nutzermaschine N, der Basismaschine B und des zugehörigen Programms. Die Komplexität des Programms resultiert aus dem als **semantische Lücke** bezeichneten Komplexitätsabstand zwischen N und B. Sind Art und Umfang der Komponenten von B denen von N ähnlich, so kann das Programm zur Überbrückung der semantischen Lücke entsprechend einfach gestaltet werden. Ist die semantische Lücke sehr weit, so wird eine Folge von Maschinen und zugehörigen Programmen mit N und B als Anfangs- und Endglied definiert. Diese Folge bildet eine mehrstufige Anordnung von Nutzer- und Basismaschinen, deren Komplexitätsspanne je Stufe überschaubar gehalten werden kann.

Bei der Gestaltung von Anwendungssystemen ist eine mehrstufige Anordnung von Nutzer- und Basismaschinen üblich. Das Anwendungsprogramm verknüpft die Nutzermaschine *Anwendungssystem* mit darunter liegenden Basismaschinen, wie z. B. Programmiersprachen und Betriebssystem. Letzteres ist wiederum eine Nutzermaschine bezüglich des Hardwaresystems, das die nächste Basismaschine bildet. Weitere Differenzierungen dieser Stufen entstehen durch fachspezifische Erweiterungen von Programmiersprachen in Form von Funktionsbibliotheken oder durch spezifische Basismaschinen, wie sie im ADK-Strukturmodell verwendet werden.

8.2.2 ADK-Strukturmodell

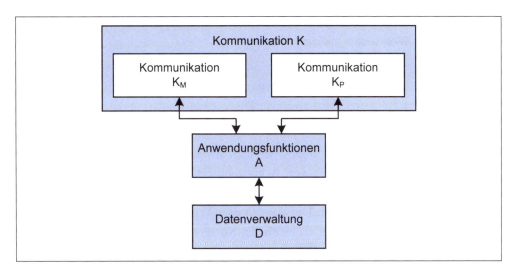

Bild 8-12: ADK-Strukturmodell eines Anwendungssystems

Das ADK-Strukturmodell gliedert ein Anwendungssystem orthogonal zum Schichtenmodell der Nutzer-/Basismaschine in die Teilsysteme Anwendungsfunktionen (A), Datenverwaltung (D) und Kommunikation (K). Letztere wird weiter in die Bereiche

Kommunikation mit Personen (K_P) und Kommunikation mit weiteren Maschinen (K_M) zerlegt (Bild 8-12).

Die Teilsysteme A, D, K_P, K_M bestehen aus Nutzermaschinen mit eigenen Basismaschinen und eigenen Programmen (PG) und stehen über einen Nachrichtenaustausch in Verbindung. Die Kommunikation findet real über die Basismaschinen der Teilsysteme A, D, K_P und K_M statt (Bild 8-13).

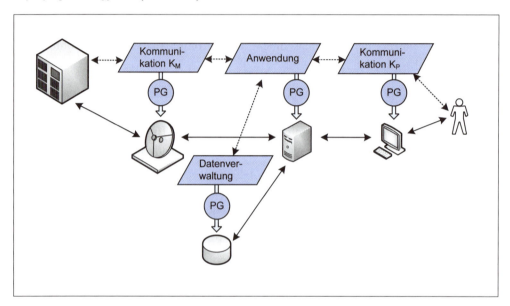

Bild 8-13: ADK-Teilsysteme mit Basismaschinen

Die ADK-Strukturierung dient ebenso wie das Konzept der Nutzer-/Basismaschine der *Flexibilität* und der *Reduzierung der Komplexität* von Maschinen. Hinzukommen die Ziele *Standardisierung* und *Portierbarkeit*. Diese Ziele werden durch folgende Merkmale unterstützt:

- Von allen vier Teilsystemen unterliegen die Anwendungsfunktionen am häufigsten Änderungen. Die Abtrennung von A konzentriert den Aufwand für die Wartung vorwiegend auf dieses Teilsystem und reduziert damit den entsprechenden Aufwand für das Gesamtsystem. Die übrigen drei Teilsysteme sind weitgehend standardisierbar, d. h. als Teil unterschiedlicher Nutzermaschinen verwendbar.

- Die Trennung in die Teilsysteme A, D, K_P, K_M ermöglicht die Nutzung einer spezifischen, häufig standardisierten Basismaschine für jedes Teilsystem. Die Standardisierung der Schnittstellen von Basismaschinen erlaubt die Verwendung unterschiedlicher Basismaschinen mit gleicher Schnittstelle und damit die Portierbarkeit von Programmen. Beispiele standardisierter Basismaschinen sind allgemeine und spezielle Programmiersprachen für die Anwendungsfunktionen (Abschnitt 8.3),

Datenbankverwaltungssysteme (DBVS) für die Datenverwaltung (Abschnitt 9.2), Netzwerkbetriebssysteme (NWBS) für die Rechner-Rechner-Kommunikation (Abschnitt 9.3) und User-Interface-Management-Systeme (UIMS) für die Kommunikation mit Personen (Abschnitt 9.4).

- Die Teilsysteme A, D, K_P, K_M können unterschiedliche Programmierparadigmen nutzen. Häufig werden die Teilsysteme Datenverwaltung (D) und Kommunikation (K) mithilfe deklarativer Programmiersprachen, die Anwendungsfunktionen (A) mithilfe imperativer Programmiersprachen beschrieben. Beispiele deklarativer Programmiersprachen sind die Datenmanipulationssprache SQL (vgl. Abschnitt 9.2.1) sowie Programmiersprachen für User-Interfaces.

8.2.3 Datenabstraktion

Die Spezifikation einer programmgesteuerten Maschine beschreibt deren Merkmale in der Außen- und in der Innensicht. Die Außensicht erfasst die Merkmale der Nutzermaschine, die Innensicht definiert die Struktur und das Verhalten des Programms auf der Grundlage einer vorgegebenen Basismaschine. Sowohl die Tätigkeit als auch das Ergebnis der Überführung der Innensicht in die Außensicht wird als **Abstraktion** der Innensicht bezeichnet. Abhängig davon, welche Komponenten der Nutzermaschine und des Programms miteinander in Bezug gesetzt werden, unterscheidet man zwei Stufen der Abstraktion:

- **Datenabstraktion**: Es werden ausschließlich Datenobjekte und Datenobjekttypen in der Außen- und Innensicht dargestellt.

- **Abstrakter Datentyp**: Es werden Datentypen, d. h. Datenobjekte bzw. Datenobjekttypen und die zugehörigen Operatoren in der Außen- und Innensicht dargestellt.

DATENOBJEKTE UND DATENOBJEKTTYPEN

Ein **Datenobjekt** ist durch die Attribute *DatenobjektName*, *aktuellerWert* und *aktuelleStruktur* sowie durch die Domänen von Wert und Struktur, nämlich *Wertebereich* und *Konstruktor* definiert (Bild 8-14). DatenobjektName identifiziert das Datenobjekt. Der Wertebereich und der Konstruktor eines Datenobjekts sind während seiner Lebenszeit meist konstant. Der Wertebereich eines Datenobjekts mit komplexer Struktur besteht aus dem kartesischen Produkt oder aus der Potenzmenge der Wertebereiche seiner Komponenten. Abhängig von der Veränderbarkeit von *aktuellerWert* und *aktuelleStruktur* wird zwischen Variablen und Konstanten unterschieden. Für die Speicherung eines Datenobjektes sind während seiner Lebenszeit Betriebsmittel in Form von Speicherzellen zu reservieren.

Attribute eines Datenobjekts		
Datenobjektname	aktuellerWert	aktuelleStruktur

Domänen der Attribute (Beispiele in Pascal, siehe auch [CoCl03] und [Wirt00])	
Wertebereich	INTEGER, REAL, CHAR, STRING
	× (Wertebereiche), P (Wertebereiche)
Konstruktor	ARRAY, RECORD, FILE, SET

Bild 8-14: Merkmale eines Datenobjektes

Beispiele für Datenobjekte sind die Variablen und Konstanten eines Programms, die Dateien und Datensätze eines Dateiensystems, die Relationen und Tupel eines Datenbanksystems oder die Nachrichten in einem Kommunikationssystem.

Ein **Datenobjekttyp** ist eine Beschreibung eines Datenobjekts anhand der Attribute *Wertebereich* und *Konstruktor*. Die Beschreibung erfolgt häufig anhand standardisierter Wertebereiche und Konstruktoren, die dann zur Klassifizierung von Datenobjekten herangezogen werden. Auch die Definition von Operatoren nimmt auf Datenobjekttypen Bezug.

- **Wertebereich**: Standardisierte Wertebereiche sind in allen Programmiersprachen vorgegeben. Beispiele sind die Wertebereiche INTEGER, CHAR, usw. Man spricht dann von einem Datenobjekt vom Typ INTEGER, usw.

- **Konstruktoren**: Diese Klassifizierung betrifft strukturierte Datenobjekte, die in Teildatenobjekte zerlegt werden können. Für die Definition entsprechender Datenobjekttypen enthält Pascal die Konstruktoren RECORD, ARRAY, FILE und SET. Man spricht von einem Datenobjekt vom Typ RECORD, usw. Strukturbeziehungen zwischen den Teildatenobjekten innerhalb eines strukturierten Datenobjekts sind z. B. lineare Beziehungen (ARRAY, FILE), Baumstrukturen (RECORD) oder allgemeine Graphen (siehe z. B. [OtWi02], [Wirt86], [Wirt91], [Wirt00]).

Die folgenden Varianten der Datenabstraktion definieren Beziehungen zwischen einem externen Datenobjekttyp der Nutzermaschine und den zugehörigen internen Datenobjekttypen der Basismaschine anhand von *Wertebereich* und *Konstruktor*. Für die Beschreibung der Datenabstraktion steht in Pascal die TYPE-Deklaration zur Verfügung.

DATENABSTRAKTION ANHAND VON WERTEBEREICHEN

Diese Abstraktionsform beschreibt die Beziehung zwischen einem externen Datenobjekttyp und den zugehörigen internen Datenobjekttypen anhand ihrer Wertebereiche.

8.2 Strukturmodelle von Programmen

Der Wertebereich eines externen Datenobjekttyps wird durch Übernahme, Unterbereichsbildung, Enumeration oder durch Aggregation von Wertebereichen der internen Datenobjekttypen gebildet.

- **Übernahme**: Der externe Datenobjekttyp übernimmt vollständig den Wertebereich des internen Datenobjekttyps.

    Beispiel: TYPE ExtWertebereich = INTEGER;

- **Unterbereichsbildung**: Der externe Datenobjekttyp übernimmt ein Intervall aus dem Wertebereich des internen Datenobjekttyps.

    Beispiele: TYPE Lottozahlen = 1..49; Großbuchstabe = 'A'..'Z';

- **Enumeration**: Der externe Datenobjekttyp erhält einen neuen, intern nicht standardisierten Wertebereich.

    Beispiel: TYPE AmpelFarben = (rot, gelb, grün);

- **Aggregation**: Der externe Datenobjekttyp ist eine Datenstruktur, d. h. eine Aggregation mehrerer interner Datenobjekttypen. Der Wertebereich der Datenstruktur besteht aus dem kartesischen Produkt oder aus der Potenzmenge der Wertebereiche der internen Datenobjekttypen.

    Beispiele: TYPE   Vektor = ARRAY [1..10] OF REAL;
    KomplexeZahl = RECORD r, i :REAL END;
    Ampel = SET OF AmpelFarben;

DATENABSTRAKTION ANHAND VON KONSTRUKTOREN

Diese Abstraktionsform beschreibt die Aggregation von internen Datenobjekttypen zu externen Datenstrukturen. Sie korrespondiert mit der Datenstrukturbildung über den Wertebereichen der internen Datenobjekttypen. Zur Aggregation dienen die Konstruktoren RECORD, ARRAY, FILE, SET. Die Aggregation kann über beliebig viele Stufen durchgeführt werden, wobei die komplexe Datenstruktur des einen Abstraktionsschrittes zum einfachen Datenobjekttyp des nächsten Abstraktionsschrittes wird.

DATENSTRUKTUREN

Ein Datenobjekttyp, der aus einer Aggregation einfacherer Datenobjekttypen besteht, wird als Datenstruktur bezeichnet (vgl. Abschnitt 8.2.3). Ist eine Datenstruktur während der Lebensdauer eines Datenobjekts dieses Typs veränderlich, spricht man von einer **dynamischen Datenstruktur**, anderenfalls von einer **statischen Datenstruktur**.

Statische Datenstrukturen werden in Pascal mit den Konstruktoren ARRAY oder RECORD erzeugt. Ein zugehöriges Datenobjekt ändert seine Struktur nicht. Zu den dynamischen Datenstrukturen gehören z. B. Dateien (Files) oder Relationen. Sie ändern während ihrer Lebensdauer die Anzahl der Komponenten und die Strukturbeziehungen zwischen den Komponenten.

Die Wertebereiche statischer Datenstrukturen bestehen aus dem kartesischen Produkt oder aus der Potenzmenge der Wertebereiche ihrer Komponenten. Für ihre Beschreibung stehen in Pascal folgende Sprachmittel zur Verfügung.

STATISCHE DATENSTRUKTUREN: POTENZMENGE

Die Potenzmengenoperation P generiert ausgehend von einem Datenobjekttyp M eine Datenstruktur PM = P(M), die aus der Menge aller Teilmengen von M besteht. Die Notation in Pascal lautet SET OF M. Der Datenobjekttyp M heißt Basistyp der Potenzmenge. Zulässige Basistypen sind Enumerations- und Subrange-Typen.

Der Wertebereich der Potenzmenge PM = SET OF 0..2 besteht aus den Teilmengen:

$\emptyset$, {0}, {1}, {2}, {0,1}, {0,2}, {1,2}, {0,1,2}.

Wertzuweisungen an die Datenobjekte z1, z2 vom Typ PM haben z. B. die Form

z1 := [0,1] für die Menge {0,1} und z2 := [] für die leere Menge.

Auf Potenzmengen sind in Pascal folgende Operatoren definiert:

a) **Mengenoperatoren**

+, -, * : Potenzmenge × Potenzmenge → Potenzmenge

Bedeutung der Operatorsymbole: + (Vereinigung), - (Mengendifferenz), * (Durchschnitt).

b) **Element-aus-Operator**

IN : Basistyp × Potenzmenge → BOOLEAN

Für die Variablen z1, z2 gilt nach der obigen Zuweisung: 0 IN z1 = TRUE, 2 IN z2 = FALSE.

STATISCHE DATENSTRUKTUREN: KARTESISCHES PRODUKT

Eine zweite Form der Generierung statischer Datenstrukturen ist die Bildung von kartesischen Produkten über Datenobjektypen.

```
Vektor          = INTEGER × INTEGER × INTEGER

PersonAdresse   = STRING × STRING × 00000..99999 × STRING
                  Name     Straße    Plz           Ort
```

Das aus homogenen Komponenten bestehende kartesische Produkt *Vektor* beschreibt den Wertebereich von Vektoren der Länge 3. *PersonAdresse* ist ein aus heterogenen Komponenten bestehendes kartesisches Produkt aus ganzen Zahlen und Strings.

Statische Datenstrukturen, deren Wertebereich ein kartesisches Produkt der Wertbereiche seiner Komponenten bildet, werden in Pascal anhand der Konstruktoren ARRAY für homogene Komponenten und RECORD für heterogene Komponenten definiert. Die Benennung der Teilobjekte erfolgt mithilfe von Komponentenselektoren.

Homogene kartesische Produkte:

```
Datenstruktur:        Vektor = ARRAY[1..3] OF INTEGER;
komplexes Datenobjekt:    v : Vektor;
Komponentenselektion: v[1], v[2], v[3];
```

Heterogene kartesische Produkte:

```
Datenstruktur: PersonAdresse = RECORD
                                Name    : STRING;
                                Strasse : STRING;
                                Plz     : 00000..99999;
                                Ort     : STRING
                               END;

komplexes Datenobjekt:   person : PersonAdresse;

Komponentenselektion:    person.Name, usw.
```

DYNAMISCHE DATENSTRUKTUREN

Datenobjekte, deren Typ eine dynamische Datenstruktur bildet, können während ihrer Lebensdauer die Anzahl der Komponenten und die Strukturbeziehung zwischen den Komponenten ändern. Die wichtigsten Repräsentanten dynamischer Datenstrukturen sind Relationen, lineare Listen, Baumstrukturen und allgemeine Graphen. Die Datenstruktur Relation wird in Abschnitt 9.2.1 erläutert, bezüglich der weiteren Repräsentanten wird auf [Wirt86] verwiesen. In Pascal sind dynamische Datenstrukturen mit dem Konstruktor FILE oder anhand von Zeigern beschreibbar. Der Speicher der Pascal-Basismaschine ist gemäß den dynamischen Datenstrukturen Stack und Heap organisiert.

8.2.4 Abstrakter Datentyp

Bausteine für die Definition einer Nutzermaschine sind **Datentypen**, die aus Datenobjekttypen und den zugehörigen Operatoren bestehen. Die Datentypen werden möglichst ohne Bezugnahme auf die Innensicht der Nutzermaschine, d. h. ohne eine Festlegung ihrer Implementierung beschrieben, um Freiheitsgrade für die Verwendung unterschiedlicher Basismaschinen zu schaffen.

Die in Programmiersprachen zur Verfügung stehenden **einfachen Datentypen** wie INTEGER und BOOLEAN sind anhand ihrer Wertebereiche und ihrer Operatoren definiert (vgl. Abschnitt 8.3.2). Bei Datenstrukturen wie z. B. STRING wird häufig neben den dafür bereitgestellten Operatoren auch die Repräsentation eines Datenobjekts dieses Typs im Speicher beschrieben (z. B. ARRAY [..] OF CHAR). Dies erfolgt einerseits, um einem Nutzer den Zugriff auf die Komponenten der Datenstruktur zu ermöglichen, andererseits, um die Semantik von STRING zu beschreiben. Unterschiedliche Implementierungen einer Datenstruktur STRING bewirken damit unterschiedliche Definitionen des Datentyps STRING. Das Ziel der Unabhängigkeit von der Innensicht wird damit nicht erreicht.

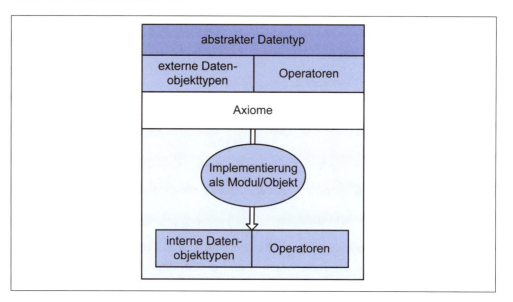

Bild 8-15: Abstrakter Datentyp (ADT)

Bei einem **abstrakten Datentyp (ADT)** werden Datenstrukturen ausschließlich durch die darauf anwendbaren Operatoren definiert (Bild 8-15). Der Nutzer eines ADT kennt demnach nur den Namen der Datenstruktur sowie die Namen und die Wirkungen der Operatoren, nicht jedoch deren Implementierung. Eine Manipulation eines Objekts dieses Typs ist somit nur mit den Operatoren des ADT möglich.

Der Datentyp INTEGER wird in Pascal-Beschreibungen häufig durch Bezug auf eine Festpunkt-Speicherrepräsentation und die zugehörigen Operatoren einer zugrundeliegenden Hardware-Basismaschine definiert. Die Definition von INTEGER in Form eines ADT gibt dagegen nur die Operatoren {+,-,*,DIV,:=, usw.} bekannt. Ein Nutzer des ADT kennt seine Implementierung nicht. Implementierungsbedingte Beschränkungen werden einem nutzenden Programm anhand von Rückmeldungen der Operatoren bekannt gemacht.

Verwendungsmerkmale von ADTs für Softwaresysteme

ADTs gehören zu den wichtigsten Bausteinen für die Entwicklung von Softwaresystemen. Ihre Eignung beruht auf folgenden Verwendungsmerkmalen:

- **Flexibilität**: Der Zugriff auf die Datenobjekte eines ADT erfolgt ausschließlich über ADT-eigene Operatoren, deren Nutzung keine Kenntnis der ADT-Implementierung erfordert und unabhängig von der verwendeten Basismaschine ist. Beide, implementierendes Programm und Basismaschine, können ohne Beeinträchtigung der Nutzermaschine ausgetauscht werden. Die Austauschbarkeit ermöglicht flexible, portierbare Softwaresysteme.

- **Lokalität**: Der Entwickler eines Softwaresystems definiert eine Maschinen-Schicht und nimmt im zugehörigen Programm Bezug auf die Datentypen der Basismaschine. Er benötigt nur die Kenntnis der Außensicht der Datentypen. Informationen über die Innensicht der Datentypen oder über tiefer gelegene Basismaschinen bzw. Maschinen-Schichten sind nicht erforderlich. Damit sind lokal überschaubare Entwicklungsschritte möglich.

- **Zuverlässigkeit**: Der ausschließliche Zugriff auf Datenobjekte eines ADTs über die ADT-eigenen Operatoren verhindert fehlerhafte Zugriffe durch ADT-fremde Operatoren mit unbekannten Nebenwirkungen. Damit wird die Zuverlässigkeit eines Softwaresystems erhöht.

- **Erweiterbarkeit**: ADTs erweitern die in den Programmiersprachen vorhandenen Datentypen um anwendungseigene Datentypen. Sie stellen damit ein Konzept für die fachspezifische Erweiterung von Programmiersprachen zur Verfügung.

Spezifikation von ADTs

Das Ziel der Verwendbarkeit eines ADT unabhängig von dessen Innensicht wird in unterschiedlichen Spezifikationsformen eines ADT verfolgt. Bei der **axiomatischen Spezifikation** werden korrekte Verknüpfungen von Operatoren und deren Wirkung durch Axiome beschrieben (siehe z. B. [EGL89], [TRE88]). Es findet keinerlei Bezug auf die Innensicht des ADT statt. In der Praxis ist die axiomatische Spezifikation schwierig und kaum zu handhaben; es wird daher eine weitere Spezifikationsform, die operationelle Spezifikation bevorzugt. Die **operationelle Spezifikation** definiert die externen Datenobjekttypen und Operatoren unter Bezugnahme auf eine Basismaschine in Form einer Implementierung des ADT. Die Definition der Innensicht eines ADT wird, soweit möglich, nach außen nicht bekannt gegeben, um eine implementierungsabhängige Verwendung des ADT zu vermeiden. Dieses Konzept folgt dem Prinzip des *information hiding*.

Für die operationelle Spezifikation eines ADT stellen die Programmiersprachen unterschiedliche Sprachelemente zu Verfügung. In Pascal eignet sich hierfür eine Moduldefinition in Form einer Pascal-Unit. Durch die Trennung des nach außen bekannten INTERFACE-Teils vom dem nach außen verborgenen IMPLEMENTATION-Teil wird das Ziel *information hiding* verfolgt. Das Modulkonzept trennt jedoch nicht zwischen der Definition und der Instanz eines Moduls. Innerhalb eines Programms steht jeweils nur eine Modulinstanz zur Verfügung. Dies schränkt die Verwendbarkeit eines ADT erheblich ein. Die Einschränkung wird erst im Konzept der objektorientierten Programmiersprachen beseitigt.

AXIOMATISCHE SPEZIFIKATION VON ADTS

Bei der axiomatischen Spezifikation wird das Verhalten der Operatoren eines ADT mithilfe von Axiomen beschrieben. Axiome sind Aussagen mit postuliertem Wahrheitswert. Die Eigenschaften der Operatoren des ADT werden definiert, indem bestimmte Verknüpfungen von Operatoren als gültig postuliert und die Wirkungen der Verknüpfungen beschrieben werden. Formal ist eine axiomatische Spezifikation ein algebraisches System, bestehend aus

a) der Definition der in diesem ADT verwendeten Datenobjekttypen (Spezifikationsteil *Types*).

b) einer syntaktischen Spezifikation der Operatoren des ADT (Spezifikationsteil *Operations*).

c) einer semantischen Spezifikation, die das Verhalten der Operatoren in Form von Axiomen beschreibt (Spezifikationsteil *Axioms*).

Die Vorteile einer axiomatischen Spezifikation liegen in der ausschließlichen Betrachtung der Außensicht des ADT und in der algebraischen Notation. Letztere gestattet die formale Überprüfbarkeit der Vollständigkeit und der Widerspruchsfreiheit der Spezifikation. Von Nachteil ist allerdings, dass die Ermittlung der Axiome bei umfangreichen Spezifikationen sehr aufwendig ist und die Axiome von Personen nur schwer interpretierbar sind. Die axiomatische Spezifikation hat daher nur geringe praktische Bedeutung.

Beispiel 8-9:

Pascal enthält Sprachelemente für die Definition statischer Datenstrukturen wie z. B. ARRAYs, jedoch keine Sprachelemente für die Definition einer dynamischen Datenstruktur STACK. Ein Stack ist eine variabel lange Folge von Datenobjekten. Am Ende dieser Folge wird entweder (1) das jeweils letzte Datenobjekt bearbeitet oder (2) dort ein weiteres Datenobjekt hinzufügt oder (3) ein bestehendes Datenobjekt nach dem LIFO-Prinzip abgetrennt (LIFO: Last In First Out). Nachfolgend ist die axiomatische Spezifikation eines Stack für Datenobjekte vom Typ *ElementType* dargestellt. Da *Element-*

Type nicht näher spezifiziert ist, wird dieser ADT als generischer ADT bezeichnet. Durch Festlegung von ElementType entsteht ein spezieller ADT. Der in der Spezifikation verwendete Datentyp BOOLEAN wird als bekannt vorausgesetzt.

```
Types Stack [ElementType :AnyType]

Operations   NewStack:          Ø → Stack
             Push:              Stack × ElementType → Stack
             Pop:               Stack → Stack
             Top:               Stack → ElementType ∪ {undefined}
             IsNew:             Stack → BOOLEAN

Axioms       VAR s :Stack; e :ElementType;
             Pop(NewStack)        = NewStack
             Pop(Push(s,e))       = s
             Top(NewStack)        = undefined
             Top(Push(s,e))       = e
             IsNew(NewStack)      = TRUE
             IsNew(Push(s,e))     = FALSE
```

Die Operation *NewStack* erzeugt einen leeren Stack, *Push* verlängert den Stack s um das Element e. *Top* liefert den Wert der letzten Komponente und *Pop* entfernt die letzte Komponente. Mit der Operation *IsNew* kann geprüft werden, ob der Stack leer ist.

Beispiel

OPERATIONELLE SPEZIFIKATION VON ADTS

Die operationelle Spezifikation beschreibt die Außen- und die Innensicht eines ADT. Realisierungsform in Pascal ist eine Moduldefinition in Form einer Pascal-Unit. Im Gegensatz zur axiomatischen Spezifikation stellt die operationelle Spezifikation einen Bezug zwischen zwei benachbarten Nutzer- und Basismaschinen her.

Von Vorteil ist, dass diese Spezifikationsform im Vergleich zur axiomatischen Spezifikation leichter verständlich ist und sich auch für die Spezifikation umfangreicher Systeme eignet. Der Nachteil besteht darin, dass die Spezifikation durch den Bezug auf eine bestimmte Basismaschine ggf. mehrfach zu erstellen ist, falls mehrere verschiedene Basismaschinen vorgesehen sind.

Beispiel 8-10:

Der in Beispiel 8-9 axiomatisch spezifizierte Stack wird nun operationell in Form eines Moduls spezifiziert. Als ElementType wird INTEGER verwendet. Von diesem Modul kann innerhalb eines Softwaresystems nur eine Instanz erzeugt werden. Der Operator NewStack wird von der Initialisierungsprozedur des Moduls realisiert.

```
UNIT ADTStack;   { operationelle Spezifikation eines ADT Stack }

INTERFACE

TYPE      ElementType = INTEGER;
VAR       ErrorFlag : BOOLEAN;
```

```
PROCEDURE  Push(e :ElementType);
PROCEDURE  Pop;
FUNCTION   Top :ElementType;
FUNCTION   IsNew :BOOLEAN;

IMPLEMENTATION

CONST      MaxStack = 100;       { Max. Anzahl StackElemente }
VAR        sp :0..MaxStack;      { Stack Pointer }
           s  :ARRAY [1..MaxStack] OF ElementType;  { Stack }

PROCEDURE Push(e :ElementType);
BEGIN
  ErrorFlag := sp >= MaxStack;   { Stack Overflow Condition }
  IF NOT ErrorFlag THEN BEGIN sp := sp + 1; s[sp] := e; END;
END { Push };

PROCEDURE Pop;
BEGIN
  ErrorFlag := FALSE;
  IF sp >= 1 THEN sp := sp - 1;
END { Pop };

FUNCTION Top :ElementType;
BEGIN
  ErrorFlag := sp < 1;           { Stack Underflow Condition }
  IF NOT ErrorFlag THEN Top := s[sp];
END { Top };

FUNCTION IsNew :BOOLEAN;
BEGIN
  ErrorFlag := FALSE;
  IsNew := sp = 0;
END;

BEGIN { Initialize NewStack }
  sp := 0;
  ErrorFlag := FALSE;
END { Stack }.
```

Beispiel

8.2.5 Objekttyp

Aus der Sicht der objektorientierten Programmierung besteht ein Programm aus einer Menge von Objekten, die mithilfe von Nachrichten interagieren. Der Empfang einer Nachricht löst in einem Objekt die Durchführung eines Operators aus, der ggf. weitere Nachrichten an andere Objekte erzeugt. Objekte bzw. Objekttypen stellen eine Weiterentwicklung des ADT-Konzeptes dar. Ein Objekttyp besitzt alle Eigenschaften eines ADT und zusätzlich weitere, für die Beziehungen zwischen Objekten wesentliche Merkmale. Im Gegensatz zum ADT wird zwischen einer Instanz, dem Objekt, und der Spezifikation, dem Objekttyp, deutlich differenziert.

8.2 Strukturmodelle von Programmen

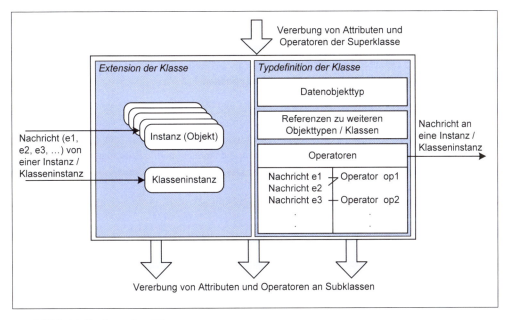

Bild 8-16: Struktur einer Klasse

Die wichtigsten Erweiterungen sind die Verwendung von Nachrichten für die Kommunikation zwischen Objekten und die Vererbung von Eigenschaften zwischen Objekttypen. Für die Programmierung mit Objekten stehen speziell dafür entwickelte Programmiersprachen wie *Smalltalk, Eiffel* oder *Java* zur Verfügung, jedoch wurden auch herkömmliche Programmiersprachen wie *Pascal* und *C* entsprechend zu *objektorientiertem Pascal* bzw. *C++ oder C#* erweitert (vgl. z. B. [Budd02], [CoNo92], [Meye07], [Blas06]). Die kennzeichnenden Eigenschaften von Objekten werden im Folgenden erläutert. Dabei wird zwischen der Spezifikation eines Objekts in einem *Objekttyp* und der Instanz *Objekt* unterschieden (Bild 8-16). Zu einem Objekttyp gibt es beliebig viele Objekte. Objekttyp und Objekte bilden zusammen eine *Klasse*. Zur Verwaltung einer Klasse dient ein singuläres Objekt mit der Bezeichnung *Klasseninstanz*, dessen Hauptaufgabe die Instanziierung neuer Objekte ist.

DATENKAPSELUNG

Eine ADT-Instanz wird als **Datenkapsel** bezeichnet. Datenobjekte und Operatoren des ADT sind in der Datenkapsel zusammengefasst. Nach außen sind nur die Namen und die Wirkung der Operatoren ohne Preisgabe der Implementierung bekannt. Ein Objekttyp stellt bezüglich der Datenkapselung einen ADT dar und wird nach dem gleichen Prinzip der Trennung von Außen- und Innensicht aufgebaut.

Beispiel 8-11:

Das nachstehende Code-Beispiel zeigt den Objekttyp Stack in Form einer Java-Klasse. Die Operatoren, in der objektorientierten Programmierung auch als Methoden bezeichnet, sind hier nicht implementiert, sie sind entsprechend dem Beispiel 8-10 zu gestalten.

Die Methode Stack() wird als Konstruktor bezeichnet und dient der Erzeugung von Objekten. Durch die Java-Deklaration Stack MyStack = new Stack() wird das Objekt MyStack als eine Instanz des Objekttyps Stack instanziiert. Auf diese Weise können beliebig viele Instanzen vom Typ Stack erzeugt werden. Auch bei Objekttypen werden nach außen nur die Namen und die Wirkungen der Operatoren, nicht aber deren Implementierung bekannt gegeben. Das Konzept des *information hiding* wird so mit den Vorteilen des Objektkonzepts verbunden.

```
public class Stack {

  protected static final short MAXSTACK = 100;
  protected short _sp = 0;
  private StackElement[] _s = new StackElement[MAXSTACK];

  public Stack () { }

  public boolean push(StackElement e) { }
  public boolean pop() { }
  public StackElement top() { }
  public boolean isNew() { }
  public short getStackpointer() { }
}
```

VERERBUNG

Spezialisierungen eines bestehenden Objekttyps werden von diesem durch **Vererbung** abgeleitet. Ein spezialisierter Nachfolger eines Objekttyps übernimmt (erbt) dessen Eigenschaften und fügt weitere Eigenschaften hinzu (vgl. Abschnitt 8.3.1).

Übernimmt ein Objekttyp die Eigenschaften genau eines Vorgängers, spricht man von **einfacher Vererbung**. Eine Folge von Vererbungen ist dann anhand einer Baumstruktur beschreibbar. Der Objekttyp an der Wurzel des Baumes beinhaltet die allen Objekttypen des Baumes gemeinsamen Eigenschaften. Hat ein Objekttyp mehrere Vorgänger, spricht man von multipler oder **mehrfacher Vererbung**. Die möglichen Vererbungsfolgen werden dann in einem quasi-hierarchischen Graph festgehalten. Tritt ein bestimmtes Merkmal bei verschiedenen unmittelbaren Vorgängern auf, ist einer der Vorgänger für die Vererbung zu selektieren. Damit sind eine Reihe weiterer Probleme, z. B. bezüglich der Konsistenz der Vererbung, verbunden. Diese sind Gegenstand weiterer Forschung.

Beispiel 8-12:

Zwischen einem allgemeinen Objekttyp *Punkt* in einem 2-dimensionalen Raum und dessen Spezialisierung *Kreis* wird folgende Vererbungsbeziehung definiert:

```
public class Punkt {

  protected double _x, _y;

  public Punkt() { }
  public void move(double deltaX, double deltaY) { }
}
```

Ein Objekt *Punkt* wird durch XY-Koordinaten beschrieben und kann vom Operator move um die Distanz DeltaX, DeltaY bewegt werden. Ein Objekttyp *Kreis* als Spezialisierung von *Punkt* erbt dessen Eigenschaften und fügt eigene hinzu:

```
public class Kreis extends Punkt {

  protected double _radius;

  public Kreis() { }
  public void expand(double expandBy) { }
}
```

Ein Objekt *Kreis* besitzt neben den Mittelpunktskoordinaten X,Y einen Radius. Auf *Kreis* sind die Operatoren *move* und *expand* definiert. Die Koordinaten X,Y und der Operator *move* werden von *Punkt* übernommen. Der Operator *move* bleibt dabei unverändert, da er ausschließlich die geerbten Koordinaten X,Y des Kreismittelpunkts aktualisiert.

Beispiel

NACHRICHTENAUSTAUSCH

Die Interaktionen eines ADT mit seiner Außenwelt werden durch Aufrufe von Operatoren des ADT und Rückmeldung der Ergebnisse über Parameter realisiert. Kennzeichnend für diese Interaktionsform ist eine Hierarchie von ADTs. Jeder ADT einer Hierarchieebene kann ausschließlich ADTs der darunter liegenden Hierarchieebenen nutzen bzw. aufrufen.

In einem objektorientierten Softwaresystem interagieren selbstständige Objekte über Nachrichten miteinander. Eine ankommende Nachricht löst bei einem Objekt eine Operatordurchführung aus. Die Zuordnung von Nachrichten zu Operatoren innerhalb eines Objekts kann dabei flexibel gestaltet werden. Der Nachrichtenaustausch innerhalb eines Programms ist im Allgemeinen nicht an eine Aufrufhierarchie wie im Fall der ADTs gebunden.

Durch die Verwendung von Nachrichten wird die Außen- und Innensicht von Objekten noch schärfer abgetrennt als bei ADTs. Aus der Außensicht eines Objektes sind nur die Nachrichten bekannt, die von einem Objekt bearbeitet werden. Seine internen

Datenobjekte und Operatoren sowie die Beziehungen zu anderen Objekten sind nicht bekannt.

> In Java ist jedem Operator genau ein Nachrichtentyp zugeordnet. Das Nachrichtenformat entspricht dem Aufrufformat der Operatoren. Es wird daher nicht explizit zwischen Nachricht und Operatoraufruf unterschieden. Die in den Beispielen 8-11 und 8-12 in den Objekttyp-Beschreibungen definierten Operatoren stellen zugleich Vereinbarungen von Nachrichtenformaten dar.

POLYMORPHISMUS

Im Konzept des Polymorphismus wird die genannte Unterscheidung zwischen Operatoren und Nachrichten genutzt. Als **Polymorphismus** wird die Eigenschaft bezeichnet, dass eine bestimmte, an Objekte unterschiedlichen Typs versandte Nachricht dort unterschiedliche Operatoren, d. h. unterschiedliche Wirkungen auslösen kann. Diese Eigenschaft entspricht der im natürlichsprachigen Bereich üblichen kontextabhängigen Wirkung einer Nachricht.

> Eine Nachricht "Präsentiere ein Objekt auf dem Bildschirm" hat bei den Objekttypen Punkt und Kreis grundsätzlich die gleiche Bedeutung. Die Operatoren hierfür sind jedoch für beide Objekttypen unterschiedlich zu gestalten. Die Nachricht ist polymorph. Die Wirkung der Nachricht ist objekttypspezifisch zu definieren.

8.2.6 Abstrakte Maschine

Das Modell der abstrakten Maschine fasst die bisherigen Programmstrukturmodelle in einem Konzept zusammen. In der Literatur werden **abstrakte Maschinen** auch als **virtuelle Maschinen** und ihre Komponenten als virtuelle Betriebsmittel bezeichnet. Die Begriffe abstrakte Maschine und virtuelle Maschine werden hier synonym verwendet. Eine abstrakte Maschine ist charakterisiert durch die Eigenschaften ADK-Struktur, virtuelle Betriebsmittel und ADTs bzw. Objekttypen.

ADK-STRUKTUR

Eine abstrakte Maschine ist nach dem Konzept des ADK-Modells aufgebaut. Sie besteht demnach aus einem anwendungsspezifischen Teil sowie aus Komponenten für die Datenverwaltung und für die Kommunikation mit Menschen und Maschinen. In Anlehnung an die Struktur der Universalrechenmaschine werden diese Komponenten als virtuelle Prozessoren, virtuelle Speicher und virtuelle Kommunikationskanäle bezeichnet und unter dem Begriff virtuelle Betriebsmittel zusammengefasst (vgl. Abschnitt 7.3). Nachrichten aus der Umgebung der Maschine werden von virtuellen Kommunikationskanälen erfasst und von virtuellen Prozessoren unter Verwendung von virtuellen Speichern behandelt. Die daraus entstehende Reaktion wird über virtuelle Kommunikationskanäle an die Umgebung zurückgemeldet (siehe auch Abschnitt 9.1).

Virtuelle Betriebsmittel

Virtuelle Betriebsmittel werden durch Programme und zugehörige Basismaschinen realisiert und stellen aus deren Sicht Nutzermaschinen dar. Ihre Leistung erbringen sie durch Nutzung von Betriebsmitteln der Basismaschine. So verwendet z. B. ein virtueller Speicher den realen Prozessor und unterschiedliche reale Speichermedien einer Basismaschine. Ein virtuelles Mehrprozessorsystem kann durch die Kombination aus einem realen Prozessor und einem Registersatz je virtuellem Prozessor im Hauptspeicher nachgebildet werden. Beide Beispiele zeigen, dass für die Realisierung eines virtuellen Betriebsmittels verschiedene Komponenten der Basismaschine herangezogen werden können. Die Zuordnung ist also nicht typ-homogen, d. h. für die Nachbildung eines virtuellen Betriebsmittels werden nicht ausschließlich typgleiche Komponenten der Basismaschinen verwendet.

ADTs und Objekttypen

Die Betriebsmittel einer virtuellen Maschine werden in Form eines ADT oder eines Objekttyps definiert. Die Außensicht eines ADT bzw. Objekttyps ist Teil der virtuellen Maschine, die Innensicht wird durch ein Programm auf der Grundlage einer Basismaschine realisiert.

Mehrstufige abstrakte Maschinen

Basismaschine einer virtuellen Maschine ist eine reale Maschine, d. h. ein Hardwaresystem, oder eine weitere virtuelle Maschine. Über einem Hardwaresystem als unterster Basismaschine können beliebig viele Schichten virtueller Maschinen aufgebaut werden (Bild 8-17). Virtuelle Maschinen sind linear angeordnet. Jede Maschine kann nur Betriebsmittel der unter ihr liegenden Maschinen nutzen.

Virtuelle Nutzermaschine	Anwendungssoftware			
Virtuelle Basismaschine Stufe 2	NetzwerkBetriebssystem			
Virtuelle Basismaschine Stufe 1	Betriebssystem WS 1	Betriebssystem WS 2	Fileserverbetriebssystem	Kommunikationssystem OSI Schicht 2
Reale Basismaschine	Workstation WS 1	Workstation WS 2	Fileserver	Kommunikationsnetz

Bild 8-17: Abstrakte Maschinen

Zu den wichtigsten, allgemein verwendeten virtuellen Maschinen, bzw. virtuellen Betriebsmitteln gehören Betriebssysteme, Datenbanksysteme, User-Interface-Management-Systeme und Netzwerkbetriebssysteme (vgl. Kapitel 9).

8.2.7 Client-Server-System

Die Strukturierung eines Anwendungssystems gemäß ADK-Strukturmodell in die Teilsysteme Anwendungsfunktionen, Datenverwaltung und Kommunikation mit Personen und Rechnern wurde in Abschnitt 8.2.2 mit Vorteilen hinsichtlich der Flexibilität und Reduzierung der Komplexität des Systems sowie der Standardisierung und Portierbarkeit begründet. Die Konfiguration des als Basismaschine dienenden Rechnersystems wurde dabei nicht eingeschränkt und kann sowohl aus einem einzelnen Rechner wie auch aus einem Rechnerverbund bestehen. Das ADK-Strukturmodell entspricht der Struktur einer abstrakten Maschine mit einem virtuellen Prozessor (A), einem virtuellen Speicher (D) und einer Menge von virtuellen Kommunikationskanälen (K).

In der Vergangenheit wurden Anwendungssysteme gemäß diesem ADK-Strukturmodell zunächst als zentrale Systeme realisiert. Ein Anwendungssystem in einem Unternehmen umfasste jeweils genau ein Teilsystem für jeden der drei Teilbereiche, also ein Datenbanksystem (D), ein Software-System für die Anwendungsfunktionen (A) sowie ein Kommunikationssystem mit Kommunikationsendgeräten (Terminal, bestehend aus Bildschirm und Tastatur) für die Interaktion mit den Mitarbeitern des Unternehmens als „Nutzer" des Systems (K). Ein Terminal war genau einem Rechnersystem zugeordnet.

Nutzte ein Mitarbeiter mehrere Anwendungssysteme mit unterschiedlichen Rechnersystemen, benötigte er Zugang zu mehreren Terminals. Wurden hierfür Produkte unterschiedlicher Hardware- und Software-Hersteller eingesetzt, wurden die Mitarbeiter hinsichtlich ihrer Fähigkeit und Bereitschaft zur Anpassung an spezifische Eigenheiten von Anwendungssystemen schnell überfordert. Um einem Nutzer einen singulären flexiblen Zugang zu unterschiedlichen Anwendungssystemen (single point of contact) zu geben und die Vorteile der in den 1980er Jahren schnell anwachsenden Anzahl von Arbeitsplatzrechnern zu nutzen, wurde die starre Zuordnung zwischen den Teilsystemen A, D, K und den dazu verwendeten Rechnern flexibilisiert. Es werden mehrere Rechner verwendet, die sich gegenseitig beauftragen. Beauftragende Rechner werden als Client, beauftragte und Dienste erbringende Rechner als Server bezeichnet. Folgende Zuordnungsmuster wurden im Laufe der Zeit entwickelt und werden weiterhin genutzt (Bild 8-18) [Schi93]:

8.2 Strukturmodelle von Programmen

a) Auf früheren Mainframe-Rechnern und heute weiterhin auf Arbeitsplatzrechnern werden alle drei Teilsysteme auf einem Rechner durchgeführt.

b) Ein Client-Rechner am Arbeitsplatz führt die Kommunikation mit dem Nutzer durch und beauftragt einen Server-Rechner damit, die Anwendungsfunktionen und die Datenverwaltung auszuführen. Die historisch älteste Lösung ermöglichte durch Auslagerung von nur einer Teilfunktion, der Kommunikation mit dem Nutzer, einen fließenden Übergang von den vorher zentralisierten Systemen. Die Verbindung zwischen Client und Server erwies sich jedoch rasch als Engpass im Gesamtsystem.

c) Die Verlagerung der Anwendungsfunktionen vom Server zum Client verbesserte die Reaktionszeiten und ermöglichte hoch interaktive Anwendungssysteme. Beispiele sind Office-Systeme, die Daten in einem zentralen File-Server ablegen. Während im Falle (a) vollautomatisierte und teilautomatisierte Aufgaben auf einem Server-Rechner zusammengefasst werden konnten, ist diese Lösung nur für teilautomatisierte Aufgaben gut geeignet. Nachteile dieser Lösung sind mögliche Engpässe bei der Datenübertragung zwischen den Teilsystemen A und D, und die hohen Hardware- und Betreuungsanforderungen beim Arbeitsplatzrechner, an dem die jeweilige Anwendungssoftware zu installieren ist. Die Client-Rechner dieser Lösung werden daher auch als „Fat Client" bezeichnet.

d) Als Kompromisslösung zwischen den Varianten (a) und (b) werden die Anwendungsfunktionen auf Client und Server aufgeteilt, um den Anforderungen bezüglich Interaktivität und Datenzugriffsintensität zu entsprechen. Nachdem erste Versuche an Standardisierungsvorgaben scheiterten, ist das gegenwärtig bekannteste Beispiel hierfür die Nutzung von Applets (A_1) und Servlets (A_2). Zur Abgrenzung von Lösung (b) werden die Clients hier auch als „Thin-Client" bezeichnet. Die Hardware-Anforderungen und der Software-Pflegeaufwand der Client-Rechner ist weit geringer als ber der Variante (b).

e) Eine 3-Schichten-Architektur sieht jeweils einen Rechner für jeder Teilsysteme A, D, K vor. Entsprechend wird von Application-Server, Datenbank-Server und Kommunikations-Client gesprochen. Für die eher geringen Datenübertragungsanforderungen zwischen K und A, und die eher hohen Anforderungen zwischen A und D werden jeweils unterschiedliche Netzwerke bereitgestellt. Die Software-Pflege des Systems ist sowohl unter Aufwands- sowie unter Sicherheitsgesichtspunkten besser als in den vorhergehenden Varianten. Die Datenverwaltung kann weitgehend getrennt von den anderen Funktionsbereichen betrieben werden. Die pflegeintensiven Anwendungsfunktionen sind auf nur einem Server zu installieren. Die Kommunikationsfunktion ist auch auf Thin-Clients durchführbar und weit weniger pflegeintensiv. Die 3-Schichten-Architektur wird daher bei großen integrierten Anwendungssystemen bevorzugt. Ein Beispiel hierfür ist das System SAP R/3®.

f) In einer Erweiterung der Schichten-Architektur (e) wird zwischen den Kommunikations-Clients und dem Application-Server ein Web-Server eingefügt und damit eine 4-Schichten-Architektur gebildet, um den Kommunikationsforderungen im Internet zu entsprechen (vgl. Abschnitt 9.5.3).

g) Analog zur Lösung (d) kann der Web-Server Anwendungsfunktionen mit übernehmen.

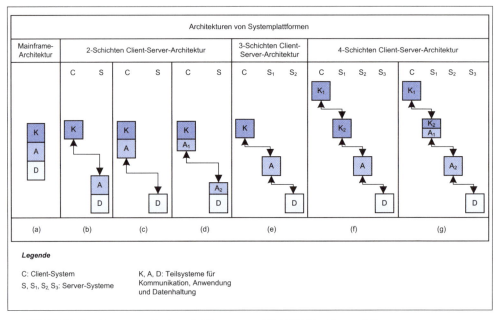

Bild 8-18: Strukturen von Systemplattformen gemäß ADK-Strukturmodell

Die Aufteilung der Funktionsbereiche A, D, K auf mehrere Rechner ermöglicht aus Sicht eines Nutzers die Verknüpfung des eigenen Arbeitsplatzrechners als Client mit beliebig vielen Servern, die ihrerseits mit weiteren Servern in einer Client-Server-Beziehung verknüpft sind. Bei jeder Suche im Web werden in der Regel viele Web-Server in dieser Weise kontaktiert.

Für die Kommunikation der Funktionsbereiche werden flexible, standardisierte Kommunikationsplattformen benötigt, um beliebigen Kommunikationspartnern geeignete Kommunikationswege und –schnittstellen zur Verfügung zu stellen. Diese Funktion ist in Erweiterung bisheriger Betriebssystem-Funktionalität der Middleware zugewiesen (vgl. Abschnitt 9.5) [Dada96].

8.3 Imperative Programmierung

8.3.1 Programme

Gemäß dem Paradigma der imperativen Programmierung stellt ein Programm eine Befehlsfolge zur Realisierung einer Nutzermaschine auf der Grundlage einer Basismaschine dar (vgl. Abschnitte 7.2.2, 8.1 und 8.2.1). Ein imperatives Programm besteht

- aus einem Algorithmus für die Berechnung einer Funktion durch den Aktionsträger Basismaschine und
- aus Betriebsmittelanforderungen an die Basismaschine.

Die Beschreibung einer Funktion in Form eines Algorithmus mit Teilfunktionen und Ablaufbeziehungen legt die Vorgehensweise bei einer Funktionsberechnung in Einzelschritten fest. Jeder Schritt wird im Imperativ, d. h. in Befehlsform formuliert.

Objektorientierte Programme realisieren Algorithmen durch eine Menge von Klassen, die untereinander in Beziehung stehen. Die Klassen können zu größeren Einheiten, genannt Java Pakete, zusammengefasst werden. Zur Laufzeit des Programms werden Objekte, d. h. Instanzen der Objekttypen mithilfe von Klasseninstanzen erzeugt.

Es werden 3 Beziehungstypen unterschieden:

a) **Assoziation:** Eine Assoziationsbeziehung zwischen zwei Objekttypen drückt eine Verwendungs- bzw. Aufrufbeziehung aus. Sie ist der allgemeinste Fall einer Beziehung zwischen Objekttypen.

b) **Aggregation:** Ein Objekttyp OT_1 kann weitere Objekttypen OT_2, ..., OT_n ($n \geq 2$) beinhalten. Existiert keine Existenzabhängigkeit zwischen OT_1 und OT_2, ..., OT_n, so handelt es sich um eine Aggregationsbeziehung. Ist dagegen die Existenz von OT_1 von der Existenz der Objekttypen OT_2, ..., OT_n und umgekehrt abhängig, so handelt es sich um die strenge Form der Aggregation, die Komposition.

c) **Generalisierung / Spezialisierung:** Objekttypen können Datenobjekttypen und Operatoren sowie Aggregations- und Assoziationsbeziehungen zu Objekttypen von ihrem Vorgänger erben und eigene Datenobjekttypen, Operatoren und Beziehungen hinzufügen. Ein Objekttyp OT_1, der von einem Objekttyp OT_2 erbt, wird als Subtyp, der Objekttyp OT_1 als Supertyp bezeichnet. Diese Form der Beziehung wird auch als Vererbung bezeichnet (vgl. Abschnitte 8.2.5 und 8.3.4).

Im Folgenden werden anhand von Java die Bestandteile einer Klasse beschrieben.

Definition der Paketzugehörigkeit
Import von Klassen
Definition Klassenname
Definition von Datenobjekten und Aggregationsbeziehungen
Definition anwendungseigener Operatoren
Definition Algorithmus

Bild 8-19: Bestandteile einer Java-Klasse

- **Definition der Paketzugehörigkeit**

Klassen sind in Java Bestandteil von Paketen. Mit der Anweisung *package* wird das Paket, zu dem die Klasse gehören soll, festgelegt. Die Organisation von Klassen in Paketen dient als Hilfsmittel zur Strukturierung von Programmen. Der vollständige Name einer Klasse besteht aus dem Namen des Paketes, gefolgt von einem Punkt und dem eigentlichen Namen der Klasse.

- **Import von Klassen**

Damit eine Klasse in einer anderen Klasse verwendet werden kann, muss der eigentliche Klassenname und das Paket, zu dem sie gehört, angegeben werden. Da Klassennamen auf diese Weise sehr lang werden können, bietet Java die Möglichkeit, Klassen mithilfe der Anweisung *import* einzubinden. Zum Aufruf der Klasse genügt dann der eigentliche Klassenname.

- **Klassendefinition**

Hier werden der Name der Klasse definiert und ihre Sichtbarkeit innerhalb und außerhalb des Programms festgelegt.

- **Definition von Datenobjekten und Aggregationsbeziehungen**

In Java wird unterschieden zwischen Klassenvariablen, die nicht an eine Instanz einer Klasse gebunden sind, und Instanzvariablen, die an ein konkretes Objekt einer Klasse gebunden sind. Variablen können entweder Datenobjekte oder Objekte sein. Neben dem Typ der Variablen wird auch deren Sichtbarkeit festgelegt. Gleiches gilt für Konstanten. Datenobjekte und Objekte, die hier deklariert werden, heißen in Java auch Felder und werden im Heap gespeichert.

- **Definition anwendungseigener Operatoren**

Die bei der Zerlegung einer Funktion entstehenden Teilfunktionen eines Algorithmus können getrennt in einzelnen Operatoren beschrieben werden. Die getrennte Beschreibung verbessert die Lesbarkeit eines Programms und vereinfacht die Gestaltung des Algorithmus bei sich wiederholenden Teilfunktionen (vgl. Abschnitt 8.3.3). Innerhalb von Operatoren können erneut Datenobjekte und Objekte definiert werden, die in Java als lokale Variablen bezeichnet werden. Lokale Variablen werden im Stack gespeichert. Zu beachten ist dabei, dass Objekte selbst aber im Heap und im Stack nur die Referenzen auf Objekte gespeichert werden.

- **Definition Algorithmus**

  In diesem Abschnitt wird der Algorithmus unter Verwendung der anwendungseigenen Operatoren beschrieben.

8.3.2 Elemente von Programmen

Bestandteile einer Algorithmusdefinition sind (1) eine Definition von Teilfunktionen des Algorithmus und (2) Ablaufstrukturen für die Beschreibung von Ablaufbeziehungen, die zwischen den Teilfunktionen einzuhalten sind. Die Beschreibung einer Teilfunktion beinhaltet den Operatornamen und Referenzen auf die als Operanden fungierenden Datenobjekte. Eine Ablaufstruktur grenzt die betroffenen Teilfunktionen ab und legt deren Ablaufbeziehung fest. Eine Auswahl dieser Beschreibungselemente wird im Folgenden auf der Grundlage von Java spezifiziert.

DATENOBJEKTE UND DATENOBJEKTTYPEN

Ein Datenobjekt tritt als Variable oder Konstante auf und benötigt während seiner Lebenszeit Speicherzellen als Betriebsmittel. Einfache Datenobjekte werden durch ein Tupel (*Name, Wertebereich, aktuellerWert*) definiert. Der Name referenziert ein Datenobjekt eindeutig und verweist während einer Programmdurchführung auf die dem Datenobjekt zugeordneten Speicherzellen. Der Datenobjekttyp beschreibt den Wertebereich. Eine **Variable** kann während ihrer Lebenszeit unterschiedliche Werte des Wertebereiches annehmen. Eine **Konstante** speichert unveränderlich denselben Wert.

Für die Namensbildung von Variablen und Konstanten gelten unterschiedliche Regeln. Der Name einer Variable wird in Java anhand folgender Regel gebildet:

> Ein Variablenname ist mindestens 1 Zeichen lang. Das erste Zeichen ist ein Buchstabe, ein Unterstrich (_) oder das Dollarzeichen ($), die folgenden Zeichen sind Buchstaben oder Ziffern.

> Beispiele: V12a, VarName. Java ist „case-sensitive", d. h. Groß- und Kleinbuchstaben werden von einem Java-Compiler unterschieden.

Der Name einer Konstante zeigt zugleich den Wert des Datenobjektes an. Für jeden Wert muss mindestens ein Name bekannt sein.

```
boolean:   true, false
int:       -4, 0, 6
```

```
double:    -2.45, 3.14, 0.125e2 (vgl. Abschnitt 7.1.3)
char:      'A', '1', '#' (Werte: A, 1, #)
```

Zur Unterstützung der Lesbarkeit und Wartung von Programmen ist bei Konstanten die Bildung von Synonymen, für die dieselben Benennungskonventionen wie für Variablen gelten, möglich. Dazu ist in einem Java-Programm das Schlüsselwort **final** vorgesehen. Jede Synonymdefinition hat die Form: final *Datenobjekttyp* Synonym = Konstante;

```
final double PI = 3.14;
final int ID = 532;
```

Die Standard-Datenobjekttypen von Java orientieren sich an den üblichen Zahlen- und Zeichenmengen.

a) **Datenobjekttyp mit logischem Wertebereich**

Datenobjekttyp	Wertebereich
boolean	{true, false}

b) **Datenobjekttypen mit numerischen Wertebereichen**

Datenobjekttyp	Wertebereich
byte	$[-2^7, 2^7-1]$ Teilintervall der ganzen Zahlen, Speicherdarstellung im binären Festpunktcode
short	$[-2^{15}, 2^{15}-1]$ Teilintervall der ganzen Zahlen, Speicherdarstellung im binären Festpunktcode
int	$[-2^{31}, 2^{31}-1]$ Teilintervall der ganzen Zahlen, Speicherdarstellung im binären Festpunktcode
long	$[-2^{63}, 2^{63}-1]$ Teilintervall der ganzen Zahlen, Speicherdarstellung im binären Festpunktcode
float	Menge aller reellen Zahlen der Form $m*2^e$. Werte von m sind auf eine Länge von 24 Bit begrenzt. Werte von e $\in [-2^7-21, 2^7]$. Speicherdarstellung im binären Gleitpunktcode
double	Menge aller reellen Zahlen der Form $m*2^e$. Werte von m sind auf eine Länge von 53 Bit begrenzt. Werte von e $\in [-2^{10}-50, 2^{10}]$. Speicherdarstellung im binären Gleitpunktcode**Fehler! Textmarke nicht definiert.**

c) Datenobjekttypen mit nichtnumerischen Wertebereichen

Datenobjekttyp	Wertebereich
char	Menge der Zeichen des Unicode-Zeichencodes

OPERATOREN AUF DATENOBJEKTTYPEN

Jeder der genannten Standard-Datenobjekttypen bildet zusammen mit den zugehörigen Standard-Operatoren einen Datentyp. Damit sind die möglichen Manipulationen eines Datenobjekttyps definiert. Bei der Definition ist auf die Vollständigkeit und die Orthogonalität der Operatorenmenge zu achten. Vollständig heißt, dass für alle über einem Datenobjekttyp benötigten Manipulationen ein Operator verfügbar ist. Orthogonal heißt, dass die Anzahl der Operatoren minimiert wird, die Operatoren sich hinsichtlich ihrer Wirkung nicht überlappen und damit für eine bestimmte Manipulation jeweils genau ein Operator verfügbar ist. Im Folgenden ist eine Auswahl von Operatoren der Standard-Datentypen in Java zusammengestellt. Sie ist nach den Datenobjekttypen der Operanden geordnet. Eine vollständige Übersicht geben die Referenzhandbücher der Compiler-Hersteller. Für alle Datenobjekttypen sind folgende Operatoren verfügbar:

- Kopieren des Wertes eines Datenobjektes {=}

- Vergleich zweier Datenobjekte auf Gleichheit bzw. Ungleichheit {== (gleich), != (ungleich)}

a) Operatoren für logische Datenobjekttypen

Die Operatoren führen eine Verknüpfung von boolean-Operanden gemäß den Junktoren der Aussagenlogik durch.

&&, ||:	BOOLEAN × BOOLEAN → BOOLEAN
! :	BOOLEAN → BOOLEAN

b) Operatoren für numerische Datenobjekttypen

Dazu gehören arithmetische Operatoren, Vergleichsoperatoren, Typtransferoperatoren sowie Operatoren für den Datenaustausch mit Ein-/Ausgabegeräten und Speichersystemen. Die Verknüpfung erfolgt entsprechend den bekannten Operatoren über den natürlichen, ganzen bzw. reellen Zahlen.

b1) Operatoren auf byte, short, int und long

Auf den Datenobjekttypen byte, short, int und long ist eine gemeinsame Operatorenmenge, eingeschränkt auf die jeweiligen Wertebereiche, verfügbar. Besitzen die Operanden unterschiedliche Typen, so findet eine erweiternde Konvertierung in

Richtung des größeren Operanden statt, also zum Beispiel von byte → int. Das Ergebnis des Operators ist typgleich mit dem Typ des größeren Operanden. Im Folgenden werden aus Gründen der Vereinfachung und Übersichtlichkeit nur int-Operanden angegeben.

arithmetische Operatoren

+, -, *, / : int × int → int
% : int × int → int

Der Operator / bezeichnet die ganzzahlige Division (ganzzahliger Quotient), der Operator % die Modulo-Division (ganzzahliger Divisionsrest). Die Definitionsbereiche sind ggf. einzuschränken (z. B.: Die Division durch 0 ist nicht definiert.).

Vergleichsoperatoren

<, <=, >=, >, =, <> : int × int → boolean

Typtransferoperator

(DOT1): DOT2 → DOT1; wobei DOT1, DOT2 ∈ (byte, short, char, int, long)

b2) Operatoren auf float und double

Auf den Datenobjekttypen float und double ist eine gemeinsame Operatorenmenge, eingeschränkt auf die jeweiligen Wertebereiche, verfügbar. Auch hier wird bei Operanden unterschiedlichen Typs eine erweiternde Konvertierung durchgeführt. Nachfolgend sind nur float-Operanden angegeben.

arithmetische Operatoren

+, -, *, / : float × float → float
% : float × float → float

Die Definitionsbereiche sind ggf. einzuschränken (z. B.: Die Division durch 0 ist nicht definiert). Hier bezeichnet der Operator / die Division reeller Zahlen.

Vergleichsoperatoren

<, <=, >=, >, =, <> : float × float → boolean

Typtransferoperatoren

(DOT1): DOT2 → DOT1; wobei DOT1, DOT2 ∈ (float, double)

c) Operatoren für den nichtnumerischen Datenobjekttyp char

Für den nichtnumerischen Datenobjekttyp char stehen Vergleichsoperatoren auf der Grundlage der lexikographischen Ordnung zur Verfügung.

c1) Operatoren auf CHAR

Vergleichsoperatoren

<, <=, >=, >, =, <> : char × char → boolean

Typtransferoperator

(DOT1): DOT2 → DOT1; wobei DOT1 ∈ (byte, short, int, long, float, double) und DOT2 ∈ (char)
(Wert gemäß Unicode-Zeichencode)

ABLAUFSTRUKTUREN

In Java stehen für die in Abschnitt 8.1.2 beschriebenen linearen Ablaufstrukturen Sequenz, Alternative, Wiederholung, Rekursion entsprechende Beschreibungselemente zur Verfügung. Die Ablaufstruktur Parallelität ist nicht vorgesehen. Die Notationen der verschiedenen Ablaufstrukturen werden im Folgenden beschrieben. Dabei sei F eine Funktion mit den Teilfunktionen F_1, F_2, ..., F_n. Die Ablaufstrukturen definieren die Ablaufbeziehungen zwischen den Teilfunktionen.

a) Sequenz

{ F1; F2; ..., Fn } (Block) oder
F1 (Block mit nur einem Operator)

Bei der Schachtelung von Ablaufstrukturen ist entsprechend der Java-Syntax jeweils eine Sequenz-Liste oder ein Sequenz-Block zu verwenden.

b) Alternativen

b1) Auswahl aus 2 Alternativen

if (p) F1; else F2;

Kriterium für die Wahl der Alternativen F_1 oder F_2 ist eine Selektor-Funktion p mit den möglichen Funktionswerten true und false.

b2) Auswahl aus n+1 Alternativen

```
switch s {
   case sw1: F1;
   case sw2: F2;
   :
   case swn: Fn;
   default: Fsonst;
}
```

Das Kriterium für die Wahl einer Alternative zwischen den Teilfunktionen F_1, F_2, ..., F_n und F_{sonst} ist eine Selektor-Funktion s, die beliebige Funktionswerte aus den Wertebereichen byte, short, char oder int annehmen kann. Nimmt s einen der Funktionswerte sw_1, sw_2, ..., sw_n an, werden entsprechend die Funktionen F_1, F_2, ..., F_n durchgeführt. Alle übrigen Funktionswerte von s lösen die Funktion F_{sonst} aus.

c) **Wiederholung**

Die Teilfunktion F1 ist n-mal durchzuführen. Die Anzahl n ist konstant oder wird anhand einer Funktion p mit den Funktionswerten TRUE und FALSE bestimmt. Die Funktion p wird vor bzw. nach jeder Ausführung von F1 ausgewertet. Es werden daher folgende Varianten der Ablaufstruktur Wiederholung unterschieden.

c1) **konstante Anzahl der Durchführungen von F1**

> for (Zähler = Anfang; p; Fu) F1 (Fu: Funktion zur Aktualisierung des Zählers)

c2) **variable Anzahl der Durchführungen von F1 mit Vortest**

> while (p) F1;

Der Funktionswert von p wird jeweils vor einer Durchführung von F_1 ermittelt. F_1 wird ausgeführt, wenn p == true. Die Funktion F_1 wird also minimal 0-mal durchgeführt ("Führe F_1 aus, solange p == true").

c3) **variable Anzahl der Durchführungen von F1 mit Nachtest**

> do F1; while (p);

Der Funktionswert von p wird jeweils nach einer Durchführung von F1 ermittelt. F1 wird weiterhin ausgeführt, wenn p == false. Die Funktion F1 wird also minimal 1-mal durchgeführt ("Führe F1 aus, bis p == true").

d) **Rekursion**

Die in Abschnitt 8.1.2 dargestellte Fakultätsfunktion wird in Java wie folgt beschrieben:

```
public int fakultaet(int n) {
    if (n < 0) return 0;
    else if (n == 0) return 1;
    else return (fakultaet(n-1)*n);
}
```

Bei einer Ablaufstruktur Rekursion enthält die Definition der Funktion F auch einen Funktionsaufruf für F. Eine Funktionsberechnung führt zu einer geschachtelten Ausführung von F.

8.3.3 Objekttypen

In den Abschnitten 8.2.5 und 8.3.1 wurden Objekttypen als die zentralen Bausteine für die Konstruktion von Softwaresystemen vorgestellt. Ihre kennzeichnenden Merkmale sind Datenkapselung, Vererbung, Polymorphismus und Kommunikation über Nach-

8.3 Imperative Programmierung

richten. Die Realisierung dieses Konzeptes in Pascal wird im Folgenden anhand eines Beispiels mit den Objekttypen *Kraftfahrzeug (Kfz)*, *Kombifahrzeug (Kombi)* und *Lastkraftwagen (Lkw)* gezeigt (Bild 8-20). Für eine Einführung in die objektorientierte Programmierung mit Java siehe z. B. [GrSo08], [HoCo08].

Beispiel 8-13:

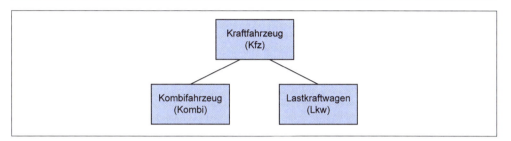

Bild 8-20: Vererbungsstruktur zwischen Objekten

Die Objekttypen *Kombi* und *Lkw* sind Spezialisierungen des Objekttyps *Kfz* und erben dessen Eigenschaften, d. h. dessen Datenobjekttypen und Operatoren. Das Beispiel ist zusammenhängend formuliert. Die Erläuterung des Beispiels ist nach den Aspekten Datenkapselung, Vererbung, Polymorphismus und Kommunikation über Nachrichten gegliedert. Der Programmtext bedarf für das Verständnis des Beispiels keiner weiteren Erläuterung.

DATENKAPSELUNG

Zunächst wird der Objekttyp *Kfz* eingeführt. *Kfz* umfasst eine Menge von internen Datenobjekttypen und Operatoren. Ein Objekt *MeinKfz* vom Typ *Kfz*, d. h. eine Instanz des Objekttyps *Kfz*, wird durch die Java-Notation Kfz MeinKfz = new Kfz definiert. Die internen Zustände des Objektes *MeinKfz*, d. h. die Werte seiner Datenobjekte, werden ausschließlich über die dafür vorgesehenen Operatoren ermittelt und verändert. Die Kommunikation mit anderen Objekten erfolgt über Nachrichten. Die Nachrichtenformate stimmen mit den Formaten der Operatoraufrufe überein.

```
public class Kfz {

   protected double _Leergewicht, _Gesamtgewicht;
   protected double _BelegteNutzlast, _Personengewicht;
   protected double _Tankinhalt, _Tankpegel, _DVerbrauch;
   protected int _Sitzplaetze, _BelegtePlaetze;

   public Kfz(double AktLeergewicht, double AktGesamtgewicht,
              double AktTankinhalt, double AktDVerbrauch,
              int AktSitzplaetze) { }

   public boolean fahren(double VonX, double VonY, double NachX,
                         double NachY) { }
   public boolean tanken(double Fuellung) { }
   public boolean be_entladen(double Zuladung) { }
   public boolean zu_aussteigen(int Personen) { }
   public double gibReichweite() { }
   public double gibFreieNutzlast() { }
}
```

Die Nachrichten an ein Objekt *Kfz* dienen folgenden Zwecken. Die Nachricht *Kfz* ordnet *Kfz* die aktuellen Ausprägungen der Attribute *Leergewicht, Gesamtgewicht, Tankinhalt, durchschnittlicher Verbrauch* und *verfügbare Sitzplätze* zu (der Operator *Kfz* wird auch als Konstruktor bezeichnet). Die Nachrichten *fahren, tanken, be_entladen* und *zu_aussteigen* bewirken Änderungen der Zustände des Objekts *Kfz* und quittieren einen Änderungserfolg mit den Werten TRUE bzw. FALSE. Die Nachrichten *gibReichweite* und *gibFreieNutzlast* veranlassen die Meldung der entsprechenden Objektzustände.

VERERBUNG

Der Objekttyp *Kfz* wird nun spezialisiert zu den Objekttypen *Kombi* und *Lkw*. Die beiden Objekttypen übernehmen zunächst alle Datenobjekttypen und Operatoren von *Kfz*. Der Objekttyp *Kombi* wird um die Datenobjekttypen *PkwSitzplaetze, TranspSitzplaetze* und *Ruestzustand* sowie um den Operator *umruesten* ergänzt. Das Attribut *PkwSitzplaetze* gibt die möglichen Sitzplätze des Kombi als Pkw, das Attribut *TranspSitzplaetze* die möglichen Sitzplätze des Kombi als Transporter an. Das Attribut *Ruestzustand* beschreibt die jeweilige Verwendung des Kombi als Pkw oder Transporter und wird durch den Operator *umruesten* aktualisiert.

Der Objekttyp *Lkw* erhält die zusätzlichen Datenobjekte *MaxLadeVolumen, BelegtesLadeVolumen* und ersetzt den geerbten Operator *be_entladen* durch einen Lkw-spezifischen Operator gleichen Namens. Konstruktoren werden in Java nicht vererbt. Ist in einer Klasse kein Konstruktor definiert, so erzeugt der Compiler beim Übersetzen der Klasse automatisch einen parameterlosen Konstruktor, auch Standardkonstruktor genannt. Wird der Konstruktor der Objekttypen *Kombi* bzw. *Lkw* aufgerufen, so wird implizit durch Aufruf des Standardkonstruktors auch ein Objekt vom Typ *Kfz* erzeugt. Da im Beispiel für den Objekttyp *Kfz* aber kein Standardkonstruktor definiert ist, muss unter Verwendung des Operators *super* der benutzerdefinierte Konstruktor aufgerufen werden.

```java
public class Kombi extends Kfz {

  protected int _PkwSitzplaetze, _TranspSitzPlaetze;
  protected String _Ruestzustand = new String();

  public Kombi(double AktLeergewicht, double AktGesamtgewicht,
          double AktTankinhalt, double AktDVerbrauch,
          int AktPkwSitzplaetze, int AktTranspSitzplaetze) {
    super(AktLeergewicht, AktGesamtgewicht, AktTankinhalt,
          AktDVerbrauch, AktPkwSitzplaetze +AktTranspSitzplaetze);
  }

  public boolean umruesten() { }
}

public class Lkw extends Kfz {

  protected int _MaxLadeVolumen, _BelegtesLadeVolumen;

  public Lkw(double AktLeergewicht, double AktGesamtgewicht,
          double AktTankinhalt, double AktDVerbrauch,
          int AktSitzplaetze, int AktMaxLadeVolumen) {
    super(AktLeergewicht, AktGesamtgewicht, AktTankinhalt,
          AktDVerbrauch, AktSitzplaetze);
  }

  public boolean be_entladen(int ZuladeVolumen, double
                    ZuladeGewicht) { }
}
```

POLYMORPHISMUS

Das Konzept der Objektorientierung sieht vor, dass Operatoren eines Objekts ausschließlich über Nachrichten angestoßen werden. Dabei können grundsätzlich einem Operator mehrere Nachrichten zugeordnet sein. In Java wird aus Gründen der Vereinfachung jedem Operator genau eine Nachricht zugeordnet. Das Nachrichtenformat stimmt mit dem Operatoraufruf überein. Ein Nachrichtenformat wird jedoch im Kontext des Objekttyps interpretiert. Damit wird es möglich, zwischen Nachrichten gleichen Namens für unterschiedliche Objekttypen zu unterscheiden und ihnen dort unterschiedliche Operatoren zuzuordnen. Diese Eigenschaft wird als Polymorphismus bezeichnet und ermöglicht es, einer Nachricht eine kontextabhängige Semantik zuzuordnen.

Die Operatoren des Objekttyps *Kfz* sind im Folgenden beschrieben: Der Operator *be_entladen* des Objekttyps *Kfz* wird im Objekttyp *Lkw* überschrieben. Die Nachricht *be_entladen* an ein Objekt des Typs *Lkw* hat einen anderen Operatoraufruf als dieselbe Nachricht an ein Objekt vom Typ *Kfz* zur Folge.

```java
import java.lang.Math;

public class Kfz {

  protected double _Leergewicht, _Gesamtgewicht;
  protected double _BelegteNutzlast, _Personengewicht;
  protected double _Tankinhalt, _Tankpegel, _DVerbrauch;
  protected int _Sitzplaetze, _BelegtePlaetze;

  public Kfz(double AktLeergewicht, double AktGesamtgewicht,
             double AktTankinhalt, double AktDVerbrauch,
             int AktSitzplaetze) {
    _Leergewicht = AktLeergewicht;
    _Gesamtgewicht = AktGesamtgewicht;
    _BelegteNutzlast = 0.0;
    _Personengewicht = 0.0;
    _Tankinhalt = AktTankinhalt;
    _Tankpegel = 0.0;
    _DVerbrauch = AktDVerbrauch;
    _Sitzplaetze = AktSitzplaetze;
    _BelegtePlaetze = 0;
  }

  /*Die Distanz wird als Luftlinie zwischen den Punkten von und
  nach ermittelt*/
  public boolean fahren(double VonX, double VonY, double NachX,
                        double NachY) {
    double Distanz, Verbrauch;
    boolean FahrtOK;
    Distanz = Math.sqrt(Math.pow(Math.abs(NachX-VonX),2) +
              Math.pow(Math.abs(NachY-VonY),2));
    Verbrauch = Distanz * _DVerbrauch / 100.0;
    FahrtOK = _Tankpegel >= Verbrauch;
    if (FahrtOK) _Tankpegel -= Verbrauch;
    return FahrtOK;
  }

  public boolean tanken(double Fuellung) {
    boolean TankenOK;
    TankenOK = (Fuellung >= 0) && ((_Tankinhalt - _Tankpegel) >=
               Fuellung);
    if (TankenOK) _Tankpegel += Fuellung;
    return TankenOK;
```

```java
    }

    //Zuladung <= 0: Entladen, sonst: Beladen
    public boolean be_entladen(double Zuladung) {
      boolean LadenOK;
      if (Zuladung <= 0.0) LadenOK = Math.abs(Zuladung) <=
                                    _BelegteNutzlast;
      else LadenOK = this.gibFreieNutzlast() >= Zuladung;
      if (LadenOK) _BelegteNutzlast += Zuladung;
      return LadenOK;
    }

    public double gibReichweite() {
      return (_Tankpegel * 100.0 / _DVerbrauch);
    }

    public double gibFreieNutzlast() {
      return (_Gesamtgewicht - _Leergewicht - _BelegteNutzlast -
              _Personengewicht);
    }

    public boolean zu_aussteigen(int Personen) {
      final double Persongewicht = 75.0;
      double DeltaGewicht;
      boolean EAStiegOK;
      DeltaGewicht = Personen * Persongewicht;
      if (Personen <= 0) EAStiegOK = Math.abs(Personen) <=
                                    _BelegtePlaetze;
      else EAStiegOK = ((_Sitzplaetze - _BelegtePlaetze) >=
                        Personen) &&
                       (this.gibFreieNutzlast() >= DeltaGewicht);
      if (EAStiegOK) {
        _BelegtePlaetze += Personen;
        _Personengewicht += DeltaGewicht;
      }
      return EAStiegOK;
    }

}
```

Spezifische Nachrichten und Operatoren des Objekttyps *Kombi* sind:

```java
  public class Kombi extends Kfz {

    protected int _PkwSitzplaetze, _TranspSitzPlaetze;
    protected String _Ruestzustand = new String();

    public Kombi(double AktLeergewicht, double AktGesamtgewicht,
                 double AktTankinhalt, double AktDVerbrauch,
                 int AktPkwSitzplaetze, int AktTranspSitzplaetze) {
      super(AktLeergewicht, AktGesamtgewicht, AktTankinhalt,
            AktDVerbrauch, AktPkwSitzplaetze+AktTranspSitzplaetze);
      _Ruestzustand = "Pkw";
      _PkwSitzplaetze = AktPkwSitzplaetze;
      _TranspSitzPlaetze = AktTranspSitzplaetze;
    }

    public boolean umruesten() {
      boolean UmruestenOK;
      if (_Ruestzustand.equals("Pkw")) {
        UmruestenOK = _BelegtePlaetze <= _TranspSitzPlaetze;
        if (UmruestenOK) {
```

8.3 Imperative Programmierung

```
            _Ruestzustand = "Transporter";
            _Sitzplaetze = TranspSitzPlaetze;
        }
    }
    else {
        UmruestenOK = true;
        _Ruestzustand = "Pkw";
        _Sitzplaetze = _PkwSitzplaetze;
    }
    return UmruestenOK;
  }
}
```

Spezifische Nachrichten und Operatoren des Objekttyps *Lkw* sind:

```
public class Lkw extends Kfz {

  protected int _MaxLadeVolumen, _BelegtesLadeVolumen;

  public Lkw(double AktLeergewicht, double AktGesamtgewicht,
             double AktTankinhalt, double AktDVerbrauch,
             int AktSitzplaetze, int AktMaxLadeVolumen) {
    super(AktLeergewicht, AktGesamtgewicht, AktTankinhalt,
          AktDVerbrauch, AktSitzplaetze);
    _MaxLadeVolumen = AktMaxLadeVolumen;
    _BelegtesLadeVolumen = 0;
  }

  //Zuladevolumen && Zuladegewicht <= 0: Entladen, sonst: Beladen
  public boolean be_entladen(int ZuladeVolumen,
                             double ZuladeGewicht) {
    boolean LadenOK;
    LadenOK = ((ZuladeVolumen <= 0) && (ZuladeGewicht <= 0.0)) ||
              ((ZuladeVolumen > 0) && (ZuladeGewicht > 0.0));
    if (LadenOK) {
       if (ZuladeVolumen <= 0) LadenOK = Math.abs(ZuladeVolumen) <=
                                  _BelegtesLadeVolumen;
       else LadenOK = (_BelegtesLadeVolumen + ZuladeVolumen) <=
                       _MaxLadeVolumen;
       if (LadenOK) LadenOK = super.be_entladen(ZuladeGewicht);
       if (LadenOK) _BelegtesLadeVolumen += ZuladeVolumen;
    }
    return LadenOK;
  }
}
```

NACHRICHTENAUSTAUSCH

Die Instanzen der Objekttypen *Kfz*, *Kombi* und *Lkw* werden in einem weiteren Objekttyp generiert, der die Objekttypen *Kfz*, *Kombi* und *Lkw* nutzt. Dazu können Objektvariablen deklariert und mit der Java-Anweisung *new* Objekte im Heap des Hauptspeichers erzeugt werden (vgl. Abschnitt 8.3.4). Die Objekte *MeinKfz*, *MeinKombi* und *MeinLkw* werden z. B. generiert aufgrund der Deklaration Kfz MeinKfz = new Kfz; Kombi MeinKombi = new Kombi; Lkw MeinLkw = new Lkw. Zu beachten ist, dass die Variablen *MeinKfz*, *MeinKombi* und *MeinLkw* eigentlich Referenzen darstellen, deren Wert die Adresse des Speicherbereichs im Heap, der für das jeweilige Objekt reserviert wurde, ist.

Der Nachrichtenaustausch zwischen den Objekten wird ebenfalls in dem die Objekte *MeinKfz*, *Mein-Kombi* und *MeinLkw* nutzenden Objekt festgelegt. Die Quittierung von Nachrichten erfolgt im Beispiel anhand von Rückgabewerten. Ein Nachrichtenversand wird in der Form *Zielobjekt.Nachricht* formuliert. Die Befüllung von *MeinKfz* hat z. B. die Form MeinKfz.tanken(50). Eine Befüllung wird im Erfolgsfall mit TRUE, andernfalls mit FALSE quittiert.

Beispiel

8.3.4 Betriebsmittel

Eine Java-Basismaschine stellt einem nutzenden Programm virtuelle Betriebsmittel in Form eines virtuellen Prozessors, virtueller Ein-/Ausgabekanäle und virtueller Speicher zur Verfügung. Die Schnittstelle zu den virtuellen Ein-/Ausgabekanälen besteht im einfachsten Fall aus der Nachricht System.out.print oder System.in.read bzw. aus einem umfangreichen Funktionsvorrat bei Verwendung von User-Interface-Management-Systemen (UIMS) für die Mensch-Computer-Kommunikation oder Netzwerkbetriebssysteme für die Rechner-Rechner-Kommunikation (siehe Abschnitte 9.4 und 9.3). Der Funktionsumfang des virtuellen Prozessors ist durch den Java-Sprachumfang festgelegt.

Die Eigenschaften der virtuellen Java-Speicher orientieren sich einerseits an den Merkmalen der verfügbaren realen Speicher, andererseits am Typ und an der Lebensdauer der zu speichernden Objekte. Die Objekte sind Bestandteil einer Nutzermaschine und benötigen während ihrer Lebensdauer Speicherplatz. Folgende Kombinationen von realem Speicher und Objekten sind bei Java-Basismaschinen vorgesehen.

- **Relation**: Datenobjekte vom Typ Relation werden mit beliebiger Lebensdauer in Datenbanksystemen verwaltet. Datenbanksysteme sind virtuelle Speicher, die ihrerseits reale externe Speicher nutzen. Java enthält keinen Datenobjekttyp Relation, jedoch können relationale Daten verarbeitet werden. Dazu stehen in Java spezielle Klassen zur Verfügung.

- **File**: Datenobjekte vom Typ FILE werden ebenfalls mit beliebiger Lebensdauer in einem Dateisystem verwaltet. Ein virtueller Speicher *Dateiensystem* nutzt seinerseits einen realen externen Speicher. Für die Manipulation von Datenobjekten in *Dateiensystemen* stehen in Java ebenfalls spezielle Objekttypen zur Verfügung.

- **Stack / Heap**: Objekte und Datenobjekte werden in der Regel mithilfe der virtuellen Speicher Stack und Heap verwaltet. Beide virtuellen Speicher nutzen ihrerseits den Hauptspeicher (Bild 8-21). Die beiden Varianten sehen unterschiedliche Lebensdauern der gespeicherten Datenobjekte und Objekte vor.

STACK-VERWALTUNG

Lokale Variablen (vgl. Abschnitt 8.3.1) werden von Java grundsätzlich auf dem Stack verwaltet. Ihre Lebensdauer ist auf die Laufzeit des Operators, innerhalb dessen sie deklariert wurden, begrenzt. Jeder Operatoraufruf führt zu einer Verlängerung des Stack um die spezifizierten Datenobjekte und Objektreferenzen, umgekehrt jede Operatorbeendigung zur entsprechenden Verkürzung des Stack. Die aktuelle Länge des Stack wird durch den Stackpointer angezeigt.

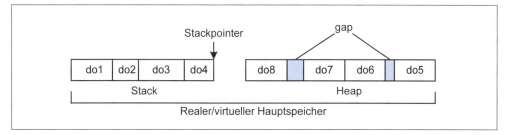

Bild 8-21: Stack- und Heap-Verwaltung

Die Eignung eines Stack für die Verwaltung der lokalen Variablen folgt aus der geschachtelten Aufrufstruktur eines Java-Programms. Die Reihenfolge, in der die Operatoren aufgerufen werden, gilt in umgekehrter Richtung für ihre Beendigung. Das Speicherverfahren für die zugehörigen Datenobjekte und Objektreferenzen kann daher nach dem LIFO-Prinzip (Last In, First Out), d. h. mithilfe einer Stack-Verwaltung organisiert werden.

HEAP-VERWALTUNG

Ist das Reservierungs- und Freigabeverfahren der Stack-Verwaltung, das an die Aufrufstruktur von Operatoren gebunden ist, für ein Datenobjekt oder eine Objektreferenz nicht geeignet, so müssen Datenobjekt und Objektreferenz im Heap verwaltet werden. Eine explizite Reservierung von Speicherplatz im Heap ist dabei in Java nicht erforderlich.

Der Heap ist der Speicherbereich, in dem in Java die Instanz- und Klassenvariablen eines Objekts (Datenobjekte und Objektreferenzen) gespeichert werden. Speicherplatz im Heap für Datenobjekte und Objektreferenzen wird automatisch von Java zugewiesen. Eine explizite Freigabe der Bereiche ist wie die explizite Reservierung in Java nicht möglich, diese Aufgabe übernimmt der Garbage Collector.

Beispiel 8-14:

Um ein Objekt *obj* vom Typ *objTyp* im Heap zu speichern, werden folgende Deklarationen und Anweisungen verwendet. Zunächst wird eine Zeigervariable für *obj* deklariert:

```
objTyp obj = null;
```
Die Reservierung von Speicherplatz im Heap erfolgt durch den Operator:
```
obj = new objTyp;
```

Bedeutung: Reserviere Speicherplatz im Heap für ein Objekt vom Typ *objTyp* und ordne die Adresse des Speicherplatzes der Zeigervariable *obj* als Wert zu.

Das Objekt *obj* wird im Programm ausschließlich mithilfe des Zeigers referenziert. Ein Operator von *obj* wird mit der Anweisung *obj.Operator* aufgerufen.

Beispiel

ABLAUFBEZIEHUNGEN

Ein Algorithmus besteht aus Teilfunktionen und aus den Ablaufbeziehungen zwischen den Teilfunktionen. Zur Prüfung der Frage, ob es in einem Algorithmus ggf. mehrere Varianten zulässiger Ablaufbeziehungen gibt, werden die beiden Arten datenflussbedingte und betriebsmittelbedingte Ablaufbeziehungen unterschieden.

Fließen zwischen den beiden Teilfunktion A und B eines Algorithmus Daten von A nach B, so ist eine datenflussbedingte Ablaufbeziehung (A; B) einzuführen. Das Ergebnis einer Berechnung von A wird als Argument von B verwendet.

> Bei der Durchführung der Pascal-Anweisung e = a * b + c / d sind folgende Reihenfolgevarianten möglich. Alle Varianten bewirken einen korrekten Datenfluss.
>
> (1) *, /, +, =
>
> (2) /, *, +, =
>
> (3) parallel * und /, dann sequentiell +, =
>
> Bei Verfügbarkeit genau eines Prozessors sind nur die Varianten (1) und (2) möglich; bei zwei Prozessoren kann auch Variante (3) genutzt werden.

Die in einem Algorithmus vorhandenen Datenflüsse bieten also Freiheitsgrade hinsichtlich der Durchführungsfolge der Teilfunktionen. Im zweiten Schritt werden diese Freiheitsgrade unter dem Gesichtspunkt verfügbarer Betriebsmittel untersucht. Die Knappheit von Betriebsmitteln kann zu weiteren, nun **betriebsmittelbedingten Ablaufbeziehungen** führen.

Beispiel 8-15:

Bei der Berechnung des Skalarproduktes sp der beiden Vektoren a und b werden folgende datenflussbedingte und betriebsmittelbedingte Ablaufbeziehungen verwendet. Zunächst liegt ein Datenfluss zwischen den Teilfunktionen *Berechnung der Produkte* $p_i = a_i * b_i$, $i=1,2,...,n$, und der Teilfunktion *Ermittlung* $sp = \Sigma p_i$ vor. Die dazu korrespondierenden datenflussbedingten Ablaufbeziehungen bewirken, dass die Produktbildung vor der Aufsummierung erfolgt. Die verbleibenden Freiheitsgrade werden für betriebsmittelbedingte Ablaufbeziehungen genutzt. Relevante Betriebsmittel sind die An-

8.3 Imperative Programmierung

zahl der Prozessoren und die Größe des Speichers. Alternative Lösungen für Vektoren sind z. B. (die Vektoren werden als Arrays dargestellt):

Variante (1): Es ist ein Prozessor und Speicherplatz für die beiden Vektoren sowie für die einfachen Variablen zs, i, n verfügbar. Die Komponentenprodukte werden sukzessive berechnet und bei jedem Schritt in einer Zwischensumme zs aufsummiert.

```
public double sp(double[] a, double[] b) {
  double zs = 0.0;
  int n;
  if (a.length <= b.length) n = a.length;
  else n = b.length;
  for (int i = 0; i < n; i++) zs+= a[i] * b[i];
  return zs;
}
```

Variante (2): Die Komponentenprodukte werden sukzessive berechnet und in einem Hilfsvektor v gespeichert. Im Anschluss wird die Summe sp ermittelt. Es wird ein Prozessor sowie Speicherplatz für die Variablen zs, i, n und v benötigt.

```
public double sp2(double[] a, double[] b) {
  double zs = 0.0;
  int n;
  if (a.length <= b.length) n = a.length;
  else n = b.length;
  double[] v = new double[n];
  for (int i = 0; i < n; i++) v[i] = a[i] * b[i];
  for (int i = 0; i < n; i++) zs+= v[i];
  return zs; }
```

Variante (3): Die Komponentenprodukte werden abweichend von Variante (2) parallel berechnet und im Hilfsvektor v gespeichert. Im Anschluss wird die Summe sp ermittelt. Es werden n Prozessoren und Speicherplatz für zs, i, n und v benötigt. Weitere Alternativen sind aus Variante (3) ableitbar, wenn weniger als n Prozessoren oder nur beschränkter Speicherplatz für die Speicherung des Hilfsvektors v zur Verfügung stehen.

Beispiel

Imperative Programmiersprachen sehen eine eindeutige Festlegung der Ablaufbeziehungen eines Algorithmus vor. Eine Unterscheidung zwischen datenflussbedingten und betriebsmittelbedingten Ablaufbeziehungen wird im Programmtext nicht spezifiziert und bedarf einer zusätzlichen Dokumentation. Diese Dokumentation ist bei der Wartung eines Programms hilfreich, um Änderungen bei den verfügbaren Betriebsmitteln in der Konstruktion des Algorithmus zu berücksichtigen. Beim Programmentwurf ist streng zwischen den beiden Arten von Ablaufbeziehungen zu unterscheiden. Eine Prüfung der Korrektheit des Entwurfs ist zunächst anhand der datenflussbedingten Ablaufbeziehungen durchzuführen. Die anschließende Prüfung der betriebsmittelbedingten Ablaufbeziehungen dient der Minimierung des Bedarfs an Betriebsmitteln bei gegebener Dauer für die Ausführung des Algorithmus bzw. der Minimierung von Ausführungszeiten bei gegebener Betriebsmittelkonfiguration.

8.3.5 Entwicklung von Programmen

Die Eigenschaften von Programmen wurden in den vorhergehenden Abschnitten unter verschiedenen Blickwinkeln beleuchtet und anhand von Strukturmodellen geordnet. Bei der Entwicklung sind die Strukturmodelle ein Hilfsmittel, um die Komplexität von Programmen zu beherrschen bzw. einen geordneten Weg zu deren Erstellung zu finden. Im Folgenden werden vier Dimensionen von Programmmerkmalen beschrieben, die beim Entwicklungsprozess sukzessive zu definieren und aufeinander abzustimmen sind (vgl. Kap. 11). Sie ziehen den Gestaltungsraum wesentlich weiter als ein vereinfachtes Programmierverständnis, das unter Programmieren nur die Entwicklung eines Algorithmus unter Verwendung einer Programmiersprache versteht und den zugehörigen Rahmen als gegeben voraussetzt (vgl. [GoZi06], [Mart88], [Pomb02], [Somm07]).

Es werden mehrere Gestaltungsdimensionen unterschieden, die zunächst benannt und im Anschluss näher erläutert werden. Ihre Behandlung im Entwicklungsprozess entspricht im Wesentlichen der angegebenen Reihenfolge. Die Gestaltung der folgenden Dimensionen (a) bis (c) wird als **Programmieren im Großen**, die Gestaltung von (d) als **Programmieren im Kleinen** bezeichnet.

a) **ADK-Modell**: Nach dem ADK-Modell sind die Teilsysteme Anwendungsfunktionen, Datenverwaltung, Kommunikation mit Personen und Kommunikation mit weiteren Maschinen abzugrenzen.

b) **Maschinen-Schicht**: Ein Programm realisiert eine Nutzermaschine unter Verwendung einer Basismaschine. Die Schnittstellen beider Maschinen bilden zusammen mit dem Programm eine Maschinen-Schicht. Zum Programmentwicklungsprozess gehört die Spezifikation der Schnittstellen beider Maschinen in Form virtueller Maschinen, d. h. die Abgrenzung der zu realisierenden Maschinen-Schicht.

c) **Vererbungspfade**: Bausteine der virtuellen Maschinen einer Maschinen-Schicht sind abstrakte Datentypen bzw. Objekttypen. Die Bildung von Varianten der Objekttypen erfolgt über Vererbungshierarchien. Diese Dimension des Gestaltungsprozesses definiert die Vererbungspfade der zu erstellenden Objekttypen, d. h. ihre Vorgänger in der Vererbungshierarchie.

d) **Top-Down-Refinement**: Auf der Grundlage der in den Schritten (a) bis (c) festgelegten Struktur- und Verhaltensausprägungen werden die zu realisierenden Programmkomponenten, nämlich Objekte, Datenobjekte, Operatoren und Nachrichten, in einem schrittweisen Detaillierungsprozess spezifiziert [Schu92].

GLIEDERUNG GEMÄSS ADK-STRUKTURMODELL

Bei einer Gliederung des Programms gemäß dem ADK-Strukturmodell werden die Teilsysteme für die Datenverwaltung, für die Kommunikation mit Mensch und Rechner sowie der Anwendungsteil soweit wie möglich voneinander getrennt. Für jedes Teilsystem stehen in der Regel spezifische Basismaschinen (Datenbankverwaltungssysteme, User-Interface-Management-Systeme, Netzwerkbetriebssysteme, anwendungsspezifische Programmiersprachen) zur Verfügung. Der Einsatz spezifischer Basismaschinen reduziert den Entwicklungsaufwand und vereinfacht die Portierung eines Programms. Die Trennung der Teilsysteme erhöht die Überschaubarkeit eines Programms, insbesondere des Anwendungsteils, und unterstützt damit die Entwicklungsziele Zuverlässigkeit und Wartbarkeit von Programmen.

DEFINITION VON MASCHINEN-SCHICHTEN

Der Umfang und die Komplexität eines Programms resultieren aus der Komplexität der Nutzermaschine N und der vorgesehenen Basismaschine B. Die im Programm zu bewältigende Komplexitätsspanne (semantische Lücke) zwischen den beiden Maschinen ist im Allgemeinen sehr hoch und kann bei der Entwicklung nur schwer in einem Schritt überbrückt werden. Zur Überbrückung in mehreren Schritten wird eine Folge virtueller Maschinen definiert, welche die Maschinen N und B als Anfangs- bzw. Endglied enthält. Die Schrittweite zwischen benachbarten Maschinen wird so bemessen, dass die Entwicklung eines zugehörigen Programms hinreichend einfach und überschaubar ist. Die Einführung virtueller Maschinen dient den Zielen Zuverlässigkeit, Wartbarkeit und Portabilität von Programmen.

FESTLEGEN VON VERERBUNGSPFADEN

Objekttypen bzw. Objekte bilden die Bausteine der Nutzer- und Basismaschine sowie der dazwischen liegenden virtuellen Maschinen. Sie werden entweder vollständig neu definiert oder sind als Spezialisierung vorhandener Objekttypen beschreibbar. Im letzteren Fall erben die neu zu bildenden Objekttypen die Eigenschaften der vorhandenen Objekttypen und werden zusätzlich erweitert bzw. modifiziert.

Die Vererbungsbeziehungen werden für die Objekttypen aller Maschinen-Schichten zwischen Nutzer- und Basismaschine bestimmt. Für jede Maschine kann eine Klassenbibliothek angegeben werden, die den Spezialisierungsstand der zugehörigen Objekttypen anzeigt.

TOP-DOWN-REFINEMENT

In der vierten Phase des Entwicklungsprozesses, der Programmierung im Kleinen, werden auf der Grundlage der Festlegung der ADK-Struktur, der Maschinen-Schichten und der Vererbungspfade der Objekttypen die noch nicht spezifizierten Bestandteile der Objekttypen und deren Interaktionen beschrieben. Dazu gehören die Definition von Datenobjekten und Datenobjekttypen als Teil von objektinternen Speichern und von Nachrichten sowie die Entwicklung der Algorithmen von Operatoren. Diese Entwicklungsphase erfolgt in einem Prozess der schrittweisen Detaillierung dieser Komponenten nach dem Prinzip des **Top-Down-Refinement**. Dieses Prinzip beschreibt zwei gleichläufige Entwicklungsprozesse, die in der Praxis nicht scharf getrennt werden. Die Gleichläufigkeit beider Entwicklungsprozesse wird bei der sukzessiven operationellen Spezifikation eines ADT sichtbar.

a) Die erste Bedeutung von Top-Down-Refinement weist auf die Entwicklungsrichtung "von der Nutzermaschine zur Basismaschine" hin. Voraussetzung ist also die Definition einer Nutzermaschine und die Verfügbarkeit einer Basismaschine. Ausgehend von der Nutzermaschine wird ein Programm durch sukzessive Zerlegung der Funktionen der Nutzermaschine entwickelt. Der Zerlegungsprozess ist beendet, wenn die entstehenden Teilfunktionen mit den Funktionen der Basismaschine übereinstimmen. Da der Start (Nutzermaschine) und das Ziel (Basismaschine) des Zerlegungsprozesses bekannt sind, wird auch der umgekehrte Weg, die Bottom-Up-Entwicklung, propagiert. In der Praxis werden beide Richtungen verwendet. Die Top-Down-Richtung dient der Zerlegung von Funktionen, die Bottom-Up-Richtung der Kontrolle des Entwicklungsprozesses.

b) Die zweite Bedeutung von Top-Down-Refinement lässt sich mit der Richtungsangabe "vom Groben zum Feinen" beschreiben. Gemeint ist damit die sukzessive Detaillierung der Programmbeschreibung. Die Definition der Komponenten eines Programms, nämlich Datenobjekttypen, Operatoren und Nachrichtenformate, kann aufgrund der Komplexität dieser Komponenten nur in mehreren Detaillierungsschritten durchgeführt werden. Der Detaillierungsprozess beginnt in der Regel bei den Programmkomponenten der Nutzermaschine und ist daher mit der Entwicklungsrichtung "von der Nutzermaschine zur Basismaschine" gleichläufig.

8.4 Deklarative Programmierung

Kennzeichnende Merkmale des in Abschnitt 8.3 dargestellten Paradigmas der imperativen Programmierung sind:

- **Arbeitsablaufbeschreibung**: Ein imperatives Programm definiert ein Lösungsverfahren, d. h. es beschreibt, wie eine Aufgabe durchzuführen ist und wird daher auch eine WIE-Beschreibung der Aufgabe genannt. Die Teilfunktionen des Lösungsverfahrens werden durch Programmanweisungen bzw. Befehle in einer durch die Ablaufbeziehungen festgelegten Reihenfolge ausgelöst. Es wird also ein Arbeitsablauf beschrieben. Die Zielerreichung bezüglich der zugrundeliegenden Aufgabe, d. h. die Kompatibilität zwischen den Aufgabenzielen und dem Lösungsverfahren, ist vom Entwickler nachzuweisen. Die Beschreibung der Aufgabenaußensicht ist nicht Teil des Programms. Abweichungen zwischen den Aufgabenzielen und dem Programm können daher auch nicht automatisiert überwacht werden.

- **Zustandsfolge**: Die Durchführung eines imperativen Programms entspricht dem Ablauf eines Automaten. Jeder Programmschritt stellt einen Zustandsübergang im Zustandsraum des Automaten dar. Der Zustandsraum wird von den Datenobjekten des Programms, d. h. den Variablen und Konstanten aufgespannt. Der Programmablauf stellt einen Prozess, d. h. eine Zustandsfolge längs der Zeitachse dar. Jeder Zustand ist mit dem Zeitpunkt seines Eintretens zu indizieren. Eine Variable des Programms hat während ihrer gesamten Lebensdauer einen "Wert", nämlich den jeweiligen, zeitpunktabhängigen Zustand der ihr zugeordneten Speicherzelle. Sie hat einen Wert also auch dann, wenn ihr noch kein Wert per Wertzuweisung zugewiesen wurde. Diese Eigenschaft erfordert eine permanente Prüfung von Integritätsbedingungen zwischen den Datenobjekten. Eine derartige Prüfung ist jedoch bei imperativen Programmiersprachen nicht vorgesehen, sie muss im Programm realisiert werden.

Bezüglich dieser Merkmale der imperativen Programmierung unterscheidet sich das Paradigma der **deklarativen Programmierung** grundsätzlich:

- **Aufgabenbeschreibung**: Ein deklaratives Programm stellt eine Beschreibung der Aufgabenaußensicht dar. Eine geeignete Schrittfolge zur Ermittlung einer Lösung wird von einer Inferenzmaschine bestimmt. Es wird kein spezielles Lösungsverfahren je Aufgabe formuliert. Eine Aufgabenlösung wird zum Zeitpunkt der Aufgabendurchführung aus der Aufgabenbeschreibung abgeleitet. Die Anwendungsbandbreite eines deklarativen Programms ist in der Regel größer als die eines imperativen Programms, da die deklarative Aufgabenbeschreibung zum Zeitpunkt der Programmausführung mit Fragestellungen bzw. Aufgabenzielen ergänzt werden kann, die dann von der Inferenzmaschine berücksichtigt werden. Unterschiedliche Fragestellungen bzw. Aufgabenziele führen dann zu unterschiedlichen Inferenzfolgen. Ein imperatives Lösungsverfahren ist dagegen im Allgemeinen auf vorgegebene Aufgabenziele ausgerichtet und muss bei einem Wechsel der Aufgabenziele abgeändert werden.

- **Lösungsraum**: Die Variablen eines deklarativen Programms beschreiben den Lösungsraum einer Aufgabe. Sie sind nicht durch einen Prozess charakterisiert, sondern sie nehmen bei einer Programmdurchführung den Wert einer zulässigen Lösung an, falls eine solche existiert, oder haben keinen Wert.

    Zum Beispiel stellt ein lineares Gleichungssystem $Ax = b$ aus dieser Sicht formal ein deklaratives Programm, eine Aufgabenbeschreibung dar. Die Variable x spannt den Lösungsraum auf. Eine Inferenzmaschine ermittelt anhand gegebener Fragestellungen zulässige Lösungen. Aufgabenformalziele in Form von Zielfunktionen dienen der Bewertung und Auswahl einzelner Lösungen.

Beispiele deklarativer Programme werden hier mithilfe der Programmiersprache Prolog (<u>Pro</u>grammieren in <u>Log</u>ik) formuliert (zum allgemeinen Konzept von Prolog siehe z. B. [Fuch90], [Lust90]). In diesen Beispielen wird Prolog als eine Programmiersprache zur Beschreibung allgemeiner relationaler Systeme betrachtet (vgl. Abschnitt 2.1.1). Die Bestimmung von Lösungen besteht im Auffinden von Tupeln aus dem Raum der zulässigen Lösungen.

In Abschnitt 8.1.2 wurde anhand eines Beispiels die Gestaltung eines Prolog-Programms mithilfe von Prädikaten gezeigt. Prädikate sind Fakten, d. h. Relationen über Konstanten, oder Regeln, d. h. Relationen über Variablen. Die Suche nach Lösungen bezüglich einer gegebenen Fragestellung wird vom Prolog-Interpreter (Inferenzmaschine) durchgeführt. Eine Fragestellung wird in Prolog als **Ziel** (goal) formuliert. Ein Ziel wird in Form eines Relationsnamens und ggf. zusätzlich in Form von Ausprägungen einzelner Attribute festgelegt. Eine Relation wird als gültig (TRUE) bezeichnet, wenn sie nicht leer ist, d. h. die Zielrelation mindestens ein Tupel enthält. Fakten sind daher stets gültig, eine Regel kann gültig sein. Die Inferenzmaschine versucht, die durch die Zielbeschreibung definierte Tupelmenge zu ermitteln. Die Antwort der Inferenzmaschine besteht daher aus zwei Teilen: (1) Angabe von ja/nein (TRUE/FALSE), ob das Ziel bestätigt wurde, und (2) im Bestätigungsfall aus der Auflistung der zugehörigen Tupel. Die Leistung imperativer Sprachen im Bereich Ein-/Ausgabe usw. erreicht man, indem spezielle Fakten und Regeln zur Verfügung stehen, die als "Nebeneffekt" diese Funktionen durchführen. Das Auffinden von Lösungen läuft vereinfacht nach folgendem Verfahren ab:

1. Die Prädikate eines Prolog-Programms werden in der im Programmtext angegebenen Reihenfolge von oben nach unten bearbeitet.

2. Innerhalb einer Regel werden die Unterziele (subgoals), d. h. die Teillösungsräume, von links nach rechts ermittelt.

3. Eine Relation kann in Form mehrerer Regeln redefiniert werden. Bei der Ermittlung einer Lösung wird zunächst die erste Regeldefinition verwendet. Liefert diese keine zulässigen Tupel, werden sukzessive die darauf folgenden Regeln verwendet.

8.4.1 Programmierung analytischer Modelle

In den beiden folgenden Abschnitten wird zwischen der deklarativen Programmierung analytischer und der deklarativen Programmierung wissensbasierter Modelle unterschieden. Für eine Einordnung von Modellen in diese beiden Klassen wurde in Abschnitt 4.1.4 die Unterscheidung zwischen Theorie- und Erfahrungswissen herangezogen.

Ein analytisches Modell bildet einen Ausschnitt der realen Welt in ein formales System auf der Grundlage einer Theorie ab. Von einem analytischen Modell wird gefordert, dass es auf Vollständigkeit, Widerspruchsfreiheit und Eindeutigkeit geprüft werden kann. Vollständigkeit bedeutet, dass der zu modellierende Ausschnitt der realen Welt vollständig bezüglich der verwendeten Modellierungskriterien erfasst wird. Die im Modell enthaltenen Aussagen beschreiben die Struktur und das Verhalten der realen Welt eindeutig und widerspruchsfrei.

Unter der Programmierung eines analytischen Modells werden die Formulierung des Modells in einer Programmiersprache und die Programmierung zugehöriger Lösungsverfahren verstanden. Bei der deklarativen Programmierung werden Lösungen von der Inferenzmaschine ermittelt. Allerdings ist bei der Modellformulierung die Vorgehensweise der Inferenzmaschine zu berücksichtigen.

Beispiel 8-16:

In einem Handelsbetrieb ist die Aufgabe Preisermittlung zu modellieren. Die Preisermittlung soll flexibel gestaltet werden. Es liegen dazu folgende Regelungen vor:

1. Ist für einen Artikel vorübergehend ein Sonderpreis vorgesehen, ist vorrangig der Sonderpreis gültig.
2. Für einen Artikel kann ein Mengenrabatt in mehreren Rabattstufen gewährt werden.
3. Mit einem Kunden kann unabhängig von der bezogenen Menge ein Rabatt vereinbart werden, der zu einem zusätzlichen Preisabschlag führt.
4. Ist keine der oben genannten Regeln gültig, wird der in der Preisliste vorgesehene reguläre Preis verwendet.

Diese Preisregelung wird nun in Prolog formuliert. Die Preisliste enthält Artikel mit den Artikelnummern 201, 202, 203. Mengenrabatte sind vorgesehen für die Artikel 201 und 202. Artikel 202 wird zum Sonderpreis angeboten. Die Kunden 1001, 1002 erhalten einen Kundenrabatt.

Die Modellierung in Prolog erfolgt mithilfe der Fakten *artikel*, *artikelrabatt*, *sonderpreis* und *kunde*. Die Fakten bezüglich *artikel* erfassen das verfügbare Artikelsortiment samt der zugehörigen Artikelpreise. Die Fakten zu *artikelrabatt* geben Mengenrabattstufen für ausgewählte Artikel an. Die Fakten zu *sonderpreis* spezifizieren gültige Sonderpreise. Ist ein Artikel in der Relation *sonderpreis* enthalten, gilt nach Regel 1 der Sonderpreis. Werden die Abnahmestufen der Mengenrabatte erreicht, gelten nach Regel 2 die Rabatte der Relation *artikelrabatt*. Die Relation *kunde* beschreibt die zusätzlich gewährten Kundenrabatte gemäß Regel 4.

Folgende Kombinationen von *KdNr*, *ArtNr* und *Menge* sind Beispiele für die Preisermittlung gemäß dem im Anschluss dargestellten Prolog-Programm:

KdNr	ArtNr	Menge	Preis	Kommentar
1001	202	100	21.00	Sonderpreis
1005	202	100	21.00	nicht von KdNr abhängig
1004	201	200	32.00	Mengenrabatt
1002	201	100	32.40	Mengen- und Kundenrabatt
1001	203	300	9.50	Kundenrabatt
1004	203	400	10.00	Bruttopreis
1001	204	100	---	Artikel nicht vorhanden

Die Preisbestimmung wird gemäß der Relation *preis* durchgeführt. Diese Relation wird in mehreren Regeln redefiniert. Für die Reihenfolge gilt: vom Speziellen zum Allgemeinen. Die Prüfung der Regeln findet von oben nach unten statt, sie wird abgebrochen, sobald ein Preis ermittelt werden konnte. Im Programm werden die alternativen Preisgestaltungen nacheinander beschrieben. Welche Preisregelung im Einzelfall gilt, wird von der Prolog-Inferenzmaschine anhand der Regeln für die Preisgestaltung ermittelt. Die Regel *run* dient der Steuerung der Ein-/Ausgabe. Nach Lesen der Kundennummer, der Artikelnummer und der Menge beginnt die Preisermittlung.

```
% preisbil.pro

PREDICATES

%   artikel(ArtNr, ArtPreis)
    artikel(INTEGER,REAL)

%   artikelrabatt(ArtNr, RabMenge, ArtRabatt)
    artikelrabatt(INTEGER, INTEGER, REAL)

%   sonderpreis(ArtNr, VKPreis)
    sonderpreis(INTEGER, REAL)

%   kunde(KdNr, KdRabatt)
    kunde(INTEGER, REAL)

%   preis(KdNr, ArtNr, Menge, VkPreis)
    preis(INTEGER, INTEGER, INTEGER, REAL)

%   main
    run
```

8.4 Deklarative Programmierung

```
CLAUSES
    artikel(201, 30.00).
    artikel(202, 40.00).
    artikel(203, 10.00).

    artikelrabatt(201, 150, 20).
    artikelrabatt(201, 100, 10).
    artikelrabatt(202, 200, 10).
    sonderpreis(202, 21.00).

    kunde(1001, 5).
    kunde(1002, 10).
    kunde(1003, 0).

%   Ermitteln Sonderpreis
    preis(KdNr, ArtNr, Menge, VkPreis) :-
        sonderpreis(ArtNr, VkPreis).

%   Ermitteln Preis mit Kunden- und Artikelrabatt
    preis(KdNr, ArtNr, Menge, VkPreis) :-
        kunde(KdNr, KdRabatt), KdRabatt > 0,
        artikelrabatt(ArtNr, RabMenge, ArtRabatt), Menge >= RabMenge,
        artikel(ArtNr, ArtPreis),
        VkPreis = ArtPreis * (1 - ArtRabatt / 100)
                * (1 - KdRabatt / 100).

%   Ermitteln Preis mit nur Kundenrabatt
    preis(KdNr, ArtNr, Menge, VkPreis) :-
        kunde(KdNr, KdRabatt), KdRabatt > 0,
        artikel(ArtNr, ArtPreis),
        VkPreis = ArtPreis * (1 - KdRabatt / 100).

%   Ermitteln Preis mit nur Artikelrabatt
    preis(KdNr, ArtNr, Menge, VkPreis) :-
        artikelrabatt(ArtNr, RabMenge, ArtRabatt), Menge >= RabMenge,
        artikel(ArtNr, ArtPreis),
        VkPreis = ArtPreis * (1 - ArtRabatt / 100).

%   Ermitteln BruttoPreis
    preis(KdNr, ArtNr, Menge, VkPreis) :-
        artikel(ArtNr, VkPreis).

%   Ermitteln Frage
    run :-
        write("Vk-Preisermittlung\n"),
        write("KdNr : "), readint(KdNr),
        write("ArtNr: "), readint(ArtNr),
        write("Menge: "), readint(Menge),
        preis(KdNr, ArtNr, Menge, VkPreis),
        writef("VkPreis: % \n",VkPreis).
```

Die Prüfung auf Vollständigkeit zeigt, dass für alle im Artikelsortiment enthaltenen Artikel spätestens durch die Bruttopreisregelung ein Preis gefunden wird. Widerspruchsfrei bedeutet, dass für einen vorhandenen Artikel genau ein Preis ermittelt wird, der keine der genannten Regeln verletzt. Zum Vergleich des imperativen und deklarativen Ansatzes wird dem Leser die Programmierung der genannten Preisgestaltung in einer imperativen Programmiersprache empfohlen.

Beispiel

In dem genannten Beispiel wird sichtbar, dass die Prüfung der Vollständigkeit und Widerspruchsfreiheit in einem Prolog-Programm die Vorgehensweise *vom Speziellen zum Allgemeinen* nutzt. Der Vorrang spezieller Regelungen vermeidet einen Widerspruch zu allgemeineren Aussagen. Die Vollständigkeitsprüfung einer Relationsbeschreibung muss spätestens bei der letzten Regel der Relationsbeschreibung die vollständige Abdeckung des zugehörigen Problembereiches ausweisen.

8.4.2 Programmierung wissensbasierter Modelle

Eine zweite und bislang häufigere Verwendung finden deklarative Programme bei der Beschreibung wissensbasierter Modelle. Kennzeichnendes Merkmal gegenüber den analytischen Modellen ist die Verwendung von Erfahrungswissen. An ein wissensbasiertes Modell können nur geringere Anforderungen hinsichtlich Vollständigkeit, Widerspruchsfreiheit und Eindeutigkeit gestellt werden. Die Erfüllung der Anforderungen kann ggf. nur eingeschränkt überprüft werden. Die computergestützte Erstellung wissensbasierter Modelle erfolgte in der Vergangenheit vorzugsweise für wohlstrukturierte Probleme, und nur in beschränktem Maße für schlechtstrukturierte Probleme, da für deren Erstellung imperative Programmiersprachen nur begrenzt tauglich sind. Folgende Gründe behindern eine imperative Programmierung wissensbasierter Modelle insbesondere für schlechtstrukturierte Probleme:

- **Wissensdarstellung**: Ein Mensch baut Erfahrungswissen durch assoziative Beziehungsmuster von Wisseneinheiten auf. Dieses Wissen kann eher deklarativ beschrieben werden. Erweiterungen an Erfahrungswissen erfolgen in kleinen Wisseneinheiten, die von einem Menschen kraft seiner Assoziationsfähigkeit, seiner Logik und seiner Intuition in einen Zusammenhang gebracht werden. Die Umsetzung von Wissen, das auf diese Weise angesammelt und gespeichert wurde, in ein imperatives Schema ist schwierig und fehleranfällig.

- **Wissensauswertung**: Häufige Änderungen bzw. Erweiterungen von Erfahrungswissen werden meist lokal in deklarativer Form erfasst. Zum Zeitpunkt des Erfahrungszuwachses ist die globale Auswirkung auf das übrige Erfahrungswissen möglicherweise noch nicht übersehbar. Erst bei Durchführung des Inferenzverfahrens werden die Auswirkungen auf gegebene Fragen sichtbar.

- **Wissensverfügbarkeit**: Komplexes Erfahrungswissen ist mit häufigen Änderungen verbunden. Eine imperative Darstellung würde zu permanenter und kostenintensiver Programmwartung mit Qualitätsmängeln führen. Aktuelle Fassungen des Erfahrungswissens würden nur mit erheblicher Zeitverzögerung zur Verfügung stehen.

8.4 Deklarative Programmierung

Die Eigenschaft von Erfahrungswissen, möglicherweise unvollständig, mit Widersprüchen behaftet und unsicher zu sein, erschwert nicht nur die Modellierung, sondern auch die Gestaltung der Inferenzmaschine. Zur Unterstützung und Vereinfachung dieses Modellierungsansatzes sind daher spezielle, auf bestimmte Problemlösungstypen ausgerichtete Wissensdarstellungen (Wissensrepräsentationen) zur Modellbeschreibung und spezielle Inferenzmaschinen entstanden. Die folgende Klassifikation gibt eine Übersicht zu häufigen Kombinationen der Merkmale Problemlösungstyp, Art der zugehörigen Wissensdarstellung und Art der zugehörigen Inferenzmaschine [Pupp91], [SpNg87].

- **Problemlösungstypen**: Sie werden in die Bereiche Diagnostik, Konstruktion und Simulation gegliedert und unterscheiden sich hinsichtlich folgender Aspekte.

  Aufgaben der **Diagnostik** setzen Analyseverfahren ein. Sie wählen aus einer gegebenen Alternativenmenge eine Lösung aus. Ihr Ziel ist z. B. das Auffinden von Fehlern in technischen Geräten oder von Krankheitsursachen bei Lebewesen.

  Aufgaben im Bereich der **Konstruktion** setzen die Verfügbarkeit von Bausteinen voraus. Ihr Ziel ist, Bausteine zu einer Lösung zusammenzusetzen. Beispiele hierfür sind die Konfiguration technischer Geräte, die Erstellung von Arbeitsplänen oder Tourenplanungen für Verkehrsmittel.

  Beide Problemlösungstypen werden häufig kombiniert mit Aufgaben der Simulation von Systemen. Das allgemeine Ziel der Simulation eines Systems besteht darin, aus einem Ausgangszustand des Systems Folgezustände abzuleiten.

- **Wissensrepräsentation**: Für diese Problemlösungstypen wurden in erster Linie folgende Formen der Wissensdarstellung entwickelt:

  In **regelorientierten Darstellungen** wird Wissen in Form von (WENN, DANN)-Beziehungen beschrieben. Beispiele dieser Darstellungsform sind Prolog-Regeln oder Produktionsregeln in der Sprache OPS5 [KrRa87]. Die zugehörigen Inferenzmaschinen behandeln die Regeln beider Sprachen unterschiedlich, nämlich rückwärtsschließend wie bei Prolog zur Prüfung eines Ziels, oder vorwärtsschließend wie bei Produktionsregeln in OPS5.

  Objektorientierte Darstellungen übernehmen das Konzept der Objekttypen und verbinden dieses Konzept mit deklarativen Operatorbeschreibungen sowie mit unterschiedlichen Inferenzverfahren.

  Die Darstellungsform **Constraints** ist an die aus dem Operations Research bekannten Modellbeschreibungen angelehnt. Es werden Lösungsräume durch Nebenbedingungen und Zielvorgaben abgegrenzt. Das Konzept wird hier nun verallgemeinert und auf die genannten Problemlösungstypen angepasst.

- **Inferenzmechanismen**: Die Inferenzverfahren suchen Lösungen auf der Grundlage der gewählten Wissensdarstellung. Sie werden im Folgenden anhand der Verfahren unterschieden, mit denen sie dynamisch, d. h. zur Programmlaufzeit, eine Reihenfolge für die Durchführung der Teilfunktionen eines Programms ermitteln. Dieses Verfahren wird als Schließen oder als Schlussverfahren bezeichnet und findet in einem imperativen Programm eine Entsprechung in den Ablaufbeziehungen. Die Anwendung eines Schlussverfahrens ist von der Art des verfügbaren Wissens abhängig. Es werden folgende Schlussverfahren unterschieden:

  - **Monotones Schließen**: Das Schlussverfahren arbeitet nach den Gesetzen der klassischen Logik. Ein einmal gezogener Schluss kann durch spätere Ableitungen nicht aufgehoben werden.

  - **Nichtmonotones Schließen**: Schlüsse sind hier nur vorläufig, sie können durch neu hinzukommende Informationen revidiert werden.

  - **Probabilistisches Schließen**: Die Aussagen in der Wissensdarstellung werden nicht als sicher, sondern nur für wahrscheinlich gehalten.

  - **Temporales Schließen**: Beim Schlussverfahren wird auch die Zeitabhängigkeit von Informationen berücksichtigt.

Die genannten Ausprägungen von Problemlösungstyp, Wissensdarstellung und Inferenzmechanismus können beliebig kombiniert werden. Für jeden Problemlösungstyp sind allerdings einige Kombinationen charakteristisch. Sie sind in Bild 8-22 anhand der Linienstärke zu erkennen.

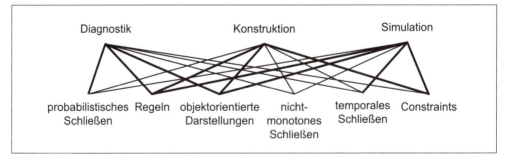

Bild 8-22: Zuordnung von Problemlösungstypen zu Arten der Wissensrepräsentation und Wissensverarbeitung

8.4 Deklarative Programmierung

Beispiel 8-17:

Wissensbasierte Modelle sind in der Praxis aufgrund der Komplexität menschlichen Erfahrungswissens sehr umfangreich. Die zugehörigen Schlussverfahren sind der Modellgröße und dem Wissensgebiet entsprechend komplex. Um zu demonstrieren, dass wissensbasierte Modelle die Forderung nach Vollständigkeit, Widerspruchsfreiheit und Eindeutigkeit nur eingeschränkt erfüllen können, wird hier in einem stark vereinfachten Modell eine Kreditwürdigkeitsprüfung eines Kunden dargestellt. Zur Wissensdarstellung wird Prolog in Verbindung mit einem monotonen Schlussverfahren verwendet. Die Kreditwürdigkeitsprüfung ist als Diagnostikproblem einzuordnen.

Situationsbeschreibung: Nach Erteilung des Auftrags A durch den Kunden K ist in einer Kreditwürdigkeitsprüfung zu entscheiden, ob der Auftrag A regulär fakturiert oder per Nachnahme versandt wird. Es ist kein theoriebasiertes Entscheidungsmodell verfügbar, die Entscheidung basiert auf Erfahrungswissen. Zur Modellierung dieser Situation wird wie folgt vorgegangen:

a) Es wird zunächst angenommen, dass der Kunde kreditwürdig ist. Die folgenden Prüfungen dienen dazu, diese These zu widerlegen. Wird sie durch keine der Prüfungen widerlegt, wird der Auftrag mit Rechnung versandt. Diese Vorgehensweise entspricht der Erfahrung, dass die Kreditwürdigkeit nicht positiv bewiesen werden kann. Die Prüfung hat ausschließlich zum Ziel, "schwarze Schafe" auszusondern.

b) Als Prüfungskriterien werden untenstehende Aussagen 1 bis 7 verwendet. Überlappungen der Kriterien hinsichtlich der Prüfmerkmale werden in Kauf genommen. Die ja-Beantwortung mindestens eines Kriteriums führt zur Einordnung "nicht kreditwürdig".

1. Kunde K ist kein Stammkunde *und* (K wohnt nicht im Inland *oder* Adresse von K ist nicht vollständig bekannt).

2. Kunde K ist beschränkt geschäftsfähig.

3. Die Mahnstufe 2 (gerichtliches Mahnverfahren) wurde bei Lieferungen an K schon einmal erreicht.

4. Die Mahnstufe 1 (Mahnschreiben) wurde bei Lieferungen an K schon n1-mal erreicht.

5. Ein Annahmeverzug ist bei Lieferungen an K schon n2-mal aufgetreten.

6. Es wurde kein Kreditlimit vereinbart.

7. Es wurde ein Kreditlimit vereinbart *und* es gilt:
   Kundensaldo + Summe der offenen (noch nicht fakturierten) Aufträge
   + Summe von Auftrag A > vereinbartes Kreditlimit.

Das Gerüst einer Modellformulierung wird in Prolog wie folgt skizziert:

```
% kreditpr.pro

PREDICATES
%   kunde(KdNr, Geburtsjahr, Adresse, Staat)
%   konto(KdNr, Saldo, Kreditlimit)
%   offeneauftraege(KdNr, AuftrSumme)
%   kundenstatistik(KdNr, AnzahlMahnstufe1, AnzahlMahnstufe2,
                    Annahmeverzug)
%   auftrag(KdNr, AufNr, AufSumme)
```

```
%   prüfung_negativ(KdNr, AufNr)
%   run

CLAUSES

% 1. Kunde K ist kein Stammkunde und (K wohnt nicht im Inland
%    oder Adresse von K ist nicht vollständig bekannt).
   prüfung_negativ(KdNr,AufNr) :-
      kunde(KdNr, Geburtsjahr, Adresse, Staat),
      ((Staat =/= "D"); (Adresse = "")).

% 2. Kunde K ist beschränkt geschäftsfähig.
   prüfung_negativ(KdNr,AufNr) :-
      kunde(KdNr, Geburtsjahr, Adresse, Staat),
      (AktuellesJahr - Geburtsjahr) < 18.

% 3. Die Mahnstufe 2 (gerichtliches Mahnverfahren) wurde bei
%    Lieferungen an K schon einmal erreicht.
% 4. Die Mahnstufe 1 (Mahnschreiben) wurde bei Lieferungen an K
%    schon n1-mal  erreicht.
% 5. Ein Annahmeverzug ist bei Lieferungen an K schon n2-mal
%    aufgetreten.
   prüfung_negativ(KdNr,AufNr) :-
      kundenstatistik(KdNr, AnzahlMahnstufe1,
                    AnzahlMahnstufe2, Annahmeverzug),
      ((AnzahlMahnstufe2 > 0); (AnzahlMahnstufe1 > n1);
      (Annahmeverzug > n2)).

% 6. Es wurde kein Kreditlimit vereinbart.
   prüfung_negativ(KdNr,AufNr) :-
      konto(KdNr, Saldo, Kreditlimit), Kreditlimit = 0.

% 7. Es wurde ein Kreditlimit vereinbart und es gilt:
%    Kundensaldo + Summe der offenen (noch nicht fakturierten)
%    Aufträge + Summe von Auftrag A > vereinbartes Kreditlimit
   prüfung_negativ(KdNr,AufNr) :-
      konto(KdNr, Saldo, Kreditlimit),
      offeneauftraege(KdNr, AuftrSumme),
      auftrag(KdNr, AufNr, AufSumme),
      (Saldo + AuftrSumme + AufSumme) > Kreditlimit.

% run :-
      write("KundenNr:   "), readint(KdNr),
      write("AuftragsNr: "), readint(AufNr),
      prüfung_negativ(KdNr,AufNr),
      write("Auftragversand per Nachnahme.").
```

9 Systemsoftware

In Kapitel 8 wurde das ADK-Strukturmodell eines Anwendungsprogramms u. a. aus folgenden Gründen eingeführt:

- **Komplexitätsreduzierung** des Anwendungsprogramms,
- **Standardisierung** der Kommunikationsteile für die Mensch-Computer-Kommunikation (MCK) und die Rechner-Rechner-Kommunikation sowie des Datenverwaltungsteils und
- **Portierbarkeit** des Anwendungsprogramms.

Zur Erreichung dieser Ziele werden die nicht anwendungsspezifischen Teile eines Anwendungsprogramms vom Anwendungsteil isoliert und mithilfe spezieller Basismaschinen realisiert. Der Datenverwaltungsteil wird mithilfe eines **Datenbankverwaltungssystems (DBVS)**, der Mensch-Computer-Kommunikationsteil mithilfe eines **User-Interface-Management-Systems (UIMS)** und der Rechner-Rechner-Kommunikationsteil mithilfe eines **Netzwerkbetriebssystems (NWBS)** realisiert. Die Funktionen und die Schnittstellen dieser Basismaschinen sind im Allgemeinen standardisiert oder besitzen zumindest eine größere Verbreitung.

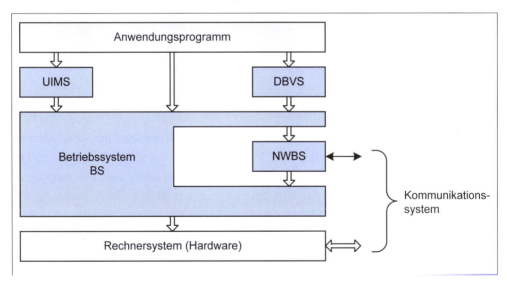

Bild 9-1: Systemsoftware-Schichten BS, NWBS, UIMS und DBVS

Die genannten Systemsoftwarekomponenten sowie das Anwendungsprogramm nutzen ihrerseits das **Betriebssystem (BS)** als gemeinsame Basismaschine der nächstniedrigeren Ebene. Der Einführung des Betriebssystems als weitere Basismaschine liegen die gleichen Ziele wie bei den anderen Systemsoftwarekomponenten zugrunde. Die Basismaschine des Betriebssystems besteht aus den elementaren Funktionen des Rechenwerks einer Universalrechenmaschine (URM) oder eines Rechnerverbundsystems (RVS) (siehe Kapitel 7). Das Betriebssystem stellt somit das Bindeglied zwischen der Hardware einerseits und dem Anwendungsprogramm, UIMS, DBVS sowie NWBS andererseits dar.

Das Betriebssystem reduziert Komplexität, indem es für die genannten Softwareschichten Basismaschinen geeigneter Ebenen zur Verfügung stellt. Hierfür haben sich im Laufe der Zeit Standards herausgebildet. Standardisierte Betriebssysteme sind wiederum eine geeignete Plattform für die Portierung von Anwendungsprogrammen.

Betriebssystem, DBVS, UIMS und NWBS bilden die Systemsoftware-Schichten eines Anwendungssystems. Ihr Zusammenwirken ist in Bild 9-1 dargestellt. Betriebssystem und NWBS können sich gegenüber UIMS, DBVS und Anwendungsprogramm als getrennte Basismaschinen oder als eine integrierte Basismaschine präsentieren (siehe Abschnitt 9.1.3). In den letzten Jahren werden die Funktionen von Betriebssystem, UIMS und NWBS weitgehend zusammengeführt und in Form eines umfassenden Betriebssystems angeboten. DBVS bilden nach wie vor eine eigenständige Systemsoftware-Schicht, was weniger auf technische Gründe, sondern vielmehr auf die Marktmacht weltweit führender DBVS-Hersteller zurückzuführen sein dürfte.

In den folgenden Abschnitten werden die einzelnen Systemsoftware-Schichten separat behandelt. Außerdem wird Middleware als eine zusätzliche Klasse systemnaher Software und Bindeglied zwischen Systemsoftware und Anwendungsprogrammen eingeführt. Ausgewählte Middleware-Konzepte werden in Abschnitt 9.5 vorgestellt.

9.1 Betriebssysteme

Zentrale Aufgabe eines Betriebssystems (BS) ist die Steuerung und Kontrolle der Durchführung von Programmen und die Verwaltung der von diesen Programmen benötigten Ressourcen. Aus der Sicht des Betriebssystems stellt die Durchführung eines Programms einen **Prozess** dar, der vom BS zu verwalten ist. Im Allgemeinen werden von einem Betriebssystem mehrere Prozesse gleichzeitig verwaltet. Die von den Prozessen benötigen Ressourcen werden als **Betriebsmittel** bezeichnet und ebenfalls vom BS bereitgestellt. Im Folgenden werden wichtige Konzepte der Betriebsmittelverwaltung und der Prozessverwaltung dargestellt (siehe z. B. [Deit90], [SGG08], [Tan90] und [Tan03]).

9.1.1 Betriebsmittelverwaltung

Die wichtigsten Betriebsmittel eines Prozesses sind Hauptspeicher, Hintergrundspeicher, Eingabe- und Ausgabegeräte sowie ein Prozessor. Aufgabe der Betriebsmittelverwaltung ist es, die Betriebsmittel in geeigneter Form zur Verfügung zu stellen und ihre Nutzung zu synchronisieren. Dabei ist es möglich, dass ein Betriebsmittel von mehreren Prozessen gleichzeitig benötigt wird, d. h. dass mehrere Prozesse um dieses Betriebsmittel konkurrieren.

Die realen Betriebsmittel einer URM oder eines RVS bilden im Allgemeinen keine geeignete Basismaschine für Anwendungsprogramme bzw. UIMS, DBVS und NWBS. Die Betriebsmittelverwaltung führt daher eine **Virtualisierung** von Betriebsmitteln durch. Hierzu wird unter Verwendung der realen Betriebsmittel (Basismaschine) eine Menge neuer, virtueller Betriebsmittel (Basismaschine höherer Ebene) realisiert. Diese Virtualisierung dient wiederum der Komplexitätsreduzierung, Portierbarkeit und Standardisierung. Als weiterer Gesichtspunkt kommt die Vervielfachung realer Betriebsmittel hinzu. Wichtige virtuelle Betriebsmittel sind (siehe auch [SiBa01, 131ff]):

a) **Virtuelle Prozessoren**: Bei der Virtualisierung von Prozessoren ist zwischen der Vervielfachung und der Simulation von Prozessoren zu unterscheiden. Die Vervielfachung bezieht sich auf den Fall, dass mehrere Prozesse um einen Prozessor konkurrieren. Hier wird ein realer Prozessor zu mehreren virtuellen Prozessoren vervielfacht, die dann jeweils einem Prozess exklusiv zugeordnet werden. Die Virtualisierung wird dadurch erreicht, dass der reale Prozessor zeitabschnittsweise den einzelnen virtuellen Prozessoren zugeordnet wird. Aus der Sicht eines Prozesses weist ein virtueller Prozessor das gleiche Verhalten wie der reale Prozessor auf. Unterschiede äußern sich lediglich in den Programmausführungszeiten. Ein Prozess, der einem virtuellen Prozessor zugeordnet ist, wird auch als **Task** bezeichnet. Die Bereitstellung und Steuerung virtueller Prozessoren durch ein Betriebssystem heißt **Multitasking**.

Die Simulation bezieht sich auf den Befehlsvorrat eines Prozessors. Ein virtueller Prozessor kann einen anwendungsnäheren Befehlsvorrat bereitstellen, der auf den Befehlsvorrat des realen Prozessors abgebildet wird. Mit anderen Worten, der virtuelle Prozessor besitzt ein virtuelles Rechenwerk, dessen Befehle durch Programme realisiert werden, welche auf dem realen Prozessor ablaufen.

b) **Virtueller Hauptspeicher**: Die hardwaretechnischen Voraussetzungen hierfür wurden in Kapitel 7 erläutert. Die Virtualisierung bezieht sich auf die beiden Eigenschaften Größe und Adressierungsform. Ein virtueller Hauptspeicher wird unter Verwendung des realen Hauptspeichers sowie eines Hintergrundspeichers realisiert und stellt aus Nutzersicht einen linearen Adressraum zur Verfügung.

c) **Virtueller Hintergrundspeicher**: Ziel der Virtualisierung ist die Realisierung einer anwendungsnahen Dateiverwaltung. Reale Hintergrundspeicher (z. B. Magnetplattenspeicher) besitzen in der Regel Datenblöcke gleicher Größe, die mit äußerst unhandlichen Adressierungsformen und Operatoren manipuliert werden. Das **Dateisystem** eines Betriebssystems realisiert auf der Basis realer Hintergrundspeicher einen oder mehrere virtuelle Hintergrundspeicher. Ein virtueller Hintergrundspeicher besteht aus einer variablen Anzahl von Dateien beliebiger Größe, die in (hierarchischen) Inhaltsverzeichnissen (Directories) verwaltet und zu logischen Laufwerken (Volumes) zusammengefasst werden.

Eine speziell auf den Anwendungsteil von Anwendungssystemen ausgerichtete Form virtueller Hintergrundspeicher sind die in Abschnitt 9.2 behandelten DBVS.

d) **Virtuelle Kommunikationskanäle**: Diese werden sowohl für die Mensch-Computer-Kommunikation (MCK) als auch für die Rechner-Rechner-Kommunikation eingesetzt. Die Virtualisierung zielt wiederum auf zwei Aspekte, die Vervielfachung von Kommunikationskanälen und die Realisierung anwendungsnaher, standardisierter Funktionen.

Ein Beispiel für die Vervielfachung eines Kommunikationskanals für die MCK ist die Realisierung mehrerer **virtueller Drucker** mithilfe eines Spool-Systems und eines realen Druckers. Jedem Prozess wird ein virtueller Drucker exklusiv zugeordnet. Dieser ist verhaltensgleich mit einem realen Drucker. Zur eigentlichen Druckausgabe, die z. B. bei Programmende erfolgt, wird der reale Drucker dem virtuellen Drucker zugeordnet. Ein weiteres Beispiel ist die Realisierung **virtueller Terminals** mithilfe des Fenstersystems eines UIMS (siehe Abschnitt 9.4). Virtuelle Kommunikationskanäle zwischen Rechnern werden mithilfe von Rechner-Rechner-Kommunikationssystemen realisiert (siehe Abschnitt 9.3).

Zur Realisierung von standardisierten Funktionen höherer Basismaschinen werden Geräteanpassungsprogramme verwendet, die auch als **Treiberprogramme** bezeichnet werden. Mithilfe der Treiberprogramme werden einheitliche, ggf. standardisierte Nutzermaschinen für Klassen unterschiedlicher realer Basismaschinen (z. B. unterschiedliche Drucker, Bildschirme, Tastaturen usw.) realisiert.

Treiberprogramme werden auch verwendet, um z. B. in einem Rechnerverbundsystem das Verhalten eines Großrechnerterminals mithilfe eines Personal Computers nachzubilden. Diese Form eines virtuellen Terminals wird als **Terminal-Emulation** bezeichnet.

Existieren gleichzeitig mehrere Prozesse und haben diese Prozesse unterschiedliche virtuelle Betriebsmittel belegt, so kann die Vergabe der zugehörigen realen Betriebsmittel (Zuordnung von realen zu virtuellen Betriebsmitteln) zu Konflikten führen. Eine **Verklemmung (Deadlock)** entsteht z. B., wenn einem Prozess 1 das reale Betriebsmittel A zugeordnet ist und B angefordert wird, einem Prozess 2 das reale Betriebsmittel B zugeordnet ist und A angefordert wird. Eine wesentliche Aufgabe der Betriebsmittelverwaltung ist daher, für eine konsistente Zuteilung der Betriebsmittel zu sorgen.

9.1.2 Prozessverwaltung

Die Durchführung eines Programms auf einem (realen oder virtuellen) Prozessor stellt einen Prozess dar. Formal wird ein **Prozess P** als Tripel (S,f,s) beschrieben [Rich85], wobei

- S den Zustandsraum des Programms, gebildet durch die Menge der möglichen Ausprägungen der Programmvariablen,

- f eine Aktionsfunktion in Form der nicht notwendigerweise linearen Befehlsfolge $(a_1, a_2,..., a_n)$ des Programms, bestehend aus elementaren (unteilbaren) Befehlen $a_i: S \rightarrow S$ (i = 1..n) und

- $s \subset S$ die möglichen Anfangszustände des Prozesses

darstellen (siehe Zustandsraum-System in Abschnitt 2.1.1). Der Ausführungsstand eines Prozesses wird somit zu jedem Zeitpunkt durch einen Befehl a_i und einen zugehörigen Zustand $s_i \in S$ beschrieben.

Im Allgemeinen werden von einem Betriebssystem mehrere Prozesse simultan verwaltet. Dabei wird unterschieden zwischen

- Prozessen, die durch die Ausführung eines Anwendungsprogramms entstehen,

- betriebssystemeigenen Prozessen (z. B. Spool-Prozess usw.) und

- Subprozessen, die von einem Anwendungsprogramm generiert wurden.

Aus der Sicht der Prozessverwaltung befindet sich ein Prozess zu jedem Zeitpunkt in einem der in Bild 9-2 dargestellten Prozesszustände (siehe z. B. [Rich85], [Wett87], [Deit90]):

- *Aktiv*: Dem Prozess ist ein realer Prozessor zugeteilt, d. h. der Prozess „rechnet".

- *Blockiert*: Der Prozess wartet auf den Eintritt eines bestimmten Ereignisses, der reale Prozessor ist dabei dem Prozess entzogen. Ein solches Ereignis ist z. B. der Abschluss einer Ein-/Ausgabeoperation über einen Kommunikationskanal.

- *Bereit*: Der Prozess ist in die Warteschlange rechenwilliger Prozesse eingereiht und wartet auf die Zuteilung eines realen Prozessors.

- *Nicht-existent*: Der Zustand *nicht-existent* ist kein Zustand zur Lebenszeit des Prozesses, sondern ein Hilfszustand, der verwendet wird, um aus Sicht der Prozessverwaltung das Eintreffen und Ausscheiden von Prozessen beschreiben zu können.

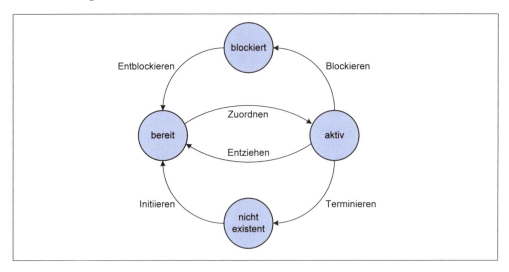

Bild 9-2: Prozesszustände und Zustandsübergänge

Die Übergänge zwischen diesen Zuständen (siehe Zustandsraum-System, Abschnitt 2.1.1) werden durch folgende Operatoren beschrieben:

- *Initiieren*: *nicht-existent* → *bereit*. Der Prozess wird gegenüber der Prozessverwaltung bekannt gemacht und in die Warteschlange rechenwilliger Prozesse eingereiht.

- *Zuordnen*: *bereit* → *aktiv*. Dem Prozess wird der reale Prozessor zugeteilt.

- *Entziehen*: *aktiv* → *bereit*. Nach Ablauf einer Zeitschranke wird dem Prozess der reale Prozessor entzogen, der Prozess wird in die Warteschlange rechenwilliger Prozesse eingereiht.

- *Blockieren*: *aktiv* → *blockiert*. Der Prozess stößt eine Operation (z. B. Ein-/Ausgabeoperation) an, generiert die Anforderung nach einem Ereignis (z. B. Abschluss der Ein-/Ausgabeoperation) und blockiert sich.

- *Entblockieren*: *blockiert* → *bereit*. Das gewünschte Ereignis ist eingetreten, der Prozess wird in die Warteschlange rechenwilliger Prozesse eingereiht.

- *Terminieren*: *aktiv* → *nicht-existent*. Der Prozess wird durch die Prozessverwaltung eliminiert.

ZUTEILUNG DES REALEN PROZESSORS (PROCESSOR SCHEDULING)

Eine zentrale Aufgabe der Prozessverwaltung ist die zeitabschnittweise, exklusive Zuteilung eines realen Prozessors an die einzelnen virtuellen Prozessoren, d. h. an die einzelnen konkurrierenden Prozesse. Das **Zuteilungsverfahren** kann auf mehreren Ebenen durchgeführt werden [Deit90]:

1. Auswahl derjenigen **Aufträge (Jobs)**, mit deren Durchführung begonnen werden soll. Jeder Auftrag kann mehrere Prozesse generieren. Ein Auftrag kann sich auf die Durchführung eines Anwendungsprogramms oder die interaktive Anforderung von Betriebssystemfunktionen durch einen Nutzer beziehen.

2. Auswahl derjenigen Prozesse, die für einen Eintrag in die Warteschlange rechenwilliger Prozesse zugelassen werden.

3. Auswahl eines Prozesses aus der Warteschlange rechenwilliger Prozesse.

Zur Charakterisierung des Zuteilungsverfahrens werden folgende Merkmale verwendet:

- Ein **Zeitscheibenverfahren** liegt vor, wenn ein realer Prozessor einem Prozess jeweils nur für eine bestimmte Zeitdauer zugeordnet wird. Nach Ablauf der Zeitschranke wird der reale Prozessor entzogen (Operator *Entziehen*) und neu zugeordnet.

- Ein Zuteilungsverfahren heißt **prioritätengesteuert**, wenn den Aufträgen bzw. Prozessen Prioritäten zugeordnet werden, welche die Auswahl beeinflussen.

- Ein Zuteilungsverfahren heißt **unterbrechend**, wenn einem Prozess vorzeitig der Prozessor entzogen werden kann.

Die Prioritäten und Zeitschranken der einzelnen Prozesse können von der Prozessverwaltung dynamisch neu festgelegt werden. Einflussparameter hierfür sind u. a. die Häufigkeit von Ein-/Ausgabe-Operationen eines Prozesses, die Intensität der Nutzung eines realen Prozessors durch einen Prozess sowie die Belastung des Systems durch die Menge aller Prozesse.

INTERPROZESSKOMMUNIKATION (IPC)

Die vielfältigen Informationsbeziehungen zwischen den Aufgaben eines betrieblichen Informationssystems führen bei der Aufgabendurchführung zu einer Kommunikation zwischen den beteiligten Aufgabenträgern. Die Kommunikation zwischen Prozessen wird auf der Ebene des Betriebssystems als **Interprozesskommunikation (IPC)** bezeichnet.

Zur Realisierung der IPC werden von Betriebssystemen insbesondere folgende Mechanismen bereitgestellt (Bild 9-3):

- **Pipe**: Eine Pipe ist ein unidirektionaler Kommunikationskanal zwischen einem Senderprozess S und einem Empfängerprozess E. Gesendete Nachrichten werden in eine Warteschlange eingereiht und bis zur Entnahme durch den Empfänger in der Pipe gepuffert. Die Verwaltung der Pipe erfolgt nach dem FIFO-Prinzip (First In First Out).

- **Queue**: Im Unterschied zu einer Pipe kann eine Queue Nachrichten von mehreren Senderprozessen aufnehmen. Die Organisation der Warteschlange sowie die Entnahme der Nachrichten durch den Empfängerprozess aus der Warteschlange können nach unterschiedlichen Kriterien erfolgen.

- **Shared Memory**: Hierbei handelt es sich um einen gemeinsamen Hauptspeicherbereich, der in beliebiger Weise als bidirektionaler Kommunikationskanal zwischen Prozessen genutzt wird. Im Gegensatz zu Pipe und Queue wird jedoch keine Warteschlange verwaltet.

Pipes, Queues und Shared Memory stellen Betriebsmittel dar, die von mehreren Prozessen gemeinsam genutzt werden. Greifen mehrere Prozesse gleichzeitig auf ein solches Betriebsmittel zu, so kann dies zu inkonsistenten Zuständen des Betriebsmittels führen. Es muss daher sichergestellt werden, dass zu jedem Zeitpunkt nur ein Prozess auf das Betriebsmittel zugreift. Dieser wechselseitige Ausschluss wird z. B. durch Semaphore realisiert (siehe auch Abschnitt 2.1.2, Beispiel 2-7, Bild 2-8). Ein **Semaphor s** ist eine geschützte Variable mit dem Wertebereich dom(s) = {0,1,...}, auf der zwei nicht unterbrechbare Operationen P(s) und V(s) definiert sind:

```
P(s):   IF s > 0
            THEN s := s - 1
            ELSE 'wait on s'
V(s):   IF 'one or more processes are waiting on s'
            THEN 'let one of these processes proceed'
            ELSE s := s + 1
```

9.1 Betriebssysteme

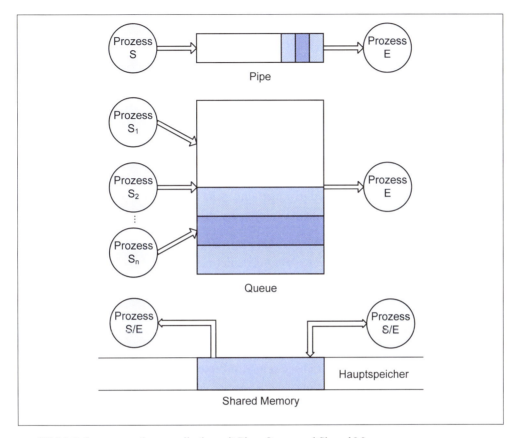

Bild 9-3: Interprozesskommunikation mit Pipe, Queue und Shared Memory

Jeder Prozess führt vor dem Zugriff auf das Betriebsmittel die Operation P(s), nach dem Zugriff die Operation V(s) durch. Wird s mit dem Wert 1 initiiert, so kann zu jedem Zeitpunkt genau ein Prozess das Betriebsmittel belegen.

9.1.3 Betriebssysteme für verteilte Rechnersysteme

Bisher wurden die Aufgaben von Betriebssystemen unter dem Blickwinkel zentralisierter Rechnersysteme behandelt. Modelle zentralisierter Rechnersysteme wurden in Kapitel 7 in Form der Universalrechenmaschine (URM) bzw. des Busrechnersystems (BRS) vorgestellt.

Im Zusammenhang mit verteilten Rechnersystemen werden nun zusätzliche Anforderungen an Betriebssysteme sichtbar. Diese Anforderungen und unterschiedliche Integrationsstufen verteilter Rechnersysteme werden anhand alternativer Betriebssystem-Konzepte dargestellt. Die Ausführungen beschränken sich auf Betriebssysteme für lose gekoppelte verteilte Rechnersysteme, d. h. Rechnerverbundsysteme (RVS). Betriebssysteme für Parallelrechnersysteme (PRS) werden nicht weiter behandelt.

Bei den erweiterten Anforderungen an Betriebssysteme für RVS wird wiederum zwischen Aufgaben der Prozessverwaltung und der Betriebsmittelverwaltung unterschieden:

- **Prozessverwaltung**: Es ist die Kommunikation von Prozessen zu unterstützen, die auf unterschiedlichen Rechnern ablaufen. Ein Beispiel ist die Kommunikation zwischen einem auf Rechner A ablaufenden Datenbank-Server-Prozess und einem auf Rechner B ablaufenden Datenbank-Client-Prozess.

- **Betriebsmittelverwaltung**: Ein auf Rechner A ablaufender Prozess nutzt Betriebsmittel, die Rechner B zugeordnet sind. Ein Beispiel hierfür ist die Nutzung eines von Rechner A verwalteten Dateisystems durch Rechner B.

Ein weiterer Gesichtspunkt der Prozess- und Betriebsmittelverwaltung in RVS ist die **Transparenz** der Verteilung (*transparent* bedeutet hier *unsichtbar*) [TaRe85]. So soll aus Sicht der Anwendung (Anwendungssystem bzw. Nutzer) nicht erkennbar sein, von welchem Rechner des RVS Datenbankdienste erbracht werden und ob die Dateien eines bestimmten Inhaltsverzeichnisses auf dem eigenen oder einem fremden Rechner gespeichert sind.

In Bild 9-4 sind alternative Betriebssystem-Konzepte für RVS in Form von Schichtenmodellen, d. h. Folgen von Nutzer- / Basismaschinen, dargestellt. Das zugrunde liegende RVS kann dabei eine beliebige Netztopologie aufweisen. Die Kommunikation wird stellvertretend anhand von zwei Rechnern dargestellt. Es werden folgende Betriebssystem-Konzepte und Integrationsstufen unterschieden [SSN90]:

a) **Netzwerkfähiges Betriebssystem** (Bild 9-4 a): Auf den Rechnern des RVS laufen autonome, lokale Betriebssysteme A und B. Bei A und B kann es sich um das gleiche oder um unterschiedliche Betriebssysteme handeln (z. B. Windows und Linux). Unter Verwendung der von A und B bereitgestellten Funktionen werden Kommunikationskomponenten KOM realisiert, die ein oder mehrere standardisierte Protokolle (siehe Abschnitt 9.3) unterstützen und für die Anwendung geeignete Kommunikationsfunktionen bereitstellen. Aus der Sicht einer Anwendung werden dadurch die Funktionen des jeweiligen lokalen Betriebssystems um die Funktionen von KOM erweitert.

Auf diese Weise ist z. B. ein Dateitransfer zwischen einzelnen Rechnern eines RVS möglich. Netzwerkfähige Betriebssysteme unterstützen somit eine Kommunikation der auf den verschiedenen Rechnern eines RVS ablaufenden lokalen Betriebssysteme.

b) **Netzwerkbetriebssystem** (Bild 9-4 b): Im Gegensatz zu (a) unterstützen Netzwerkbetriebssysteme eine eigenständige Kooperation von Betriebssystemen. Das bedeutet, dass die Abwicklung eines Funktionsaufrufes, den eine Anwendung an ein bestimmtes Betriebssystem richtet, von mehreren Betriebssystemen kooperativ durchgeführt wird. Aus Sicht der Anwendung ist die Abwicklung des Funktionsaufrufes transparent. Zum Beispiel kann eine Anwendung auf Rechner A das Dateisystem eines anderen Rechners B nutzen, ohne diesen Rechner explizit benennen zu müssen.

Netzwerkbetriebssysteme werden in Form einer eigenen Softwareschicht realisiert, die auf den Funktionen der lokalen Betriebssysteme und der Kommunikationskomponenten aufbaut.

Bei einem **Multi-Image-Netzwerkbetriebssystem** stehen aus Sicht der Anwendung die Funktionen des lokalen Betriebssystems sowie die Funktionen des Netzwerkbetriebssystems zur Verfügung. Die Funktionen des lokalen Betriebssystems können sich von den Funktionen des Netzwerkbetriebssystems unterscheiden. Präsentiert sich dagegen das Netzwerkbetriebssystem auf allen Rechnern, unabhängig vom zugrunde liegenden lokalen Betriebssystem, in Form einer einheitlichen Nutzermaschine, so liegt ein **Single-Image-Netzwerkbetriebssystem** vor. Dabei wird z. B. auf allen Rechnern ein UNIX-Dateisystem angeboten, wobei das jeweilige lokale Betriebssystem nicht notwendig UNIX sein muss. Bei einem Single-Image-Netzwerkbetriebssystem sind die Funktionen der lokalen Betriebssysteme für die Anwendung nicht zugänglich.

c) **Verteiltes Betriebssystem** (Bild 9-4 c): Im Gegensatz zu den Konzepten (a) und (b) stellt ein verteiltes Betriebssystem keine Erweiterung autonomer, lokaler Betriebssysteme dar. Es handelt sich vielmehr um ein speziell konstruiertes Betriebssystem, dessen unterschiedliche Funktionskomponenten auf die einzelnen Rechner des RVS verteilt werden (siehe z. B. [TaRe85] und [Tan95]). Die Gesamtfunktionalität des Betriebssystems wird durch Kooperation dieser Funktionskomponenten erreicht. Beispiele für derartige Funktionskomponenten sind Datei- und Druck-Server. Aus Sicht der Anwendung realisiert das verteilte Betriebssystem eine einheitliche Nutzermaschine.

Ein verteiltes Betriebssystem unterstützt die Spezialisierung von Rechnern eines RVS und vermeidet die Replikation von Betriebssystemkomponenten. Allerdings verlieren die einzelnen Rechner des RVS ihre Autonomie.

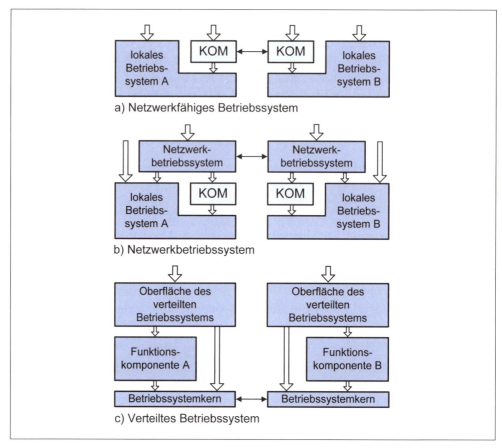

Bild 9-4: Betriebssystem-Konzepte für Rechnerverbundsysteme [SSN90]

9.1.4 Ausgewählte Standardbetriebssysteme

Im Folgenden werden anhand von *MS-DOS* und *OS/2* zwei ältere sowie anhand von *UNIX* und *Windows NT* zwei aktuelle Standardbetriebssysteme für Personal Computer und Workstations vorgestellt. Jedes dieser Betriebssysteme markiert gleichzeitig den Beginn einer zugehörigen Entwicklungslinie. In der Summe zeigt die Auswahl die Gesamtentwicklung im Bereich der Betriebssysteme auf. Die behandelten Merkmale orientieren sich an den in Kapitel 7 eingeführten Hardwarekonzepten sowie an den in den Abschnitten 9.1.1 und 9.1.2 behandelten Aufgaben der Betriebsmittel- bzw. der Prozessverwaltung.

Analog zu den in Abschnitt 7.2 vorgestellten Rechnermodellen wird nicht das Ziel verfolgt, aktuelle Funktions- und Leistungsmerkmale von Betriebssystemen zu behandeln. Vielmehr sollen anhand der beiden Merkmale *Betriebsmittelverwaltung* und *Prozessverwaltung* die Entwicklungslinien von Betriebssystemen konzeptuell und im Zusammenhang dargestellt werden.

MS-DOS

Das Betriebssystem MS-DOS von Microsoft ist das ehemals meistverbreitete Betriebssystem für Personal Computer. Innerhalb seiner Entwicklungslinie wurde MS-DOS von Windows 95, Windows 98 und Windows ME (Millenium Edition) abgelöst.

MS-DOS stellt ein Single-User-/Singletasking-Betriebssystem dar.

a) Betriebsmittelverwaltung:

Virtuelle Prozessoren werden von MS-DOS nicht unterstützt. Einem unter MS-DOS ablaufenden Prozess ist stets der reale Prozessor zugeordnet. (Die Durchführung von Unterbrechungsbehandlungsroutinen zur Realisierung von „Pseudo-Hintergrundprozessen" wird dabei nicht berücksichtigt.) Für den Prozess stehen 640 KB realer Hauptspeicher zur Verfügung. Virtueller Hintergrundspeicher wird in Form eines hierarchischen Dateisystems realisiert. Ein Disk-Cache-Speicher wird nur in Form der Dateipufferverwaltung des Betriebssystems unterstützt. Virtuelle Kommunikationskanäle für die MCK und die Rechner-Rechner-Kommunikation werden in Form geräteunabhängiger Schnittstellen unterstützt, die mit Treiberprogrammen realisiert werden (z. B. COM1, LPT1).

b) Prozessverwaltung:

Da MS-DOS als Singletasking-Betriebssystem konzipiert ist, entfallen die Aufgaben der Prozessverwaltung.

OS/2

Das Betriebssystem OS/2 wurde von Microsoft und IBM als Single-User-/Multitasking-Betriebssystem für Personal-Computer entwickelt. OS/2 wurde zunächst für 16-Bit-Prozessoren (Intel 80286) ausgelegt, unterstützt aber in der Version 2.0 in vollem Umfang 32-Bit-Prozessoren (Intel 80386, 80486) (siehe [Kauf89], [Deit90] und [Böge92]). Nach dem Rückzug von Microsoft wurde OS/2 von IBM alleine weiterentwickelt. Im Jahr 2005 wurde die Basisentwicklung und der Vertrieb von OS/2 Warp, der letzten Generation von OS/2, von IBM eingestellt. Eine angepasste Version von OS/2 wird unter der Bezeichnung eComStation weiterhin über einen anderen Anbieter vertrieben.

OS/2 umfasst nicht nur die klassischen Betriebssystemkomponenten, sondern enthält weitere Systemsoftware-Komponenten als integrale Bestandteile. Hierzu gehören der Presentation Manager als U-IMS, der LAN Manager als NWBS und der Database Manager als DBVS.

a) Betriebsmittelverwaltung:

Als Multitasking-Betriebssystem unterstützt OS/2 virtuelle Prozessoren. Für jeden Prozess stehen maximal 48 MB virtueller Hauptspeicher zur Verfügung. Virtueller Hintergrundspeicher wird in Form eines hierarchischen Dateisystems bereitgestellt. Disk-Cache-Speicher wird ebenfalls unterstützt und durch einen eigenen Prozess verwaltet. Virtuelle Kommunikationskanäle für die MCK werden in OS/2 durch den Presentation Manager, virtuelle Kommunikationskanäle für die Rechner-Rechner-Kommunikation durch den LAN Manager realisiert.

b) Prozessverwaltung:

Die Prozessverwaltung von OS/2 beruht auf einem dreistufigen hierarchischen Konzept: Eine Bildschirmgruppe umfasst einen oder mehrere Prozesse, ein Prozess umfasst einen oder mehrere Elementarprozesse (Threads).

Ein Nutzer kann mehrere Bildschirmgruppen definieren. Jeder Bildschirmgruppe ist ein virtueller Bildschirm und eine virtuelle Tastatur zugeordnet. Alle Prozesse einer Bildschirmgruppe leiten auf diesen virtuellen Bildschirm ihre Ausgaben und empfangen von der virtuellen Tastatur ihre Eingaben. Wählt der Nutzer eine Bildschirmgruppe an, so wird dem virtuellen Bildschirm der reale Bildschirm, der virtuellen Tastatur die reale Tastatur zugeordnet. Prozesse sind in OS/2 Einheiten, denen Betriebsmittel (Hauptspeicher, Dateien usw.) zugeordnet werden können. Elementarprozesse (Threads) sind die lauffähigen Einheiten eines Prozesses. Ihnen sind die Prozesszustände *bereit*, *aktiv* und *blockiert* zuordenbar.

Zur Interprozesskommunikation stellt OS/2 u. a. die Konzepte *Shared Memory*, *Semaphore*, *Pipes* und *Queues* zur Verfügung.

Das Zuteilungsverfahren des Multitasking von OS/2 ist ein prioritätengesteuertes, unterbrechendes Zeitscheibenverfahren.

UNIX

Die Entwicklung von UNIX begann 1969 bei Bell. Der aktuelle UNIX-Standard ist das seit 1983 verfügbare *System V*. Eine weitere Entwicklungslinie wurde z. B. durch das mittlerweile eingestellte *BSD-UNIX* (BSD = Berkeley System Distribution) markiert (siehe z. B. [Rich85], [Deit90]). Daneben existiert eine Vielzahl von herstellerspezifischen UNIX-Varianten.

Als frei verfügbares UNIX-Betriebssystem hat Linux an Bedeutung gewonnen. Da nicht nur die ausführbare Systemsoftware, sondern auch die zugehörigen Quellprogramme frei zugänglich sind (Open Source), trägt weltweit eine große Zahl von Programmierern und Systementwicklern unter Nutzung des Internet als Kommunikationsplattform zur Weiterentwicklung von Linux und zur Entwicklung von Anwendungssoftware für Linux bei.

UNIX ist ein Multi-User- / Multitasking-Betriebssystem für Workstations, Großrechner und Personal Computer. Es ist als portables Betriebssystem konzipiert. Bereits im ursprünglichen Betriebssystem-Kern sind etwa 90 % des Codes in C implementiert und damit auf andere Basismaschinen portierbar.

a) Betriebsmittelverwaltung:

Als Multitasking-Betriebssystem stellt UNIX virtuelle Prozessoren zur Verfügung. Jeder Prozess verfügt über einen virtuellen Hauptspeicher, der z. B. bei Linux 3 GB umfasst (1 GB ist für das Betriebssystem reserviert)[6]. Für alle Prozesse zusammen ist der virtuelle Hauptspeicher nur durch die Größe des verfügbaren realen Hintergrundspeichers begrenzt. Virtueller Hintergrundspeicher wird in Form eines hierarchischen Dateisystems mit differenzierten Zugriffsrechten und Nutzerklassen bereitgestellt. Ein Disk-Cache-Speicher wird ebenfalls unterstützt. Die virtuellen Kommunikationskanäle werden in UNIX zusammen mit dem virtuellen Hintergrundspeicher in Form eines einheitlichen Virtualisierungskonzepts realisiert. Alle Ein-/Ausgabegeräte für die MCK und Kanäle für die Rechner-Rechner-Kommunikation werden in UNIX als spezielle Dateien behandelt.

b) Prozessverwaltung:

Das Prozesskonzept von UNIX ist hierarchisch organisiert. Durch den Systemaufruf *fork* wird ein Prozess in zwei parallel ablaufende Prozesse, den *Eltern-Prozess* und den *Kind-Prozess* aufgespalten. Zur Interprozesskommunikation stehen in UNIX u. a. Pipes, gemeinsamer Speicher sowie Semaphore zur Verfügung. Die Zuteilungsstrategie beruht auf einem prioritätengesteuerten Zeitscheibenverfahren, wobei die Prioritäten der rechenwilligen Prozesse laufend neu ermittelt werden.

WINDOWS NT

Windows NT (New Technology) von Microsoft ist ein Single-User- / Multitasking-Betriebssystem für Personal Computer und Workstations sowie gleichzeitig ein Netzwerkbetriebssystem für Rechnerverbundsysteme (LAN und WAN). Windows NT wurde von Grund auf für 32-Bit-Prozessoren neu konzipiert und stellt keine Weiterentwicklung eines früheren Windows-Betriebssystems dar (siehe [Micr95a], [Micr95b]). Als wesentliche Entwurfsziele wurden verfolgt: (a) Kompatibilität von Nutzeroberfläche und Dateisystem zu früheren Windows-Betriebssystemen, (b) Portierbarkeit des Systems auf unterschiedliche CISC- und RISC-Prozessoren, (c) Skalierbarkeit, (d) Sicherheits-Architektur, (e) Unterstützung verteilter Systeme, (f) Zuverlässigkeit und Robustheit und (g) Erweiterbarkeit. Nachfolger von Windows NT sind innerhalb dessen Entwicklungslinie die Betriebssysteme Windows 2000, Windows XP und Windows Vista. Windows XP und Windows Vista sind in Versionen für 32-Bit- und 64-Bit-Prozessoren verfügbar. Die nachfolgenden Ausführungen beziehen sich auf das Basis-Betriebssystem Windows NT.

Zunächst werden wichtige Merkmale von Windows NT als Betriebssystem für Rechnerknoten beschrieben:

a) Betriebsmittelverwaltung:

Windows NT unterstützt virtuelle Prozessoren. Für jeden Prozess stehen maximal 4 GB virtueller Hauptspeicher (je 2 GB für das System und für die Anwendung) zur Verfügung. Virtueller Hintergrundspeicher wird in Form eines hierarchischen Dateisystems (NTFS, NT File System) bereitge-

---

[6] Bei 32-Bit-Prozessoren, die gleichzeitig über einen 32 Bit breiten Adressbus verfügen sowie bei 32-Bit-Betriebssystemen ist der Adressraum auf 2^{32} Byte = 4 GB begrenzt.

stellt, wobei auch Dateisysteme älterer Betriebssysteme (MS-DOS, OS/2) unterstützt werden. Disk-Cache wird durch einen Cache-Manager verwaltet. Virtuelle Kommunikationskanäle für die MCK werden mithilfe von Umgebungssubsystemen in Form einer einheitlichen Benutzeroberfläche realisiert. Es stehen die Umgebungssubsysteme Win32, OS/2, POSIX für die Ausführung korrespondierender Klassen von Anwendungsprogrammen zur Verfügung. Aus Kompatibilitätsgründen werden auch die Umgebungssubsysteme Win16 und MS DOS angeboten. Diese sind als Anwendungen des Win32-Subsystems realisiert. Für die Rechner-Rechner-Kommunikation unterstützt Windows NT eine Reihe unterschiedlicher Kommunikationsprotokolle der Transportebene.

b) Prozessverwaltung:

Elementarprozesse, denen ein realer Prozessor zugeteilt werden kann, werden in Windows NT als Threads bezeichnet. Jeder Thread läuft im Kontext eines Prozesses ab. Umgekehrt sind jedem Prozess eine Menge von Threads sowie eine Menge von Objekten zugeordnet. Objekte sind Ressourcen, die unter der Kontrolle des Betriebssystems verwaltet werden. Die Threads eines Prozesses haben Zugriff auf dessen Objekte.

Als Zuteilungsverfahren wird ein verdrängendes Multitasking mit 32 Prioritäten verwendet, die zwei Prioritätsklassen (*Realtime* und *Variable*) zugeordnet sind.

Die Architektur von Windows NT (siehe z. B. [Cust93]) umfasst den im Kernel-Modus ablaufenden Executive sowie eine Menge von Umgebungssubsystemen, die im Benutzermodus ablaufen. Der Executive erbringt die grundlegenden Dienste des Betriebssystems (I/O-Managment, Objektmanagement, Sicherheitsüberwachung, Prozessmanagement, LPC (Local Procedure Call) und VM-Management (Virtual Memory)). Das Herzstück des Executive ist der Kernel, der insbesondere für die Zuteilung von Threads zu Prozessoren, für die Synchronisation von Prozessoren und für die Ausnahmebehandlung zuständig ist. Windows NT unterstützt symmetrische Multiprozessorsysteme mit bis zu 32 realen Prozessoren (Skalierbarkeit). Die Portierbarkeit des BS wird durch eine Hardware-Abstraktionsschicht unterstützt, welche die Verbindung zwischen dem Kernel und der Hardware herstellt.

Die Umgebungssubsysteme sind Server für die jeweiligen Klassen von Anwendungsprogrammen (Clients). Umgebungssubsysteme sowie Anwendungsprogramme laufen im Benutzermodus ab und sind vor gegenseitiger Beeinflussung geschützt (Sicherheitskonzept). Der Nachrichtenaustausch zwischen Client und Server wird mithilfe von LPCs realisiert.

Windows NT umfasst gleichzeitig die Funktionen eines Single-Image-Netzwerkbetriebssystems für LANs und WANs. Es werden Peer-to-Peer- sowie Client/Server-Beziehungen unterstützt. Jeder Rechnerknoten kann bestimmte Dienste als Server erbringen und gleichzeitig Client für diese und andere Dienste sein. Die Kommunikation zwischen den Rechnerknoten findet transparent unter Nutzung unterschiedlicher Transportprotokolle statt. Windows NT unterstützt verteilte Anwendungsprogramme und stellt hierfür transparente Proceduraufrufe in Form eines RPC (Remote Procedure Call) zur Verfügung.

9.2 Datenbanksysteme

Die betriebliche Datenbasis wurde in Abschnitt 5.2 als eine der zentralen Komponenten eines IS eingeführt. Aus Sicht des Phasenprinzips (Kapitel 1) beschreibt die Datenbasis die Struktur und den Zustand der Hilfsregelstrecke, die dem Lenkungssystem

9.2 Datenbanksysteme

zur Regelung des Leistungssystems zur Verfügung steht (siehe Abschnitt 2.1.4). Die Struktur der Datenbasis wird in einem konzeptuellen Datenschema beschrieben (Abschnitt 5.2). Zu jedem Datenobjekttyp des konzeptuellen Datenschemas existiert in der Datenbasis eine Menge von Datenobjekten. Entsprechend den Strukturbeziehungen zwischen Datenobjekttypen steht ein Datenobjekt im Allgemeinen in Beziehung zu anderen Datenobjekten.

Zur Verwaltung der Datenbasis sind die von Betriebssystemen bereitgestellten Dateisysteme nur bedingt geeignet. Zum Beispiel werden die in einem konzeptuellen Datenschema definierten Strukturbeziehungen und Integritätsbedingungen nur unzureichend unterstützt. Diese Defizite haben zur Entwicklung spezieller Systemsoftwarekomponenten, den **Datenbankverwaltungssystemen (DBVS)** geführt. Ein DBVS bildet zusammen mit der von ihm verwalteten Datenbasis ein **Datenbanksystem (DBS)**. Im Zusammenhang mit DBS wird die Datenbasis auch als **Datenbank (DB)** bezeichnet. DBS stellen eine spezielle Klasse virtueller Hintergrundspeicher dar.

Aus Sicht des ADK-Modells realisiert ein DBVS den Datenverwaltungsteil eines Anwendungssystems. Mit Bezug zu den am Anfang des Kapitels genannten Zielen dient das DBVS

- der Komplexitätsreduzierung des Anwendungsprogramms, indem möglichst viele Aufgaben der Datenverwaltung in den Datenverwaltungsteil ausgelagert werden,
- der Standardisierung der Nutzermaschine des Datenverwaltungsteils durch Verwendung standardisierter Meta-Modelle zur Beschreibung des Datenschemas und zur Manipulation der Datenbasis und damit
- der Portierbarkeit des Anwendungsprogramms zwischen unterschiedlichen DBVS.

Die von einem DBVS bereitgestellte Nutzermaschine wird durch das verwendete **Datenbankmodell** klassifiziert. Das Datenbankmodell stellt das Meta-Modell dar, in dem ein konzeptuelles Datenschema aus der Sicht des DBVS beschrieben, ein individuelles DBS generiert und die Datenbasis manipuliert wird. Das derzeit wichtigste Datenbankmodell ist das **Relationenmodell**. Für jedes Datenbankmodell steht eine Menge von Sprachen zur Verfügung. Die dominierende Sprache für relationale Datenbanksysteme ist SQL. Das Relationenmodell und SQL werden in Abschnitt 9.2.1 behandelt.

Im Einzelnen sind von einem DBVS nachstehende Funktionsmerkmale zu erfüllen [LoDi87, 89f]. (Im Folgenden wird der Begriff *Nutzer* für *interaktiver Nutzer* und *Anwendungsprogramm* verwendet.)

a) **Strukturdefinition**: Definition der Struktur der Datenbasis in Form eines Datenbankschemas, welches aus dem konzeptuellen Datenschema abgeleitet wird.

b) **Datenmanipulation**: Bereitstellen geeigneter Operatoren zum Lesen (Fetch), Einfügen (Insert), Löschen (Delete) und Modifizieren (Update) von Datenobjekten.

c) **Unverletzlichkeit der Datenbasis**: Schutz der Datenbasis vor inkonsistenten Änderungen durch einzelne Nutzer und vor Datenverlust.

d) **Organisation des Mehrbenutzerbetriebs**: In der Regel greifen auf die Datenbasis mehrere Nutzer gleichzeitig zu. Dabei ist sicherzustellen, dass die schreibenden Zugriffe mehrerer Nutzer nicht die Konsistenz der Datenbasis verletzen und jeder Nutzer ausschließlich konsistente Daten liest.

e) **Leistungssteuerung**: Anpassung des Leistungsverhaltens des DBS an die Anforderungen der jeweiligen Einsatzumgebung. Wichtige Größen sind das geforderte Antwortzeitverhalten, das zu verwaltende Volumen der Datenbasis, die Anzahl paralleler Nutzer, die zu erreichende Ausfallsicherheit usw.

f) **Realisierung von Nutzerschnittstellen**: Bereitstellung geeigneter Schnittstellen (Nutzermaschinen) für Datenbankadministrator, interaktive Nutzer und Anwendungsprogramme.

In den folgenden Abschnitten werden wesentliche Konzepte zur Realisierung der genannten Funktionsmerkmale beschrieben.

9.2.1 Das relationale Datenbankmodell und die Sprache SQL

Die Mehrzahl der marktgängigen DBVS unterstützt das **relationale Datenbankmodell**, oder kurz **Relationenmodell** (siehe z. B. [HeSa00], [Mei03], [RoCo07], [Ull91] und [Voss08]). Das Relationenmodell beruht auf dem mengentheoretischen Konzept der Relation. Sei $\{A_1,...A_n\}$ eine Menge von Attributen mit den Wertebereichen (Domänen) $dom(A_i)$ (i = 1..n), so ist eine **Relation** r eine Teilmenge des kartesischen Produkts über diesen Domänen, d. h.

$$r \subseteq dom(A_1) \times ... \times dom(A_n).$$

Zum Beispiel ist für die Attribute X, Y mit $dom(X) = \{0, 1\}$ und $dom(Y) = \{a, b, c\}$

$$r = \{(0, a), (0, b), (1, a), (1, c)\}$$

eine zugehörige Relation. Die Elemente einer Relation heißen **Tupel**. Die Popularität des Relationenmodells als Datenbankmodell für moderne DBVS beruht im Wesentlichen auf zwei Eigenschaften:

- Relationen sind formalen Untersuchungen zugänglich. Insbesondere können Relationen zusammen mit den darauf definierten Operatoren in Form einer Algebra formuliert werden.

- Relationen sind in anschaulicher Form als zweidimensionale Tabellen darstellbar. Die Zeilen der Tabelle entsprechen den Tupeln der Relation. Diese Darstellungsform besitzt den Vorteil, dass die Spalten mit dem jeweiligen Attributnamen gekennzeichnet werden können. Bild 9-5 zeigt die tabellarische Darstellung der obigen Relation r:

X	Y
0	a
0	b
1	a
1	c

Bild 9-5: Tabellarische Darstellung einer Relation

Da Relationen Mengen darstellen, ist die Reihenfolge der Elemente nicht definiert. Die Zeilen (Tupel) einer Tabelle (Relation) sind daher beliebig vertauschbar. Falls die Spalten durch Attributnamen gekennzeichnet sind, können auch sie beliebig angeordnet werden, ohne den Informationsgehalt der Tabelle zu verändern. Diese Eigenschaften sind für die unten dargestellten Operatoren auf Relationen von Bedeutung.

Die Typvereinbarung einer Relation wird als **Relationstyp** (Relationsschema) bezeichnet. Korrespondierend mit Abschnitt 5.2.5 wird ein Relationstyp $R(A_1,...,A_n)$ durch seinen Namen R und eine Menge von Attributen $\{A_1,...,A_n\}$ definiert. Dieser Relationstyp befindet sich in erster Normalform (1NF), d. h. alle Attribute A_i (i=1..n) besitzen elementare Wertebereiche (siehe Abschnitt 5.2.5).

In jedem Relationstyp muss ein Primärschlüssel vereinbart sein, der die Eindeutigkeit der Tupel in der zugehörigen Relation sicherstellt (Entity-Integrität). Ein Fremdschlüssel kann nur solche Werte annehmen, für die in der Relation des referenzierten Relationstyps ein korrespondierendes Tupel existiert (Referenz-Integrität).

In einer relationalen Datenbasis existiert zu jedem Relationstyp *genau eine* Relation, die als **Extension** dieses Relationstyps bezeichnet wird. Die Menge aller Relationen bildet die (relationale) Datenbasis.

Das Relationenmodell gestattet eine einfache Transformation des konzeptuellen Datenschemas in ein zugehöriges Datenbankschema. Zum Beispiel wird jeder E-, ER- und R-Typ eines konzeptuellen Datenschemas im SERM (siehe Abschnitt 5.2.3) in einen Relationstyp des Datenbankschemas abgebildet. Die Abbildung ist nicht umkehrbar, da u. a. die Komplexitätsgrade des SERM im Relationenmodell nicht darstellbar sind.

Beispiel 9-1:

Nachfolgend ist ein Ausschnitt des konzeptuellen Datenschemas aus Beispiel 5-11 (Abschnitt 5.2.4) im Relationenmodell dargestellt. Die beispielhaft gewählten Extensionen der Relationstypen werden im Weiteren zur Darstellung von Operationen auf Relationen verwendet (Bild 9-6).

Kunde			
KdNr	Name	PLZ	Ort
K101	Meier KG	80335	München
K114	Schulze	80335	München
K147	Huber oHG	96050	Bamberg
K220	Baur GmbH	56070	Koblenz

Artikel			
ArtNr	Bezeichnung	Bestand	VK-Preis
A17	Schraube M6x40	140	2.10
A28	Schraube M6x80	90	2.30
A29	Federring 10 mm	80	1.60
A30	Federring 12 mm	80	1.70

Auftrag			
AuftrNr	KundNr	BestNr	AuftrDat
2008/26	K101	Mei020	30.09.08
2008/27	K220	XY-22	01.10.08

AuftrPos			
AuftrNr	AuftrPosNr	ArtNr	Menge
2008/26	001	A17	20
2008/26	002	A28	30
2008/26	003	A30	10
2008/27	001	A17	20
2008/27	002	A30	10

Bild 9-6: Beispiele für Relationen

OPERATOREN AUF RELATIONEN: DIE RELATIONENALGEBRA

Die Operatoren auf Relationen werden in der **Relationenalgebra** zusammengefasst. Da sowohl die Operanden als auch die Ergebnisse dieser Operatoren Relationen sind, können die Operatoren beliebig kombiniert werden. Im Folgenden seien r und s zwei Relationen des Relationstyps R(A) bzw. S(B) über den Attributmengen $A, B \subseteq U$. U ist eine universelle Attributmenge. Die Relationenalgebra umfasst folgende Operatoren (siehe z. B. [Ull88, 55f]):

9.2 Datenbanksysteme

- **Mengenvereinigung**: Das Ergebnis der Operation ist die Relation r ∪ s. Beide Relationen müssen vom gleichen Relationstyp sein. Der Operator Mengenvereinigung dient zum Einfügen von Tupeln in eine Relation.

- **Mengendifferenz**: Das Ergebnis der Operation ist die Relation r \ s. Beide Relationen müssen vom gleichen Relationstyp sein. Der Operator Mengendifferenz dient zum Entfernen von Tupeln aus einer Relation.

- **Kartesisches Produkt**: Das Ergebnis der Operation ist die Relation r × s. r und s sind in der Regel nicht vom gleichen Typ. Die Ergebnisrelation enthält Spalten für die Attribute aus R und aus S.

- **Projektion**: Der Operator Projektion $\pi_L(r)$ dient zur Entfernung von Spalten aus einer Relation r. L ist eine Folge von Attributen und bezeichnet die in der Relation verbleibenden Spalten. Duplikate von Tupeln, die bei der Projektion entstehen, sind aufgrund der Mengeneigenschaft in der Ergebnisrelation nicht enthalten.

- **Selektion**: Der Operator Selektion $\sigma_{bed}(r)$ wählt diejenigen Tupel aus einer Relation r aus, welche die Selektionsbedingung *bed* erfüllen.

Aus diesen fünf Operatoren lassen sich weitere ableiten. Neben zusätzlichen Mengenoperatoren (Mengendurchschnitt, Mengenquotient) sind insbesondere zwei Spezialisierungen des Operators *Kartesisches Produkt* von Interesse:

- **Natürlicher Verbund**: Der Operator natürlicher Verbund r * s wählt diejenigen Tupel aus r × s aus, deren Attributwerte bezüglich der gemeinsamen Attribute A ∩ B übereinstimmen. Die Duplikate der Spalten A ∩ B werden dabei implizit durch Projektion entfernt. Falls A ∩ B = ∅ gilt, ist das Ergebnis des natürlichen Verbundes das vollständige kartesische Produkt r × s [PeUn03, 219].

- **Theta-Verbund (θ-Verbund)**: Der Operator θ-Verbund $r[A_i \theta B_j]s$ wählt diejenigen Tupel aus r × s aus, für welche die Bedingung $(A_i \theta B_j)$ erfüllt ist. Dabei gilt $A_i \in A$, $B_j \in B$, $\theta \in \{<, \leq, =, \geq, >, \neq\}$.

Der natürliche Verbund unterstützt eine Verknüpfung von Relationen anhand der Schlüsselreferenzen eines konzeptuellen Datenschemas (siehe z. B. Abschnitt 5.2.3). Im Gegensatz dazu erlaubt der Theta-Verbund eine beliebige Verknüpfung von Relationen, sofern die zur Verknüpfung verwendeten Attribute den gleichen Wertebereich besitzen.

Beispiel 9-2:

Die nachfolgenden Beispiele zeigen die Anwendung der relationalen Operatoren. In der Darstellung wird nicht unterschieden zwischen einer Relation und einer gleichnamigen Relationsvariable, die zu jedem Zeitpunkt eine Relation als Wert besitzt:

a) Mengenvereinigung: Die Operation *Kunde* := *Kunde* ∪ {(*K115, Schmidt AG, 93047, Regensburg*)} fügt ein weiteres Tupel in die Relation *Kunde* ein.

b) Mengendifferenz: Die Operation *AuftrPos* := *AuftrPos* \ {(*2008/27, 001, A17, 20*), (*2008/27, 002, A30, 10*)} entfernt die beiden Auftragspositionen des Auftrags *2008/27* aus der Relation *AuftrPos*.

c) Projektion: Die Operation $\pi_{ArtNr, Bezeichnung}(Artikel)$ erzeugt die Relation *Tab-1* (Bild 9-7):

Tab-1	
ArtNr	Bezeichnung
A17	Schraube M6x40
A28	Schraube M6x80
A29	Federring 10 mm
A30	Federring 12 mm

Bild 9-7: Relation *Tab-1*

d) Selektion: Die Operation $\sigma_{PLZ=80335}(Kunde)$ erzeugt die Relation *Tab-2* (Bild 9-8):

Tab-2			
KdNr	Name	PLZ	Ort
K101	Meier KG	80335	München
K114	Schulze	80335	München

Bild 9-8: Relation *Tab-2*

e) Natürlicher Verbund: Das Ergebnis des natürlichen Verbundes *Auftrag* * *AuftrPos* zeigt *Tab-3* (Bild 9-9):

Tab-3						
AuftrNr	KundNr	BestNr	AuftrDat	AuftrPosNr	ArtNr	Menge
2008/26	K101	Mei020	30.09.08	001	A17	20
2008/26	K101	Mei020	30.09.08	002	A28	30
2008/26	K101	Mei020	30.09.08	003	A30	10
2008/27	K220	XY-22	01.10.08	001	A17	20
2008/27	K220	XY-22	01.10.08	002	A30	10

Bild 9-9: Relation *Tab-3*

f) Theta-Verbund: Das Ergebnis der Operation

   Auftrag[Auftrag.AuftrNr = AuftrPos.AuftrNr]AuftrPos

unterscheidet sich vom Ergebnis des obigen natürlichen Verbundes dadurch, dass die Spalte *AuftrNr* doppelt auftritt.

DIE SPRACHE SQL

SQL (Structured Query Language) ist die dominierende Sprache für relationale Datenbanken und wird von nahezu allen marktgängigen DBVS unterstützt. Die folgenden Ausführungen beziehen sich primär auf SQL2 (SQL-92).

SQL vereinigt mehrere Anwendungsbereiche in einer einzigen Sprache:

- eine **Datendefinitionssprache** (**DDL**; Data Definition Language) zur Definition relationaler Datenbankschemata und externer Datenschemata,

- eine **Datenbankanfragesprache** (**DRL**; Data Retrieval Language) zur Spezifikation von Anfragen an die Datenbasis und

- eine **Datenmanipulationssprache** (**DML**; Data Manipulation Language) zur Manipulation der Datenobjekte in der Datenbasis.

> Darüber hinaus umfasst SQL eine Datenkontrollsprache (DCL; Data Control Language) für das Management von Zugriffsrechten und die Gewährleistung von Datensicherheit sowie eine nicht vom SQL Sprachstandard erfasste Speicherstruktur-Definitionssprache (SSL; Storage Structure Language) zur Spezifikation von Zugriffspfaden. Diese Teile von SQL werden im Folgenden nicht weiter betrachtet.

Die mit den Datenobjekttypen des konzeptuellen Datenschemas korrespondierenden Relationstypen des Datenbankschemas werden in SQL als **Basistabellenschemata** bezeichnet. Ihre Extensionen heißen **Basistabellen**. Basistabellenschemata werden mithilfe der DDL-Anweisung CREATE TABLE vereinbart (Beispiel 9-3). Die Klausel NOT NULL gibt als spaltenbezogene Einschränkung an, dass der Nullwert für dieses Attribut nicht zulässig ist (siehe Abschnitt 5.2.5). Dies muss zumindest für alle Primärschlüsselattribute vereinbart werden. Darüber hinaus werden in Form von tabellenbezogenen Einschränkungen Integritätsbedingungen für die Entity-Integrität (Klausel PRIMARY KEY) und die Referenz-Integrität (Klausel FOREIGN KEY) vereinbart.

Im Folgenden werden einige Beispiele in SQL auf der Basis von SQL2 (SQL-92) formuliert. Eine ausführliche und systematische Darstellung der Sprache findet sich z. B. bei [PeUn03].

Beispiel 9-3:

Nachstehend sind die Definitionen der Tabellen aus Beispiel 9-1 in SQL2 dargestellt. Die Definitionen bestehen aus zwei Teilen: (1) Spezifikation der Tabellenstruktur mit spaltenbezogenen Einschränkungen (NOT NULL), (2) Spezifikation der Integritätsbedingungen für Entity- und Referenz-Integrität in Form der tabellenbezogenen Einschränkungen PRIMARY KEY und FOREIGN KEY. Bei der Spezifikation der Referenz-Integrität wird zusätzlich angegeben, wie sie erhalten werden soll. Zum Beispiel spezifiziert die Klausel *ON DELETE CASCADE* in der Definition von *AuftrPos*, dass beim Löschen eines *Auftrag*-Tupels die zugehörigen *AuftrPos*-Tupel ebenfalls gelöscht werden. Im Gegensatz dazu spezifiziert *ON DELETE RESTRICT*, dass das Löschen eines *Artikel*-Tupels verhindert wird, solange zugehörige *AuftrPos*-Tupel existieren.

```
CREATE TABLE Kunde                      CREATE TABLE Artikel
   (KundNr CHAR (4) NOT NULL,              (ArtNr  CHAR (10) NOT NULL,
    Name CHAR (30),                         Bezeichnung  CHAR (40),
    PLZ   CHAR (8),                         Bestand INTEGER,
    Ort   CHAR (30),                        VK-PreisFLOAT,
    PRIMARY KEY (KundNr));                  PRIMARY KEY (ArtNr));


CREATE TABLE Auftrag                    CREATE TABLE AuftrPos
   (AuftrNrCHAR (10) NOT NULL,             (AuftrNrCHAR (10) NOT NULL,
    KundNr  CHAR (4) NOT NULL,              AuftrPosNr    INTEGER NOT NULL,
    BestNr  CHAR (20),                      ArtNr CHAR (10) NOT NULL,
    AuftrDatDATE),                          Menge FLOAT,
    PRIMARY KEY (AuftrNr),                  PRIMARY KEY (AuftrNr, AuftrPosNr)
    FOREIGN KEY                             FOREIGN KEY Ref_AuftrPos_Auftrag
    Ref_Auftrag_Kunde (KundNr)              (AuftrNr)
    REFERENCES Kunde                        REFERENCES Auftrag
    ON DELETE RESTRICT);                    ON DELETE CASCADE,
                                            FOREIGN KEY Ref_AuftrPos_Artikel
                                            (ArtNr)
                                            REFERENCES Artikel
                                            ON DELETE RESTRICT);
```

Beispiel

SQL ist eine deklarative Sprache (siehe Abschnitt 8.1.2). In SQL wird das Ergebnis einer Operation beschrieben, nicht der Algorithmus des Operators. Dadurch ist es dem DBVS möglich, die Bearbeitung der Anfrage zu optimieren und so deren Durchführungsdauer zu verkürzen. Die Verfügbarkeit einer deklarativen Sprache mit der Möglichkeit der Anfrageoptimierung ist eine der wesentlichen Ursachen für die Leistungsfähigkeit moderner relationaler DBVS in Bezug auf die Verwaltung großer Datenmengen.

Mit anderen Worten, jede Datenbankanfrage wird als Außensicht einer Aufgabe formuliert. Das Sachziel legt das gewünschte Anfrageergebnis fest, das Formalziel lautet *Minimiere Durchführungszeit*. Das DBVS ermittelt nun selbstständig ein geeignetes Lösungsverfahren zur Durchführung dieser Aufgabe.

Anfragen an ein Datenbanksystem werden in SQL mithilfe der DML-Anweisung SELECT formuliert. Die SELECT-Anweisung besitzt eine einfache Grundstruktur:

9.2 Datenbanksysteme

SELECT *Attribute*

FROM *Tabellen*

WHERE *Bedingung*

Attribute legt das Datenschema der Ergebnistabelle fest. *Tabellen* gibt an, aus welchen Relationen das Anfrageergebnis abgeleitet werden soll. *Bedingung* bestimmt die Kriterien für die Auswahl von Tupeln. Zum Einfügen, Löschen und Modifizieren von Datenobjekten stehen in SQL die INSERT-, DELETE- und UPDATE-Anweisung zur Verfügung. Beispiel 9-4 erläutert exemplarisch die einzelnen Anweisungen.

Beispiel 9-4:

Die nachstehenden SQL-Anweisungen korrespondieren mit den Operationen in Beispiel 9-2:

a) INSERT INTO Kunde (KdNr, Name, PLZ, Ort)
    VALUES ('K115', 'Schmidt AG', '93055', 'Regensburg')

b) DELETE AuftrPos
    WHERE AuftrNr = *2008*/27

c) SELECT ArtNr, Bezeichnung
    FROM Artikel

d) SELECT *
    FROM Kunde
    WHERE PLZ = '80335'

    Anmerkung: „*" bedeutet „alle Attribute"

e) Der natürliche Verbund wird in SQL-2 nicht durch ein eigenes Sprachelement unterstützt und muss daher durch einen *Inner Join* formuliert werden (siehe f). Dabei werden redundante Spalten unterdrückt, indem die zu verbleibenden Attribute in der SELECT-Klausel benannt werden („SELECT *" würde alle Attribute benennen und damit auch die redundanten Spalten liefern). Im älteren SQL (SQL-86, SQL-89) musste der natürliche Verbund noch in Form eines Theta-Verbundes formuliert werden (siehe ebenfalls f).

f) Anfrage mit *Inner Join* (SQL2):
    SELECT Auftrag.AuftrNr, KundNr, BestNr, AuftrDat, AuftrPosNr, ArtNr, Menge
    FROM Auftrag INNER JOIN AuftrPos ON Auftrag.AuftrNr = AuftrPos.AuftrNr

    Antrage mit Theta-Join (SQL-86, SQL-89):
    SELECT Auftrag.AuftrNr, KundNr, BestNr, AuftrDat, AuftrPosNr, ArtNr, Menge
    FROM Auftrag, AuftrPos
    WHERE Auftrag.AuftrNr = AuftrPos.AuftrNr

    Anmerkung: Nicht eindeutigen Attributen wird der Tabellenname vorangestellt.

Eine etwas komplexere Anfrage ist nachstehend angegeben. Hier wird eine geschachtelte SELECT-Anweisung verwendet, um *KundNr* und *Name* aller Kunden zu ermitteln, die den Artikel 'A17' bestellt haben:

g) SELECT   KundNr, Name
    FROM   Kunde
    WHERE   KundNr IN
      (SELECT   KundNr
       FROM   Auftrag, AuftrPos
       WHERE   (Auftrag.AuftrNr = AuftrPos.AuftrNr) AND (ArtNr = 'A17'))

Beispiel

SQL war ursprünglich als einfache, endbenutzerorientierte Sprache für relationale Datenbanksysteme konzipiert. Später wurde SQL u. a. durch Aggregationsfunktionen (SUM, GROUP_BY, COUNT usw.), Cursor-Konzept und Variablen angereichert. Hierdurch wurden aber auch wünschenswerte Spracheigenschaften verletzt, wie etwa die beliebige Kombinierbarkeit von Sprachkonstrukten. Zum Beispiel ist die Selektion auf Aggregationsfunktionen nur in Verbindung mit der GROUP_BY-Klausel möglich. Ein wichtiger Meilenstein in der Standardisierung von SQL wurde mit SQL2 (SQL-92) erreicht; dieser stellt heute die Referenz für die Mehrzahl der Datenbankanwendungen in der Praxis dar. Mit SQL3 (SQL:1999) wurden insbesondere objektorientierte Konzepte in die Sprache SQL aufgenommen und damit eine Entwicklungsrichtung von DBVS begründet, die unter der Bezeichnung *objektrelational* diskutiert wird (siehe z. B. [MeSi02]). Der Standard SQL4 (SQL:2003) unterstützt weitere objektrelationale Konzepte sowie XML, stellt OLAP-Funktionen (*Online Analytical Processing*) für die Gestaltung von Data-Warehouse-Systemen bereit und ermöglicht die Verwaltung externer Daten. Die Spracherweiterungen durch den aktuellen Standard SQL:2006 sind insbesondere auf die Verbindung von XML mit SQL ausgerichtet. Die Standardisierung von SQL geht mit einer Ausdehnung des Sprachumfangs auf kaum überschaubare Größe einher.

AUSFÜHRUNG VON SQL-ANWEISUNGEN DURCH ANWENDUNGSPROGRAMME

SQL-Anweisungen können interaktiv im Dialog mit einem menschlichen Nutzer oder gesteuert durch ein Anwendungsprogramm ausgeführt werden. Für die Anbindung von SQL an Anwendungsprogramme, die z. B. in Java, C, C++ geschrieben sein können, stehen insbesondere folgende Möglichkeiten zur Verfügung:

- **Statement Level Interface (SLI):** SQL-Anweisungen sind direkt in ein Anwendungsprogramm eingebettet. Die SQL-Anweisungen werden vor der eigentlichen Übersetzung des Programms von einem Vorübersetzer (Precompiler) in Prozeduraufrufe der jeweiligen Programmiersprache übersetzt. Bei **embedded (static) SQL** müssen die SQL-Anweisungen zum Zeitpunkt der Vorübersetzung vollständig bekannt sein, bei **dynamic SQL** werden Prozeduraufrufe für die Aufbereitung und Ausführung von SQL-Anweisungen generiert. Die eigentlichen SQL-Anweisungen werden als Argumente dieser Prozeduraufrufe übergeben.

- **Call Level Interface (CLI):** Das Anwendungsprogramm ist vollständig in einer bestimmten Programmiersprache erstellt. Eine Programmierschnittstelle (API - Application Programming Interface) stellt standardisierte Prozeduraufrufe für den Zugriff auf das DBVS zur Verfügung. Die SQL-Anweisungen werden als Argumente dieser Prozeduraufrufe übergeben. Beispiel für CLI-Realisierungen sind ODBC (siehe Abschnitt 9.5.1) und JDBC.

Einelementige Ergebnismengen von SQL-Anfragen werden dem Anwendungsprogramm direkt als Werte korrespondierender Variablen übergeben. Mehrelementige Ergebnismengen werden in einem sogenannten *Cursor* übergeben. Dieser stellt einen Behälter für eine Menge von Tupeln sowie einen Zeiger auf das jeweils aktuelle Tupel zur Verfügung. Mithilfe des Cursors wird die Ergebnismenge Tupel für Tupel verarbeitet. Danach wird der Cursor geschlossen.

OBJEKT/RELATIONALES MAPPING

Die Ausführung von SQL-Anweisungen durch objektorientierte Anwendungsprogramme auf Basis von SLI oder CLI erfordert aufgrund der Verschiedenheit der Konzepte von objektorientierten Programmiersprachen und relationalen Datenbanksystemen einen hohen Programmierungsaufwand. Bild 9-10 stellt die wichtigsten Konzepte gegenüber.

Objektorientierte Programmiersprache	Relationales Datenbanksystem
Objekttyp	Relationstyp / Tabellendefinition
Klasse	Relation / Tabelle
Objekt	Tupel / Zeile
Objektspezifische Methoden zur Manipulation von Objekten	Generische Anfrage- und Manipulationssprache, Relationenalgebra / SQL
Bearbeitung einzelner Objekte	Bearbeitung einer Menge von Tupeln / Zeilen
Implizites Persistieren von Objekten (Persistenz als Eigenschaft der Klasse)	Explizites Persistieren von Tupeln (Insert-, Update-, Delete-Befehle)

Bild 9-10: Konzepte objektorientierter Programmiersprachen und relationaler Datenbanksysteme

Um den Zugriff objektorientierter Anwendungsprogramme auf relationale Datenbanksysteme zu vereinfachen, werden Software-Frameworks für **objekt/relationales Mapping (O/R-Mapping)** eingesetzt.

Ausgangspunkt ist eine Spezifikation der Abbildungsbeziehung zwischen Klassen einer objektorientierten Programmiersprache und Tabellendefinitionen eines relationalen Datenbankschemas (O/R-Mapping), z. B. der Abbildung zwischen einer Java-Klasse *Kunde* und einer relationalen Tabelle *Kunde*. Das Software-Framework, bestehend aus einem System generischer Klassen und einem Generator, erzeugt anhand der Spezifikation des O/R-Mappings eine Softwareschicht für den transparenten Zugriff des objektorientierten Programms auf ein relationales Datenbanksystem (siehe z. B. [Schi07, 184]). Um z. B. aus einem Java-Programm heraus einen Kunden in einer relationalen Datenbank anzulegen, wird mithilfe des Konstruktors der Klasse *Kunde*, die im Rahmen des O/R-Mappings als persistent deklariert wurde, ein neues Objekt *Kunde* erzeugt. Dieses wird dann automatisch als Tupel in die Tabelle *Kunde* eingefügt oder mithilfe eines speziellen Methodenaufrufs persistiert.

> Beispiele für Software-Frameworks zur Unterstützung des O/R-Mappings sind *JPA (Java Persistence API)* und *JDO (Java Data Objects)* der Fa. SUN MICROSYSTEMS sowie *Hibernate*, welches für Java und Microsoft .NET zur Verfügung steht[7].

9.2.2 Architektur von Datenbanksystemen

In diesem Abschnitt werden anhand zweier Modelle wesentliche Architekturmerkmale von Datenbanksystemen dargestellt. Das erste Modell, die Drei-Ebenen-Schemaarchitektur, zielt auf die Architektur eines DBVS aus Außensicht, d. h. aus Sicht des Anwendungssystems. Das zweite Modell, die Fünf-Schichten-Architektur zielt auf den internen Aufbau von DBVS.

DREI-EBENEN-SCHEMAARCHITEKTUR

Die **Drei-Ebenen-Schemaarchitektur** für Datenbanksysteme wurde von ANSI/X3/SPARC (American National Standards Institute / Standards Planning and Requirements Committee) vorgeschlagen und liegt heute praktisch allen Datenbanksystemen zugrunde. Die Grobarchitektur ist in Bild 9-11 dargestellt:

---

[7] http://www.hibernate.org

9.2 Datenbanksysteme

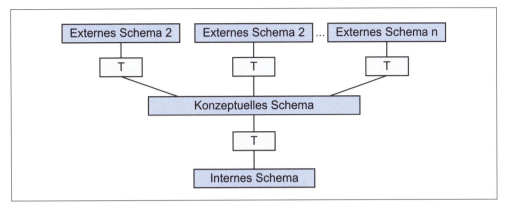

Bild 9-11: Drei-Ebenen-Schemaarchitektur nach ANSI/X3/SPARC

- Die zentrale Ebene ist die **konzeptuelle Ebene**. Hier wird die gemeinsame Sicht aller Anwendungen auf die Datenstruktur des IS in Form eines integrierten konzeptuellen Datenschemas beschrieben. Aus der Sicht des Datenbanksystems ist dieser Ebene das Datenbankschema zugeordnet, welches aus dem konzeptuellen Datenschema abgeleitet wird.

- Die obere Ebene wird als **externe Ebene** bezeichnet. Hier werden in Form von externen Datenschemata die individuellen Sichten der einzelnen Anwendungen auf die Datenstruktur des IS beschrieben. Dabei „sieht" eine Anwendung typischerweise nur einen Teilausschnitt des konzeptuellen Datenschemas. Es ist zulässig, dass sich die externen Datenschemata unterschiedlicher Anwendungen im konzeptuellen Datenschema (bzw. Datenbankschema) überlappen (siehe auch das Konzept der Datenintegration in Abschnitt 6.1.3).

- Auf der unteren, der **internen Ebene** wird die eigentliche Datenverwaltung des konzeptuellen Datenschemas (bzw. Datenbankschemas) beschrieben. Insbesondere werden in Abhängigkeit von Mengengerüst, Geschwindigkeitsanforderungen, eingesetzten Rechnersystemen und eingesetztem DBVS die Zugriffspfade und Speicherungsverfahren für das Datenbankschema festgelegt.

Die Beziehungen zwischen den einzelnen Ebenen werden durch Transformationen T beschrieben.

Beispiel 9-5:

Ein anschauliches Beispiel für ein konzeptuelles Datenschema ist die Datenstrukturdefinition des Kursbuches der Deutschen Bundesbahn [ScSt83, 30]. Zugehörige externe Datenschemata sind u. a. Datenstrukturdefinitionen für

- das Streckennetz der Bundesbahn (Sicht auf die möglichen Verbindungen),
- den Abfahrts- und Ankunftsplan eines Bahnhofes (Sicht eines Ortes),

- den Fahrplan *Städteverbindungen* (Sicht auf die Fernverbindungen eines Ortes) und
- den Fahrplan *Zugbegleiter* (Sicht eines im Zug befindlichen Reisenden).

Beispiel

Vor dem Hintergrund des ADK-Modells (Abschnitt 8.2.2) betrachtet, zielt die Drei-Ebenen-Schemaarchitektur auf eine zweistufige **Datenunabhängigkeit** mehrerer Anwendungsteile von einem gemeinsamen Datenverwaltungsteil:

1. Die Datenunabhängigkeit zwischen externer und konzeptueller Ebene zielt auf die weitgehende Unabhängigkeit der einzelnen Anwendungen untereinander und von der gemeinsamen Datensicht. Zum Beispiel beeinflusst das externe Datenschema E_n einer neuen Anwendung nur dann das externe Datenschema E_e einer bereits existierenden Anwendung, wenn die Berücksichtigung von E_n im konzeptuellen Datenschema K dieses so verändert, dass E_e nicht mehr durch eine Transformation T aus K abgeleitet werden kann.

2. Die Datenunabhängigkeit zwischen konzeptueller und interner Ebene zielt auf die weitgehende Unabhängigkeit des Datenbankschemas von seiner Implementierung im DBVS. Ohne Auswirkung auf die konzeptuelle und externe Ebene sollen z. B. Zugriffspfade und Speicherungsstrukturen anpassbar oder DBVS und Rechnersystem austauschbar sein.

Voraussetzung für die beiden Stufen der Datenunabhängigkeit sind anpassbare Transformationen T zur Verbindung der benachbarten Ebenen. Die Transformationen werden durch spezielle Software-Schichten des DBVS realisiert. Die Beschreibung der Transformationen zwischen konzeptueller und externer Ebene ist in SQL integriert.

Beispiel 9-6:

Die Anfrage (f) in Beispiel 9-4 kann als externes Schema (Viewtabellenschema) wie folgt in SQL definiert werden:
```
CREATE VIEW AuftragView AS
SELECT *
FROM    Auftrag, AuftrPos
WHERE   Auftrag.AuftrNr = AuftrPos.AuftrNr
```

Beispiel

Die Extension eines externen Schemas wird als Viewtabelle bezeichnet. Im Gegensatz zu einer Basistabelle ist eine Viewtabelle nicht materialisiert, d. h. ihre Tupel bestehen aus Verweisen auf die entsprechenden Tupel der zugehörigen Basistabellen. Aus der Sicht von SQL ist grundsätzlich eine Viewtabelle wie eine Basistabelle verwendbar. Eine Viewtabelle kann insbesondere Argument einer weiteren SELECT-Anweisung sein. Probleme ergeben sich allerdings bei der Modifikation von Viewtabellen, die vom DBVS auf Modifikationen der zugehörigen Basistabellen zurückgeführt werden müssen. Dieses **View-Update-Problem** führt dazu, dass Modifikationen von Viewtabellen in vielen Fällen, z. B. wenn die Viewtabelle durch einen Verbund von Basistabellen gebildet wurde, nicht durchführbar sind (siehe z. B. [Date04], [PeUn03, 415ff]).

FÜNF-SCHICHTEN-ARCHITEKTUR

Das zweite Architekturmodell zielt auf den internen Aufbau von DBVS. Als komplexes Softwaresystem ist jedes DBVS in Form einer Hierarchie von Softwareschichten realisiert. Jede Schicht stellt ihre Nutzermaschine für die nächsthöhere Schicht zur Verfügung und verwendet als Basismaschine die darunter liegende Schicht. Die Abgrenzung der einzelnen Schichten zielt auf eine größtmögliche Datenunabhängigkeit und orientiert sich an klar abgrenzbaren Aufgaben. Bild 9-12 zeigt ein verbreitetes Schichtenmodell eines datenunabhängigen DBVS (siehe [Härd87, 169], [LoDi04, 54ff].

Jede Schicht stellt an ihrer Schnittstelle (Nutzermaschine) spezielle Objekte und Operatoren bereit:

a) Mengenorientierte Schnittstelle: Relationen (Basistabellen und Viewtabellen) mit zugehörigen mengenorientierten Datenmanipulationssprachen (z. B. SQL).

b) Externe Satzschnittstelle: Externe, d. h. dem Nutzer zugängliche Sätze und logische Zugriffspfade mit satzorientierten Datenmanipulationssprachen.

c) Interne Satzschnittstelle: Interne, d. h. dem Nutzer nicht zugängliche Sätze und Zugriffspfade (z. B. Bäume) mit zugehörigen Operatoren.

d) Systempufferschnittstelle: Segmente und Seiten gleicher Größe mit zugehörigen Operatoren.

e) Dateischnittstelle: Dateien und Blöcke mit zugehörigen Operatoren (z. B. Dateisystem eines Betriebssystems).

f) Geräteschnittstelle: Objekte und Operatoren realer Hintergrundspeicher (z. B. Magnetplattenspeicher).

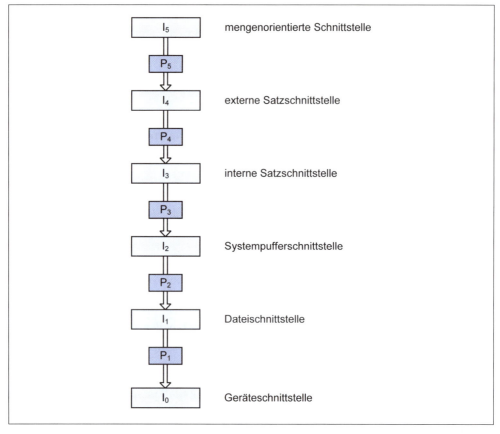

Bild 9-12: Fünf-Schichten-Architektur von DBVS

9.2.3 Transaktionskonzept und Synchronisation paralleler Transaktionen

Das erweiterte Regelkreismodell (siehe Abschnitt 2.1.4) setzt einen permanenten Abgleich zwischen dem Basissystem und dem Modell des Basissystems, der dem IS zugeordneten Hilfsregelstrecke, voraus. Die Datenbasis stellt dabei die Datensicht dieser Hilfsregelstrecke dar. Jede Veränderung des Basissystems muss möglichst verzögerungsfrei in der Datenbasis nachvollzogen werden und umgekehrt. Eine Veränderung des Basissystems kann eine Folge von Operationen auf der Datenbasis erforderlich machen.

> Beim Eintreffen eines Kundenauftrags im Basissystem sind z. B. folgende Operationen auf der Datenbasis durchzuführen (siehe das konzeptuelle Datenschema in Beispiel 4-6): Prüfen, ob der *Kunde* bekannt ist; Einfügen des *Auftrags(kopfes)*; Einfügen der einzelnen *Auftragspositionen*, wobei für jede Auftragsposition beim zugehörigen *Artikel* eine Mengenreservierung durchzuführen ist.

9.2 Datenbanksysteme

Erst nach Durchführung dieser Operationsfolge weist die Datenbasis wiederum einen konsistenten Zustand in Bezug auf das Basissystem auf. Zur Durchführung der Aufgaben *Unverletzlichkeit der Datenbasis* (Funktionsmerkmal c) und *Organisation des Mehrbenutzerbetriebs* (Funktionsmerkmal d) ist es daher notwendig, konsistenzwahrende Operationsfolgen dem DBVS bekannt zu machen. Hierzu wird zunächst das Konzept der Transaktion eingeführt. Eine **Transaktion** ist eine Folge von Operationen auf der Datenbasis, die einen konsistenten Zustand der Datenbasis in einen weiteren konsistenten Zustand überführt. Die Eigenschaften von Transaktionen werden im **ACID-Prinzip** [HäRe83] zusammengefasst:

A **Atomicity**: Eine Transaktion ist nicht unterbrechbar, d. h. sie wird nach dem „Alles-oder-Nichts-Prinzip" durchgeführt.

C **Consistency**: Eine Transaktion wahrt die Konsistenz der Datenbasis.

I **Isolation**: Bei mehreren Nutzern bzw. Anwendungsprogrammen laufen die Transaktionen ohne gegenseitige Beeinflussung ab.

D **Durability**: Die Veränderungen der Datenbasis durch eine Transaktion sind dauerhaft, d. h. sie sind nicht rücksetzbar. Veränderungen können allenfalls durch weitere Transaktionen kompensiert werden.

Im Folgenden wird gezeigt, wie diese Eigenschaften von Transaktionen mithilfe eines DBVS realisiert werden. Da es hierfür unerheblich ist, ob eine Transaktion von einem interaktiven Nutzer oder einem Anwendungsprogramm generiert wird, werden als Quellen von Transaktionen vereinfachend Programme betrachtet. Die Darstellung orientiert sich an [Ull88].

SERIALISIERBARKEIT VON AUSFÜHRUNGSPLÄNEN

Unkontrolliert parallel ablaufende Transaktionen mehrerer Programme können eine Reihe von Problemen verursachen, sofern diese Transaktionen auf gemeinsame Datenobjekte zugreifen. In diesem Fall können sich die Transaktionen störend beeinflussen. Ein typisches Beispiel hierfür ist der **Lost-Update**, bei dem die von einer Transaktion durchgeführte Modifikation eines Datenobjekts in der Datenbasis verloren geht (Beispiel 9-7).

Beispiel 9-7:

Die nachstehende Transaktion eines Programms P liest ein Datenobjekt A, erhöht den Wert von A um 1 und schreibt A zurück. Eine solche Transaktion tritt z. B. in einem Flugbuchungssystem auf, wobei A die Anzahl der belegten Plätze auf einem bestimmten Flug bezeichnet.

P: READ A; A := A + 1; WRITE A

Zeit-punkt	Wert von A in der Datenbasis	T$_1$	Wert von A im Workspace von T$_1$	T$_2$	Wert von A im Workspace von T$_2$
1	5	READ A	5		
2	5			READ A	5
3	5	A:=A+1	6		5
4	5		6	A:=A+1	6
5	6		6	WRITE A	6
6	6	WRITE A	6		6

Bild 9-13: Ausführungsplan mit Lost-Update

Beim Lesen eines Datenobjekts wird dessen Wert von der Datenbasis in den privaten Workspace von P kopiert. Beim Schreiben wird umgekehrt vom Workspace in die Datenbasis kopiert.

Wird P simultan zweifach ausgeführt, so entstehen zwei parallele Transaktionen T$_1$ und T$_2$, die sich z. B. in der in Bild 9-13 gezeigten Weise zeitlich überlappen können. Dabei geht die von T$_2$ durchgeführte Modifikation von A in der Datenbasis verloren.

Beispiel

Zur Vermeidung der durch die gegenseitige Beeinflussung von Transaktionen verursachten Probleme ist es notwendig, die parallele Ausführung von Transaktionen zu koordinieren.

Ausgangspunkt hierfür ist die Annahme, dass eine Transaktion T die gewünschte Wirkung aus Sicht des Programms und aus Sicht der Datenbasis erzielt, wenn keine weitere Transaktion gleichzeitig, d. h. zeitlich überlappend mit T, ausgeführt wird. Die Ausführung mehrerer Transaktionen ohne zeitliche Überlappung wird als **serielle Ausführung** von Transaktionen bezeichnet. Eine serielle Ausführung von Transaktionen wird als korrekt angesehen. Dabei ist es durchaus möglich, dass unterschiedliche serielle Ausführungen aus Sicht des Programms oder aus Sicht der Datenbasis verschiedene Ergebnisse erzeugen (Beispiel 9-8).

Beispiel 9-8:

Die Transaktion des einfachen Flugbuchungssystems aus Beispiel 9-7 wird nun erweitert. Dabei bedeuten:

    KAP: Kapazität des Flugzeugs (KAP = 100, konstant)

    A: belegte Plätze im Flugzeug (A = 96)

    X: Anzahl der zu buchenden Plätze (X = 3 für T$_1$; X = 2 für T$_2$)

Die Transaktion lautet:
```
P: READ A;
   IF X <= (KAP - A)
       THEN A := A + X; 'Buchung OK'; WRITE A
       ELSE 'Buchung nicht OK'
   END
```

9.2 Datenbanksysteme

Bei serieller Ausführung von T_1 und T_2 sind folgende Wirkungen möglich. Beide serielle Ausführungen werden als korrekt betrachtet.

Reihenfolge	Ergebnis T_1	Ergebnis T_2	A
T_1 vor T_2	'Buchung OK'	'Buchung nicht OK'	99
T_2 vor T_1	'Buchung nicht OK'	'Buchung OK'	98

Beispiel

Im Allgemeinen laufen die Transaktionen eines Anwendungssystems unter zeitlicher Überlappung ab. Eine parallele Ausführung von Transaktionen heißt korrekt, wenn sie aus Sicht der Programme und der Datenbasis die gleiche Wirkung erzeugt wie eine beliebige serielle Ausführung dieser Transaktionen.

Ein **Ausführungsplan (Schedule)** für eine Menge von Transaktionen ist die zeitliche Reihenfolge, in der die einzelnen Operationen der Transaktionen vom DBVS durchgeführt werden. Die Operationen werden dabei als unteilbar betrachtet. Ein Ausführungsplan heißt *seriell*, wenn alle Operationen ohne zeitliche Überlappung von Transaktionen durchgeführt werden. Ein Ausführungsplan heißt *serialisierbar*, wenn er die gleiche Wirkung wie ein beliebiger serieller Ausführungsplan erzeugt. Ein Ausführungsplan heißt *nicht serialisierbar*, wenn die Wirkungen der Transaktionen aus Sicht der Programme oder aus Sicht der Datenbasis von jeder möglichen seriellen Ausführung der Transaktionen abweichen.

Beispiel 9-9:

In einem Buchführungssystem werden in einer Transaktion eine Sollbuchung und eine Habenbuchung durchgeführt. Es gilt die Integritätsbedingung *Sollbuchung + Habenbuchung = 0*. Nachfolgend sind alternative Ausführungspläne für zwei Transaktionen T_1 und T_2 dargestellt:

T_1: READ A; A:=A-10; WRITE A; READ B; B:=B+10; WRITE B

T_2: READ B; B:=B-20; WRITE B; READ C; C:=C+20; WRITE C

A, B und C bezeichnen Konten.

Ablauf (a) in Bild 9-14 zeigt die serielle Ausführung T_1 vor T_2. Ablauf (b) ist nicht seriell, aber serialisierbar. Ablauf (c) hingegen ist nicht serialisierbar. T_1 liest B bevor T_2 B zurückschreibt.

T₁	T₂	T₁	T₂	T₁	T₂
READ A A:=A-10 WRITE A READ B B:=B+10 WRITE B	 READ B B:=B-20 WRITE B READ C C:=C+20 WRITE C	READ A A:=A-10 WRITE A READ B B:=B+10 WRITE B	 READ B B:=B-20 WRITE B READ C C:=C+20 WRITE C	READ A A:=A-10 WRITE A READ B B:=B+10 WRITE B	 READ B B:=B-20 WRITE B READ C C:=C+20 WRITE C
Ablauf a		Ablauf b		Ablauf c	

Bild 9-14: Ausführungspläne von Transaktionen

Beispiel

ZWEI-PHASEN-SPERRPROTOKOLL

Aufgabe eines DBVS ist die Erzeugung serialisierbarer Ausführungspläne. Der nachfolgende Lösungsansatz beschreibt in vereinfachter Form die bei der Mehrzahl der marktgängigen DBVS gewählte Realisierungsform:

- **Sperren**: Ein **Sperre (Lock)** ist ein Zugriffsrecht R einer Transaktion T auf ein bestimmtes Datenobjekt O. Transaktionen fordern beim **Sperrverwalter (lock manager)** des DBVS mithilfe der Operation LOCK(R,O) Sperren an und geben mithilfe der Operation UNLOCK(R,O) Sperren frei. Der Sperrverwalter führt eine **Sperrtabelle (lock table)** mit allen aktuell vergebenen Sperren. Ein Eintrag in der Sperrtabelle hat die Form (O, R, T).

  Im Weiteren wird vereinfachend nur eine Art von Zugriffsrechten betrachtet, das der exklusiven Sperre (X-Sperre). Die Operatoren LOCK und UNLOCK besitzen damit nur das Argument O. Der Sperrverwalter vergibt an eine Transaktion T nur dann eine X-Sperre für ein Datenobjekt O, wenn zu O noch kein Eintrag in der Sperrtabelle vorhanden ist.

- **Sperrprotokoll**: Das Sperrprotokoll ist eine Vereinbarung darüber, wie die einzelnen Transaktionen Sperren anfordern und freigeben. Eine Transaktion fordert vor einem Zugriff auf ein Datenobjekt O mit LOCK(R,O) eine Sperre an und gibt anschließend die Sperre mit UNLOCK(R,O) frei. Die Transaktion aus Beispiel 9-9 erhält damit folgende Form:

    P: LOCK A; READ A; A:=A+1; WRITE A; UNLOCK A

Im Weiteren wird ein spezielles Sperrprotokoll, das **Zwei-Phasen-Sperrprotokoll**, verwendet. Dieses bestimmt, dass in jeder Transaktion alle Sperranforderungen vor allen Sperrfreigaben erfolgen müssen. Eine Transaktion gliedert sich damit in zwei Phasen: eine **Sperrphase**, in der nur Sperren angefordert und eine **Freigabephase**, in der nur Sperren freigegeben werden. Das Zwei-Phasen-Sperrprotokoll ermöglicht die Erzeugung serialisierbarer Ausführungspläne.

- **Ablaufüberwacher**: Der **Ablaufüberwacher (Scheduler)** ist eine Komponente des DBVS, die in Verbindung mit dem Zwei-Phasen-Sperrprotokoll serialisierbare Ausführungspläne erzeugt. Der Ablaufüberwacher verfügt über zwei wesentliche Operatoren:

  1. Anhalten einer Transaktion, die auf die Vergabe einer Sperre wartet.
  2. Abbrechen einer Transaktion, die eine Verklemmung erzeugt hat.

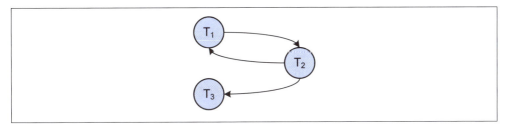

Bild 9-15: Präzedenzgraph G zum Erkennen von Deadlocks

Eine **Verklemmung (Deadlock)** ist eine zyklische Wartebeziehung zwischen Transaktionen. Zum Erkennen von Verklemmungen verwaltet der Ablaufüberwacher einen Präzedenzgraph G, dessen Knoten Transaktionen und dessen gerichtete Kanten Wartebeziehungen zwischen Transaktionen darstellen. In Bild 9-15 bedeutet die Kante zwischen T_2 und T_3, dass T_3 auf die Vergabe einer Sperre wartet, die aktuell von T_2 gehalten wird. Enthält G einen Zyklus, so ist der Ausführungsplan nicht serialisierbar und eine am Zyklus beteiligte Transaktion muss abgebrochen werden. Enthält G keinen Zyklus, so gibt die topologische Sortierung des Graphen die möglichen Serialisierungen vor.

Bild 9-16 zeigt zwei unterschiedliche Sperrprofile des Zwei-Phasen-Sperrprotokolls. Eine Transaktion beginnt bei BOT (begin of transaction) und endet bei EOT (end of transaction). In Bild 9-16 a ist eine normale zweiphasige Transaktion dargestellt. Bild 9-16 b zeigt eine strikt zweiphasige Transaktion, in der alle Sperren erst bei EOT freigegeben werden. Strikt zweiphasige Transaktionen besitzen eine spezielle Bedeutung für die Wiederherstellung der Datenbasis im Fehlerfall (siehe Rollback in Abschnitt 9.2.4).

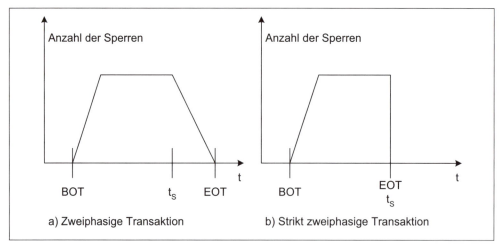

Bild 9-16: Sperrprofile des Zwei-Phasen-Sperrprotokolls

9.2.4 Wiederherstellung der Datenbasis

Die Sicherung der *Unverletzlichkeit der Datenbasis* (Funktionsmerkmal c) wird mithilfe der Recovery-Komponente eines DBVS realisiert. Unter **Recovery** versteht man die Wiederherstellung eines korrekten Zustands der Datenbasis im Fehlerfalle. Im Folgenden werden die wichtigsten Fehlerklassen und die Grundprinzipien ihrer Behandlung dargestellt (siehe z. B. [Reu87]):

- **Transaktionsfehler**: Eine Transaktion wird nicht korrekt abgeschlossen. Gründe hierfür sind z. B. Fehler im Anwendungsprogramm, Eingabefehler des Nutzers, Verletzung von Integritätsbedingungen, Verklemmung von Transaktionen. Die Behandlung von Transaktionsfehlern erfolgt durch **Rollback**, d. h. durch Rücksetzen *einer* oder *mehrerer* Transaktionen bei laufendem Betrieb des DBVS.

- **Systemfehler**: Das DBVS fällt aus, der Hauptspeicherinhalt geht verloren (z. B. durch Stromausfall). Die Behandlung erfolgt durch **Neustart**, d. h. durch Rücksetzen *aller* nicht abgeschlossenen Transaktionen.

- **Speicherfehler**: Die Daten auf dem Hintergrundspeicher sind nicht mehr verfügbar (z. B. durch Fehler im Magnetplattenspeicher). Bei dieser Klasse von Fehlern ist eine **Rekonstruktion** der Datenbasis erforderlich.

Zur Durchführung der Fehlerbehandlung benötigt das DBVS folgende Informationen: (1) eine **Sicherungskopie** der Datenbasis zum Zeitpunkt t_0 und (2) ein **Logfile**, d. h. eine chronologische Aufzeichnung aller Veränderungen der Datenbasis ab dem Zeitpunkt t_0. Das Logfile wird als sequenzielle Datei (häufig noch als Magnetbanddatei) verwaltet und enthält folgende Arten von Einträgen:

- **BOT-Marke** für jede eröffnete Transaktion.
- **EOT-Marke** für jede korrekt abgeschlossene Transaktion.
- **Before-Image**, d. h. der Wert eines Datenobjekts vor seiner Veränderung.
- **After-Image**, d. h. der Wert eines Datenobjekts nach seiner Veränderung.
- **Checkpoint**; d. h. in konstanten Zeitabständen eine Liste der gerade offenen Transaktionen.

Mithilfe des Logfile und ggf. der Sicherungskopie der Datenbasis werden die einzelnen Maßnahmen wie folgt durchgeführt (Bild 9-17):

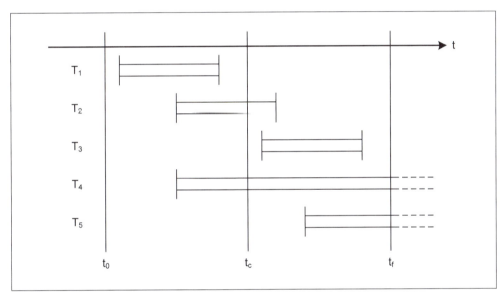

Bild 9-17: Transaktionen im Zeitablauf (t_0 = Zeitpunkt der letzten Sicherung; t_c = Zeitpunkt des letzten Checkpoint; t_f = Zeitpunkt des Fehlereintritts)

- **Rollback**: Die Wirkung der abgebrochenen Transaktion wird in der Datenbasis rückgängig gemacht. Bei strikt zweiphasigen Transaktionen ist vom Rollback stets nur eine Transaktion betroffen, da keine weitere Transaktion Sperren für Datenobjekte besitzen kann, die von der abgebrochenen Transaktion verändert wurden. Es wird das Logfile rückwärts bis zur BOT-Marke der Transaktion gelesen. Dabei werden alle durch diese Transaktion veränderten Datenobjekte mithilfe ihrer Before-Images rekonstruiert.

- **Neustart**: Zunächst wird durch Rückwärtslesen des Logfile bis zum letzten Checkpoint (Zeitpunkt t_c) die Menge der zum Zeitpunkt t_f offenen Transaktionen bestimmt. Im Beispiel sind dies die Transaktionen T_4 und T_5. (Ohne regelmäßige Checkpoints müsste das Logfile bis zu dessen Beginn gelesen werden.) Anschließend werden die bei Eintritt des Fehlers offenen Transaktionen mithilfe der Before-Images zurückgesetzt. Im Beispiel sind dies die Transaktionen T_4 und T_5.

- **Rekonstruktion**: Ausgehend von der letzten Sicherungskopie der Datenbasis im Zeitpunkt t_0 werden mithilfe der After-Images alle bis zum Eintritt des Fehlers im Zeitpunkt t_f abgeschlossenen Transaktionen rekonstruiert.

9.2.5 Ausgewählte relationale Datenbanksysteme

Im Folgenden werden einige marktgängige relationale DBVS genannt. Alle diese Produkte unterstützen in vollem Umfang das Relationenmodell, erfüllen die in Abschnitt 9.2 genannten Funktionsmerkmale eines DBVS und ermöglichen moderne Architekturkonzepte für Anwendungssysteme, wie z. B. die Client-Server-Architektur (siehe z. B. [KoSi86]).

Die Unterstützung der Datenbanksprache SQL bedarf einer genaueren Betrachtung: Beginnend mit SQL-89 werden innerhalb der einzelnen SQL-Standards mehrere Ausbaustufen von Sprachumfängen unterschieden. Zum Beispiel umfasst SQL-89 *Level 1* eine definierte Teilmenge der Sprache, *Level 2* den vollen Sprachumfang. Bei SQL2 wird zwischen einem *Entry Level*, einem *Intermediate Level* und einem *Full Level* unterschieden. Der *Entry Level* von SQL2 stimmt nahezu überein mit *Level 2* von SQL-89. Dies sollte den DBVS-Herstellern den aus Marketinggründen für erforderlich gehaltenen Umstieg auf den nächsthöheren Sprachstandard erleichtern.

Abweichend davon wird bei SQL3 zwischen *Core Features* und *Non-core Features* unterschieden. Ein DBVS soll alle *Core Features* unterstützen sowie darüber hinaus ausgewählte *Non-core Features*. Dadurch wird versucht, dem ausufernden Sprachumfang von SQL zu begegnen, der eine vollständige Abdeckung der Sprache praktisch unmöglich macht. Die *Core Features* von SQL3 decken sich wiederum weitgehend mit dem *Entry Level* von SQL2.

Analysen aktueller DBVS-Produkte zeigen allerdings, dass kaum ein Hersteller die *Core Features* von SQL3 vollständig und in standardisierter Syntax anbietet. Dies erschwert die Entwicklung portierbarer Datenbankanwendungen.

DB2

DB2 (IBM Database 2) ist ein relationales Datenbankverwaltungssystem der Firma IBM, das ursprünglich für das Betriebssystem MVS entwickelt wurde und seit 1983 auf dem Markt ist (siehe z. B. [Date93]). Mittlerweile ist DB2 für eine Vielzahl marktgängiger Betriebssysteme verfügbar. Mit Bezug zu den in diesem Kapiteln behandelten Betriebssystemen ist die aktuelle Version 9.5; sie wird von IBM als *DB2 Universal Database for Linux, UNIX and Windows* bezeichnet und unterstützt die Verarbeitung von XML-Daten.

MySQL

MySQL ist ein relationales DBVS, welches für gängige Windows- und Linux-Betriebssysteme verfügbar ist. Es handelt sich dabei um ein Open-Source-Produkt, dessen Quellcode frei verfügbar ist. MySQL wird insbesondere für Web-Anwendungssysteme eingesetzt. Die aktuelle Version ist MySQL 5.

ORACLE

Das Datenbankverwaltungssystem ORACLE DATABASE (ORACLE CORPORATION) unterstützt ebenfalls alle gängigen Betriebssysteme. Die aktuelle Version 11g zielt nach Angaben des Herstellers insbesondere auf den Aufbau unternehmensweiter Grid-Infrastrukturen. Ziel ist es dabei, die Datenbestände und letztlich alle Anwendungssystem-Ressourcen eines Unternehmens in virtualisierter, vereinheitlichter Form nutzbar zu machen.

SQL-SERVER

Der SQL-Server ist das relationale Datenbankverwaltungssystem der Firma MICROSOFT. Das DBVS ist für Betriebssysteme der Entwicklungslinie Windows NT verfügbar. Die aktuelle Version ist *SQL Server 2008*. Der SQL-Server ist das obligatorische DBVS für eine Reihe weiterer Microsoft-Produkte für den Funktionsbereich Back-Office.

9.2.6 Erweiterte Datenbankkonzepte

In diesem Abschnitt werden verteilte, deduktive und objektorientierte Datenbanksysteme als Vertreter erweiterter Datenbankkonzepte vorgestellt. Diese Konzepte markieren unterschiedliche Entwicklungsrichtungen der Datenbankforschung.

VERTEILTE DATENBANKSYSTEME

Verteilte Datenbanksysteme (distributed database system) sind DBS, deren Datenbasis auf mehrere Stationen eines Rechnerverbundsystems aufgeteilt ist. Aus Nutzersicht ist die Verteilung transparent, d. h. es liegt *eine* logische Datenbasis vor. Die Verteilung kann die Replizierung von Datenbeständen beinhalten. Ziel verteilter DBS ist eine höhere Verfügbarkeit und höhere Ausfallsicherheit von Datenbanksystemen. Allerdings sind bei verteilten DBS die Synchronisation paralleler Transaktionen und die Wiederherstellung der Datenbasis im Fehlerfall schwieriger als bei nicht verteilten DBS.

> Praktisch alle namhaften DBVS-Hersteller unterstützen mit ihren Produkten eine Verteilung von Datenbeständen (z. B. ORACLE 11g; siehe Abschnitt 9.2.5). Die Nutzung verteilter Datenbanksysteme erfolgt dennoch in der Praxis bislang eher zögerlich.

OBJEKTORIENTIERTE KONZEPTE IN DATENBANKSYSTEMEN

Objektorientierte Konzepte in Datenbanksystemen lassen sich im Wesentlichen zwei Entwicklungsrichtungen zuordnen:

- Objektorientierte Datenbanksysteme
- Objektrelationale Datenbanksysteme

Beide Entwicklungsrichtungen werden im Folgenden kurz vorgestellt.

In den 1980er-Jahren wurde die Entwicklungsrichtung der **objektorientierten Datenbanksysteme (ooDBS)** initiiert. Ein ooDBS ist ein Datenbanksystem, das auf einem objektorientierten Datenbankmodell beruht (siehe z. B. [Atk$^+$91], [Heu97] und [STS97]). ooDBS verfolgen das Ziel, die Konzepte objektorientierter Programmiersprachen (Abschnitt 8.3.3) und die von Datenbanksystemen miteinander zu verbinden.

Im Folgenden werden einige zentrale Eigenschaften von ooDBS anhand eines Vergleichs mit relationalen DBS vorgestellt [SiAm92]:

- Die Datenbasis eines relationalen DBS besteht aus einer Menge von Relationen. Jede Relation ist eine Menge von Tupeln. Im Gegensatz dazu besteht die Objektbasis eines ooDBS aus einer Menge von Klassen. Jede Klasse umfasst eine Menge von Objekten (Instanzen). Während Tupel durch ihre Attributwerte identifiziert werden, besitzt ein Objekt einen von den Attributwerten unabhängigen Objekt-Identifikator, der das Objekt über seine gesamte Lebensdauer identifiziert.

- Während das Relationenmodell nur Relationstypen in 1NF unterstützt, lassen ooDBS auch strukturierte Attribute zu. Dies ermöglicht eine natürliche, an Objekten der Realität orientierte Modellierung von Datenbankobjekten.

- Im Gegensatz zu relationalen DBS unterstützen ooDBS Operatoren (Methoden) auf Objekten, Nachrichten zwischen Objekten sowie die Vererbung von Attributen, Nachrichtendefinitionen und Operatoren.

Objektorientierte Datenbankverwaltungssysteme (ooDBVS) beruhen im Allgemeinen auf dem ODMG-Standard 3.0 (ODMG = Object Data Management Group der OMG; OMG = Object Management Group). Dieser umfasst neben dem eigentlichen objektorientierten Datenbankmodell u. a. eine Objektdefinitionssprache (Object Definition Language, ODL) einschließlich eines Objektaustauschformats (Object Interchange Format, OIF), eine Objekt-Anfragesprache (Object Query Language, OQL) sowie Anbindungen des ooDBS an objektorientierte Programmiersprachen (C++, Java, Smalltalk). Der ODMG-Standard ist mittlerweile abgeschlossen, d. h. es findet keine Wei-

9.2 Datenbanksysteme

terentwicklung mehr statt. Das in Abschnitt 9.2.1 vorgestellt objekt/relationale Mapping kann als Ansatz zur Realisierung eines „virtuellen ooDBS" angesehen werden.

> Beispiele für verfügbare ooDBS sind ObjectStore der Firma Progress Software und Versant Object Database der Firma Versant. In der Praxis ist die Bedeutung von ooDBS angesichts der zunehmenden Verbreitung objektrelationaler Konzepte (SQL3 und SQL4) stark rückläufig.

Die Aufnahme objektorientierter Konzepte in die Sprache SQL, die mit SQL3 begonnen und mit SQL4 ausgeweitet wurde, begründet die Entwicklungsrichtung der **objektrelationalen Datenbanksysteme**. Objektrelationale Datenbankmodelle erweitern das klassische Relationenmodell insbesondere um folgende Konzepte [TüSa06, 99ff]:

- Typkonstruktoren: Spezifikation von komplex strukturierten Datentypen, von Objekttypen sowie von Referenztypen zur Referenzierung von Objekten.

- Benutzerdefinierte Datentypen: Definition benannter, ggf. strukturierter Datentypen.

- Typhierarchien: Unterstützung von Super-/Subtypbeziehungen.

- Methoden: Definition anwendungsspezifischer Methoden auf strukturierten Datentypen.

- Objektidentifikatoren und Referenzen: Unterstützung einer zustandsunabhängigen Identifikation referenzierbarer Datenbankobjekte.

- Objektrelationale Tabellen (siehe nachfolgende Erläuterung).

Ebenso wie in relationalen Datenbanksystemen stellen auch in objektrelationalen Datenbanksystemen Tabellen die einzige persistente Datenstruktur dar. Objektrelationale Tabellen treten in zwei Formen auf [TüSa06, 120ff]:

- **Tupeltabellen** sind implizit typisiert (analog zum Relationenmodell ist jedem Attribut ein separater Datentyp zugeordnet), tupelwertig (die Tabelle besteht aus einer Menge von Tupeln) und nicht referenzierbar (die einzelnen Tupel sind nicht über einen Objektidentifikator referenzierbar). Tupel können aber referenzierbare Objekte als Attributwerte enthalten.

- **Typisierte Tabellen** basieren auf genau einem strukturierten Datentyp. Die Tabelle umfasst eine Menge von Objekten, die über einen Objektidentifikator referenzierbar sind. Diese Form objektrelationaler Tabellen ist somit explizit typisiert, objektwertig und referenzierbar.

Mittlerweile unterstützen nahezu alle relationalen DBVS namhafter Hersteller auch objektrelationale Erweiterungen.

9.3 Rechner-Rechner-Kommunikationssysteme

9.3.1 Das OSI-Referenzmodell

Die stürmische technische Entwicklung im Bereich der Rechner- und Kommunikationssysteme hat zu einer Vielzahl heterogener Systeme geführt, die von unterschiedlichen Herstellern angeboten werden. Um eine Kommunikation dieser heterogenen Systeme zu ermöglichen, wird seit Jahren eine weitgehende Standardisierung der Rechner-Rechner-Kommunikation angestrebt.

Als Rahmen für die Kommunikation in offenen Rechnerverbundsystemen wurde von der International Organization for Standardization (ISO) in den 70er Jahren das OSI-Referenzmodell (OSI = Open Systems Interconnection) vorgeschlagen, das inzwischen eine weitgehende Verbreitung und Akzeptanz gefunden hat (Bild 9-18).

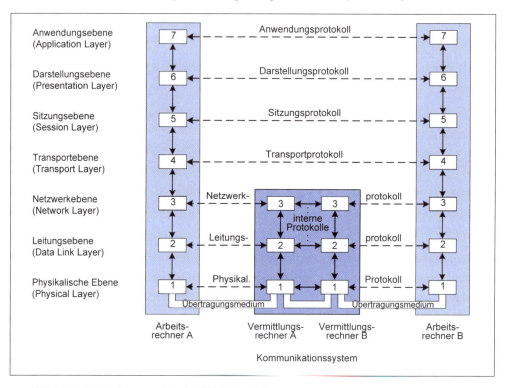

Bild 9-18: OSI-Referenzmodell der ISO [Nehm85]

Für die weitere Darstellung sind zwei Begriffe von Interesse:

- Ein (Kommunikations-) **Protokoll** ist ein Regelwerk bzw. Steuerungsverfahren, das die Kommunikationsbeziehungen zwischen zwei oder mehr Kommunikationspartnern festlegt.

9.3 Rechner-Rechner-Kommunikationssysteme

- Ein (Kommunikations-) **Dienst** besteht aus einer Menge von Objekten und Operatoren, die einem Kommunikationspartner zur Realisierung von Protokollen zur Verfügung steht.

Das OSI-Referenzmodell definiert sieben aufeinander aufbauende Schichten von Kommunikationsmaschinen. Ein Protokoll für die Kommunikation zwischen zwei Kommunikationsmaschinen einer bestimmten Schicht wird als **Schichtprotokoll** bezeichnet. Für jede Schicht stehen alternative Schichtprotokolle zur Verfügung.

Jede Schicht stellt in Form ihrer Nutzermaschine Dienste für die nächsthöhere Schicht zur Verfügung und verwendet als Basismaschine Dienste der nächstniedrigeren Schicht. Die Realisierung eines Schichtprotokolls der Schicht i erfolgt unter Verwendung der Dienste der Schicht i-1. Dabei werden die Daten der Ebene i mit Daten zur Steuerung des Kommunikationsablaufs eingerahmt (Bild 9-19). Die Kommunikation zwischen einem Dienstnutzer und einem Diensterbringer wird in einem **Dienstprotokoll** geregelt. Dienstprotokolle sind im OSI-Referenzmodell frei wählbar.

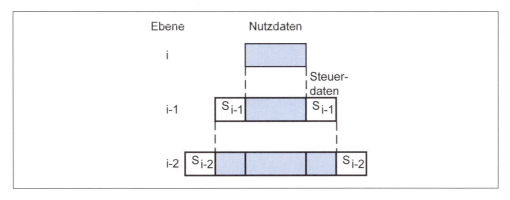

Bild 9-19: Rahmung von Daten benachbarter Protokollebenen [Nehm85]

Die einzelnen Schichten sind weitgehend voneinander unabhängig, da jede Schicht lediglich die korrekte Funktionsfähigkeit der nächstniedrigeren Schicht voraussetzt, nicht aber eine bestimmte Realisierungsform ihrer Dienste.

Die Schichten 1 bis 3 sind dem Kommunikationssystem zugeordnet; sie werden z. B. durch die Vermittlungsrechner eines Rechnerverbundsystems realisiert. Die physische Datenübertragung erfolgt schließlich über das der Schicht 1 zugeordnete Übertragungsmedium.

Den einzelnen Schichten des OSI-Referenzmodells sind insbesondere folgende Aufgaben zugeordnet (siehe z. B. [Nehm85], [Fra86]):

1. **Physikalische Ebene (Physical Layer)**: Transparente Übertragung von Bitfolgen über einen physischen Kommunikationskanal. Festlegung der Steckernormen, der Signaldarstellung für die Bits 0 und 1 sowie des Protokolls für die Bitübertragung.

2. **Leitungsebene (Data Link Layer)**: Realisierung eines Kommunikationskanals zur fehlerfreien Übertragung längerer Bitfolgen. Erkennen und Korrigieren von Übertragungsfehlern.

3. **Netzwerkebene (Network Layer)**: Übertragen von Daten zwischen zwei Kommunikationspartnern im Netzwerk. Hierzu ist zunächst ein geeigneter Weg aufzufinden und festzulegen **(Routing)**.

4. **Transportebene (Transport Layer)**: Bereitstellen eines virtuellen Kommunikationskanals höherer Ebene, der von physischen Details abstrahiert. Kommunikationspartner sind unabhängig von ihren physischen Adressen identifizierbar. Dies erfolgt in Analogie zum Telefonsystem, bei dem der gewünschte Kommunikationspartner durch einen logischen Identifikator benannt wird und der genutzte Kommunikationsweg für die Kommunikationspartner transparent ist.

   Eine weitere Aufgabe ist auf der Senderseite das Zerlegen einer Nachricht in Pakete, auf der Empfängerseite das Zusammensetzen der Nachricht aus den einzelnen Paketen unter Beachtung der ursprünglichen Reihenfolge. Die Beachtung der Reihenfolge ist notwendig, da sich die einzelnen Pakete z. B. auf unterschiedlichen Kommunikationswegen überholen können.

5. **Sitzungsebene (Session Layer)**: Koordination des Zusammenspiels der Kommunikationspartner in einer Sitzung. Eine Sitzung beginnt mit der Eröffnung des virtuellen Kommunikationskanals (Logon) zwischen den Kommunikationspartnern und endet mit dessen Schließung (Logoff). Zu den weiteren Aufgaben gehören die Überwachung der Sitzung sowie Wiederaufnahme einer unterbrochenen Sitzung im Fehlerfall.

6. **Darstellungsebene (Presentation Layer)**: Bereitstellen von Formatierungs- und Codierungsdiensten für einen geeigneten und effizienten Datenaustausch zwischen den Kommunikationspartnern. Hierzu gehören Funktionen zur Codeumwandlung und zur Komprimierung von Daten sowie die Bereitstellung virtueller Terminals.

7. **Anwendungsebene (Application Layer)**: Steuerung der Kommunikation aus Sicht der beteiligten Anwendungsprozesse.

9.3.2 Das TCP/IP-Referenzmodell

Mit der zunehmenden Nutzung des Internet hat das TCP/IP-Referenzmodell an Bedeutung gewonnen. Bild 9-20 zeigt eine Gegenüberstellung von OSI-Referenzmodell und TCP/IP-Referenzmodell.

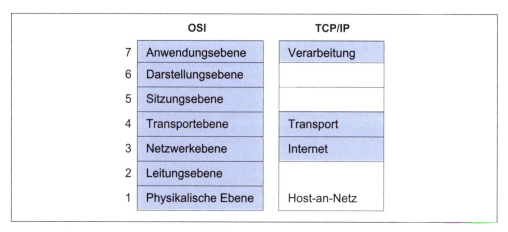

Bild 9-20: OSI-Referenzmodell und TCP/IP-Referenzmodell [Tan03a, 54ff]

Die Ebenen 1 und 2 des OSI-Referenzmodells sind im TCP/IP-Referenzmodell nicht Gegenstand der Standardisierung. Auf der zu Ebene 3 korrespondierenden Ebene wird das Internet Protocol IP verwendet, auf der zu Ebene 4 korrespondierenden Ebene steht u. a. das Transmission Control Protocol TCP zur Verfügung [Tan03a, 57]. Diese Protokolle werden nachfolgend behandelt. Korrespondierend zu den Protokollen der Anwendungsebene des OSI-Referenzmodells steht im TCP/IP-Referenzmodell eine Reihe von Protokollen zur Verfügung, von denen im Folgenden die Protokolle SMTP und HTTP vorgestellt werden.

TCP/IP

Das Protokollpaar *TCP/IP* wurde in den 70er Jahren entworfen und in den 80er Jahren vom US-Verteidigungsministerium zum Standard für die Ausschreibung von Entwicklungsaufträgen erklärt (siehe z. B. [Kauf91] und [Sant95]). *TCP/IP* unterstützt die Kommunikation zwischen Rechnern in heterogenen Netzwerken, d. h. das zugrunde liegende RVS kann unterschiedliche Topologien und Hardware-Konzepte vereinigen (siehe Abschnitt 7.2.5). *TCP* und *IP* werden im Folgenden kurz erläutert:

a) *IP* (Internet Protocol) ist ein Schichtprotokoll der Schicht 3 des OSI-Referenzmodells. Die von *IP* erbrachten Dienste realisieren zwischen den Rechnern eines Rechnerverbundsystems einen verbindungslosen Transport von Paketen. Das bedeutet, dass zwischen den kommunizierenden Rechnern kein virtueller Kommunikationskanal eröffnet werden muss.

Die zwischen zwei Rechnern zu übertragenden Pakete werden als *Datagramme* bezeichnet (siehe z. B. [Fra86]). Sie stehen aus der Sicht des RVS in keiner Beziehung zueinander und enthalten daher jeweils die Sender- und Empfängeradresse. Die einzelnen Pakete können auf unterschiedlichen Wegen durch das Netzwerk transportiert werden. IP übernimmt keine Garantie für die Zustellung eines Paketes beim Empfänger.

b) *TCP* (Transmission Control Protocol) ist ein Schichtprotokoll der Schicht 4 des OSI-Referenzmodells. Die Dienste von *TCP* realisieren einen bidirektionalen, virtuellen Kommunikationskanal zwischen zwei Rechnern eines RVS. *TCP* nutzt einen Dienst der Schicht 3 für die Übertragung von Datagrammen.

Eine Anwendung von *TCP* bzw. die Kommunikationsmaschinen höherer Schichten übergeben an *TCP* einen Datenstrom in Form einer Datei. *TCP* zerlegt bei Bedarf den Datenstrom in Pakete, versieht die Pakete mit einer Sequenznummer, welche die Zusammensetzung der Pakete auf der Empfängerseite ermöglicht und übergibt die Pakete an *IP*. Der Empfang eines Paketes wird vom Empfänger durch ein in entgegengesetzter Richtung versandtes Paket quittiert. Bleibt die Quittung innerhalb einer bestimmten Zeit aus, so wird das Paket erneut übertragen.

SMTP

SMTP (Simple Mail Transfer Protocol) dient zum Versenden von E-Mails im Internet (siehe z. B. [Tan03a, 655f]). Bei der Durchführung des Protokolls werden Nachrichten in Form von ASCII-Zeichenfolgen zwischen dem die E-Mail versendenden Rechner (Client) und dem die E-Mail empfangenden Rechner (Server) ausgetauscht. Jede Nachricht wird durch ein standardisiertes Schlüsselwort bzw. eine Code-Nummer eingeleitet.

Der Client initiiert den Aufbau eines TCP-Kommunikationskanals zum Server. Daraufhin identifiziert sich der Server und teilt dem Client mit, ob er die E-Mail annehmen kann. Falls nein, löst der Client die Verbindung auf und wiederholt den Sendeversuch zu einem späteren Zeitpunkt. Falls ja, teilt der Client dem Server die Sender- und die Empfängeradresse der E-Mail mit. Ist die Empfängeradresse dem Server bekannt, gibt dieser dem Client das Startzeichen zum Versenden der E-Mail. Nach dem Versenden bestätigt der Server deren Empfang.

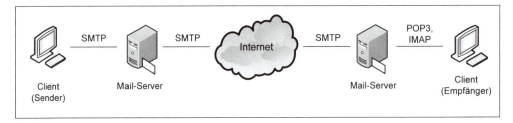

Bild 9-21: Versenden und Empfangen von E-Mails aus Nutzersicht

Bild 9-21 zeigt das Versenden und Empfangen von E-Mails aus Nutzersicht sowie die dabei eingesetzten Protokolle. Während zum Versenden von E-Mails zwischen einem Client und einem E-Mail-Server sowie zwischen E-Mail-Servern *SMTP* eingesetzt wird, erfolgt der Zugriff auf empfangene E-Mails über *POP3 (Post Office Protocol Version 3)* oder *IMAP (Internet Message Access Protocol)*.

HTTP

HTTP (Hypertext Transport Protocol) ist das Kommunikationsprotokoll für den Nachrichtentransport im *World Wide Web (WWW)*. HTTP ist ein Einschritt-Sende- und Empfangsprotokoll (siehe z. B. [Kyas97, 223f], [ScTe99, 1006f]). Ein *HTTP*-Client sendet eine anfordernde Nachricht an einen *HTTP*-Server, der seinerseits mit einer Nachricht antwortet. Die anfordernde Nachricht umfasst u. a. die *Uniform Resource Identifier (URI)*, bestehend aus einer *WWW*-Adresse und einem Dateinamen. Die *WWW*-Adresse wird in Form eines *Uniform Resource Locator (URL)* entsprechend dem Adressierungsschema des *WWW* angegeben. Die Antwort des Server enthält eine oder mehrere Dateien mit Hypertext-Dokumenten, die zumeist in *HTML (Hypertext Markup Language)* oder zunehmend in *XML (Extensible Markup Language)* beschrieben sind.

HTTP nutzt die Protokollfamilie *TCP/IP*. Bei der Version 1.0 von *HTTP* musste für jede einzelne Anforderung eines Client eine *TCP/IP*-Verbindung zum Server aufgebaut werden, innerhalb derer genau eine *URI* behandelt werden konnte. Eine *WWW*-Seite umfasst im Allgemeinen die Informationen mehrerer URIs. Hier erforderte ihre Anforderung und Übertragung den Aufbau mehrerer *TCP/IP*-Verbindungen. Ab der Version 1.1 von *HTTP* ist es möglich, über eine bestehende *TCP/IP*-Verbindung mehrere Anforderungen asynchron zu senden und die Antworten entgegenzunehmen.

Im Allgemeinen besteht kein direkter Kommunikationskanal zwischen Client und Server. Vielmehr verläuft die Kommunikation indirekt über zwischengeschaltete Stellvertreter-Server (*Proxies*), *Gateways* zur Protokollkonversion und *Tunnels* zur Transportunterstützung.

9.4 User-Interface-Management-Systeme (UIMS)

Als weitere Basismaschine für das Anwendungsprogramm eines Anwendungssystems werden nun **User-Interface-Management-Systeme (UIMS)** behandelt. Wie alle in diesem Kapitel behandelten Systemsoftwarekomponenten dienen auch UIMS

- der Komplexitätsreduzierung des Anwendungsteils, indem anwendungsneutrale Funktionen zur Mensch-Computer-Kommunikation ausgelagert werden,
- der Standardisierung, in diesem Fall der Standardisierung des Mensch-Computer-Kommunikationsteils und
- der Portierbarkeit des Anwendungsprogramms, das ohne Änderungen des Anwendungsteils in veränderten Systemumgebungen einsetzbar sein soll.

Die Komponenten eines UIMS lassen sich zwei Teilsystemen zuordnen (siehe z. B. [GrRu91], [Hix90] und [Myer89]):

a) Programmbausteine zur Unterstützung der interaktiven MCK während der Laufzeit eines Anwendungssystems. Diese Komponenten werden in Form von generischen Modulen bereitgestellt und bilden den MCK-Teil eines Anwendungssystems. Sie werden häufig durch Basismaschinen höherer Ebenen, die **User-Interface-Tool-Kits**, ergänzt.

b) Komponenten zur Unterstützung des Entwurfs von MCK-Schnittstellen und zur Generierung der unter (a) genannten Module. Diese Komponenten werden auch als **User-Interface-Development-System** bezeichnet.

9.4.1 Mensch-Computer-Kommunikation

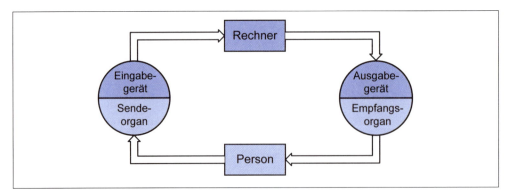

Bild 9-22: Ablauf der Mensch-Computer-Kommunikation (MCK)

Die **Mensch-Computer-Kommunikation (MCK)** wird in Form eines wechselseitigen, interaktiven Nachrichtenaustausches zwischen Mensch und Computer durchgeführt, der als **Dialog** bezeichnet wird. Die am Dialog beteiligten parallelen Prozesse - auch die Aufgabendurchführung des Menschen generiert einen Prozess - werden zeitlich überlappend oder im wechselseitigen Ausschluss durchgeführt. Ein maschineller Prozess und ein personeller Prozess werden durch Eingabeaufforderungen des Computers und Ausgabeerwartungen des Menschen synchronisiert. Der Ablauf der MCK ist in Bild 9-22 dargestellt.

Der Nachrichtenaustausch zwischen Mensch und Computer bedingt die Verfügbarkeit geeigneter Ein- und Ausgabegeräte des Computers, die mit entsprechenden Sende- und Empfangsorganen des Menschen kompatibel sind. Derzeit verfügbare UIMS unterstützen insbesondere folgende Geräte und Organe:

- Eingabegeräte: Tastatur, Maus
- Ausgabegeräte: Graphikbildschirm
- Sendeorgan: Hände
- Empfangsorgan: Augen

In Zukunft werden auch verstärkt Spracheingabe- und -ausgabegeräte sowie das Sprech- und Hörorgan des Menschen zur MCK eingesetzt werden. Entsprechende Multimedia-UIMS befinden sich in der Entwicklung.

Moderne UIMS unterstützen hauptsächlich die objektorientierte Dialogform der direkten Manipulation. Die **direkte Manipulation** beruht auf standardisierten, generischen Objekttypen. Jedem dieser Objekttypen ist eine Menge von Bedienelementen zur Auslösung von Operatoren auf dem Objekttyp zugeordnet.

9.4 User-Interface-Management-Systeme (UIMS)

Auf der Basis der generischen Objekttypen werden konkrete Dialogobjekte erzeugt und auf dem Graphikbildschirm angeboten. Die Bedienelemente eines Dialogobjekts werden mit der Maus oder der Tastatur selektiert und betätigt. Hierdurch wird eine Nachricht an das Dialogobjekt gesandt, welche die Durchführung eines Operators auf dem Dialogobjekt auslöst.

Ein Beispiel für einen generischen Objekttyp ist *Fenster*, ein Beispiel für ein konkretes Dialogobjekt ist ein Fenster mit einer konkreten Rahmenbeschriftung. Zu den Bedienelementen von *Fenster* gehört u. a. die Titelleiste des Fensterrahmens, die mit der Maus selektiert werden kann. Hierdurch wird der Operator *VerschiebeFenster* ausgelöst.

9.4.2 Architektur und Komponenten von UIMS

EIN ARCHITEKTURMODELL FÜR UIMS

Ein vielfach verwendetes Architekturmodell für interaktive Anwendungssysteme ist das PAC-Modell [Cou87]. Danach sind von einem UIMS drei Ebenen zu unterstützen (Bild 9-23):

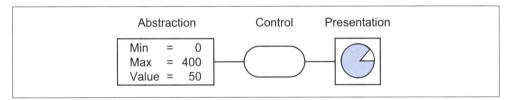

Bild 9-23: PAC-Modell [Cou87]

- *Presentation*: Die Präsentationsebene definiert das Input- und Output-Verhalten des Anwendungssystems aus der Sicht des Nutzers. Hier wird die MCK-Schnittstelle des Anwendungssystems z. B. unter Verwendung graphischer Dialogobjekte und zugehöriger Operatoren spezifiziert. Bild 9-23 zeigt die Darstellung eines numerischen Wertes in Form eines *Pie Chart*.

- *Abstraction*: Die Abstraktionsebene definiert die MCK aus der Sicht des Anwendungssystems. Hier wird die Schnittstelle zwischen Anwendungsprogramm und MCK-Teil spezifiziert. In Bild 9-23 ist dies eine numerische Variable mit dem aktuellen Wert 50 und dem Wertebereich [0..400].

- *Control*: Die Steuerungsebene verknüpft die Objekte und Operatoren der Präsentationsebene mit denen der Abstraktionsebene.

Weitere Architekturmodelle mit ähnlichem Aufbau und vergleichbarer Zielsetzung sind das Seeheim-Modell [Gree85] und das MVC-Paradigma (Model-View-Controller) der objektorientierten Programmierumgebung *Smalltalk* [GoRo84]. Die

Umsetzung des PAC-Modells in einem UIMS erfolgt in Form von Fenstersystemen und Dialogobjekten mit zugehörigen Operatoren.

FENSTERSYSTEME

Das Fenstersystem eines UIMS dient der Realisierung virtueller Kommunikationskanäle für die MCK. Ein Kommunikationskanal umfasst Eingabe- und Ausgabegeräte für beide Kommunikationsrichtungen, z. B. Tastatur und Bildschirm. Ein mithilfe von UIMS realisierter virtueller Kommunikationskanal hebt die Begrenzungen eines realen Bildschirms auf. Er vervielfacht diesen und stellt ihn in variablen Größen bereit. Ein virtueller Bildschirm wird als **Fenster (window)** bezeichnet. Die Manipulation der Fenster ist Aufgabe des **Fensterverwalters (window manager)**. Auf Anforderung des Nutzers öffnet und schließt der Fensterverwalter Fenster, verändert deren Größe und Position, überlagert Fenster, verwandelt Fenster in Icons und umgekehrt. Zur Durchführung von Eingaben werden die realen Eingabegeräte Maus und Tastatur den jeweiligen Fenstern zugeordnet.

DIALOGOBJEKTE UND OPERATOREN

Zur Gestaltung von MCK-Schnittstellen bieten UIMS eine Reihe generischer Objekttypen an. Diese werden verwendet, um die konkreten, in einer Anwendung benötigten Dialogobjekte zu definieren. Die generischen Objekttypen beinhalten graphische Bedienelemente zur Auslösung von Operatoren auf den zugehörigen Dialogobjekten.

In den letzten Jahren haben sich für die Objekttypen von UIMS sowie deren Verwendung und Bedienung weitgehend akzeptierte Standards herausgebildet, die sich nur geringfügig unterscheiden. Diese Standardisierung ermöglicht es, unterschiedliche Anwendungssysteme ohne nennenswerte Einarbeitung bedienen zu können. Beispiele sind der *Common User Access (CUA) Advanced Interface Design Guide*, der von IBM als Teil von SAA vorgeschlagen wird [IBM89], der *Siemens-Nixdorf Styleguide* [SNI90] sowie der für die nachfolgende Darstellung verwendete Microsoft Windows Styleguide [Micr95].

9.4 User-Interface-Management-Systeme (UIMS)

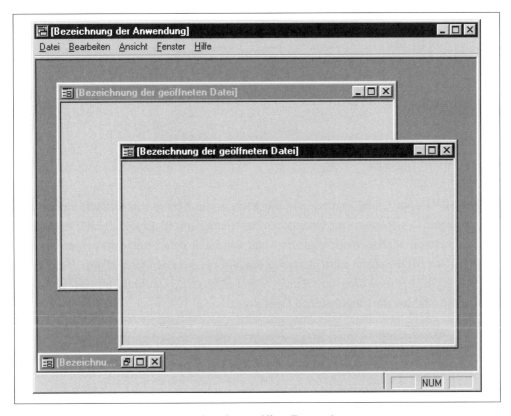

Bild 9-24: Fenster (MDI-Fenster mit mehreren Client-Fenstern)

Der Objekttyp *Fenster (window)* bildet die Grundlage der MCK (Bild 9-24). Jeder Anwendung ist ein *MDI-Fenster (Multiple Document Interface)* zugeordnet, in dem die anwendungsspezifischen Objekte gegenüber dem Nutzer präsentiert werden. Der Aufbau von Fenstern und die Anordnung ihrer Bedienelemente sind grundsätzlich frei gestaltbar. Fenster sind auf dem realen Bildschirm verschiebbar und in der Größe veränderlich.

Ausgehend von einem MDI-Fenster können zwei weitere Arten von Fenstern geöffnet werden, Client-Fenster und Dialogboxen. *Client-Fenster* sind wie MDI-Fenster aufgebaut und jeweils genau einem MDI-Fenster zugeordnet (Bild 9-24). *Dialogboxen (dialog box)* sind spezielle Fenster fester Größe zur Steuerung des Dialogablaufs (Bild 9-25). In einer Dialogbox werden Eingaben des Nutzers angefordert. Eine Dialogbox kann eine Eingabe erzwingen (modaler Dialog) oder wahlfrei ermöglichen (*nichtmodaler Dialog*).

Bild 9-25: Dialogbox

Einem MDI- oder Client-Fenster ist eine Menge von Menüs zugeordnet, welche die Auswahl und Auslösung von Operatoren auf dem Fenster ermöglichen. Die Menüs werden stets im MDI-Fenster angezeigt und wechseln daher mit dem gerade aktiven Fenster. Das MDI-Fenster enthält standardmäßig die Menüs *Datei (File), Bearbeiten (EDIT), Ansicht (View), Fenster (Window)* und *Hilfe (Help)*. Bild 9-26 zeigt das Menü Bearbeiten mit den dort angebotenen Operatoren.

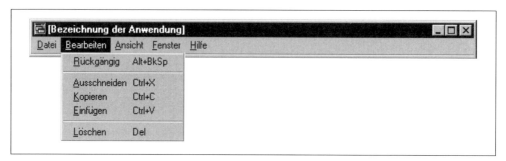

Bild 9-26: Menü Edit

Nachstehend sind die wichtigsten Basisobjekte zur Steuerung des Dialogablaufs aufgeführt:

a) *Aktionsknöpfe (pushbuttons)*: Graphische Symbole zur Auslösung von Operatoren (Bild 9-25). Graphische Symbole zur Benennung von Objekten werden als *Ikone (icons)* bezeichnet.

b) *Einfachauswahlknöpfe (radio buttons)*: Graphische Symbole zur Auswahl von genau einer Alternative aus einer vorgegebenen Menge von Alternativen. Eine Alternative ist voreingestellt (Bild 9-27).

9.4 User-Interface-Management-Systeme (UIMS)

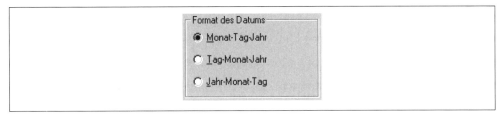

Bild 9-27: Einfachauswahlknöpfe

c) *Mehrfachauswahlknöpfe (check boxes)*: Graphische Symbole zur Auswahl einer oder mehrerer Alternativen aus einer vorgegebenen Menge von Alternativen (Bild 9-28).

Bild 9-28: Mehrfachauswahlknöpfe

d) *Listen (list boxes)*: Box zur Einfach- oder Mehrfachauswahl von Alternativen aus einer variablen Menge von Alternativen (Bild 9-29). Ist das Auswahlfeld einer Liste editierbar, so liegt eine *Combo-Box* vor.

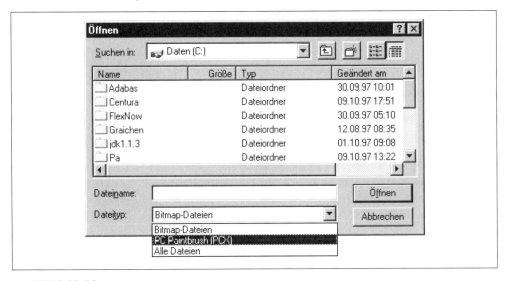

Bild 9-29: Liste

e) *Eingabefelder (entry fields)*: Ein- oder mehrzeilige Bereiche für Tastatureingaben des Nutzers (siehe Eingabefeld zu *Dateiname* in Bild 9-29).

f) *Verschiebebalken (scroll bars)*: Verschieben des sichtbaren Ausschnitts über einem Objekt. *Verschiebebalken* können horizontal oder vertikal angeordnet sein (Bild 9-29).

9.4.3 Ausgewählte User-Interface-Management-Systeme

Im Folgenden werden einige verbreitete UIMS vorgestellt und ihre Zusammenführung durch höhere Nutzermaschinen erläutert.

X WINDOW-SYSTEM

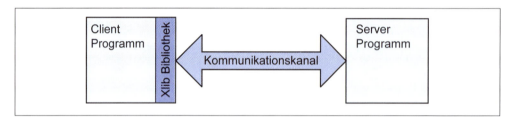

Bild 9-30: Systemmodell des X Window-Systems [Mans90, 22f]

Das X Window-System (Kurzbezeichnung X) ist ein portables Fenstersystem für Graphikbildschirme. X wurde am *Massachusetts Institute of Technology (MIT)* entwickelt. Zur Standardisierung des Kommunikationsprotokolls von X wurde das X-Konsortium, bestehend aus Firmen und Forschungsinstituten, gegründet. Der Quellcode von X ist frei erhältlich (public domain). X kann somit von unterschiedlichen Herstellern adaptiert und bei Einhaltung des Standardprotokolls auch unter der Bezeichnung X vertrieben werden. X ist derzeit für eine Vielzahl von Workstations, aber auch für Personal Computer verfügbar [Mans90].

Das Systemmodell von X ist in Bild 9-30 dargestellt. Es umfasst drei Komponenten:

a) Serverprogramm: Das Serverprogramm steuert die zur MCK verwendeten Ein-/Ausgabegeräte (Bildschirm, Tastatur, Maus usw.). Es stellt hierzu Funktionen zum Erzeugen von Fenstern, zum Ausgeben von Bildern und Texten in Fenstern, zum Verarbeiten von Eingaben usw. zur Verfügung.

Die Durchführung des Serverprogramms generiert einen eigenen Prozess. Jeder Serverprozess bedient die Ein-/Ausgabegeräte genau eines Bildschirmarbeitsplatzes. Bei mehreren Bildschirmarbeitsplätzen sind daher vom Betriebssystem mehrere Serverprozesse zu verwalten. Jeder Serverprozess führt Funktionen ausschließlich auf Anforderung von zugehörigen Clientprozessen durch.

b) Clientprogramm: Die Clientprogramme stellen aus der Sicht des Serverprogramms Anwendungen dar. Im vorliegenden Zusammenhang sind vor allem zwei Arten von Clientprogrammen zu unterscheiden (siehe z. B. [Muth91]):

- der Anwendungsteil des Anwendungssystems und
- der Window Manager, der die Fenster des Anwendungsteils verwaltet.

Die Funktionen des Serverprogramms werden den verschiedenen Clientprogrammen in Form einer gemeinsamen Basismaschine, der Bibliothek *Xlib*, bereitgestellt. Jede Durchführung eines Clientprogramms generiert einen eigenen Prozess.

c) Kommunikationskanal: Der Kommunikationskanal dient zur Kommunikation zwischen Clientprozessen und Serverprozessen. Es werden zwei grundsätzliche Konfigurationen unterschieden:

1. Client- und Serverprozesse laufen auf einem gemeinsamen Rechner ab. In diesem Fall wird der Kommunikationskanal über einen IPC-Mechanismus (siehe Abschnitt 9.1.2) realisiert.

2. Client- und Serverprozesse laufen auf verschiedenen Rechnern eines Rechnerverbundsystems (RVS) ab. Bei dieser Konfiguration wird der Kommunikationskanal des RVS genutzt. Als Rechner-Rechner-Kommunikationssystem wird u. a. TCP/IP verwendet. Ein als Bildschirmarbeitsplatz verwendeter Rechner, auf dem lediglich ein Serverprozess abläuft, wird als X-Terminal bezeichnet.

Die Konfiguration ist für das Anwendungssystem transparent, d. h. das Anwendungsprogramm ist ohne Änderungen in beiden Konfigurationen lauffähig.

WINDOW MANAGER

In Windows NT (MICROSOFT) stellt der Window Manager die in Abschnitt 9.4.2 beschriebenen Dialogobjekte und Operatoren bereit. Der Window Manager ist Teil des Win32-Subsystems, das die Nutzermaschine des Betriebssystems realisiert und ggf. parallel zu anderen Subsystemen (z. B. für OS/2 und die Unix-Variante POSIX) eingesetzt wird. Der Window Manager nutzt die Objekte und Operatoren des Graphic Device Interface (GDI), welches in Windows NT 3.5 ebenfalls Teil des Win32-Subsystems ist. Zur Verbesserung der Leistungsfähigkeit der grafischen Oberfläche wurde GDI ab Windows NT 4.0 in den Betriebssystemkern verlagert [DDK$^+$97, 61ff].

9.5 Middleware

Der Begriff Middleware beschreibt eine neuere Klasse von systemnaher Software als Bindeglied zwischen Systemsoftware und Anwendungsprogrammen. Middleware unterstützt dabei speziell die Realisierung verteilter Anwendungssysteme. Mit zunehmender Verbreitung dieser Architekturform von Anwendungssystemen gewinnen Middleware-Konzepte an Bedeutung (zu einem Überblick siehe [ÖRH96]).

Middleware deckt ein breites und heterogenes Spektrum unterschiedlicher Konzepte ab. Um eine Abgrenzung durchzuführen, wird wiederum auf die zu Beginn des Kapitels 9 eingeführten Ziele zurückgegriffen:

- Komplexitätsreduzierung des Anwendungsprogramms durch Bereitstellung höherer, d. h. anwendungsnäherer Basismaschinen für die Realisierung des Anwendungsteils eines verteilten Anwendungssystems.

- Standardisierung der Kommunikation zwischen den einzelnen Komponenten eines verteilten Anwendungssystems. Erhöhung der Unabhängigkeit des Anwendungsteils vom Datenverwaltungsteil und vom Kommunikationsteil.

- Portierbarkeit des Anwendungsprogramms durch Nutzung einheitlicher Programmierschnittstellen (API, Application Programming Interface).

Auf dem Gebiet der Middleware findet seit Jahren eine stürmische Entwicklung statt. Eine einheitliche Systematisierung der unterschiedlichen Middleware-Ansätze ist derzeit noch nicht erkennbar (siehe z. B. [Brit04]). Um eine gewisse Strukturierung zu erreichen, werden im Folgenden auf der Basis des Modells mehrstufiger Nutzer- und Basismaschinen (siehe Abschnitt 8.2.1) zwei Teilschichten von Middleware unterschieden, die als Request-Broker und als Anwendungsserver (Application Server) bezeichnet werden (Bild 9-31):

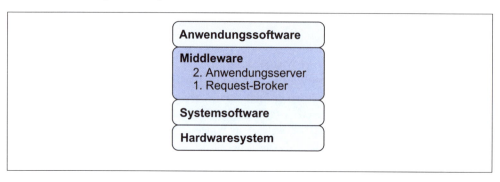

Bild 9-31: Middleware-Schichten in der Gesamtarchitektur betrieblicher Anwendungssysteme

1. **Request-Broker** (Middleware-Schicht 1) dienen der Bereitstellung einer Kommunikationsinfrastruktur für transparente Funktionsaufrufe bzw. für die transparente Kommunikation von Objekten in verteilten Anwendungssystemen. Hierzu werden insbesondere folgende Dienste bereitgestellt:

   - *Kommunikationsdienst.* Beispiele hierfür sind RPC (Remote Procedure Call; transparenter Prozeduraufruf; synchron), RMI (Java-RMI; Remote Method Invocation; transparente, nachrichtenbasierte Kommunikation zwischen Objekten; synchron), Message Passing (transparenter Austausch von Nachrichten zwischen Objekten; asynchron).

   - *Namensdienst* (z. B. hierarchischer Verzeichnisdienst).

   - *Persistenzdienst* (z. B. Fernzugriff auf Datenbanksysteme).

   - *Transaktionsdienst* (Unterstützung verteilter Transaktionen (siehe Abschnitt 9.2.3)).

- *Sicherheitsdienst* (Authentifizierung (Erkennen berechtigter Nutzer), Autorisierung (Vergabe von Nutzerrechten), sichere Kommunikation).

2. **Anwendungsserver** (Application Server; Middleware-Schicht 2) dienen der Bereitstellung einer Laufzeitumgebung für die Ausführung von Komponenten eines verteilten Anwendungssystems. Anwendungsserver sind im Allgemeinen auf ein bestimmtes Komponentenmodell ausgerichtet. Sie nutzen die Dienste der Middleware-Schicht (1).

Im Folgenden werden ausgewählte Middleware-Konzepte vorgestellt und anhand zugehöriger Beispiele erläutert. Die Darstellung folgt in etwa der historischen Entwicklung. Zunächst wird in Abschnitt 9.5.1 am Beispiel von ODBC das Konzept des Fernzugriffs auf Datenbanksysteme vorgestellt, das einen Teilaspekt der Middleware-Schicht 1 abdeckt. Umfassend wird die Middleware-Schicht 1 u. a. durch das Konzept der Object-Request-Broker realisiert, welches anhand von CORBA in Abschnitt 9.5.2 erläutert wird. Die Middleware-Schicht 2 wird anhand der typischen Merkmale eines Anwendungsservers in Abschnitt 9.5.3 behandelt. Etwas außerhalb dieser Systematik, aber von zunehmender Bedeutung ist das Konzept der service-basierten Architekturen, welches anhand von Web-Services in Abschnitt 9.5.4 kurz beschrieben wird.

9.5.1 Fernzugriff auf Datenbanksysteme

Software für den **Fernzugriff auf Datenbanksysteme (Remote Database Access)** ist der Middleware-Schicht 1 zuzuordnen. Sie unterstützt die Kommunikation zwischen einem oder mehreren Clients (Anwendungsteil) und einem oder mehreren, ggf. unterschiedlichen Datenbank-Servern (Datenverwaltungsteil; siehe auch Abschnitt 8.2.7). Trotz der Standardisierung von SQL unterstützen existierende relationale DBVS ein breites Spektrum unterschiedlicher SQL-Dialekte. Ein weiteres Ziel beim Fernzugriff auf Datenbanksysteme ist es daher, diese Unterschiede zu überbrücken und für den Client einen einheitlichen Zugriff auf heterogene DBVS zu ermöglichen. Dadurch wird die Unabhängigkeit des Anwendungsteils vom Datenverwaltungsteil erhöht. Zum Beispiel kann in einfacher Weise das DBVS eines Anwendungssystems durch ein anderes ersetzt werden [Rahm94].

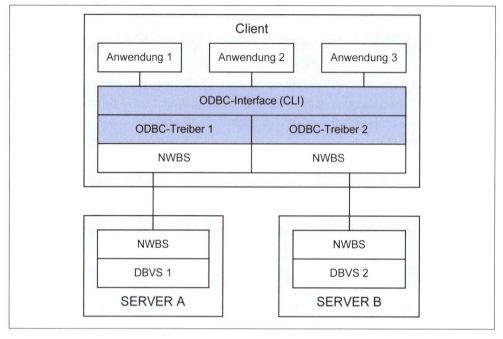

Bild 9-32: Fernzugriff auf Datenbanksysteme am Beispiel von ODBC [Rahm94]

Als konkretes Beispiel wird *Open Database Connectivity (ODBC)* von Microsoft vorgestellt. ODBC beruht auf dem Call Level Interface (CLI) der *X/Open SQL Access Group*, einer Vereinigung von Herstellern und Anwendern. Dieses API stellt standardisierte Proceduraufrufe für den Zugriff auf DBVS zur Verfügung (siehe Abschnitt 9.2.1). Die Architektur von ODBC zeigt Bild 9-32:

- Client: Die einzelnen Anwendungsprogramme greifen über eine einheitliche Schnittstelle (ODBC-Interface) auf die DBVS zu. Die Anpassung an unterschiedliche SQL-Dialekte erfolgt auf der Seite des Client durch einen ODBC-Treiber. Für jedes zu unterstützende DBVS wird ein separater ODBC-Treiber benötigt. Der ODBC-Treiber greift über Funktionen des NWBS auf das Kommunikationssystem zu. Das Management der ODBC-Treiber wird durch das BS unterstützt (z. B. Windows NT).

- Server: Der Server umfasst ein relationales DBVS, welches über Funktionen des NWBS auf das Kommunikationssystem zugreift.

Der Client greift transparent auf den Server zu. Client und Server können dabei lokal auf einem Rechnerknoten, oder auf unterschiedlichen Rechnerknoten eines RVS installiert sein. Zu einer Klassifikation von ODBC-Treibern nach der Art des unterstützten Kommunikationsweges siehe [Wis95].

9.5.2 Object Request Broker

Object Request Broker unterstützen die transparente Kommunikation lose gekoppelter Objekte in verteilten Anwendungssystemen. Die Objekte folgen dem Konzept des Objekttyps in Abschnitt 8.2.5 und sind Komponenten des Anwendungsteils, des Kommunikationsteils oder des Datenverwaltungsteils eines verteilten Anwendungssystems.

Das Konzept des *Object Request Broker* wird im Folgenden anhand der *Common Object Request Broker Architecture (CORBA)* der *Object Managament Group (OMG)*, einer Vereinigung von Herstellern und Anwendern, erläutert (siehe z. B. [Dada96] und [OHE96]).

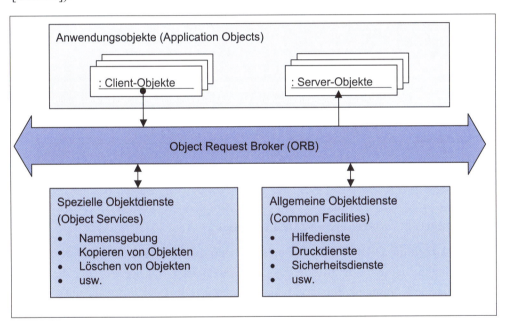

Bild 9-33: Object Management Architecture (OMA) als Grundlage von CORBA

CORBA ist eine standardisierte Spezifikation der OMG für eine Infrastruktur zur Realisierung verteilter, objektorientierter Anwendungssysteme. Für CORBA ist eine Reihe von kommerziellen und frei verfügbaren Implementierungen für alle wichtigen Betriebssysteme verfügbar.

Grundlage des Standards ist die *Object Management Architecture (OMA)*. Diese umfasst (Bild 9-33):

- *Anwendungsobjekte (Application Objects)* in Form von Client- und Server-Objekten.

- Den *Object Request Broker (ORB)* zur Durchführung der Kommunikation zwischen den Objekten. Der ORB vermittelt Nachrichten mit Methodenaufrufen bzw. deren Ergebnissen zwischen Client- und Server-Objekten. Gleichzeitig gibt der ORB dem Standard sowie generell der Klasse von Middleware-Architekturen den Namen.

- *Spezielle Objektdienste (Object Services)*, die der ORB zur Realisierung seiner Funktionen nutzt.

- *Allgemeine Objektdienste (Common Facilities)*, wie z. B. Hilfe-, Druck- und Sicherheitsdienste.

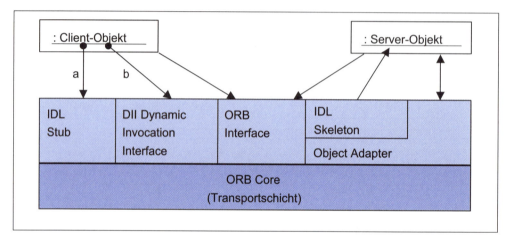

Bild 9-34: ORB-Architektur gemäß CORBA-Standard

Bild 9-34 zeigt die ORB-Architektur entsprechend dem CORBA-Standard. Kernstück der Architektur ist der eigentliche *Object Request Broker (ORB Core)*, der die Basisdienste für die Kommunikation von Objekten bereitstellt. Der *ORB Core* nutzt seinerseits Funktionen des zugrunde liegenden NWBS.

Die Kommunikation zwischen zwei Objekten folgt dem Client/Server-Prinzip (siehe Abschnitt 8.2.7). Es werden zwei alternative Formen der Kommunikation unterstützt:

a) Die **statische Kommunikationsschnittstelle** unterstützt die häufige und zeitkritische Kommunikation von Objekten. Client- und Server-Objekte sind über vordefinierte Schnittstellen mit dem ORB verknüpft. Die Schnittstelle eines Client-Objekts wird als *Stub*, die des Server-Objekts als *Skeleton* bezeichnet. Die Schnittstellen werden automatisch aus der Schnittstellenbeschreibung der Objekte generiert, die mithilfe der *Interface Definition Language (IDL)* von CORBA erstellt werden. Die Umsetzung der CORBA-Datenstrukturbeschreibung in die jeweilige Zielsprache eines Server-Objektes wird durch *Object Adapter* unterstützt.

b) Die **dynamische Kommunikationsschnittstelle** (*Dynamic Invocation Interface, DII*) unterstützt eine sporadische und weniger zeitkritische Kommunikation von Objekten. Dabei werden die Anordnung und die Typisierung der Aufrufparameter erst zur Laufzeit festgelegt. Die hierzu benötigten Beschreibungen sind in einem *Interface Repository* abgelegt, das über das *ORB Interface* zur Verfügung steht.

Für CORBA sind eine Reihe von Implementierungen unterschiedlicher Hersteller verfügbar. CORBA liegt aktuell in der Version CORBA 3 vor. CORBA 2 ergänzt den ursprünglichen Standard vor allem um IIOP (Internet Inter-Orb Protocol), das eine transparente Kommunikation unterschiedlicher Object-Request-Broker unterstützt. CORBA 3 ergänzt den Standard insbesondere um das Komponentenmodell CCM (CORBA Component Model).

9.5.3 Anwendungsserver

Anwendungsserver (Application Server) markieren den aktuellen Stand der Entwicklung im Bereich der Middleware-Schicht 2. Sie stellen eine Laufzeitumgebung für die Ausführung von Softwarekomponenten eines verteilten Anwendungssystems bereit. Die Softwarekomponenten sollen dabei ausschließlich Anwendungsfunktionen realisieren, während die zu ihrer Ausführung benötigten Dienste (siehe Middleware-Schicht 1) von der Laufzeitumgebung bereitgestellt werden. Anwendungsserver sind im Allgemeinen auf ein bestimmtes Komponentenmodell ausgerichtet (z. B. *Enterprise-JavaBeans* der Firma SUN). Die gemäß einem Komponentenmodell spezifizierten Softwarekomponenten werden auf dem Anwendungsserver (genauer: in einem vom Anwendungsserver bereitgestellten Container) installiert („deployed") und ausgeführt.

Bild 9-35 zeigt die Einordnung von Anwendungsservern als Middleware-Schicht 2 gemäß dem ADK-Strukturmodell (siehe Abschnitt 8.2.2) und dem Client-Server-System (siehe Abschnitt 8.2.7). Als genereller Rahmen wird dabei die *Java EE-Architektur (Java Platform, Enterprise Edition)* der Firma SUN zugrunde gelegt.

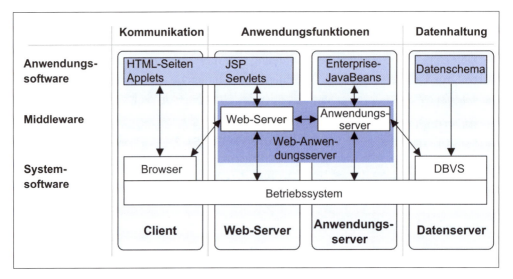

Bild 9-35: Anwendungsserver als Middleware-Schicht 2 (auf der Basis der *Java EE*-Architektur)

Aus der Sicht des ADK-Strukturmodells werden in einem verteilten Anwendungssystem gemäß *Java EE*-Architektur Anwendungsfunktionen sowohl durch Enterprise-JavaBeans als auch durch Java-Server-Pages (JSP), Servlets, Applets und HTML-Seiten erbracht.

Enterprise-JavaBeans werden auf dem Anwendungsserver installiert und von ihm ausgeführt. Die wichtigste Klasse von Enterprise-JavaBeans sind Session-Beans, welche den Ablauf betrieblicher Vorgänge steuern und mit den Vorgangsobjekttypen der SOM-Methodik (vgl. Abschnitt 5.4.3) korrespondieren.

JSP realisieren ein serverseitiges Skriptkonzept. Es handelt sich dabei um HTML- oder XML-Dateien, die spezielle Markierungen („tags") enthalten. Greift ein Client auf eine JSP zu, so wird diese – sofern noch nicht geschehen – in ein Servlet übersetzt und dieses ausgeführt. Servlets sind serverseitig ausführbare Programme zur Erweiterung der Dienste eines Web-Servers. Applets sind hingegen clientseitig ausführbare GUI-Komponenten (*GUI = Graphical User Interface*). JSP und Servlets werden vom Web-Server bereitgestellt und ausgeführt. HTML-Seiten und Applets werden vom Web-Server aufbereitet und in einen Browser geladen, wo sie dann ausgeführt werden.

Aus der Sicht eines Client-Server-Systems wird bei einer vollständigen, webbasierten *Java EE*-Architektur zwischen Client sowie Web-Server, Anwendungsserver und Datenserver unterschieden. Der Begriff Anwendungsserver wird dabei homonym verwendet: Kontextabhängig wird mit dem Begriff sowohl ein eigenständiger Server als auch die Middleware-Software bezeichnet.

Wie oben dargestellt, sind Anwendungsfunktionen im Allgemeinen auf Web-Server und Anwendungsserver sowie ggf. auch auf den Client verteilt. Damit wird eine globale Leistungsoptimierung des verteilten Anwendungssystems angestrebt (siehe Abschnitt 8.2.7). Aus Sicht der Middleware werden häufig Web-Server und Anwendungsserver zu einem **Web-Anwendungsserver** (siehe z. B. [SKM00]) zusammengefasst.

Eine wichtige Anforderung an Anwendungsserver ist ihre Skalierbarkeit. Diese umfasst die Anpassbarkeit an ein breites Spektrum von unterschiedlichen Leistungsanforderungen, Nutzerzahlen und Anwendungssystem-Architekturen.

Beispiele für verbreitete Anwendungsserver gemäß *Java EE*-Architektur sind BEA Weblogic, IBM Websphere und JBoss (als Open-Source-Software). Diese drei Systeme beinhalten den Web-Server Tomcat und stellen damit Web-Anwendungsserver dar.

9.5.4 Web-Services

Etwas aus der bisherigen Systematik fallend, dennoch aber dem Themenkomplex Middleware zuzuordnen, sind *Web-Services*. Web-Services stellen eine neuere Entwicklung dar und spielen insbesondere eine wichtige Rolle im Rahmen der .NET-Strategie von MICROSOFT. Die Entwicklung von Standards im Bereich Web-Services obliegt dem *W3C (World Wide Web Consortium)*[8].

Die Grundidee von Web-Services ist sehr einfach: Das HTTP-Protokoll des WWW wird neben der Übertragung von Hypertext-Seiten im Rahmen der Mensch-Computer-Kommunikation zunehmend auch für die Kommunikation zwischen (Teil-) Anwendungssystemen genutzt. Web-Services sollen die hierfür benötigten softwaretechnischen Schnittstellen bereitstellen.

Ein Web-Service lässt sich als Komponente auffassen, die ihre Funktionalität über eine veröffentlichte Schnittstelle anbietet und auf die über ein offenes Internet-Protokoll zugegriffen werden kann.

Die grundlegende Metapher für Web-Services liefert die *service-orientierte Architektur (Service-oriented Architecture, SOA)*, die ursprünglich von IBM vorgestellt wurde (Bild 9-36). Danach veröffentlicht (*publish*) ein Service-Provider die Beschreibung eines von ihm angebotenen Dienstes (Web-Service) bei einem *Service-Broker (Registry)*. Ein *Service-Requestor* macht beim *Service-Broker* einen benötigten Dienst ausfindig (*find*) und fordert Informationen über die Nutzung des Dienstes an. Anschließend kommuniziert der *Service-Requestor* entsprechend den in der Dienstspezi-

---

[8] http://www.w3.org

fikation angegebenen Protokollen und Schnittstellen mit dem vom *Service-Provider* angebotenen Web-Service (*bind*). Die Bindung an den Web-Service erfolgt dabei zur Laufzeit und im Idealfall vollautomatisiert. Web-Services können aber auch ohne Service-Broker genutzt werden, indem die Web-Service-Entwickler den Anwendungsentwicklern die Dienstspezifikationen auf herkömmlichem Wege bekannt machen.

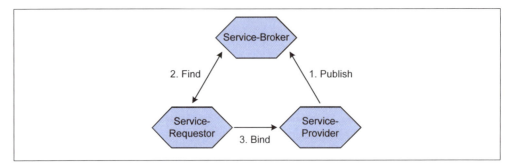

Bild 9-36: Service-orientierte Architektur

Speziell für Web-Services wurden drei komplementäre Standards entwickelt, die jedoch auch unabhängig voneinander eingesetzt werden können:

- *SOAP (*ursprünglich für *Simple Object Access Protocol)* als Protokoll für den Nachrichtenaustausch zwischen den beteiligten Instanzen.
- *WSDL (Web Service Description Language)* zur Beschreibung von Diensten.
- *UDDI (Universal Description, Discovery and Integration)* als Verzeichnisdienst für Web-Services.

Alle drei Standards beruhen auf XML. Web-Services lassen sich auch ohne Verwendung dieser Standards realisieren, z. B. kann eine Kommunikation direkt über HTTP erfolgen.

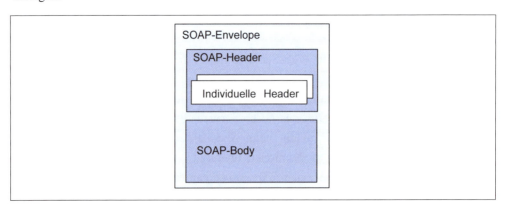

Bild 9-37: Aufbau des XML-Formats einer SOAP-Nachricht

9.5 Middleware

Als ausgewählter Standard im Bereich Web-Services wird kurz *SOAP* vorgestellt. Die Standardisierung von SOAP obliegt dem W3C.

SOAP unterstützt eine plattformunabhängige Kommunikation zwischen zwei SOAP-Knoten über ggf. mehrere Vermittler. Hierzu definiert SOAP ein XML-Format für Nachrichten (Aufbau siehe Bild 9-37), die dann mithilfe alternativer Transportprotokolle (z. B. HTTP, SMTP) übertragen werden.

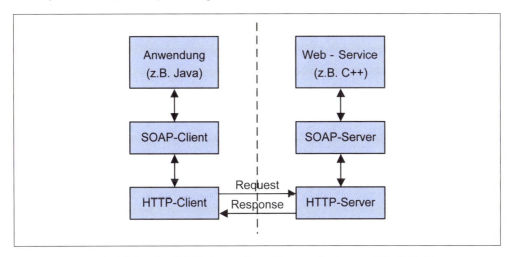

Bild 9-38: Beispiel für eine SOAP-Anwendung (Kommunikationsmodell: RPC; Transportprotokoll: HTTP)

Als Kommunikationsmodelle (Message Exchange Patterns, MEP) werden u. a. eine unidirektionale Kommunikation zur Übertragung von XML-Dokumenten und eine RPC-orientierte Kommunikation (Request/Response) unterstützt.

Bild 9-38 zeigt beispielhaft eine Anwendung von SOAP nach dem RPC-Kommunikationsmodell unter Verwendung von HTTP als Transportprotokoll.

9.5.5 Koordination von Web-Services

Wie in Abschnitt 4.1.3 erläutert, umfasst die Innensicht einer Aufgabe insbesondere eine Beschreibung von Lösungsverfahren unter Berücksichtigung der vorgesehenen Aufgabenträgertypen Mensch oder Maschine. Im Folgenden werden ausschließlich automatisierte Aufgaben betrachtet, die vollständig durch AwS durchgeführt werden. Kommen dabei AwS mit service-orientierten Architekturen zum Einsatz, so steht im Allgemeinen kein Web-Service zur Verfügung, welcher das gesamte Lösungsverfahren einer Aufgabe bereitstellt. Das Lösungsverfahren wird vielmehr durch das koordinierte Zusammenwirken mehrerer Web-Services realisiert. Dieses Zusammenwirken von Web-Services setzt sich auf der Ebene von Vorgangsnetzen fort, wo die Durchführung mehrerer Aufgaben zu koordinieren ist.

Die SOM-Methodik sieht die Realisierung von Aufgaben in genau dieser Weise vor (vgl. Abschnitt 5.4). Das Aufgabenobjekt und die Aktionen einer automatisierbaren Aufgabe werden dem konzeptuellen Objektschema (KOS), die Aktionensteuerung dem Vorgangsobjektschema (VOS) zugeordnet. Bei Vorgangsnetzen wird jede einzelne Aufgabendurchführung gemäß diesem Konzept gesteuert und eine zusätzliche Vorgangssteuerung kontrolliert als übergeordneter Regler die einzelnen Vorgänge anhand ihrer Vor- und Nachereignisse. Sie initiiert Vorereignisse, um Vorgänge auszulösen, und erhält Rückmeldungen über Nachereignisse.

Im Rahmen von service-orientierten Architekturen werden die Leistungen konzeptueller Objekttypen als Dienste von Web-Services bereitgestellt. Sie realisieren die Aktionen im Lösungsverfahren einer Aufgabe. Das koordinierte Zusammenwirken von Web-Services wird in Form von Workflow-Definitionen beschrieben, welche die Aktionensteuerung spezifizieren. Für die Erstellung der Workflow-Definitionen wurden spezielle Sprachkonzepte entwickelt, deren Spezifikationen von Software-Systemen ausführbar sind.

Wiederum analog zur SOM-Methodik werden die hierarchische und die nichthierarchische Koordination unterschieden:

- Die hierarchische Koordination von Web-Services wird **Orchestrierung** genannt (siehe z. B. [Hoh07, 444]). Hier steuert eine zentrale Instanz das Zusammenwirken von Web-Services. Die Orchestrierung dient der Aktionensteuerung innerhalb einer einzelnen Aufgabe oder der Steuerung eines integrierten Vorgangsnetzes.

- Für die nicht-hierarchische Koordination von Web-Services wird der Begriff **Choreografie** verwendet (siehe z. B. [Hoh07, 443f]. Eine Choreografie umfasst Konversationen zwischen unabhängigen Kommunikationspartnern. Aus Sicht der SOM-Methodik beschreibt eine Konversation das Kommunikationsprotokoll zwischen autonomen betrieblichen Objekten bei der Durchführung einer Transaktion oder einer Transaktionsfolge.

Ebenso wie Objekte eines betrieblichen Systems durch eine Kombination von Regelungsprinzip und Verhandlungsprinzip koordiniert werden, nutzen auch serviceorientierte Architekturen Kombinationen von Orchestrierung und Choreografie.

Die derzeit dominierende Orchestrierungssprache für Web-Services ist WS-BPEL (*Web Services Business Process Ececution Language*)[9]. WS-BPEL entstand aus einer Zusammenführung der Sprachen WSFL (*Web Service Flow Language*) von IBM und XLANG von MICROSOFT sowie unter Mitwirkung von BEA. WS-BPEL wird mittlerweile durch eine Reihe weiterer Firmen unterstützt und stellt einen Standard von OASIS[10] dar. Die aktuelle Version ist WS-BPEL 2.0.

WS-BPEL ist eine XML-basierte Sprache zur Spezifikation der Orchestrierung von Web-Services, die auf dem Dienste-Modell von WSDL aufbaut. Eine BPEL-Prozess-Definition (Workflow-Definition) ist ein Container, in dem u. a. Beziehungen zu externen Partnern (*Partner Links*), Prozessdaten (*Variables*) und Aktivitäten (*Activities*) beschrieben werden. *Partner Links* umfassen Beziehungen zu Clients und zu den orchestrierten Web-Services. Variablen dienen der Speicherung von Prozessausführungszuständen. Aktivitäten steuern u. a. den synchronen oder asynchronen Aufruf von Web-Services, das Bedienen von synchronen oder asynchronen Web-Service-Schnittstellen sowie den Ablauf des BPEL-Prozesses. Ein BPEL-Prozess stellt aus Außensicht wiederum einen Web-Service dar, der in eine übergeordnete Orchestrierung eingebunden sein kann.

WS-CDL (*Web Services Choreography Description Language*) ist eine verbreitete Sprache zur Spezifikation der Choreografie von Web-Services. Das Sprachkonzept von WS-CDL ist komplementär zu bestehenden Orchestrierungssprachen. WS-CDL ist ein Standard des *World Wide Web Consortium (W3C)*[11].

WS-CDL ist ebenfalls XML-basiert und baut auf dem WSDL-Dienste-Modell auf. Mit WS-CDL werden Kommunikationspartner (*Participant Types*) definiert, denen jeweils eine Menge von Rollen (*Role Tpyes*) zugeordnet ist. Eine Rolle spezifiziert das sachzielbezogene Verhaltensrepertoire eines Kommunikationspartners für die Zusammenarbeit mit anderen Kommunikationspartnern (z. B. *Käufer*, *Verkäufer*). Zwischen Rollen werden paarweise Beziehungen (*Relationship Types*) definiert (z. B. *Beschaffung* oder *Kundendienst* als Beziehungen zwischen den Rollen *Käufer* und *Verkäufer*). Eine Choreografie beschreibt die Zusammenarbeit zwischen zwei oder mehreren Rollen (z. B. kann neben *Käufer* und *Verkäufer* die weitere Rolle eines *Logistikdienstleisters* einbezogen sein).

---

[9] Der Begriff *Business Process* korrespondiert in diesem Kontext mit dem Begriff *Workflow* und ist nicht mit dem Begriff *Geschäftsprozess* gleichzusetzen.

[10] http://www.oasis-open.org

[11] http://www.w3.org

Vierter Teil:
Gestaltung und Betrieb von Informationssystemen

Der vierte Teil des Buches behandelt anhand von zwei Fragen die Verbindung von Aufgaben- und Aufgabenträgerebene eines IS sowie die Ausrichtung des IS auf die Ziele eines Unternehmens: Die erste Frage „Wie kann das IS auf die Unterstützung der gesamtbetrieblichen Ziele hin ausgerichtet werden?" ist in Kapitel 10 Gegenstand des Informationsmanagements, das die Brücke zwischen dem Gesamtmanagement und dem IT-Management (Management der Informationstechnologie) eines Unternehmens schlägt. Die zweite Frage „Wie können AwS so konstruiert werden, dass sie die Ziele eines IS unterstützen?" führt in Kapitel 11 zur Gestaltung von AwS-Architekturen und zur Analyse der Aufgabe Systementwicklung.

10 Informationsmanagement

10.1 Begriffsbestimmung und Zielsetzung

In Abschnitt 3.3.1 wurden als Aufgaben des Informationsmanagements die Gestaltung und der Betrieb des automatisierten Teils des betrieblichen Informationssystems genannt. Diese Aufgabe wird im Folgenden näher detailliert. Zunächst wird kurz auf die Historie des IM verwiesen.

Das **Informationsmanagement (IM)** wird seit den 1980er Jahren als eigenständiges Aufgabenfeld in den Unternehmen wahrgenommen. Seine Aufgabenstellung wurde zunächst unter dem Namen *Information Resource Management* (IRM) eingeführt und entstand zum Einen aus dem Bedarf nach Management der vielfältigen computergestützten Systeme, und zum Anderen aus dem Blickwinkel, dass Informationen Ressourcen für Entscheidungsprozesse darstellen. Entsprechend wurden mehrere Entwicklungsstufen des Informationsmanagements unterschieden (vgl. [AAM06], [Woll88]): (1) Das Management der Informations- und Kommunikationstechnologie, (2) das Management der Information als Produktionsfaktor und Vermögensbestandteil, (3) das Management der Information als Wettbewerbsinstrument und (4) das Management der strategischen Informationsnutzung. Die Versorgung von Entscheidungsträgern mit Informationen durch AwS wurde im deutschsprachigen Raum unter dem Begriff *Informationswirtschaft* forciert [Krcm05]. Die Themenfelder der Informationswirtschaft können zusammengefasst werden in der Forderung, Informationen zur richtigen Zeit am richtigen Ort in geeigneter Qualität bereitzustellen sowie im Konzept des informationswirtschaftlichen Gleichgewichts, gemäß dem das Informationsangebot der Informationsnachfrage der Entscheidungsträger entsprechen soll.

Die Erfahrungen zeigten jedoch, dass das Aufgabenfeld des IM bei Beschränkung auf den Ressourcenaspekt zu eng angelegt war und dass zusätzlich die Aufgaben des betrieblichen Informationssystems in die Betrachtung einzubeziehen sind. Im aktuellen Verständnis umfasst daher das IM die Führungsaufgabe „*Gestaltung und Lenkung* des betrieblichen Informationssystems (IS) bezüglich der Aspekte *Automatisierung* und *Integration*" sowie die operative Aufgabe „*Betrieb* von Anwendungssystemen einschließlich der IT-Infrastruktur".

Für die Gesamtgestaltung des IS eines Unternehmens, d. h. die generelle Festlegung seiner Aufgaben und seiner Aufgabenträger, bleibt die Unternehmensleitung (General Management) federführend, da die Gesamtgestaltung des IS integral mit der Gesamtgestaltung des Unternehmens durchzuführen ist. Um die Einbindung der IS-Strategie in die Gesamtstrategie des Unternehmens und die Verantwortung hierfür zu verdeutlichen, wird statt des Begriffes IM auch der Begriff *IT-Governance* verwendet (siehe [BBB03], [WeRo04, 4ff], [ZBG04, 93ff]).

Die organisatorische Einbindung des Aufgabenbereichs IM in das Gesamtunternehmen kommt in einer Reihe unterschiedlicher Rollenbezeichnungen für die IM-Verantwortlichen zum Ausdruck. Abhängig vom gewählten Schwerpunkt sind *IT-Manager* oder *Chief Information Officer* (CIO) Bezeichnungen, die gegenwärtig häufig verwendet werden.

Der Wandel im Verständnis des IM wird in der zu Beginn des Buches eingeführten Metapher deutlich, wonach das betriebliche Informationssystem das „Nervensystem des Unternehmens" darstellt. Damit verbunden ist die Metapher eines Unternehmens als Organismus, dessen kooperierende Einheiten durch das Informationssystem koordiniert werden. In diesem Umfeld erfasst das IS analog zum Nervensystem eines Lebewesens die relevanten Zustände und Zustandsänderungen innerhalb und außerhalb des Unternehmens mithilfe von Sensoren und steuert die Aktionen des Unternehmens mithilfe von Aktoren. Die Funktionsfähigkeit des IS ist daher für das Unternehmen von lebenswichtiger Bedeutung; die adäquate Gestaltung des IS stellt einen strategischen Erfolgsfaktor dar.

Die Gestaltung, die Lenkung und der Betrieb des IS sind permanente Aufgaben eines Unternehmens. Die darin eingebetteten Aufgaben des IM, nämlich die Gestaltung und Lenkung des IS bezüglich der Merkmale Automatisierung und Integration sowie der Betrieb der AwS werden anhand folgender Aspekte sichtbar:

- **Automatisierung des IS:** Viele Unternehmen haben mittlerweile einen hohen Automatisierungsgrad ihrer Geschäftsprozesse erreicht. Beispiele sind die nahezu vollautomatisierte Durchführung von Vertriebsprozessen beim elektronischen Handel von Gütern (E-Commerce), hoch automatisierte Produktionsprozesse oder die automatisierte Abwicklung von Finanzdienstleistungen (E-Finance). Das IM gestaltet diese Geschäftsprozesse in Kooperation mit anderen Funktionsbereichen des Unternehmens und betreibt die darin enthaltenen automatisierten IS-Prozesse. Ebenfalls in das Blickfeld des IM gerät ein zunehmend höherer Anteil von Managementprozessen durch die Nutzung von Management-Support-Systemen wie z. B. Data-Warehouse-Systemen.

- **Integration von AwS:** Moderne AwS sind verteilte Systeme. Sie bestehen aus autonomen Teilsystemen, welche kooperativ die geforderten Funktionen erbringen. Die Kopplung von AwS sowie ihrer Teilsysteme erfolgt im Hinblick auf die Erreichung bestimmter Integrationsziele, welche die Redundanz von Daten und Funktionen, die Verknüpfung der Teilsysteme sowie die Konsistenz und die Zielorientierung des integrierten AwS kontrollieren (vgl. Kapitel 6). Die Integration der AwS ist nicht auf die Systeme eines Unternehmens begrenzt; vielmehr werden die AwS mehrerer Unternehmen innerhalb eines Wertschöpfungsnetzes (B2B – Business-to-Business-Integration; vgl. Abschnitt 3.5), einschließlich der AwS in öffentlichen Verwaltungen oder in Konsumentenhaushalten integriert. Das IM strebt eine durchgehende Integration der AwS eines Unternehmens und ihre Verknüpfung mit den AwS seiner Lieferanten und Kunden an (vgl. Abschnitt 6.3).

- **Betrieb von AwS:** Aus der Komplexität integrierter AwS erwachsen hohe Anforderungen an deren fachlichen und systemtechnischen Betrieb. Der fachliche Betrieb stellt sicher, dass die Funktionen der AwS in geeigneter Weise zur Realisierung der Lösungsverfahren automatisierter Aufgaben eingesetzt werden. Bei teilautomatisierten Aufgaben umfassen die Aufgaben des fachlichen Betriebs auch die Mensch-Computer-Schnittstelle sowie die Schulung der Nutzer. Der systemtechnische Betrieb realisiert und überwacht die Verfügbarkeit der Anwendungssysteme einschließlich der zugehörigen IT-Infrastruktur. Forderungen bezüglich der Verfügbarkeit von AwS werden in einer Dienstgütevereinbarung (*Service-Level-Agreement*) zwischen IM und den weiteren Funktionsbereichen eines Unternehmens festgehalten, dazu gehört häufig die Forderung nach einem unterbrechungsfreien 7x24-Stunden-Betrieb.

Weitere Rahmenbedingungen für das IM sind der rasche technologische Wandel, ein hoher Standardisierungsdruck bezüglich der Aufgaben- und der Aufgabenträgerebene sowie steigende Sicherheitsanforderungen bezüglich geplanter und ungeplanter Störungen.

Die Automatisierung und Integration der Aufgaben eines IS dienen den strategischen und operativen Zielen des IS und damit den Zielen des Unternehmens. Wesentliche operative Ziele des IS sind (1) die Erhöhung der Qualität seiner Aufgabendurchführung, (2) die Verkürzung seiner Reaktionszeiten und (3) die Reduzierung seiner Kosten. Strategische Ziele des IS sind die Verbesserung der strategischen Position des Unternehmens sowie Alleinstellungsmerkmale im Wettbewerb. Dazu zählen z. B. exklusive Kommunikationskanäle zu Kunden oder Lieferanten, informationelle Dienstleistungen als Ergänzung zum bestehenden Leistungsspektrum, Produktionssteuerungsverfahren für Masseneinzelfertigung (*Mass Customization*) sowie exklusiv verfügbare Informationen über Märkte und zukünftiges Verhalten der Marktteilnehmer. Viele erfolgreiche Unternehmen haben bezüglich eines oder mehrerer dieser Merkmale eine relative Spitzenposition erreicht. Die Rolle des IS als „strategische Waffe" im Wettbewerb verleiht damit dem IM eine herausragende Bedeutung.

10.2 Informationsmanagement als betriebliche Aufgabe

Im Folgenden wird die primäre Aufgabe des IM, die Gestaltung und Lenkung des IS bezüglich der Aspekte Automatisierung und Integration anhand ihrer Aufgabenobjekte und Aufgabenziele beschrieben.

10.2.1 Aufgabenobjekte des Informationsmanagements

Aufgabenobjekt der Aufgabe IM ist allgemein das IS eines Unternehmens. Das IS umfasst diejenigen Teilsysteme eines Unternehmens, in denen Informationen verarbeitet, gespeichert oder übertragen werden, also insbesondere das Lenkungssystem des Unternehmens. Es wird zwischen der *Aufgabenebene* und der *Aufgabenträger-* oder *Ressourcenebene* (Bild 10-1) des IS unterschieden.

Aufgabenteilobjekte des IM sind speziell die voll- oder teilautomatisierten Aufgaben eines IS sowie die zugehörigen maschinellen Aufgabenträger, d. h. die Anwendungssysteme einschließlich ihrer Kommunikationsschnittstellen sowie die IT-Infrastruktur.

Für die Methodenkonzeption der bisherigen Kapitel des Buches war es nicht erforderlich, bei den maschinellen Aufgabenträgern eines IS zwischen Anwendungssystemen und IT-Infrastruktur zu unterscheiden. Für die Zwecke des IM ist die Differenzierung dieser beiden Schichten aber wesentlich (Bild 10-1). Die IT-Infrastruktur bildet zum einen eine Basismaschine für die AwS und dient zum anderen auch den im IS arbeitenden Personen als Kommunikations- und Speichermedium. Die Trennung spiegelt

10.2 Informationsmanagement als betriebliche Aufgabe

auch wider, dass AwS und IT-Infrastruktur von unterschiedlichen Herstellern angeboten werden und unterschiedlichen Lebenszyklen unterliegen.

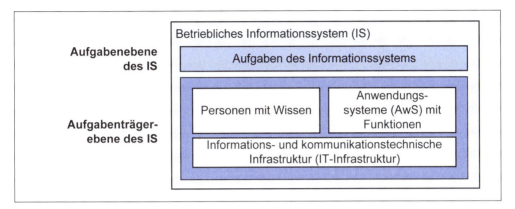

Bild 10-1: Betriebliches Informationssystem

Nicht-automatisierte Aufgaben des IS werden insoweit in das Aufgabenobjekt des IM einbezogen als etwa personelle Aufgabenträger Schulungsprogramme für die Durchführung teilautomatisierter Aufgaben benötigen; sie sind grundsätzlich aber außerhalb des Gestaltungsbereichs des traditionellen IM. Erst mit der Erweiterung des IM um den Aufgabenbereich des Wissensmanagements werden auch Personen in den Gestaltungsbereich einbezogen. Der Themenbereich Wissensmanagement wird allerdings in diesem Buch nicht weiter verfolgt.

Aufgrund der im Allgemeinen sehr hohen Komplexität des Aufgabenobjekts IS werden die Gestaltungs-, Lenkungs- und Betriebsaufgaben des IM modellgestützt durchgeführt. Als Gestaltungsrahmen für diese Modellbildung wird im Folgenden die Unternehmensarchitektur der SOM-Methodik (SOM – Semantisches Objektmodell; siehe Abschnitt 5.4) zugrunde gelegt. Zu weiteren Architekturmodellen siehe z. B. [Krcm05, 41ff].

Die Unternehmensarchitektur der SOM-Methodik umfasst drei Modellebenen (Bild 10-2 bzw. Bild 5-43), die im Folgenden speziell aus dem Blickwinkel des IM beschrieben werden:

1. Der Unternehmensplan beinhaltet die Ziele, Ressourcen und Strategien des Unternehmens. Die Festlegung dieser drei Größen ist Grundlage für die generelle Gestaltung des IS, in der die IS-Strategie auf die Ziele und Strategien des Unternehmens ausgerichtet wird. Änderungen des Unternehmensplans führen in der Regel zu Änderungen der Gestaltung des IS, sowohl bei einer evolutionären Weiterentwicklung des Unternehmensplans als auch insbesondere bei diskontinuierlichen Ereignissen wie z. B. Unternehmensfusionen.

2. In der Innenperspektive eines Unternehmens wird die konkrete Umsetzung der Ziele und Strategien in ein Netz betrieblicher Aufgaben in Form eines Geschäftsprozessmodells spezifiziert [FeSi06]. Geschäftsprozesse nutzen und verändern Materie, Energie und Information. Eine Abtrennung der Aufgaben, die als Teil des IS nur Informationen behandeln, ist in der Regel nicht möglich. Geschäftsprozessmodelle erfassen daher alle Aufgaben von Geschäftsprozessen und beinhalten die Aufgaben des IS als Teilsystem. Sie sind jedoch nur bezüglich ihres IS-Anteils Aufgabenobjekt des IM.

3. Auf der Aufgabenträgerebene werden die Ressourcen zur Durchführung der betrieblichen Aufgaben spezifiziert. Ressourcen des IS sind Personen und Anwendungssysteme. Zum Aufgabenobjekt des IM gehören die AwS einschließlich der Kommunikationsschnittstellen für die Mensch-Computer- und die Computer-Computer-Kommunikation.

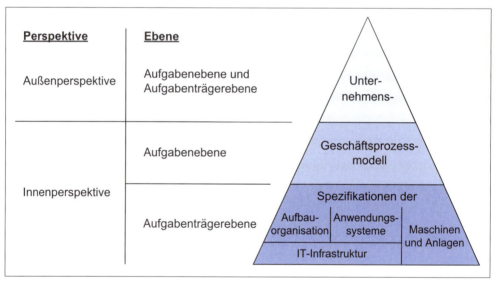

Bild 10-2: Unternehmensarchitektur der SOM-Methodik (vgl. Kapitel 5)

Die Gestaltungsobjekte des IM stellen somit Teilbereiche der Modellebenen 2 und 3 der Unternehmensarchitektur dar. Im Rahmen des IM sind diese Aufgabenobjekte auf die Unternehmensziele und die IS-Strategie des Unternehmens auszurichten sowie untereinander abzustimmen.

10.2.2 Aufgabenziele des Informationsmanagements

Die Gestaltungs- und Betriebsaufgaben des IM werden unter Beachtung ihres Planungshorizonts in strategische, taktische und operative Aufgaben unterschieden, wobei zusätzlich zwischen Lenkungs- und Leistungsaufgaben differenziert wird [Hein02,

10.2 Informationsmanagement als betriebliche Aufgabe

22f] (Bild 10-3). Beide, Gestaltungs- und Betriebsaufgaben des IM, bestehen gemäß dieser Differenzierung aus Leistungs- und Lenkungsaufgaben.

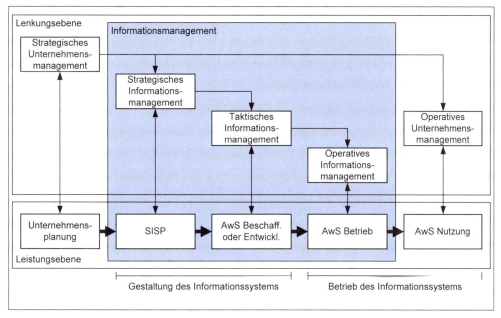

Bild 10-3: Aufgaben des Informationsmanagements

In der Leistungsebene werden ähnlich dem Wasserfallmodell der Systementwicklung (vgl. Abschnitte 11.3.2 und 11.3.4) Planungs- oder Beschaffungsergebnisse den jeweils nächsten Phasen bereitgestellt. In Bild 10-3 werden Ergebnisse der Unternehmensplanung der Strategischen Informationssystemplanung (SISP) bereitgestellt, deren Ergebnisse sind wiederum Grundlage für Entwicklung oder Beschaffung von AwS. Die dort bereit gestellten AwS werden in der nächsten Phase betrieben und ihre Ergebnisse in der abschließenden Phase genutzt.

Die hierarchisch angeordneten Lenkungsebenen steuern den jeweils zugehörigen Leistungsbereich und geben zusätzlich Ziele an nachfolgende Ebenen.

10.2.3 Strategische Aufgaben des IM

Die **strategische Informationssystemplanung (SISP)** ist Teil der Gesamtplanung eines Unternehmens und in enger Abstimmung mit dieser vorzunehmen. Die Unternehmensstrategie ist in eine dazu kompatible IS-Strategie umzusetzen. Gleichzeitig sind die Potenziale der Informationstechnologie (IT) in der IS-Strategie zu nutzen und in die Unternehmensstrategie einzubringen. Dabei wird grob zwischen Rationalisierungs- und Wachstumsstrategien unterschieden. Rationalisierungsstrategien streben einen höheren Automatisierungsgrad bestehender Aufgaben an und verfolgen dabei

Ziele der Qualitätsverbesserung sowie der Kosten- und Zeitreduzierung. Wachstumsstrategien zielen auf ein erweitertes Leistungsspektrum des Unternehmens, das nur oder insbesondere mit IT-Einsatz erreichbar ist. Das Beispiel E-Commerce zeigt deutlich die Hebelwirkung von IT bei der Verfolgung betrieblicher Wachstumsstrategien. Die hohen gesamtwirtschaftlichen Wachstumsraten des E-Commerce eröffnen den dort aktiven Unternehmen Wachstumspotenziale und zwingen Sie gleichzeitig, in Anwendungssysteme hierfür zu investieren.

Die Ziele Automatisierung und Integration des IS erfordern auf der strategischen Ebene weit reichende Entscheidungen bezüglich der Gestaltung von AwS und IT-Infrastruktur. Diese Entscheidungen sind aufgrund des hohen Investitionsvolumens und der Auswirkung der Gestaltungsentscheidungen auf alle übrigen Unternehmensbereiche häufig irreversibel, wenn das Gesamtunternehmen nicht in existenzielle Nöte gestoßen werden soll. Umgekehrt kann die Wahl geeigneter AwS und IT-Infrastrukturen erhebliche Wettbewerbsvorteile ermöglichen. Um die hohen Investitionsvolumina abzusichern, liegt der Planungshorizont der *strategischen IM-Aufgaben* in der Regel im Bereich 5 bis 15 Jahre.

Das Ergebnis der strategischen Planung des IS besteht aus zwei Teilplänen. Für die Aufgabenebene ist ein Geschäftsprozessmodell zu erstellen, das die IS-Strategie widerspiegelt und die Potenziale der personellen und maschinellen Aufgabenträger nutzt. Für die Aufgabenträgerebene ist ein Konfigurationsplan der AwS und der IT-Infrastruktur zu entwickeln, der mit dem Geschäftsprozessmodell und dem dort festgelegten Automatisierungsgrad abgestimmt ist. Neben den Einzelleistungen personeller und maschineller Aufgabenträger hat auch die Art und Weise, in der beide zusammenwirken, erheblichen Einfluss auf die Gesamtleistung eines Geschäftsprozesses (vgl. [WaWe06]).

Einen zweiten strategischen Aufgabenbereich des IM bildet das **Technologiemanagement**, das die zum Einsatz kommenden Informations- und Kommunikationstechnologien sowie Software-Technologien in einem Technologie-Einsatzplan festlegt. Neben der Strategischen IS-Planung beinhaltet auch das Technologiemanagement kritische Entscheidungen mit hohen Chancen und Risiken für das Unternehmen. Die langfristige, möglicherweise nur schwer revidierbare Festlegung auf Technologien und damit verbundene hohe Investitionen erfordern eine intensive Beobachtung und ggf. Beeinflussung von Technologieentwicklungen sowie die Bildung von Standards. Beispiele hierfür sind Hardware- und Systemsoftware-Systeme sowie Anwendungssoftware-Systeme und deren Vernetzung.

Die Ergebnisse der Beobachtung der Technologieentwicklung und der Auswahlentscheidungen werden in einem Technologie-Einsatzplan festgehalten. Dieser Plan enthält für die zu unterstützenden betrieblichen Aufgaben Angaben bezüglich Art und Umfang der einzusetzenden Technologie sowie zum Zeitpunkt ihrer Investition. Dabei ist die Betrachtung des Lebenszyklus einer Technologie wesentlich.

Informations- und Kommunikationstechnologien bieten zu Beginn ihrer Nutzungszeit aufgrund fehlender Standards, geringem Verbreitungsgrad, hohen Preisen etc. häufig nur eingeschränkte Planungssicherheit und Attraktivität. Demgegenüber besteht in dieser Phase das größte Potenzial, auf ihre Entwicklung Einfluss zu nehmen und einen frühen Wettbewerbsvorteil zu erzielen. Mit zunehmender Verbreitung einer Technologie nimmt dieses Potenzial ab, während die Planungssicherheit steigt. Das IM hat daher neben der Wahl einer Technologie auch den Zeitpunkt des geeigneten Einstiegs in die Technologie zu bestimmen. Aktuelle Beispiele sind drahtlose Telekommunikationsnetzwerke oder dienstorientierte Software-Architekturen.

Eine dritte strategische Aufgabe des IM ist das **strategische IS-Controlling**. Es stellt eine Teilaufgabe des Unternehmenscontrolling dar und dient der Lenkung des IS bezüglich der Formalziele wirtschaftliche und technische Effizienz, Effektivität der Leistungserbringung des Informationssystems sowie der Analyse der Nutzenpotenziale des IS. Die Kennzahl Effektivität (Wirksamkeit) stellt die Ist-Leistung eines IS-Prozesses der Soll-Leistung bezüglich Qualität und Umfang zeitbezogen gegenüber. Effizienz-Kennzahlen beschreiben den Zusammenhang zwischen erreichter Leistung und dafür eingesetzten Inputfaktoren wie Personal-Ressourcen, AwS, IT-Infrastruktur etc. und dienen vor allem der Wirtschaftlichkeitsuntersuchung.

Die Nutzenpotenziale des IS sind bezüglich der Aufgaben- und Aufgabenträgergestaltung sowie der Aufgabenzuordnung zu prüfen. Hier ist nicht nur eine Analyse des Ist-Zustandes durchzuführen, sondern vor allem das Unterstützungspotenzial des IS für das Gesamtunternehmen zu erkunden. Die Nutzung dieses Potenzials ist entscheidend für die Wettbewerbsfähigkeit eines Unternehmens.

Weitere Aufgaben des IS-Controlling sind Planvorgaben und Überwachungssysteme für die strategischen, taktischen und operativen Aufgaben des IM. Dazu gehören auch die Bereiche IT-Risikomanagement und IT-Revision. Letztere bildet einen Teil der allgemeinen Qualitätssicherung. Risikomanagement zielt speziell auf die Identifikation, Analyse, Steuerung und Überwachung der Risiken des Einsatzes von IT. Als Risiken werden dabei negative Abweichungspotenziale von einem geplanten Zielerreichungsgrad bezeichnet.

10.2.4 Taktische Aufgaben des IM

Die Umsetzung von IS-Strategien in den operativen Betrieb erfordert die Implementierung von Geschäftsprozessmodellen sowie die Entwicklung oder Beschaffung und

Einführung strategie-kompatibler AwS und IT-Infrastrukturen. Die Aufgaben dieser Phase werden als **taktische IM-Aufgaben** bezeichnet. AwS, die auf unterschiedlichen IT-Infrastrukturen lauffähig sind oder lauffähig sein sollen, erfordern hier Entscheidungen bezüglich der IT-Infrastruktur und der Anwendungssoftware. Bei der Wahl der IT-Infrastruktur und der Anwendungssoftware stehen vor allem die Ziele Leistungsfähigkeit, Integrationsfähigkeit, Standardisierung, Flexibilität sowie Sicherheit und Wirtschaftlichkeit der Systeme im Vordergrund. Sowohl bei der IT-Infrastruktur als auch bei unterschiedlichen Anwendungssoftwaresystemen wie z. B. ERP- oder Management-Unterstützungssystemen steht eine große Produktauswahl zur Verfügung. Bei Anwendungssoftware, die aufgrund ihrer spezifischen Funktionalität nicht als Standardsoftware verfügbar ist und neu entwickelt werden muss, sind die genannten Kriterien auf ihre Entwicklungsumgebungen anzuwenden.

Die Gliederung der taktischen Aufgaben des Informationsmanagements erfolgt analog dem für die Beschreibung der Makrostruktur von Anwendungssystemen eingeführten ADK-Modell (vgl. Kapitel 8.2.2). Demgemäß werden die Aufgabenbereiche (1) Kommunikationssysteme (Computer-Computer-, Mensch-Computer- und Mensch-Mensch-Kommunikation), (2) Gestaltung von Anwendungsfunktionen sowie (3) Datenmanagement unterschieden.

Das Datenmanagement umfasst die Teilaufgaben Datenmodellierung, Datenbankadministration, Datensicherheit und Datenschutz. Verfahren und Organisation der Datenmodellierung und Datenbankadministration sind in den Unternehmen im Allgemeinen eingeführt (vgl. Kap. 5 und 9). Aktuell stehen als Themen die Behandlung von Datensicherheit und Datenschutz in der Diskussion.

Das Kommunikationsmanagement eines betrieblichen IS differenziert zunächst zwischen den Aspekten *Beteiligte Kommunikationspartner (Mensch, Computer)*, deren *Aufgaben* und dem daraus folgenden *Kommunikationsbedarf*. Es wird zwischen dem Ort der Kommunikationspartner (gleiche, verschiedene Orte) und dem Zeitablauf der Aufgabendurchführung (synchron, asynchron) unterschieden (vgl. Abschnitt 4.3.3, Bild 4-12). Daraus folgen vier unterschiedliche Fälle von Kommunikationssituationen, in denen anhand der Kommunikationspartner weiter zwischen den Beziehungen Mensch-Mensch, Mensch-Computer, Computer-Computer zu unterscheiden ist. Das taktische Informationsmanagement stellt für all diese Differenzierungen Kommunikationssysteme bereit.

Die Entwicklung bzw. Beschaffung von Anwendungssystemen wird im folgenden Kapitel näher beschrieben (siehe Kapitel 11). Aus Sicht der IM-Ziele Automatisierung und Integration sind drei Klassen von Anwendungssystemen zu unterscheiden, die diesbezüglich unterschiedliche Zielerreichungsgrade aufweisen und unterschiedliche

Anforderungen an die Systementwicklung stellen: Integrierte Anwendungssysteme, Workflow-Systeme und Workgroup-Systeme.

- **Integrierte Anwendungssysteme** führen strukturierte, komplexe, sehr hoch automatisierbare Aufgaben nahezu vollständig aus. Personen leisten eher Zuarbeit, z. B. für Datenerfassung oder Ausnahmebehandlung etc. (Beispiel: SAP R/3®). Integrierte Anwendungssysteme liegen vollständig im Kontrollbereich des IM, d. h. das IM verantwortet die Verfügbarkeit und die Funktionalität der AwS.

- **Workflow-Systeme** dienen ebenfalls der Durchführung strukturierter, komplexer Aufgaben, die jedoch einen geringeren Automatisierbarkeitsgrad aufweisen. AwS übernehmen hier nur in begrenzten Umfang die Durchführung von Aufgaben, dafür vor allem aber die Steuerung des Arbeitsablaufes und die Verwaltung von Dokumenten und Arbeitsergebnissen (Workflow-Managementsystem (WfMS)). WfMS sorgen dafür, dass Aufgaben von den richtigen personellen Aufgabenträgern zum richtigen Zeitpunkt und am richtigen Ort durchgeführt werden und versorgen diese Aufgabenträger mit den erforderlichen Informationen (Dokumente etc.). Das IM verantwortet die Einführung und den Betrieb des WfMS, d. h. die Steuerung der Arbeitsabläufe und die Verwaltung der verwendeten Dokumente sowie die Durchführung automatisierter Aufgaben, nicht jedoch die Durchführung der personell gestützten Aufgaben. Die Verantwortung hierfür liegt bei den Fachbereichen. WfMS werden als eigenständige AwS oder kooperierend mit integrierten Anwendungssystemen genutzt.

- **Workgroup Computing** kennzeichnet eine Situation, in der Aufgaben aus Gründen ihrer hohen Komplexität oder ihrem geringen Strukturierungsgrad weder automatisierbar sind noch ihr Arbeitsablauf detailliert geplant und gesteuert werden kann. Personen führen diese Aufgaben häufig als „Workgroup" in Selbstorganisation durch und nutzen AwS als Arbeitsunterstützung. Diese Unterstützung zielt in erster Linie ab auf Funktionen für die Kommunikation zwischen den Personen, auf Dokumentenerstellung, -verwaltung, -transfer und -präsentation, auf Arbeitsplanung und -abstimmung, aber auch auf die Unterstützung von speziellen Funktionen im Problemlösungsprozess. Das Funktions- und Einsatzspektrum von Workgroup Computing ist breit gefasst, es reicht von herkömmlichen Office-Systemen bis zu weltweit dezentralisierten Multimedia-Systemen, die kollaborative Arbeitsgruppen bei Problemlösungsprozessen unterstützen. Das IM verantwortet hier die Bereitstellung und den Betrieb der unterstützenden AwS, nicht die Durchführung der Aufgaben.

Ergänzend zur Entwicklung oder Beschaffung von AwS übernimmt das taktische IM Aufgaben, die die Einführung und den Betrieb von AwS unterstützen und sicherstellen. Dazu gehören:

- Die **Bereitstellung des IT-Personals** einschließlich Entwicklung und Erhaltung der erforderlichen Qualifikation der Mitarbeiter. Diese Aufgabe stellt aufgrund des raschen Technologiewandels hohe Anforderungen an die Weiterbildungsplanung des IM (vgl. auch Technologiemanagement).

- Das **Sicherheits- und Katastrophenmanagement**. Hier sind Bedrohungsanalysen bezüglich AwS und IT-Infrastruktur permanent zu aktualisieren und entsprechende Notfallpläne zu entwickeln und Ressourcen vorzuhalten.

10.2.5 Operative Aufgaben des IM

Operative Aufgaben des IM betreffen den Betrieb der AwS und der IT-Infrastruktur. Wie in der taktischen Ebene gelten auch hier die Ziele Leistungsfähigkeit, Flexibilität, Wirtschaftlichkeit und Verfügbarkeit der Systeme. Die diesbezüglichen Zielerreichungsgrade werden mit der Unternehmensführung und den die IM-Leistungen nutzenden Funktionsbereichen in sog. Service-Level-Agreements vereinbart. In diese Vereinbarungen ebenfalls einzubeziehen sind die Behandlung von Ausnahmen wie z. B. die Reaktion bei Störungen. Operative Aufgaben des Informationsmanagement werden innerhalb von Unternehmen häufig von Rechenzentren, IT-Servicecentern sowie ähnlichen Einrichtungen übernommen oder unternehmensextern an Dienstanbieter (Service-Provider) wie z. B. Application-Service-Provider ausgelagert.

10.2.6 Aufgabenverantwortung im IM

Ein Informationsmanager (IT-Manager, Chief Information Officer (CIO), etc.), meist auf der Vorstands- oder Bereichsleiterebene angesiedelt, ist für die genannten strategischen, taktischen und operativen Aufgaben und für die Bereitstellung der für diese Aufgaben erforderlichen Ressourcen verantwortlich. Dazu gehört vor allem die Bereitstellung von Mitarbeitern, die in der Lage sind, die IM-Aufgaben durchzuführen.

Die strategischen, taktischen und operativen Aufgaben des IM sind permanent durchzuführen. Die Wiederholrate orientiert sich bei operativen Aufgaben an den zugehörigen Geschäftsprozessen, bei taktischen Aufgaben an der Forderung, die vom IM verantworteten Aufgabenträger betriebsbereit zu halten, und bei strategischen Aufgaben an der Forderung, die Ausrichtung auf Unternehmensziele und Technologieziele hinreichend zu berücksichtigen.

Eine spezielle Frage des operativen Betriebs von AwS ist die Aufteilung der Verantwortlichkeit für teilautomatisierte Aufgaben. Der personell gestützte Anteil dieser Aufgaben wird in der Regel von Mitarbeitern aus den Fachbereichen durchgeführt und verantwortet, die Verantwortung für den maschinellen Anteil muss von der für das AwS verantwortlichen Instanz, also in der Regel vom IM, übernommen werden. Die erforderliche Gesamtverantwortung für diese Aufgaben ist häufig nicht geklärt und Gegenstand von Konflikten zwischen den beteiligten Bereichen.

10.3 Methoden des Informationsmanagements

Aufgabenschwerpunkte des IM sind die strategische Informationssystemplanung, die taktische Gestaltung von AwS sowie der operative Betrieb des AwS und der IT-Infrastruktur. Der folgende Abschnitt 10.3.1 fokussiert die strategische Informationssystemplanung als Methode. Methoden des taktischen IM zur Gestaltung von AwS sind Gegenstand von Kap. 11. Fragen des operativen Betriebs werden in Abschnitt 10.3.2 im Rahmen der Beschreibung der Referenzmodelle COBIT und ITIL behandelt (vgl. auch [GaBe03, 102ff]).

10.3.1 Strategische Informationssystemplanung (SISP)

Ergebnis der SISP ist die Architektur des betrieblichen IS, bestehend aus einem Geschäftsprozessmodell und einem Konfigurationsplan der im IS einzusetzenden Aufgabenträger. Die Erstellung eines Geschäftsprozessmodells wird in Abschnitt 5.4 erläutert. Der Konfigurationsplan der Aufgabenträger erfordert strategische Festlegungen bezüglich des Automatisierungsgrades und der Technologienutzung des IS. Im Folgenden werden daher Methoden zum Vorgehen sowie zur strategischen Entscheidung bezüglich Automatisierungsgrad und Technologienutzung vorgestellt.

VORGEHENSMODELL

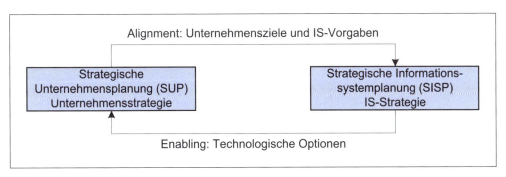

Bild 10-4: Beziehung zwischen SUP und SISP [Krcm05, 316]

Die SISP steht in enger Beziehung zur Strategischen Unternehmensplanung (SUP), die eine vergleichbare Aufgabe bezüglich des Gesamtunternehmens zu lösen hat. Die beiden Planungen wirken wechselseitig aufeinander ein (Bild 10-4). Vorgaben der SUP sind bei der SISP zu berücksichtigen, eine als Alignment bezeichnete Beziehung. Umgekehrt sollten die im Rahmen der SISP entwickelten technologischen Optionen bei der SUP genutzt werden, um die Wettbewerbsfähigkeit des Unternehmens zu verbessern.

Beide Planungen, SUP und SISP, verwenden als Metapher das Aufgabenkonzept, das hier wie folgt interpretiert wird (Bild 10-5):

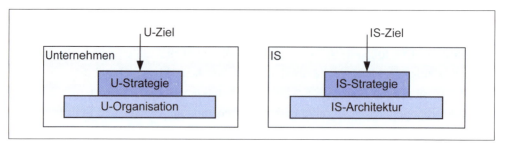

Bild 10-5: Aufgabenmetapher von SUP und SISP

Aufgabenziele der SUP sind die Formulierung von Unternehmenszielen, Aufgabenziele der SISP die Formulierung von IS-Zielen, beide differenziert nach Sach- und Formalzielen. Aufgabenobjekte sind bei der SUP die Unternehmensorganisation, die im Rahmen der strategischen Unternehmensplanung zu gestalten bzw. zu verändern ist, Aufgabenobjekt der SISP ist das IS. Lösungsverfahren für die Umsetzung der Unternehmens- bzw. IS-Ziele werden in Form von Unternehmensstrategien bzw. IS-Strategien formuliert.

Die Vorgehensweisen von SUP und SISP stimmen weitgehend überein. Die SUP unterscheidet die Phasen (1) Analyse von Unternehmensumwelt und Unternehmensinnenwelt (Aufgabenobjekt), (2) Formulierung von Unternehmenszielen (Aufgabenziel), (3) Entwickeln einer Strategie der Zielerreichung (Lösungsverfahren) sowie (4) nachfolgende Umsetzung der Strategie. Vorrangiges Ziel der SUP ist es zu klären, welche Unternehmensleistungen in welchen Märkten unter Nutzung welcher Finanz-, Güter- und Informationsressourcen anzubieten sind.

10.3 Methoden des Informationsmanagements

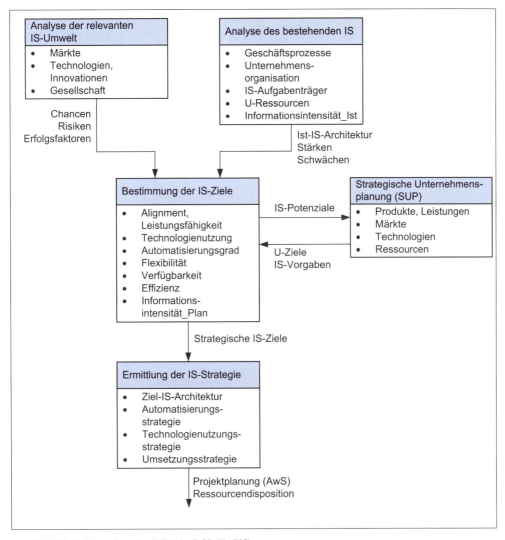

Bild 10-6: Vorgehen der SISP (vgl. [SzKo78])

Auch die SISP unterscheidet diese Phasen (Bild 10-6). Die Umweltanalyse untersucht die Beziehung des Unternehmens zu den Absatz- und Beschaffungsmärkten aus Sicht des IS (vgl. Kapitel 3). Die für das IS relevanten Technologieentwicklungen sowie gesellschaftliche Trends und rechtliche Regelungen sind weitere unternehmensumweltbezogene Analyseziele. In der Innensicht des Unternehmens sind der Ist-Stand des IS, seine Architektur und seine Aufgabenträger zu erfassen sowie Stärken und Schwächen des IS zu ermitteln.

Diese Analyseergebnisse sowie die Vorgaben der SUP sind Grundlage für die Formulierung der Ziele des IS. Die Ziele umfassen das Alignment zwischen U-Zielen und IS-Zielen, Art und Umfang der Technologieunterstützung sowie den geplanten Automatisierungsgrad des IS. Aus den Alignment-Zielen werden auch Ziele bezüglich der Leistungsfähigkeit (Daten- und Funktionsumfang, Reaktionsgeschwindigkeit) des IS abgeleitet. Weitere Formalzielfestlegungen betreffen die Verhaltens- und Strukturflexibilität des IS, die Verfügbarkeit (z. B. 7x24-Stunden-Betrieb) und die Effizienz des IS.

Auf der Grundlage dieser Zielfestlegungen sind dann die Eckpunkte der IS-Strategie zu bestimmen, d. h. die zukünftige IS-Architektur festzulegen, und zu klären, welche Technologien in Verbindung mit welchem Automatisierungsgrad zu nutzen sind (vgl. Kapitel 4 und 5). Die so festgelegte IS-Architektur ist dann sukzessive in Projekten zu implementieren (vgl. Kapitel 11).

AUTOMATISIERUNGSGRAD

Die strategische Planung der IS-Architektur erfordert eine Entscheidung über Teil- oder Vollautomatisierung von IS-Bereichen. Sie nutzt dazu Bewertungen des gegenwärtigen und des zukünftigen Spektrums der AwS für die Wettbewerbsfähigkeit des Unternehmens. Aus der Analyse des bestehenden IS wird die Bedeutung des bestehenden AwS-Spektrums, aus der IS-Zielbestimmung die Bedeutung des zukünftigen AwS-Spektrums abgeleitet. Die Einordnung beider Bewertungen in die Bedeutungsmatrix (Bild 10-7) zeigt die für die IS-Architektur wichtige Bedeutungsveränderung des AwS-Spektrums. Die Bedeutung der vier Quadranten ist mit den Begriffen Unterstützung, Fabrik, Durchbruch und Waffe gekennzeichnet (vgl. [MMP83]). So ist mit der allgemeinen Nutzung von ERP-Systemen deren strategische Bedeutung zwar hoch (Fabrik), es kann daraus wegen der hohen Verbreitung zukünftig jedoch kein spezifischer Wettbewerbsvorteil mehr gezogen werden. Dagegen könnten aus heutiger Sicht Innovationen im Supply-Chain-Management (SCM), im Customer-Relationship-Management (CRM), im Produktdatenmanagement (PDM) oder in Management-Support-Systemen (MSS) einen strategischen Wettbewerbsvorteil bewirken (Durchbruch oder Waffe). AwS im Bereich Personalwirtschaft (HR) werden in der Bedeutungsmatrix als Rationalisierungsinstrumente (Unterstützung), nicht als strategische Wettbewerbsinstrumente eingestuft.

10.3 Methoden des Informationsmanagements

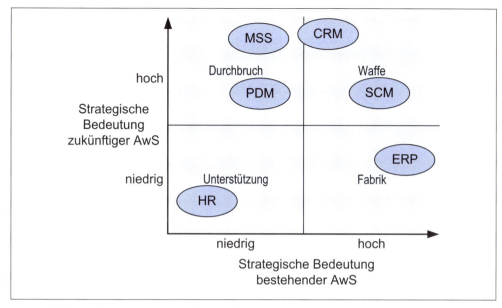

Bild 10-7: Bedeutungsmatrix der AwS (vgl. [Krcm05, 323])

TECHNOLOGIENUTZUNG

Die strategische Planung der Technologienutzung wird von unternehmensexternen und –internen Faktoren beeinflusst. Die Faktoren werden mithilfe von Portfolios in der externen Analyse der Umwelt und der internen Analyse des IS ermittelt. Die externe Analyse der Unternehmensumwelt stellt die Attraktivität der Branchen, in denen die eigenen Geschäftsfelder liegen, in Beziehung mit deren Geschäftsfeldstärken, z. B. gemessen als Marktanteil (Bild 10-8 a). Investitionen in das IS sind vor allem sinnvoll in attraktiven Branchen, in denen die eigene Geschäftsfeldstärke hoch ist. Die interne Analyse ermittelt die Informationsintensität der bestehenden oder zukünftigen Produkte und Leistungen des Unternehmens sowie der zugehörigen Wertschöpfungsketten. Die beiden Bewertungen werden in einer Informationsintensitätsmatrix zusammengefasst (Bild 10-8 b). Produkt-Wertschöpfungskombinationen mit der Informationsintensitätsbewertung „hoch" stellen nach dieser Einschätzung die höchsten Anforderungen an die Gestaltung des IS. Beide Analysen liefern die Eingangswerte in die IS-Strategiematrix für die Wahl einer geeigneten IT-Strategie (Bild 10-8 c).

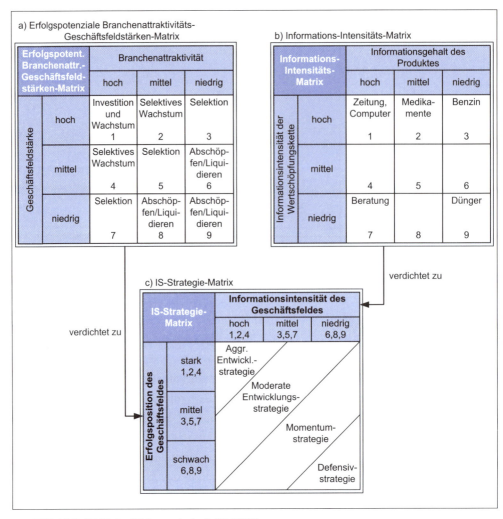

Bild 10-8: Wahl der IT-Strategie (vgl. [KrPf88])

- Eine **aggressive IT-Strategie** nutzt frühzeitig technologische Trends, um Wettbewerbsvorteile zu erreichen, verbunden mit den Risiken, die mit nicht durchsetzbaren Technologien oder noch nicht erfolgter Standardisierung, hohen Kosten zu Beginn einer Technologieeinführung, etc. verbunden sind.

- Eine **moderate IT-Strategie** verfolgt die Entwicklungstrends durch eigene Pilotprojekte, um den Anschluss an Wettbewerber nicht zu verpassen. Es ist eine Mitläufer-Strategie. Risiken und Kosten werden reduziert, aber ebenso die Chancen, technologische Trends für Wettbewerbsvorteile in breitem Maßstab zu nutzen.

- Eine **abwartende Momentum-IT-Strategie** beobachtet, welche technologischen Trends sich endgültig durchsetzen und nutzt Standardisierungen und fallende Preise. Diese risikoarme Strategie bietet entsprechend geringere Möglichkeiten, IT für den Aufbau von Wettbewerbsvorteilen zu nutzen, ermöglicht aber die Vorteile geringerer Technologiekosten.

- Eine **defensive IT-Strategie** ignoriert technologische Trends weitgehend und gefährdet damit die Wettbewerbsfähigkeit und möglicherweise die Existenz des Unternehmens.

Beispiele dieser IT-Strategien sind nahezu allen Branchen zu finden. Der Öffentlichkeit am besten zugänglich waren die unterschiedlichen IT-Strategien beim Aufbau von Online-Banken.

Alle genannten aktiven IT-Strategien, aggressiv, moderat oder Momentum, erfordern ein nachhaltiges Technologie-Management, das die Entwicklung von Informationstechnologien permanent verfolgt oder selbst vorantreibt. Das begleitende Technologie-Management bildet daher einen kritischen Erfolgsfaktor für die SISP.

10.3.2 IT-Governance

In Abschnitt 10.2 wurde IM als betriebliche Aufgabe strukturiert, ohne die zugehörigen Aufgabenträger näher zu benennen. Die Aufgaben des IM werden bisher häufig dezentral von mehreren Organisationseinheiten in Kooperation wahrgenommen. Die IT-Infrastruktur und eine Vielzahl von AwS werden von unterschiedlichen Stellen betrieben und verantwortet. Mit der zunehmenden Bedeutung des IS für das Gesamtunternehmen und den steigenden Kosten für die Gestaltung und den Betrieb des IS werden zunehmend zentral geführte IT-Organisationseinheiten für die Gestaltung und den Betrieb des automatisierten Anteils des IS verantwortlich. Die Gesamtverantwortung hierfür wird mit dem Begriff IT-Governance in Anlehnung und als Teil der Corporate-Governance bezeichnet. Neben der Verantwortungszuordnung ist zu klären, welche Leistungen diese Organisationseinheit gegenüber den anderen Organisationseinheiten eines Unternehmens erbringt und durch welche Geschäftsprozesse diese Leistungen erbracht werden. Leistungen des Betriebs der AwS und der IT- Infrastruktur sind vor allem Gegenstand des operativen und taktischen IM. Gestaltungsleistungen zur Einrichtung der AwS und der IT- Infrastruktur werden vom strategischen und taktischen IM erbracht.

Um die Leistungserbringung der IT-Organisationseinheiten adäquat zu gestalten, wurden Standardisierungsempfehlungen geschaffen, die das Leistungsspektrum und die Prozesse der Leistungserbringung der IT-Organisationseinheiten beschreiben und regulieren. Besondere Bekanntheit haben die Standards COBIT und ITIL erreicht.

COBIT

Die Standardisierungsempfehlung COBIT „Control Objectives for Information and related Technology" liegt in der vierten Auflage vor[12]. Die Empfehlung wurde im Jahr 1996 initiiert von ISACA, einem Verband amerikanischer IT-Revisoren, deren Ziel die Erhöhung der Transparenz der IT-Leistungserbringung war. COBIT wird weiterhin von ISACA unterstützt und nun gemeinsam mit dem IT-Governance-Institute (www.itgi.org) veröffentlicht. Es wird als „Framework" für die Gestaltung der Geschäftsprozesse zur Erbringung von IT-Leistungen bezeichnet. Das Framework spezifiziert 34 Prozesse, die folgenden Bereichen zuzuordnen sind (Bild 10-9):

- Planung und Organisation der Geschäftsprozesse (strategisches IM)
- Beschaffung und Implementierung von Prozessen und AwS (taktisches IM)
- Betrieb und Unterstützung von IT-Services (operatives IM)
- Überwachung und Bewertung der Prozesse (alle drei IM-Ebenen)

Für jeden Prozess werden Kernaufgaben (activities) sowie Steuerungs- und Kontrollziele (control objectives) definiert. Diese Ziel beziehen sich auf

- Effektivität und Effizienz der Prozesse
- Sicherheitsmerkmale (Vertraulichkeit, Integrität, Verfügbarkeit) sowie
- Einhaltung rechtlicher Vorgaben und Ordnungsmäßigkeit der Berichterstattung

Die Zielerreichung wird durch Metriken und Reifegradmodelle beschrieben.

COBIT wurde von IT-Revisoren entwickelt, deren Aufgabe die Kontrolle und Bewertung des IM-Bereichs in den Unternehmen war. Entsprechend standen im Vordergrund ihres Ansatzes die vom IM zu verfolgenden Formalziele sowie die Messbarkeit der Zielerreichung (Performance Measurement). Ein weiteres Ziel war, die Aufgaben des IM zu systematisieren und zu ordnen.

---

[12] http://www.cobit-isaca.de/

10.3 Methoden des Informationsmanagements

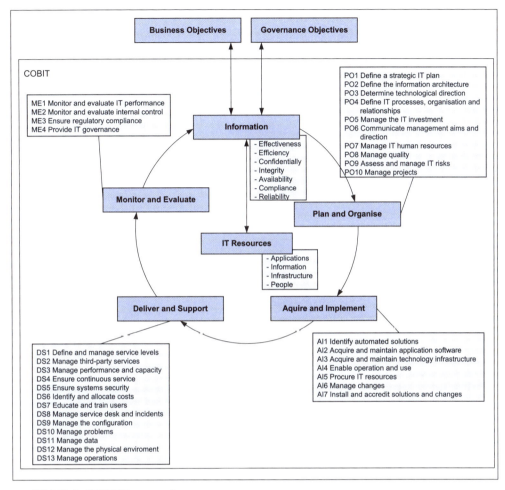

Bild 10-9: COBIT Framework

COBIT wird inzwischen in mehreren Ländern in zahlreichen Institutionen genutzt. Aufgrund des Bedarfs nach Standards für die Gestaltung der IT-Leistungserbringung kann mit einer weiteren Verbreitung gerechnet werden.

ITIL

Ein ähnliches Ziel wie COBIT, allerdings mit anderer Schwerpunktbildung, verfolgt das Referenzmodell ITIL (IT Infrastructure Library), das Ende der 1980er Jahre vom britischen Office of Government Commerce entwickelt wurde (vgl. [Köhl06], http://www.itil.org/). Es wird nun vom IT-Servicemanagement-Forum (ITSMF, http://www.itsmf.de/), einer Vereinigung von über 1000 Unternehmen betreut und weiterentwickelt und als Sammlung von best practices verstanden, d. h. das Referenzmodell soll nicht den Status eines verbindlichen formellen Standards erreichen. Es werden ebenfalls Aufgaben des strategischen, taktischen und operativen IM spezifiziert, wobei hier die taktische Aufgabe **Service Delivery** und die operative Aufgabe **Service Support** den Schwerpunkt bilden (Bild 10-10). Wesentliche Prozessmerkmale sind Service-Qualität, Rollen, Input, Output sowie Steuerungsgrößen. Insgesamt sind die Prozessempfehlungen von ITIL in folgende Bereiche gegliedert[13]:

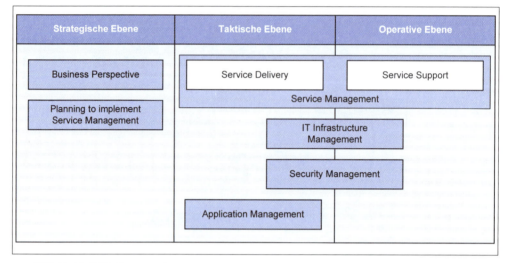

Bild 10-10: ITIL-Framework

- **Business-Perspective** (Strategisches IM): Ausrichtung des IT-Management auf das Unternehmensmanagement (Alignment)

- **Planning-to-implement-Service-Management** (Strategisches IM): Planung der taktischen und operativen IM-Aufgaben

- **Application-Management** (taktisches IM): Lebenszyklusmanagement der AwS

- **Service-Delivery** (taktisches IM): Planung und Lieferung der IT-Services an die Leistungsempfänger innerhalb und außerhalb des Unternehmens

- **Service-Support** (operatives IM): Betrieb und Support von IT-Services

- **Security-Management** (taktisches und operatives IM): Schutz von Daten und Infrastruktur

---

[13] Diese Aufgabengliederung bezieht sich auf die Version 2 des ITIL-Standards. In der aktuellen Version 3 wurde die bisherige Gliederung in strategische, taktische und operative Aufgaben aufgegeben zugunsten einer Aufteilung nach dem Lebenszyklus von Services. Danach wird unterschieden zwischen den Phasen *Service-Design*, *Service-Transition*, *Service-Operation* und ergänzend *Continual-Service-Improvement*. Querschnittliche Aufgaben sind im Bereich *Service-Strategy* zusammengefasst.

10.3 Methoden des Informationsmanagements 455

- **IT-Infrastructure-Management** (taktisches und operatives IM): Planung, Steuerung und Betrieb der IT-Infrastruktur

Anhand der beiden Schwerpunkte des ITIL-Referenzmodells, Service Delivery und Service Support, sind das Konzept und der Detaillierungsgrad des ITIL-Modells erkennbar.

Der operative Service Support steht in direktem Kontakt mit den Leistungsempfängern (unternehmensexterne und -interne Kunden) und beinhaltet dazu folgende Funktionen und Teilprozesse:

- **Service-Desk:** Zentrale Anlaufstelle für Kunden bzw. Leistungsempfänger und damit Hauptfunktion dieses Prozesses. Alle Informationen vom und zum Kunden gehen über den Service-Desk (*single point of contact*). Der Service-Desk registriert und leitet Störungsmeldungen weiter.

- **Incident-Management:** Nimmt Störungsmeldungen entgegen, kategorisiert sie nach Kritikalität, d. h. nach der Bedeutung des daraus folgenden Fehlverhaltens eines Service, und veranlasst Maßnahmen, um die Servicequalität gemäß Service-Level-Agreement wieder herzustellen. Der Support ist in First-, Second- und Third-Level-Support gegliedert.

- **Problem-Management:** Untersucht Störungen, die das Incident-Management meldet, hinsichtlich ihrer Ursachen; versucht die Ursachen von Problemen, auch proaktiv, zu beseitigen.

- **Configuration-Management:** Steuert und überwacht die Konfiguration von Configuration Items (Services, Server, etc.).

- **Change-Management:** Behandelt Requests for Change (RfC), die u.a. von den Prozessen Problem-, Release- oder Change Management erstellt werden.

- **Release-Management:** Planung, Implementierung und Test von AwS.

Der zu Service Support korrespondierende Prozess Service Delivery übernimmt folgende taktische Aufgaben des IM:

- **Planung, Steuerung und Kontrolle** der vereinbarten IT-Services.

- **Service-Level-Management:** Vereinbarung und Überwachung der Service-Level-Agreements (Hauptfunktion dieses Prozesses), ebenso Vereinbarung und Überwachung der Operational-Level-Agreements innerhalb der Organisationseinheit.

- **Capacity-Management:** Plant und stellt Ressourcen (AwS, IT-Infrastruktur) bereit.

- **Availability-Management:** Hat die Aufgabe, die Verfügbarkeit und die Stabilität der IT-Infrastruktur gemäß den Anforderungen aufrecht zu erhalten.

- **Continuity-Management:** Hat die Aufgabe, kritische Funktionen bei Teil- oder Totalausfall zu erhalten bzw. wieder herzustellen. Erstellt Aktionspläne anhand von Risiko-/Bedrohungsszenarien und veranlasst die erforderliche Redundanz von Systemkomponenten.

- **Financial-Management:** Abrechnung der IT-Leistungen mit dem Kunden.

Wie bei COBIT spezifiziert ITIL soweit möglich nur die Sach- und Formalziele von Aufgaben und verweist bezüglich der Lösungsverfahren auf weitere Standards oder Referenzmodelle. So wird z. B. bezüglich Sicherheitsanforderungen auf das IT-Grundschutzhandbuch (GSHB) des Bundesamts für Sicherheit in der Informationstechnik verwiesen.

Die Implementierung der ITIL-Funktionen wird von System- und Service-Anbietern unterstützt. So bietet z. B. Microsoft ein auf ITIL abgestimmtes Framework an, in dem in ITIL vorgesehene Funktionen durch Microsoft-Produkte umgesetzt werden.

11 Entwicklung betrieblicher Anwendungssysteme

In Teil III des Buches (Kapitel 7 bis 9) wurden entlang des schichtenweisen Aufbaus betrieblicher Anwendungssysteme wichtige Grundlagen von Hardware, Systemsoftware und Anwendungsprogrammen behandelt. Im Folgenden steht nun die Entwicklung betrieblicher Anwendungssysteme im Vordergrund. Diese stellt eine zentrale Aufgabe der Wirtschaftsinformatik dar. Im Kontext der Wirtschaftsinformatik wird die Entwicklung von Anwendungssystemen kurz als **Systementwicklung** bezeichnet.

Gegenstand der Systementwicklung ist es, den Lösungsverfahren der zu automatisierenden (Teil-) Aufgaben eines IS geeignete Nutzermaschinen zuzuordnen und diese Nutzermaschinen mithilfe von Anwendungssoftware auf zugehörige Basismaschinen abzubilden (siehe Kapitel 1). Die Basismaschinen, d. h. Hardware-, Systemsoftware- und Middlewarekomponenten (siehe Kapitel 7 und 9) sowie Programmiersprachen (siehe Kapitel 8) werden dabei im Allgemeinen aus marktgängigen Produkten ausgewählt und konfiguriert.

Gemäß der Zielsetzung dieses Buches werden im Folgenden allgemeine methodische Grundlagen der Systementwicklung behandelt. Eine detaillierte Darstellung konkreter Entwicklungsplattformen, Softwarearchitekturen, Methoden und Werkzeuge würde nicht nur den Rahmen des Buches sprengen; vielmehr würden die Inhalte wegen der nach wie vor rasanten technologischen Entwicklung in diesem Bereich rasch veralten.

Die in den nachfolgenden Abschnitten behandelten Gegenstände gehören dagegen zu den Kernbestandteilen und damit zu den längerfristig stabilen methodischen Grundlagen der Systementwicklung. In Abschnitt 11.1 werden ausgehend von der Rolle von Anwendungssystemen als maschinelle Aufgabenträger des betrieblichen Informationssystems die Beschreibungsebenen vorgestellt, die im Rahmen der Systementwicklung durchlaufen werden. Die weiteren Abschnitte 11.2 und 11.3 behandeln Fragen der Architektur betrieblicher Anwendungssysteme sowie der Durchführung der Systementwicklungsaufgabe.

11.1 Anwendungssysteme als maschinelle Aufgabenträger des betrieblichen Informationssystems

Dem in diesem Buch zugrunde gelegten Verständnis von Wirtschaftsinformatik folgend, stellen betriebliche Anwendungssysteme (AwS) maschinelle Aufgabenträger für automatisierte und teilautomatisierte (Teil-) Aufgaben des betrieblichen Informationssystems (IS) dar. Da das IS sowohl die Aufgabenebene als auch die Aufgabenträgerebene umfasst, sind AwS – ebenso wie Personen als personelle Aufgabenträger – gleichzeitig Teilsysteme des IS. Der Zusammenhang ist in Bild 11-1 dargestellt.

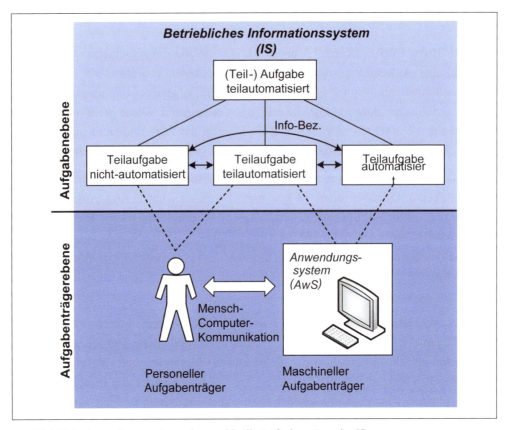

Bild 11-1: Anwendungssysteme als maschinelle Aufgabenträger des IS

Die Verbindung zwischen Aufgabenebene und Aufgabenträgerebene des IS wird mit Bezug zum Konzept der Automatisierung von Aufgaben (siehe Abschnitte 2.4.1 und 4.2) wie folgt beschrieben:

- Auf der Aufgabenebene des IS werden (Teil-) Aufgaben des IS, die – sofern es sich um umfassendere Aufgaben handelt - zunächst teilautomatisierbar sein werden, solange verfeinert, bis jede resultierende Teilaufgabe eindeutig als *nicht-automatisierbar*, als *automatisierbar* oder als nicht mehr weiter zerlegbare *teilautomatisierte* Teilaufgabe klassifiziert werden kann. Letzterer Fall liegt vor, wenn z. B. die Aktionen einer Aufgabe automatisierbar sind, nicht hingegen die Aktionensteuerung (vgl. Abschnitt 4.2.1). Bei der Zerlegung von Aufgaben werden sukzessive Informationsbeziehungen zwischen den resultierenden Teilaufgaben bzw. Aufgabenkomponenten aufgedeckt.

- Nicht-automatisierbaren Teilaufgaben werden personelle Aufgabenträger, d. h. Personen, zugeordnet. Die Aufgaben sind damit nicht-automatisiert. Automatisierbare Teilaufgaben werden durch Zuordnung eines Anwendungssystems, d. h. eines maschinellen Aufgabenträgers, automatisiert. Analog werden teilautomatisierbare Teilaufgaben durch Zuordnung eines personellen und eines maschinellen Aufgabenträgers teilautomatisiert. Informationsbeziehungen zwischen Aufgaben bzw. Aufgabenkomponenten, die unterschiedlichen Aufgabenträgern zugeordnet sind, werden durch entsprechende Kommunikationskanäle zwischen diesen Aufgabenträgern (Mensch-Computer, Computer-Computer, Mensch-Mensch; siehe Kapitel 1) realisiert.

Aus Sicht der betrieblichen Organisation (siehe Abschnitt 3.2.1) ist die Zerlegung von Aufgaben Teil der Aufgabenanalyse, die darauf folgende Aufgabensynthese nicht-automatisierter Aufgaben dient der Bildung von Stellen. Aus Sicht der Aufgabendurchführung werden vernetzte Aufgaben, die von *einem* maschinellen Aufgabenträger durchgeführt werden, als maschinell integriert, solche, die von *einem* personellen Aufgabenträger durchgeführt werden, als personell integriert bezeichnet (siehe Abschnitt 2.5).

Die Funktion eines betrieblichen Anwendungssystems ist damit die eines maschinellen Aufgabenträgers für automatisierte Teilaufgaben des betrieblichen Informationssystems. Die Rolle des Menschen in einem betrieblichen Informationssystem ist dabei aus zweierlei Sicht interpretierbar:

- Aus der Sicht des betrieblichen Informationssystems ist ein Mensch ein personeller Aufgabenträger für nicht-automatisierte (Teil-) Aufgaben des IS.

- Aus der Sicht eines betrieblichen Anwendungssystems stellt der Mensch den Nutzer dieses AwS dar.

VON DER AUTOMATISIERBAREN AUFGABE ZUM ANWENDUNGSPROGRAMM

Automatisierbare oder teilautomatisierbare Aufgaben eines IS werden durch Zuordnung von Anwendungssystemen automatisiert bzw. teilautomatisiert. Voraussetzung dafür ist die Verfügbarkeit von Anwendungssystemen, deren Nutzermaschinen als Lösungsverfahren oder Komponenten von Lösungsverfahren für die zu (teil-) automatisierenden Aufgaben geeignet sind. Die Konstruktion dieser Anwendungssysteme ist Gegenstand der Systementwicklung.

Bei der Systementwicklung werden somit die Lösungsverfahren der zu automatisierenden Aufgaben in Form von Nutzermaschinen spezifiziert. Hardware, Systemsoftware und Middleware stellen zugehörige Basismaschinen dar. Die zu entwickelnden Anwendungsprogramme realisieren die Nutzermaschinen mithilfe der Basismaschinen.

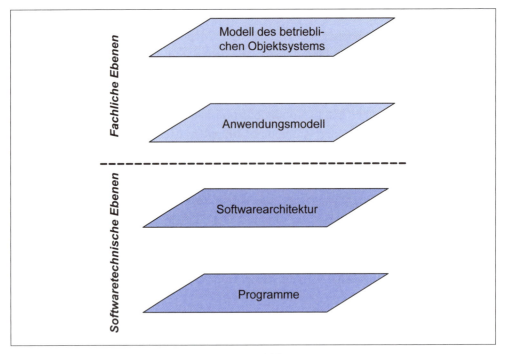

Bild 11-2: Beschreibungsebenen der Systementwicklung

Zwischen der Spezifikation einer zu automatisierenden Aufgabe und der Spezifikation eines zugehörigen Anwendungsprogramms klafft im Allgemeinen eine große semantische Lücke, die nur schrittweise überwunden werden kann. Hierzu werden Spezifikationen auf mehreren Beschreibungsebenen erstellt. Der „semantische Abstand" zwischen benachbarten Beschreibungsebenen wird dabei so gewählt, dass die Beziehung zwischen den zugehörigen Spezifikationen nachvollziehbar bzw. prüfbar ist.

Ohne eine weitere Detaillierung damit auszuschließen, werden bei der Systementwicklung generell folgende Beschreibungsebenen mit zugehörigen Modellen bzw. Spezifikationen durchlaufen (Bild 11-2):

a) **Modell des betrieblichen Objektsystems:** Ausgangspunkt der Systementwicklung ist im Allgemeinen ein Modell des betrieblichen Objektsystems, d. h. der Diskurswelt und ihrer relevanten Umwelt. Hier werden die betrieblichen Objekte und ihre Beziehungen erfasst. Die den Objekten zugeordneten Aufgaben werden aus Außensicht spezifiziert. Ein Beispiel für diese Modellklasse stellen Geschäftsprozessmodelle dar (siehe Abschnitt 5.4.2).

b) **Anwendungsmodell:** Innerhalb von Modell (a) werden diejenigen Aufgaben identifiziert, die mithilfe des zu entwickelnden Anwendungssystems automatisiert oder teilautomatisiert werden sollen. Für diese Aufgaben wird ein Anwendungsmodell, d. h. ein fachliches Modell des betrieblichen Anwendungssystems, erstellt. Das

Anwendungsmodell spezifiziert die Lösungsverfahren dieser Aufgaben oder Komponenten von Lösungsverfahren (z. B. für Aktionen oder die Aktionensteuerung von Aufgaben) in Form von Nutzermaschinen der zugehörigen Anwendungssysteme. Ein Beispiel für diese Modellklasse stellen Konzeptuelle Objektschemata in Verbindung mit Vorgangsobjektschemata dar (siehe Abschnitt 5.4.3).

An dieser Stelle erfolgt der Übergang von den fachlichen Ebenen der Systementwicklung zu den softwaretechnischen Ebenen (häufig auch als DV-technische Ebenen bezeichnet; DV = Datenverarbeitung).

c) **Softwarearchitektur:** Die Abbildung zwischen Nutzermaschinen und Basismaschinen wird zunächst in Form von Teilsystemen und Komponenten der zu entwickelnden Anwendungssoftware sowie deren Beziehungen in Form einer Softwarearchitektur des betrieblichen Anwendungssystems spezifiziert.

d) **Programme:** Die Softwarearchitektur bildet schließlich die Grundlage für die Programmierung, d. h. für die Spezifikation der einzelnen Teilsysteme und Komponenten in Form des Quellcodes der Anwendungsprogramme.

11.2 Architektur betrieblicher Anwendungssysteme

In Analogie zur Architekturlehre im Bauwesen umfasst die Architektur eines IS oder AwS

- dessen Bauplan im Sinne einer Spezifikation seiner Komponenten und ihrer Beziehungen unter allen relevanten Blickwinkeln sowie
- die Konstruktionsregeln für die Erstellung des Bauplans

([Sinz02, 1055]; siehe auch z. B. [HaNe05, 174]). Im Folgenden werden wichtige Merkmale der Architektur von AwS aus unterschiedlichen Perspektiven und mit zunehmendem Detaillierungsgrad vorgestellt.

11.2.1 Verteilte Anwendungssysteme

Moderne Anwendungssysteme werden in der Regel nicht mehr als zentralisierte und monolithische, sondern als verteilte Systeme realisiert. Ein verteiltes Anwendungssystem umfasst mehrere lose gekoppelte Teilsysteme, die in kooperativer Form automatisierte Aufgaben des betrieblichen Informationssystems durchführen.

Aus physischer Perspektive betrachtet, stellen die Teilsysteme Knoten eines Rechnerverbundsystems (Netzwerk) dar, die durch ein Kommunikationssystem verbunden sind. Der Kommunikationsfluss besteht aus Nachrichten- oder Aufrufbeziehungen zwischen den Teilsystemen (Bild 11-3).

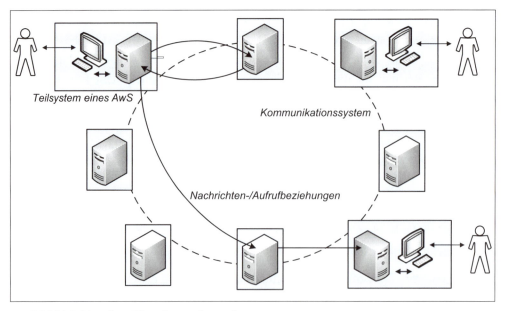

Bild 11-3: Verteiltes Client-Server-Anwendungssystem

Hinsichtlich der Kommunikation der Teilsysteme untereinander werden grundsätzlich zwei Formen unterschieden:

a) Bei der **synchronen Kommunikation** nach dem Client-Server-Prinzip (siehe Abschnitt 8.2.7) beauftragt ein Client einen Server mit der Erbringung eines bestimmten Dienstes (z. B. der Durchführung einer Datenbankanfrage) und wartet auf die Übermittlung der Ergebnisse. Client und Server werden als zwei Rollen verstanden, die grundsätzlich von jedem der beteiligten Teilsysteme eingenommen werden können.

b) Bei der **asynchronen Kommunikation** nach dem Prinzip des *message passing* übermittelt ein Teilsystem eine Nachricht an ein anderes Teilsystem, ohne auf die Rückmeldung eines Ergebnisses zu warten.

Bisher wurden aus Gründen der Anschaulichkeit physisch verteilte Anwendungssysteme betrachtet. Die Teilsysteme können aber auch logischer Natur sein. In diesem Fall werden auf einem Rechnerknoten mehrere Teilsysteme in Form separater Prozesse durchgeführt. Die in Abschnitt 9.1.2 vorgestellten Mechanismen zur Interprozesskommunikation und die darauf aufbauenden Kommunikationsdienste (siehe Abschnitt 9.5) unterstützen eine transparente Kommunikation zwischen Prozessen auf einem oder auf unterschiedlichen Rechnerknoten.

11.2.2 Softwarearchitektur verteilter Anwendungssysteme

Als methodische Hilfsmittel zur Spezifikation der Softwarearchitektur eines Anwendungssystems sind das ADK-Strukturmodell (siehe Abschnitt 8.2.2) und das Strukturmodell Nutzermaschine / Basismaschine (siehe Abschnitt 8.2.1) geeignet. Diese beiden Modelle sind zueinander orthogonal, d. h. sie können beliebig kombiniert werden und gestatten es damit, eine Vielzahl von Architekturformen verteilter oder nichtverteilter Anwendungssysteme zu spezifizieren.

Im Folgenden wird die Kombination der beiden Strukturmodelle anhand der Softwarearchitektur eines verteilten Anwendungssystems nach dem Client-Server-Prinzip erläutert. Die Spezifikation des Client-Server-Systems erfolgt dabei entlang des ADK-Strukturmodells. Zum Beispiel kann ein verteiltes Anwendungssystem einen KA-Client und einen D-Server umfassen (Bild 11-4). Innerhalb des Anwendungs-, Datenverwaltungs- und Kommunikationsteils eines Anwendungssystems können dann eine oder mehrere Softwareschichten identifiziert werden, deren Schnittstellen anhand des Strukturmodells Nutzermaschine / Basismaschine spezifiziert werden.

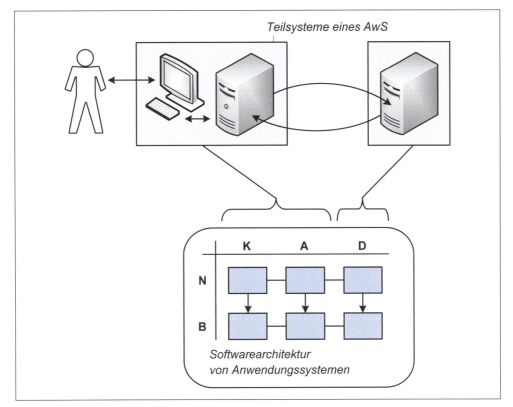

Bild 11-4: Softwarearchitektur von AwS (grob)

In umgekehrter Reihenfolge angewandt, können anhand des Strukturmodells Nutzermaschine / Basismaschine spezifizierte Softwareschichten nach dem ADK-Strukturmodell weiter strukturiert werden.

Bild 11-5 zeigt die Kombination der beiden Strukturmodelle im Detail. Die nach dem ADK-Modell strukturierten Teile der Nutzermaschine werden jeweils durch Programme auf zugehörige Basismaschinen abgebildet:

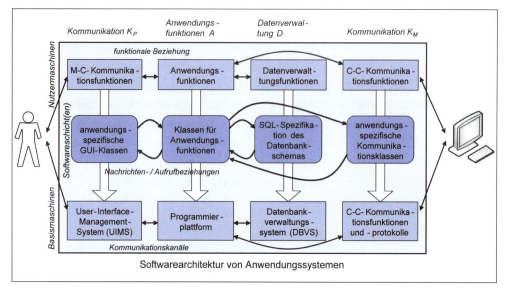

Bild 11-5: Softwarearchitektur von AwS (detailliert)

- Die Mensch-Computer-Kommunikationsfunktionen werden durch anwendungsspezifische GUI-Klassen (Graphical-User-Interface) auf die Funktionen eines User-Interface-Management-Systems abgebildet.

- Die Anwendungsfunktionen werden mithilfe anwendungsspezifischer Klassen auf der verwendeten Programmierplattform (z. B. Java und zugehörige Klassenbibliotheken) implementiert.

- Die Datenverwaltungsfunktionen des Anwendungssystems (Datenbankschema mit zugehörigen generischen Operatoren) werden in Form einer SQL-Spezifikation des Datenbankschemas auf ein Datenbankverwaltungssystem (DBVS) abgebildet.

- Die Computer-Computer-Kommunikationsfunktionen werden durch anwendungsspezifische Kommunikationsklassen auf der Basis verfügbarer Kommunikationsfunktionen und -protokolle realisiert.

Beziehungen zwischen Nutzermaschinen werden als funktionale Beziehungen bezeichnet; sie verknüpfen die Funktionen der einzelnen Nutzermaschinen gemäß ADK-Modell zur Nutzermaschine des gesamten AwS. Beziehungen zwischen Basismaschinen erfordern (oder nutzen) Kommunikationskanäle zwischen den einzelnen Basismaschinen. Die funktionalen Beziehungen zwischen den Nutzermaschinen werden in den jeweiligen Softwareschichten durch Nachrichten- oder Aufrufbeziehungen realisiert, die wiederum die Kommunikationskanäle zwischen den Basismaschinen nutzen.

Die Umgebung des Anwendungssystems umfasst Personen als Nutzer sowie andere Anwendungssysteme. Diese Komponenten werden ausschließlich aus Außensicht betrachtet; es erfolgt keine Differenzierung in Teilsysteme.

11.2.3 Softwarebausteine für verteilte Anwendungssysteme

Die Konstruktion verteilter Anwendungssysteme erfordert auf der Ebene der Programmierung Softwarebausteine, die in sich abgeschlossen und damit verteilbar sind. Hierzu sind insbesondere die Softwarebausteine **Klasse** und **Komponente** geeignet. Diese beiden Arten von Bausteinen korrespondieren mit den Softwareparadigmen Objektorientierung und Komponentenorientierung. Bild 11-6 zeigt die Darstellung der beiden Bausteine in der *Unified Modeling Language* (UML 2.0)[14].

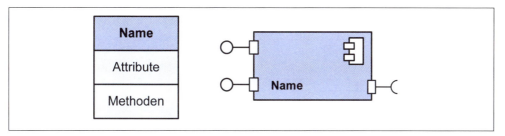

Bild 11-6: Darstellung der Softwarebausteine Klasse (links) und Komponente (rechts) gemäß UML 2.0

In Bild 11-5 wurde exemplarisch eine objektorientierte Implementierung der Softwareschichten auf der Basis von Klassen unterstellt. In gleicher Weise kann eine komponentenorientierte Implementierung oder eine Mischform gewählt werden.

KLASSE

Eine **Klasse** umfasst die Spezifikation des Objekttyps sowie die Instanzen (Objekte) der Klasse. Der Objekttyp wurde bereits in Abschnitt 8.2.5 eingeführt. Er wird anhand seines Namens, seiner Attribute, der verfügbaren Methoden (Operatoren) sowie der zugehörigen Nachrichtendefinitionen spezifiziert.

Objekte besitzen eine systemweite und von sichtbaren Attributwerten unabhängige Identität. Ein Objekt kapselt seine Zustände und Operatoren und stellt damit eine Da-

---

[14] http://www.omg.org

tenkapsel dar. Objekte sind untereinander lose gekoppelt; sie interagieren durch Versenden und Empfangen von Nachrichten. Eine Nachricht an ein Objekt löst dort die Durchführung eines zugehörigen Operators aus. Dabei können wiederum Nachrichten an andere Objekte generiert werden.

Weitere Eigenschaften von Objekttypen sind Vererbung und Polymorphismus. Speziell diese beiden Eigenschaften bilden die Grundlage für die Spezifikation von **Klassenbibliotheken**. Sind alle Klassen von genau einer gemeinsamen Wurzelklasse abgeleitet, so entsteht eine Klassenbibliothek mit Baumstruktur. Klassen eines oder unterschiedlicher Bäume bzw. isolierte Klassen können durch Nachrichtenkanäle verbunden sein.

Beispiel 11-1: GUI-Klassen von Java

Als Beispiel für eine Klassenbibliothek ist ein Ausschnitt aus den Nutzerschnittstellenklassen (GUI-Klassen; Graphical User Interface) von Java dargestellt. Der gewählte Ausschnitt stellt eine Baumstruktur dar.

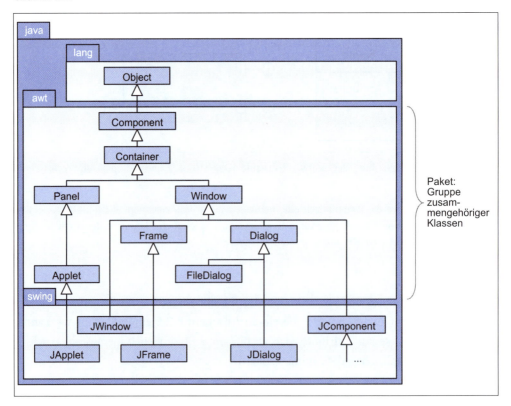

Bild 11-7: GUI-Klassen von Java (Ausschnitt; siehe z. B. [Balz00, 998])

Aus den angegebenen Klassen werden konkrete Klassen von Dialogobjekten eines Anwendungsprogramms mithilfe von Vererbung abgeleitet. Z. B. können konkrete Fensterrahmen von JFrame, konkrete Dialogobjekte in einem Fensterrahmen (z. B. ein Fenster zur Erfassung von Kundenadressen) von JDialog abgeleitet werden.

Die Klassen sind in Pakete (Gruppen zusammengehöriger Klassen) gegliedert. Das Paket *awt* (*Abstract Window Toolkit*) umfasst Klassen, die unter Nutzung der UIMS-Funktionen des jeweiligen Betriebssystems implementiert sind. Im Gegensatz dazu sind die Klassen des Pakets *swing* unter weitgehender Umgehung dieser UIMS-Funktionen direkt in Java implementiert. Dadurch ist es möglich, das Erscheinungsbild des Kommunikationsteils K_P unabhängig vom GUI-Toolkit des eingesetzten Betriebssystems zu gestalten.

Beispiel

KOMPONENTEN

Komponenten, zugehörige Komponentenmodelle und komponentenbasierte Softwarearchitekturen stellen eine Entwicklung der letzten Jahre dar.

Eine **Komponente** ist ein abgeschlossener, binärer Softwarebaustein, der eine problemorientierte Funktionalität aufweist. Die Funktionen werden der nutzenden Umgebung über Schnittstellen zur Verfügung gestellt. "Binär" bedeutet, dass eine Komponente in compilierter Form, ohne Kenntnis des Quellcodes, eingesetzt werden kann. "Problemorientierte Funktionalität" bedeutet, dass eine Komponente semantisch zusammenhängende Funktionen zur Lösung einer bestimmten Problemstellung (z. B. im Bereich der Darstellung und Manipulation von Dialogobjekten) bereitstellen soll.

> Die in Bild 11-6 dargestellte Komponente stellt zwei *Ports* mit typisierten Schnittstellen bereit und benötigt einen *Port* mit typisierter Schnittstelle.

Mit der Bildung von Komponenten werden im Allgemeinen bestimmte Ziele verfolgt. Komponenten werden als Ansatz zur Erreichung von Wiederverwendbarkeit in der Systementwicklung genutzt. Dabei sollen Komponenten häufig in unterschiedlichen Kontexten (z. B. Anwendungsdomänen) einsetzbar sein. Die Schnittstellen von Komponenten sind generell einer Standardisierung zugänglich. Komponenten sollen sprach- und plattformunabhängig realisiert sein. Sie können schließlich die Verteilung eines Anwendungssystems unterstützen. Komponenten können, aber müssen nicht notwendigerweise in objektorientierter Form implementiert sein.

Standardisierungsgremien und namhafte Hersteller unterstützen unterschiedliche Komponentenmodelle. Komponentenmodelle existieren z. B. für client- und serverseitige Komponenten. Weiter wird zwischen eigenständigen Komponenten, die in einer zugehörigen Laufzeitumgebung direkt ausführbar sind, und nicht-eigenständigen Komponenten, die in ein Anwendungsprogramm eingebettet werden, unterschieden.

Ein Beispiel für ein serverseitiges Komponentenmodell ist *Enterprise-JavaBeans (EJB)* der Firma SUN (siehe auch Abschnitt 9.5.3). Ein Beispiel für ein clientseitiges Komponentenmodell ist *JavaBeans*. Im Gegensatz zu JavaBeans sind EJB eigenständige Komponenten.

11.2.4 Granularitätsebenen von Softwarearchitekturen

Die Strukturmodelle ADK-Modell und Nutzermaschine / Basismaschine stellen in Verbindung mit den Softwarebausteinen Klasse und Komponente das Instrumentarium zur Beschreibung der Softwarearchitektur von Anwendungssystemen dar.

Um die Komplexität von Anwendungssystemen beherrschen zu können, werden Softwarearchitekturen im Allgemeinen auf unterschiedlichen Granularitätsebenen (im Sinne von „Körnigkeit") spezifiziert, die wiederum anhand der verwendeten Strukturmodelle und Softwarebausteine abgegrenzt werden. Vom „Groben zum Feinen" lassen sich insbesondere folgende Granularitätsebenen unterscheiden (Bild 11-8):

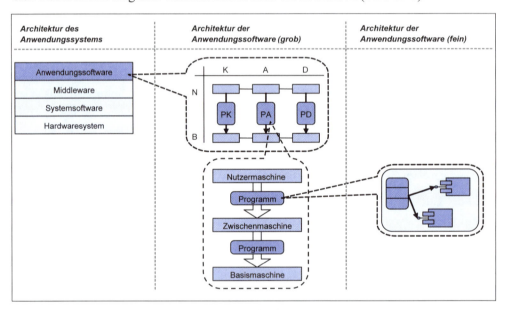

Bild 11-8: Granularitätsebenen von Softwarearchitekturen

- Ausgangspunkt der Betrachtung ist ein gegebenes Anwendungssystem. Die **Architektur des Anwendungssystems** umfasst die Schichten Hardwaresystem, Systemsoftware, Middleware und Anwendungssoftware einschließlich der zugehörigen Kommunikationskanäle und -systeme für die Computer-Computer- und die Mensch-Computer-Kommunikation. Im Folgenden wird die Schicht Anwendungssoftware näher betrachtet.

- Die **grobe Architektur der Anwendungssoftware** wird anhand der Strukturmodelle ADK-Modell und Nutzermaschine / Basismaschine gebildet. Der Rahmen für eine konkrete Ausprägung der Architektur wird teilweise bereits durch die Wahl der Entwicklungsplattform vorgegeben. Zum Beispiel kann die Anwendungssoftware zunächst nach dem ADK-Modell als Client-Server-System (siehe Abschnitt 8.2.7) strukturiert sein. Die einzelnen Teile können dann nach dem Modell Nutzermaschine / Basismaschine durch Spezifikation von Zwischenmaschinen weiter untergliedert sein.

- Die **feine Architektur der Anwendungssoftware** spezifiziert die Softwarebausteine, d. h. die Klassen und Komponenten, aus denen die Softwareschichten der groben Architektur der Anwendungssoftware zusammengesetzt sind, sowie die Beziehungen zwischen den Softwarebausteinen. Die Objekte der Klassen interagieren mithilfe von Nachrichten. Dienste einer Komponente werden durch Nachrichten an ein Schnittstellenobjekt dieser Komponente (objektorientierte Form) bzw. Aufrufe von Funktionen dieser Schnittstelle (prozedurale Form) angefordert. Komponenten können ihrerseits weitere Funktionsaufrufe initiieren.

Die feinste Granularität einer Softwarearchitektur stellen die eigentlichen Programme dar. Die Programme sind einer eigenen Beschreibungsebene zugeordnet (Bild 11-2) und werden in einer separaten Phase des phasenorientierten Lösungsverfahrens der Systementwicklungsaufgabe, der Realisierungsphase, spezifiziert (vgl. Abschnitt 11.3.2).

Ein wichtiges Formalziel und damit Gütekriterium bei der Spezifikation von Softwarearchitekturen ist es, auf allen Granularitätsebenen innerhalb eines Teilsystems (Schicht, Softwarebaustein) eine hohe **Bindung** (*cohesion*) der Bausteine des Teilsystems untereinander sowie zwischen den einzelnen Teilsystemen eine geringe **Kopplung** (*coupling*) zu erreichen. Damit werden einerseits Bausteine, die in intensiver Beziehung zueinander stehen, zu einem Teilsystem zusammengefasst und andererseits die Schnittstellen zwischen den Teilsystemen reduziert.

Das objektorientierte Software-Paradigma unterstützt das genannte Formalziel in natürlicher Weise. Gleichwohl führt das objektorientierte Software-Paradigma nicht zwangsläufig zu einer „guten" Softwarearchitektur. Vielmehr sind die bestehenden Freiheitsgrade im Hinblick auf die Gestaltung einer problemadäquaten Softwarearchitektur zu nutzen.

11.2.5 Ausgewählte Formen von Client-Server-Architekturen

Anhand des ADK-Modells kann eine Vielzahl unterschiedlicher Formen von Client-Server-Architekturen (vgl. auch Abschnitt 8.2.7) spezifiziert werden. In der Praxis haben sich insbesondere zwei Kategorien herausgebildet:

- **Klassische** (d. h. nicht web-basierte) **Client-Server-Architekturen** und

- **Web-Architekturen**.

Im Folgenden werden unterschiedliche Ausprägungen zu beiden Kategorien anhand ihrer Grob-Architekturen (siehe Abschnitt 11.2.4) kurz vorgestellt.

Eine weitere Architekturform, die sich derzeit in einer stürmischen Entwicklung befindet, ist die **service-orientierte Architektur (SOA)**. Anhand des Schichtenmodells einer SOA für integrierte AwS auf der Basis von Web-Services wird diese Architekturform kurz eingeführt und in den Kontext von Client-Server-Architekturen eingeordnet.

KLASSISCHE CLIENT-SERVER-ARCHITEKTUREN

Zur Darstellung der klassischen Client-Server-Architekturen werden die Teilsysteme gemäß ADK-Modell weiter differenziert. In Bild 11-9 werden im K-Teil (es wird nur der Teil K_P betrachtet) die („vertikalen") Softwareschichten *Dialogobjekte* und *Dialogsteuerung*, im A-Teil die Softwareschichten *Vorgangssteuerung* und *konzeptuelle Objekte*, im D-Teil die Softwareschichten *Datensichten* und *Datenbankschema* unterschieden.

Aus Gründen der Vereinfachung erfolgt im Weiteren eine Beschränkung auf zweistufige Client-Server-Architekturen, d. h. eine Softwareschicht wird entweder dem Client oder dem Server zugeordnet. Mehrstufige Serverstrukturen werden nicht betrachtet.

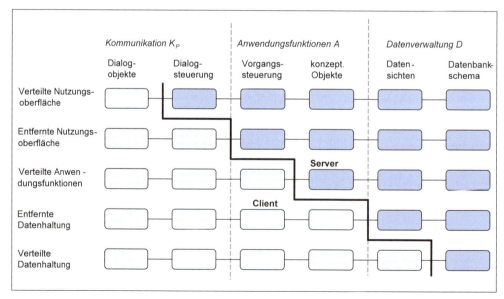

Bild 11-9: Typische Ausprägungen von klassischen Client-Server-Architekturen (siehe z. B. Balz00, 703ff)

Auf der Basis dieser Annahmen ergeben sich folgende typische Realisierungsformen:

- **Verteilte Nutzungsoberfläche:** Lediglich die Dialogobjekte befinden sich auf dem Client, der Rest des K-Teils, sowie der A- und der D-Teil befinden sich auf dem Server. Diese Form wird z. B. durch das X Window-System (siehe Abschnitt 9.4.3) unterstützt, das häufig im Umfeld von Unix eingesetzt wird.

- **Entfernte (remote) Nutzungsoberfläche:** In diesem Fall befindet sich der vollständige K-Teil auf dem Client, der A- und der D-Teil auf dem Server.

- **Verteilte Anwendungsfunktionen:** Der A-Teil wird zwischen Client und Server aufgeteilt. In diesem Fall findet die Vorgangssteuerung durch den Client statt, die zugehörigen Basisfunktionen befinden sich in Form von konzeptuellen Objekten auf dem Server. Diese Aufteilung wird z. B. durch die SOM-Methodik in Form einer Trennung zwischen Vorgangsobjekttypen und konzeptuellen Objekttypen in natürlicher Weise unterstützt.

- **Entfernte Datenhaltung:** Ein Client mit K- und A- Teil greift auf einen Datenbankserver mit D-Teil direkt über SQL zu.

- **Verteilte Datenhaltung:** Im letzten Fall ist die Datenhaltung verteilt. Auf dem Client werden bestimmte (materialisierte) Datensichten vorgehalten, die bei Bedarf durch Zugriffe auf den D-Server aktualisiert werden.

Client und Server sollten bereits bei der Entwicklung aufeinander abgestimmt werden. Während der Ausführung des Anwendungssystems besteht im Allgemeinen eine feste Verbindung zwischen Client und Server. Die (maximale) Anzahl der Client-Instanzen je Server-Instanz ist bekannt und geht als Anforderung in die Systementwicklung ein.

WEB-ARCHITEKTUREN

Viele verteilte Anwendungssysteme sind heute gemäß einer Web-Architektur aufgebaut. Die Web-Architektur ist eine mehrschichtige Client-Server-Architektur mit einer Client-Schicht und mehreren Schichten von Servern.

Es lassen sich maximal vier Schichten (1 Client-, 3 Server-Schichten) unterscheiden (Bild 11-10):

- **Web-Client:** Präsentation der Nutzungsoberfläche. Diese Schicht wird durch Web-Browser realisiert, die über das Internet Verbindungen mit einem Web-Server aufnehmen.

- **Web-Server:** Verteilung von HTML-Dokumenten, Multimediaobjekten oder Java-Applets, die vom Web-Client angefordert werden. Der Transport erfolgt unter Verwendung des Protokolls HTTP.

- **Anwendungsserver (Application-Server):** Bereitstellung und Steuerung der Objekte oder Komponenten zur Realisierung der Anwendungsfunktionen (z. B. in Form von Komponenten des Typs Enterprise-JavaBeans).

- **Daten-Server (Database-Server):** Verwaltung der persistenten Daten.

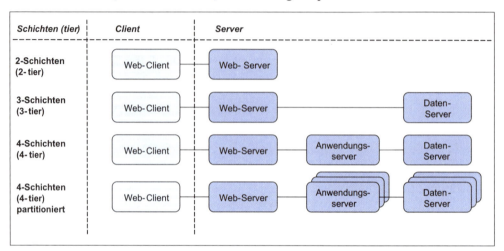

Bild 11-10: Typische Ausprägungen von klassischen Web-Architekturen[15] (siehe z. B. Balz00, 704ff)

Die Architektur kann in reduzierter Form als 2-Schichten-Architektur realisiert werden, z. B. wenn ausschließlich statische HTML-Seiten bereitgestellt werden sollen. Bei einer 3-Schichten-Architektur werden dynamische HTML-Seiten unterstützt. Die variablen Inhalte dieser Seiten bestehen aus Daten, die in einem Datenserver verwaltet werden. Dynamische HTML-Seiten können z. B. mit dem Konzept der Active-Server-Pages (MICROSOFT) realisiert werden. Anwendungsserver und Datenserver können schließlich partitioniert, d. h. auf mehrere Teil-Server aufgeteilt sein. Aus der Sicht eines Web-Client ist der Zugriff auf die einzelnen Teil-Server transparent[16].

Im Gegensatz zu klassischen Client-Server-Architekturen wird bei jeder Nutzeranforderung einer Web-Seite eine Verbindung zwischen Web-Client und Web-Server aufgebaut. Die Anzahl der Nutzer ist prinzipiell unbegrenzt.

---

[15] Das englische Wort *tier* bedeutet Etage oder Stufe. Im Zusammenhang mit Web-Architekturen werden die Begriffe *tier* und *Schicht* (Englisch: *layer*) synonym verwendet.

[16] In der Informatik wird der Begriff „transparent" konträr zum herkömmlichen Sprachgebrauch verwendet. „Transparent" bedeutet hier, dass bestimmte Eigenschaften eines Systems für seine Nutzung nicht bekannt sein müssen und im Regelfall auch nicht bekannt sind (siehe auch Abschnitt 9.1.3).

SERVICE-ORIENTIERTE ARCHITEKTUR (SOA)

Das Grundkonzept einer service-orientierten Architektur (SOA) auf der Basis von Web-Services wurde in Abschnitt 9.5.4 vorgestellt. In den letzten Jahren wurde die SOA-Idee stark ausgeweitet und zu einem Paradigma für die Architektur integrierter AwS und darüber hinaus für Unternehmensarchitekturen verallgemeinert (siehe z. B. [PuTa06], [WoMa06]).

Mit SOA werden hohe Erwartungen verknüpft, die insbesondere auf die Flexibilität von Architekturen zielen. Bezüglich der Unternehmensarchitekturen verspricht man sich vor allem Vorteile bei der Abstimmung zwischen Geschäftsprozessen und AwS (siehe Abschnitt 10.3.1). Bezüglich integrierter AwS erwartet man Nutzeffekte hinsichtlich der Wiederverwendung und Standardisierung von Softwarekomponenten sowie der Verteilung, Integration und evolutionären Weiterentwicklung von AwS (siehe z. B. [Melz07], [StTi07]).

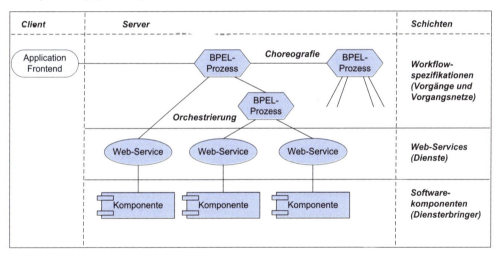

Bild 11-11: Schichtenmodell einer SOA für integrierte AwS auf der Basis von Web-Services

Im Folgenden wird das Schichtenmodell einer SOA für integrierte AwS auf Basis von Web-Services näher betrachtet (Bild 11-11). Die SOA stellt insofern eine Client-Server-Architektur dar, als ein als *Application-Frontend* bezeichneter Client bei einem Server einen Vorgang auslöst und Ergebnisse empfängt. Bei dem Client kann es sich um einen Web-Client, um ein klassisches (Teil-) AwS oder z. B. auch um einen BPEL-Prozess handeln. Der Server bildet den Kern der SOA. Er ist ein verteiltes System gemäß dem in Bild 11-11 dargestellten Schichtenmodell:

- Die obere Schicht umfasst Workflow-Definitionen, die z. B. als BPEL-Prozesse (siehe Abschnitt 9.5.5) realisiert sein können. Jeder BPEL-Prozess orchestriert eine Menge von Web-Services oder andere BPEL-Prozesse (jeder BPEL-Prozess stellt aus Außensicht einen Web-Service dar). Gleichrangige BPEL-Prozesse koordinieren sich in Konversationen auf der Basis einer Choreografie.

- Die mittlere Schicht umfasst die Web-Services gemäß Abschnitt 9.5.4.

- Die untere Schicht umfasst Softwarekomponenten zur Erbringung der Dienste, welche über die Web-Services bereitgestellt werden. Aus der Sicht des ADK-Modells umfasst jede Komponente einen A-Teil und ggf. einen D-Teil. Der K-Teil wird durch die Schnittstelle der Komponente realisiert.

Eine „gute" SOA zeichnet sich dadurch aus, dass bei der Definition der Web-Services und der Abgrenzung der zugehörigen Komponenten auf größtmögliche Unabhängigkeit geachtet wird. Dies stellt eine wichtige Voraussetzung für die Wiederverwendung von Web-Services dar. Web-Services, deren zugehörige Komponenten auf gemeinsame Daten zurückgreifen und damit eng gekoppelt sind, sollten vermieden werden.

> Die in Bild 11-11 dargestellte SOA ist idealtypisch. Das SOA-Konzept für integrierte AwS ist nicht auf eine Realisierung mit Web-Services begrenzt. Vielmehr können Dienste auch über Schnittstellen herkömmlicher Softwarekomponenten angeboten werden. Auch bei der Realisierung der Zusammenarbeit zwischen Diensten existieren erhebliche Freiheitsgrade. Schließlich werden als Komponenten häufig auch bestehende Anwendungssysteme einbezogen, die nachträglich mit einer Service-Schnittstelle ausgestattet wurden.

KRAFZIG, BANKE und SLAMA beschreiben die Schlüsselkonzepte einer SOA aus softwaretechnischer Sicht [KBS05, 56ff]. Danach umfasst eine SOA die Bausteine *Application-Frontend*, *Service*, *Service-Repository* (z. B. UDDI) und *Service-Bus*. Jeder Service enthält einen *Vertrag*, welcher die Nutzung des Service spezifiziert, eine oder mehrere *Schnittstellen* sowie eine *Implementierung* in Form einer Komponente. Der Service-Bus dient als Kommunikationsinfrastruktur innerhalb der SOA.

11.3 Systementwicklung als Aufgabe

Die Systementwicklung betrieblicher Anwendungssysteme stellt eine Aufgabe dar, die im Folgenden unter methodischen Gesichtspunkten dargestellt und analysiert werden soll. Ausgehend von einer Interpretation der Systementwicklung im Allgemeinen Aufgabenmodell wird zunächst das Lösungsverfahren phasenorientiert nach dem Verrichtungsprinzip zerlegt. Komplementär dazu erfolgt die Zerlegung des Aufgabenobjekts nach dem Objektprinzip. Beide Zerlegungen zusammen bilden die Grundlage für die Spezifikation von unterschiedlichen Vorgehensmodellen der Systementwicklung. Im letzten Teil des Abschnitts werden kurz die Aufgabenschwerpunkte der projektbegleitenden Aktivitäten Projektmanagement, Konfigurationsmanagement und Qualitätsmanagement vorgestellt, die zusammen mit der Kernaktivität Systementwicklung ein umfassendes Projektmodell spezifizieren.

11.3.1 Aufgabenmodell der Systementwicklung

Systementwicklung stellt eine Aufgabe dar, die gemäß dem in Abschnitt 4.1.1 eingeführten Aufgabenmodell beschrieben werden kann. Im Folgenden werden zunächst die einzelnen Bestandteile der Systementwicklungsaufgabe betrachtet und wichtige methodische Hinweise zur Strukturierung der Systementwicklungsaufgabe abgeleitet.

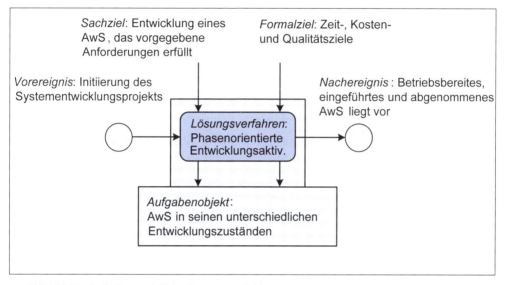

Bild 11-12: Aufgabenmodell der Systementwicklung

Die einzelnen Bestandteile der Systementwicklungsaufgabe sind in Bild 11-12 dargestellt:

- Sachziel der Systementwicklungsaufgabe ist die Entwicklung eines AwS, welches vorgegebene Anforderungen erfüllt. Inhaltliche Anforderungen geben vor, *was* das System zu leisten hat, qualitative Anforderungen beziehen sich auf das *Wie*, z. B. auf Performanz, Zuverlässigkeit usw.

- Das Formalziel der Systementwicklungsaufgabe lässt sich in Zeit-, Kosten- und Qualitätsziele für ihre Durchführung untergliedern. Zeitziele beziehen sich auf die Entwicklungsdauer, Kostenziele auf die Einhaltung von Budgets, Qualitätsziele auf die Qualität des Systementwicklungsprozesses.

- Das Aufgabenobjekt der Systementwicklungsaufgabe ist das zu entwickelnde AwS in seinen unterschiedlichen Entwicklungszuständen. Es umfasst neben den eigentlichen Software- und Hardwarekomponenten des AwS auch alle weiteren Modelle und Spezifikationen in der Umgebung des zu konstruierenden AwS (z. B. Spezifikationen der vom AwS zu unterstützenden Geschäftsprozesse, Anforderungen an das AwS, Dokumentationen usw.).

- Vorereignis der Systementwicklungsaufgabe ist die Auslösung der Aufgabendurchführung in Form einer Initiierung eines Systementwicklungsprojekts.

- Das Nachereignis besteht im Vorliegen des betriebsbereiten, eingeführten und vom Auftraggeber abgenommenen AwS.

- Das Lösungsverfahren der Systementwicklungsaufgabe besteht in einer phasenorientierten Durchführung von Entwicklungsaktivitäten, die im Folgenden systematisch abgeleitet werden.

11.3.2 Phasenorientiertes Lösungsverfahren der Systementwicklungsaufgabe

Anhand der in Abschnitt 11.1 eingeführten Beschreibungsebenen der Systementwicklung und anhand des auf dem Modell Nutzermaschine / Basismaschine aufbauenden Softwaresystem-Modells kann ein phasenorientiertes Lösungsverfahren für die Systementwicklungsaufgabe in allgemeiner Form abgeleitet werden. Dabei erfolgt eine Beschränkung auf die Entwicklung der Anwendungssoftware, d. h. Middleware, Systemsoftware und Hardware werden nicht betrachtet.

SYSTEMENTWICKLUNGSPHASEN ALS ÜBERGÄNGE ZWISCHEN BESCHREIBUNGSEBENEN

Die zentralen Phasen des Lösungsverfahrens der Systementwicklungsaufgabe lassen sich als Übergänge zwischen den Beschreibungsebenen der Systementwicklung interpretieren (Bild 11-13):

- Die Erstellung des fachlichen Modells der betrieblichen Diskurswelt und ihrer relevanten Umwelt, meist reduziert auf die Aufgabenebene des betrieblichen Informationssystems, dient als Ausgangspunkt für die Identifizierung der mithilfe von AwS zu automatisierenden Aufgaben. Die zugehörigen Anwendungsfunktionen werden anschließend im Anwendungsmodell, d. h. im fachlichen Modell des Anwendungssystems, beschrieben. Im Rahmen der Systementwicklung dienen beide Modelle der Analyse und Definition der fachlichen Anforderungen an ein Anwendungssystem. Die zugehörige Aktivität, d. h. die Erstellung der beiden Modelle, wird in der Phase **Anforderungsanalyse und -definition** durchgeführt.

- Ausgehend vom Anwendungsmodell wird die Spezifikation der Softwarearchitektur des Anwendungssystems durchgeführt. Dabei erfolgt der Übergang von den fachlichen Ebenen zu den softwaretechnischen Ebenen der Systementwicklung. Die Spezifikation der Softwarearchitektur, d. h. der Entwurf der Struktur der Anwendungssoftware („Programmieren im Großen"; siehe auch Abschnitt 8.3.5) erfolgt in der Phase **Softwareentwurf** (Softwaredesign).

- Auf der letzten Ebene erfolgt die eigentliche Programmierung, d. h. die Spezifikation der Programme des betrieblichen Anwendungssystems („Programmieren im Kleinen"; siehe wiederum Abschnitt 8.3.5). Diese Aktivität erfolgt in der Phase **Realisierung**.

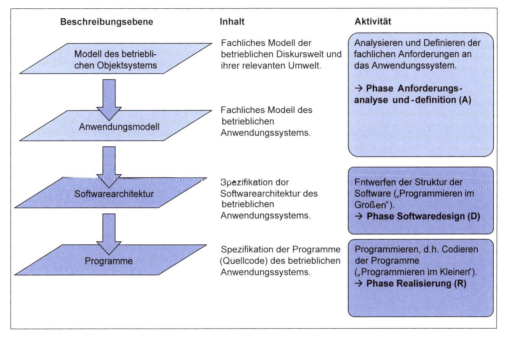

Bild 11-13: Kernaktivitäten des Lösungsverfahrens der Systementwicklung

SYSTEMENTWICKLUNGSPHASEN IM SOFTWARESYSTEM-MODELL

Die zentralen Phasen des Lösungsverfahrens der Systementwicklungsaufgabe lassen sich auch anhand des Softwaresystem-Modells begründen. Grundlage des Softwaresystem-Modells (Bild 11-14 links) ist das Modell Nutzermaschine / Basismaschine, welches um eine Verfahrensumgebung und eine Systemumgebung ergänzt wird:

- Die Verfahrensumgebung umfasst die Umgebung der Nutzermaschine in Form von anderen Nutzermaschinen, mit denen die Nutzermaschine durch funktionale Beziehungen verknüpft ist, sowie funktionale Beziehungen zu personellen Aufgabenträgern.

- Entsprechend umfasst die Systemumgebung die Umgebung der Basismaschine in Form von anderen Basismaschinen, mit denen die Basismaschine durch Kommunikationskanäle verknüpft ist, sowie Kommunikationskanäle für die Mensch-Computer-Kommunikation.

Mit den zentralen Phasen A, D und R der Systementwicklung wird das Software-Systemmodell in „konzentrischen Kreisen" von „den Rändern zur Mitte" durchlaufen (Bild 11-14 links). Berücksichtigt man weiter, dass die Durchführung der Systementwicklungsaufgabe in der Regel als Projekt erfolgt (siehe Abschnitt 11.3.5.), welches zu Beginn geplant wird und dessen Ergebnisse abgenommen und eingeführt werden müssen, so ergeben sich insgesamt fünf Phasen der Systementwicklung (Bild 11-14 rechts), die mit dem Akronym PADRE bezeichnet werden:

P: Gegenstand der Phase **Projektplanung** ist die Planung der Durchführung der Systementwicklungsaufgabe in Form eines Projekts. Hierzu gehören neben einer inhaltlichen und zeitlichen Planung des angestrebten Ergebnisses und der Zwischenergebnisse insbesondere die Planung der benötigten Ressourcen und eine Abschätzung der Projektrisiken.

A: In der Phase **Anforderungsanalyse und -definition** werden die Nutzermaschine und ihre Verfahrensumgebung definiert. Gleichzeitig erfolgt eine grobe Spezifikation der einzusetzenden Basismaschinen und der zugehörigen Systemumgebung.

D: Die Phase **Systementwurf** dient der Spezifikation der Softwarearchitektur des Produkts. Diese Phase wird auch als das „Programmieren im Großen" bezeichnet; sie dient der Überbrückung der semantischen Lücke zwischen Nutzer- und Basismaschine und generell der Bewältigung der Komplexität des Softwaresystems.

R: Die Phase der **Realisierung** dient der Implementierung der Programme des Softwareprodukts. Diese Phase wird entsprechend als das „Programmieren im Kleinen" bezeichnet. Hier werden die einzelnen Bausteine, wie sie in der Softwarearchitektur spezifiziert wurden, programmiert (codiert) und zu Teilsystemen bzw. dem Gesamtsystem integriert.

E: In der letzten Phase **Abnahme und Einführung** erfolgen die Endabnahme des Ergebnisses durch den Auftraggeber sowie die Betreuung der Einführung und Inbetriebnahme des Systems.

11.3 Systementwicklung als Aufgabe

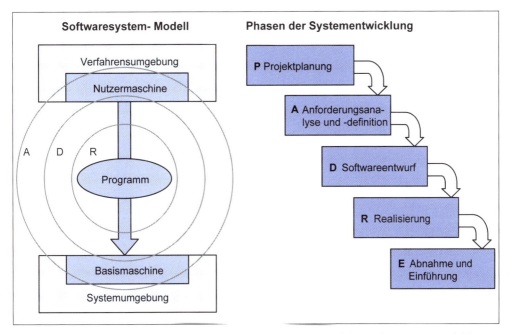

Bild 11-14: Verrichtungsorientierte Zerlegung des Lösungsverfahrens der Systementwicklungsaufgabe

Die verrichtungsorientierte Zerlegung des Lösungsverfahrens der Systementwicklungsaufgabe in einzelne Phasen und die Festlegung der Reihenfolgebeziehungen zwischen den Phasen ist wesentlicher Bestandteil von Vorgehensmodellen der Systementwicklung. Vorgehensmodelle dienen der Lenkung von Systementwicklungsprojekten; sie werden in Abschnitt 11.3.4 kurz behandelt.

Die oben dargestellten Phasen P, A, D, R und E und ihre sequenzielle Durchführung korrespondieren mit dem klassischen Vorgehensmodell, dem sogenannten Wasserfallmodell. Die Phasen sind dabei „kaskadisch" angeordnet. Die Ergebnisse (Output) einer vorgelagerten Phase „fließen" dabei „kaskadisch" als Input in die jeweils nachgelagerte Phase weiter.

Zur Unterstützung der Komplexitätsbewältigung bei der Durchführung der Systementwicklungsaufgabe und im Hinblick auf die Lenkung von Systementwicklungsprojekten werden die fünf Phasen weiter in Teilphasen zerlegt. Die Ergebnisse der Teilphasen werden anhand der jeweiligen Meilensteine (Ergebnisse einer Teilphase) dokumentiert. Eine Teilphase umfasst dabei die Aktivität zwischen zwei (horizontal) benachbarten Meilensteinen.

In der Praxis werden Meilensteine häufig mit Kurzbezeichnungen versehen. Die Nummerierung in Zehnerschritten macht deutlich, dass bei Bedarf eine weitere Untergliederung möglich sein soll. Der letzte Meilenstein einer Phase ist identisch mit dem Ausgangsmeilenstein der folgenden Phase.

> Durch die Abnahme des Meilensteins P30 der Phase Projektplanung wird dieser zum Meilenstein A10 und bildet den Ausgangspunkt der Phase Anforderungsanalyse und -definition.

In Bild 11-15 ist eine typische Zuordnung von Meilensteinen zu den fünf Hauptphasen der Systementwicklung dargestellt:

- Die Phase Projektplanung umfasst die Meilensteine Projektstart, Projektplanungsauftrag und Lastenheft. Der Meilenstein Projektstart dokumentiert die erfolgte Initiierung des Systementwicklungsprojekts und bildet die Grundlage für die Ausarbeitung eines Projektplanungsauftrags. Das Lastenheft enthält eine Spezifikation der fachlichen Anforderungen an das Produkt aus der Sicht des Auftraggebers. Mit dem Lastenheft ist die Phase Projektplanung abgeschlossen; es erfolgt der Übergang zur nachfolgenden Phase.

- Die Phase Anforderungsanalyse und -definition besteht nur aus einer einzigen Teilphase. Ausgehend vom Lastenheft wird dabei das Pflichtenheft entwickelt, das die vollständige Definition der fachlichen Anforderungen an ein Produkt einschließlich einer Spezifikation der zugehörigen Basismaschinen und deren Systemumgebung sowie weiterer Anforderungen umfasst. Das Pflichtenheft wird aus der Sicht des Auftragnehmers erstellt und bildet die Grundlage für die weiteren Phasen der Systementwicklung.

- Durch die Abnahme des Pflichtenhefts wird dieses zum Input der Phase Systementwurf. Diese Phase besteht aus zwei Teilphasen. In der ersten Teilphase wird der Software-Systementwurf durchgeführt, d. h. das gesamte Softwaresystem wird in Teilsysteme zerlegt. Die zweite Teilphase dient dem Software-Komponentenentwurf. Dabei werden die Teilsysteme der ersten Teilphase in einzelne Komponenten zerlegt.

- Der Meilenstein D30 bildet als Meilenstein R10 den Input der Phase Realisierung. Diese besteht aus fünf Teilphasen, in denen die Komponenten codiert und getestet werden. Anschließend werden die Komponenten zu einem integrierten System zusammengefügt, das anschließend getestet wird. In der letzten Teilphase wird die Systemdokumentation vervollständigt.

- Die Dokumentation (Meilenstein R60) bildet den Input für die letzte Phase Abnahme und Einführung. In vier Teilphasen erfolgt der Abnahmetest mit dem Auftraggeber, die Installation des Produkts, die Einweisung und Schulung der Nutzer des Produkts sowie schließlich dessen Inbetriebnahme.

11.3 Systementwicklung als Aufgabe

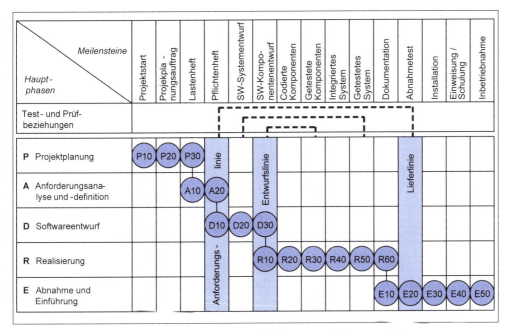

Bild 11-15: Meilensteine bei der Durchführung der Systementwicklungsaufgabe

Der Projektablauf sieht Soll-Bruchstellen vor, an denen jeweils über die Weiterführung des Projekts entschieden wird. Diese Soll-Bruchstellen werden als die Anforderungslinie, die Entwurfslinie und die Lieferlinie bezeichnet. An der Anforderungslinie wird geprüft, ob sich die im Pflichtenheft niedergelegten fachlichen Anforderungen auf der Grundlage der gewählten Basismaschinen und deren Systemumgebung Erfolg versprechend umsetzen lassen. An der Entwurfslinie wird geprüft, ob der vorliegende Software-Komponentenentwurf eine hinreichende Grundlage für eine Erfolg versprechende Realisierung des Produkts darstellt. Schließlich wird an der Lieferlinie geprüft, ob das fertig gestellte Produkt den beabsichtigten Einsatzzweck erfüllt und daher installiert und in Betrieb genommen werden soll.

Die Soll-Bruchstellen dienen damit einer Bewertung des Restrisikos der weiteren Phasen der Systementwicklung bzw. Systemnutzung. Ist dieses Risiko zu hoch, so kann es sinnvoll sein, das Projekt abzubrechen und dadurch eine weitere Kostenbindung zu vermeiden. Besonders kritisch ist diese Entscheidung an der Lieferlinie, da der weitaus größte Anteil der Kosten auf dem Lebensweg eines Anwendungssystems in dessen Betriebsphase liegt. Man sagt, ein guter Projektleiter müsse auch schon einmal „den Mut aufgebracht haben", ein Projekt abzubrechen.

Als Hilfsmittel zur möglichst frühzeitigen Auflösung von Projektrisiken während der Systementwicklung dienen die dargestellten Test- und Prüfbeziehungen. Die äußere Klammer bildet der Abnahmetest, bei dem die Eigenschaften des fertig gestellten Produkts gegen die im Pflichtenheft niedergelegten fachlichen Anforderungen getestet werden. Zwischen der Erstellung des Pflichtenheftes und dem Abnahmetest wird aber ein hoher Anteil der Projektkosten gebunden, so dass nach Möglichkeit Projektrisiken auch bereits früher aufgelöst werden sollten. Aus diesem Grund wird in der mittleren Klammer das integrierte System gegen den Software-Systementwurf getestet. Weiter werden in der inneren Klammer die codierten Komponenten gegen den Software-Komponentenentwurf getestet.

11.3.3 Zerlegung des Aufgabenobjekts der Systementwicklungsaufgabe

Die Zerlegung des Lösungsverfahrens in die fünf Hauptphasen mit zugehörigen Meilensteinen entspricht einer **verrichtungsorientierten Zerlegung** der Systementwicklungsaufgabe. Dabei wurde bislang implizit unterstellt, dass das gesamte AwS Gegenstand der sequenziell zu durchlaufenden fünf Hauptphasen ist.

Diese Annahme trifft vielfach nicht zu. Es kann z. B. sinnvoll sein, bestimmte Teilsysteme eines AwS vor anderen Teilsystemen zu realisieren, oder die Entwicklung von Teilsystemen phasenversetzt durchzuführen. Diese Überlegungen führen zur Frage einer komplementären **objektorientierten Zerlegung** des Aufgabenobjekts der Systementwicklungsaufgabe.

Die Zerlegung des Aufgabenobjekts kann mehrstufig durchgeführt werden und zu unterschiedlichen Zerlegungsebenen führen (Bild 11-16):

a) Auf der obersten Ebene liegt im Allgemeinen ein System kooperierender AwS vor, das in einzelne Anwendungssysteme aufgelöst werden kann. Dabei muss allerdings die Kopplung zwischen diesen Anwendungssystemen beachtet werden. Sind z. B. zwei Anwendungssysteme AwS1 und AwS2 durch eine gemeinsame Datenbasis gekoppelt, so muss deren Entwicklung entweder einem der beiden Anwendungssysteme zugeschlagen werden, oder die Datenbasis wird als ein separates Teilprodukt betrachtet (vgl. Kapitel 6). Analoge Überlegungen gelten bei einer ereignisorientierten Kopplung von Anwendungssystemen (AwS2 und AwS3) bezüglich der für die Kopplung benötigten Teilsysteme.

b) Innerhalb der Anwendungssoftware eines AwS können wiederum Teilsysteme gebildet werden. Die Teilsystembildung erfolgt nach dem Strukturmodell Nutzermaschine / Basismaschine oder nach dem ADK-Modell (siehe Abschnitt 11.2.4).

c) Die einzelnen Teilsysteme können schließlich in ihre Bausteine aufgelöst werden. Als Arten von Bausteinen stehen Klassen und Komponenten zur Verfügung.

11.3 Systementwicklung als Aufgabe

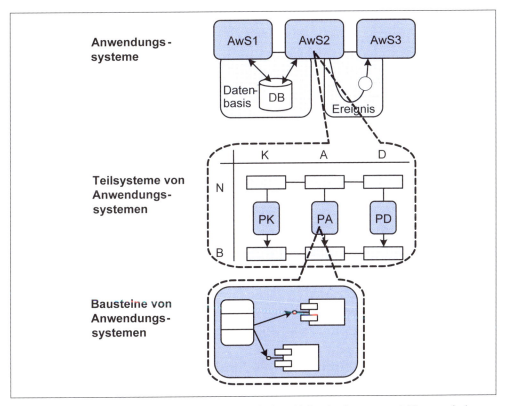

Bild 11-16: Objektorientierte Zerlegung des Aufgabenobjekts der Systementwicklungsaufgabe

KOMBINATION VON VERRICHTUNGSORIENTIERTER UND OBJEKTORIENTIERTER ZERLEGUNG DER SYSTEMENTWICKLUNGSAUFGABE

Durch Kombination von verrichtungsorientierter und objektorientierter Zerlegung der Systementwicklungsaufgabe lassen sich insbesondere zwei Formen der Aufgabendurchführung unterscheiden (Bild 11-17):

- Bei der sequenziellen Durchführung der Phasen wird eine bestimmte Phase des Lösungsverfahrens für das gesamte Aufgabenobjekt abgeschlossen, bevor mit der nächsten Phase begonnen wird.

- Bei der überlappenden Durchführung von Phasen werden zu einem bestimmten Zeitpunkt verschiedene Phasen an unterschiedlichen Teilen des Aufgabenobjekts durchgeführt. Das Aufgabenobjekt wird somit phasenversetzt bearbeitet[17].

---

[17] Diese Form der Bearbeitung korrespondiert mit der als Phasen-Pipelining bezeichneten Arbeitsweise eines Prozessors. Dabei wird z. B. während der Ausführungsphase eines Befehls bereits der nächste Befehl decodiert und der übernächste gelesen.

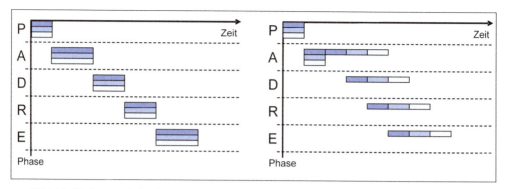

Bild 11-17: Sequenzielle (links) und überlappende Durchführung (rechts) von Phasen der Systementwicklung (Zerlegungsprodukte des Aufgabenobjekts sind durch Balken mit unterschiedlichen Graustufen dargestellt)

Auch bei der überlappenden Durchführung von Phasen ist es im Allgemeinen notwendig, bestimmte Phasen oder Teilphasen für das gesamte Aufgabenobjekt durchzuführen. Dies betrifft insbesondere die Phase Projektplanung, da hier das gesamte AwS ganzheitlich erfasst werden muss, sowie Teile der Phase Anforderungsanalyse und -definition.

11.3.4 Vorgehensmodelle für die Systementwicklung

Für die Durchführung der Systementwicklungsaufgabe wurden unterschiedliche Vorgehensmodelle (siehe z. B. [Balz98, 97ff], [Pres00] und [Somm04, 63ff]) vorgeschlagen. Diese stellen abstrakte, generische Beschreibungen des Systementwicklungsprozesses dar und bilden gleichzeitig die Grundlage für die Lenkung von Systementwicklungsprojekten.

Grundlage für die Definition eines Vorgehensmodells ist die im letzten Abschnitt eingeführte Zerlegung der Systementwicklungsaufgabe, nun ergänzt um ein drittes Zerlegungsmerkmal:

a) Phasenorientierte Zerlegung des Lösungsverfahrens nach dem **Verrichtungsprinzip** (vgl. Abschnitt 11.3.2).

b) Zerlegung des Aufgabenobjekts nach dem **Objektprinzip** (vgl. Abschnitt 11.3.3).

c) **Zielerreichungsgrad** der Durchführung einer Entwicklungsphase an einem (Teil-) Aufgabenobjekt. Dieser betrifft den Reifegrad der Verrichtung und die Vollständigkeit des (Teil-) Aufgabenobjekts, an dem die Verrichtung durchgeführt wird.

> Zum Beispiel kann in der Phase *Anforderungsanalyse und -definition* die Spezifikation der fachlichen Anforderungen für ein Teilsystem eines AwS in einem ersten Verrichtungsschritt ungenau oder unvollständig sein.

11.3 Systementwicklung als Aufgabe

Ein Vorgehensmodell kombiniert diese drei Merkmale in einem Phasenschema und macht Aussagen darüber, (a) welche Verrichtungen (b) am gesamten Aufgabenobjekt oder an Teilen davon (c) mit welchem Zielbeitrag pro Phase und in welcher Reihenfolge durchzuführen sind. Im Folgenden werden ein sequenzielles und ein iteratives Vorgehensmodell kurz charakterisiert. Beide Vorgehensmodelle haben in der Praxis der Systementwicklung eine hohe Bedeutung erlangt:

- Das **Wasserfallmodell**, in seiner Grundform von [Roy70] vorgeschlagen, beruht auf der in Abschnitt 11.3.2 vorgestellten phasenorientierten Zerlegung des Lösungsverfahrens in Verbindung mit einer streng sequenziellen Durchführung der einzelnen Phasen. Idealtypisch werden diese Phasen für das gesamte Aufgabenobjekt nacheinander und bei vollständiger Zielerreichung in den einzelnen Phasen durchgeführt. Das bedeutet, dass z. B. die Phase P (Projektplanung) am gesamten Aufgabenobjekt vollständig abgeschlossen wird, bevor die nachfolgende Phase A (Anforderungsanalyse und -definition) begonnen wird. Diese Phase wird wiederum vollständig abgeschlossen, bevor das Aufgabenobjekt an die nachfolgende Phase D (Softwareentwurf) übergeben wird. Dieses kaskadische Weiterreichen des gesamten Aufgabenobjekts von Phase zu Phase begründet den Namen „Wasserfallmodell".

  Das Wasserfallmodell gilt als das älteste Vorgehensmodell und erfreut sich in der Praxis nach wie vor großer Beliebtheit. Ein großer Vorteil ist die scheinbar leichte Messbarkeit des Projektfortschritts, da zu jedem Zeitpunkt angegeben werden kann, in welcher Phase bzw. an welchem Meilenstein sich das Aufgabenobjekt gerade befindet. Ein Nachteil des Wasserfallmodells ist die Notwendigkeit, eine Phase vollständig abzuschließen, bevor mit der nächsten Phase begonnen wird. Dabei zeigt die Erfahrung in größeren Systementwicklungsprojekten, dass es z. B. kaum möglich ist, die fachlichen Anforderungen vollständig zu erfassen, bevor mit dem Systementwurf und der Realisierung begonnen wird. Aus diesem Grund wurde das Wasserfallmodell verschiedentlich um die Möglichkeit von Rücksprüngen zu früheren Phasen erweitert, die allerdings dem Wasserfallmodell im Grunde „systemfremd" sind und methodische Fragen aufwerfen (z. B. Messung des Projektfortschritts, Revision von Abnahmeentscheidungen beim Phasenübergang).

- Primäres Ziel des **Prototyping** ist die Bestimmung und Validierung von Anforderungen an ein Anwendungssystem. Hintergrund ist die Erfahrung, dass es in der Regel nicht möglich ist, die Anforderungen an ein komplexes Anwendungssystem in den frühen Phasen der Systementwicklung vollständig und konsistent zu erfassen und mit dem Auftraggeber abzustimmen. Beim Prototyping werden erkennbare Anforderungen mehr oder weniger systematisch gesammelt. Anhand dieser Anforderungen wird ein Prototyp entworfen und implementiert. Der Prototyp wird genutzt, um die Anforderungen gemeinsam mit dem Auftraggeber zu validieren. Innerhalb dieser Aktivitäten sind beliebige Rücksprünge und Iterationen möglich. Sind die Anforderungen hinreichend vollständig und stabil, so folgt die eigentliche Entwicklung des AwS. Hier werden zwei Formen des Prototyping unterschieden:

a) Evolutionäres Prototyping: Dabei wird der Prototyp sukzessive in das endgültige AwS überführt. Die Entwicklung des Prototyps erfolgt auf der Grundlage der auch für das AwS vorgesehenen Entwicklungsplattform.

b) Wegwerf-Prototyping: Der Prototyp dient lediglich als Vorlage für die eigentliche AwS-Entwicklung. Zur Entwicklung des Prototyps kann eine beliebige Entwicklungsplattform und -umgebung genutzt werden.

Prototyping ist der klassische Vertreter eines iterativen Vorgehensmodells. Die Phasen A, D und R werden im Allgemeinen für das gesamte Aufgabenobjekt mehrfach zyklisch durchlaufen, bis ein gewünschter Zielerreichungsgrad (Vollständigkeit bezüglich des Aufgabenobjekts, Reifegrad des Phasenergebnisses) erreicht ist.

Wasserfallmodell und Prototyping sind Vorgehensmodelle im engeren Sinne, d. h. sie definieren ein Phasenschema im oben genannten Sinne, lassen aber z. B. Fragen speziell des Managements von Systementwicklungsprojekten außer Betracht. Diese Fragen werden im folgenden Abschnitt 11.3.5 kurz aufgegriffen.

Neben Wasserfallmodell und Protoyping existiert eine Reihe von weiteren Vorgehensmodellen im engeren Sinne. Ein Beispiel ist das von BOEHM vorgeschlagene Spiralmodell [Boeh88], welches Elemente des Wasserfallmodells und des Protoyping kombiniert. Das Spiralmodell zielt insbesondere auf die frühzeitige Erkennung und Auflösung von Entwicklungsrisiken.

Als gegenläufige Entwicklung zu den genannten Vorgehensmodellen werden in den letzten Jahren so genannte agile Vorgehensweisen diskutiert, die stärker auf der Kommunikation und Selbstkoordination der beteiligten Entwickler als auf strukturierten Phasenplänen aufbauen (siehe z. B. [BlWo08]). Der bekannteste Ansatz in diesem Bereich ist *eXtreme Programming (XP)* [Beck04] Aufbauend auf den grundlegenden „Werten" von XP (Kommunikation, Feedback, Einfachheit, Mut und Respekt) werden Prinzipien und Techniken für eine agile Softwareentwicklung formuliert. Zum Beispiel soll Qualität über Feedback erreicht werden. Über Erfahrungen mit XP berichten [WRL05].

11.3.5 Management von Systementwicklungsprojekten

Aus der Sicht der Systementwicklungsaufgabe betrachtet, stellt das Management von Systementwicklungsprojekten eine so genannte projektbegleitende Aufgabe dar. Diese Aktivitäten ergänzen die eigentliche Durchführung der Systementwicklungsaufgabe um drei Managementaktivitäten: Projektmanagement (PM), Konfigurationsmanagement (KM) und Qualitätsmanagement (QM). Sie werden im Folgenden kurz charakterisiert.

PROJEKTMANAGEMENT

Gegenstand des **Projektmanagements** ist die zielorientierte Lenkung von Systementwicklungsprojekten. Unter Lenkung wird dabei im regelungstheoretischen Sinne die zyklische Abfolge der Phasen Planung, Steuerung und Kontrolle der Systementwicklungsaufgaben verstanden.

Das Sachziel des Projektmanagements ist auf die Entwicklung eines Projektergebnisses (in der Regel eines AwS) mit geforderten Qualitätsmerkmalen ausgerichtet. Formalziele des Projektmanagements beziehen sich auf Zeit-, Kosten- und Qualitätsmerkmale des Systementwicklungsprozesses.

Wichtigste Grundlage des Projektmanagements ist der Projektplan. Dieser gliedert sich in mehrere Teilpläne (siehe z. B. [Lann03, 321ff]):

- Der **Aufgabenplan** enthält die im Rahmen eines Systementwicklungsprojekts durchzuführenden Aufgaben sowie ihre Zuordnung zu den einzelnen Projektphasen.

- Der **Aufwandsplan** umfasst Kalkulationen der Aufwände für das gesamte Projekt und für einzelne Projektphasen. Da die Aufwände zu Beginn eines Projekts im Allgemeinen noch nicht genau bekannt sind, ist die Erstellung des Aufwandsplans auf Schätzmethoden angewiesen.

- Der **Mitarbeiter- und Zeitplan** ordnet die einzelnen Aufgaben und ihre Durchführungsaufwände den Mitgliedern des Projektteams zu und bildet die Aufgabendurchführungen auf die Zeitachse ab. Hierzu werden Planungswerkzeuge, wie z. B. *MS-Project* von MICROSOFT, eingesetzt.

- Der **Meilensteinplan** strukturiert die Projektdurchführung in den einzelnen Phasen hinsichtlich der geplanten Ergebnisse. Er macht Abhängigkeiten zwischen den Aktivitäten sichtbar und deckt kritische Pfade auf. Ein kritischer Pfad ist eine Folge von Aktivitäten, bei der die Verzögerung einer einzelnen Aktivität zu einer Verzögerung des gesamten Projekts führt. Der Meilensteinplan wird auf der Grundlage des zugrunde gelegten Vorgehensmodells erstellt.

Die Projektleitung bestimmt die Zusammensetzung des Projektteams sowie die zugehörigen Rollen und Kommunikationsbeziehungen. Einer Faustregel folgend, soll die maximale Teamgröße gleich der Quadratwurzel aus dem geplanten Aufwand in Personenmonaten sein. Ein Projekt mit einem geschätzten Aufwand von 60 Personenmonaten soll damit von einem Projektteam mit maximal sieben bis acht Personen bearbeitet werden. Hintergrund dieser Faustregel ist einerseits das aus der Volkswirtschaftslehre bekannte Gesetz des abnehmenden Grenzertrags, wonach die (i+1)-te Person in einem Projekt tendenziell weniger beitragen kann als die i-te Person, weil mit der Anzahl der beteiligten Personen der Koordinations- und Kommunikationsaufwand steigt. Andererseits sind so viele Personen in ein Projektteam aufzunehmen, dass eine annehmbare Durchführungszeit für das Projekt resultiert.

KONFIGURATIONSMANAGEMENT

Das **Konfigurationsmanagement** umfasst vier Aufgabenschwerpunkte (vgl. [ESS03, 243ff]):

- Das **Versionsmanagement** dient der Verwaltung der unterschiedlichen Versionen von Entwicklungsobjekten über ihren gesamten Lebensweg. Als Entwicklungsobjekte werden die im Rahmen der Systementwicklung entstehenden Software-Bausteine bezeichnet, seien es Programme, Spezifikationen, Modelle oder andere Dokumente. Es werden Arbeitsbereiche („Räume") für Entwickler und Auftraggeber bereitgestellt, in denen Entwicklungsobjekte abgelegt und verwaltet werden. Schließlich wird die Koordination der Bearbeitung von Softwarebausteinen durch mehrere Entwickler koordiniert.

- Das **Build-Management** dient der weitgehend automatisierten Erzeugung ablauffähiger Programme aus versionierten Softwarebausteinen. Außerdem werden Abhängigkeiten zwischen Softwarebausteinen unter Berücksichtigung ihrer Versionierung analysiert.

- Ein Release ist ein zusammengehöriges, in Form eines Produkts ausgeliefertes Softwarepaket. Das **Release-Management** dient der Verwaltung der ausgelieferten Software. Gleichzeitig wird die Identifizierbarkeit der ausgelieferten Software realisiert und ihre Reproduzierbarkeit sichergestellt.

- Im **Change-Management** erfolgen die Koordination von Änderungsanforderungen an Software sowie die Lenkung der zugehörigen Änderungsprozesse.

QUALITÄTSMANAGEMENT

Qualitätsmanagement wird in der Norm DIN EN ISO 9000 definiert als „aufeinander abgestimmte Tätigkeiten zur Leitung und Lenkung einer Organisation bezüglich Qualität" mit der erläuternden Anmerkung „Leitung und Lenkung bezüglich Qualität umfassen üblicherweise die Festlegung der Qualitätspolitik und von Qualitätszielen, die Qualitätsplanung, die Qualitätslenkung, die Qualitätssicherung und die Qualitätsverbesserung" (zitiert nach [KaBr08, 216]).

Beim Qualitätsmanagement wird weiter zwischen einem produktorientierten Qualitätsmanagement und einem prozessorientierten Qualitätsmanagement unterschieden. Ersteres bezieht sich auf das Qualitätsmanagement der Entwicklungsergebnisse, letzteres auf den Entwicklungsprozess.

Bei den Maßnahmen des Qualitätsmanagements ist zwischen konstruktiven und analytischen Maßnahmen zu unterscheiden:

- Konstruktive Maßnahmen zielen darauf, durch geeignete Gestaltung des Konstruktionsprozesses die erforderliche Qualität zu erreichen. Sie werden wiederum in produktorientierte und prozessorientierte Maßnahmen unterteilt. Zu den produktorientierten Maßnahmen gehören z. B. die Festlegung von Modellierungsmethoden oder Entwicklungsplattformen, zu den prozessorientierten Maßnahmen die Festlegung eines Vorgehensmodells oder der Einsatz eines Konfigurationsmanagementsystems.

- Analytische Maßnahmen zielen auf die Feststellung der geforderten Qualität durch Prüfmaßnahmen. Sie sind analysierende Verfahren (z. B. statische Analyse oder Review von Softwarebausteinen) sowie Testverfahren.

Nach DIN ISO 9126 umfasst Softwarequalität die Gesamtheit der Merkmale und Merkmalswerte eines Softwareprodukts, die sich auf dessen Eignung beziehen, festgelegte oder vorausgesetzte Erfordernisse zu erfüllen. Softwarequalität wird somit nutzungsbezogen definiert. Die Norm definiert sechs Qualitätsmerkmale mit zugehörigen Teilmerkmalen, die durch Qualitätsindikatoren bzw. Metriken mess- und bewertbar gemacht werden sollen. Die sechs Qualitätsmerkmale beziehen sich auf die Funktionalität, die Zuverlässigkeit, die Benutzbarkeit, die Effizienz, die Änderbarkeit und die Übertragbarkeit der entwickelten Software.

Als methodische Grundlagen für den Aufbau von Qualitätsmanagementsystemen werden insbesondere zwei Ansätze verfolgt:

- Die Normenfamilie DIN EN ISO 9000, welche den Aufbau eines Qualitätsmanagementsystems und die Darlegung der Qualitätssicherung in den Mittelpunkt des Qualitätsmanagements stellt (vgl. z. B. [Wall01, 316ff]) und

- das am Software Engineering Institute (SEI) der Carnegie Mellon University (CMU) entwickelte Capability Maturity Model (CMM)[18], welches anhand des Reifegrades (Maturity) fünf unterschiedliche Qualitätsstufen des Softwareentwicklungsprozesses unterscheidet (siehe z. B. [Wall01, 73ff]). Mittlerweile wurde CMM durch den Ansatz Capability Maturity Model Integration (CMMI)[19] abgelöst. CMMI schafft einen einheitlichen Rahmen für unterschiedliche, verwandte Reifegradmodelle.

VOM VORGEHENSMODELL ZUM PROJEKTMODELL

Zwischen einem Vorgehensmodell zur Systementwicklung und Modellen zur Durchführung der projektbegleitenden Aktivitäten besteht eine Reihe von wechselseitigen Abhängigkeiten. Zum Beispiel ist die gewählte Form der Projektlenkung mit dem Phasenplan des Vorgehensmodells abzustimmen, ebenso das Release-Management mit der Qualitätssicherung.

Um diesen Abhängigkeiten Rechnung zu tragen, werden Vorgehensmodelle und Modelle für die projektbegleitenden Aktivitäten PM, KM und QM zu umfassenden Projektmodellen integriert. Projektmodelle sollen die wirtschaftliche Entwicklung qualitativ hochwertiger Software bei gleichzeitiger Minimierung von Projektrisiken unterstützen.

> Ein Beispiel für ein umfassendes Projektmodell ist das im Jahr 2005 eingeführte und für die Behörden der Bundesverwaltung verbindlich vorgeschriebene V-Modell XT[20]. Das Modell berücksichtigt neben den oben genannten Teilmodellen spezifische Anwendungsprofile (Tailoring), sowie die in einem Projekt vorgesehenen Rollen und Aktivitäten, ein Produktmodell der Systementwicklung und eine Abbildung der verwendeten Konventionen in gängige Standards, Normen und Vorschriften.

---

[18] http://www.sei.cmu.edu/cmm/

[19] http://www.sei.cmu.edu/cmmi/

[20] http://www.kbst.bund.de

Literaturverzeichnis

Literatur zu Kapitel 1

Gro75   Grochla E.: Betriebliche Planung und Informationssysteme. Verlag Rowohlt, Reinbek 1975

HaNe05   Hansen H. R., Neumann G.: Wirtschaftsinformatik 1. Grundlagen und Anwendungen. 9. Auflage, Verlag Lucius & Lucius UTB, Stuttgart 2005

HHR07   Heinrich L. J., Heinzl A., Roithmayr F.: Wirtschaftsinformatik. Einführung und Grundlegung. 3. Auflage, Oldenbourg-Verlag, München 2007

Kurb08   Kurbel K. E.: The Making of Information Systems, Software Engineering and Management in a Globalized World. Springer-Verlag, Berlin 2008

LLS06   Laudon, K. C., Laudon J. P., Schoder D.: Wirtschaftsinformatik. Eine Einführung. Pearson Studium, München 2006

MeGr02   Mertens P., Griese J.: Integrierte Informationsverarbeitung 2. Planungs- und Kontrollsysteme in der Industrie. 9. Auflage, Gabler-Verlag, Wiesbaden 2002

Mer07   Mertens P.: Integrierte Informationsverarbeitung 1. Operative Systeme in der Industrie. 16. Auflage, Gabler-Verlag, Wiesbaden 2007

Sche98   Scheer A.-W.: Wirtschaftsinformatik. Referenzmodelle für industrielle Geschäftsprozesse. Studienausgabe. 2. Auflage, Springer-Verlag, Berlin 1998

StHa05   Stahlknecht P., Hasenkamp U.: Einführung in die Wirtschaftsinformatik. 11. Auflage, Springer-Verlag, Berlin 2005

Literatur zu Kapitel 2

Dink73   Dinkelbach W.: Modell - ein isomorphes Abbild der Wirklichkeit? In: Grochla E., Szyperski N. (Hrsg.): Modell- und computergestützte Unternehmensplanung. Gabler-Verlag, Wiesbaden 1973, S. 152 - 162

Fers79   Ferstl O.K.: Konstruktion und Analyse von Simulationsmodellen. Verlag Hain, Königstein 1979

FeSi84   Ferstl O.K., Sinz E.J.: Software-Konzepte der Wirtschaftsinformatik. Verlag DeGruyter, Berlin 1984

Forr72   Forrester J.W.: Grundzüge einer Systemtheorie. Gabler-Verlag, Wiesbaden 1972

Fres05	Frese E.: Grundlagen der Organisation – Entscheidungsorientiertes Konzept der Organisationsgestaltung. 9. Auflage, Gabler-Verlag, Wiesbaden 2005
Gro75	Grochla E.: Betriebliche Planung und Informationssysteme. Verlag Rowohlt, Reinbek 1975
Gun85	Guntram U.: Die Allgemeine Systemtheorie. Ein Überblick. In: ZfB, 55. Jg., Heft 3 (1985), S. 296 - 323
HaNe05	Hansen H.R., Neumann G.: Wirtschaftsinformatik 2. Informationstechnik. 9. Auflage, Verlag Lucius & Lucius UTB, Stuttgart 2005
KiKl77	Kirsch W., Klein H.K.: Management-Informationssysteme I. Verlag Kohlhammer, Stuttgart 1977
Mert01	Mertens P.: Integrierte Informationsverarbeitung. In: Mertens P., u.a. (Hrsg.): Lexikon der Wirtschaftsinformatik. 4. Auflage, Springer-Verlag, Berlin 2001, S. 244 - 245
MeTa75	Mesarowic M.D., Takahara Y.: General Systems Theory: Mathematical Foundations. New York 1975
Pete77	Peterson J.L.: Petri Nets. In: ACM Computing Surveys, Vol. 9, No. 3 (1977), S. 223 - 252
Reis85	Reisig W.: Systementwurf mit Netzen. Springer-Verlag, Berlin 1985
Sche90	Scheer A.-W.: Computer integrated manufacturing (CIM). In: Kurbel K., Strunz H. (Hrsg.): Handbuch Wirtschaftsinformatik. Poeschel-Verlag, Stuttgart 1990, S. 47 - 68
Sche90a	Scheer A.-W.: EDV-orientierte Betriebswirtschaftslehre. 4. Auflage, Springer-Verlag, Berlin 1990
Sinz83	Sinz E.J.: Konstruktion betrieblicher Basisinformationssysteme. Verlag Haupt, Bern 1983
Star90	Starke P.H.: Analyse von Petri-Netz-Modellen. Teubner-Verlag, Stuttgart 1990
WöDö08	Wöhe G., Döring U.: Einführung in die Allgemeine Betriebswirtschaftslehre. 23. Auflage, Vahlen-Verlag, München 2008

Literatur zu Kapitel 3

Bitz+05	Bitz M. u. a. (Hrsg.): Vahlens Kompendium der Betriebswirtschaftslehre. Band 1, 5. Auflage, Vahlen-Verlag, München 2005
BoSu93	Bodendorf F., Schulz A.: Globale elektronische Märkte - Aspekte des Wettbewerbs und der Unternehmensstrategie. In: Haller M. u. a.: Globalisierung in der Wirtschaft - Einwirkungen auf die BWL. Haupt-Verlag, Bern 1993, S. 111-115

Grie90	Griese J.: Ziele und Aufgaben des Informationsmanagements. In: Kurbel K., Strunz H. (Hrsg.): Handbuch Wirtschaftsinformatik. Poeschel-Verlag, Stuttgart 1990, S. 641-657
Hein76	Heinen E.: Grundlagen betriebswirtschaftlicher Entscheidungen: Das Zielsystem der Unternehmung. 3. Auflage, Gabler-Verlag, Wiesbaden 1976
HeLe05	Heinrich L.J., Lehner, F.: Informationsmanagement. 8. Auflage, Oldenbourg-Verlag, München 2005
Hild01	Hildebrand K.: Informationsmanagement. 2. Auflage, Oldenbourg-Verlag, München 2001
Ihde01	Ihde G.B.: Transport, Verkehr, Logistik. 3. Auflage, Vahlen-Verlag, München 2001
Lehn+91	Lehner F., u.a.: Organisationslehre für Wirtschaftsinformatiker. Hanser-Verlag, München 1991
Lenk89	Lenk H.: Können Informationssysteme moralisch verantwortlich sein? In: Informatik-Spektrum, Band 12, Heft 5 (1989), S. 248 - 255
Mali06	Malik F.: Strategie des Managements komplexer Systeme. 9. Auflage, Haupt-Verlag, Bern 2006
PMK04	Pietsch, Th, Martiny L., Klotz M.: Strategisches Informationsmanagement. Bedeutung, Konzeption und Umsetzung. 4. Auflage, Oldenbourg-Verlag, München 2004
Merk95	Merkel H.: Logistik-Managementsysteme. Oldenbourg-Verlag, München 1995
Merz02	Merz M.: E-Commerce und E-Business. Marktmodelle, Anwendungen und Technologien. 2. Auflage, dpunkt-Verlag, Heidelberg 2002
Neub94	Neuburger R.: Electronic Data Interchange - Einsatzmöglichkeiten und ökonomische Auswirkungen. Deutscher Universitätsverlag, Wiesbaden 1994
Pfoh04	Pfohl H.-Ch.: Logistiksysteme. 7. Auflage, Springer-Verlag, Berlin 2004
Pico05	Picot A.: Organisation. In: Bitz M., Ebert R., Wagner F. W. (Hrsg.): Vahlens Kompendium der Betriebswirtschaftslehre. Band 2, 5. Auflage, Vahlen-Verlag, München 2005
PrKü98	Pritschow G., Kühn P. (Hrsg.): Kommunikationstechnik für den rechnerintegrierten Fabrikbetrieb. 2. Auflage, Verlag TÜV Rheinland 1998
Schm+97	Schmid B., Kuhn, C., Mausberg, P, Zimmermann, H.-D., Meli, H., Dratva, R.: Electronic Mall. Banking and Shopping in globalen Netzen. 2. Auflage, Teubner-Verlag, Stuttgart 1997
SKS08	Simchi-Levi D., Kaminsky Ph., Simchi-Levi E.: Designing and Managing the Supply Chain. 3. Auflage, Verlag McGraw-Hill, Boston 2008
Stae99	Staehle W.H.: Management. 8. Auflage, Vahlen-Verlag, München 1999
Ulric84	Ulrich H.: Management. Haupt-Verlag, Bern 1984

WöDö08   Wöhe G., Döring U.: Einführung in die Allgemeine Betriebswirtschaftslehre. 23. Auflage, Vahlen-Verlag, München 2008

Literatur zu Kapitel 4

Balz87   Balzert H.: Gestaltungsziele der Software-Ergonomie. In: Schönpflug W., Wittstock M. (Hrsg.): Software-Ergonomie '87. Teubner-Verlag, Stuttgart 1987, S. 477-488

Beck89   Beck A.: Perspektiven zur Mensch-Maschine-Funktionsteilung. In: Softwaretechnik-Tends, Mitteilungen der GI-Fachgruppe Software Engineering, Band 9 (1989), Heft 2, S. 4-13

Dunc89   Dunckel H.: Arbeitspsychologische Kriterien zur Beurteilung und Gestaltung von Arbeitsaufgaben in Zusammenhang mit EDV-Systemen. In: Maaß S., Oberquelle H. (Hrsg.): Software-Ergonomie '89. Teubner-Verlag, Stuttgart 1989, S. 69-79

Fers79   Ferstl O.K.: Konstruktion und Analyse von Simulationsmodellen. Verlag Hain, Königstein 1979

Fers92   Ferstl O.K.: Integrationskonzepte betrieblicher Anwendungssysteme. Fachbericht Informatik 1/92 der Universität Koblenz-Landau 1992

GaHe92   Gappmaier M., Heinrich L.J.: Computerunterstützung kooperativen Arbeitens (CSCW). In WIRTSCHAFTSINFORMATIK 34 (1992) 3, S. 340 - 343

GrAc89   Geutmann T., Ackermann D.: Zielkonflikte bei Software-Gestaltungskriterien. In: Maaß S., Oberquelle H. (Hrsg.): Software-Ergonomie '89. Teubner-Verlag, Stuttgart 1989, S. 144 - 152

Haus80   Hauschildt J.: Verantwortung. In: Grochla E. (Hrsg.): Handwörterbuch der Organisation, 2. Auflage, Poeschel-Verlag, Stuttgart 1980, Spalte 1693 - 1702

Heeg88   Heeg F.J.: Empirische Software-Ergonomie. Springer-Verlag, Berlin 1988

Kemk88   Kemke C.: Der neuere Konnektionismus. Ein Überblick. In: Informatik-Spektrum, Band 11, Heft 3 (1988), S. 143 - 162

Kosi76   Kosiol E.: Organisation der Unternehmung. 2. Auflage, Gabler-Verlag, Wiesbaden 1976

MeHo86   Mertens P., Hofmann J.: Aktionsorientierte Datenverarbeitung. Informatik-Spektrum, Band 9, Heft 6 (1986), S. 323 - 333

MüMe88   Müller-Merbach H.: Operations Research - Methoden und Modelle der Optimalplanung. 3. Auflage, Vahlen-Verlag, München 1988

Ober91   Oberquelle H.: MCI-Quo Vadis? Perspektiven für die Gestaltung und Entwicklung der Mensch-Computer-Interaktion. In: Ackermann D., Ulich E. (Hrsg.): Software-Ergonomie '91. Teubner-Verlag, Stuttgart 1991, S. 9 - 24

Pupp91	Puppe F.: Einführung in Expertensysteme. 2. Auflage, Springer-Verlag, Berlin 1991
RePo91	Rehkugler H., Poddig Th.: Künstliche Neuronale Netze in der Finanzanalyse: Eine neue Ära der Kursprognosen? In: WIRTSCHAFTSINFORMATIK 33 (1991) 5, S. 365 - 374
Stae99	Staehle W.H.: Management. 8. Auflage, Vahlen-Verlag, München 1999
STU83	Spinas P., Troy N., Ulich E.: Leitfaden zur Einführung und Gestaltung von Arbeit mit Bildschirmsystemen. München-Zürich 1983
Ulic89	Ulich E.: Arbeitspsychologische Konzepte der Aufgabengestaltung. In: Maaß S., Oberquelle H. (Hrsg.): Software-Ergonomie '89. Teubner-Verlag, Stuttgart 1989, S. 51-65
Ulri80	Ulrich H.: Kompetenz. In: Grochla E. (Hrsg.): Handwörterbuch der Organisation. 2. Auflage, Poeschel-Verlag, Stuttgart 1980, Sp. 852-856
Volp86	Volpert W.: Kontrastive Analyse des Verhältnisses von Mensch und Rechner als Grundlage des System-Design. IfHA-Berichte Nr. 11, TU Berlin, Berlin 1986

Literatur zu Kapitel 5

BaGo91	Bauer F.L., Goos G.: Informatik 1. Eine einführende Übersicht. 4. Auflage, Springer-Verlag, Berlin 1991
Balz82	Balzert H.: Die Entwicklung von Software-Systemen. B.I.-Wissenschaftsverlag, Mannheim 1982
Balz93	Balzert H. (Hrsg.): CASE - Systeme und Werkzeuge. 5. Auflage, B.I.-Wissenschaftsverlag, Mannheim 1993
BeVo96	Becker J., Vossen G.: Geschäftsprozeßmodellierung und Workflow-Management: Eine Einführung. In: Vossen G., Becker J.: Geschäftsprozeßmodellierung und Workflow-Management. Modelle, Methoden, Werkzeuge. International Thomson Publishing, Bonn 1996, S. 17 - 26
Boo99	Booch G.: Object-Oriented Analysis and Design with Applications. 3rd Edition, Addison-Wesley, Harlow 1999
Chen76	Chen P.P.-S: The Entity-Relationship Model - Toward a Unified View of Data. In: ACM Transactions on Database Systems, Vol. 1, No. 1 (1976), p. 9 - 36
CoYo91	Coad P., Yourdon E.: Object-Oriented Analysis. 2nd Edition, Yourdon Press, Prentice Hall, Englewood Cliffs, New Jersey 1991
Date04	Date C.J.: An Introduction to Database Systems. Volume I. 8th Edition, Addison-Wesley, Reading, Massachusetts 2004
DeMa79	DeMarco T.: Structured Analysis and System Specification. Yourdon Press, Englewood Cliffs 1979

Ens78	Enslow P.H.: What is a ‚Distributed' Data Processing System? In: IEEE Computer, Vol. 11, No. 1, January 1978, S. 13 - 21
FeMa95	Ferstl O.K., Mannmeusel Th.: Gestaltung industrieller Geschäftsprozesse. In WIRTSCHAFTSINFORMATIK 37 (1995) 5, S. 446 - 458
FeSi90	Ferstl O.K., Sinz E.J.: Objektmodellierung betrieblicher Informationssysteme im Semantischen Objektmodell (SOM). In: WIRTSCHAFTSINFORMATIK 32 (1990) 6, S. 566 - 581
FeSi91	Ferstl O.K., Sinz E.J.: Ein Vorgehensmodell zur Objektmodellierung betrieblicher Informationssysteme im Semantischen Objektmodell (SOM). In: WIRTSCHAFTSINFORMATIK 33 (1991) 6, S. 477 - 491
FeSi93	Ferstl O.K., Sinz E.J.: Geschäftsprozeßmodellierung. In: WIRTSCHAFTSINFORMATIK 35 (1993) 6, S. 589 - 592
FeSi95	Ferstl O.K., Sinz E.J.: Der Ansatz des Semantischen Objektmodells (SOM) zur Modellierung von Geschäftsprozessen. In: WIRTSCHAFTSINFORMATIK 37 (1995) 3, S. 209 - 220
FeSi96	Ferstl O.K., Sinz E.J.: Geschäftsprozeßmodellierung im Rahmen des Semantischen Objektmodells. In: Vossen G., Becker J.: Geschäftsprozeßmodellierung und Workflow-Management. Modelle, Methoden, Werkzeuge. International Thomson Publishing, Bonn 1996, S. 47 - 61
FeSi96a	Ferstl O.K., Sinz E.J.: Multi-Layered Development of Business Process Models and Distributed Business Application Systems – An Object-Oriented Approach. in: König W., Kurbel K., Mertens P., Preßmar D. (ed.): Distributed Information Systems in Business. Springer-Verlag, Berlin 1996, S. 159 - 179
FeSi97	Ferstl O.K., Sinz E.J.: Flexible Organizations Through Object-Oriented and Transaction-Oriented Information Systems. In: Krallmann H. (Hrsg.): Wirtschaftsinformatik '97. Internationale Geschäftstätigkeit auf der Basis flexibler Organisationsstrukturen und leistungsfähiger Informationssysteme. Physica-Verlag, Heidelberg 1997, S. 393 - 411
FeSi98	Ferstl O.K., Sinz E.J.: Modeling of Business Systems Using the Semantic Object Model (SOM) – A Methodological Framework. In: Bernus P., Mertins K., Schmidt G. (ed.): Handbook on Architectures of Information Systems. International Handbook on Information Systems, edited by Bernus P., Blazewicz J., Schmidt G., and Shaw M., Volume I, Springer-Verlag, New York 1998, S. 339 - 358
Fres05	Frese E.: Grundlagen der Organisation – Entscheidungsorientiertes Konzept der Organisationsgestaltung. 9. Auflage, Gabler-Verlag, Wiesbaden 2005

GaSa79	Gane C., Sarson T.: Structured Systems Analysis: Tools and Techniques. Prentice Hall 1979
HHR07	Heinrich L. J., Heinzl A., Roithmayr F.: Wirtschaftsinformatik. Einführung und Grundlegung. 3. Auflage, Oldenbourg-Verlag, München 2007
Hru91	Hruschka P.: Mein Weg zu CASE. Hanser-Verlag, München 1991
JCJÖ92	Jacobson I., Christerson M., Jonsson P., Övergaard G.: Object-Oriented Software Engineering. A Use Case Driven Approach. Addison-Wesley, Workingham, England 1992
Kru97	Krumbiegel J.: Integrale Gestaltung von Geschäftsprozessen und Anwendungssystemen in Dienstleistungsbetrieben. Dissertation, Deutscher Universitätsverlag, Wiesbaden 1997
MDL87	Mayr H.C., Dittrich K.R., Lockemann P.C.: Datenbankentwurf. In: Lockemann P.C., Schmidt J.W. (Hrsg.): Datenbank-Handbuch, Springer-Verlag, Berlin 1987, S. 481 - 557
MePa88	McMenamin S.M., Palmer J.F.: Strukturierte Systemanalyse. Hanser-Verlag, München 1988
Neu75	Neumann K.: Operations Research Verfahren Band III. Graphentheorie, Netzplantechnik. Hanser-Verlag, München 1975
Oest05	Oesterreich B.: Objektorientierte Softwareentwicklung – Analyse und Design mit der UML 2.0. 6. Auflage, Oldenbourg-Verlag, München 2005
Rum$^+$91	Rumbaugh J., Blaha M., Premerlani W., Eddy F., Lorensen W.: Object-Oriented Modeling and Design. Prentice Hall, Englewood Cliffs, New Jersey 1991
Sche90	Scheer A.-W.: Wirtschaftsinformatik. Informationssysteme im Industriebetrieb. 3. Auflage, Springer-Verlag, Berlin 1990
Sche97	Scheer A.-W.: Wirtschaftsinformatik. Referenzmodelle für industrielle Geschäftsprozesse. 7. Auflage, Springer-Verlag, Berlin 1997
Sche98	Scheer A.-W.: ARIS – Modellierungsmethoden, Metamodelle, Anwendungen. 3. Auflage, Springer-Verlag, Berlin 1998
ScSt83	Schlageter G., Stucky W.: Datenbanksysteme: Konzepte und Modelle. 2. Auflage, Teubner-Verlag, Stuttgart 1983
ShMe88	Shlaer S., Mellor S.J.: Object-Oriented Systems Analysis. Modeling the World in Data. Yourdon Press, Prentice Hall, Englewood Cliffs 1988
ShMe92	Shlaer S., Mellor S.J.: Object Lifecycles: Modeling the World in States. Prentice Hall, Englewood Cliffs, New Jersey 1992
SmSm77	Smith J.M., Smith D.C.P.: Database Abstractions: Aggregation and Generalization. In: ACM Transactions on Database Systems, Vol. 2, No. 2 (1977), S. 105 - 133

Sinz87   Sinz E.J.: Datenmodellierung betrieblicher Probleme und ihre Unterstützung durch ein wissensbasiertes Entwicklungssystem. Habilitationsschrift, Regensburg 1987

Sinz88   Sinz E.J.: Das Strukturierte Entity-Relationship-Modell (SER-Modell). In: Angewandte Informatik, Band 30, Heft 5 (1988), S. 191 - 202

Sinz92   Sinz E.J.: Datenmodellierung im Strukturierten Entity-Relationship-Modell (SERM). In: Müller-Ettrich G. (Hrsg.): Fachliche Analyse von Informationssystemen. Addison-Wesley, Bonn 1992

Sinz96   Sinz E.J.: Ansätze zur fachlichen Modellierung betrieblicher Informationssysteme. Entwicklung, aktueller Stand und Trends. In: Heilmann H., Heinrich L.J., Roithmayr F. (Hrsg.): Information Engineering. Oldenbourg-Verlag, München 1996

Sinz02   Sinz E.J.: Architektur von Informationssystemen. In: Rechenberg P., Pomberger G. (Hrsg.): Informatik-Handbuch. 3. Auflage, Verlag Hanser-Verlag, München 1999, S. 1055 - 1068

SSW80   Scheuermann P., Schiffner G., Weber H.: Abstraction Capabilities and Invariant Properties Modeling Within the Entity-Relationship Approach. In: Chen P.P.-S. (Ed.): Entity-Relationship Approach to Systems Analysis and Design. Proc. Int. Conf. on Entity-Relationship Approach 1979. North-Holland, Amsterdam 1980, p. 121 - 140

StSc05   Steinmann H., Schreyögg G.: Management. Grundlagen der Unternehmensführung. Konzepte – Funktionen – Fallstudien. 6. Auflage, Gabler-Verlag, Wiesbaden 2005

TYF87   Teorey T.J., Yang D., Fry J.P.: A Logical Design Methodology for Relational Databases Using the Extended Entity-Relationship Model. In: ACM Computing Surveys, Vol. 18, No. 2 (1986), p. 197 - 222. See also: Surveyor's Forum. ACM Computing Surveys, Vol. 19, No. 2 (1987), p. 191 - 193

Ull88   Ullman J.D.: Principles of Database and Knowledge-Base Systems. Volume I. Computer Science Press, Rockville, Maryland 1988

VoBe96   Vossen G., Becker J.: Geschäftsprozeßmodellierung und Workflow-Management. Modelle, Methoden, Werkzeuge. International Thomson Publishing, Bonn 1996

VRT82   Vinek G., Rennert P.F., Tjoa A.M.: Datenmodellierung: Theorie und Praxis des Datenbankentwurfs. Physica-Verlag, Würzburg 1982

Literatur zu Kapitel 6

Beck91   Becker J.: CIM-Integrationsmodell. Springer-Verlag, Berlin 1991

Buss03   Bussler Ch.: B2B Integration. Concepts and Architecture. Springer-Verlag, Berlin 2003

CHKT06	Conrad S., Hasselbring W., Koschel A., Tritsch R.: Enterprise Application Integration: Grundlagen – Konzepte – Entwurfsmuster – Praxisbeispiele. Elsevier, München 2006
ESPR98	ESPRIT Consortium AMICE (Eds.): CIMOSA: Open System Architecture for CIM. 2. Auflage, Springer-Verlag, Berlin 1998
Fers92	Ferstl O. K.: Integrationskonzepte betrieblicher Anwendungssysteme. Fachbericht Informatik 1/92 der Universität Koblenz-Landau 1992
Gro+85	Grochla E. und Mitarbeiter: Integrierte Gesamtmodelle der Datenverarbeitung. 2. Auflage, Hanser-Verlag, München 1985
GrKo05	Großmann M., Koschek H.: Unternehmensportale: Grundlagen, Architekturen, Technologien. Springer-Verlag, Berlin 2005
JBK91	Jakob H., Becker J., Krcmar H. (Hrsg.): Integrierte Informationssysteme. Gabler-Verlag, Wiesbaden 1991
Kaib02	Kaib M.: Enterprise Application Integration . Grundlagen, Integrationsprodukte, Anwendungsbeispiele. Deutscher Universitäts-Verlag, Wiesbaden 2002
Kell02	Keller W.: Enterprise Application Integration: Erfahrungen aus der Praxis. dpunkt-Verlag, Heidelberg 2002
Krcm01	Krcmar H.: Datenintegration und Funktionsintegration. In: Mertens P., u. a. (Hrsg.): Lexikon der Wirtschaftsinformatik. 4. Auflage, Springer-Verlag, Berlin 2001
Lint04	Linthicum, D.S.: Next Generation Application Integration. From Simple Information to Web Services. Addison-Wesley Professional, Boston 2004
LoDi93	Lockemann P.C., Dittrich K.R.: Architektur von Datenbanksystemen. In: Lockemann P.C., Blaser A.: Datenbank-Handbuch. 2. unv. Nachdruck, Springer-Verlag, Berlin 1993, S. 85-161
Mert07	Mertens, P.: Integrierte Informationsverarbeitung 1. Operative Systeme in der Industrie. 16. Auflage, Springer-Verlag, Wiesbaden 2007
Sche90	Scheer A.-W.: Computer integrated manufacturing (CIM). In: Kurbel K., Strunz H. (Hrsg.): Handbuch Wirtschaftsinformatik. Poeschel-Verlag, Stuttgart 1990, S. 47-68
Sche97	Scheer A.-W.: Wirtschaftsinformatik - Referenzmodelle für industrielle Geschäftsprozesse. 7. Auflage, Springer-Verlag, Berlin 1997
Stot89	Stotko E.C.: CIM-OSA. In: CIM Management, Band 5, Heft 1 (1989), S. 9-15

Literatur zu Kapitel 7

BaGo91	Bauer F.L., Goos G.: Informatik 1. Eine einführende Übersicht. 4. Auflage, Springer-Verlag, Berlin 1991

BaGo92   Bauer F.L., Goos G.: Informatik. Eine einführende Übersicht. Zweiter Teil. 4. Auflage. Springer-Verlag, Berlin 1992

Deit90   Deitel H.M.: An Introduction to Operating Systems. 2nd Edition, Addison-Wesley, Reading, Massachusetts 1990

Dunc90   Duncan R.: A Survey of Parallel Computers. In: IEEE Computer, February 1990, p. 5 - 16

FeSi84   Ferstl O.K., Sinz E.J.: Software-Konzepte der Wirtschaftsinformatik. Verlag DeGruyter, Berlin 1984

FLM04   Flik Th., Liebig H., Menge H.: Mikroprozessortechnik und Rechnerstrukturen. 7. Auflage, Springer-Verlag, Berlin 2004

Gilo97   Giloi W.K.: Rechnerarchitektur. 3. Auflage, Springer-Verlag, Berlin 1997

HaNe05   Hansen H. R., Neumann G.: Wirtschaftsinformatik 2. Informationstechnik. 9. Auflage, Verlag Lucius & Lucius UTB, Stuttgart 2005

LiFl02   Liebig H., Flik T.: Rechnerorganisation. Prinzipien, Strukturen, Algorithmen. 3. Auflage. Springer-Verlag, Berlin 2002

Mess94   Messmer H.-P.: Pentium. Addison-Wesley Publishing Company, Bonn 1994

Nehm85   Nehmer J.: Softwaretechnik für verteilte Systeme. Springer-Verlag, Berlin 1985

RLH88   Raabe U., Lobjinski M., Horn M.: Verbindungsstrukturen für Multiprozessoren. In: Informatik-Spektrum, Band 11, Heft 4 (1988), S. 195 - 206

Tan06   Tanenbaum A.S.: Structured Computer Organization. 5th Edition. Pearson Prentice Hall, Upper Saddle River, New Jersey 2006

Ung89   Ungerer Th.: Innovative Rechnerarchitekturen - Bestandsaufnahme, Trends, Möglichkeiten. McGraw-Hill, Hamburg 1989

Literatur zu Kapitel 8

AlOt90   Albert J., Ottmann Th.: Automaten, Sprachen und Maschinen für Anwender. B.I.-Wissenschaftsverlag, Mannheim 1990

Balz01   Balzert H.: Lehrbuch der Software-Technik. Software-Entwicklung.. 2. Auflage, Spektrum Akademischer Verlag, Heidelberg 2001

BiWa92   Bird R., Wadler P.: Einführung in die funktionale Programmierung. Hanser-Verlag, München 1992

Blas06   Blaschek G.: Objektorientierte Programmierung. In: Rechenberg P., Pomberger G. (Hrsg.): Informatik-Handbuch. 4. Auflage, Hanser-Verlag, München 2006, S. 575 – 598

Budd02	Budd Th.: An introduction to object-oriented programming. 3rd Edition, Addison-Wesley, Reading, Massachusetts 2002
CoCl03	Cooper D., Clancy M.: Pascal. Lehrbuch für das strukturierte Programmieren. 6. Auflage, Vieweg-Verlag, Braunschweig 2003
CoNo92	Cox B.J., Novobilski A.J.: Object-Oriented Programming. 2nd Edition, Addison-Wesley, Reading, Massachusetts 1992
Dada96	Dadam P.: Verteilte Datenbanken und Client/Server-Systeme. Springer-Verlag, Berlin 1996
EGL89	Ehrich H.-D., Gogolla M., Lipeck U.W.: Algebraische Spezifikation abstrakter Datentypen. Teubner-Verlag, Stuttgart 1989
Eise87	Eisenbach S. (ed.): Functional Programming: Languages, Tools and Architectures. Chichester, England 1987
Fers78	Ferstl O.K.: Flowcharting by stepwise Refinement. In: SIGPLAN Notices, Vol. 13, No. 1 (1978), S. 34-42
Fuch90	Fuchs N.E.: Kurs in logischer Programmierung. Springer-Verlag, Wien 1990
GoZi06	Goos G., Zimmermann W.: Programmiersprachen. In: Rechenberg P., Pomberger G. (Hrsg.): Informatik-Handbuch. 4. Auflage, Hanser-Verlag, München, Wien 2006, S. 515 – 562
GrSo08	Grude U., Solymosi A.: Grundkurs Algorithmen und Datenstrukturen in Java. Eine Einführung in die praktische Informatik in Java. 4. Auflage, Vieweg-Verlag, Braunschweig 2008
HoCo08	Horstmann C.S., Cornell G.: Core Java. Revised and updated for Java SE 6. Sun Microsystems Press, Upper Saddle River 2008
KrRa87	Krickhahn R., Radig B.: Die Wissensrepräsentationssprache OPS 5. Vieweg-Verlag, Braunschweig 1987
Lust90	Lusti M.: Wissensbasierte Systeme. B.I.-Wissenschaftsverlag, Mannheim 1990
Mart88	Marty R.: Objektorientierte Software-Entwicklung. In: Österle H. (Hrsg): Anleitung zu einer Praxisorientierten Software-Entwicklungsumgebung. Bd 1. AIT-Verlag, Hallbergmoos 1988, S. 147-163
Meye07	Meyer B.: Object-oriented Software Construction. 2nd edition, Prentice Hall, Upper Saddle River 2007
OtWi02	Ottmann Th., Widmayer P.: Algorithmen und Datenstrukturen. 4. Auflage, Spektrum Akademischer Verlag, Heidelberg 2002

Pomb02	Pomberger G.: Prozedurorientierte Programmierung. In: Rechenberg P., Pomberger G. (Hrsg.): Informatik-Handbuch. 4. Auflage, Hanser-Verlag, München 2006, S. 563 – 574
Pupp91	Puppe F.: Einführung in Expertensysteme. 2. Auflage, Springer-Verlag, Berlin 1991
Schi93	Schill A.: Client-Server-Architekturen. In: Handbuch der modernen Datenverarbeitung Heft 174, Forkel-Verlag, Wiesbaden 1993
Schu92	Schulz A.: Software-Entwurf. 3. Auflage, Oldenbourg-Verlag, München 1992
Somm07	Sommerville I.: Software Engineering. 8. Auflage, Pearson Studium, München 2007
SpNg87	Schnupp P., Nguyen Huu C.T.: Expertensystem-Praktikum. Springer-Verlag, Berlin 1987
TRE88	Thomas P., Robinson H., Emms J.: Abstract Data Types. Their specification, representation, and use. Clarendon Press, Oxford 1988
Wirt91	Wirth N.: Programmieren in Modula-2. 2. Auflage, Springer-Verlag, Berlin 1991
Wirt93	Wirth N.: Systematisches . 6. Auflage, Teubner-Verlag, Stuttgart 1993
Wirt86	Wirth N.: Algorithmen und Datenstrukturen mit Modula-2. 4. Auflage, Teubner-Verlag, Stuttgart 1986
Wirt00	Wirth N.: Algorithmen und Datenstrukturen. Pascal-Version. 5. Auflage, Teubner-Verlag, Stuttgart 2000

Literatur zu Kapitel 9

Atk[+]91	Atkinson M., Bancilhon F., DeWitt D., Dittrich K., Maier D., Zdonik S.: The Object-Oriented Database System Manifesto. Proc. First International Conference on Deductive and Object-Oriented Databases (Kyoto 1989), North-Holland, Amsterdam 1991
Böge92	Bögeholz H.: Monolithischer Block. Die Architektur von OS/2 2.0. In: c't 1992, Heft 5, S. 116 - 119
BrBy04	Britton C., Bye P.: IT Architectures and Middleware. Strategies for Building Large, Integrated Systems. 2nd Edition. Addison-Wesley, Boston 2004
Cou87	Coutaz J.: The Construction of User Interfaces and the Object Paradigm. In: Bezirin J. et al. (Eds.): Proc. ECOOP'87, Paris, France, Springer-Verlag, New York 1987, p. 121 - 130
Cust93	Custer H.: Inside Windows NT. Microsoft Press, Redmond, Washington 1993
Dada96	Dadam P.: Verteilte Datenbanken und Client/Server-Systeme. Springer-Verlag, Berlin 1996
Date93	Date C.J.: A Guide to DB2. 4th Edition. Addison-Wesley, Reading, Massachusetts 1993
Date04	Date C.J.: An Introduction to Database Systems. Volume I. 8th Edition, Addison-Wesley, Reading, Massachusetts 2004

DDK+97	Dapper Th., Dietrich C., Klöppel B. u.a.: Windows NT 4.0 im professionellen Einsatz. Band 1, 2. Auflage, Hanser-Verlag, München 1997
Deit90	Deitel H.M.: Operating Systems. 2nd Edition, Addison-Wesley, Reading, Massachusetts 1990
Fra86	Franck R.: Rechnernetze und Datenkommunikation. Springer-Verlag, Berlin 1986
GoRo84	Goldberg A., Robson D.: Smalltalk-80: The Interactive Programming Environment. Addison-Wesley, Reading, Massachusetts 1984
Gree85	Green M.: Report on Dialogue Specification Tools. In: Pfaff G.E. (Ed.): User Interface Management Systems. Springer-Verlag, Berlin 1985, p. 9 - 20
GrRu91	Grollman J., Rumpf Ch.: Some Comments on the Future of User Interface Tools. In: Duce D.A., Gomes M.R., Hopgood F.R.A., Lee J.R. (Eds.): User Interface Management and Design. Springer-Verlag, Berlin 1991, p. 71 - 85
Härd87	Härder Th.: Realisierung von operationalen Schnittstellen. In: Lockemann P.C., Schmidt J.W.: Datenbank-Handbuch. Springer-Verlag, Berlin 1987, S. 163 - 335
HäRe83	Härder Th., Reuter A.: Principles of transaction-oriented database recovery. ACM Computing Surveys, Vol. 15, No. 4 (1983), S. 287 - 317
HeSa00	Heuer A., Saake G.: Datenbanken. Konzepte und Sprachen. 2. Auflage, Verlag Thomson, Bonn 2000
Heu97	Heuer A.: Objektorientierte Datenbanken. Konzepte, Modelle, Standards und Systeme. Addison-Wesley, Bonn 1997
Hix90	Hix D.: Generations of User-Interface Management Systems. In: IEEE Software, September 1990, S. 77 – 87
Hoh07	Hohpe G.: Konversationen zwischen lose gekoppelten Services. In: Starke G., Tilkov S. (Hrsg): SOA-Expertenwissen. Methoden, Konzepte und Praxis serviceorientierter Architekturen. dpunkt-Verlag, Heidelberg 2007, S. 439 - 446
IBM89	IBM: Common User Access Advanced Interface Design Guide. Doc. No. SY0328-300-R00-1089 (1989)
Kauf89	Kauffels F.-J.: Kommunikation unter OS/2. Verlag Markt & Technik, Haar bei München 1989
Kauf91	Kauffels F.-J.: Rechnernetzwerksystemarchitekturen und Datenkommunikation. 3. Auflage, B.I.-Wissenschaftsverlag, Mannheim 1991
KoSi86	Korth H.F., Silberschatz A.: Database System Concepts. McGraw-Hill, New York 1986
Kyas97	Kyas O.: Corporate Intranets. Strategie – Aufbau – Planung. Verlag Thomson, Bonn 1997

LoDi87	Lockemann P.C., Dittrich K.R.: Architektur von Datenbanksystemen. In: Lockemann P.C., Schmidt J.W.: Datenbank-Handbuch. Springer-Verlag, Berlin 1987, S. 85 – 161
LoDi04	Lockemann P.C., Dittrich K.R.: Architektur von Datenbanksystemen. dpunkt-Verlag, Heidelberg 2004
Mans90	Mansfield N.: Das Benutzerhandbuch zum X-Window-System. Verlag Addison-Wesley, Bonn 1990
Mei03	Meier A.: Relationale Datenbanken. Leitfaden für die Praxis. 5. Auflage, Springer-Verlag, Berlin 2003
MeSi02	Melton J., Simon A.R.: SQL:1999. Understanding Relational Language Components. Morgan Kaufmann Publishers, San Francisco 2002
Micr95	Microsoft Corporation: Windows Interface Guidelines for Software Design. Microsoft Press, Redmond 1995
Micr95a	Microsoft Corporation: Windows NT Version 3.5. Band 1: Grundlagen. Microsoft Press, Redmond 1995
Micr95b	Microsoft Corporation: Windows NT Version 3.5. Band 2: Netzwerk-Leitfaden. Microsoft Press, Redmond 1995
Muth91	Muth M.: Das X-Window-System. In: Informatik-Spektrum, Band 14, Heft 1 (1991), S. 34 - 36
Myer89	Myers B.A.: User-Interface Tools: Introduction and Survey. In: IEEE Software, January 1989, S. 15 - 23
Nehm85	Nehmer J.: Softwaretechnik für verteilte Systeme. Springer-Verlag, Berlin 1985
OHE96	Orfali R., Harkey D., Edwards J.: The Essential Distributed Objects Survival Guide. Wiley, New York 1996
ÖRH96	Österle H., Riehm R., Vogler P. (Hrsg.): Middleware. Grundlagen, Produkte und Anwendungsbeispiele für die Integration heterogener Welten. Vieweg-Verlag, Braunschweig 1996
PeUn03	Pernul G., Unland R.: Datenbanken im Unternehmen. Analyse, Modellbildung und Einsatz. 2. Auflage, Oldenbourg-Verlag, München 2003
Rahm94	Rahm E.: Mehrrechner-Datenbanksysteme. Grundlagen der verteilten und parallelen Datenbankverarbeitung. Addison-Wesley, Bonn 1994
Reu87	Reuter A.: Maßnahmen zur Wahrung von Sicherheits- und Integritätsbedingungen. In: Lockemann P.C., Schmidt J.W.: Datenbank-Handbuch. Springer-Verlag, Berlin 1987, S. 337 - 479
Rich85	Richter L.: Betriebssysteme. 2. Auflage, Teubner-Verlag, Stuttgart 1985

RoCo07	Rob P., Coronel C.: Database Systems: Design, Implementation, and Management. 8th Edition, Course Technology, Boston, Massachusetts 2007
Sant95	Santifaller M.: TCP/IP und NFS in Theorie und Praxis. UNIX in lokalen Netzen. 3. Auflage, Addison-Wesley, Bonn 1995
Schi07	Schiefer B.: Datenbank-Anwendungsprogrammierung. In: Kudraß Th (Hrsg.): Taschenbuch Datenbanken, Hanser-Verlag, Leipzig 2007, S. 153 - 197
ScSt83	Schlageter G., Stucky W.: Datenbanksysteme: Konzepte und Modelle. 2. Auflage, Teubner-Verlag, Stuttgart 1983
ScTe99	Schiffer S., Templ J.: Internetdienste. In: Rechenberg P, Pomberger G.: Informatik-Handbuch. 2. Auflage, Hanser-Verlag, München 1999, S. 999 - 1015
SiAm92	Sinz E.J., Amberg M.: Objektorientierte Datenbanksysteme aus der Sicht der Wirtschaftsinformatik. In: WIRTSCHAFTSINFORMATIK 34 (1992) 4, S. 438 - 441
SiBa01	Siegert H.-J., Baumgarten U.: Betriebssysteme: Eine Einführung. 5. Auflage, Oldenbourg-Verlag, München 2001
SGG08	Silberschatz A., Galvin P. B., Gagne G.: Operating System Concepts. 8th Edition, John Wiley & Sons, Hoboken, New Jersey, 2008
SKM00	Sinz E.J., Knobloch B., Mantel S.: Web-Application-Server. In: WIRTSCHAFTSINFORMATIK 42 (2000) 6, S. 550 - 552
SNI90	Siemens-Nixdorf: Styleguide V1.0. Richtlinien zur Gestaltung von Benutzeroberflächen. Benutzerhandbuch. Nr. U6542-J-Z97-1 (1990)
SSN90	Steinmetz R., Schmutz H., Nehmer J.: Netz-Betriebssystem / verteiltes Betriebssystem. In: Informatik-Spektrum, Band 13, Heft 1 (1990), S. 38 - 39
STS97	Saake G., Türker C., Schmitt I.: Objektdatenbanken. Konzepte, Sprachen, Architekturen. Thomson, Bonn 1997
Tan90	Tanenbaum A.S.: Betriebssysteme. Teil 1: Entwurf und Realisierung. Hanser-Verlag, München 1990
Tan95	Tanenbaum A.S.: Verteilte Betriebssysteme. Prentice Hall, München 1995
Tan03	Tanenbaum A.S.: Moderne Betriebssysteme. 2. Auflage. Pearson Studium, München 2003
Tan03a	Tanenbaum A.S.: Computernetzwerke. 4. Auflage, Verlag Prentice Hall, München 2003
TaRe85	Tanenbaum A.S., Renesse R. van: Distributed Operating Systems. In: ACM Computing Surveys, Vol. 17, No. 4 (1985), p. 419 – 470
TüSa06	Türker C., Saake G.: Objektrelationale Datenbanken. dpunkt-Verlag, Heidelberg 2006

Ull88	Ullman J.D.: Principles of Database and Knowledge-Base Systems. Volume I. Computer Science Press, Rockville, Maryland 1988
Ull91	Ullman J.D.: A Comparison Between Deductive and Object-Oriented Database Systems. In: Delobel C., Kifer M., Masunaga Y. (Eds.): Deductive and Object-Oriented Database Systems. Proc. 2nd Int. Conf., DOOD'91, Munich, Germany, December 1991, Springer-Verlag, Berlin 1991, p. 263 - 277
Voss08	Vossen G.: Datenmodelle, Datenbanksprachen und Datenbankmanagementsysteme. 5. Auflage, Oldenbourg-Verlag, München 2008
Wett87	Wettstein H.: Architektur von Betriebssystemen. 3. Auflage, Hanser-Verlag, München 1987
Wis95	Wismans B.: Database Connectivity. In: WIRTSCHAFTSINFORMATIK 37 (1995) 3, S. 317 - 319

Literatur zu Kapitel 10

AAM06	Applegate L.M., Austin R.D., McFarlan F.W.: Corporate Information Strategy and Management. 7th ed., McGraw-Hill, New York 2006
BBB03	Bernhard M.G., Blomer R., Bonn J. (Hrsg.): Strategisches IT-Management Band 1 und 2, Symposion Publishing, Düsseldorf 2003
FeSi06	Ferstl O.K., Sinz E.J.: Modeling of Business Systems Using (SOM). In: Bernus P., Mertins K., Schmidt G. (eds.): Handbook on Architectures of Information Systems. International Handbook on Information Systems, edited by P. Bernus, J. Blazewicz, G. Schmidt and M. Shaw, Volume I, 2nd Edition, Springer-Verlag, Berlin 2006, p. 347 - 367
GaBe03	Gabriel R., Beier D.: Informationsmanagement in Organisationen. Kohlhammer-Verlag, Stuttgart 2003
Hein02	Heinrich L.J.: Informationsmanagement. 7. Auflage, Oldenbourg-Verlag, München 2002
Köhl06	Köhler P.T.: ITIL. 2. Auflage, Springer-Verlag, Berlin 2006
Krcm05	Krcmar H.: Informationsmanagement. 4. Auflage. Springer-Verlag, Berlin 2005
KrPf88	Krüger W., Pfeiffer P.: Strategische Ausrichtung. Organisatorische Gestaltung und Auswirkungen des Informations-Managements. In: Information Management 2 (1988), S. 6-15
MMP83	McFarlan F.W., McKenney J.L., Pyburn P.: Information archipelago: Plotting a course. In: Havard Business Review 61 (1), p. 145-155

SzKo78	Szyperski N., Kolf F.: Integration der strategischen Informations-System-Planung (SISP) in die Unternehmens-Entwicklungsplanung. In: Hansen .H.R. (Hrsg.): Entwicklungstendenzen der Systemanalyse. München-Wien 1978, S. 59-81
WaWe06	Wagner H.-Th., Weitzel T.: Operational IT Business Alignment as the Missing Link from IT Strategy to Firm Success. In: Proceedings of the Twelfth Americas Conference on Information Systems (AMCIS 2006), Acapulco, Mexico 2006
WeRo04	Weill P., Ross J.: IT-Governance. Havard Business School Press, Boston 2004
Woll88	Wollnik M: Ein Referenzmodell des Informations-Management. In: Information Management, 3(1988), S. 34-43
ZBG04	Zarnekow R., Brenner H., Grohmann H.H. (Hrsg.): Informationsmanagement. dpunkt-Verlag, Heidelberg 2004

Literatur zu Kapitel 11

Balz98	Balzert H.: Lehrbuch der Software-Technik. Software-Management, Software-Qualitätssicherung, Unternehmensmodellierung. Spektrum Akademischer Verlag, Heidelberg 1998
Balz00	Balzert H.: Lehrbuch der Software-Technik. Software-Entwicklung. 2. Auflage, Spektrum Akademischer Verlag, Heidelberg 2000
Beck04	Beck K.: eXtreme Programming Explained - Embrace Change. 2nd Edition Addison-Wesley, Reading Massachusetts 2004
BlWo08	Bleek W.-G., Wolf H.: Agile Softwareentwicklung. Werte, Konzepte und Methoden. dpunkt-Verlag, Heidelberg 2008
Boeh88	Boehm B.W.: A Spiral Model of Software Development and Enhancement. In: IEEE Computer, 21 (5), p. 61 - 72
ESS03	Eilfeld P., Schaal K., Schekelmann A: Konfigurationsmanagement. In: Siedersleben J. (Hrsg.): Softwaretechnik. Praxiswissen für Softwareingenieure. 2. Auflage, Hanser-Verlag, München 2003, S. 243 - 271
HaNe05	Hansen H.R., Neumann G.: Wirtschaftsinformatik 1. Grundlagen und Anwendungen, 9. Auflage, Lucius & Lucius, Stuttgart 2005
KaBr08	Kamiske G.F., Brauer J.-P.: Qualitätsmanagement von A bis Z. Erläuterung moderner Begriffe des Qualitätsmanagements. 6. Auflage, Hanser-Verlag, München 2008
KBS05	Krafzig D., Banke K., Slama D.: Enterprise SOA. Service-Oriented Architecture Best Practices. Prentice Hall, Upper Saddle River, NJ. 2005

Lann03:	Lannes A.: Projektmanagement. In: Siedersleben J. (Hrsg.): Softwaretechnik. Praxiswissen für Softwareingenieure. 2. Auflage, Hanser-Verlag, München 2003, S. 321 – 341
Melz07	Melzer I. et al.: Service-orientierte Architekturen mit Web Services. Konzepte - Standards – Praxis. 2. Auflage, Elsevier, München 2007
Pres00	Pressman R.S.: Software Engineering: A Practitioner's Approach. 5th Edition, Mc Graw Hill, New York 2000
PuTa06	Pulier E., Taylor H.: Understanding Enterprise SOA. Manning, Greenwich 2006
Roy70	Royce W.W.: Managing the Development of Large Software Systems: Concepts and Techniques. Proc. IEEE WESTCON, Los Angeles CA. IEEE Computer Society Press 1970
Sinz02	Sinz E.J.: Architektur von Informationssystemen. In: Rechenberg P., Pomberger G. (Hrsg.): Informatik-Handbuch. 3. Auflage, Hanser-Verlag, München 2002, S. 1055 - 1068
Somm04	Sommerville I.: Software Engineering. 7th Edition, Pearson Education, Harlow, Essex 2004
StTi07	Starke G., Tilkov S. (Hrsg): SOA-Expertenwissen. Methoden, Konzepte und Praxis serviceorientierter Architekturen. dpunkt-Verlag, Heidelberg 2007
Wall01	Wallmüller E.: Software-Qualitätsmanagement in der Praxis. Software-Qualität durch Führung und Verbesserung von Software-Prozessen. 2. Auflage, Hanser-Verlag, München 2001
WoMa06	Woods D., Mattern Th.: Enterprise SOA: Designing IT for Business Innovation. O'Reilly, Sebastopol CA 2006
WRL05	Wolf H., Roock S., Lippert M.: eXtreme Programming. Eine Einführung mit Empfehlungen und Erfahrungen aus der Praxis. 2. Auflage, dpunkt-Verlag, Heidelberg 2005

Stichwortverzeichnis

A

Ablaufbeziehung 300, 348
  betriebsmittelbedingte 348
  datenflussbedingte 348
Ablauforganisation 61
Ablaufsicht 198
Ablaufstruktur 300, 301, 302, 303, 304, 339
  Alternative 301, 339
  Parallelität 304, 339
  Rekursion 303, 339, 340
  Sequenz 301, 339
  Wiederholung 302, 339, 340
Ablaufüberwacher 399
Abnahme und Einführung 478, 480
Absatz 65, 90
Abstrakte Maschine 328
ACID-Prinzip 395
ADK-Strukturmodell 313, 328, 350, 351, 425, 463
Adressbus 279
Adresse 274, 289
  virtuelle 289
Adressfeld 291
Adressierung 276, 289
  absolute 277
  direkte 276
  relative 277
Adressraum 274, 277, 289
  des Hauptspeichers 274, 289
  des Programms 277
Adressregister 277
After-Image 401
Agentenperspektive 124
Aggregation 149, 220, 317, 333
Aktion 63, 102
Aktionsträger 296

Algorithmus 297, 300, 333, 335
ALU 279
Anbahnungsphase 67, 202
Änderungsanomalie 175
Anforderungsanalyse und -definition 476, 478, 480, 485
Anlagenwirtschaft 76, 86, 87
Anwendungsebene (Application Layer) 408
Anwendungsfunktionen
  verteilte 471
Anwendungsmodell 460, 476
Anwendungsserver (Application Server) 421, 425, 426, 472
Anwendungssystem 2, 4, 8, 106, 215
  integriertes 232, 443
  verteiltes 461
Arbeitsablaufbeschreibung 353
Architektur 192, 390, 393, 413, 469
  Architektur betrieblicher Anwendungssysteme 457, 461
  Bus-Architektur 255, 256
  Client-Server-Architektur 469, 470
  Hub-and-Spoke-Architektur 255, 256
  Java EE-Architektur 425
  Service-orientierte Architektur (SOA) 427, 470, 473
  Softwarearchitektur 461, 463, 468, 469, 478
  Web-Architektur 470, 471
ASCII 261, 262
  Extended 263
Atomicity 395
Attribut 132
  technisches 70
  wirtschaftliches 70
Aufgabe 4, 35, 60, 95, 119, 200, 454

Außensicht 98, 111
Automatisierbarkeit 54, 103, 108, 110, 112, 114
Automatisierung 119, 215
Beschreibungsmittel 103, 105
Innensicht 98, 101
Kosten 114, 115, 116
Nutzen 114
Aufgabenanalyse 72, 231
Aufgabenebene 2, 3, 95, 128
Aufgabenintegration 58
Aufgabenobjekt 95, 96, 98, 200, 475
Aufgabenstruktur 95, 98
flussorientierte 98
objektorientierte 99
Aufgabenträger 3, 6, 52, 57, 97, 445, 457, 458
Aufgabenträgerebene 2, 3, 4, 5, 128, 259
Aufgabenvernetzung 233, 245
Aufgabenzerlegung 58
Ausführungsplan 397
Ausgabeteil 269
Außensicht 21, 96, 98, 105, 107, 111
Automat 18
endlicher 18, 98
Automatisierbarkeit 108, 110, 114
Automatisierung 53, 95, 108, 109, 119, 215, 435
Automatisierungsgrad 53, 128, 448, 459
nicht-automatisiert 53, 215
teilautomatisiert 53, 215
vollautomatisiert 53, 215
Autonomie 124, 282

B

Basismaschine 2, 310, 333, 363, 463
Basissystem 6, 32

BCNF 146, 180
Befehl 271, 274, 277
Before-Image 401, 402
Beschaffung 65, 88
Betriebliche Grundfunktion 88
Betriebliche Querfunktion 77
Betrieblicher Funktionsbereich 65, 73
Betrieblicher Objektbereich 73
Betriebsmittel 288, 328, 329, 346, 364
-verwaltung 364, 372, 375, 377
virtuelles 288, 328, 329
Betriebssystem 364, 371, 372, 375, 376, 377
verteiltes 373
Beziehungs-Objektmenge 142
Beziehungsobjekttyp 140
Binärzeichen 261
Bindung 428, 469
Bit 261
Blockrahmen 291
BOT-Marke 401
Bus 256, 279
Business Process Ececution Language (BPEL) 473
Busnetz 284
Busrechnersystem 278
Byte 275
Byteadresse 275

C

Cache-Hit 291
Cachc-Miss 291
Cache-Speicher 281, 291, 293
CHAR 339
Checkpoint 401
Chief Information Officer (CIO) 434, 444
Choreografie 430, 474
CIM-OSA 251

CISC-Architektur 281
Client-Server-Architektur 469, 470
Client-Server-System 194, 330, 425
COBIT 445, 452
Code 261, 264
Common Facilities 424
Common Object Request Broker
   Architecture (CORBA) 421, 423
Consistency 395
Controlling 40
   IS-Controlling 441
CSCW 124
CSMA/CD 284

D

Darstellungsebene (Presentation Layer) 408
Data Dictionary 185
Data Link Layer 408
Database Manager 375
Dateisystem 366, 377
Daten 138, 139
Datenabstraktion 315, 316, 317
Datenbankanfragesprache 385
Datenbank-Gateway 421
Datenbankmodell 379, 380
   relationales 380
Datenbanksystem 378, 379, 390, 402
   objektorientiertes 404
   relationales 154, 172, 379, 385
   verteiltes 403
Datenbankverwaltungssystem 464
Datenbasis 145, 379, 400, 401
Datenbus 279
Datendarstellung 259
Datendefinitionssprache 385
Datenfluss 184
Datenflussansatz 134, 137
Datenflussdiagramm 184

Datenflussorientierte
   Modellierungsansätze 184
Datenhaltung
   entfernte 471
Datenintegration 241, 246
Datenkapselung 325, 341
Datenmanipulation 380
Datenmanipulationssprache 385
Datenmodell 145
Datenmodellierung 134, 137
Datenobjekt 334, 335
Datenobjekttyp 316, 336
Datenorientierte Modellierungsansätze 138
Datenschema 140, 379
Datensicht 137
Datenspeicher 134
Datenstruktur 317, 319
   dynamische 319
   statische 317
Datentyp 315, 319, 320
   abstrakter 315, 319, 329
   einfacher 319
Datenunabhängigkeit 392
DB2 402
Deadlock 366, 399
Dezimalcode 264
Diagnostik 359
Dialog 412
Dienst 407, 427
Dienstleistung 2
Disk-Cache-Speicher 293
Diskurswelt 5, 112, 145
Diskursweltobjekt 99
Domäne 140
Drei-Ebenen-Schemaarchitektur 390
Drucker 264
   virtueller 366
Durability 395

Durchführung und Kontrolle 114, 115
Durchführungsphase 67, 68, 202

E

EBCDIC 263
E-Commerce 90, 435, 440
EDIFACT 91, 240
Einerkomplement 265
Einfügeanomalie 175
Eingabeteil 268
Elektronischer Handel 90
Enterprise Appplication Integration (EAI) 254
Enterprise-JavaBeans 425, 426, 468
Entity 140, 143, 381
Entity-Relation 142
Entity-Relationship-Diagramm 140
Entity-Relationship-Modell (ERM) 139, 144, 146, 147, 154, 250
Entity-Set 142
Entity-Typ 140
  schwacher 143
Entscheidungsaufgabe 35, 36, 98, 99
Entscheidungstabelle 298
EOT-Marke 401
Ereignis 47, 61
Ereignisgesteuerte Prozesskette (EPK) 136
Ethernet 89, 285
Execution-Phase 280, 281
Existenzabhängigkeit 155, 164
  einseitige 155
  wechselseitige 155
Extension 133, 174, 381, 392

F

Fakten (Facts) 306
Fenster 414, 467
Fenstersystem 414, 418

Fensterverwalter 414
Festpunktcode 264
Fetch-Phase 280
File 346, 377
Finanzwesen 65, 76, 84
Flexibilität 321
FLOPS 273
Formalziel 97, 200, 475
Forschung und Entwicklung (FuE) 65
Freigabephase 399
Fremdschlüssel 158, 178, 381
Führen nach dem Ausnahmeprinzip 41
Führungsgröße 28
Fünf-Schichten-Architektur 393
Funktion 63, 296
Funktionale Abhängigkeit 176
Funktionale Zerlegung 134
Funktionsberechnung 296
Funktionsbeschreibung 296, 298, 300
Funktionsintegration
  aufgabenträgerorientierte 238, 239
  datenflussorientierte 239, 245
Funktionssicht 137

G

Ganzheitlichkeit 123
Gegenstands-Beziehungs-Modell 139
Gegenstands-Beziehungsobjekttyp 156
Gegenstands-Objektmenge 142
Gegenstandsobjekttyp 140
Generalisierung 134, 135, 149, 161, 220, 333
Generalisierungshierarchie 150
Geschäftsprozess 136, 197
Geschäftsprozessmodell 193, 195, 198, 210, 222, 445
Geschäftsprozessorientierter Ansatz 135, 191
Gleitpunktcode 267

Graph
  quasi-hierarchischer 153, 154
Groupware 124
Grundfunktion 75, 88
GUI-Klassen 464, 466
Güterfluss 70

H

Hardware-Architektur 278
Hauptspeicher 272, 274, 289, 365
  virtueller 289, 365, 377
Heap 346, 347
Hilfsregelstrecke 31, 81
Hintergrundspeicher 365
  virtueller 366
HTML 411
http 135, 452, 465, 490
HTTP 410

I

Inferenzmaschine 106, 297, 360
Information 138, 261
Information Resource Management
  (IRM) 433
Informationsmanagement 76, 77, 433,
  436, 453
  Operative Aufgaben des IM 444
  Strategische Aufgaben des IM 439
  Taktische Aufgaben des IM 441
Informationssystem 1, 2, 6, 9, 32, 74
  betriebliches 2
  operatives 37
  strategisches 38
Informationswirtschaft 433
Innensicht 21, 97, 101, 315
Input-Output-Beziehung 110, 111
Input-Output-System 16, 98, 112, 131,
  132
  funktionales 16

parametrisiertes 16
  stochastisches 16
Instanz 325
INTEGER 317
Integration 231, 232, 435
Integrationsgrad 234
Integrationskonzept 237, 245
Integrationsmerkmal 234
Integrationsziel 234
Integritätsbedingung 237
  referentielle 148
interacts_with-Beziehung 219
Interaktionsschema 195
Interaktionssicht 137
Interface Definition Language (IDL)
  424
Interpretationsvorschrift 139
Interprozesskommunikation 369
is_a-Beziehung 220
is_part_of-Beziehung 220
Isolation 395
IT-Governance 434, 451
ITIL 445, 454
  Application-Management 454
  Availability-Management 456
  Business-Perspective 454
  Capacity-Management 456
  Change-Management 455, 488
  Configuration-Management 455,
    488
  Continual-Service-Improvement 454
  Continuity-Management 456
  Financial-Management 456
  Incident-Management 455
  IT-Infrastructure-Management 455
  Planning-to-implement-Service-
    Management 454
  Problem-Management 455
  Release-Management 455, 488

Security-Management 454
Service-Delivery 454
Service-Design 454
Service-Desk 455
Service-Level-Management 455
Service-Operation 454
Service-Strategy 454
Service-Support 454
Service-Transition 454
IT-Infrastructure-Library (ITIL) 453
IT-Manager 434, 444
IT-Strategie 449, 450, 451

J

Java EE-Architektur 425
Just-In-Time-Anlieferung 84

K

Kartesisches Produkt 318, 383
Kategorie 162
Kategorieattribut 163
Kategorienamen 162
Klasse 325, 326, 333, 334, 426, 465
Klassenbibliothek 466
Kollision 284
Kölner Integrationsmodell (KIM) 246
Kommunikation 57, 120, 279, 406, 412, 424
  asynchron 462
  C-C 4
  M-C 4
  M-M 4
  synchron 462
Kommunikationskanal 4
  virtueller 366, 414
Kompetenz 78, 106, 107
Komplexität 42, 132, 140, 147, 313, 468
Komplexitätsgrad 147

Komplexitätsreduzierung 363
Komponente 465, 467
Konfigurationsmanagement 488
Konsistenz 132, 235, 236, 255, 395
Konstruktor 326
Kontextdiagramm 185
Kontrollbus 279
Konzeptueller Objekttyp
  leistungsspezifischer 221
  objektspezifischer 221
  transaktionsspezifischer 221
Konzeptuelles Datenschema 145, 151
Konzeptuelles Objektschema (KOS) 196, 218, 221
Koordination 201, 211
  hierarchisch 67, 202
  nicht-hierarchisch 67, 202
Kopplung 231, 232, 469
Kreisstruktur 171

L

LAN 283
LAN Manager 375
Leistungsbereich 73
Leistungserstellung 2, 65
Leistungsfluss 46, 66
Leistungssicht 197
Leistungssteuerung 380
Leistungssystem 6
Leitungsebene (Data Link Layer) 408
Lenkung 2, 34
  zeitdiskrete 7
  zeitkontinuierliche 7
Lenkungsebenen-Modell 37
Lenkungsfluss 46, 66
Lenkungssicht 198
Lenkungssystem 2, 6, 77
Liniensystem mit Querfunktion 76
Linux 376

Lock 398
Logfile 400, 401
Logistik 76, 81
Lokales Netzwerk (LAN) 283
Lokalität 321
Löschanomalie 175
Lost-Update 395
Lösungsraum 354
Lösungsverfahren 97, 98, 104, 110, 121, 286, 476

M

MAP 89
Marke 25
Maschine 116, 268, 270, 272, 310, 328
 virtuelle 328, 329
Maschinenperspektive 121
Maschinen-Schicht 312, 350, 351
Matrixorganisation 76
MCI 120, 238
Mehrwertige Abhängigkeit 181
Mengendifferenz 383
Mengenvereinigung 383
Mensch-Computer-Interaktion 116, 120
Mensch-Computer-Interface 238
Mensch-Computer-Kommunikation 57, 366, 412, 464
Mensch-Maschine-System 52, 57
Meta-Metamodell 132
Metamodell 130, 144, 165, 189, 210, 228
Metapher 130
Middleware 419
Mini-Spezifikation 134, 185
MIPS 273
MMU 290
Modell 22, 48, 128, 129, 246, 270
 analytisches 103, 355
 konnektionistisches 103
 wissensbasiertes 103, 358
Modell des betrieblichen
 Objektsystems 460
Modellabbildung 22, 23, 128, 129
Modellierung 43, 112, 127, 128, 146, 163, 189, 197
Modellsystem 22, 128
MS-DOS 374, 375
MS-Windows 374, 377
Multi-Image-Netzwerkbetriebssystem 373
Multitasking 365, 376, 377
MySQL 403

N

Nachricht 261
Natürlicher Verbund 383
Network Layer 408
Netzwerkbetriebssystem 372, 373, 377
Netzwerkebene (Network Layer) 408
Nichtschlüsselattribut 178
Normalform 381
 BCNF 146, 180
 dritte (3NF) 146, 164, 179
 erste (1NF) 175, 381
 vierte (4NF) 146, 164, 182
 zweite (2NF) 178
Nutzermaschine 2, 310, 333, 463
Nutzungsoberfläche
 entfernte (remote) 471
 verteilte 471

O

Object Adapter 424
Object Request Broker (ORB) 423, 424
Object Service 424
Objekt 43, 325

betriebliches 99, 200
  Leistungsobjekt 43
  Lenkungsobjekt 43
Objekt/relationales Mapping 389
Objektintegration 243, 246
Objektorientierter Ansatz 135, 191
Objektorientiertes Modell der
  Unternehmung 41
Objektprinzip 6, 34, 72, 128, 231, 484
Objektsystem 5, 22, 128
Objekttyp 135, 219, 324, 325
ODBC 389, 421, 422
Open Database Connectivity (ODBC)
  422
Operandenspeicher 272
Operationscode 276
Operationsteil 269
Operator 337, 338, 339
  anwendungseigener 334
ORACLE 403
Orchestrierung 430, 473
Organisationsprinzipien 72
Organisationsstrukturen 74
OS/2 374, 375
OSI-Referenzmodell 406

P

page 289
Parallelität 304, 339
Parallelrechnersystem 285
  MIMD-Prinzip 286
  SIMD-Prinzip 286
  SISD-Prinzip 286
Personalwesen 76, 85
Petri-Netz 23, 26
Phasenprinzip 6, 34, 128
Physikalische Ebene (Physical Layer)
  408
Pipe 370

Planungsfunktion 38
Polymorphismus 328, 343
Portal 239
Portierbarkeit 363, 377
Potenzmenge 318
Presentation Layer 408
Presentation Manager 375
Primärschlüssel 142, 381
Produktion 65, 88
Programm 271, 310
Programmieren im Großen 350, 478
Programmieren im Kleinen 350, 477,
  478
Programmierung 295, 352, 355, 358,
  477
  deklarative 97, 105, 106, 297, 352,
    358, 386
  extreme (XP) 486
  imperative 97, 105, 333
Programmspeicher 271, 272
Projektion 383
Projektmanagement 487
Projektplanung 478, 480, 485
Prolog 106, 305, 354
Proportionalregler 28
Protokoll 406, 428
  Dienstprotokoll 407
  Schichtprotokoll 407
Prototyping 485, 486
Prozess 364, 365, 367
Prozessor 278, 281, 297, 365
  virtueller 365
Prozessverwaltung 364, 367, 372, 375,
  376, 377, 378

Q

Qualitätsmanagement 489
Querfunktion 75, 77
Queue 370

R

Realisierung 284, 477, 478, 480
Rechenwerk 271, 273, 279
Rechnerverbundsystem 282, 371
Recovery 400
Redundanz 175, 234, 235, 254
   Datenredundanz 236, 243
   Funktionsredundanz 236, 244
Referenzbedingung 148
Regelgröße 28
Regelkreis 27, 101
   vermaschter 49
Regelkreissystem
   hierarchisches 40
Regeln 203, 306
Regelstrecke 27
Regelung 27, 31
Register 279
Regler 27, 67
Rekonstruktion 400, 402
Rekursion 303, 339, 340
Relation 14, 174, 346, 380, 383
Relationenalgebra 382
Relationenmodell 379, 380, 381, 402, 405
Relationship 140, 143
Relationship-Relation 142
Relationship-Set 142
Relationship-Typ 140
Relationstyp 174, 381
Ressourcenmodell 194
Ringstruktur 171
RISC-Architektur 281
Rollback 400, 401
Rollen-Modell 120
Rollenname 141
Routing 408
Rückkopplung 27

S

Sachziel 80, 200, 475
Schedule 397
Schließen 360
Schlüssel 173, 174, 177
Schlüsselattribut 178, 180
Schlüsselkandidat 177, 180
Schlüsselreferenz 158
Schraubenstruktur 171
Schwingungsverhalten 30
Seitenrahmen 289
Selektion 383
Semantisches Objektmodell (SOM)
   135, 136, 192, 197, 215, 243, 426, 430, 437, 471
Semaphor 370
Sequenz 301, 339
SER-Diagramm 153, 157
Service 428, 454
   -Broker (Registry) 427
   -Provider 427, 444
   -Requestor 427
   Web-Service 427, 429, 470
Service-Level-Agreement 435, 444, 455
Session Layer 408
Shared Memory 370
Sicherungskopie 400
Single-Image-Netzwerkbetriebssystem 373, 378
Sitzungsebene (Session Layer) 408
Skeleton 424
SMTP 410, 429
SOAP 428
Softwarebaustein 467
Softwareentwurf 477, 485
Speicher 291
Speicherfehler 400

Speicherhierarchie 293
Sperrphase 399
Sperrprotokoll 398, 399
Sperrtabelle 398
Sperrverwalter 398
Spezifikation 215, 221, 226, 228, 322, 325
  axiomatische 321, 322
  operationelle 321, 323
Spiralmodell 486
SQL 106, 315, 379, 380, 385, 387, 388, 402
  embedded 388
  SQL-Server 403
Stack 323, 324, 326, 346, 347
Statusbit 291
Stelle 78, 106
Stellenbeschreibung 106, 107, 115
Stellgröße 28
Steuerkette 27, 101
Steuerung 2, 27, 109
Steuerung einer 2-Phasen-Transaktion 68
Steuerung einer 3-Phasen-Transaktion 69
Steuerungs- und Kontrollfunktion 39
Steuerwerk 271, 273, 280
Störgröße 27, 28
Strategische Informationssystemplanung (SISP) 445
Structured Analysis and Design Technique 134
Structured Query Language (SQL) 315, 379, 380, 385, 387, 388, 402, 464
Strukturierte Analyse 134, 184, 189

Strukturiertes Entity-Relationship-Modell (SERM) 97, 153, 154, 163, 165, 166, 381
Stub 424
Sub-Objekttyp 135
Subtyp 161, 333
Subtypenhierarchie 150
Supertyp 161, 220, 333
Supply-Chain-Management 84
System 116
  allgemeines 14
  deterministisches 17
  Innensicht 22
  objektintegriertes 218
  offenes 21, 65
  reales 20
  sozio-technisches 71
  stochastisches 17
  verteiltes 218, 282
  zielgerichtetes 65, 72
Systementwicklung 8, 457, 474
  Aufgabenmodell der Systementwicklung 475
  Phasen der Systementwicklung 476, 477
  Vorgehensmodelle 484
Systemfehler 400
Systemperspektive 121
Systemsoftware 363
Systemtheorie 13
  allgemeine 13
Systemträgermenge 14, 22

T

Tabelle 381
  Tupeltabelle 405
  Typisierte Tabelle 405
Tabellenprozessor 297
Task 365

TCP/IP 409
TCP/IP-Referenzmodell 409
Technologiemanagement 440
Teilsystem 2, 14
Terminal 366
Terminal-Emulation 366
Theta-Verbund 383, 387
Time-Multiplexing 284
Top-Down-Ansatz 146
Top-Down-Refinement 350, 352
Top-Down-Struktogramm 300
Transaktion 66, 67, 69, 394, 395, 401
   betriebliche 200, 201
Transaktionsfehler 400
Transformationsaufgabe 36, 98
Transparenz 119, 372
Transportebene (Transport Layer) 408
Typtransferoperator 338, 339

U

Umwelt 5, 20, 145
Unicode 263
Unified Modeling Language (UML) 465
Universalrechenmaschine (URM) 272
UNIX 374, 376
Unterbereichsbildung 317
Unternehmensplan 193, 437
User-Interface-Management-System (UIMS) 315, 363, 411, 413, 418, 464
User-Interface-Tool-Kit 411

V

Verantwortung 78, 106, 107
Vereinbarungsphase 67, 202
Vererbung 220, 326
Verfahren 284
   approximierendes 105

   exaktes 105
   heuristisches 105
   lernendes 105
Vergleichsoperator 338, 339
Verhandlungsprinzip 202
Verklemmung 366, 399
Verknüpfung 234, 236, 255
Verrichtungsprinzip 58, 72, 231, 484
View-Update-Problem 393
Virtualisierung 365
V-Modell 195, 196, 490
   XT 490
Voll funktionale Abhängigkeit 177
Vollautomatisierung 108
Von-Neumann-Maschine 272, 278
Vorgang 47, 61, 97, 102
Vorgangsauslösung 108, 109
Vorgangs-Ereignis-Schema (VES) 98, 195, 196
Vorgangsinstanz 97
Vorgangsnetz 47
Vorgangsobjektschema (VOS) 196, 218, 225, 430
Vorgangsobjekttyp 196, 244
Vorgangssicht 137
Vorgangstyp 97
Vorgehensmodell 195, 445, 479, 489, 490

W

WAN 282
Wasserfallmodell 479, 485
Web Service Description Language (WSDL) 428, 431
Web Services Business Process Ececution Language (WS-BPEL) 431

Web Services Choreography
  Description Language (WS-CDL
  431
Web-Client 471, 472
Web-Server 332, 426, 471
Werkstattperspektive 121
Wertebereich 316
Wertschöpfungskette 91
Window Manager 419
Windows NT 377
Wissensauswertung 358
Wissensrepräsentation 359
Wissensverfügbarkeit 358
Workflow 102
  Activity 102
  Workflow-Definition 102, 431, 473
  Workflow-Management 102
  Workflow-Management-System
    (WfMS) 102, 109
  Workflow-System 109, 443
Workgroup Computing 443
Wort 261, 275

X

X Window-System 418
XML 240, 411

Y

Y-Integrationsmodell 248

Z

Zahlungsbereich 73
Zeichen 260, 261
Zeichenfolge 261
Zeichenvorrat 260
  binärer 261
Zeitscheibenverfahren 369
Zerlegung 57, 134, 203, 231, 482, 483, 484
  objektorientierte 483
  verrichtungsorientierte 479
  Zerlegungsbeziehung 301
Zerlegungsregeln 203
Ziel 354
  betriebswirtschaftliches 7
  technisches 7
Zielorientierung 235, 237, 255
Zielsystem 65, 111
Zielvorgabe 41
Zustandsfolge 353
Zustandsraum-System 17
Zuteilungsverfahren 369
Zuverlässigkeit 119, 321, 377
Zweierkomplement 265
Zwei-Phasen-Sperrprotokoll 398, 399
Zyklus 170

Die richtigen IT-Systeme zur richtigen Zeit und mit vertretbaren Aufwand

Walter Ruf, Thomas Fittkau
Ganzheitliches IT-Projektmanagement
Wissen, Praxis, Anwendungen
2008. XXV, 275 S., gb.
€ 29,80
ISBN 978-3-486-58567-4

Die richtige Balance zwischen fundiertem Wissen und Erfolgsfaktoren in der Praxis.

Die richtigen IT-Systeme zur richtigen Zeit und mit vertretbarem Aufwand, das ist heute in vielen Unternehmen von herausragender Bedeutung für den langfristigen Erfolg. Erfolg wird man bei IT-Projekten dann haben, wenn man ganzheitlich orientiertes theoretisch fundiertes Wissen mit in der Praxis bewährten Ansätzen verbinden kann. Gerade diese Kombination aus theoretischen Erkenntnissen und praktisch erprobten Ratschlägen soll helfen, sich das stets interessante und spannende Feld des IT-Projektmanagements zu erschließen.

In diesem Buch wurden Vorlagen und Vorschläge integriert, die direkt in einer konkreten IT-Projektmanagementaufgabe verwendet werden können. Nützliche Links, eine detaillierte Gliederung und ein umfangreiches Stichwortverzeichnis helfen, die richtigen Informationen zur richtigen Zeit schnell zu finden.

Thomas Fittkau ist seit vielen Jahren als Project Management Professional des Project Management Institutes (PMI) zertifiziert und durch den Einsatz in hochkomplexen Projekten auch seitens der IBM als zertifizierter Senior Projektmanager tätig.

Prof. Dr. Walter Ruf lehrt an der Hochschule Albstadt-Sigmaringen in den Studiengängen Wirtschaftsingenieurwesen, Bekleidungstechnik und Maschinenbau.

Oldenbourg

Lust auf Linux!

Thomas Kessel
Einführung in Linux
2007. IX, 154 S., Br.
€ 19,80
ISBN 978-3-486-58368-7
Wirtschaftsinformatik kompakt

Lust auf Linux, aber bislang abgeschreckt durch den Dschungel kryptischer Kommandos?
Keine Bange, das vorliegende Lehrbuch setzt keine Informatikkenntnisse voraus, sondern es wendet sich an den interessierten Einsteiger, der in die wunderbare Welt der Linux Befehle eingeführt wird. Zum einen fokussiert sich das Buch auf die wichtigsten Linux Kommandos und lichtet so das scheinbar undurchdringliche Dickicht der Linux Instruktionen. Zum anderen wird jeder Befehl anhand verschiedener Beispiele erläutert und dann sofort auf eine Vielzahl von Aufgaben angewendet, somit merkt sich auch ein Anfänger automatisch die Bedeutung der unterschiedlichen Anweisungen. Die kommentierten Lösungen zu den entsprechenden Aufgaben und Fragen erleichtern und vertiefen anschließend das theoretische und praktische Verständnis.

Das kompakte Lehrbuch richtet sich an Studierender der Bachelorstudiengänge der Wirtschaftsinformatik und angrenzenden Studiengänge.

Prof. Dr. Thomas Kessel lehrt an der Berufsakademie Stuttgart.

Oldenbourg

Wissen optimal darstellen

Wolfang G. Stock, Mechtild Stock
Wissensrepräsentation
Informationen auswerten und bereitstellen
2008 | 441 S. | Flexcover
€ 36,80 | ISBN 978-3-486-58439-4

Wissensrepräsentation ist die Wissenschaft, Technik und Anwendung von Methoden und Werkzeugen, Wissen derart abzubilden, damit dieses in digitalen Datenbanken optimal gesucht und gefunden werden kann. Sie ermöglicht die Gestaltung von Informationsarchitekturen, die – auf der Grundlage von Begriffen und Begriffsordnungen arbeitend – gestatten, Wissen in seinen Bedeutungszusammenhängen darzustellen. Ohne elaborierte Techniken der Wissensrepräsentation ist es unmöglich, das »semantische Web« zu gestalten.

Das Lehrbuch vermittelt Kenntnisse über Metadaten und beschreibt eingehend sowohl dokumentarische wie bibliothekarische Ansätze der Inhaltserschließung (Thesauri und Klassifikationssysteme), Bemühungen der Informatik um Begriffsordnungen (Ontologien) als auch nutzerkonzentrierte Entwicklungen im Web 2.0 (Folksonomies). Es geht um das Auswerten und Bereitstellen von Informationen bei Diensten im World Wide Web, bei unternehmensinternen Informationsdiensten im Kontext des betrieblichen Wissensmanagement sowie bei fachspezifischen professionellen (kommerziellen) Datenbanken.

Das Buch richtet sich an Studierende der Informationswissenschaft, Informationswirtschaft und der Wirtschaftsinformatik an Hochschulen im deutschsprachigen Raum wie auch an Studierende des Bibliothekswesens. Darüber hinaus finden auch Wissensmanager und Informationsmanager in der Unternehmenspraxis wertvolle Hinweise.

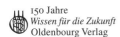
150 Jahre
Wissen für die Zukunft
Oldenbourg Verlag

Bestellen Sie in Ihrer Fachbuchhandlung oder
direkt bei uns: Tel: 089/45051-248, Fax: 089/45051-333
verkauf@oldenbourg.de

Wiki erobert die Wirtschaft

Ayelt Komus, Franziska Wauch
Wikimanagement Was Unternehmen von Social Software und Web 2.0 lernen können
2008 | 193 Seiten | gebunden
€ 34,80 | ISBN 978-3-486-58324-3

Wie schaffen es hunderttausende Menschen in ihrer Freizeit eine Enzyklopädie zu erstellen, die der der seit Jahrhunderten renommierten Brockhaus-Enzyklopädie in der Qualität in nichts nachsteht und in der Quantität weit übertrifft? Warum veröffentlichen Millionen von Internetnutzern ihre Urlaubsbilder und Videos aus dem privaten Leben im Netz? Wieso funktioniert die Informationsversorgung durch Touristen und Privatleute oftmals besser als die Berichterstattung der großen Agenturen? Und warum versprechen sich Unternehmen wie Google oder die Holtzbrinck Gruppe so viel von derartigen Plattformen, dass deren Gründer über Nacht zu Millionären werden?

Wikimanagement gibt nicht nur einen ausführlichen Überblick über die aktuelle Welt des Web 2.0, sondern stellt auch die Funktionsweise der Wikipedia und anderer Social Software-Systeme den wichtigsten organisationstheoretischen Ansätzen gegenüber. In Anwendungsfeldern wie Innovation, Projektmanagement, Marketing und vielen anderen wird deutlich gemacht, wie Unternehmen von Social Software-Technologie und -Philosophie lernen und profitieren können.

Das Buch richtet sich an Studierende, Dozenten, Unternehmenspraktiker und Interessierte.

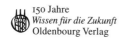

150 Jahre
Wissen für die Zukunft
Oldenbourg Verlag

Bestellen Sie in Ihrer Fachbuchhandlung oder direkt bei uns: Tel: 089/45051-248, Fax: 089/45051-333
verkauf@oldenbourg.de

Das Original:
Wirtschaftswissen komplett

Artur Woll
Wirtschaftslexikon
10., vollständig neubearbeitete Auflage 2008
863 S. | gebunden
€ 29,80 | ISBN 978-3-486-25492-1

Der Name »Woll« sagt bereits alles über dieses Lexikon. Das Wollsche Wirtschaftslexikon erfüllt das verbreitete Bedürfnis nach zuverlässiger Wirtschaftsinformation in vorbildlicher Weise. Längst ist der »Woll« das Standardlexikon im Ausbildungsbereich. Es umfasst die Kernbereiche Betriebswirtschaftslehre, Volkswirtschaftslehre und die Grundlagen der Statistik, aber auch die wirtschaftlich bedeutsamen Teile der Rechtswissenschaft. Besonderer Wert wurde auf eine möglichst knappe, jedoch zuverlässige Stichwortabhandlung gelegt.

Das Wirtschaftslexikon eignet sich nicht nur für den akademischen Gebrauch, sondern richtet sich auch an Praktiker in Wirtschaft und Verwaltung.

Prof. Dr. Dr. h. c. mult. Artur Woll lehrt Volkswirtschaftslehre an der Universität Siegen.

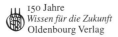
150 Jahre
Wissen für die Zukunft
Oldenbourg Verlag

Bestellen Sie in Ihrer Fachbuchhandlung oder direkt bei uns: Tel: 089/45051-248, Fax: 089/45051-333
verkauf@oldenbourg.de

Alles zur BWL in einem Kompendium

Hans Corsten, Michael Reiß (Hrsg.)
Betriebswirtschaftslehre
4., vollständig überarbeitete und wesentlich erweiterte Auflage 2008
Reihe Lehr- und Handbücher der Betriebswirtschaftslehre

Band 1:
710 Seiten, gebunden
€ 29,80 | ISBN 978-3-486-58652-7

Band 2:
613 Seiten, gebunden
€ 29,80 | ISBN 978-3-486-58653-4

Modernes, gut verständliches Kompendium der Betriebswirtschaftslehre, das das umfassende Gesamtspektrum der modernen Betriebswirtschaftslehre in anwendungsorientierter Form vermittelt.
Band 1 umfasst die Themenbereiche Grundlagen, Internes Rechnungswesen, Externes Rechnungswesen, Beschaffung, Produktion und Logistik, Marketing, Investition und Finanzierung.
Band 2 umfasst die Themenbereiche Planung und Entscheidung, Controlling, Führung, Informationsmanagement, Technologie- und Innovationsmanagement, Strategisches Management, Internationales Management.

Das Buch richtet sich in erster Linie an Studierende der BWL, VWL und des Wirtschaftsingenieurwesens. Das Buch setzt am Beginn des Grundstudiums an und eignet sich zudem hervorragend zum Selbststudium.

Bestellen Sie in Ihrer Fachbuchhandlung oder direkt bei uns: Tel: 089/45051-248, Fax: 089/45051-333
verkauf@oldenbourg.de

150 Jahre
Wissen für die Zukunft
Oldenbourg Verlag

Oldenbourg

Steuern sparen leicht gemacht

Gerhard Dürr
Das Steuer-Taschenbuch
Der Ratgeber für Studierende und Eltern
2008. XII, 169 Seiten, Broschur
€ 16,80
ISBN 978-3-486-58409-7

Alles rund um das Thema Steuern – für Studierende und Eltern.

Die eine kellnert, der andere jobbt in einem Unternehmen oder an der Hochschule, wieder andere absolvieren Praktika in den Semesterferien. Nahezu jeder Studierende tut es – er arbeitet parallel zu seinem Studium.
Sobald der akademische Nachwuchs einer bezahlten Tätigkeit nachgeht, muss er sich an steuerliche Spielregeln halten.

Dieses Steuer-Taschenbuch macht den Studierenden fit für das Leben als Steuerzahler und gibt auch den Eltern nützliche Tipps: Der Autor erklärt die steuerlichen Grundbegriffe sowie die Steuerberechnung und -erhebung verständlich. Neben der Besteuerung von Studentenjobs thematisiert er sogar Schenkungen und Erbschaften.

Kurzum: Alles Wissenswerte zum Thema Steuern und viele Steuerspar-Tipps für Studierende und deren Eltern.

Gerhard Dürr ist im Bereich kaufmännische Bildung tätig. Er ist Lehrbeauftragter an mehreren Hochschulen und Autor verschiedener Lehrbücher.

Oldenbourg